Teoria e Prática dos
PROCEDIMENTOS PENAIS

T598   Teoria e prática dos procedimentos penais e ações autônomas de impugnação /
        org. Charles Emil Machado Martins; Alexandre Aranalde Salim ... [et al.].
        – Porto Alegre: Livraria do Advogado Editora, 2009.
        351 p.; 25 cm.
        ISBN 978-85-7348-601-8

        1. Processo penal. I. Martins, Charles Emil Machado, org. II. Salim, Alexan-
        dre Aranalde.

                                                        CDU – 343.1

        Índice para o catálogo sistemático:
        Processo penal 343.1

        (Bibliotecária responsável: Marta Roberto, CRB-10/652)

Charles Emil Machado Martins
(organizador)

Teoria e Prática dos
PROCEDIMENTOS PENAIS
e Ações Autônomas de Impugnação

Alexandre Aranalde Salim
Antonio Cezar Lima da Fonseca
Charles Emil Machado Martins
David Medina da Silva
Débora Poeta
Diogo Machado de Carvalho
Fernando Gerson
Francis Rafael Beck
Luciano Feldens

Luiz Inácio Vigil Neto
Marcelo José da Costa Petry
Marcus Vinicius Boschi
Maurício Trevisan
Miguel Tedesco Wedy
Nereu José Giacomolli
Pedro Rui da Fontoura Porto
Rodrigo da Silva Brandalise

ATUALIZADO COM AS LEIS
• **11.689 de 09.06.2008** – Tribunal do Júri
• **11.690 de 09.06.2008** – Provas
• **11.719 de 20.06.2008** – Procedimentos, *emendatio libelli*,
mutatio libelli e suspensão condicional do processo

Porto Alegre, 2009

©

Alexandre Aranalde Salim, Antonio Cezar Lima da Fonseca,
Charles Emil Machado Martins, David Medina da Silva,
Débora Poeta, Diogo Machado de Carvalho, Fernando Gerson,
Francis Rafael Beck, Luciano Feldens, Luiz Inácio Vigil Neto,
Marcelo José da Costa Petry, Marcus Vinicius Boschi,
Maurício Trevisan, Miguel Tedesco Wedy, Nereu José Giacomolli,
Pedro Rui da Fontoura Porto, Rodrigo da Silva Brandalise
2009

Capa, projeto gráfico e diagramação
Livraria do Advogado Editora

Revisão
Rosane Marques Borba

Direitos desta edição reservados por
Livraria do Advogado Editora Ltda.
Rua Riachuelo, 1338
90010-273 Porto Alegre RS
Fone/fax: 0800-51-7522
editora@livrariadoadvogado.com.br
www.doadvogado.com.br

Impresso no Brasil / Printed in Brazil

Sumário

Apresentação 13

Capítulo I – O inquérito policial
    Alexandre Aranalde Salim 17
1. Considerações iniciais 17
   1.1. O Projeto de Lei 4.209/2001, atualizado em 08 de agosto de 2008 17
   1.2. A (in)efetividade do inquérito policial 18
2. As investigações extrapoliciais 19
   2.1. A possibilidade de o MP realizar investigação criminal 19
   2.2. O controle externo da atividade policial pelo Ministério Público 21
3. Natureza jurídica 21
4. Destinatários 22
5. Características 22
   5.1. Formal 22
   5.2. Oficial 22
   5.3. Obrigatório ou oficioso 22
   5.4. Sigiloso 23
   5.5. Indisponível 23
   5.6. Inquisitório 23
   5.7. Procedimento próprio de autoridade pública 24
   5.8. Sistemático 24
   5.9. Unidirecional 24
   5.10. Discricionário 25
   5.11. Prescindível ou dispensável 25
6. Procedimento do inquérito policial 25
   6.1. A instauração 25
      6.1.1. Nos crimes de ação penal pública incondicionada (art. 5º, incs. I e II, e §§ 1º, 2º e 3º, do CPP) 25
         6.1.1.1. De ofício 25
         6.1.1.2. Por requisição da autoridade judiciária ou do Ministério Público 26
      6.1.2. Nos crimes de ação penal pública condicionada (art. 5º, § 4º, do CPP) 26
         6.1.2.1. Mediante representação do ofendido ou de seu representante legal 26
         6.1.2.2. Mediante requisição do Ministro da Justiça 27
      6.1.3. Nos crimes de ação penal privada (art. 5º, § 5º, do CPP) 27
      6.1.4. Indeferimento para a instauração do IP 27
      6.1.5. O Flagrante como forma de instauração do IP 27
   6.2. O procedimento investigatório 27
      6.2.1. Dirigir-se ao local, providenciando para que não se alterem o estado e conservação das coisas,
         até a chegada dos peritos criminais 28
      6.2.2. Apreender os objetos que tiverem relação com o fato, após liberados pelos peritos criminais 28
      6.2.3. Colher as provas que servirem para o esclarecimento do fato e suas circunstâncias – a distinção
         entre atos de investigação e atos de prova 28
      6.2.4. Ouvir o ofendido 29
      6.2.5. Ouvir o indiciado, com observância, no que for aplicável, do disposto no Capítulo III do Título VII deste Livro,
         devendo o respectivo termo ser assinado por 2 (duas) testemunhas que lhe tenham ouvido a leitura 30
      6.2.6. Proceder a reconhecimento de pessoas e coisas e acareações 30
      6.2.7. Determinar, se for o caso, que se proceda a exame de corpo de delito e a quaisquer outras perícias 30
      6.2.8. Ordenar a identificação do indiciado pelo processo datiloscópico, se possível,
         e fazer juntar aos autos sua folha de antecedentes 31

6.2.9. Averiguar a vida pregressa do indiciado, sob o ponto de vista individual, familiar e social, sua condição econômica, sua atitude e estado de ânimo antes e depois do crime e durante ele, e quaisquer outros elementos que contribuírem para a apreciação do seu temperamento e caráter 31

6.2.10. Proceder à reprodução simulada dos fatos, desde que esta não contrarie a moralidade ou a ordem pública 32

6.3. O indiciamento 32

6.3.1. A situação jurídica do indiciado 33

6.3.2. O indiciado menor 33

6.3.3. Investigado membro do Ministério Público ou da Magistratura 34

6.3.4. A incomunicabilidade do indiciado 34

6.4. O encerramento 34

6.5. O prazo para conclusão 35

6.5.1. Prazos especiais 35

6.5.2. A compensação de prazos 36

6.6. O arquivamento 36

6.6.1. O art. 28 do Código de Processo Penal 37

6.6.1.1. Crimes de atribuição originária do Procurador-Geral 37

6.6.1.2. Arquivamento postulado pelo Ministério Público Federal 38

6.6.2. Decisão em regra irrecorrível 38

6.6.3. Arquivamento e ação penal privada subsidiária 38

6.6.4. Arquivamento por falta de provas 38

6.6.5. Arquivamento na ação penal privada 39

6.6.6. Arquivamento implícito 39

6.6.7. Arquivamento indireto 40

6.6.8. Inquérito policial e extinção da punibilidade 40

6.6.9. O arquivamento do inquérito e o PL 4.209/01 40

7. A devolução do inquérito para diligências 41

8. A circunscrição policial 42

8.1. Atos policiais e circunscrição diversa 42

9. Crime praticado por autoridade que dispõe de foro privilegiado 42

10. O valor probatório do inquérito policial 43

10.1. Atos definitivos ou irrepetíveis e atos transitórios ou repetíveis 43

11. Vícios no inquérito policial 44

12. As infrações penais de menor potencial ofensivo 44

13. O inquérito policial e a Lei de Falências 45

Capítulo II – Do procedimento comum ordinário
Charles Emil Machado Martins 47

1. Processo e Procedimento 47

2. Oferecimento da denúncia ou queixa (início do processo) 48

3. Formalidades da denúncia e da queixa 49

4. Denúncia e suspensão condicional do processo 51

5. Recebimento da denúncia ou queixa 52

6. Recebimento da denúncia por outra definição jurídica 53

7. Recebimento parcial da denúncia ou queixa 55

8. Recebimento da inicial e posterior rejeição ou *habeas corpus* de ofício 55

9. Rejeição liminar da denúncia ou queixa 56

9.1. Petição inicial manifestamente inepta 57

9.2. Falta de pressuposto processual 57

9.2.1. Pressupostos de existência 58

9.2.2. Pressupostos de validade 58

9.2.3. Pressupostos de validade negativos 59

9.3. Falta de condição para o exercício da ação penal 59

9.3.1. Possibilidade Jurídica do pedido 60

9.3.2 Interesse de agir 62

9.3.3. Legitimidade *ad causam* 63

9.3.4. Condições específicas de procedibilidade 64

9.3.5. Justa causa 64

10. Rejeição e "não-recebimento" da inicial: haverá diferença? 66

11. Citação 67

11.1. Citação pessoal ... 68
11.1.1. Citação por precatória ... 69
11.1.1.1. Caráter itinerante da precatória ... 69
11.1.2. Citação do militar ... 69
11.1.3. Citação de funcionário público ... 70
11.1.4. Citação do réu preso ... 70
11.1.5. Citação do réu no estrangeiro ... 70
11.2. Citação com hora certa ... 71
11.3. Citação por edital ... 71
11.3.1. Citação por edital e a suspensão do processo e do prazo prescricional ... 72
12. Resposta escrita à acusação ... 74
13. Absolvição Sumária ... 75
14. A denúncia será recebida novamente? ... 77
15. Audiência para proposta de suspensão condicional do processo ... 78
16. Audiência de instrução e julgamento ... 79
17. Sentença: definição, classificação e requisitos ... 85
17.1. Providências adotadas pelo juiz na sentença absolutória ... 86
17.2. Providências adotadas pelo juiz na sentença condenatória ... 86
17.3. Sentenças desclassificatórias e a correlação entre a acusação e a sentença ... 89
17.3.1. *Emendatio libelli* ... 89
17.3.2. *Mutatio libelli* ... 90
18. Identidade física do juiz ... 92
18.1. Prazo para encerramento da instrução no caso de réu preso ... 92
19. Roteiro simplificado do procedimento ordinário ... 94

Capítulo III – Do procedimento comum sumário
Diogo Machado de Carvalho ... 95
1. De garante a degradante: o processo como verdadeira pena ... 95
2. Uniformização procedimental e subsidiariedade do rito ordinário ... 96
3. Audiência de instrução e julgamento: um *affair* acusatório ... 96
3.1. Declarações do ofendido ... 97
3.2. Inquirição das testemunhas ... 98
3.3. Esclarecimento dos peritos, acareações e reconhecimentos ... 99
3.4. Enfim no seu devido lugar: o interrogatório como principal ato de defesa ... 101
3.5. Alegações finais orais ... 103
3.6. Sentença penal: oral e imediata ... 104
3.7. Lavratura do termo de audiência ... 105

Capítulo IV – Do procedimento no tribunal do júri
David Medina da Silva ... 107
1. Introdução ... 107
2. Princípios constitucionais do Júri ... 108
2.1. Plenitude de defesa ... 108
2.2. Sigilo das votações ... 108
2.3. Soberania dos veredictos ... 109
2.4. Competência para os crimes dolosos contra a vida ... 110
3. Panorama do procedimento do Júri ... 111
3.1. Principais inovações da Lei nº 11.689/08 ... 111
3.2. Procedimento escalonado ... 113
3.3. Síntese do procedimento ... 113
4. Estrutura e organização do Tribunal do Júri ... 113
4.1. Composição ... 113
4.2. Juiz-presidente ... 114
4.3. Jurados ... 114
4.3.1. Seleção e classificação dos jurados ... 114
4.3.2. Função de jurado ... 115
4.3.3. Suspeições, impedimentos e incompatibilidades ... 115
5. Primeira fase procedimental: "judicium accusationis" ... 116
5.1. Definição ... 116

5.2. Oferecimento de denúncia ou queixa 116
5.3. Recebimento ou rejeição da denúncia ou queixa 118
5.4. Citação 118
5.5. Resposta escrita 118
5.6. Réplica e despacho 118
5.7. Audiência concentrada 119
5.8. Pronúncia 119
5.9. Impronúncia 120
5.10. Absolvição sumária 120
5.11. Desclassificação 121
5.12. Alterações da denúncia e da pronúncia 121
5.13. Intimação da pronúncia 121
5.14. Recurso da primeira fase 121
5.15. Efeito preclusivo e alteração da pronúncia 122
5.16. Prazo para encerramento da primeira fase 122
6. Segunda fase procedimental: "judicium causae" 122
6.1. Definição 122
6.2. Preparo do processo, organização da pauta e convocação de jurados 122
6.3. Desaforamento 123
6.4. Julgamento pelo Tribunal do Júri 123
6.5. Roteiro da sessão de julgamento 124
6.6. Recurso da segunda fase 132
7. Súmulas 132
7.1. Supremo Tribunal Federal 132
7.2. Superior Tribunal de Justiça 133
8. Esquema do procedimento 133
8.1. Primeira fase: "judicium accusationis" 133
8.2. Segunda fase: "judicium causae" 134
9. Roteiro simplificado da sessão de julgamento 134

Capítulo V – Do procedimento aplicável aos crimes de responsabilidade dos funcionários públicos
  Rodrigo da Silva Brandalise 137
1. Introdução 137
2. Crimes funcionais e o Juizado Especial Criminal 138
3. Da aplicação da lei processual penal no tempo 139
4. Procedimento aplicável aos crimes de responsabilidade do funcionário público pelo Código de Processo Penal,
  anteriormente à Lei Federal nº 11.719/08 139
5. Procedimento aplicável aos crimes de responsabilidade do funcionário público com o advento da Lei Federal nº 11.719/08 . . 142
6. Roteiro do procedimento após o advento da lei federal nº 11.719/08 146

Capítulo VI – Do procedimento dos crimes contra a honra
  Nereu José Giacomolli 147
1. Ritualística processual 147
2. Particularidades do exercício da ação penal 149
2.1. Espécies de ação penal 149
2.2. Facultatividade do pedido de explicação 150
2.3. Requisitos específicos da queixa-crime 151
2.4. Suspensão condicional do processo 151
3. Especialidade do rito processual 152
3.1. Audiência de reconciliação (arts. 520, 521 e 522 do CPP) 152
4. Defesas específicas 153
4.1. Imunidades 153
4.2. Exceção da verdade ou *exceptio veritatis* (art. 523 do CPP) 154
4.3. Renúncia e perdão 155
4.4. Decadência 156
4.5. Retratação 156
4.6. Provocação e retorsão imediata 156
4.7. Perempção 156

Capítulo VII – Dos crimes contra a propriedade intelectual e seu procedimento
Marcelo José da Costa Petry 159
1. Introdução 159
2. Discussão constitucional 161
3. Dos procedimentos 162
4. Ação penal privada genuína 165
5. Dos crimes e juizados especiais criminais 167
6. Das medidas assecuratórias 168

Capítulo VIII – Abuso de autoridade e seu procedimento
Antonio Cezar Lima da Fonseca 175
1. Nota introdutória 175
2. A Lei nº 4.898, de 09 de dezembro de 1965 176
   2.1. Sujeitos do crime 177
   2.2. Objetividade jurídica 178
3. Da ação penal 179
   3.1. Não-aplicação da Lei n. 9.099/95 180
   3.2. Competência e procedimento 182
4. O julgamento do abuso 183
   4.1. Representação e denúncia 184
   4.2. Audiência e sentença 185

Capítulo IX – Dos juizados especiais criminais
Maurício Trevisan 187
1. Contextualização da temática 187
2. "Molas propulsoras" da sistemática dos Juizados Especiais Criminais 188
3. Competência dos Juizados Especiais Criminais 189
4. Procedimento Sumaríssimo (em sentido amplo) 192
   4.1. Fase preliminar 192
      4.1.1. Termo circunstanciado 192
      4.1.2. Audiência preliminar 194
         4.1.2.1. Tentativa de composição civil 194
         4.1.2.2. Transação penal 196
   4.2. Procedimento Sumaríssimo (em sentido estrito) 199
5. Recursos 204

Capítulo X – Comentários às disposições penais e processuais da Lei nº 9.613/98 (Lavagem de Dinheiro)
Luciano Feldens e Débora Poeta 207
1. Histórico sobre a criminalização da lavagem 207
   1.1. Origens da lavagem como fenômeno 207
   1.2. Origens da Lei nº 9.613/98: um compromisso internacional 208
   1.3. Origens da expressão "lavagem" de dinheiro 209
2. Objeto de tutela no crime de lavagem de dinheiro 209
   2.1. Fases da lavagem no modelo clássico (FATF/GAFI) 209
   2.2. Bem jurídico protegido 211
      2.2.1. Administração da Justiça 211
      2.2.2. Sobreproteção do bem jurídico do crime antecedente 212
      2.2.3. Ordem econômica (e sua correlação com o sistema financeiro) 212
      2.2.4. Pluriofensividade do delito: característica sugerente de uma pluralidade de objetividades jurídicas 213
3. Disposições penais da Lei nº 9.613/98 (tipologia) 213
   3.1. Tipo objetivo (verbos nucleares) 213
      3.1.1. Ocultar ou dissimular 213
      3.1.2. Sentido específico da ocultação no tipo penal de lavagem. A diferença entre a lavagem,
         o favorecimento real e a receptação 214
      3.1.3. Tipo penal misto alternativo 215
   3.2. Tipo subjetivo 215
   3.3. Crimes antecedentes 216
      3.3.1. Modelo catálogo (lista taxativa) 216
      3.3.2. Modelo aberto 216

3.3.3. Modelo misto (modelo adotado pelo Brasil) 217

3.4. O rol de crimes antecedentes adotado pela Lei nº 9.613/98 217

3.5. Análise crítica sobre a lista de delitos antecedentes adotada pelo Brasil e anteprojeto de lei que amplia a lavagem para abranger qualquer delito antecedente 222

3.6. Tipos penais derivados: §§ 1º e 2º do art. 1º da Lei nº 9.613/98 224

3.7. Concurso de crimes 227

    3.7.1. Entre a lavagem e o delito antecedente 227

    3.7.2. Entre os diversos tipos penais da Lei nº 9.613/98 227

3.8. Consumação e tentativa 227

    3.8.1. É possível ter-se por consumada a lavagem quando tentado o crime antecedente? 227

    3.8.2. A relação entre o crime tentado do *caput* e consumado do §1º 228

3.9. Causa especial de aumento de pena 228

3.10. Delação premiada 229

4. Disposições processuais especiais 229

4.1. Rito processual 229

4.2. Autonomia do crime de lavagem de dinheiro 230

4.3. Questões polêmicas 231

    4.3.1. Sobre a (não) exigência de prova cabal acerca da prática do crime antecedente 231

    4.3.2. É possível a condenação pelo crime de lavagem de dinheiro quando o crime antecedente foi cometido antes da entrada em vigor da Lei nº 9.613/98? 232

4.4. Competência 233

4.5. Inaplicabilidade do artigo 366 do CPP aos crimes previstos nesta Lei 235

4.6. Proibição de concessão de liberdade provisória 235

4.7. Medidas assecuratórias 236

5. Casuística 238

5.1. Depósito do dinheiro ilícito em conta-corrente de empresa de terceiro 239

5.2. Desvio de dinheiro e depósito em conta de laranja aberta para esse fim: ocultação e/ou dissimulação 239

5.3. Desvio de dinheiro de contas de clientes de instituição financeira para depósito em conta de terceiros: duas soluções possíveis, a depender da finalidade do agente 240

5.4. Aquisição de bens com o produto do crime antecedente 240

Capítulo XI – Da persecução criminal na falência

    Luiz Inácio Vigil Neto 241

1. Teoria sistêmica e elementos fundacionais 241

1.1. Apresentação 241

1.2. Fundamentos do sistema repressivo penal falimentar 242

    1.2.1. Justa causa 242

    1.2.2. Configuração típica 243

    1.2.3. Condição(ões) para o exercício legítimo da pretensão punitiva 244

    1.2.4. Identificação dos agentes puníveis 245

    1.2.5. Prescrição 247

    1.2.6. Direito intertemporal 248

1.3. Efeitos da condenação 249

2. O procedimento investigatório e o procedimento acusatório 249

Capítulo XII – Da violência doméstica e familiar contra a mulher (Lei 11.340/06)

    Pedro Rui da Fontoura Porto 253

1. Introdução 253

2. Síntese das alterações de Direito material produzidas pela Lei 11.340/06 254

2.1. A natureza da ação penal nos crimes do art. 129, § 9º, do CP 255

3. Aspectos procedimentais da Lei 11.340/06 258

3.1. As novas atribuições das polícias em casos de violência doméstica e familiar contra a mulher 259

3.2. O Pedido da Ofendida 261

3.3. Crimes de ação penal condicionada à representação, providências policiais e pedido da ofendida 262

3.4. A prisão em flagrante e a prisão preventiva nos crimes praticados com violência doméstica e familiar contra a mulher 264

3.5. Os casos do art. 129, § 9º, e a substituição do art. 44, ambos do Código Penal: a ressurreição do *sursis* 265

4. Conclusão Final 267

5. Quadro sinóptico dos delitos praticados com violência doméstica e familiar contra a mulher 267

6. Exercícios de fixação 268

Capítulo XIII – Aspectos procedimentais controvertidos da Lei de Drogas
Fernando Gerson ... 271
1. Introdução ... 271
2. A idéia de lide na Lei de Drogas e a flexibilização do modelo criminal repressivo frente ao usuário ... 272
  2.1. Procedimento e lide na política de repressão à criminalidade prevista na Lei nº 11.340/06 ... 272
  2.2. Aplicação das medidas retributivo-assistenciais previstas no artigo 28 da Lei de Drogas ... 275
3. Aspectos polêmicos do procedimento especial previsto na lei de drogas ... 278
  3.1. A conexão processual e a execução da medida despenalizadora da transação penal aplicada ao agente transgressor das proibições contidas no artigo 28 da Lei nº 11.340/06 ... 278
  3.2. A investigação criminal e o rito especial da Lei de Drogas ... 281
4. Conclusão ... 286
5. Fluxograma ... 288

Capítulo XIV – Habeas Corpus
Marcus Vinicius Boschi ... 289
1. Introdução ... 289
2. Origem e conceito ... 290
3. Concepções gerais e função do Habeas Corpus ... 290
4. Nova reconformação conceitual ... 290
5. A ilegalidade manifesta ... 291
6. Sujeitos do habeas corpus. paciente, impetrante e autoridade coatora. Conceito e considerações gerais ... 292
7. Hipóteses autorizativas de Habeas Corpus previstas no Código de Processo Penal ... 294
  7.1. Ausência de justa causa ... 294
  7.2. Excesso de prazo na prisão cautelar ... 296
  7.3. Incompetência ... 299
  7.4. Cessação dos motivos que autorizam a coação ... 300
  7.5. Denegação de fiança, quando cabível ... 300
  7.6. Nulidade manifesta do feito ... 301
  7.7. Quando extinta a punibilidade ... 301
8. Formas de impetração e considerações gerais ... 302
9. Medida liminar e informações da autoridade coatora ... 303
10. Habeas Corpus contra ato da Turma do Juizado Especial Criminal ... 304
11. Parecer do Ministério Público ... 304
12. Habeas Corpus e prisão militar ... 306
13. Habeas Corpus e apelação concomitantes. Da busca pelo recurso em liberdade ... 306
14. Habeas Corpus, estado de defesa e estado de sítio ... 307
15. Coação ilegal praticada por membro do Ministério Público ... 307
16. Observações finais ... 308

Capítulo XV – Mandado de segurança criminal
Miguel Tedesco Wedy ... 309
1. Nota introdutória ... 309
2. Noções gerais e previsão constitucional e legal do mandado de segurança ... 311
3. Do cabimento do mandado de segurança contra ato jurisdicional ... 311
4. O mandado de segurança e o Ministério Público ... 312
5. O mandado de segurança e a defesa ... 313
6. Das condições da ação, dos pressupostos processuais e da competência do mandado de segurança criminal ... 315
7. Do pedido de liminar em mandado de segurança ... 317
8. Da citação (notificação) e das informações da autoridade (defesa) em mandado de segurança ... 318
9. Da intervenção do Ministério Público ... 319
10. Da sentença e dos recursos ... 319
11. Súmulas do STF e STJ ... 320
  11.1. Súmulas do STF ... 320
  11.2. Súmulas do STJ ... 321
12. Resumo ... 321

Capítulo XVI – Da revisão criminal
Francis Rafael Beck ... 323
1. Definição ... 323
2. Natureza Jurídica ... 323

3. Base legal 324
4. Pressuposto 324
5. Hipóteses de cabimento 324
6. Ausência de taxatividade das hipóteses legais 330
7. Legitimidade 331
8. Competência 332
9. Desnecessidade de recolhimento à prisão para o requerimento de revisão criminal 334
10. Ausência de prazo 334
11. Endereçamento 334
12. Formação da peça 334
13. Procedimento 335
14. Pedido liminar de efeito suspensivo da sentença condenatória em revisão criminal 336
15. Possibilidade de sustentação oral 337
16. Juízo rescindente e juízo rescisório 337
17. Ônus da prova e *in dubio pro societate* ou *pro re judicata* 337
18. Conseqüências da procedência do pedido revisional 338
19. Possibilidade de reconhecimento de direito à indenização 339
20. Possibilidade de decisão *extra* ou *ultra petita* 340
21. Recursos cabíveis 340
22. Revisão criminal e efeito extensivo 341
23. Reiteração do pedido 341
24. Revisão e justificação criminal 341
25. Questões especiais 342

Bibliografia 347

Apresentação

No ano de 2008, o Código de Processo Penal passou por profundas alterações legislativas, que visaram tornar a prestação jurisdicional mais compatível com a demanda da sociedade brasileira contemporânea que – evidentemente, sem descurar da proteção dos direitos e garantias dos cidadãos em geral e de um modo particular daqueles submetidos à persecução penal – sem dúvida alguma, já não pode prescindir de um processo penal mais efetivo e célere, idôneo a fazer frente às novas tendências da criminalidade hodierna, massiva e organizada, ao mesmo tempo em que difusa e reconhecidamente ameaçadora.

Tais modificações, conquanto tenham atingido, de um modo especial, os procedimentos ordinário, sumário e do Tribunal do Júri, alcançaram os demais procedimentos penais, mesmo aqueles disciplinados em leis especiais, fazendo-se necessária uma releitura analítica de todos eles, a partir do novo paradigma proposto, visto que notadamente mais consentâneo com o sistema acusatório proposto desde o belvedere da Constituição Federal.

Na presente obra, essa análise é elaborada por alguns dos mais prestigiados professores do Estado do Rio Grande do Sul, todos profissionais que, a par da experiência acadêmica, convivem, cotidianamente, com a praxe forense, na medida em que são promotores, juízes e advogados criminalistas atuantes, sendo que muitos dos autores notabilizam-se por serem especialistas nas matérias que ora comentam.

Por oportuno, também foram materializados comentários ao inquérito policial e às ações autônomas de impugnação, em virtude da estreita ligação que possuem com os procedimentos penais em sentido estrito.

Tendo como principal norte ser uma obra com linguagem didática e objetiva, o livro procura permear um caminho de equilíbrio entre a dicotomia "teoria e a prática", de tal sorte que possa auxiliar tanto os estudantes como os operadores do direito, quando necessária uma consulta rápida, nas recorrentes dúvidas do cotidiano.

Dentro desse propósito, os textos não possuem notas de rodapé, permitindo uma leitura mais fluída. Pelo mesmo motivo, a referência aos autores e suas obras é feita de forma simples, no próprio corpo do texto. Com relação à jurisprudência, a partir da perspectiva de que incumbe à doutrina influir no processo concretização do Direito, e não necessariamente o contrário, procurou-se evitar a excessiva citação de ementas, cingindo-se à referência ou à reprodução de julgados emblemáticos, seja por trazerem contribuições doutrinárias de relevo, seja por indicarem interpretações jurisprudenciais discordantes para as polêmicas questões abordadas.

Sem embargo desse viés mais objetivo, quando necessário, os autores não se furtam à reflexão crítica, abrindo margem à discussão e possibilitando que o próprio leitor construa a sua conclusão sobre os temas debatidos.

Dito isso, apresentamos ao leitor os co-autores dessa obra:

Alexandre Aranalde Salim, Promotor de Justiça no RS, é Doutorando em Direito pela *Università degli Studi di Roma Tre*. Especialista em Teoria Geral do Processo pela Universidade de Caxias do Sul (UCS/RS). É Professor de Direito Penal e Direito Processual Penal em Cursos de Extensão e de Preparação para Concursos.

Antonio Cezar Lima da Fonseca, Procurador de Justiça no RS. Palestrante na FESMP-RS e em Cursos de Extensão e de Preparação para Concursos da Magistratura e Ministério Público.

David Medina da Silva, Promotor de Justiça no RS. Professor na FESMP-RS.

Débora Poeta, Advogada Criminalista. Mestranda e Especialista em Ciências Criminais pela PUCRS. Professora na Escola Superior da Magistratura Federal.

Diogo Machado de Carvalho, Advogado Criminalista militante. Graduado em Direito pelo Centro Universitário FEEVALE.

Fernando Gerson, Promotor de Justiça Criminal no RS. Mestre em Direito e Doutorando em Sociologia Política pela UNISINOS. Professor na UNISINOS e na FEMP-RS.

Francis Rafael Beck, Advogado Criminalista. Especialista em Direito Penal, pela Universidade de Salamanca e Direto Penal Econômico Internacional pela Universidade de Coimbra. Mestre em Direito pela UNISINOS. Professor da UNISINOS e ESM-RS (AJURIS).

Luciano Feldens, Procurador da República no RS. Doutor em Direito Constitucional. Professor do Programa de Pós-Graduação em Ciências Criminais da PUC-RS.

Luiz Inácio Vigil Neto, Procurador de Justiça no RS. Mestre em direito pela Universidade da Califórnia. Professor na UNISINOS.

Marcelo José da Costa Petry, Promotor de Justiça. Especialista em Direito Constitucional – UNOESC-SC. Mestre em Direito pela UFSC. Professor universitário.

Marcus Vinicius Boschi, Advogado militante. Mestre em Ciências Criminais pela PUC-RS. Professor de Processo Penal na ULBRA, FARGS e na ESDP.

Maurício Trevisan, Promotor de Justiça no RS. Mestre em Direito, Cidadania e Desenvolvimento pela UNIJUÍ.

Miguel Tedesco Wedy, Advogado Criminalista. Mestre em Ciências Criminais pela PUC-RS Doutorando em Ciências Jurídico-Criminais pela Universidade de Coimbra. Professor de Direito Penal, Processo Penal da UNISINOS e da ESM-RS (AJURIS).

Nereu José Giacomolli, Desembargador do TJRS. Doutor em *Estudios de Actualidad Procesal pela Universidad Complutense de Madrid* (2001). Professor da PUC-RS e da ESM-RS.

Pedro Rui da Fontoura Porto, Promotor de Justiça no RS. Mestre em Direito Público pela UNISINOS. Professor da FESMP-RS e da UNIVATES.

Rodrigo da Silva Brandalise, Promotor de Justiça no RS.

Esperamos que essa obra ajude aos leitores no estudo e compreensão do processo penal e, antecipadamente, lhes agradecemos as sugestões, críticas e colaborações que visem o aprimoramento desta obra.

Por fim, agradecemos todas as pessoas que nos ajudaram nessa empreitada, e, de um modo especial, à Livraria do Advogado Editora, que acreditou em nosso projeto.

Charles Emil Machado Martins
organizador

Capítulo I

O inquérito policial

ALEXANDRE ARANALDE SALIM[1]

1. CONSIDERAÇÕES INICIAIS

Compete ao Estado assegurar a paz e a segurança social, sempre com o objetivo de proteção da liberdade individual. Comportamentos considerados lesivos à sociedade são erigidos, pelo legislador, à condição de fatos típicos, e deste direito objetivo advém o direito-dever subjetivo de punir (*jus puniendi*) por parte do ente estatal.

A norma penal, que nasce geral e abstrata, pois dirigida indistintamente a todas as pessoas ("não matarás"), passa a incidir, quando violada (*A* mata *B*), especificamente sobre a pessoa do agente (*A*), fazendo surgir a chamada *persecutio criminis*.

O Estado, uma vez violada a norma penal, necessita de órgãos que se dediquem à investigação do fato típico e à apuração da respectiva autoria, razão pela qual se diz que a *persecutio criminis* se desenvolve em dois instantes: pela polícia judiciária (através do inquérito policial) e pelo Ministério Público (através da ação penal). No último caso, está-se diante da *persecutio criminis in judicio*.

Interessa-nos, neste capítulo, a análise do primeiro momento da persecução penal, composto por um conjunto de diligências visando à apuração do fato típico e da respectiva autoria, chamado de *inquérito*. Como o inquérito é realizado pela autoridade de polícia judiciária, é conhecido como inquérito policial.

1.1. O Projeto de Lei 4.209/2001, atualizado em 08 de agosto de 2008

Em Comissão presidida pela processualista Ada Pellegrini Grinover e composta pelos professores Petrônio Calmon Filho, Antônio Magalhães Gomes Filho, Antônio Scarance Fernandes, Luiz Flávio Gomes, Miguel Reale Júnior, Nilzardo Carneiro Leão, René Ariel Dotti, Rui Stoco, Rogério Lauria Tucci e Sidney Beneti, foi desenvolvido o Projeto de Lei nº 4.209, de 2001, recentemente revisado e atualizado, com o declarado propósito de simplificar o inquérito policial, retirando-lhe o caráter burocrático e cartorial – que segundo a Exposição de Motivos veio a assumir –, reservando à Polícia Judiciária funções eminentemente investigatórias, em concordância com o disposto no art. 144, § 4º, da Constituição Federal, e transferindo para o Ministério Público as funções de supervisão e controle do inquérito, hoje conferidas ao juiz.

---

[1] Promotor de Justiça no RS. Especialista em Teoria Geral do Processo pela UCS-RS. Doutorando em Direito pela *Università degli Studi di Roma Tre*. Foi Delegado de Polícia no Rio Grande do Sul. É Professor de Direito Penal e Direito Processual Penal. Autor do livro "Teoria da Norma Penal" (Porto Alegre: Verbo Jurídico, 2008).

Pelo referido Projeto, ao magistrado incumbirá o papel de *juiz de garantias*, atribuindo-lhe tão-só a competência exclusiva para concessão de medidas cautelares. Assegura-se a defesa ao indiciado no momento mesmo em que assume, no inquérito, essa condição, e o ofendido assume papel relevante, cabendo-lhe exercer diversas iniciativas ao curso da investigação.

Como o parecer do Relator, Deputado Ibrahim Abi-Ackel, foi, em julho de 2008, pela aprovação do PL, as alterações relevantes constantes do referido Projeto serão inseridas ao final dos respectivos pontos deste Capítulo, a fim de que o leitor possa se antecipar e, desde já, fazer um comparativo entre o que hoje prevê o Código de Processo Penal sobre a investigação criminal e, em caso de efetiva conversão do projeto em lei, o que passará a dispor.

1.2. A (in)efetividade do inquérito policial

É evidente a crise do inquérito policial, que se mostra insatisfatório da forma como vem sendo elaborado hoje. Não agrada ao julgador, pois grande parte do material colhido não serve como elemento probatório; não agrada à defesa, já que é inquisitivo e afasta uma possibilidade de efetivo contraditório; não agrada nem mesmo ao seu destinatário final, já que aporta no Ministério Público, não raras vezes, com desrespeito aos prazos determinados na legislação e apresentando graves deficiências formais e substanciais, o que representará prejuízo ao exercício da ação penal.

Numa época em que o sistema do juízo de instrução vinha sendo adotado em muitos países europeus, consagrando-se sobretudo na Itália, Espanha, França e Alemanha, entendeu o legislador de 1941 que "o ponderado exame da realidade brasileira, que não é apenas a dos centros urbanos, senão também a dos remotos distritos das comarcas do interior, desaconselha o repúdio ao sistema vigente", caminhando na contramão da história e mantendo o inquérito policial.

Se hoje o sistema do juízo de instrução não se mostrou eficiente e conveniente e vem sendo abandonado na Europa, o certo é que o modelo atual de inquérito policial é igualmente ultrapassado, sendo alvo de inúmeras críticas: com a sua morosidade prejudica a prestação jurisdicional; é oneroso, já que muitas das provas que ali se realizam devem ser repetidas em juízo; não há defesa efetiva do investigado, em descompasso com a realidade constitucional vigente, de um sistema de direitos e garantias; comentam-se abusos ocorridos no interior dos mais diversos órgãos policiais, tais como corrupção e tortura; não é instrumento hábil para a apuração de infrações cometidas por administradores públicos, já que a autoridade policial, subordinada que é ao Poder Executivo, não teria a independência necessária para a sua atividade e nem estaria livre de eventuais pressões políticas. Ademais, na seara policial ainda predomina o entendimento, equivocado, de que não é o CPP que se deve adaptar à ordem constitucional vigente, mas de que a Constituição deve ser interpretada restritivamente, para adaptar-se às regras processuais penais de 1941.

Atualmente existe uma tendência de outorgar ao Ministério Público a direção da investigação criminal, seja pessoalmente, seja por meio da polícia judiciária (a ele necessariamente subordinada). Tal modelo vem sendo adotado na Europa em substituição ao sistema do juízo de instrução. Assim é na Alemanha (1974), na Itália (1988), em Portugal (1995) e na Espanha (1988), embora, na última, não tenha sido abandonada definitivamente a figura do *juez de instrucción*.

Não obstante deva ser aprimorado e não esteja livre de críticas, o modelo do promotor-investigador surge como uma alternativa à crise do inquérito policial, já que se aproxima do sistema acusatório, mantendo o juiz afastado da investigação e garantindo a sua imparcialidade. Ademais, é ilógico que a polícia investigue sem estar em sintonia com quem vai acusar, sendo inegável a afirmação de que melhor acusa quem por si mesmo investiga ou comanda a investigação. Tal sistema representaria, verdadeiramente, uma aproximação à estrutura dialética do processo, implementando o modelo garantista trazido pela Constituição Federal de 1988.

2. AS INVESTIGAÇÕES EXTRAPOLICIAIS

Não obstante o art. 4º do CPP, dispositivo que inaugura a disciplina normativa do inquérito policial, refira que *A polícia judiciária será exercida pelas autoridades policiais no território de suas respectivas circunscrições e terá por fim a apuração das infrações penais e da sua autoria*, o parágrafo único do mesmo artigo não exclui a atribuição (o CPP utiliza, atecnicamente, o termo "competência") de autoridades administrativas a quem por lei seja cometida a mesma função.

É o que se dá, por exemplo, quando os investigados são juízes ou membros do Ministério Público. Segundo o art. 33, parágrafo único, da Lei Complementar 35/1979, *Quando, no curso de investigação, houver indício da prática de crime por parte de magistrado, a autoridade policial, civil ou militar, remeterá os respectivos autos ao tribunal ou Órgão Especial competente para o julgamento, a fim de que prossiga na investigação*. Da mesma forma, a Lei Orgânica Nacional do Ministério Público (Lei nº 8.625/93) refere, no art. 41, parágrafo único, que *Quando, no curso de investigação, houver indício da prática de infração penal por parte de membro do Ministério Público, a autoridade policial, civil ou militar, remeterá, imediatamente, sob pena de responsabilidade, os respectivos autos ao Procurador-Geral de Justiça, a quem competirá dar prosseguimento à apuração.*

Há, ainda, o inquérito realizado pelas autoridades militares, para apuração de crimes da competência da Justiça Militar (IPM); as investigações perpetradas pelas Comissões Parlamentares de Inquérito (CPIs), que terão poderes de investigação próprios das autoridades judiciais, além de outros previstos nos regimentos das respectivas Casas (art. 58, § 3º, da CF); o inquérito civil público, instaurado pelo Ministério Público para a proteção do patrimônio público e social, do meio ambiente e de outros interesses difusos e coletivos (art. 129, inc. III, da CF); os procedimentos administrativos instaurados pelo Ministério Público para tutela dos direitos dos idosos (art. 74, incs. I, V, VI e VII, da Lei nº 10.741/03) e das crianças e adolescentes (art. 201, incs. V, VI e VII, da Lei nº 8.069/90); o inquérito instaurado pela Câmara dos Deputados ou pelo Senado Federal, em caso de crime cometido nas suas dependências (Súmula 397 do STF); o inquérito instaurado pelo Presidente do Supremo Tribunal Federal, em caso de infração penal ocorrida na sede ou dependência do Tribunal, quando envolver autoridade ou pessoa sujeita à sua jurisdição (art. 43 do RISTF) – semelhante disposição encontra-se no art. 58 do Regimento Interno do STJ; a lavratura de auto de prisão em flagrante presidida pela autoridade judiciária, quando o crime for praticado na sua presença ou contra ela (art. 307 do CPP).

2.1. A possibilidade de o MP realizar investigação criminal

Como a apuração de infrações penais não é uma atividade exclusiva da polícia judiciária, nada obsta que o Ministério Público promova diretamente investigações próprias na elucidação de crimes.

O inquérito policial

Aliás, há muito, Frederico Marques ("Promotores no Inquérito Policial", *in Estudos de Direito Processual Penal*, 1960, p. 87) já defendia que "Se é o Estado-Administração quem investiga e acusa, é irrelevante o órgão a quem ele atribua uma ou outra função. No juízo ou no inquérito quem está presente é esse Estado-Administração. Que importa, pois, que ele se faça representar, na fase investigatória, também pelo Ministério Público?".

Nesse manifestou-se recentemente o STF: HC 89.746/SC, DJ 09-02-2007. Aliás, quando em curso, no Pleno do STF, o julgamento do Inq. 1968-2/DF, onde se examinava a argüição de que o MP, no Brasil, estaria impedido de investigar, votaram contra a possibilidade de o *Parquet* investigar os Ministros Marco Aurélio e Nelson Jobim. A favor da investigação pelo Ministério Público manifestaram-se os Ministros Joaquim Barbosa, Eros Grau e Carlos Ayres Britto. Interessante o voto do último: "Privar o Ministério Público dessa peculiaríssima atividade de defensor do Direito e promotor da Justiça é apartá-lo de si mesmo. É desnaturá-lo. Dessubstanciá-lo até não restar *pedra sobre pedra* ou, pior ainda, reduzi-lo à infamante condição de *bobo da Corte*. Sem que sua inafastável capacidade de investigação criminal por conta própria venha a significar, todavia, o poder de abrir e presidir o inquérito policial". E conclui: "para o Ministério Público é 'investigar ou morrer'". Não houve decisão de mérito no feito, tendo sido declinada a competência para a Justiça Federal do Maranhão. Atualmente pende de julgamento no STF a ADI 3329, impetrada pela Associação dos Delegados de Polícia do Brasil (ADEPOL), na qual se discute objeto idêntico, estando o processo atualmente concluso com o Relator, Ministro Cezar Peluso.

Ora, se é facultado ao Ministério Público oferecer denúncia prescindindo do inquérito policial, lastreado em peças de informação contendo provas colhidas diretamente, nada mais natural que se lhe conceda, também, a oportunidade de investigar, em procedimento interno, a suficiência daquele acervo informativo para subsidiar, eventualmente, uma acusação penal, assegurando, a um só tempo, o não-oferecimento de denúncia temerária e a inocorrência de "eternização" da apuração dos fatos pela polícia judiciária.

Ademais, mostra-se frágil o argumento de que a condução da investigação policial seria monopólio das Polícias, Civis e Federal, vez que a Constituição Federal, no seu art. 144, na única alusão que faz ao termo "exclusividade" (inciso IV do § 1º), visa a afastar a superposição de atribuições entre a Polícia Federal e as Polícias Rodoviária e Ferroviária – igualmente vinculadas à União, mas com funções de simples patrulhamento ostensivo das rodovias e ferrovias federais, respectivamente –, bem como entre a Polícia Federal (propriamente dita) e as Polícias Civis dos Estados, impedindo haja invasão das respectivas esferas de atuação.

Note-se que a Lei nº 10.446/02 ampliou o leque de *atribuições investigativas da Polícia Federal*, para nelas incluir a apuração dos delitos mencionados no art. 1º: seqüestro, cárcere privado, extorsão mediante seqüestro, desde que o agente tenha tido motivação política ou em razão do exercício de função pública pela vítima; formação de cartel (Lei nº 8.137/90, art. 4º, I, *a*, II, III e VII); violação a direitos humanos decorrentes de infrações previstas em tratado ou convenção internacional; furto, roubo ou receptação de cargas, bens e valores, transportados em operação interestadual ou internacional, envolvendo quadrilhas ou bandos com atuação em mais de um Estado.

O Superior Tribunal de Justiça, por sua vez, sumulou a matéria, reconhecendo que "A participação de membro do Ministério Público na fase investigatória criminal não acarreta seu impedimento ou suspeição para o oferecimento da denúncia" (Súmula 234). No mesmo sentido: STJ, HC 54.719, DJ 06-08-2007.

O Conselho Nacional do Ministério Público, editando a Resolução nº 13/2006, regulamentou o art. 8º da Lei Complementar nº 75/93 e o art. 26 da Lei nº 8.625/93, disciplinando, no âmbito no Ministério Público, a instauração e a tramitação do procedimento investigatório criminal.

2.2. O controle externo da atividade policial pelo Ministério Público

A Constituição Federal de 1988, apesar de não subordinar a polícia judiciária ao Ministério Público, conferiu ao *Parquet* uma vasta gama de atribuições, algumas com reflexos diretos sobre a atividade policial.

Reforçando o sistema acusatório, a CF expurgou os chamados "procedimentos de ofício" ou "judicialiformes", onde juízes e delegados de polícia podiam dar início à própria ação penal (v. art. 26 do CPP, não-recepcionado pela Constituição) e assegurou ao Ministério Público a promoção privativa da ação penal pública (art. 129, inc. I) e o exercício do controle externo da atividade policial (art. 129, inc. VII). Trata-se, como se vê, da imposição constitucional de um sistema de freios e contrapesos entre as diversas instituições.

O Ministério Público não se torna um órgão correcional da polícia, mas, sim, um órgão fiscalizador das atividades desta, seja ela judiciária ou militar.

O controle externo da atividade policial está disposto nos arts. 9º e 10 da Lei Complementar nº 75/93, que institui o Ministério Público da União, aplicável aos Ministérios Públicos dos Estados por força da regra de extensão contida no art. 80 da Lei Orgânica Nacional do MP (Lei nº 8.625/93).

O Conselho Nacional do Ministério Público, através da Resolução nº 20, de 28 de maio de 2007, regulamentou o art. 9º da LC 75/93 e o art. 80 da Lei nº 8.625/93, disciplinando derradeiramente, no âmbito do Ministério Público, o controle externo da atividade policial. Conforme tal Resolução, estão sujeitos ao controle externo do Ministério Público os organismos policiais relacionados no art. 144 da CF, bem como as polícias legislativas ou qualquer outro órgão ou instituição, civil ou militar, à qual seja atribuída parcela de poder de polícia, relacionada com a segurança pública e a persecução criminal.

3. NATUREZA JURÍDICA

O inquérito policial é um procedimento de caráter meramente administrativo, de índole informativa, preparatório da ação penal. Deve, por isso, ser estudado sob as normas do Direito Administrativo, embora o Direito Processual Penal se faça necessário quando tomadas medidas de coerção real e pessoal contra o investigado, sendo imprescindível a intervenção do Estado-juiz.

Não há contraditório na fase do inquérito policial, pois (a) é inquisitorial (conforme se verá a seguir); (b) é procedimento, e não processo (de acordo com o art. 5º, inc. LV, da CF, "aos litigantes, em *processo* judicial ou administrativo, e aos acusados em geral são assegurados o contraditório e ampla defesa, com os meios e recursos a ela inerentes"); e (c) o responsável pela acusação oficial do Estado, nos crimes de ação penal pública, é o Ministério Público (art. 129, inc. I, da CF), e não a autoridade policial; logo, se o investigado não está sendo acusado no inquérito policial, não tem ele do que se defender nessa fase.

Entretanto, há quem defenda o contraditório na fase do inquérito policial em relação às chamadas provas não-renováveis, ou seja, aquelas que não serão renovadas em Juízo (v. Paulo Rangel,

O inquérito policial   **21**

Direito Processual Penal, 11ª ed., 2006, Lumen Juris, p. 70). Aury Lopes Jr. (*Introdução Crítica ao Processo Penal*, 2ª ed., 2005, Lumen Juris, p. 240), por sua vez, defende que a CF, ao referir-se a *acusados em geral* (art. 5º, LV), compreende também o indiciamento, pois este não deixa de ser uma *imputação em sentido amplo*, devendo ser garantidos o contraditório e a ampla defesa ao indiciado. Tratam-se, no entanto, de posicionamentos minoritários.

Aliás, a reforçar a possibilidade de a fase administrativa ser inquisitória, registra-se que o Supremo Tribunal Federal, em sessão plenária de 07-05-2008, aprovou a Súmula Vinculante nº 5, nos seguintes termos: *A falta de defesa técnica por advogado no processo administrativo disciplinar não ofende a Constituição*, tornando prejudicada a Súmula 343 do STJ.

4. DESTINATÁRIOS

São destinatários imediatos do inquérito policial o Ministério Público, titular exclusivo da ação penal pública (art. 129, inc. I, da CF), e o ofendido, titular da ação penal privada (art. 30 do CPP). Tem como destinatário mediato o juiz, que utilizará o inquérito para recebimento da exordial acusatória e formação do seu convencimento acerca da necessidade de decretação de medidas cautelares.

5. CARACTERÍSTICAS

5.1. Formal

O inquérito policial, por suas próprias características, deve ser escrito, não se fazendo possível uma investigação meramente verbal. É por isso que todas as peças do IP serão, num só processo, reduzidas a escrito ou datilografadas e, neste caso, rubricadas pela autoridade (art. 9º do CPP).

Buscando simplificar e desburocratizar o inquérito, o PL 4.209 refere que as informações serão colhidas de forma objetiva e, sempre que possível, celeremente, podendo os depoimentos ser tomados em qualquer local, cabendo à autoridade policial resumi-los nos autos, se colhidos de modo informal. Além disso, o registro dos depoimentos do investigado, indiciado, ofendido e testemunhas poderá ser feito pelos meios ou recursos de gravação magnética, estenotipia ou técnica similar, inclusive audiovisual, destinada a obter maior fidelidade das informações. Na forma por último indicada, será encaminhado ao Ministério Público o registro original, sem necessidade de transcrição.

5.2. Oficial

Ainda que se trate de ação penal de iniciativa privada, o inquérito policial é sempre uma função investigatória desenvolvida por órgãos públicos, ou seja, oficiais.

5.3. Obrigatório ou oficioso

Identificada a hipótese legal de atuação, a autoridade policial, independente de qualquer provocação, deve instaurar o inquérito policial (art. 5º, I, do CPP), com exceção dos casos atinentes à ação penal pública condicionada e à ação penal privada (art. 5º, §§ 4º e 5º, do CPP).

5.4. Sigiloso

O princípio da publicidade, ensina Tourinho Filho (*Processo Penal*, vol. I, 1987, p. 180), "não se harmoniza, não se afina, com o inquérito policial. Sem o necessário sigilo (...) o inquérito seria uma burla, um atentado. Se até mesmo na fase judicial a lei permite ou impõe o sigilo, quanto mais em se tratando de simples investigação, de simples coleta de provas". Daí que, conforme o art. 20 do CPP, a autoridade assegurará no inquérito o sigilo necessário à elucidação do fato ou exigido pelo interesse da sociedade. Embora o art. 5º, inc. XXXIII, da CF assegure o direito genérico de obter-se informações dos órgãos públicos, tal garantia pode ser limitada quando o sigilo se mostre imprescindível à segurança da sociedade e do Estado.

> *PL 4.209* – Art. 20, caput, do CPP: "A autoridade policial, o Ministério Público e o juiz assegurarão, na investigação, o sigilo necessário ao esclarecimento dos fatos".
>
> *PL 4.209* – Art. 20, § 2º, do CPP: "Nos atestados que lhe forem solicitados, a autoridade policial não poderá mencionar quaisquer dados referentes à investigação, salvo em caso de requisição judicial ou do Ministério Público".

O sigilo não se estende ao juiz e ao representante do Ministério Público, destinatários que são do inquérito policial. Aliás, a LC 75/93 dispõe, expressamente, que *Nenhuma autoridade poderá opor ao Ministério Público, sob qualquer pretexto, a exceção de sigilo, sem prejuízo da subsistência do caráter sigiloso da informação, do registro, do dado ou do documento que lhe seja fornecido* (art. 8º, § 2º). Em relação aos crimes contra o Sistema Financeiro Nacional, há norma expressa autorizando a quebra do sigilo pelo *Parquet* (art. 29 da Lei nº 7.492/86). Ademais, o art. 26, § 2º, da Lei nº 8.625/93 refere que *O membro do Ministério Público será responsável pelo uso indevido das informações e documentos que requisitar, inclusive nas hipóteses legais de sigilo*. Pode o Ministério Público, portanto, requisitar dados, documentos e informações, ainda que sigilosos.

> Entretanto, o STJ vem entendendo que "as prerrogativas institucionais dos membros do Ministério Público, no exercício de suas funções, não compreendem a possibilidade de requisição de documentos fiscais sigilosos diretamente junto ao Fisco" (RHC 20.329/PR, DJ 22-10-2007).

No que se refere ao advogado, o entendimento atual é de que ele, no interesse do cliente envolvido nas investigações, deve ter acesso amplo aos elementos que, já documentados em procedimento investigatório realizado pela polícia judiciária ou pelo Ministério Público, digam respeito ao constituinte. Nesse sentido: STF – HC 90.232/AM, j. 18-12-2006; HC 88.190/RJ, j. 29-08-2006; STJ – HC 45.258/RJ, DJ 05-11-2007.

5.5. Indisponível

O inquérito policial, depois de instaurado, não pode ser arquivado pela autoridade policial (art. 17 do CPP).

5.6. Inquisitório

É a concentração, ou não, dos poderes de persecução penal nas mãos da mesma autoridade que caracteriza o procedimento como inquisitório, de um lado, e acusatório, de outro. Havendo tal concentração e prescindindo o agente público de provocação ou autorização para agir, diz-se *inquisitório (inquisitivo ou inquisitorial)* o procedimento;

havendo desconcentração, ou seja, se presentes autoridades distintas para as funções de acusar, julgar e defender, diz-se *acusatório* o procedimento.

A natureza inquisitiva do inquérito policial vem evidenciada no art. 14 do CPP, que permite ao delegado de polícia indeferir diligências requeridas pelo ofendido ou pelo indiciado (exceto o auto de exame de corpo de delito, conforme previsão do art. 184 do Código de Processo Penal), e no art. 107 do CPP, que proíbe a argüição de suspeição das autoridades policiais. É por tal razão que não existe, como dito, contraditório em sede de inquérito policial.

Há uma exceção: o art. 71 do Estatuto do Estrangeiro (Lei nº 6.815/80) prevê a instauração de inquérito policial, a pedido do Ministro da Justiça, objetivando à expulsão de estrangeiro; aqui, o contraditório se impõe.

5.7. Procedimento próprio de autoridade pública

O art. 144, § 4º, da Constituição Federal dispõe que o inquérito é presidido por uma autoridade pública, que é o delegado de polícia de carreira.

Embora o art. 69, *caput*, da Lei nº 9.099/95 igualmente se refira a *autoridade policial*, o entendimento hoje dominante é de que o policial militar também possui legitimidade para a lavratura do *termo circunstanciado*. Decidiu o STJ que "nos casos de prática de infração penal de menor potencial ofensivo, a providência prevista no art. 69 da Lei nº 9.099/95 é da competência da autoridade policial, não consubstanciando, todavia, ilegalidade a circunstância de utilizar o Estado o contingente da Polícia Militar, em face da deficiência dos quadros da Polícia Civil" (HC 7199/PR, DJ 28-09-1998).

No mesmo sentido, o Órgão Especial do Tribunal de Justiça do Rio Grande do Sul, julgando improcedente ADIn ajuizada pela Associação dos Delegados de Polícia gaúchos, decidiu que, para os efeitos da Lei nº 9.099/95, a *autoridade* poderá ser todo agente policial, civil ou militar, a quem a Administração atribuir tal condição (Processo nº 70014426563, julgado em 12-03-2007).

5.8. Sistemático

O inquérito policial deve ser sistematizado, ou seja, realizado numa seqüência lógica para que se possa compreender, cronologicamente, como se passaram os fatos.

O § 3º do art. 5º do CPP estabelece que, comunicada à autoridade policial a prática de crime de ação penal pública, esta, antes de instaurar o inquérito, poderá *verificar a procedência das informações*, de onde se extrai termo VPI. Tal "procedimento preliminar à investigação preliminar" deve ser tomado com reservas, já que, sem instauração formal, poderá se prolongar no tempo e escapar de qualquer tipo de fiscalização.

5.9. Unidirecional

O único objetivo do inquérito policial é a investigação do fato típico e a apuração da respectiva autoria, não podendo a autoridade valorar a prova que ela mesma colheu.

Por tal razão, não cabe ao delegado de polícia referir se houve legítima defesa, participação de menor importância ou homicídio emocional, pois estaria se arvorando nas funções do Ministério Público, do juiz ou mesmo do corpo de jurados, se diante, no último caso, de crime doloso contra a vida.

5.10. Discricionário

A autoridade policial tem liberdade para, no exercício das suas atribuições e dentro dos limites previstos pela lei, apurar o fato típico sem estar vinculada a formas previamente estabelecidas.

Discricionariedade não significa arbitrariedade: esta impulsiona o agente por questões meramente pessoais e ao arrepio da lei; aquela ensina que a investigação pode ser realizada de qualquer modo, com base em elementos de convicção próprios da autoridade, desde que, como dito, sejam respeitados os limites estabelecidos legalmente.

5.11. Prescindível ou dispensável

De acordo com o art. 12 do CPP, o *inquérito policial acompanhará a denúncia ou queixa, sempre que servir de base a uma ou outra*. Verifica-se, portanto, que poderá existir ação penal sem que tenha havido o preliminar inquérito policial: embora a investigação preliminar do IP seja feita para fundamentar futura ação penal, o processo pode existir sem o procedimento policial.

6. PROCEDIMENTO DO INQUÉRITO POLICIAL

Logo que tiver conhecimento da prática da infração penal, a autoridade policial deverá proceder às diligências previstas no art. 6º do CPP, dirigindo-se ao local do crime, apreendendo seus instrumentos, colhendo as provas, ouvindo o ofendido e o investigado, procedendo a reconhecimento de pessoas e coisas e realizando acareações, determinando a feitura do exame de corpo de delito através de perícia própria e identificando o suspeito.

Passaremos, a seguir, à análise de cada etapa própria do procedimento atinente ao inquérito policial.

6.1. A Instauração

PL 4.209 – Art. 9º, *caput*, do CPP: "O inquérito policial deverá ser instaurado no prazo de dez dias após a autoridade policial tomar conhecimento da infração penal".

6.1.1. Nos crimes de ação penal pública incondicionada (art. 5º, incs. I e II, e §§ 1º, 2º e 3º, do CPP)

6.1.1.1. De ofício

A autoridade policial, em vista da notícia do crime, que pode ser de conhecimento direto ou pela *delatio criminis* trazida pela vítima, determinará a instauração do inquérito através de *portaria*, que se trata de peça singela onde consta o resumo da *notitia criminis*, as circunstâncias do fato, a classificação penal e as diligências preliminares a serem realizadas.

A notícia anônima, também chamada de *notitia criminis* inqualificada, não pode ser considerada inválida pela autoridade, embora exija cautela redobrada na sua apuração. "A jurisprudência do STJ e do STF é unânime em repudiar a notícia-crime veiculada por meio de denúncia anônima, considerando que ela não é meio hábil para sustentar, por si só, a instauração de inquérito policial ou de procedimentos investigatórios no âmbito dos tribunais. No entanto, a denúncia anônima não inibe e nem prejudica a coleta de provas dos fatos delituosos noticiados (STF, Inquérito 1.957-PR), ainda mais quando já objeto de investigação em curso" (STJ, Apn 300/ES, Corte Especial, DJ 06-08-2007).

6.1.1.2. Por requisição da autoridade judiciária ou do Ministério Público

Embora inexista subordinação hierárquica, a requisição tem natureza de *determinação*, não podendo haver recusa da autoridade policial no seu cumprimento. Como decidiu o STJ, no "sistema de direito positivo vigente, não pode a Polícia Civil, que tem a função constitucional de apurar infrações penais, exceção feita aos crimes militares (Constituição Federal, artigo 144, parágrafo 4º), inatender requisição de instauração de inquérito policial, feita pelo Ministério Público (Código de Processo Penal, artigo 5º, inciso II), a quem a Constituição da República atribuiu a ação penal, com exclusividade (artigo 129, inciso I), estabelecendo evidente subordinação institucional" (HC 15.115/MS, DJ 25-02-2002).

Entendemos que não cabe ao juiz, atualmente, *de per si*, requisitar a instauração de IP em qualquer caso, já que a Constituição Federal dispõe, no art. 129, inc. I, que a ação penal pública deve ser promovida de forma privativa pelo Ministério Público. Tal interpretação, aliás, é igualmente depreendida da leitura do art. 40 do CPP.

> **PL 4.209** – Art. 4º, *caput*, do CPP: "Sendo a infração penal de ação pública, a autoridade policial que tomar conhecimento da ocorrência, de ofício, a requerimento do ofendido ou de quem tenha qualidade para representá-lo ou mediante requisição do Ministério Público, procederá ao correspondente registro e à investigação por meio de: I – termo circunstanciado, quando se tratar de infração de menor potencial ofensivo; II – inquérito policial, em relação às demais infrações".

6.1.2. Nos crimes de ação penal pública condicionada
(art. 5º, § 4º, do CPP)

6.1.2.1. Mediante representação do ofendido ou
de seu representante legal

Sendo o crime de ação pública condicionada à *representação* (também chamada de *delatio criminis* postulatória), o inquérito não poderá ser instaurado senão com o oferecimento desta.

Observações sobre a representação: a) natureza jurídica: é condição objetiva de procedibilidade; b) está sujeita a prazo decadencial (regra do art. 10 do Código Penal), que é de seis meses, contado do dia em que o ofendido vier a saber quem é o autor do crime (art. 38 do CPP), com exceção da Lei de Imprensa (Lei nº 5.250/67, art. 41, § 1º); c) a partir do novo Código Civil (Lei nº 10.406/02), a titularidade para o seu exercício cabe à própria vítima, se maior de 18 anos, ou ao seu representante legal, se incapaz, ficando tacitamente revogado o art. 34 do CPP e prejudicada a Súmula 594 do STF; d) será irretratável depois de oferecida a denúncia, conforme arts. 25 do CPP e 102 do CP; e) prescinde de qualquer formalidade, sendo necessária apenas a vontade inequívoca da vítima ou de seu representante legal, mesmo que irrogada na fase policial. Nesse sentido: STJ, RHC 14321/SP, DJ 17-09-2007.

6.1.2.2. Mediante requisição do Ministro da Justiça

A requisição é um ato político do Ministro da Justiça, que, sem vincular o Ministério Público, o autoriza a exercer a ação penal. Da mesma forma que a representação, a requisição do Ministro não exige forma especial, mas não está sujeita ao prazo decadencial de seis meses, vez que o CPP é omisso a respeito. Entende-se, assim, que pode ser oferecida a qualquer tempo, antes da extinção da punibilidade.

É necessária, entre outros, nos seguintes casos: a) art. 7º, § 3º, do CP; b) art. 141, inc. I, c/c art. 145, parágrafo único, do CP; c) art. 40, inc. I, *a*, 2ª figura, da Lei nº 5.250/67. Note-se, entretanto, que a primeira figura do art. 40, inc. I, *a*, da Lei nº 5.250/67 restou prejudicada por ter o STF, em 27-02-2008, no julgamento da ADPF 130 MC/DF, suspendido a aplicabilidade de vários dispositivos da Lei de Imprensa.

6.1.3. Nos crimes de ação penal privada (art. 5º, § 5º, do CPP)

Nos crimes de ação penal privada, a parte interessada deverá apresentar *requerimento* para instauração do inquérito, não podendo a autoridade policial proceder de ofício.

Concluído o inquérito de ação penal privada, os autos serão remetidos ao juízo competente, onde aguardarão a iniciativa do ofendido ou de seu representante legal, conforme disposição do art. 19 do CPP. Observe-se que o requerimento do ofendido não interrompe o prazo para o oferecimento de queixa, devendo o lapso previsto no art. 38 do CPP ser observado pelo querelante sob pena de decadência.

6.1.4. Indeferimento para a instauração do IP

Do despacho que indeferir o requerimento de abertura de inquérito policial caberá recurso para o chefe de Polícia, de acordo com o art. 5º, § 2º, do CPP, embora tal providência esteja hoje em desuso, já que o interessado deverá preferir representar ao Ministério Público, que, assim entendendo, *requisitará* a instauração do IP.

PL 4.209 – Art. 4º, § 5º, do CPP: "Da decisão que indeferir o requerimento de investigação, ou quando esta não for instaurada no prazo, poderá o interessado recorrer em cinco dias para a autoridade policial superior, ou representar ao Ministério Público".

6.1.5. O flagrante como forma de instauração do IP

O procedimento advindo com a prisão em flagrante é, também, uma das formas de instauração do inquérito policial, já que, posteriormente, serão encaminhadas a Juízo apenas as *peças complementares* (para *complementação* do auto de prisão em flagrante).

A única diferença está no prazo, bem mais exíguo para terminar, dada a prisão do agente: *O inquérito deverá terminar no prazo de 10 dias se o indiciado tiver sido preso em flagrante* (...). (art. 10, *caput*, do CPP).

Na verdade, havendo prisão em flagrante, teremos um inquérito policial cuja peça inicial é o auto de prisão em flagrante, e não a portaria.

6.2. O procedimento investigatório

São os arts. 6º e 7º do CPP que elencam os atos a serem realizados pela polícia judiciária, sempre com o objetivo de reunir elementos de convicção para a formação da *opinio delicti* do titular da ação penal.

O inquérito policial

Logo que tiver conhecimento da prática da infração penal, a autoridade policial deverá:

6.2.1. Dirigir-se ao local, providenciando para que não se alterem o estado e conservação das coisas, até a chegada dos peritos criminais

PL 4.209 – Art. 6º, inc. I, do CPP: "dirigir-se ao local, providenciando para que não se alterem o estado e conservação das coisas, preservando-o durante o tempo necessário à realização dos exames periciais".

O primeiro inciso do art. 6º do CPP reflete a primeira providência a ser tomada pela polícia judiciária: comparecer imediatamente ao local do crime e isolá-lo. A importância do *locus delicti*, preservado e inalterado, é inegável, pois dele certamente surgirão importantes elementos probatórios tendentes à elucidação do fato.

A par da investigação policial, é no local do crime que se produzirá o trabalho pericial, com a tomada de fotografias e realização de desenhos e esquemas elucidativos, devendo constar do respectivo laudo se houve alteração do estado das coisas e suas respectivas conseqüências (art. 169 do CPP). Os cadáveres serão fotografados sempre na posição em que forem encontrados (art. 164 do CPP), incumbindo aos peritos, nos crimes cometidos com destruição ou rompimento de obstáculo à subtração da coisa, ou por meio de escalada, a indicação dos instrumentos, dos meios e em que época presumem ter sido o fato praticado (art. 171 do CPP). No caso de incêndio, os peritos verificarão a causa e o lugar em que houver começado, o perigo que dele tiver resultado para a vida ou para o patrimônio alheio, a extensão do dano e o seu valor e as demais circunstâncias que interessarem à elucidação do fato (art. 173 do CPP).

6.2.2. Apreender os objetos que tiverem relação com o fato, após liberados pelos peritos criminais

Como os instrumentos do crime, bem como os objetos que interessarem à prova, devem acompanhar os autos do inquérito (art. 11 do CPP), nada mais correto do que determinar à polícia judiciária a apreensão de todas as coisas que tiverem relação com o fato, depois de liberadas pelos peritos. Para ingresso em domicílio alheio deverá a autoridade policial, eventualmente, representar pelo competente mandado judicial (art. 5º, inc. XI, da CF e arts. 240 e segs. do CPP).

O Código de Processo Penal disciplina duas formas de *busca* – domiciliar e pessoal –, inserindo a *apreensão*, apenas, como finalidade daquela, sem, no entanto, regulamentá-la (alíneas *b*, *c*, *d*, *f*, *g* do § 1º do art. 240). Certamente que a busca não se destina, sempre, à apreensão, como na busca para a prisão de foragidos. Da mesma forma, pode ser verificada a apreensão sem busca, como no caso da entrega espontânea, ou mesmo da hipótese ora abordada no inciso II do art. 6º do CPP.

6.2.3. Colher as provas que servirem para o esclarecimento do fato e suas circunstâncias – a distinção entre atos de investigação e atos de prova

A doutrina reconhece, de forma quase unânime, o caráter unicamente investigativo do inquérito policial. E investigação não se confunde com instrução. Objeto da primeira é a obtenção de dados informativos para que o órgão de acusação verifique se deve ou não propor a ação penal. Objeto do procedimento instrutório ou é a colheita de provas para demonstração da legitimidade da pretensão punitiva, ou do direito de defesa, ou então da formação da culpa quando se trata de processo da competência do Tribunal do Júri.

É por isso que tais atos, no que se refere à sua valoração jurídica, podem ser divididos em dois grupos: atos de investigação e atos de prova.

Investigar é pesquisar, indagar, buscar informações necessárias para a elucidação de um fato. Os atos de investigação, conforme Aury Lopes Jr. (*Direito Processual e sua Conformidade Constitucional*, vol. I, Rio de Janeiro: Lumen Juris, 2007, p. 291): a) não se referem a uma afirmação, mas a uma hipótese; b) estão a serviço da investigação preliminar, isto é, da fase pré-processual e para o cumprimento de seus objetivos; c) servem para formar um juízo de probabilidade, e não de certeza; d) não exigem estrita observância da publicidade, contradição e imediação, que podem ser restringidas; e) servem para a formação da *opinio delicti* do acusador; f) não estão destinados à sentença, mas a demonstrar a probabilidade do *fumus comissi delicti* para justificar o processo (recebimento da ação penal) ou o não-processo (arquivamento); g) também servem de fundamento para decisões interlocutórias de imputação (indiciamento) e adoção de medidas cautelares pessoais, reais ou outras restrições de caráter provisional; h) podem ser praticados pelo Ministério Público ou pela Polícia Judiciária.

Instruir, do latim *instruere*, significa erigir, construir, prover. Dessa feita, de acordo com o citado autor, os atos de prova: a) estão dirigidos a convencer o juiz da verdade de uma afirmação; b) estão a serviço do processo e integram o processo penal; c) dirigem-se a formar um juízo de certeza – tutela de segurança; d) servem à sentença; e) exigem estrita observância da publicidade, contradição e imediação; f) são praticados ante o juiz que julgará o processo.

O inquérito policial, a partir de tal distinção, somente pode produzir *atos de investigação*, o que acarretará, conforme veremos, uma relativização no seu valor probatório (v. item 10).

6.2.4. Ouvir o ofendido

Sempre que possível, o ofendido será qualificado e perguntado sobre as circunstâncias da infração, quem seja ou presuma ser o seu autor e as provas que possa indicar, devendo a autoridade policial tomar por termo as suas declarações.

A Lei nº 11.690, de 09 de junho de 2008, procurando resguardar a figura da vítima, trouxe alterações significativas ao seu procedimento de inquirição, acrescendo diversos parágrafos ao art. 201 do CPP. Embora tais dispositivos digam respeito especificamente à fase processual, alguns deles podem muito bem ser aplicados, desde já, na seara policial, como (a) a opção do ofendido de ser comunicado dos atos policiais a que deva comparecer via meio eletrônico, e (b) a reserva de espaço separado para o ofendido durante a sua inquirição na Delegacia de Polícia. Aliás, utilizando a analogia, é de bom alvitre que a autoridade policial tome providências no sentido de preservar a intimidade, a vida privada, a honra e a imagem do ofendido, bem como outras informações constantes dos autos do inquérito a seu respeito, tudo com o objetivo de evitar sua exposição aos meios de comunicação (novel § 6º do art. 201 do CPP).

PL 4.209 – Art. 20, § 1º, do CPP: "Durante a investigação, a autoridade policial, o Ministério Público e o juiz tomarão as providências necessárias à preservação da intimidade, vida privada, honra e imagem do investigado, do indiciado, do ofendido e das testemunhas, vedada sua exposição aos meios de comunicação".

6.2.5. Ouvir o indiciado, com observância, no que for aplicável, do disposto no Capítulo III do Título VII deste Livro, devendo o respectivo termo ser assinado por 2 (duas) testemunhas que lhe tenham ouvido a leitura

O indiciado – o PL 4.209 adota, aqui, o termo "investigado" – deverá ser interrogado pela autoridade policial, devendo esta observar, durante o ato, o rol de questionamentos explicitados no art. 187 do CPP (com redação dada pela Lei nº 10.792/03). Como não há contraditório na fase inquisitorial, o indiciado possui o direito constitucional de não responder às perguntas que lhe forem formuladas, devendo ser assegurada, no entanto, ao *interrogando preso*, a assistência da família e de advogado (art. 5º, inc. LXIII, da CF).

O termo de interrogatório deverá ser assinado pela autoridade policial, pelo escrivão, pelo interrogado e por *duas testemunhas que hajam presenciado a leitura*. Tais testemunhas não precisam presenciar o interrogatório em si, mas a sua leitura. Se o interrogado não souber escrever, não puder ou não quiser assinar, tal fato será consignado no termo (art. 195 do CPP).

6.2.6. Proceder a reconhecimento de pessoas e coisas e acareações

Reconhecer é identificar uma pessoa ou coisa. O reconhecimento pode ser *policial* (só é válido se ratificado em juízo ou se coerente com a prova produzida judicialmente) ou *judicial* (tem valor relativo, como todas as provas). A autoridade policial, para a realização do procedimento de reconhecimento de pessoas e coisas, deverá orientar-se pelo disposto nos arts. 226 a 228 do CPP. Porém, decidiu o STJ recentemente que a inobservância ao art. 226 do Código de Processo Penal, na seara policial, constitui nulidade relativa, sendo necessária a efetiva demonstração de prejuízo: HC 72.334/SP, DJ 06-08-2007.

Acarear é confrontar, ou seja, colocar frente a frente duas pessoas para que esclareçam divergências relevantes. Qualquer pessoa pode ser acareada, desde que esteja envolvida no inquérito (ou, posteriormente, no processo). A acareação se dá, em regra, entre presentes, mas o art. 230 do CPP permite tal procedimento entre ausentes, o que a doutrina denomina *confronto*.

6.2.7. Determinar, se for o caso, que se proceda a exame de corpo de delito e a quaisquer outras perícias

A determinação para realização de exames periciais durante a fase de inquérito é incumbência da autoridade policial, podendo tal providência igualmente ser requisitada pelo Ministério Público, titular exclusivo que é da ação penal pública, ou requerida pelas partes interessadas (ofendido e indiciado). No último caso, conforme o art. 14 do CPP, a diligência será, ou não, realizada, a juízo da autoridade. No entanto, se a diligência requerida pelas partes disser respeito ao *exame de corpo de delito*, o delegado de polícia não poderá negar seu pedido de realização (art. 184 do CPP).

PL 4.209 – Art. 14, parágrafo único, do CPP: "Quando o pedido for indeferido, o interessado poderá recorrer à autoridade policial superior, ou representar ao Ministério Público, objetivando a requisição da diligência".

Como veremos a seguir (item 6.3.1), a posição moderna da doutrina e da jurisprudência é considerar o investigado *sujeito de direitos*, e não mais mero *objeto da investigação*. Isso significa que o imputado não está, mesmo na seara policial, obrigado a produzir prova contra si mesmo, tendo direito ao silêncio e à autodefesa negativa (art. 5º, inc. LXIII, da CF).

Assim, se a apreensão do material corpóreo der-se *in loco* (como pêlos, cabelos ou gotas de sangue encontrados na cena do crime), ou se houver consentimento do suspeito na realização do exame (doação de sangue ou de esperma, para investigação do DNA, por exemplo), a autoridade policial poderá, invocando como fundamento o dispositivo ora em exame, determinar normalmente que se proceda ao exame. Problema surgirá no caso de necessidade de coleta de material a partir do corpo do investigado, havendo recusa deste em fornecê-lo. Tratando-se hoje de *sujeito de direitos*, conforme orientação mais atual, o suspeito não pode ser obrigado a nenhuma espécie de intervenção corporal, pois tem o direito, como dito, a permanecer em silêncio e a não produzir prova contra si mesmo.

6.2.8. Ordenar a identificação do indiciado pelo processo datiloscópico, se possível, e fazer juntar aos autos sua folha de antecedentes

Não se deve confundir indiciamento com identificação criminal, já que esta é somente o ato de tomar dados e impressões digitais do suspeito.

A par da regra explicitada no art. 6º, inc. VIII, do CPP, o Supremo Tribunal Federal, editando a Súmula 568, dispôs que a *identificação criminal não constitui constrangimento ilegal, ainda que o indiciado tenha sido identificado civilmente.*

Tais dispositivos, no entanto, são anteriores à regra insculpida no art. 5º, inc. LVIII, da CF, segundo a qual *o civilmente identificado não será submetido a identificação criminal, salvo nas hipóteses previstas em lei.* Trata-se de norma constitucional de aplicabilidade imediata, mas de eficácia contida, possuindo eficácia plena até que viesse restringida pelo legislador infraconstitucional.

Assim, a identificação datiloscópica, independentemente da identificação civil, tornou-se obrigatória no caso de indiciamento pela prática de crime organizado (art. 5º da Lei nº 9.034/95) e nas hipóteses elencadas no art. 3º da Lei nº 10.054/00.

Há, no entanto, entendimento do STJ no sentido de que o art. 3º da Lei nº 10.054/2000, ao enumerar os casos em que o civilmente identificado deve, necessariamente, sujeitar-se à identificação criminal, não fez constar, entre eles, a hipótese em que o acusado se envolve com a ação praticada por organizações criminosas, restando revogado o preceito contido no art. 5º da Lei nº 9.034/95. Nesse sentido: Superior Tribunal de Justiça, RCH 12.968/DF, DJ 20-09-2004.

6.2.9. Averiguar a vida pregressa do indiciado, sob o ponto de vista individual, familiar e social, sua condição econômica, sua atitude e estado de ânimo antes e depois do crime e durante ele, e quaisquer outros elementos que contribuírem para a apreciação do seu temperamento e caráter

Tal dispositivo assemelha-se ao chamado "interrogatório de qualificação", introduzido no § 1º do art. 187 do CPP pela Lei nº 10.792/03. Veja-se que, enquanto na fase inquisitorial a autoridade policial *averigua* a vida pregressa do indiciado, na fase judicial o magistrado *interroga* o réu.

Não obstante a coleta de dados sobre a vida pessoal do imputado seja uma providência importante, principalmente no que se refere à fixação da pena, à imposição e execução da multa, ao arbitramento de fiança e à aplicação de medida de segurança, tal análise, por complexa e subjetiva que é, deve ser tomada com cautela, a fim de que o Direito Penal do fato (pune-se o sujeito pelo que ele fez) não dê lugar ao Direito Penal do autor (pune-se o sujeito pelo que ele é), ofendendo o moderno princípio de culpabilidade.

6.2.10. Proceder à reprodução simulada dos fatos, desde que esta não contrarie a moralidade ou a ordem pública

De acordo com o art. 7º do CPP – no PL 4.209 tal providência é incluída entre aquelas dispostas no rol do art. 6º do CPP –, a autoridade policial, para melhor instruir a investigação, pode utilizar, ou requisitar ao órgão pericial, a reprodução simulada dos fatos, também conhecida como *reconstituição do crime*. Tal providência, no entanto, encontra limite na moralidade (como a reprodução de crimes sexuais) ou na ordem pública (como atos simulados que possam trazer risco de inundação ou desmoronamento, por exemplo).

O indiciado não está obrigado a participar da reconstituição do crime, já que tais atos constituiriam constrangimento ilegal ao qual não está obrigado a suportar (STF, HC 69.026/DF, DJ 04-09-1992). Além disso, como já dito, a posição moderna é considerar o investigado sujeito de direitos, e não mais mero objeto da investigação, não estando ele obrigado a produzir prova contra si mesmo, tendo direito ao silêncio e à autodefesa negativa (art. 5º, inc. LXIII, da CF).

Conforme o PL 4.209, instaurado o inquérito, as diligências de *reconhecimento de pessoas e coisas* e *reprodução simulada dos fatos* deverão ser realizadas com prévia ciência do Ministério Público e intimação do ofendido e do investigado.

6.3. O indiciamento

Indiciar significa imputar a alguém, no inquérito policial, a prática da infração penal sempre que houver razoáveis indícios da sua autoria. Com o indiciamento, todas as investigações passam a se concentrar sobre a pessoa do indiciado. Se o indiciamento for realizado sem a presença do indiciado, ele é chamado de *indiciamento indireto*.

Embora o indiciamento permaneça a critério subjetivo da autoridade policial, já que a legislação processual penal não estabelece regras precisas para a sua realização, não é ele ato arbitrário, devendo ser levado a efeito em face da existência de fortes indícios que garantam a ligação do sujeito à conduta penal. A mera suspeita ou a simples opinião desfavorável a respeito de alguém não pode, por si só, levar ao indiciamento, sob pena de caracterização de constrangimento ilegal.

PL 4.209 – Art. 8º do CPP: "Reunidos os elementos informativos tidos como suficientes, a autoridade policial cientificará o investigado, atribuindo-lhe, fundamentalmente, a situação jurídica de indiciado, com as garantias dela decorrentes. § 1º O indiciado, comparecendo, será interrogado com expressa observância das garantias constitucionais e legais. § 2º O indiciado será identificado datiloscopicamente nas hipóteses previstas em lei. § 3º A autoridade policial deverá colher informações sobre a vida pregressa do indiciado, sob o ponto de vista individual, familiar e social, sua condição econômica, e outros dados que contribuam para a verificação de sua personalidade. § 4º A autoridade deverá informar ao indiciado a importância do endereço por ele fornecido, para efeito de citação e intimação, bem como sobre o dever de comunicar qualquer mudança de endereço".

6.3.1. A situação jurídica do indiciado

É comum encontrar na doutrina a afirmação de que o indiciado, no curso do inquérito policial, é tão-somente *objeto de investigação*, tornando-se *sujeito de direitos* apenas na segunda fase da persecução penal.

Uma interpretação conforme a Constituição leva, hoje, à mudança de paradigma. A unilateralidade das investigações preparatórias da ação penal não autoriza a polícia judiciária a desrespeitar garantias jurídicas que assistem ao indiciado, cuja inobservância, pelos agentes do Estado, além de eventualmente induzir-lhes a responsabilidade penal por abuso de poder, pode ainda gerar a absoluta desvalia das provas ilicitamente obtidas no curso da investigação policial (STF, HC 73.271/SP, j. 19-03-1996).

Decidiu o Supremo Tribunal Federal (RHC 89.550/SP, j. 27-03-2007), recentemente, que nas democracias mesmo os autores de crimes são sujeitos de direitos, não perdendo essa qualidade para transformarem-se em objetos processuais. São pessoas, inseridas entre aquelas beneficiadas pela afirmação constitucional da sua dignidade, sendo inadmissível a sua exclusão social e a sua "coisificação" processual.

6.3.2. O indiciado menor

De acordo com o art. 15 do CPP, *se o indiciado for menor, ser-lhe-á nomeado curador pela autoridade policial*. Trata-se, certamente, do maior de 18 e menor de 21 anos, já que, para os menores de 18 anos, o procedimento a ser aplicado está disposto no Estatuto da Criança e do Adolescente (Lei nº 8.069/90).

O curador tinha a função de tutelar e orientar o menor de 21 anos nos interrogatórios policial e judicial, zelando pela sua integridade física e psíquica e suprindo-lhe eventual deficiência trazida pela imaturidade.

Ocorre que, com o advento do novo Código Civil (Lei nº 10.406/02), *a menoridade cessa aos 18 (dezoito) anos completos, quando a pessoa fica habilitada à prática de todos os atos da vida civil.* Veja-se que, com a evolução da sociedade, se evidenciou a prescindibilidade de proteção do maior de 18 anos com as cautelas exigidas anteriormente.

A relativização da imprescindibilidade de curador, que já havia sido proclamada pelo STF (Súmula 352), torna-se ainda mais evidente em face do advento da Lei nº 10.792/03, que revogou o art. 194 do CPP e eliminou a presença de curador para o interrogatório judicial do réu menor de 21 anos. Não obstante o art. 564, inc. III, *c*, do CPP preveja nulidade pela não-nomeação de curador ao réu menor de 21 anos, deve-se entender como tal o acusado incapaz para a prática dos atos da vida civil. O entendimento majoritário, portanto, é pela revogação tácita do art. 15 do CPP. Nesse sentido: STJ, RHC 16.947/PR, DJ 28-03-2005.

O PL 4.209, no entanto, mantém a necessidade de nomeação de curador ao indiciado menor, nos seguintes termos (art. 15 do CPP): *Se o indiciado for menor, a autoridade nomeará curador para assisti-lo, preferencialmente advogado, vedada a nomeação de pessoa analfabeta e de servidor da Polícia Judiciária, do Ministério Público ou do Poder Judiciário.*

6.3.3. Investigado membro do Ministério Público ou da Magistratura

Se o investigado pela prática da infração penal for membro do Ministério Público, a autoridade policial não poderá indiciá-lo, devendo remeter *imediatamente, sob pena de responsabilidade, os respectivos autos ao Procurador-Geral de Justiça, a quem competirá dar prosseguimento à apuração.* É a aplicação do art. 41, inc. II e parágrafo único, da Lei nº 8.625/93.

Semelhante dispositivo contém a Lei Orgânica da Magistratura Nacional (Lei Complementar nº 35/79), no seu art. 33, parágrafo único.

6.3.4. A incomunicabilidade do indiciado

Conforme o art. 21, *caput*, do CPP, a *incomunicabilidade do indiciado dependerá sempre de despacho nos autos e somente será permitida quando o interesse da sociedade ou a conveniência da investigação o exigir.*

O entendimento moderno, no entanto, é no sentido de que o art. 21 do CPP não foi recepcionado pela Constituição Federal. Isso porque, se até mesmo durante o Estado de Defesa, quando então se mostra possível a suspensão de garantias individuais, é vedada a incomunicabilidade do preso (art. 136, § 3º, inc. IV, da CF), com muito mais razão não poderia ser ela decretada no âmbito do inquérito policial, em estado de plena normalidade. Essa é a posição de Tourinho Filho, Mirabete e Nucci. Na mesma esteira, decidiu o STJ: RHC 11.124/RS, DJ 24-09-2001.

PL 4.209 – Art. 21 do CPP: "É vedada a incomunicabilidade do preso".

6.4. O encerramento

Com a conclusão das investigações, a *autoridade fará minucioso relatório do que tiver sido apurado e enviará os autos ao juiz competente* (art. 10, § 1º, do CPP). Em tal relatório, a autoridade policial poderá indicar testemunhas que não tiverem sido inquiridas, mencionando o lugar onde possam ser encontradas (art. 10, § 2º, do CPP), e fará acompanhar, aos autos do inquérito, os instrumentos do crime e os objetos que interessarem à prova (art. 11 do CPP).

PL 4.209 – Art. 9.º, § 4.º, do CPP: "Encerrada a investigação, a autoridade policial remeterá as demais peças de informação, documentadas em autos suplementares, e com relatório, ao Ministério Público".

Quando as investigações disserem respeito a crimes relacionados a drogas, a autoridade de polícia judiciária, ao remeter aos autos do inquérito a juízo, deverá relatar sumariamente as circunstâncias do fato, *justificando as razões que a levaram à classificação do delito,* indicando a quantidade e natureza da substância ou do produto apreendido, o local e as condições em que se desenvolveu a ação criminosa, as circunstâncias da prisão, a conduta, a qualificação e os antecedentes do agente (art. 52, inc. I, da Lei nº 11.343/06). Trata-se, como se vê, de um *indiciamento motivado.*

PL 4.209 – Art. 16 do CPP: "Todos os atos da autoridade policial e do Ministério Público deverão indicar os fatos que os determinaram e ser fundamentados".

Se, durante a investigação, foi determinada ou autorizada a interceptação de comunicação telefônica ou de dados, esta ocorrerá em autos apartados, apensados aos autos do inquérito policial, preservando-se o sigilo das diligências. A apensação, neste caso, somente poderá ser realizada imediatamente antes do relatório da autoridade policial (art. 8º da Lei nº 9.296/96).

Finalmente, de acordo com o art. 23 do CPP, ao fazer a remessa dos autos do inquérito ao juiz competente (registre-se, uma vez mais, que, conforme o Projeto de Lei 4.209/01, a remessa do IP passaria a se dar ao Ministério Público), a autoridade policial oficiará ao Instituto de Identificação e Estatística, ou repartição congênere, mencionando o juízo a que tiverem sido distribuídos, e os dados relativos à infração penal e à pessoa do indiciado.

PL 4.209 – Art. 23 do CPP: "Ao remeter os autos da investigação ao Ministério Público, a autoridade policial oficiará ao órgão competente, transmitindo as informações necessárias à estatística criminal".

6.5. O prazo para conclusão

O art. 10, *caput*, do CPP estabelece prazos distintos para a conclusão do inquérito policial.

Quando o indiciado estiver em liberdade, tal prazo é de trinta dias, contado a partir do recebimento da *notitia criminis*. Se o inquérito não for concluído em tal período, a autoridade poderá requerer ao juiz a devolução dos autos, para ulteriores diligências, sempre que o fato seja de difícil elucidação (art. 10, § 3º, do CPP). Trata-se, como dito, de hipótese em que o indiciado está solto. Embora o Código de Processo Penal seja omisso a respeito, exige-se, aqui, a oitiva prévia do Ministério Público que, como *dominus litis*, poderá apontar as diligências que entenda necessárias para o completo deslinde das investigações.

Se o indiciado está preso, o prazo para conclusão do inquérito policial é de dez dias, contado a partir da data em que se executar a prisão. Embora existam doutrinadores, como Fernando Capez, defendendo que o prazo ora comentado possui natureza processual, começando, assim, a ser contado a partir do dia seguinte à data da efetiva prisão, entendemos que o prazo é *material*, devendo ser obedecida a regra do art. 10 do Código Penal. Dessa feita, se o sujeito é preso em flagrante no dia 5, a autoridade policial tem até o final do expediente do dia 14 para remeter o inquérito a Juízo. A diferença, como se vê, tem o objetivo de beneficiar o agente.

PL 4.209 – Art. 10 do CPP: "O inquérito policial, em qualquer caso, deverá ser concluído no prazo de sessenta dias, contados do conhecimento da infração penal pela autoridade policial, salvo se o indiciado estiver preso, quando o prazo será de vinte dias. § 1º Excedido qualquer dos prazos assinados à polícia judiciária, o ofendido poderá recorrer à autoridade policial superior ou representar ao Ministério Público, objetivando a finalização do inquérito e a determinação da responsabilidade da autoridade e de seus agentes".

6.5.1. Prazos especiais

a) na Justiça Federal: de acordo com o art. 66 da Lei nº 5.010/66, o prazo é de 15 dias, estando preso o indiciado, podendo ser prorrogado por mais 15, mediante pedido fundamentado da autoridade policial e deferimento judicial. Se o indiciado estiver solto, o prazo segue a regra comum, ou seja, será de 30 dias;

b) nos crimes contra a economia popular: o art. 10, § 1º, da Lei nº 1.521/51 prevê o prazo de 10 dias, estando preso ou solto o indiciado;

c) na Lei de Drogas: o art. 51 da Lei nº 11.343/06 prevê que o inquérito policial será concluído no prazo de 30 dias, se o indiciado estiver preso, e de 90 dias, quando solto. Tais prazos, de acordo com o parágrafo único do mesmo dispositivo, poderão ser duplicados pelo juiz, ouvido o Ministério Público, mediante pedido justificado da autoridade de polícia judiciária;

d) no inquérito policial militar: segundo o art. 20 do Código de Processo Penal Militar (Decreto-lei nº 1.002/69), o IPM tem o prazo de 20 dias para ser concluído, se o indiciado estiver preso (o prazo é contado da data em que se executar a ordem de prisão), ou 40 dias, prorrogáveis por outros 20, se estiver solto (o prazo é contado a partir da data em que se instaurar o inquérito);

e) questão tormentosa é trazida pelo § 4º do art. 2º da Lei dos Crimes Hediondos (Lei nº 8.072/90), incluído pela Lei nº 11.464/07, que prevê o prazo de 30 dias, prorrogável por mais 30, caso seja decretada a prisão temporária (Lei nº 7.960/89) pela prática de crimes hediondos, tortura, tráfico ilícito de entorpecentes e drogas afins e terrorismo. Tal interregno, como se vê, é bem superior aos 5 dias previstos no art. 2º, *caput*, da Lei nº 7.960/89. O legislador, neste caso, optou pela necessidade de uma investigação mais aprofundada e detalhada, em face da gravidade da infração penal, ampliando o prazo para a prisão. Dessa forma, a autoridade policial terá o prazo de 30 dias para concluir as investigações, com a possibilidade de prorrogação por igual período.

6.5.2. A compensação de prazos

Como o Estado, na persecução criminal, tem o prazo de 15 dias, em regra, para iniciar a ação penal contra o agente preso (10 dias para conclusão do inquérito + 5 dias para o oferecimento da denúncia), o Superior Tribunal de Justiça tem admitido, excepcionalmente, a compensação de prazos, ficando superada a alegação de constrangimento ilegal pelo excesso de prazo para a conclusão do IP.

Assim, se o delegado de polícia remete a Juízo inquérito com indiciado preso no 13º dia, e o membro do Ministério Público oferece denúncia nos outros dois dias, estaria respeitada a regra dos 15 dias para o início do processo criminal, admitindo-se a compensação de prazos para a manutenção da segregação cautelar do agente. Nesse sentido: STJ, HC 79.641/RS, DJ 03-12-2007.

Aliás, há farta jurisprudência do STJ no sentido de que, com o oferecimento da denúncia, fica prejudicada a alegação de constrangimento ilegal por excesso de prazo para a conclusão do inquérito policial (A propósito: STJ, HC 41.862, DJ 24-04-2006).

6.6. O arquivamento

De acordo com o art. 17 do CPP, a autoridade policial não poderá mandar arquivar autos de inquérito (o PL 4.209 fala em "autos da investigação"), já que não poderá valorar os elementos probatórios que ela mesma colheu. É por isso que tal providência só caberá ao juiz, mediante requerimento fundamentado do Ministério Público, titular que é da ação penal pública (art. 129, inc. I, da CF).

Evidentemente que a autoridade poderá deixar de instaurar o inquérito policial inexistindo justa causa. Segundo o STJ, "o trancamento do IP somente é viável ante a cabal e inequívoca demonstração da atipicidade do fato ou da completa inexistência de qualquer indício de autoria em relação ao paciente" (HC 70.599/SP, DJ 15-10-2007). Aliás, o Superior Tribunal de Justiça vem, reiteradamente, decidindo que não há justa causa para a instauração de inquérito policial com o fim de apurar crime de sonegação fiscal (art. 1º da Lei nº 8.137/90) quando o suposto crédito fiscal ainda pende de lançamento definitivo, uma vez que a inexistência deste impede a configuração do delito. Nesse sentido: STJ, RCH 18.875/SP, DJ 06-08-2007.

6.6.1. O art. 28 do Código de Processo Penal

O STF já decidiu que peças informativas referentes a crime de ação pública não podem ser arquivadas pelo juiz, ou pelo Tribunal, sem a manifestação do Ministério Público (RT 540/417). Ou seja, não se pode arquivar o inquérito de ofício, já que o pedido deve ser formulado pelo Ministério Público (art. 129, inc. I, da CF). Inclusive, se o fizer, o despacho judicial será passível de ser atacado por correição parcial (que no âmbito da Justiça Federal, está prevista no art. 6º, inc. I, da Lei nº 5.010/66; no Rio Grande do Sul, a correição parcial encontra fundamento no art. 195 do COJE). No entanto, discordando da promoção ministerial, o magistrado deverá aplicar a regra disposta no art. 28 do CPP, remetendo os autos ao Procurador-Geral, que poderá (a) oferecer denúncia, (b) designar outro órgão do Ministério Público para oferecê-la, ou (c) insistir no arquivamento, quando então o juiz estará obrigado a atendê-lo.

No caso de o Procurador-Geral designar outro membro do Ministério Público para o oferecimento da denúncia, o entendimento dominante é de que o designado está obrigado a fazê-lo, uma vez que não atua em nome próprio, mas por delegação, não se falando em ofensa ao princípio da independência funcional (art. 127, § 1º, da CF).

O Conselho Superior do Ministério Público do Rio Grande do Sul, editando a Súmula 03/94, dispôs que: "As designações feitas nos termos do art. 28 do Código de Processo Penal, e do art. 9º, § 4º, da Lei nº 7.347/85, não ofendem o princípio da independência funcional, incorrendo o designado, em caso de descumprimento, em falta disciplinar, ressalvadas as hipóteses de suspeição e impedimento suscitadas na forma da lei".

Registre-se, ainda, que o art. 28 do CPP é utilizado por analogia quando, reunidos os pressupostos legais permissivos da suspensão condicional do processo (art. 89 da Lei nº 9.099/95), o membro do Ministério Público recusa-se a propô-la (Súmula 696 do STF).

6.6.1.1. Crimes de atribuição originária do Procurador-Geral

Não cabe a aplicação do art. 28 do CPP nos crimes de atribuição originária do Procurador-Geral, na hipótese de promoção de arquivamento do inquérito policial ou de peças de informação. Como vem decidindo o STJ, "é incontrastável o poder jurídico-processual do Chefe do Ministério Publico que requer, na condição de *dominus litis*, o arquivamento judicial de qualquer inquérito ou peça de informação. Inexistindo, a critério do Procurador-Geral, elementos que justifiquem o oferecimento de denúncia, não pode o Tribunal, ante a declarada ausência de formação da *opinio delicti*, contrariar o pedido de arquivamento deduzido pelo Chefe do Ministério Público. Precedentes do

Supremo Tribunal Federal (Inq n. 510/DF, Rel. Min. Celso de Mello *in* DJ de 19.4.91)" (HC 64.564/GO, DJ 09-04-2007).

Há previsão, no entanto, de reexame administrativo proposto pelo legítimo interessado ao Colégio de Procuradores, na forma do art. 12, inc. XI, da Lei Orgânica Nacional do Ministério Público (Lei nº 8.625/93).

6.6.1.2. Arquivamento postulado pelo Ministério Público Federal

A promoção de arquivamento feita por Procurador da República e rejeitada por juiz federal é analisada pelas "Câmaras de Organização e Revisão" do MPF, compostas *por 3 (três) membros do Ministério Público Federal, sendo 1 (um) indicado pelo Procurador-Geral da República e 2 (dois) pelo Conselho Superior, juntamente com seus suplentes, para um mandato de 2 (dois) anos, dentre integrantes do último grau da carreira, sempre que possível* (art. 60 da Lei Complementar nº 75/93). Tal órgão colegiado tem, entre outras, a atribuição de *manifestar-se sobre o arquivamento de inquérito policial, inquérito parlamentar ou peças de informação, exceto nos casos de competência originária do Procurador-Geral* (art. 62, inc. IV). As Câmaras de Organização e Revisão estão regulamentadas pela Resolução 6/93, do Conselho Superior do Ministério Público Federal, posteriormente alterada pela Resolução 20/96.

6.6.2. Decisão em regra irrecorrível

O despacho judicial que determinar o arquivamento do inquérito é, em regra, irrecorrível, havendo duas exceções previstas em lei: a) nos crimes contra a cconomia popular, em relação aos quais é previsto o recurso de ofício (art. 7º da Lei nº 1.521/51); e b) nas contravenções penais previstas nos arts. 58 e 60 do Decreto-lei nº 6.259/44, em relação às quais é previsto o recurso em sentido estrito (conforme Lei nº 1.508/51).

Há entendimento jurisprudencial referindo que a Lei nº 8.137/90, disciplinando de maneira nova e integral a matéria referente a alguns crimes previstos na Lei nº 1.521/51, não dispôs sobre o *recurso de ofício*, previsto no art. 7º da última, devendo interpretar-se a questão residualmente: apenas no tocante aos dispositivos não abrangidos pela nova sistemática caberá o recurso oficial obrigatório previsto na Lei nº 1.521/51(TACRIM-SP/RO 690.553-5 – Rel. Marrey Neto, RJD 14/212).

6.6.3. Arquivamento e ação penal privada subsidiária

Como o Ministério Público, ao promover o arquivamento do inquérito policial, não foi omisso ou inerte, não se admite o oferecimento, neste caso, de ação penal privada subsidiária da pública. Tal entendimento encontra-se pacificado nos Tribunais Superiores. O STJ, aliás, tem decidido que "a ação penal privada subsidiária só tem cabimento nas hipóteses em que configurada a inércia do Ministério Público, ou seja, quando transcorrido o prazo para o oferecimento da denúncia o Parquet não a apresenta, não requer diligências, tampouco pede o arquivamento" (HC 64.564/GO, DJ 09-04-2007).

6.6.4. Arquivamento por falta de provas

De acordo com o art. 18 do CPP, *Depois de ordenado o arquivamento do inquérito pela autoridade judiciária, por falta de base para a denúncia, a autoridade policial po-*

derá proceder a novas pesquisas, se de outras provas tiver notícia. No mesmo sentido foi editada a Súmula 524 do STF: *Arquivado o inquérito policial por despacho do juiz, a requerimento do promotor de justiça, não pode a ação penal ser iniciada, sem novas provas.*

> *PL 4.209* – Art. 18 do CPP: "Arquivados os autos da investigação, por falta de base para a denúncia, havendo notícia de outras provas, a autoridade policial deverá proceder a novas diligências, de ofício, ou mediante requisição do Ministério Público".

Verifica-se, assim, que a decisão que determina o arquivamento do IP por falta de provas *não faz coisa julgada material*, podendo ser revista a qualquer tempo, desde que novas provas surjam.

O Superior Tribunal de Justiça vem exigindo três requisitos necessários à caracterização da prova autorizadora do desarquivamento de inquérito policial: "a) que seja formalmente nova, isto é, sejam apresentados novos fatos, anteriormente desconhecidos; b) que seja substancialmente nova, isto é, tenha idoneidade para alterar o juízo anteriormente proferido sobre a desnecessidade da persecução penal; c) seja apta a produzir alteração no panorama probatório dentro do qual foi concebido e acolhido o pedido de arquivamento. Preenchidos os requisitos – isto é, tida a nova prova por pertinente aos motivos declarados para o arquivamento do inquérito policial, colhidos novos depoimentos, ainda que de testemunha anteriormente ouvida, e diante da retificação do testemunho anteriormente prestado –, é de se concluir pela ocorrência de novas provas, suficientes para o desarquivamento do inquérito policial e o conseqüente oferecimento da denúncia" (STJ, RHC 18.561/ES, DJ 01-08-2006).

6.6.5. Arquivamento na ação penal privada

Como a ação penal privada é orientada pelo princípio da oportunidade e conveniência, torna-se desnecessário eventual pedido de arquivamento formulado pelo querelante, que, entendendo inexistentes elementos para o oferecimento da queixa, basta deixar transcorrer *in albis* o prazo decadencial previsto no art. 38 do CPP. Caso o ofendido insista e promova o arquivamento do IP, o pedido deverá ser tomado como renúncia expressa ao direito de queixa, ensejando a extinção da punibilidade do querelado nos moldes do art. 107, inc. V, do CP.

6.6.6. Arquivamento implícito

Pode acontecer que a autoridade policial, ao concluir o inquérito, indicie *A* e *B* por determinado delito, ou indicie *A* por dois ou mais crimes. Ao oferecer a denúncia, o membro do Ministério Público, por sua vez, deixa de referir um dos agentes ou um dos fatos registrados no inquérito pela autoridade policial. O juiz, diante do ocorrido, deverá aplicar o art. 28 do CPP, remetendo os autos ao Procurador-Geral. Caso o juiz também silencie diante da omissão ministerial, terá ocorrido o arquivamento implícito, que pode ser *subjetivo* (quando se referir a agentes investigados) ou *objetivo* (quando se referir a fatos investigados).

É grande a celeuma sobre a real existência da figura do *arquivamento implícito* no processo penal brasileiro, prevalecendo o entendimento de que não cabe, já que o próprio art. 28 do CPP exige *razões invocadas* pelo Ministério Público. O Superior Tribunal de Justiça, aliás, decidiu que o "oferecimento de denúncia em desfavor de alguns dos indiciados ou investigados em inquérito não implica em pedido de arquivamento implícito em relação aos demais, mas tão-somente indica não ter vislumbrado o membro do parquet, naquele momento, a presença de materialidade e indícios suficientes de autoria convergentes para os não-denunciados" (STJ, RHC, 17.231, DJ 10-10-2005). Além disso, merece ser dito que o Ministério Público pode aditar a denúncia, até a sentença, incluindo co-réu no rol dos denunciados, à luz do art. 569 do CPP, desde que presentes os requisitos do art. 41 do diploma adjetivo penal.

6.6.7. Arquivamento indireto

Ocorre quando o membro do Ministério Público deixa de oferecer denúncia por entender que o Juízo é incompetente para a ação penal. Sobre o tema: STJ, CAt 43/SC (Conflito de Atribuições), DJ 04-08-1997.

Inviável, segundo entendemos, tal situação, já que o Ministério Público, como *dominus litis* e diante de prova da materialidade e indícios da autoria, deve promover ao juízo requerendo que decline da sua competência e remeta os autos ao magistrado competente. Assim agindo, poderá suscitar eventual conflito de competência, caso os dois magistrados se declarem competentes para o julgamento do caso. A simples inércia ministerial, portanto, recusando-se ao oferecimento da denúncia, não pode ser tomada como "arquivamento indireto".

6.6.8. Inquérito policial e extinção da punibilidade

Quando constatada a prescrição pela pena em abstrato ou qualquer outra causa extintiva da punibilidade, o Ministério Público deverá postular pelo reconhecimento judicial expresso da extinção da punibilidade. Exemplos: a) o art. 34 da Lei nº 9.249/95 prevê a extinção da punibilidade dos crimes contra a ordem tributária quando o pagamento integral do débito ocorrer antes do recebimento da denúncia; b) a Lei nº 9.964/00 (art. 15) criou a curiosa figura da *suspensão da pretensão punitiva*, em relação aos crimes previstos nos arts. 1º e 2º da Lei nº 8.137/90 e no art. 95 da Lei nº 8.212/91 (este último encontra-se revogado pela Lei nº 9.983/00, que deslocou vários dos tipos penais ali previstos para a Parte Especial do CP), durante o período em que a pessoa jurídica relacionada com o agente dos aludidos crimes estiver incluída no Refis, desde que a inclusão no referido Programa tenha ocorrido antes do recebimento da denúncia; c) a Lei nº 10.684/03 estendeu tal *suspensão da pretensão punitiva* a quaisquer débitos relativos aos crimes previstos nos arts. 1º e 2º da Lei nº 8.137/90 e nos arts. 168-A e 337-A do CP, durante o período em que a pessoa jurídica relacionada com os agentes dos citados crimes estiver submetida a regime de *parcelamento*, independentemente de inscrição no Refis (art. 9º); d) o art. 35-C da Lei nº 8.884/94, com redação dada pela Lei nº 10.149/00, prevê o *acordo de leniência* para pessoas que colaborarem com as investigações, tendo como conseqüência a suspensão do prazo prescricional e o impedimento do oferecimento de denúncia.

6.6.9. O arquivamento do inquérito e o PL 4.209/01

O Projeto de Lei 4.209 prevê substancial alteração no procedimento relativo ao arquivamento do inquérito policial, referindo que cópias da promoção de arquivamento e das principais peças dos autos serão pelo *Parquet* remetidas, no prazo de três dias, a órgão superior do Ministério Público, sendo intimados dessa providência, em igual prazo, mediante carta registrada, com aviso de retorno, o investigado ou indiciado e o ofendido, ou quem tenha qualidade para representá-lo. Se as aludidas cópias não forem encaminhadas no prazo estabelecido, o investigado, o indiciado ou o ofendido poderá solicitar a órgão superior do Ministério Público que as requisite.

Até que, em sessão de órgão superior do Ministério Público, seja ratificada ou rejeitada a promoção de arquivamento, poderão o investigado ou indiciado e o ofendido, ou quem tenha qualidade para representá-lo, apresentar razões escritas. A promoção de arquivamento, com ou sem razões dos interessados, será submetida a exame e deliberação de órgão superior do Ministério Público, na forma estabelecida em seu regimento. O relator da respectiva deliberação poderá, quando o entender necessário, requisitar os autos originais, bem como a realização de quaisquer diligências reputadas indispensáveis.

Ratificada a promoção, o órgão superior do Ministério Público ordenará a remessa dos autos ao juízo competente, para o arquivamento e declaração da cessação de eficácia das medidas cautelares eventualmente concedidas. Se, ao invés de ratificar o arquivamento, concluir o órgão superior pela viabilidade da ação penal, designará outro representante do Ministério Público para oferecer a denúncia.

Tal Projeto de Lei aguarda, como antes referido, final deliberação parlamentar e conseqüente sanção presidencial para ser convertido em lei.

7. A DEVOLUÇÃO DO INQUÉRITO PARA DILIGÊNCIAS

O art. 16 do CPP permite que o Ministério Público requeira a devolução do inquérito à autoridade policial para que esta proceda a novas diligências, desde que estas sejam *imprescindíveis* ao oferecimento da denúncia.

O juiz deve, como regra, deferir o requerimento ministerial, pois nada poderá fazer se não houver denúncia do titular da ação penal.

Nesse sentido, de acordo com o STF, "Não cabe, em regra, ao Poder Judiciário, substituindo-se, indevidamente, ao membro do Ministério Público, formular juízo em torno da necessidade, ou não, da adoção de medidas probatórias reputadas indispensáveis, pelo 'dominus litis', à formação de sua convicção a propósito da ocorrência de determinada infração penal, ressalvada, no entanto, a possibilidade de controle jurisdicional sobre a licitude de tais diligências de caráter instrutório" (Inquérito 2.041/MG, decisão em 30-09-2003).

Caso a diligência pedida seja meramente protelatória, o magistrado deve solicitar a interferência da Procuradoria-Geral, a fim de garantir o regular andamento da investigação ou do processo. Se o membro do Ministério Público, discordando, quiser atacar a decisão indeferitória, deverá utilizar a correição parcial.

PL 4.209 – Art. 9.º, § 2º, do CPP: "Recebendo os autos, o Ministério Público poderá: I – oferecer denúncia; II – promover o arquivamento da investigação, consoante o art. 28; III – aguardar por até trinta dias as diligências especificadas pela autoridade que presidiu a investigação; IV – requisitar, fundamentadamente, a realização de diligências complementares, indispensáveis ao oferecimento da denúncia, que deverão ser realizadas em, no máximo, trinta dias. § 3º A requisição de diligências, na forma prevista no parágrafo anterior, não obsta, se for o caso, ao oferecimento da denúncia. (...) § 5º Recebendo os autos suplementares, após efetivamente realizadas as diligências especificadas ou requisitadas, o Ministério Público somente poderá oferecer denúncia ou promover o arquivamento, consoante o disposto no art. 28".

8. A CIRCUNSCRIÇÃO POLICIAL

Conforme o art. 22 do CPP, *No Distrito Federal e nas comarcas em que houver mais de uma circunscrição policial, a autoridade com exercício em uma delas poderá, nos inquéritos a que esteja procedendo, ordenar diligências em circunscrições de outra, independentemente de precatórias ou requisições, e bem assim providenciará, até que compareça a autoridade competente, sobre qualquer fato que ocorra em sua presença, noutra circunscrição.*

Em se tratando de investigação levada a cabo pela polícia judiciária, procedida da instauração de inquérito policial, não há que se falar em competência, mas em circunscrição. E essa divisão territorial é estabelecida meramente com o intuito de organizar a atuação administrativa, inexistindo qualquer óbice legal à realização de diligências em circunscrição distinta daquela onde se tem em andamento um inquérito policial (STJ, RMS 13.813/SP, DJ 02-08-2004).

Circunscrição equivale à competência do juiz e significa a divisão territorial existente em determinadas cidades onde a autoridade policial exerce as suas funções. Assim, o delegado de polícia de uma circunscrição pode colher provas e realizar diligências na circunscrição de outra autoridade policial, ainda que na mesma cidade. Decorrência disso existe quando o agente, sendo perseguido e passando ao território de outro município ou comarca, poderá ser preso pelo executor (perseguidor), no lugar onde for alcançado, sendo imediatamente apresentado à autoridade local (art. 290 do CPP).

PL 4.209 – Art. 22 do CPP: "A autoridade policial poderá, no curso da investigação, ordenar a realização de diligências em outra circunscrição territorial, independentemente de requisição ou precatória; assim como tomar as providências necessárias sobre qualquer fato que ocorra em sua presença, noutra circunscrição, comunicando-as à respectiva autoridade".

8.1. Atos policiais e circunscrição diversa

Como a polícia não exerce jurisdição, não se pode imputar aos atos policiais qualquer vício decorrente de incompetência *ratione loci*. Não há que se falar, portanto, em nulidade de auto de prisão em flagrante pelo fato de serem os policiais-condutores de circunscrição territorial diversa daquela em que ocorreu a prisão. Nesse sentido: STJ, HC 11.867/RJ, DJ 17-04-2000.

9. CRIME PRATICADO POR AUTORIDADE QUE DISPÕE DE FORO PRIVILEGIADO

Recaindo a investigação sobre autoridade que possui foro privilegiado, nada obsta a instauração do inquérito policial. No entanto, a investigação tramitará sob o controle direto do tribunal competente para o julgamento do investigado, exercido pelo relator a quem for distribuído o expediente.

Observe-se, no entanto, que a competência penal originária por prerrogativa de função não desloca, por si só, as funções de polícia judiciária para o tribunal respectivo. A remessa do inquérito policial em curso ao tribunal competente para eventual ação penal e sua imediata distribuição a um relator não faz deste "autoridade investigadora", mas apenas lhe comete as funções, jurisdicionais ou não, ordinariamente conferidas ao juiz de primeiro grau, na fase pré-processual das investigações.

Sobre o tema: STF, RHC 84903/RN, DJ 04-02-2005. No mesmo sentido: *Competência. Parlamentar. Senador. Inquérito policial. Imputação de crime por indiciado. Intimação para comparecer como testemunha. Convocação com caráter de ato de investigação. Inquérito já remetido a juízo. Competência do STF. Compete ao Supremo Tribunal Federal supervisionar inquérito policial em que Senador tenha sido intimado para esclarecer imputação de crime que lhe fez indiciado* (STF, Rcl 2349/TO, DJ 05-08-2005).

10. O VALOR PROBATÓRIO DO INQUÉRITO POLICIAL

Não obstante se chamem *provas* os elementos produzidos na fase policial, deve-se fazer distinção entre a fase da investigação, onde a polícia judiciária colhe indícios probatórios contra o indiciado, a fim de auxiliar o Ministério Público na formação da *opinio deliciti*, e a fase processual, depois de recebida a denúncia, na qual se fará verdadeiramente a *instrução probatória*, necessária para o julgamento de mérito do caso, onde exigidos contraditório e ampla defesa (vide item 6.2.3).

Alguns elementos probatórios colhidos na fase inquisitorial são de suma importância, pois dizem respeito à comprovação da materialidade, como os exames periciais realizados na vítima e nos instrumentos do crime. No entanto, a prova oral deverá ser judicializada, pois as testemunhas inquiridas pela autoridade policial não se submeteram ao crivo do contraditório.

Por assim ser, as *provas* colhidas na fase administrativa não são suficientes, por si só, para a condenação, dada a natureza inquisitorial do inquérito policial, servindo apenas para justificar medidas cautelares e outras restrições, de caráter pessoal e real, contra o investigado, e o próprio recebimento da denúncia pelo juiz. No entanto, segundo o STJ, "é possível a utilização de elementos de convicção colhidos em sede de inquérito policial para sustentar a condenação do acusado, desde que corroborados pelo conjunto probatório produzido em juízo, sob o crivo do contraditório e da ampla defesa" (HC 69.496/MS, DJ 03-09-2007). Aliás, a jurisprudência do Superior Tribunal de Justiça orienta-se no sentido de que deve ser aplicada a atenuante da *confissão espontânea* realizada perante a autoridade policial, ainda que retratada em juízo, desde que ela tenha, em conjunto com outros meios de prova, embasado a condenação. A propósito: STJ, HC 86.685/MS, DJ 05-11-2007.

No Tribunal do Júri, entretanto, a prova colhida em sede policial pode assumir valor absoluto, inclusive para ensejar o veredicto condenatório, já que os jurados julgam pelo sistema da *íntima convicção*, não havendo necessidade de que fundamentem a decisão. É o reflexo da *soberania dos veredictos*, previsto no art. 5°, inc. XXXVIII, *c*, da CF. Sobre o tema, a seguinte decisão do STJ: HC 44.374/SP, DJ 10-12-2007.

10.1. Atos definitivos ou irrepetíveis e atos transitórios ou repetíveis

A definitividade diz respeito a atos insuscetíveis de serem repetidos, seja pela ação do tempo, seja pela transitoriedade ou inconveniência da própria situação jurídica. São provas que devem ser realizadas no momento do seu descobrimento, sob pena de perecimento ou impossibilidade de posterior análise. Tais atos são chamados definitivos, irrepetíveis, permanentes, irrenováveis, irreproduzíveis, elementos informativos de cunho perene, ou mesmo peças de real valor. Exemplos são a juntada de documentos aos autos do inquérito, a busca e a apreensão e as perícias (como o auto de exame de corpo de delito, de inegável importância).

O inquérito policial

Os atos não-repetíveis possuem efeito jurídico absoluto e se transmitem, de forma definitiva, para a respectiva ação penal, com posterior submissão a contraditório.

Aury Lopes Jr. defende que, nesse caso, há necessidade de produção antecipada de provas (*Direito Processual (...)*, cit., p. 295). Marta Saad, por sua vez, entende deva ser garantido o exercício do direito de defesa na fase preliminar ou prévia da persecução penal em virtude da definitividade de determinados atos praticados no curso do inquérito (*O Direito de Defesa no Inquérito Policial*, São Paulo: Revista dos Tribunais, 2004, p. 182).

Aliás, o Código de Processo Penal Militar reconhece, no art. 9º, parágrafo único, que os exames, as vistorias e as avaliações realizados regularmente no curso do inquérito, por peritos idôneos e em obediência às formalidades legais, são atos instrutórios da ação penal.

Por sua vez, os atos transitórios ou repetíveis, enquanto inquisitoriais, têm valor meramente informativo, não podendo servir de base para a condenação. Fala-se, aqui, na prova testemunhal, nas acareações e, em regra, nos reconhecimentos, os quais, para que possam ser valorados na sentença, devem ser produzidos ou corroborados em juízo, sob o crivo do contraditório e da ampla defesa. Paulo Cláudio Tovo, por sua vez, entende que as provas repetíveis ou renováveis, embora imprestáveis para subsidiar um decreto condenatório, podem servir de alicerce ao veredicto absolutório ("Democratização do inquérito policial", *in Estudos de Direito Processual Penal*, vol. II, Porto Alegre: Livraria do Advogado, 1999, p. 201).

PL 4.209 – Art. 7º do CPP: "Os elementos informativos da investigação deverão ser colhidos na medida estritamente necessária à formação do convencimento do Ministério Público ou do querelante sobre a viabilidade da acusação, bem como à efetivação de medidas cautelares, pessoais ou reais, a serem autorizadas pelo juiz. Parágrafo único. Esses elementos não poderão constituir fundamento da sentença, ressalvadas as provas produzidas cautelarmente ou irrepetíveis, que serão submetidas a posterior contraditório".

11. VÍCIOS NO INQUÉRITO POLICIAL

O inquérito policial, como visto, é uma sucessão de atos administrativos, que se unem uns aos outros, como se fossem elos de uma corrente. Tal qual o ato administrativo, eventual irregularidade apontada na fase inquisitorial poderá gerar a invalidade e a ineficácia do ato inquinado, como o auto de prisão em flagrante sem advogado, a busca e apreensão sem mandado judicial ou a interceptação telefônica sem autorização do juízo competente.

Entretanto, não há que se falar em contaminação da ação penal em face de eventuais vícios ocorridos na prática de atos do inquérito policial, já que este, como mero procedimento informativo destinado à formação da *opinio delicti* do titular da ação penal, não é ato de jurisdição.

O STF (HC 83.921/RJ, DJ 27-08-2004) entendeu que o reconhecimento fotográfico, procedido na fase inquisitorial, em desconformidade com o art. 226, inc. I, do CPP, não tem a virtude de contaminar o acervo probatório coligido na fase judicial, sob o crivo do contraditório, sendo inaplicável, no caso, a teoria *fruits of the poisonous tree*. É também a orientação do STJ: HC, 47.960/RJ, DJ 03-12-2007.

12. AS INFRAÇÕES PENAIS DE MENOR POTENCIAL OFENSIVO

São infrações penais de *menor* potencial ofensivo as contravenções penais e os crimes cuja pena máxima não ultrapasse dois anos (art. 61 da Lei nº 9.099/95, com redação dada pela Lei nº 11.313/06). Para estas, não haverá instauração de inquérito policial, mas de *termo circunstanciado* (art. 69, *caput*, da Lei nº 9.099/95), que é um registro de ocorrência policial minucioso, no qual são qualificadas as pessoas envolvidas (autores do fato, vítimas e testemunhas), é inserida, quando possível, a versão de cada uma das partes e se colhe, quando necessária, a representação do ofendido.

O inquérito policial, portanto, somente é instaurado quando se tratar de crime de *médio* (pena mínima não superior a um ano – art. 89 da Lei nº 9.099/95) ou de *maior* potencial ofensivo (pena mínima superior a um ano).

> *PL 4.209* – Art. 5º do CPP: "Se a infração for de menor potencial ofensivo, a autoridade lavrará, imediatamente, termo circunstanciado, de que deverão constar: I – narração sucinta do fato e de suas circunstâncias, com a indicação do autor, do ofendido e das testemunhas; II – nome, qualificação e endereço das testemunhas; III – ordem de requisição de exames periciais, quando necessários; IV – determinação da sua imediata remessa ao órgão do Ministério Público oficiante no juizado criminal competente, com as informações colhidas, comunicando-as ao juiz; V – certificação da intimação do autuado e do ofendido, para comparecimento em juízo nos dia e hora designados".

13. O INQUÉRITO POLICIAL E A LEI DE FALÊNCIAS

Uma das principais particularidades do procedimento relacionado a crimes falimentares era a instauração de *inquérito judicial* de caráter preparatório para a ação penal, cuja presidência da investigação ficava a cargo do magistrado. Contudo, com a entrada em vigor da Lei nº 11.101/05, que revogou a antiga LF (Decreto-lei nº 7.661/45) e os arts. 503 a 512 do CPP, não se pode mais falar em *inquérito judicial*.

Isso porque, segundo o art. 187 da Lei nº 11.101/05, *Intimado da sentença que decreta a falência ou concede a recuperação judicial, o Ministério Público, verificando a ocorrência de qualquer crime previsto nesta Lei, promoverá imediatamente a competente ação penal ou, se entender necessário, requisitará a abertura de inquérito policial.*

Dessa forma, se houver necessidade de instauração de inquérito, em face da ocorrência de crime falimentar, será *inquérito policial*, presidido pela autoridade policial, e não mais pelo juiz.

Capítulo II

Do procedimento comum ordinário

CHARLES EMIL MACHADO MARTINS[1]

1. PROCESSO E PROCEDIMENTO

O processo é o instrumento pelo qual o juiz pesquisa e interpreta os fatos que lhe são submetidos à apreciação pelas partes, no objetivo de prestar jurisdição, aplicando o direito material ao caso concreto. Especificamente na área penal, para que possa ser aplicada a resposta estatal de cunho retributivo, não basta a existência de crime, mas também que exista previamente o devido processo legal. Vale dizer, a aplicação da pena não só é efeito jurídico do delito, mas também do processo, o direito penal é desprovido de coação direta e, diferentemente do direito privado, não tem atuação nem realidade concreta fora do processo correspondente.

Em verdade, o processo penal consubstancia mais que um mero instrumento de aplicação da regra penal violada. Ele é, antes de tudo, um instrumento de defesa dos direitos e garantias do cidadão acusado, representando um poderoso fator de inibição ao arbítrio e limitação do exclusivo poder coercitivo estatal, pois a persecução penal deve reger-se pelos padrões normativos constitucionais, observando os ditames assegurados pela Lei Maior, em especial os princípios do devido processo legal, do contraditório, da ampla defesa, do estado de inocência, da publicidade, do juiz natural, entre outros. É o que se convencionou denominar de "de processo penal constitucional".

Enquanto o processo representa a atividade do juiz na sua função de aplicar a lei penal ao caso concreto, o procedimento, por sua vez, representa o caminho por meio do qual o processo irá se desenvolver, ou seja, é a exteriorização do processo em atos formais, é o *modus faciendi* com que a atividade jurisdicional se realiza e se desenvolve.

A doutrina sempre criticou a atecnia do CPP, por utilizar a expressão "processo", quando, na realidade, se referia a "procedimento", bem como pela ausência de sistematização na divisão e denominação dos processos (*rectius* procedimentos).

A Lei 11.719/08, muito embora não tenha mudado os Títulos II e III do Livro II do CPP e os seus respectivos capítulos, que continuam erroneamente fazendo menção à processo, classificando-o em comum e especial (art. 394 do CPP), o que passou a ser, portanto, a *summa divisio* das formas procedimentais. O procedimento comum, por sua vez, classifica-se, de acordo com a pena privativa de liberdade cominada, em: *a)* ordinário (igual ou superior a 4 anos); *b)* sumário (inferior a 4 anos); e *c)* sumaríssimo (igual ou inferior a dois anos, desde que constitua infração de menor potencial ofensivo, pois assim não são consideradas aquelas sob o pálio da Lei Maria da Penha), conforme dispõe o § 1º do art. 394 do CPP.

---

[1] Promotor de Justiça no RS. Mestre em Direito pela UNISC. Professor de Direito Penal e Direito Processual Penal na FESMP-RS e na UNISINOS.

No caso de concurso de crimes para cuja tramitação a lei prevê ritos distintos, a pena máxima a ser considerada, para fins de fixação do procedimento, será obtida do resultado da soma, no caso de concurso material, ou da exasperação, na hipótese de concurso formal ou crime continuado, das penas máximas cominadas aos delitos isoladamente, conforme orientação do STJ (HC 66312/RS, DJ 08.10.2007).

Salvo disposição em contrário, aplica-se o procedimento comum a qualquer processo em andamento (art. 394, § 2º, do CPP).

Ainda, ficou estabelecido que a todos os procedimentos que tramitam perante o primeiro grau de jurisdição, inclusive os especiais, exceto o do Júri, aplicam-se os artigos 395, 396 e 397, que tratam, respectivamente, da rejeição liminar da denúncia, do seu recebimento e citação, da resposta escrita à acusação e da absolvição sumária (art. 394, § 4º, do CPP).

O procedimento ordinário, na condição de procedimento "padrão", tem suas disposições aplicadas, subsidiariamente, aos procedimentos especiais e aos procedimentos sumário e sumaríssimo (art. 394, § 5º, do CPP).

2. OFERECIMENTO DA DENÚNCIA OU QUEIXA (INÍCIO DO PROCESSO)

Segundo o entendimento majoritário na doutrina, considera-se proposto o processo com o oferecimento da peça acusatória inicial, que veicula o exercício da ação penal. De fato, a partir da redação do art. 25 do CPP (*a representação será irretratável, depois de oferecida a denúncia*), é possível concluir que, oferecida a denúncia, já existe ação penal, tanto assim que o ofendido não mais poderá retratar-se da representação. Ademais, à míngua de dispositivo expresso no CPP, é possível utilizar-se, por analogia (conforme autoriza o art. 3º do CPP), o que dispõem os artigos 262 e 263 do CPC (respectivamente: *O processo civil começa por iniciativa da parte (...) Considera-se proposta a ação, tanto que a petição inicial seja despachada pelo juiz, ou simplesmente distribuída*).

Portanto, o primeiro ato do procedimento ordinário é a oferta da denúncia ou queixa, que expressam a *opinio delicti* do autor.

A denúncia é a petição inicial deflagradora da ação penal de iniciativa pública (condicionada ou incondicionada). Ela é elaborada por órgão do Ministério Público, com base no inquérito policial, ou em outras peças de informação (cf. autoriza, dentre outros, o art. 46, § 1º, do CPP), devendo ser oferecida no prazo de 05 dias, no caso de réu preso, ou em 15 dias, no caso de réu solto (art. 46 do CPP).

Nos crimes de ação de iniciativa privada, a denúncia é substituída pela queixa, que também é uma peça formal, apresentada pelo ofendido ou seu representante legal, por meio de advogado, cujo prazo para oferecimento – salvo disposições em contrário, previstas em algumas leis especiais (como, por exemplo, o previsto no art. 41 da Lei 5.250/67) – é de 06 meses, contados do dia em que o ofendido souber quem foi o autor do crime, ou, no caso de ação penal de iniciativa privada subsidiária, 06 meses após o esgotamento do prazo para o oferecimento da denúncia (art. 38 do CPP). Esse prazo de 06 meses é decadencial, portanto, mais que a perda do direito de ação, atinge a pretensão de punir, acarretando a extinção da punibilidade do fato. Logo, trata-se de prazo de direito material, contado na forma do art. 10 do CP, ou seja, incluindo-se o dia do começo e excluindo-se o dia final na contagem, que admitindo interrupção ou suspensão.

3. FORMALIDADES DA DENÚNCIA E DA QUEIXA

O art.41 do CPP estabelece os requisitos integrativos da denúncia ou queixa.

Alguns desses elementos são essenciais, e a ausência deles implica que a inicial acusatória é manifestamente inepta e, portanto, absolutamente nula, hipótese que a seguir será aprofundada (*v.* item 9.1 infra).

Eventual ausência de outros requisitos considerados não-essenciais à peça acusatória pode ser suprida a qualquer tempo, antes da prolação da sentença final (art. 569 do CPP), sendo nulidade relativa, que dependerá de argüição tempestiva e de eficaz demonstração de prejuízo pelo acusado, pois a ausência dessa impugnação, em tempo oportuno, evidencia que o acusado foi capaz de defender-se da imputação (art. 564, IV, do CPP).

Para além dos requisitos previstos no art. 41 do CPP, a praxe indica que devem ser observados, por analogia, os requisitos do art. 282 do CPC.

Aliás, a ordem prevista no art. 41 não está de acordo com a forma posta em prática na lida forense, portanto, por uma questão de didática, em virtude do objetivo primordial desta obra, preferiu-se esta àquela.

Desse modo, a denúncia ou queixa deverá conter:

I – o juiz ou tribunal, a que é dirigida;

II – a introdução, com identificação do órgão ou pessoa (se for ação privada) que está oferecendo a peça acusatória, menção da investigação preliminar ou documentos que a embasam. Um exemplo seria: "O Ministério Público, por seu agente signatário, no exercício de suas atribuições constitucionais, vem perante V. Exa., com base no inquérito policial número 'xxx', oriundo da Delegacia de Polícia local, oferecer denúncia contra (...)";

III – a qualificação do acusado (ou seja, deve indicar os dados que o individualizam, como o prenome e nome, alcunha (se tiver), nacionalidade, estado civil, profissão, naturalidade, filiação, data de nascimento, domicílio e residência). Se a qualificação do acusado for impossível, isso não pode implicar em retardo da ação penal (art. 259 do CPP), devendo o acusador identificá-lo, indicando suas características físicas e sinais próprios (ex. cicatrizes, tatuagens, etc.) pois a qualquer tempo, se for descoberta a sua qualificação, poderá ser levada a efeito a retificação da denúncia, por aditamento ou por termo dos autos. É requisito essencial;

IV – a exposição do fato criminoso contendo, basicamente, o seguinte: 1º) No primeiro parágrafo, narra-se o dia, o horário e o local do delito; a motivação; a descrição da conduta delituosa, com a utilização do verbo nuclear do tipo penal; o nome da vítima e o prejuízo que lhe foi causado; se existirem, devem-se descrever, utilizando-se a fórmula legal, as circunstâncias existentes no tipo derivado (aquelas que qualificam o delito ou as causas gerais ou especiais de aumento da pena); 2º) segue-se, noutro parágrafo, com uma narrativa pormenorizada de como se deu a conduta típica. No primeiro parágrafo, a menção da "fórmula legal" é necessária, pois restringe a acusação, mas na seqüência a narrativa deve ser mais acessível (coloquial), pois assim o acusado entenderá como se deu o enquadramento legal da sua conduta; 3º) no último parágrafo, são descritas outras circunstâncias acidentais (não constitutivas do tipo penal, como, por exemplo, as agravantes e atenuantes), que possam influir na apreciação do crime e na fixação da

Do procedimento comum ordinário

pena. Segundo o entendimento majoritário na doutrina e na jurisprudência, a omissão ou falha na narrativa de circunstância acidental pode ser suprida até a sentença (art. 569 do CPP), pois se considera que o magistrado pode e deve reconhecê-las de ofício (art. 385 do CPP e arts. 61 e 65 do CP). Todavia, numa perspectiva garantista, esse entendimento merece ser revisto, pois certamente prejudica o direito constitucional à ampla defesa. Na petição inicial, a narração dos fatos deve ser sucinta, concisa, portanto deve-se evitar a utilização do que se convencionou denominar "juridiquês". Esses cuidados permitirão ao acusado a exata compreensão dos fatos expostos na peça acusatória e facilitarão, por conseguinte, o exercício do seu direito de defesa. Ademais, diferentemente do que ocorre na esfera cível, na denúncia ou queixa não deve ser elaborado juízo de valoração da conduta ou da prova colhida no procedimento investigatório prévio, tampouco devem ser utilizados apontamentos doutrinários e jurisprudenciais, o que se deve reservar para as alegações finais, quando se concretiza (ou não) o pedido de condenação. A exposição do fato criminoso, de forma correta e clara, é considerada requisito essencial.

V – a capitulação do crime, que é o momento em que o acusador indica o tipo incriminador que define juridicamente o fato imputado. Geralmente, inicia-se com a fórmula "Assim agindo, 'Tício' incorreu no art. *tal* do CP";

Note-se que eventual equívoco na capitulação não gera manifesta inépcia da inicial, pois é pacífico o entendimento de que o acusado se defende dos fatos descritos, e não da classificação que lhes é dada na inicial acusatória. Além disso, o juiz pode dar a capitulação correta na sentença (art. 383 do CPP), em decorrência dos axiomas *iura novit curia* (o juiz conhece o direito) e *narra mihi factum dabo tibi ius* (narra-me o fato e dar-te-ei o direito);

VI – pedido de que o réu seja citado e regularmente processado. A doutrina diverge sobre a necessidade de a inicial conter explícito pedido de condenação. Entende-se que não é necessário, pois o pedido de condenação deve ser calcado na prova produzida em juízo, não sendo a petição inicial acusatória o local para demonstração da responsabilidade penal e conseqüente pedido de condenação, e sim as alegações finais. Note-se, todavia, que, em relação à queixa, significativa parcela da doutrina entende que o pedido de condenação é requisito essencial, em simetria com a hipótese de reconhecimento da perempção prevista no art. 60, III, do CPP;

VII – rol da prova oral, sendo permitida, no procedimento ordinário, a oitiva de até 08 testemunhas para cada parte (há, no entanto, posição jurisprudencial aplicando, por analogia, o art. 407 do CPC, admitindo oito testemunhas para cada fato). As testemunhas também devem ser qualificadas no rol, ou, no mínimo, deve ser indicado onde consta a qualificação delas nos autos do procedimento investigatório preliminar. Esta última opção é a mais aconselhável, pois resguarda o endereço da testemunha e não compromete o direito do acusado em saber quem são as testemunhas da acusação (art. 201, § 6º, do CPP). Importante observar que no rol de testemunhas não se incluem a vítima ou pessoas que não prestam compromisso, que na doutrina são consideradas "informantes", as quais devem ser arroladas à parte ou terem destacadas tais condições subjetivas no rol da prova oral. Nesse limite também não está incluída a testemunha referida por outra testemunha durante os seus depoimentos, pessoas que o juiz pode ouvir de ofício (art. 209 do CPP). A apresentação do rol não é essencial, mas, não o apresentando nesse momento, o acusador perderá a oportunidade de produzir a prova oral, muito embora já se tenha decidido que a sua juntada em momento posterior é possível, mediante aditamento, desde que sejam garantidos o contraditório e a ampla defesa ao acusado (TRF 1ª R. – ACR 2002.43.00.000434-4/TO, DJ 18/12/2003);

VIII – após o rol, há o requerimento de diligências prescindíveis ao oferecimento da inicial (art. 16 do CPP, lido *a contrario sensu*). Se a acusação desejar esclarecimentos dos peritos, deverá requerer a oitiva deles já neste momento (art. 400, § 2º, do CPP). Em alguns casos, é aconselhável que nesse momento o acusador solicite a atualização dos antecedentes penais do acusado em data mais próxima da audiência de instrução e julgamento, especialmente daqueles que possuem processo em trâmite, para verificar eventual trânsito em julgado de uma condenação anterior. Isso evitará que a audiência não se complete, com o julgamento, tão-somente em virtude de tardio pedido de atualização dos antecedentes penais. Tal procedimento não é requisito essencial;

IX – ao final, deve ser aposta assinatura. Embora essencial, a doutrina orienta que a falta da assinatura não é um defeito que impede o recebimento da petição acusatória, desde que não haja dúvida sobre a sua autenticidade. Nesses casos, o princípio da celeridade recomenda que a exordial seja recebida pelo magistrado, o qual deve determinar a intimação do seu autor para que lance a respectiva assinatura, principalmente naqueles casos em que a prescrição se avizinha.

Entretanto, se a falta de assinatura for detectada apenas pelo Tribunal, razão assiste a José Antonio Paganella Boschi, pois não haverá alternativa a não ser reconhecer a sua inexistência e, em virtude desta, a nulidade de todos os atos subseqüentes (CPP Comentado, p. 55).

De um modo específico em relação à queixa, há que se atentar que o seu oferecimento exige outras formalidades específicas, apontadas, nessa obra, por ocasião dos comentários ao procedimento dos crimes contra a honra.

4. DENÚNCIA E SUSPENSÃO CONDICIONAL DO PROCESSO

Conforme prevê o art. ˜ˀ da Lei 9.099/05, o oferecimento da denúncia é o momento próprio para a propost˅ ˅e suspensão condicional do processo. Assim, delimitada a imputação em crime cuja pena mínima não supera 01 ano, preenchidos os requisitos legais, o órgão do Ministério Público oferecerá a proposta de suspensão do processo, de forma precisa, referindo o prazo de duração e as condições que deverão ser obedecidas, caso seja aceito e homologado o acordo.

Após o recebimento da incoativa, deve ser determinada a citação do acusado, para somente depois, em audiência especificamente destinada para a sua implementação, com a presença do réu e de seu defensor, e aceitando ambos as condições propostas, o magistrado analisar e homologar a proposta, suspendendo o feito e o prazo prescricional, dando início ao período de prova (ver 15 infra).

Se a suspensão do processo não for oferecida juntamente com a denúncia, tal oferecimento é admissível em qualquer momento posterior, até a fase da *emendatio libelli*, antes da sentença (art. 383, § 1º, do CPP).

Entretanto, o STJ sumulou o entendimento de que é cabível a suspensão condicional do processo até mesmo após a sentença de desclassificação do crime e na sentença de procedência parcial da pretensão punitiva, desde que ambas rendam ensejo ao benefício (Súmula 337).

Caso o órgão do Ministério Público não concorde com essa possibilidade, restará ao magistrado aplicar a Súmula 696 do STF: "Reunidos os pressupostos legais permissivos da suspensão condicional do processo, mas se recusando o Promotor de Justiça a propô-la, o Juiz, dissentindo, remeterá a questão ao Procurador-Geral, aplicando-se por analogia o art. 28 do Código de Processo Penal".

5. RECEBIMENTO DA DENÚNCIA OU QUEIXA

O recebimento da peça acusatória inicial dá-se mediante ato do juiz, que nesse momento deve pautar-se pela concisão, examinando, tão-somente, a plausibilidade da imputação. Portanto, no denominado juízo de admissibilidade, verifica-se, apenas, a presença dos requisitos formais essenciais; das condições da ação e dos pressupostos processuais, sem maior aprofundamento, sob pena de indevido prejulgamento, mesmo porque, nesse momento, vigora o princípio *in dubio pro societate*, ou seja, havendo dúvida sobre a autoria, a inicial deve ser recebida, pois, para a admissibilidade, basta a possibilidade de procedência da ação.

Na praxe forense, após essa análise perfunctória, os magistrados costumam lançar um singelo "recebo a denúncia", pois o entendimento majoritário nos tribunais é no sentido de que o recebimento da denúncia é um "mero despacho", que não se encarta no conceito de "decisão", como previsto no art. 93, IX, da CF, não sendo exigida fundamentação, salvo nos procedimentos especiais em que a lei explicita a exigência de decisão fundamentada, como, por exemplo, nos processos de competência originária dos tribunais, nos termos da Lei 8.038/90 (STJ – HC 88177/SP, DJ 10.03.2008).

Em sentido contrário, segue a majoritária doutrina, a qual sustenta que o recebimento da denúncia é uma decisão interlocutória simples, pois significa juízo de admissibilidade da acusação. Certa é a doutrina, tanto assim que do "não-recebimento" da denúncia cabe recurso em sentido estrito, conforme o art. 581, I, do CPP, o que evidencia o caráter decisório deste juízo de prelibação da inicial. Ademais, insta notar que até mesmo o STJ e o STF consideram nulo o "despacho" de recebimento da denúncia feito por juiz incompetente, invocado o art. 567 do CPP, o qual dispõe que a incompetência do juízo anula somente os atos "decisórios". Ou seja, nessa situação, paradoxalmente, até mesmo as cortes superiores dão ao "despacho" de recebimento da denúncia uma feição de "decisão" (STJ – RE 819168/PE, DJ 05.02.2007).

Por fim, note-se que parcela da doutrina sustenta que somente o recebimento da peça acusatória dá início ao processo, afirmando que não se deve confundir o início do processo com a sua propositura (esta sim ocorreria com oferecimento da exordial). Para corroborar esse entendimento, esgrimam que somente o recebimento da denúncia ou queixa interrompe o prazo prescricional (art. 117, I, do CP).

Entretanto, como diz Elmir Duclerc (*Direito Processual Penal*, p. 180), se efetivamente o exercício da ação penal é um direito (conforme entendimento majoritário, o qual, todavia, não é adotado nesta quadra), não se pode ter dúvida de que esse direito será exercitado no exato momento em que a petição inicial é protocolada. Nesse aspecto, o CPC, como visto no item anterior, não deixa dúvidas.

Nada obstante, não se deve confundir o início do processo com a instauração da "relação processual", que somente se completa com a citação válida do acusado, conforme dispõe a nova redação do art. 363 do CPP, o qual, diga-se de passagem, poderia ter sido utilizado para acabar com a polêmica sobre o início da ação penal. Afinal, até os tribunais superiores divergem, pois o STF já decidiu que o processo se inicia com o oferecimento da denúncia (HC 63665, DJ 1º.04.86), enquanto o STJ, seguindo noutro sentido, mais recentemente, julgou que o início do processo ocorre com o recebimento da exordial acusatória (HC 37919, DJ 03.02.05).

6. RECEBIMENTO DA DENÚNCIA POR OUTRA DEFINIÇÃO JURÍDICA

Significativa parcela da doutrina defende que o magistrado, já por ocasião do recebimento da petição inicial, pode dar ao fato descrito definição jurídica diversa da constante na queixa ou na denúncia, o que atualmente somente é possível por ocasião da sentença (art. 383 do CPP). Sustenta-se que uma classificação jurídica indevida, além de sérios reflexos na questão da competência, poderá prejudicar o acusado, causando-lhe graves prejuízos em seu *status libertatis*, como por exemplo, privando-o de se ver beneficiado pelo instituto da fiança e liberdade provisória, como no caso dos crimes hediondos, ou inviabilizando a aplicação da transação penal ou suspensão condicional do processo.

Para exemplificar, tomemos a seguinte situação hipotética: determinado inquérito policial dá conta da prisão de alguém na posse de objetos subtraídos no dia anterior, sem conter nenhum indicativo outro de que o possuidor sabia que se tratava de objeto de crime, tampouco da autoria da subtração. Se o Ministério Público denunciá-lo por furto, e não por receptação culposa, as conseqüências penais e processuais penais para o acusado serão notadamente mais graves. Se for bem descrita a seqüência dos fatos, o juiz, entendendo que no inquérito policial não há elementos que dêem justa causa para o recebimento da denúncia por furto, poderá recebê-la pela receptação culposa, desclassificando, *in limine*, a conduta imputada?

Via de regra, isso não é possível, pois cabe ao Ministério Público, como titular da ação penal, a definição jurídica dos fatos, sendo proibido ao juiz, no ato do recebimento da denúncia, dar-lhes classificação diversa. Isso porque o enquadramento penal sugerido na denúncia é provisório, podendo ser alterado pelo órgão ministerial ao longo do processo, nos termos do artigo 569 do CPP e, pelo magistrado, no momento em que prolatar a sentença, mediante a aplicação dos artigos 383 e 384 do CPP.

Aliás, como já foi dito em linhas anteriores, a orientação pretoriana é uníssona no sentido de que eventual erro na classificação do crime não nulifica a denúncia, pois o réu se defende dos fatos nela narrados, e não da classificação jurídico-penal nela constante. Assim, descrevendo a denúncia fato criminoso e havendo indícios de autoria e materialidade, não pode o juiz deixar de recebê-la. Tal orientação, entretanto, pressupõe justa causa para a ação penal proposta, vale dizer, que a inicial acusatória esteja em consonância mínima com a prova produzida no inquérito ou autorizada nas peças de informação que servirem de base à formação da *opinio delicti* (convicção sobre o delito) do acusador.

A grande questão surge, pois, noutros casos, quando não houver correlação mínima entre a prova apresentada na investigação preliminar e a conclusão do autor da ação penal, exposta no requisitório vestibular. Será lícita, nessas hipóteses, a intervenção judicial, ajustando os limites da acusação, já no primeiro despacho, mediante o recebimento por outra definição jurídica? Mais uma vez os Tribunais Superiores divergem.

O STJ tem admitido tal possibilidade:

Do procedimento comum ordinário

53

Não há vedação a que se altere a capitulação logo no recebimento da exordial, nos casos em que é flagrante que a conduta descrita não se amolda ao tipo penal indicado na denúncia. Tal possibilidade, acentua-se ainda mais quando o tipo indicado e aquele aparentemente cometido possuem gravidades completamente diversas, com reflexos jurídicos imediatos na defesa no acusado. Nessas hipóteses, é patente o abuso na acusação. (STJ, Ação Penal 290/PR, DJ 26.09.2005); O juiz não está absolutamente impedido de fazer, no recebimento da denúncia, exame superficial de imputação. Se verificado abuso completo do poder de denunciar ou "excesso de capitulação", poderá proferir a rejeição total da peça acusatória ou proceder alguma correção. Desta forma, se a denúncia é aproveitável, embora com excesso de capitulação, porque descreve, na verdade, outra modalidade delitiva com reflexos imediatos no *status libertatis*, é realizável a correção com o recebimento da *opinio delicti*. (STJ, RHC 12.627-RJ, *RT* 787/564).

O STF, todavia, não compartilha desse entendimento:

Não é lícito ao Juiz, no ato de recebimento da denúncia, quando faz apenas juízo de admissibilidade da acusação, conferir definição jurídica aos fatos narrados na peça acusatória. Poderá fazê-lo adequadamente no momento da prolação da sentença, ocasião em que poderá haver a *emendatio libelli* ou a *mutatio libelli*, se a instrução criminal assim o indicar. (HC 87.324-3/SP, maioria, DJ 18.05.2007)

Realmente não existe um dogma determinando que o juiz deva receber a denúncia, pelo só-fato de ser típico o fato descrito, pois sempre há que se perquirir se há justa causa a confortar a proposição acusatória (lastro probatório mínimo em congruência com a imputação). Entretanto, ausente tal condição da ação, o magistrado deve *rejeitar* a peça vestibular, não podendo desclassificar *in limine* a conduta, pois isso significaria, de modo reflexo, rejeitar a exordial tal como foi proposta, com o grave óbice de não permitir ao acusador que interponha recurso, pois, sabidamente, para o recebimento da denúncia não existe previsão impugnação recursal.

Dir-se-á que nessa hipótese o Ministério Público poderá manejar mandado de segurança. Lembra-se, todavia, que no processo penal muitos negam ao *parquet* legitimidade de impetrar o *mandamus* (só se em favor do acusado!), ao argumento de que ele é instrumento para proteger o cidadão contra ato de autoridade, não podendo prestar-se à satisfação de propósitos que são, na verdade, o inverso de sua destinação histórica (TJRS – MS 70008615213, DJ. 12.05.2004).

Mesmo que fosse aceita a via mandamental, o certo é que, paralelamente, o processo prosseguiria, com a capitulação dada pelo juiz, de modo precário, pois eventual procedência da inconformidade ministerial conduziria à nulidade e conseqüente repetição de atos, eis que possivelmente realizados por juiz incompetente, como no exemplo dado, em que o delito de receptação culposa teria que ser, necessariamente, remetido ao JECrim.

Deve-se evitar esse desnecessário tumulto processual. Portanto, havendo divergência na análise da plausibilidade da acusação, o juiz deve rejeitar a denúncia, fundamentando que não existe no inquérito policial base empírica à imputação. Caberá ao Ministério Público recorrer. Nesse sentido é, igualmente, a orientação de Luiz Flávio Gomes (*Lei de Drogas*, p. 271).

De qualquer modo, note-se que existem duas situações bem diferentes: uma é a hipótese de "criação cerebrina" do acusador, que oferece exordial sem suporte fático/probatório nas peças de informação; outra, bem distinta, é quando o acusador e o juiz divergem sobre a definição jurídica de um fato incontroverso.

Veja-se esse outro exemplo: o acusado, passando-se por comprador de uma moto, ilude o vendedor, que lhe entrega o bem para experimentação. O acusado sai e não volta mais com a moto. Isso é furto mediante fraude ou estelionato? Há dúvida inclusive na jurisprudência! Se for furto qualificado, o acusado deixará de ter direito a uma série de benefícios, mas se for considerado estelionato, poderá, inclusive, ter direito a suspensão condicional do processo. Nessa hipótese, pode o juiz divergir do Promotor de Justiça no momento do recebimento da denúncia e não recebê-la pelo furto qualificado, e sim pelo estelionato? Pensamos que aqui, de modo algum é possível tal providência, devendo a denúncia ser recebida pela imputação feita pelo Ministério Público, que é o titular constitucional da ação penal, fazendo-se a correção, se for o caso, no momento da sentença, nos termos do art. 383 do CPP.

Por fim, também há que se diferenciar a situação em que o erro de classificação jurídica constante da exordial seja fruto de um equívoco, um erro material. Nada impede que, nesses casos, o juiz receba a denúncia pela definição jurídica correta, conforme os fatos descritos na denúncia, o que inclusive é recomendável para clarear a acusação.

> Denúncia: "errônea capitulação jurídica dos fatos narrados: erro de direito: possibilidade do juiz, verificado o equívoco, alterar o procedimento a seguir. Se se tem, na denúncia, simples erro de direito na tipificação da imputação de fato idoneamente formulada é possível ao juiz, sem antecipar formalmente a desclassificação, afastar de logo as conseqüências processuais ou procedimentais decorrentes do equívoco e prejudiciais ao acusado". (STF – HC 84.653, DJ 14.10.05).

A mão de fortificar o entendimento aqui esposado, consigna-se que o Projeto de Lei 4.207/01, acrescentava § 2º ao art. 383, com a seguinte redação: "§ 2º A providência prevista no *caput* deste artigo poderá ser adotada pelo juiz no recebimento da denúncia ou queixa". Entretanto, tal proposta foi retirada pelo Grupo de Trabalho criado pelo Presidente da Câmara de Deputados, que a considerou inadequada.

Logo, a *mutatio libelli in limine*, no ato de recebimento da denúncia, é contrária a *mens legis* (vontade objetiva da lei) e a *mens legislatoris* (vontade histórica do legislador, no momento social da elaboração da lei e de seu ingresso no ordenamento jurídico), não podendo ser feita, salvo em caso de evidente erro material.

7. RECEBIMENTO PARCIAL DA DENÚNCIA OU QUEIXA

Pacífico o entendimento de que é viável ao juízo receber alguns fatos narrados na inicial e rejeitar outros, quando entender que em relação a estes falta alguma das condições da ação. Do mesmo modo, tem-se entendido que é possível o recebimento de alguns fatos e a rejeição de outros, cuja descrição feita na exordial é inepta.

Tal situação é extremamente comum nos procedimentos em que a lei prevê a necessidade de fundamentação no ato de recebimento da denúncia, como nos casos de competência originária dos tribunais.

Entretanto, se os fatos expostos forem controvertidos e/ou de alta indagação jurídica, deverão ser objeto de percuciente e acurada apuração na via ordinária da ação penal, sendo inviável sua aprofundada apreciação no acanhado juízo de prelibação, demandando o recebimento *in totum* da petição inicial.

8. RECEBIMENTO DA INICIAL E POSTERIOR REJEIÇÃO OU *HABEAS CORPUS* DE OFÍCIO

Antes da reforma de 2008, o entendimento majoritário na jurisprudência era no sentido de que, salvo casos teratológicos, depois de recebida a denúncia ou queixa, não poderia o magistrado do feito, nem outro juiz de igual hierarquia, vir a rejeitá-la. Desse modo, se o juízo *a quo* viesse a rejeitá-la posteriormente, isso equivaleria a *habeas corpus* concedido contra si mesmo ou contra ato de juiz de mesma categoria, o que seria inviável juridicamente, na medida em que isso só poderia ser feito pela instância superior (TJRS – Apelação Crime 70021857123, DJ 10.01.2008).

Agora, o juiz de primeiro grau terá outra oportunidade para análise da admissibilidade da acusação, após o oferecimento da defesa escrita pela defesa, conforme determina o art. 397 do CPP.

Depois dessa nova análise, haverá preclusão lógica sobre a matéria da admissibilidade da acusação, não se podendo mais admitir que o magistrado volte sobre os próprios passos e reconsidere o juízo de prelibação feito em duas oportunidades, sob pena de ofensa ao devido processo legal, geradora de grave situação de insegurança jurídica.

9. REJEIÇÃO LIMINAR DA DENÚNCIA OU QUEIXA

A proposta de reforma dos procedimentos encaminhada pela Comissão de juristas do Instituto Brasileiro de Direito Processual, presidida pela Prof.ª Ada Grinover, previa que no procedimento ordinário, oferecida a inicial acusatória, haveria a possibilidade de sua rejeição liminar.

Se não fosse o caso de rejeição, o juiz determinaria a citação e, posteriormente à resposta escrita, haveria uma fase de "admissibilidade da acusação", que poderia desaguar na rejeição da denúncia ou mesmo na "absolvição sumária". Inclusive, segundo essa proposta, nessa fase de "admissibilidade da acusação", o juiz, entendendo imprescindível, poderia instalar um verdadeiro contraditório, determinando a realização de diligências, no prazo máximo de dez dias, podendo ouvir testemunhas e interrogar o acusado. Depois dessa possibilidade de dilação probatória, o juiz, fundamentadamente, decidiria sobre a admissibilidade da acusação, recebendo ou rejeitando a inicial, analisando se não era o caso de absolver sumariamente o acusado (o texto da proposta feita pela Comissão do IBDP pode ser conferido no site www.direitoprocessual.org.br).

A idéia, todavia, foi gravemente desnaturada no trâmite congressual, sendo que, no resultado legislativo final, optou-se pela fórmula tradicional, segundo a qual há o recebimento da inicial, salvo de nas hipóteses de rejeição liminar, agora consagradas no artigo 395 do CPP: (I) – for manifestamente inepta; (II) – faltar pressuposto processual ou condição para o exercício da ação penal; ou (III) – faltar justa causa para a ação penal.

Ressai, pois, já numa primeira plaina, que o legislador, em opção passível de crítica, igualou casos de extinção do processo sem o julgamento do mérito (manifesta inépcia da inicial), com outras que, no mais das vezes, importam em julgamento antecipado do mérito (condições da ação). Noutras palavras, fundiram-se em um só instituto, casos de "inadmissibilidade da inicial", com outros de "inadmissibilidade da acusação".

De qualquer modo, o certo é que, por ocasião do juízo de admissibilidade da acusação, o magistrado, na tutela do *status dignitatis* do indivíduo, para além dos aspectos formais da denúncia ou queixa, deve fazer análise superficial do material probatório que escolta a inicial, com especial atenção à existência das condições da ação. A diferença entre a rejeição liminar da acusação, a decisão de absolvição sumária e a sentença de absolvição propriamente dita está, apenas, no material probatório analisado (inquisitorial ou judicial) e no grau de evidência da inexistência do direito de punir: se "manifestamente" evidente, autorizada esta a liminar rejeição da acusatória, ficando-se no átrio do processo; caso contrário, impende a instauração do contraditório, que pode ficar restrito à resposta escrita à acusação, com a juntada de documentos e justificações. Não sendo caso de absolvição sumária, impõe-se o seguimento do curso processual, com a instrução probatória, debates e sentença, com ênfase na oralidade.

A rejeição liminar da denúncia é decisão terminativa do processo, sendo passível de apelação (v. item 10 infra).

A seguir, as hipóteses legais serão analisadas em tópicos distintos.

9.1. Petição inicial manifestamente inepta

A inépcia da inicial é caracterizada pela ausência de formalidades previstas no art. 41 do CPP, além daqueles outros requisitos exigidos no art. 282 do CPC, como anteriormente visto.

A exordial acusatória somente pode ser rejeitada, *prima facie*, quando "manifestamente" inepta, ou seja, quando lhe faltar requisito essencial, dentre os quais se destaca, antes de tudo, a descrição de fato certo, que se subsuma plenamente a tipo penal prévio. Como já foi dito, a peça acusatória deve conter, na exposição do fato delituoso, o verbo previsto no tipo básico (ex. subtrair) e a narrativa textual da circunstância prevista no tipo derivado (ex. com emprego de chave falsa), pois somente assim haverá atendimento ao princípio da reserva legal (art. 5º, XXIX, da CF), e o acusador delimitará claramente o âmbito temático da imputação penal, definindo a *res in judicio deducta*. Os outros requisitos considerados essenciais pela doutrina são: a qualificação (ou descrição física) do acusado e a forma escrita da denúncia ou queixa, em idioma nacional, lembrando-se que no rito sumaríssimo a regra dispõe que a denúncia é oral (art. 77 da Lei 9.099/95).

A omissão de requisitos considerados não-essenciais à peça acusatória não pode implicar sua rejeição, pois pode ser suprida a qualquer tempo, antes da prolação da sentença final (art. 569).

Importante referir que a petição inicial apta é um pressuposto processual objetivo que foi destacado do seu gênero pelo legislador, sendo colocado em inciso separado, certamente para realçar a importância da sua análise no juízo de admissibilidade da acusação.

9.2. Falta de pressuposto processual

O processo reclama a presença de requisitos prévios, logicamente necessários à sua própria existência ou validade. O tema "pressupostos processuais" é tormentoso e, assim como as condições da ação, rende insânias a intermináveis polêmicas entre aqueles que se dedicam à teoria geral do processo. Sem embargo, a doutrina, de um modo geral, divide os pressupostos processuais quanto à existência e quanto à validade, sendo aqueles os necessários para a constituição do processo, e estes os exigidos para o seu desenvolvimento regular. Ademais, alguns doutrinadores dividem os pressupostos processuais em subjetivos, que dizem respeito aos sujeitos processuais, e objetivos, quando dizem respeito ao objeto da demanda (pretensão).

Do procedimento comum ordinário

9.2.1. Pressupostos de existência

Na lição do clássico Hélio Tornaghi (*Instituições de processo penal*. v. I, 1959, p. 322), os pressupostos de existência da relação processual dividem-se em: *a)* jurisdição (subjetivo); *b)* partes (subjetivo) ; e *c)* demanda – pressuposto (objetivo).

Todavia, a partir da visão crítica de Pacelli (*Curso de Processo Penal*, p. 96), há que se ter em mente que, em verdade, para a existência do processo basta a presença do autor, veiculando a pretensão (demanda) perante o órgão investido de jurisdição (juiz), pois qualquer que seja o entendimento adotado com relação ao início do processo (oferecimento ou recebimento da inicial acusatória), presentes estes pressupostos, já existirá processo. A presença do réu é pressuposto para a formação da relação processual (art. 363 do CPP), portanto não é escorreito dizer que o processo é necessariamente um *actum trium personarum* (ato de três pessoas).

Logo, os pressupostos de existência do processo penal são: autor, demanda e jurisdição, pois em nosso ordenamento jurídico pátrio não existe ação penal condenatória *ex officio*.

9.2.2. Pressupostos de validade

Com relação aos pressupostos processuais de validade, novamente há que se abeberar na doutrina de Pacelli (ob. cit. p. 97), para dizer que, na verdade, eles são meros requisitos, sem os quais a lei não confere validade à atividade processual desenvolvida, já que "pressuposto" processual, logicamente, é algo que antecede ao próprio processo. Melhor falar, pois, em "requisitos processuais de validade", os quais também podem ser divididos em subjetivos e objetivos.

Dessa forma, temos os seguintes requisitos de validade: *a)* competência e imparcialidade do juiz (subjetivo); *b)* capacidade das partes (subjetivo); e *c)* requisito de respeito ao formalismo processual (objetivo).

Note-se que para o processo existir não é necessário que o juiz seja o órgão constitucionalmente competente ou que seja imparcial, pois esses requisitos estão ligados à validade do processo, e não à sua existência, tanto assim que o STF já decidiu que a incompetência em razão da matéria é causa de nulidade absoluta, não de inexistência do processo (HC 80.263/SP, DJ 27.06.2003). Caso houvesse entendimento pela inexistência nessa hipótese, seria possível processar e julgar novamente o acusado absolvido por juiz absolutamente incompetente, mesmo após o trânsito em julgado, conclusão inadmissível, visto que violaria o art. 8°, 4, do Pacto de São José da Costa Rica, incorporado ao ordenamento jurídico pátrio pelo Decreto 678/92.

O requisito da capacidade das partes restringe-se à capacidade postulatória (*jus postulandi*) e à denominada capacidade de praticar atos válidos no processo (*legitimatio ad processum*), ou seja, achar-se no exercício dos seus direitos.

Com relação ao *jus postulandi*, observa-se que, em razão de a titularidade da ação penal pública ser do Ministério Público, não há que se verificar a "capacidade postulatória" dos seus membros, e sim se possuem "atribuição legal" (princípio do promotor natural).

Como se pode ler em texto de Mazzili (A natureza das funções do Ministério Público e sua posição no processo penal, *in* RT 805/464), a condição de parte do Ministério Público, no âmbito do processo penal, é controvertida na doutrina, pois para alguns é: "parte *sui generis* (Vincenzo Manzini,

Hélio Tornaghi); parte imparcial (Alfredo De Marsico, Magalhães Noronha); parte parcial (Francesco Carnelutti); parte material e processual (José Frederico Marques); parte formal, instrumental ou processual (Jorge Olmedo, Giovanni Leone, Fernando da Costa Tourinho Filho); não é parte (Otto Mayer, Biagio Petrocelli)". Concorda-se com Manzini, pois o Ministério Público não pode ser visto como parte material, na medida em que o direito de punir que promove não é dele, mas do Estado. A instituição atua, pois, formalmente, como representante legal do Estado, na defesa dos interesses da sociedade, afinal, por maior que seja o seu grau de independência, lhe é inerente a função de implementação da política majoritária, estruturada por meio da lei (enquanto expressão da *volonté générale*). Funciona, pois, nesse complexo contexto, como o titular da ação penal pública e fiscal do cumprimento da lei (art. 257 do CPP).

Na ação penal privada, o ofendido, se não for advogado, não possuirá *jus postulandi* e terá que propor sua queixa por intermédio de causídico. O mesmo sucede-se com o acusado, o qual, se não for advogado, também terá que se defender da ação penal condenatória por intermédio de profissional regularmente habilitado na OAB.

Quanto ao requisito objetivo de respeito ao formalismo processual, a doutrina costuma identificar: a petição apta, a existência de instrumento de mandato (levando-se em consideração as particularidades antes mencionadas e com especial atenção nos crimes contra a honra) e a citação válida (a seguir abordada). A petição inicial apta, como requisito objetivo que se refere à idoneidade formal da peça de ingresso, foi destacada pelo legislador em inciso separado, como anteriormente visto.

9.2.3. Pressupostos de validade negativos

A doutrina também fala nos seguintes requisitos objetivos negativos: *a)* coisa julgada; *b)* litispendência; e *c)* perempção (nas ações penais privadas exclusivas).

Quanto a tais requisitos, cumpre esclarecer que, à evidência, o requisito de validade não é a presença deles, mas sim a sua ausência. Assim, para que uma ação penal possa se desenvolver validamente, é necessário que ela seja original, não reproduzindo ação anteriormente ajuizada em que haja coisa julgada (art. 110, § 2º, do CPP), bem como também não igual a outra demanda em trâmite com as mesmas partes, mesma causa de pedir e mesmo pedido (litispendência).

Com relação às ações penais privadas, há um requisito objetivo negativo específico que é a inexistência de causa de perempção no decorrer do processo (art. 60 do CPP). Tal requisito, todavia, não se aplica às ações penais privadas subsidiárias da pública, em virtude do que consta na última parte do art. 29 do CPP.

Pacelli insurge-se diante da classificação da coisa julgada e da litispendência como pressupostos de validade negativos, afirmando que elas não dizem respeito à validade do processo, até porque o vício, nessas hipóteses, é extrínseco ao processo. Tais hipóteses estariam ligadas, pois, à análise da admissibilidade do processo, e não com a sua validade (ob. cit. p. 99).

Decidindo pela ausência de pressupostos do processo, o juiz põe termo a este, sem entrar no exame do direito de ação e, muito menos, da pretensão.

9.3. Falta de condição para o exercício da ação penal

O exercício da ação é reconhecido pela doutrina como sendo um "direito" autônomo em relação ao direito material (direito de punir) e "abstrato", pois independe da existência ou inexistência desse direito material que se pretende, por meio dela, ver reconhecido ou satisfeito em juízo. Entretanto, é indubitável que o "direito" de ação está ligado a essa pretensão de punir, sobre a qual deverá incidir a prestação jurisdicional invocada. Assim, após verificar a presença dos pressupostos processuais, é necessária uma análise perfunctória a respeito do preenchimento de determinadas condições que legitimam o exercício do direito de ação.

> Como bem explica Paganella Boschi (op. cit. p. 32), a ação penal condenatória somente pode ser concebida como um "direito subjetivo público" nas ações penais privadas, previstas para aquelas hipóteses em que é facultado ao ofendido exigir do Estado a satisfação da sua pretensão punitiva. Já nas ações penais públicas, não se trata de um "direito" mas, na verdade, de um "poder-dever", pois presentes seus pressupostos, requisitos e condições, cabe ao Ministério Público a obrigação de propô-la.

A expressão "condições da ação" vem sendo criticada pela doutrina de vanguarda, segundo a qual seria melhor considerá-las como "requisitos", pois não se mostra adequada a utilização da designação "condições", uma vez que não se está diante de um evento futuro e incerto a que se subordina a eficácia de um ato jurídico, sendo por esta razão preferível falar em requisitos. Feito esse pequeno reparo terminológico, pode-se conceituar condição da ação como sendo o requisito necessário para que se admita o legítimo exercício do direito de ação. As condições da ação devem ser analisadas de ofício pelo juiz, quando do recebimento da denúncia ou queixa.

> No processo penal, essa análise é feita segundo a Teoria da Asserção. Portanto, as condições da ação são aferidas conforme as alegações jurídicas feitas pelo autor na petição inicial e as provas que resplandecem da investigação preliminar ou peça de informação, não podendo o magistrado, no juízo de prelibação, adentrar com profundidade na análise destas, sob pena de exercer intempestivo juízo meritório. Uma vez aceita denúncia ou queixa e realizada a instrução, o provimento jurisdicional decorrente do processo será julgamento do mérito e não de carência de ação.

Para a teoria geral do processo, as condições da ação são: a possibilidade jurídica do pedido, o interesse de agir e a legitimidade *ad causam*.

9.3.1. Possibilidade Jurídica do pedido

Não há consenso a respeito da sua abrangência ou mesmo existência dessa condição. Boa parte da doutrina identifica a impossibilidade jurídica do pedido apenas com a atipicidade. Entretanto, partindo do conceito analítico de crime, como sendo a conduta humana típica, ilícita e culpável, a maioria dos doutrinadores afirma que, diante da ausência de um desses elementos integrativos do delito, estar-se-á diante de fato impunível, restando inviabilizado o objetivo da ação que é justamente a aplicação da pena. Daí que se consagrou a identificação dessa condição da ação com a leitura, *contrario sensu*, do inciso I do art. 43 do CPP ("quando o fato narrado evidentemente não constituir crime"), agora revogado pela Lei 11.719/08.

Na hipótese de manifesta atipicidade dos fatos, isto é, de ausência de subsunção do fato narrado a um prévio tipo penal que o incrimine, a falta desta condição da ação deve sr verificada para além da "tipicidade formal" ou aparente, ou seja, da mera adequação da conduta ao enunciado legal, mas sim na "tipicidade material" ou "conglobante", tal como definida de por Zaffaroni (*Derecho penal: parte general*, p. 461 e ss.). Desse modo, por exemplo, os fatos manifestamente insignificantes ou bagatelares, embora formalmente típicos, não são criminosos, pois na realidade não atingem o bem jurídico tutelado pela regra incriminadora e, portanto, não conformam "tipicidade material". Já nos delitos que exigem "dolo específico", se este não restar demonstrado na base empírica que conforta a exordial, faltará tipicidade subjetiva.

Nessa mesma linha de raciocínio, o pedido também será juridicamente impossível quando o julgador perceber, já numa primeira vista dos elementos de convicção colhidos no inquérito policial, que evidentemente a conduta imputada foi praticada ao manto de alguma excludente da ilicitude (art. 23 do CP), isso porque, conquanto formalmente típica, em tais hipóteses, a conduta é materialmente lícita. É curial que nesses casos o inquérito policial ou peças de informação devem indicar limpidamente a conformação de todos os elementos da excludente, pois a dúvida, ainda que pequena, determina o recebimento da denúncia.

E se, "manifestamente", estiver ausente a culpabilidade?

Como sabido, alguns doutrinadores do Direito Penal, entendem que, para além da tipicidade e da ilicitude, a culpabilidade também faz parte do conceito de crime. Logo, não estando presente esse elemento, também não haveria crime. Nesse sentido, por todos, Assis Toledo (*Princípios básicos de direito penal*. 5. ed. São Paulo: Saraiva, 2000, p. 82), sendo seguido por Guilherme de Souza Nucci, Cezar Bitencourt entre outros. Em sentido contrário, adotando o conceito bipartido de crime, é a escola de René Ariel Dotti, para quem "a culpabilidade é muito mais um pressuposto da pena que um elemento do crime" (*Curso de direito penal*: parte geral, 2002, p. 339), seguida por vários outros autores de prestígio, como Damásio de Jesus, Mirabete.

Para quem adota o conceito tripartido de crime, a ausência de culpabilidade levará à rejeição da denúncia ou queixa pela impossibilidade jurídica do pedido. Já quem adota o conceito bipartido de crime entenderá que a rejeição da peça acusatória se dará pela falta de interesse de agir, pois, mesmo havendo um crime, será impossível a aplicação da pena.

Essa solução poderá resolver alguns casos em que se verifica, no juízo de prelibação, manifestamente ausente a culpabilidade, como, por exemplo, numa hipótese de erro de proibição inevitável (art. 21 do CP). Mas se o acusado for manifestamente inimputável (art. 26 do CP), ele deverá ser necessariamente processado, seja para receber uma medida de segurança (absolvição imprópria), seja para receber uma pena reduzida (condenação), e até mesmo para que tenha chance de obter, quando presente hipótese que possibilite decisão que lhe seja mais favorável (negativa de autoria, legítima defesa etc.), a absolvição própria, por ocasião da sentença de mérito, como, aliás, indica a nova redação do art. 397, II, do CPP. Entretanto, há que se lembrar novamente que nessa fase do recebimento da petição inicial não deve ser realizada uma análise profunda da prova, mas um mero juízo de plausibilidade da acusação. Logo, o juiz não deve receber a peça acusatória somente se "manifestamente" o fato não for criminoso. Havendo dúvida, quer sobre os fatos, quer sobre o direito, cumpre ao juiz receber a acusação e deixar para resolvê-la na sentença.

Crítica pertinente que se faz a essa condição é quanto à sua denominação. Nesse sentido, Pacelli diz que, em verdade, nesses casos de manifesta ausência de tipicidade, ilicitude ou culpabilidade, o que torna juridicamente impossível a prestação jurisdicional não é o "pedido" do acusador, propriamente dito, mas sim a "causa de pedir" (ob. cit. p. 88) . Com efeito, como dito em linhas anteriores, a *res in judicio deducta* são os fatos descritos pelo acusador na sua petição inicial, portanto, é deles que o acusado se defende e é a eles que o julgador fica adstrito no momento da sentença, em virtude do denominado "princípio da correlação". Preferível, pois, no processo penal, a denominação "impossibilidade jurídica da demanda".

Do procedimento comum ordinário

De fato, é majoritário na doutrina o entendimento de que o acusador pode até descrever um crime e pedir erroneamente a condenação nas sanções de outro, visto que isso não impedirá que a sua peça acusatória seja recebida, tampouco que a sua ação penal desenvolva-se regularmente, pois o juiz fará a adequação do fato descrito à norma correta, com a aplicação da respectiva sanção, no momento da sentença, por força da *emendatio libelli* prevista no art. 383 do CPP. Vale dizer, por mais impossível que seja o pedido, ele, por si só, não conduzirá à rejeição da proemial!

Entretanto, em uma perspectiva garantista, a incongruência entre o fato narrado e o tipo penal imputado, pode sim prejudicar a defesa, ou, ao menos, embaraçá-la. O sujeito se defende dos fatos, mas a conseqüência está na imputação, porém se o enquadramento é errado, onde pretende o acusador pretende, afinal, subsumir o fato? Como defender-se sem o risco de surpresa? Portanto, o STF já decidiu que, na hipótese de errônea capitulação jurídica do fato idoneamente narrado, é possível ao juiz, verificado o equívoco, alterar a sua classificação no momento do recebimento da inicial (HC 84.653, DJ 14.10.05).

Maria Thereza Rocha de Assis Moura (*Justa causa para ação penal* – doutrina e jurisprudência, p. 188-189), por sua vez, conclui que é estéril, para o processo penal, essa discussão acerca da "possibilidade jurídica do pedido" como condição da ação, bem como a querela se tal condição identifica-se somente com a tipicidade, ou também com a ilicitude e a culpabilidade, elementos que devem ser discutidos no âmbito da "justa causa" para ação penal, finalmente reconhecida pelo legislador pátrio, na reforma de 2008 (art. 395, III), como condição para o recebimento da denúncia.

9.3.2. Interesse de agir

A teoria geral do processo relaciona o interesse de agir com o trinômio "necessidade", "utilidade" e "adequação". Somente é necessária a via judicial quando o réu resiste em submeter-se, voluntariamente, à pretensão do autor. Portanto, não existindo lide, ou seja, resistência do réu à pretensão do autor, faltaria interesse de agir.

Em verdade, na ação penal pública, o grande interesse do Estado, e, por conseguinte, do Ministério Público, que o representa na acusação, deve ser a efetivação da Constituição Federal, com a construção de uma sociedade justa. Assim, *a priori*, o Ministério Público não deveria ter como interesse precípuo a condenação e sim a justiça. Por tal motivo, o pedido da denúncia não deveria ser de condenação, mas, sim, de um julgamento justo, como resultado de um devido processo legal.

Por outro lado, mesmo que o acusado não se oponha à pretensão do autor, confessando ou aceitando sujeitar-se espontaneamente à resposta retributiva estatal, sempre será necessária a via processual para aplicação da sanção, visto que não é legítima a aplicação da pena sem o devido processo legal. Por tais razões, está correto Fernando de Almeida Pedroso quando diz que no processo penal não existe o carneluttiano "conflito de interesses com uma pretensão resistida", afinal, "se não há pretensão diretamente dirigida à condenação do acusado e conseqüente subordinação do direito de liberdade do mesmo àquela, crível é que não se deve falar em conflito de interesses entre o *jus puniendi* e o *jus libertatis* do indigitado autor do crime. Donde a conclusão: inexiste lide penal" (*Processo penal, o direito de defesa*: repercussão, amplitude e limites, p. 43). Ainda sobre a inexistência de lide no Processo Penal, preconiza-se a leitura dos argumentos utilizados por Fernando Gerson, nesta obra.

A doutrina do processo penal, portanto, identifica a condição do interesse de agir mais diretamente com a "utilidade" do processo e, portanto, com a ausência de causa de extinção da punibilidade (art. 107 do CP).

De fato, se o objetivo principal do processo penal é uma decisão final de mérito, com possível aplicação de sanção penal àquele que pratica conduta delituosa, na medida em que se vislumbra, numa primeira vista, ser impossível a aplicação da pena, em face da extinção da punibilidade, resta evidente a inexistência do "interesse de agir", motivo pelo qual não se deve admitir que o processo prossiga, pois seu objetivo jamais será alcançado.

Nesse contexto, a doutrina costuma abordar a questão da prescrição retroativa antes da prolação da sentença, geralmente apresentada pelas expressões "prescrição antecipada, virtual, projetada ou em perspectiva". Sobre esse assunto, concorda-se, *in totum*, com Scarance Fernandes (A provável prescrição retroativa e a falta de justa causa para a ação penal. In: *Cadernos de Doutrina e Jurisprudência da APMP*, n. 6, p. 42) quando diz que, se a ação penal tem por fundamento o 'poder-dever de punir', não há sentido em admitir-se a persecução penal quando se vislumbra, já numa primeira plaina, que, se houver condenação, a pena estará prescrita, pois nesses casos estar-se-á diante de arrematada inutilidade do processo, em virtude da mais absoluta falta de efetividade da futura sentença a ser proferida. Perder-se-ia todo o trabalho desempenhado, até mesmo para efeitos civis, pois a prescrição afasta todos os efeitos da pena. Ademais, submeter alguém aos dissabores de um processo penal, tendo a certeza de que este será inútil, constitui constrangimento ilegal, dando-se razão a Ferrajoli, quando diz que o processo penal, na sociedade moderna, "tende a se tornar, por si mesmo, uma sanção talvez mais odiosa que a própria pena tradicional" (*Direito e Razão*, p. 674). Entretanto, sob o frágil argumento de que, sob pena de usurpação da função legislativa, não está autorizado a, pela via da interpretação, inovar o ordenamento, o STF não tem admitido tal possibilidade (HC 86888/SP, DJU 02.12.2005), no que é escoltado pelo STJ (HC 21961/SP, DJ 26.11.2007).

A "adequação", por sua vez, é o ajustamento da via eleita pelo acusador à providência judicial perseguida. Com relação à ação penal condenatória, não há muitas dificuldades a respeito, bastando a observância dos moldes procedimentais determinados pelo CPP.

9.3.3. Legitimidade "ad causam"

Via de regra, a ação penal é pública (art. 100, *caput*, do CP) e será promovida exclusivamente pelo Ministério Público (art. 129, I, da CF), por meio do agente que possua, legalmente, atribuição para tanto, conhecido pela expressão "promotor natural" (art. 5º, LIII, primeira parte, da CF), salvo se este não oferecer a denúncia no prazo legal, quando será facultado ao ofendido ajuizar "ação penal privada subsidiária da pública" (art. 5º, LIX, da CF c/c art. 100, § 3º, do CP e art. 29 do CPP).

Já na ação penal privada, a capacidade de figurar no pólo ativo é do ofendido ou seu representante legal (art. 30 do CPP), ou, então, no caso de sua morte ou de declaração judicial de ausência, pelas pessoas previstas em lei (art. 31 do CPP), salvo na hipótese de ação penal privada personalíssima, em que somente o ofendido pode agir para processar o agente (ex. art. 236 do CP). Em qualquer uma dessas hipóteses, essas pessoas terão que se fazer representadas por advogado (caso não ostentem tal habilitação), pois não possuem legitimidade *ad processum*.

Todavia, importante salientar que, mesmo na ação penal privada, o direito de punir continua sendo do Estado, portanto o particular, nesses casos, atuará como substituto processual, pedindo em nome próprio direito alheio.

Interessante observar, igualmente, que o ordenamento jurídico brasileiro não afasta a possibilidade de "legitimidade ativa concorrente", como na hipótese do agente do Ministério Público ultrapassar o prazo legal para o oferecimento da denúncia (art. 46 do CPP), pois a partir desse momento, tanto o Promotor de Justiça quanto o ofendido poderão entrar com a ação penal. Nesse caso, prevalecerá a ação penal que for proposta por primeiro, pois evidentemente não podem existir duas ações penais contra o mesmo réu. Outra hipótese foi construída pela jurisprudência, conforme Súmula 714 do STF: "É concorrente a legitimidade do ofendido, mediante queixa, e do Ministério Público, condicionada à representação do ofendido, para a ação penal por crime contra a honra de servidor público em razão do exercício de suas funções".

Por outro lado, no que diz respeito à legitimidade passiva, cm virtude do "princípio da intranscedência", a ação penal somente pode ser proposta em face da pessoa que praticou o crime imputado. Entretanto, deve-se observar-se se esta pode sofrer a sanção penal prevista em lei, o que não ocorre, por exemplo, com os menores de idade (arts. 228 da CF e 27 do CP).

Com relação às pessoas jurídicas, observa-se que somente poderão ser rés nos caso de crimes praticados contra o meio ambiente (art. 225, § 3º, da CF/88 e art. 3º da Lei 9.608/98). Entretanto, a jurisprudência do STJ inclina-se no sentido de admitir a responsabilidade penal da pessoa jurídica em crimes ambientais desde que haja a imputação simultânea do ente moral e da pessoa física que atua em seu nome ou em seu benefício, uma vez que "não se pode compreender a responsabilização do ente moral dissociada da atuação de uma pessoa física, que age com elemento subjetivo próprio" (RE 889528/SC, DJ 18.06.2007).

Embora, via de regra, não possa ser autora de crimes, a pessoa jurídica pode vir a ser vítima de fatos delituosos, por ser titular de interesses juridicamente protegidos, como o patrimônio, a moral, etc. Logo, representada por quem seu estatuto social ou contrato indicar, poderá figurar no pólo ativo da ação penal, ajuizando queixa em ação penal privada "propriamente dita" ou subsidiária, conforme autoriza o art. 37 do CPP.

9.3.4. Condições específicas de procedibilidade

Para além das três condições genéricas da ação, em alguns casos a lei pode exigir condições específicas para a ação penal, denominadas por alguns autores, como Tourinho Filho, como sendo "condições de procedibilidade". Faltando uma dessas condições específicas, e sendo rejeitada a denúncia, nada impede que a ação possa ser renovada, desde que satisfeita a condição, como previa a última parte, do art. 43 do CPP, agora revogado. Exemplos de "condição de procedibilidade" encontrados na doutrina de Tourinho Filho (*Código de Processo Penal Comentado*. v. I., p. 96) são: a representação e a requisição ministerial, nos crimes de ação pública condicionada (art. 24 do CPP); a entrada do agente no território nacional, na hipótese do art. 7º, § 2º, *a*, do CP; a autorização da Câmara dos Deputados, nos crimes cometidos pelo Presidente e demais autoridades previstas no art. 51 da CF; a autorização da Assembléia Legislativa, para instauração de processo contra Governador, por crime comum ou de responsabilidade; a exibição do jornal ou periódico, quando se tratar de crime de imprensa (art. 43 da Lei 5.250, de 09.02.1967); o trânsito em julgado da sentença que, por motivo de erro ou impedimento, anule o casamento (art. 236, parágrafo único, do CP), etc.

9.3.5. Justa causa

Nada obstante o legislador tenha separado, em inciso próprio, a justa causa das demais condições da ação, a maioria dos doutrinadores, na esteira da lição de Afrânio Jardim (*Direito Processual Penal*, p. 54), identifica-a como uma quarta condição da ação, autônoma, aplicável a todo processo penal, conquanto, até 2008, prevista apenas no artigo 44, § 1º, da Lei 5.250/67.

Nessa linha de entendimento, a justa causa é definida como a existência de um "lastro probatório mínimo", que indique a viabilidade da acusação, ou, em outras palavras, a existência de um *fumus comissi delicti*, consubstanciado em prova da materialidade (existência da infração penal) e indícios suficientes de que o acusado é seu autor ou partícipe. Essa condição é exigida porque a ação penal, em razão da sua potencialidade lesiva ao direito de liberdade e ao *status dignitatis* do indivíduo acusado, somente pode ser aceita pelo julgador quando o acusador demonstrar, de plano, a vinculação entre a narrativa constante na inicial e o fato da vida, ou, no mínimo, entre a inicial e as peças de informação que necessariamente devem escoltar a exordial acusatória, de tal sorte que se exclua a hipótese de que esta se trate de "criação cerebrina ou mero capricho do acusador". Daí, mais uma ressaltada, a importância de uma boa investigação preliminar para a ação penal.

Dentro dessa ótica, como leciona Carlos Frederico Coelho Nogueira (*Coisa julgada penal*: autoridade absoluta e autoridade relativa, *in* informativo CEDOC 72/07) é compreensível que se trata de condição da ação que possui um perfil *sui generis*, pois, ao contrário das demais condições genéricas, sua análise não chega a enfrentar o mérito da ação penal e, portanto, a decisão que reconhece a ausência de justa causa, por ausência de lastro probatório mínimo, não conduz à coisa julgada material, na medida em que não condena nem absolve, "tendo em vista seu evidente caráter *rebus sic stantibus*, uma vez que tomada *secundum eventum litis*, ou seja: de acordo com estado atual das provas (ou dos começos de prova) em face da narrativa fática constante da proemial". Portanto, o reconhecimento da ausência da justa causa, dentro desse entendimento, não impede que nova denúncia/queixa seja apresentada, contra o mesmo acusado, pelo mesmo fato, desde que, futuramente, instruída com lastro probatório mínimo, capaz de amparar a ação penal.

Note-se, noutro viés, que para muitos doutrinadores a "justa causa" não é uma condição autônoma, sendo identificada com o "interesse de agir", na medida em que, existindo prova da materialidade e indícios suficientes de autoria, há "necessidade" da ação penal para apuração dos fatos.

Maria Thereza Rocha de Assis Moura, ao seu tanto, sustenta que a justa causa, na realidade, espelha uma síntese de todas as demais condições da ação. Logo, não existindo qualquer uma delas, não há justa causa para ação penal (*op. cit.*, p. 221). Esse entendimento tem respaldo na jurisprudência dos tribunais superiores, os quais, para além da ausência de lastro probatório mínimo (STF – HC 81.324/SP, DJ de 23.08.02), já identificaram a falta de justa causa nas seguintes hipóteses: atipicidade da conduta pela insignificância (STF- HC 92.463-8/RS, DJ de 31.10.2007); presença de causa extintiva da punibilidade (STF – HC 86.583/SP, DJ de 27.04.07); ausência de condição específica de procedibilidade (STF – HC 84.345, DJ de 24.03.06); atipicidade do fato, extinção da punibilidade, ilegitimidade da parte ou a ausência de condição exigida pela lei para o exercício da ação penal. (STJ – HC 41576/RS, DJ 25.06.2007).

> Também dentro desse conceito abrangente de falta de justa causa, pode-se incluir a ausência das condições objetivas de punibilidade, que geralmente são referidas no preceito ou na sanção do tipo incriminador, podendo, no entanto, resultar de uma norma geral. Como exemplos podem ser referidos: a) a existência do prejuízo quanto ao crime de introdução ou abandono de animais em propriedade alheia (art. 164 do CP); b) a ocorrência do perigo (concreto) à vida, à integridade física

ou ao patrimônio de outrem, quanto ao incêndio e outros crimes de perigo comum (arts. 250 e seguintes do CP); c) a sentença que decreta a falência, concede a recuperação judicial ou concede a recuperação extrajudicial de que trata o artigo 163 desta Lei é condição objetiva de punibilidade das infrações penais nos crimes falimentares (art. 180 da Lei 11.101/05); d) na jurisprudência, o STF tem entendido que nos crimes do art. 1º da Lei 8.137/90, a decisão definitiva do processo administrativo consubstancia uma condição objetiva de punibilidade (Informativo/STF 333, de 2003);

Dentro desse contexto amplo, a justa causa pode ser identificada com a perspectiva de efetividade da ação penal, de modo a legitimar o exercício da ação penal.

10. REJEIÇÃO E "NÃO RECEBIMENTO" DA INICIAL: HAVERÁ DIFERENÇA?

A maioria dos doutrinadores do centro do país trata da mesma forma o "não-recebimento" e a rejeição da denúncia ou queixa, entendendo que são decisões idênticas, ambas sendo passíveis de combate por meio do recurso em sentido estrito, nos termos do art. 581, I, do CPP. Nesse sentido, confira-se, por todos, o que diz Heráclito Mossim: "O certo é que é usada de forma indistinta a expressão 'não receber' e o verbo 'rejeitar'. O art. 43 do Código de Processo Penal optou pelo verbo rejeitar. Já o art. 581, I, do mesmo Código utilizou a ação negativa. Ambas sempre foram tidas como sinônimas". (*Recursos em Matéria criminal*, p. 672).

Entretanto, por força da obra de José Antônio Paganella Boschi (*Ação penal*, 1997, p. 272), já há algum tempo muitos doutrinadores, como Marcellus Polastri Lima e Cezar Roberto Bitencourt, passaram a fazer diferenciação, entendendo que a decisão que não recebe a petição inicial refere-se à hipótese de inépcia (ausência das formalidades do art. 41 do CPP), tendo, pois, cunho terminativo, mas não de mérito, pois nesses casos outra petição pode ser oferecida, preenchendo os requisitos legais, ou então tal decisão pode ser combatida pelo recurso em sentido estrito. Já a decisão de rejeição equivale, em alguns casos, a julgamento antecipado da lide, que impede a reiteração do pedido, pois examina o mérito (exceto quando fundada na ilegitimidade de parte e as condições específicas de procedibilidade), ainda que diante do contexto probatório produzido na investigação preliminar. Logo, rejeitada a denúncia ou queixa por ausência das condições genéricas, se não houver recurso, a decisão fará coisa julgada material e impedirá a reabertura do caso. Boschi, portanto, afirma que se a denúncia não for recebida, caberá recurso em sentido estrito (art. 581, I, do CPP), mas se for rejeitada, o recurso será o de apelação (art. 593, III, do CPP).

Essa divergência repercutiu nos tribunais, como se pode ver nos seguintes julgados: "Tratando-se de rejeição de denúncia, o recurso cabível é a apelação, e não o recurso em sentido estrito, cabível apenas nas hipóteses de não-recebimento da denúncia ou queixa, consoante art. 581, I do CPP". (TJRS – RSE 70020762381, DJ 26/09/2007). "A rejeição da denúncia é situação processual distinta do seu 'não-recebimento'. Na primeira, temos o enfrentamento do mérito, enquanto que na segunda, a apreciação relacionada ao preenchimento das condições da ação, pressupostos processuais ou qualquer formalidade". (TJMG – AC 1.0024.04.353979-0/001(1), DJ 19.02.2008); Em sentido contrário: "Da decisão que rejeita a denúncia o recurso cabível é o recurso em sentido estrito e não a chamada apelação supletiva ou subsidiária" (RE 200505100223, DJ 06.09.2005). Inclusive, na região sul, o TRF4 editou a Súmula 60: "Da decisão que não recebe ou que rejeita a denúncia cabe recurso em sentido estrito".

O STF, conquanto não seja explícito no trato da questão, em diversas oportunidades já decidiu que a rejeição da denúncia, na hipótese de o "fato narrado evidentemente não constituir crime" (antiga redação do art. 43, I, do CPP), é verdadeiro juízo de improcedência da acusação e, como tal, tem caráter definitivo, inibindo que sobre o mesmo episódio se venha a instaurar ação penal, frisa-se, não importando que outros elementos de prova venham a surgir posteriormente ou que erros de fato ou de direito hajam induzido ao juízo de atipicidade (HC 80560/GO, DJ de 20/02/2001).

Evidentemente, em nível recursal a situação não gerará maiores problemas, em virtude do princípio da fungibilidade, pois a interposição equivocada de um recurso por outro não impede o seu conhecimento, desde que oferecido dentro do prazo correto e que não exista má-fé do recorrente (cf. art. 579 do CPP, que, aliás, não fala em "erro grosseiro", como consta no seu similar, o art. 810 do CPC).

Mas, aventemos a seguinte situação hipotética: se o juiz de primeiro grau entender que o recurso correto é o em sentido estrito e, após rejeitar denúncia, recebê-la em juízo de retratação (art. 589 do CPP), sabidamente não há previsão legal de recurso para essa nova decisão. Depois de findo esse processo e julgado o mérito, se houver apelação, e o tribunal entender que após a rejeição o recurso cabível era a apelação e, portanto, não poderia haver a retratação. Como o tribunal julgará? Anulará o processo, pois a denúncia foi recebida por autoridade "incompetente"? Nesse diapasão, é correto admitir-se que o magistrado *a quo* volte sobre os próprios passos e, em juízo de retratação à decisão de rejeição, diante dos mesmos fatos, decida que é típico um fato que logo antes afirmara ser atípico?

Por uma questão de segurança jurídica, essa divergência deveria ter sido enfrentada pelo legislador na reforma de 2008, entretanto, ao contrário, ao equiparar a hipótese de inépcia da denúncia com a de ausência das condições da ação, o art. 395 deu margem a mais dúvidas, pois, com essa confusão, certamente haverá quem diga que, como o legislador optou pela corrente que não diferencia os casos de não-recebimento dos casos de rejeição da inicial, de ambos caberá o recurso em sentido estrito.

Entretanto, é notável que a rejeição da denúncia por ausência de condição da ação é, em tudo, ontologicamente igual às hipóteses de absolvição sumária, previstas no art. 397 do CPP, lembrando-se que a Lei 11.689/08 revogou o inciso VI do artigo 581, pois agora cabe apelação da absolvição sumária, nos termos da nova redação do art. 416 do CPP. Aliás, no Projeto de Lei 4.207/01, que deu origem à Lei 11.719/08, o artigo 398 (presentemente revogado), previa justamente o recurso de apelação para as decisões de rejeição da denúncia e absolvição sumária. Sucedeu-se, contudo, que por sugestão do Senado, tal disposição foi retirada, pois constará no Projeto de Lei 4.206/01, que trata da reforma do sistema recursal no CPP.

Portanto, embora a questão permaneça em aberto na legislação, o que se propõe nessa quadra é que seja mantida mínima coerência: da decisão de rejeição, tendo ela cunho terminativo ou definitivo, vale dizer, com ou sem análise de mérito, cabível será a apelação. A hipótese de "não-recebimento", enquanto permanecer prevista no art. 581, I, do CPP (RSE), restringir-se-á ao caso de rejeição parcial da inicial, como, aliás, prevê a futura reforma do sistema recursal.

11. CITAÇÃO

Diz o art. 396 do CPP que se o juiz não rejeitar liminarmente a denúncia, recebê-la-á, designando dia e hora para a audiência de instrução e julgamento, ordenando a citação do acusado para responder à acusação, por escrito, no prazo de 10 (dez) dias.

A Lei 11.719/08 trouxe novidades importantes ao ato da citação, sendo de bom alvitre traçar algumas linhas sobre o assunto.

A citação, como cediço, é o ato procedimental pelo qual se dá conhecimento ao réu da acusação contra ele intentada, a fim de que possa vir integrar a relação processual e tenha a oportunidade de se defender. É requisito essencial do devido processo legal, porquanto viabiliza o contraditório e a ampla defesa (art. 5°, LIV e LV, da CF).

A citação irregular é considerada nulidade absoluta (art. 564, III, *e*, CPP). O art. 570 do CPP, contudo, em sintonia com o princípio da instrumentalidade das formas (consagrado na máxima *pas de nullité sans grief* ou, no vernáculo, "não há nulidade sem prejuízo"), permite que a falta de regular citação seja sanada caso "o interessado compareça, antes de o ato consumar-se, embora declare que o faz para o único fim de argüi-la". Todavia, o juiz deve ordenar a suspensão ou o adiamento do ato "quando reconhecer que a irregularidade poderá prejudicar direito da parte".

A Lei 11.719/08 alterou a redação do art. 363 do CPP afirmando que o processo, enquanto relação jurídica, se completa com a citação válida, passando a vigorar para o réu todos os seus direitos e deveres inerentes ao devido processo legal. Nesse sentido, a citação atribui ao réu a responsabilidade de comparecer aos atos processuais para os quais for intimado e de comunicar ao juízo eventual mudança de endereço, sob pena de, não o fazendo, ser-lhe aplicada a regra do art. 367 do CPP, que determina o prosseguimento do processo à sua revelia.

Quanto à forma, a citação pode ser real (mais chamada de pessoal) ou ficta, por edital ou hora certa. A primeira é a regra; a segunda, a exceção.

11.1. Citação pessoal

A citação por mandado é a forma mais usual de citação, valendo-se o juiz do oficial de justiça, que vai até o acusado, dando-lhe ciência pessoal do conteúdo da acusação, bem como colhendo o seu ciente.

A maior parte dos doutrinadores considera que a citação por mandado é ato privativo do oficial de justiça, não sendo validamente considerada se feita, por exemplo, por escrivão. Tal conclusão é extraída do disposto no art. 357 do CPP, que explicita como requisitos extrínsecos da citação a "leitura do mandado ao citando pelo oficial e entrega da contrafé, na qual se mencionarão dia e hora da citação" (inciso I) e a "declaração do oficial, na certidão, da entrega da contrafé, e sua aceitação ou recusa" (inciso II). Em sentido contrário, Grinover, Scarance e Gomes Filho sustentam que o importante é atingir-se a finalidade do ato processual e, por esse prisma, a citação feita por escrivão, o qual também tem fé pública, é perfeitamente válida (*As nulidades no processo penal*. 2007. p. 127).

O art. 352 do CPP, por sua vez, dispõe sobre os chamados requisitos intrínsecos da citação, ou seja, aqueles elementos que devem necessariamente constar do mandado.

A falta de atendimento aos requisitos extrínsecos ou intrínsecos da citação comprometem a finalidade do ato, porquanto poderá ensejar precariedade no pleno conhecimento, pelo acusado, da imputação e dos demais elementos indispensáveis ao efetivo atendimento do chamado judicial. Assim sendo, nulo será o mandado e, por conseguinte, a citação. Não se deve esquecer, entretanto, da impeditiva de nulidade contemplada no art. 570 do CPP.

A citação pessoal pode ser feita em qualquer dia e a qualquer hora, observada a razoabilidade, por evidente, devendo o oficial de justiça, caso não encontre o acusado, procurá-lo nos endereços contidos no mandado e, havendo notícias outras sobre seu paradeiro, proceder à busca nos limites do território da circunscrição do juiz processante para fins de consumação da citação. Não o encontrando de forma alguma, deverá certificar nos autos tal fato, declarando estar o acusado em lugar "incerto e não sabido". Estando o acusado em lugar conhecido, porém em território fora da jurisdição do juiz processante, deverá ser citado por meio de carta precatória (art. 353 do CPP).

11.1.1. Citação por precatória

Quando o réu estiver fora do território da jurisdição do juiz processante, será citado mediante precatória. Depreende-se do art. 355 do CPP que a citação por precatória é feita por meio de mandado expedido pelo juízo deprecado, o qual, para além dos requisitos intrínsecos e extrínsecos anteriormente vistos (arts. 352 e 357 do CPP), deverá preencher as formalidades específicas constantes no art. 354 do CPP.

Com relação a citação por "carta de ordem", providência prevista nas leis de organização judiciária e regimentos internos dos tribunais para os processos de competência originária dos Tribunais, valem as mesmas considerações feitas para a citação feita por carta precatória, *mutatis mutandis*.

11.1.1.1. Caráter itinerante da precatória

É possível que o acusado não esteja mais no território de competência do juiz deprecado, tendo-se mudado para outra área de jurisdição. Nesses casos, deverá o juiz deprecado encaminhar a precatória para ser cumprida pelo juiz em cujo território se encontra o acusado. Esse é o chamado "caráter itinerante da precatória", cuja previsão legal encontra-se no §1° do art. 355 do CPP.

Entretanto, certificando o Oficial, que o réu se oculta para não ser citado, não terá mais aplicação o §2° do art. 355 do CPP, o qual deveria ser revogado, devendo ser aplicado o art. 362, com a nova redação dada pela Lei 11.719/08. Cochilou o legislador.

Por fim, o CPP autoriza que, em caso de urgência, seja a precatória expedida por via telegráfica, na forma prescrita no art. 356.

11.1.2. Citação do militar

O art. 358 do CPP estabelece que ela seja feita por intermédio do chefe do respectivo serviço, tendo em vista o resguardo da hierarquia e da disciplina inerentes à conduta militar. Na citação do militar, portanto, o oficial de justiça não irá ao quartel à procura do acusado. O juiz, preservando a intangibilidade da área militar, expedirá um ofício requisitório diretamente ao superior do acusado, que fará chegar a citação ao destinatário. Para tanto, deverá o ofício encaminhado ser escoltado por mandado, ou conter todos os seus requisitos formais, evitando-se qualquer prejuízo à defesa.

Do procedimento comum ordinário

Porém, se for comprovado que não houve a comunicação ao subalterno, a citação não será válida, devendo ser expedido um outro ofício, podendo o superior ser responsabilizado por desobediência.

Se o militar estiver em território não afeito ao exercício jurisdicional do juiz da causa, deverá ser expedida carta precatória, solicitando-se ao juiz deprecado que expeça o ofício requisitório. Caso o superior hierárquico informe que o militar se encontra em lugar incerto e não sabido, caberá a citação por edital.

11.1.3. Citação de funcionário público

A partir da lacônica redação do art. 359 do CPP, a doutrina conclui que o servidor público será citado regularmente por mandado. Contudo, almejando evitar que a falta deste traga transtornos ao serviço público, permitindo que possa ser substituído quando de seu chamamento em juízo, deverá ser feita comunicação a seu superior. Note-se, entretanto, que, agora, diante do novo procedimento ordinário, para a citação bastará o mandado, pois ofício requisitório à sua chefia somente será necessário quando da audiência de instrução e julgamento. Outro cochilo do legislador, que muito bem poderia ter reformulado a redação do art. 359 do CPP.

11.1.4. Citação do réu preso

Conforme a atual redação do art. 369 do CPP, deve ser feita normalmente, por mandado ou precatória. Lamentável, todavia, que arraigada à redação anterior do referido dispositivo, a jurisprudência continue entendendo que a "requisição do réu preso supre a falta de citação pessoal por mandado" (STJ – HC 65927/PR, DJ de 05.02.2007). Somente para a audiência de instrução e julgamento será feito ofício requisitório dirigido ao diretor do estabelecimento prisional onde se encontra recolhido o acusado (art. 399, § 1º, CPP). Essa providência se justifica na medida em que, sem a autorização do diretor, não será possível o réu ausentar-se do cárcere. Ademais, cabe ao responsável pelo estabelecimento prisional tomar as precauções necessárias para que o preso seja escoltado ao fórum, lembrando que, por mais questionável que seja, a 11ª Súmula vinculante do STF determina que: "Só é lícito o uso de algemas em caso de resistência e de fundado receio de fuga ou de perigo à integridade física própria ou alheia, por parte do preso ou de terceiros, justificada a excepcionalidade por escrito, sob pena de responsabilidade disciplinar civil e penal do agente ou da autoridade e de nulidade da prisão ou do ato processual a que se refere, sem prejuízo da responsabilidade civil do Estado".

11.1.5. Citação do réu no estrangeiro

O art. 368 do CPP preconiza que "estando o acusado no estrangeiro, em lugar sabido, será citado mediante carta rogatória, suspendendo-se o curso do prazo de prescrição até o seu cumprimento". De igual forma, o art. 369 preceitua que "as citações que houverem de ser feitas em legações estrangeiras serão efetuadas mediante carta rogatória". A suspensão do prazo prescricional justifica-se por se tratar de um ato citatório de intuitiva demora no cumprimento.

A citação do acusado que estiver em local conhecido no exterior será, pois, feita pessoalmente, por carta rogatória a ser cumprida por juiz estrangeiro, observando-se o que dispõe o art. 783 do CPP, pois, em se tratando de um ato de cooperação internacional, deve ser encaminhado, pelas vias diplomáticas, às autoridades estrangeiras competentes.

O CPP não explicitou os requisitos das cartas rogatórias, razão pela qual a doutrina recomenda o uso da analogia (autorizada pelo art. 3° do CPP), devendo ser aplicadas as normas constantes nos arts. 202 e 210 do CPC. Quanto aos requisitos relativos à formalização do pedido, observar-se-ão as regras ditadas pela Portaria n° 26, de 14/08/1990, dos Ministérios das Relações Exteriores e da Justiça.

Estando o acusado em lugar não sabido no exterior ou em país com os qual não há tratado para cumprimento de carta rogatória, a citação deverá ser feita por edital, como era feito antes das alterações feitas no art. 368 do CPP, pela Lei n° 9.271/96.

11.2. Citação com hora certa

A Lei 11.719/08, ao alterar a redação do art. 362 do CPP, inovou na citação por hora certa. Agora, verificando que o réu se oculta para não ser citado, o oficial de justiça certificará a ocorrência e, independente de determinação judicial, procederá à citação com hora certa, na forma estabelecida nos arts. 227 a 229 do CPP, conformando, pois, uma forma especial de citação ficta. Afastam-se, assim, críticas feitas pela doutrina sobre a citação por edital do réu que se ocultava da justiça e era "premiado" com a suspensão do processo.

Entretanto, ao oficial de justiça cumpre distinguir se o caso é de ocultação ou de não-localização, pois a segunda hipótese enseja citação por edital e somente a primeira possibilita a citação com hora certa, porquanto esta se trata de medida excepcional, destinada a pôr cobro à alicantina do acusado. Se o acusado não comparecer para se defender, ser-lhe-á nomeado defensor, para apresentação da defesa prévia, nos termos do art. 396, § 2°, seguindo o processo em seus ulteriores termos, do que o escrivão dará ciência ao acusado, por carta, telegrama ou radiograma.

11.3. Citação por edital

A citação por edital ocorre quando, esgotados todos os meios possíveis para encontrar-se o acusado, a ciência da acusação e o chamado para defender-se lhe são feitos indiretamente, por meio de edital, que é a forma fictícia de comunicação de atos solenes, presumindo-se, assim, que ele tenha tido conhecimento da imputação.

Com as alterações feitas nos arts. 362 e 363 do CPP, revogaram-se, por conseqüência, as outras hipóteses que autorizavam a citação por edital, como era o caso de ser incerta a pessoa (?!) que tiver de ser citada, bem como na hipótese de ser inacessível o lugar em que estivesse o réu. Agora, de acordo com o § 1° do art. 363, ocorrerá citação editalícia somente quando, pura e simplesmente, não for encontrado o réu (evidentemente se não for constatado que se oculta para não ser citado).

Consoante pacífica jurisprudência, devem ser esgotados todos os meios de localização do acusado para que a citação por edital seja válida, portanto, se o acusado tiver vários endereços nos autos, incluindo os constantes no inquérito policial, deve ser procurado em todos eles, sem qualquer exceção. Caso haja alguma referência de local em que o acusado se encontra, feita por qualquer pessoa (vizinhos, parentes, etc.), também aí o Oficial deve diligenciar, pois a posterior verificação de que o acusado tinha endereço conhecido pelo juízo ou que tal conhecimento era possível, resultará em nulidade da citação por edital, precipitadamente determinada.

A demonstração de que o acusado não foi encontrado nos endereços noticiados e de que foram envidados todos os esforços para tanto é feita por certidão lavrada pelo oficial encarregado da execução do mandado de citação pessoal, que lança a expressão "o acusado encontra-se em lugar incerto e não sabido", afirmação que somente pode ser infirmada diante de idônea e inequívoca prova em contrário. Na prática, depois de exarada tal certidão, é de costume expedir-se ofícios de localização a diversos órgãos públicos (TRE, companhias de água, luz, etc.), sendo imprescindível contatar a superintendência dos serviços penitenciários, em face da Súmula 351 do STF: "é nula a citação por edital de réu preso na mesma unidade da Federação em que o juiz exerce a sua jurisdição".

O art. 365 do CPP estabelece os requisitos intrínsecos do edital de citação, restando prejudicado o disposto no inciso IV nos procedimentos em que o interrogatório seja o último ato procedimental, como o ordinário. As informações precisam ser claras e precisas, especialmente no que se refere à identificação do citando, destacando-se que, em relação à finalidade do ato citatório, a Súmula 366 do STF afirma que: "não é nula a citação por edital que indica o dispositivo da lei penal, embora não transcreva a denúncia ou queixa, ou não resuma os fatos em que se baseia".

Para se completar de forma válida essa citação ficta, o edital deve atender das exigências do parágrafo único do art. 365 do CPP, conquanto a jurisprudência venha atenuando o rigor no atendimento delas, tendo o Plenário do STF manifestado-se pela desnecessidade da afixação do edital, se não ocorreu prejuízo ao réu e o vício não foi argüido desde logo (HC 50.892, DJ de 28.09.73). Quanto à publicação pela imprensa, o STF só a tem exigido nas Comarcas em que haja imprensa oficial ou previsão de verba para publicação em órgão particular (HC 64.468-6-SP, DJ de 24.10.86).

O prazo para publicação do edital é de 15 dias (art. 361). Se o acusado não comparecer, nem constituir advogado para oferecer a resposta escrita à acusação (art. 396-A do CPP), ocorrerá a suspensão do processo e do prazo prescricional (art. 366 do CPP). Entretanto, comparecendo o acusado ou seu procurador perante o competente juízo criminal, o efeito observará o disposto nos arts. 394 e seguintes do CPP, deste momento passando a fluir o prazo de 10 dias para a resposta escrita à acusação.

11.3.1. Citação por edital e a suspensão do processo e do prazo prescricional

A Lei 11.719/08 previa alteração do art. 366 do CPP, a qual, todavia, restou vetada pela Presidência, de sorte que ele permanece com sua antiga redação. Observa-se, porém, que foram revogados os seus §§ 1º e 2º, dispositivos que, todavia, não diziam nada que não se pudesse depreender do ordenamento jurídico. Com efeito, no caso de produção antecipada de provas, é curial a necessidade da presença das partes, em virtude do princípio do contraditório; além disso, não há dúvidas de que, comparecendo o acusado, será ele citado, para ulterior prosseguimento do processo, obviedade que agora consta na nova redação do § 4º do art. 363 do CPP.

As condições expostas no artigo 366 para a suspensão do processo e do prazo prescricional são cumulativas e, portanto, devem concorrer os pressupostos fáticos de ter havido citação por edital, de o réu não ter comparecido em juízo para o interrogatório e de não haver advogado constituído nos autos. Essa disciplina coaduna-se com as regras do Pacto de São José da Costa Rica (referendado pelo governo brasileiro com a edição do Decreto n° 678/92) o qual estabelece, em seu artigo 8°, 2, que toda pessoa acusada de delito tem direito à comunicação prévia e pormenorizada dos fatos que lhe são imputados, à concessão de tempo e dos meios adequados para preparar sua defesa e de comunicar-se, livremente e em particular, com seu defensor.

O Projeto de Lei 4.207/01 previa o tempo máximo de duração da suspensão do prazo prescricional, afirmando que: "ficará suspenso o curso do prazo prescricional pelo correspondente ao da prescrição em abstrato do crime objeto da ação (art. 109 do Código Penal); após, recomeçará a fluir aquele". A inovação, que findaria celeuma existente na doutrina e na jurisprudência, teve veto presidencial, no qual se refere que a previsão de suspensão do prazo prescricional, sem a concomitante previsão de suspensão do curso do processo, que existe na atual redação do art. 366 do CPP, levaria à tramitação do processo à revelia do acusado, contrariando os princípios da ampla defesa e do contraditório. O veto, entretanto, foi equivocado, pois a suspensão do processo restou, sim, estabelecida pela Lei 11. 719/08, ainda que implicitamente, quando no art. 396, parágrafo único, do CPP, previu que "No caso de citação por edital, o prazo para a defesa começará a fluir a partir do comparecimento pessoal do acusado ou do defensor constituído". Ou seja, se o prazo da resposta escrita, na hipótese de citação editalícia, somente correrá do comparecimento pessoal do acusado ou do defensor constituído, é evidente que, até isso ocorrer, o processo ficará suspenso! Destarte, em virtude do equívoco presidencial, a questão da determinação, ou não, do prazo da suspensão do curso prescricional permanece em aberto, havendo aberta divergência entre o STF e o STJ.

> O STF afirma que a CF não proíbe a suspensão da prescrição, por prazo indeterminado, na hipótese do art. 366 do CPP. A indeterminação do prazo da suspensão não constitui hipótese de imprescritibilidade, pois não impede a retomada do curso da prescrição, apenas a condiciona a um evento futuro e incerto, situação substancialmente diversa da imprescritibilidade. Ademais, a CF se limita, no art. 5º, XLII e XLIV, a excluir os crimes que enumera da incidência material das regras da prescrição, sem proibir que a legislação ordinária criasse outras hipóteses. Não cabendo sujeitar o período de suspensão ao tempo da prescrição em abstrato, pois, do contrário, o que se teria, nessa hipótese, seria uma causa de interrupção, e não de suspensão. (RE 460971/RS, DJ de 30.03.2007). Diversa é a orientação do STJ: "o prazo máximo de suspensão do prazo prescricional, na hipótese do art. 366 do CPP, não pode ultrapassar aquele previsto no art. 109 do CP, considerada a pena máxima cominada ao delito denunciado, sob pena de ter-se como permanente o sobrestamento, tornando imprescritível a infração penal apurada". (HC 84982/SP, DJ de 10.03.2008).

O *caput* do art. 366 do CPP prevê que o juiz pode decretar a prisão preventiva do acusado. Salienta-se, todavia, que, segundo o entendimento assente na doutrina e na jurisprudência, não cabe a automaticidade da custódia cautelar ante a mera circunstância de o acusado não haver sido encontrado e, após, não ter se manifestado frente ao chamamento editalício. A decretação da preventiva, como medida excepcional que é, somente se justifica nas hipóteses elencadas no art. 312 do CPP, ou seja, na presença, concomitante, do *fumus comissi delicti* (probabilidade de ocorrência do delito) e do *periculum libertatis* (situação de perigo decorrente do estado de liberdade do acusado).

A despeito da ausência do acusado, o art. 366 do CPP ainda autoriza ao juiz a produção antecipada de provas consideradas urgentes, medida excepcional, que deve ser plenamente justificada, tendo como finalidade precípua assegurar os elementos probatórios contra a ação do tempo. Nesse toar, o STJ já decidiu que:

Do procedimento comum ordinário

A produção antecipada de provas está adstrita àquelas consideradas de natureza urgente pelo Juízo processante, consoante sua prudente avaliação, no caso concreto. Não serve como justificativa do pedido a alusão abstrata e especulativa no sentido de que as testemunhas podem se esquecer dos fatos ou que poderão mudar de endereço ou até vir a falecer durante o tempo em que perdurar a suspensão do processo. Muito embora seja assertiva passível de concretização, a afirmação de que a passagem do tempo propicia um inevitável esquecimento dos fatos, se considerada como verdade absoluta, implicaria a obrigatoriedade da produção antecipada da prova testemunhal em todos os casos de suspensão do processo, na medida em que seria reputada de antemão e inexoravelmente de caráter urgente, retirando do Juiz a possibilidade de avaliá-la no caso concreto. (Embargos de Divergência no Recurso Especial 469775/SP, maioria, DJ 02.03.2005).

12. RESPOSTA ESCRITA À ACUSAÇÃO

Após a citação, segue-se, de pronto, à resposta escrita, oportunidade em que o acusado poderá sustentar qualquer matéria, argüindo preliminares, adentrando no próprio mérito da acusação, enfim, alegando tudo o que interesse à sua defesa, podendo oferecer documentos e justificações, especificar as provas pretendidas e arrolar testemunhas, qualificando-as e requerendo sua intimação (art. 396-A).

Com relação à forma, a resposta escrita deve observar os mesmos moldes da antiga "defesa prévia", ou seja, deve observar a forma de qualquer petição, constando no cabeçalho o juiz ou tribunal a que é dirigida; a qualificação do acusado; as matérias de defesa e o pedido de improcedência da denúncia com a conseqüente absolvição. Logo após, segue a autenticação (data, local e assinatura do defensor). Ao final, devem ser arroladas as testemunhas da defesa e a relação dos documentos eventualmente apresentados com a resposta escrita.

Se a defesa desejar esclarecimentos dos peritos, deverá requerer a oitiva deles nesta oportunidade (art. 400, § 2º, CPP). Durante o curso do processo judicial, todavia, é permitido efetuar quesitos, desde que o mandado de intimação e as questões a serem esclarecidas sejam encaminhados com antecedência mínima de 10 (dez) dias, para que o perito possa apresentar as respostas em laudo complementar.

Existindo preliminares ao mérito, primeiramente, devem ser argüidas as peremptórias (ex. ilegitimidade de parte) e, posteriormente, as dilatórias (ex. ausência de representação do ofendido).

As exceções (ex. coisa julgada) devem ser processadas em apartado, nos termos dos arts. 95 a 113 do CPP.

A possibilidade do oferecimento de "justificações" na fase da resposta escrita, não deve ser entendida no sentido de "justificativas" ou "explicações", e sim no sentido técnico de "justificação judicial", tal qual aceita pela doutrina e jurisprudência, especialmente nos casos de revisão criminal, como forma de produção e documentação de prova testemunhal em juízo (art. 861 a art. 866 do CPC). Portanto, agora, a "justificação criminal" também poderá constituir material probatório para instruir a resposta à acusação, o que não deixa de ser uma forma de resgatar a possibilidade de produção de prova testemunhal antes da análise da possibilidade de absolvição sumária, tal qual a proposta original da Comissão do IBDP, pois a jurisprudência é no sentido de que o processamento da "justificação criminal" é de competência do juízo competente para a condenação, o qual não pode indeferi-la (RT 548/310). Restará saber como a novidade será manuseada na praxe forense.

Com relação ao mérito, não há por que alterar a prática estratégica de que – salvo em casos excepcionais, quando o defensor vislumbre real possibilidade de absolvição sumária (art. 397) – não se deve adiantar as teses de defesa antes da produção das provas da acusação, devendo limitar-se à alegação genérica de que a "defesa provará a inocência no decorrer da instrução".

Conquanto o art. 396 do CPP seja omisso, o prazo para a resposta à acusação é de 10 dias contado do dia da citação, que é excluído da contagem, devendo ser computado o último dia (art. 798, § 1º). Vale dizer, o prazo não é contado da juntada do respectivo mandado aos autos, e sim do ato da citação. Conclusão que se extrai do sistema, em virtude da previsão expressa feita no procedimento do Júri (art. 406, § 1º, do CPP) e da Súmula 710 do STF: "No processo penal, contam-se os prazos da data da intimação, e não da juntada aos autos do mandado ou da carta precatória ou de ordem".

Importante observar que a resposta escrita prevista no procedimento ordinário não se trata de uma "defesa preliminar", como aquelas previstas nos crimes praticados por funcionários públicos (art. 514 do CPP) e, mais recentemente, no art. 55 da Lei 11.343/06 (Lei de Drogas), pois naqueles procedimentos há uma "notificação" do denunciado para que responda à acusação, antes do juízo de admissibilidade da peça vestibular acusatória. No procedimento ordinário não é assim, pois já se tem um juízo admissibilidade e o conseqüente recebimento da denúncia.

A previsão de uma resposta que pode conduzir à absolvição sumária rende homenagem aos princípios da ampla defesa e do contraditório, pois, nada obstante o juiz tenha, no momento de receber a acusatória, o dever de analisar a aptidão formal da inicial e a presença das condições e pressupostos processuais, lamentavelmente, na prática, o recebimento da denúncia tende a ser tratado por alguns julgadores de forma burocrática e absenteísta, não raro com um despacho padronizado ou carimbo aposto por algum assessor. Diante desta realidade incontestável, cumpre aos defensores também mudarem suas posturas, atuando de forma mais atenta e comprometida, apontando eventuais defeitos da inicial acusatória, objetivando, igualmente, por meio da resposta escrita a improcedência integral ou parcial da acusação, ou até mesmo benefícios ao acusado, como, por exemplo, a suspensão condicional do processo.

Ao contrário da defesa prévia, prevista na antiga redação dos arts. 395 e 396, que era tida como facultativa, a resposta à acusação é obrigatória e se não for apresentada no prazo, ou se o acusado não constituir advogado, o juiz, sob pena de nulidade absoluta, lhe nomeará defensor, concedendo a este vista dos autos no ato de nomeação, para oferecê-la no prazo de 10 dias. Entretanto, se o denunciado já tiver constituído advogado (na fase inquisitorial, por exemplo), no seu silêncio ante a citação, este profissional contratado deve ser intimado a apresentar a resposta à acusação, e somente se este não o fizer, deve-se nomear defensor público ou dativo.

13. ABSOLVIÇÃO SUMÁRIA

Nos termos do art. 397 do CPP, após o oferecimento da resposta escrita, o juiz analisará se não é o caso de absolvição sumária, decisão cabível quando houver manifesta causa de exclusão da ilicitude ou culpabilidade (salvo a inimputabilidade), ou quando o fato narrado evidentemente não é típico, bem como se o magistrado verificar que está extinta a punibilidade do agente.

Tais hipóteses, identificam-se, segundo a doutrina tradicional, com a ausência de condições da ação, circunstância que importa na rejeição da denúncia, mais especificamente com a impossibilidade jurídica da demanda e a falta de interesse de agir, por isso, para evitar tautologia, remete-se o leitor aos respectivos tópicos (vide item 9 supra).

A redação do artigo é passível de toda sorte de críticas, pois, além de não observar a ordem analítica do conceito de crime (tipicidade, ilicitude e culpabilidade), poderia ter-se restringido à expressão "o fato narrado evidentemente não constituir crime" (já consagrada na antiga redação do art. 43, I, do CPP), com a correta ressalva à inimputabilidade, como visto em tópico anterior, que tal assertiva já seria suficiente para compreender a *mens leges*.

Nada obstante, trata-se de uma das mais importantes inovações introduzidas no procedimento ordinário pela Lei 11. 719/08, pois a absolvição sumária importa em autêntico "julgamento antecipado da ação penal" (não da "lide", pois, como antes anotado, entende-se que esse conceito não é adequado ao processo penal).

Entretanto, é primordial que se dê a esta disposição legal uma correta interpretação, de modo que não se lhe restrinja ou expanda indevidamente o alcance.

Por exemplo, se a partir do conteúdo da resposta escrita, o juiz convencer-se da manifesta ilegitimidade ativa *ad causam*, ou então, da manifesta ausência de alguma condição de punibilidade. Nesses casos e em tantos outros que poderão ocorrer, ficará o magistrado impedido de reconhecer a inadmissibilidade do prosseguimento do processo, porquanto restrito à análise das matérias elencadas no art. 397 do CPP?

Evidentemente que não, pois, segundo raciocínio lógico, quem pode o mais pode o menos (*in eo quot plus est semper inest et minus*). Se nesse momento é permitido ao julgador entrar no mérito e absolver sumariamente o acusado, evidentemente que, por exemplo, pode reconhecer a manifesta inépcia de uma denúncia ou a ausência de uma condição de procedibilidade.

Sustentar-se o contrário, será impor ao juiz que prossiga até o fim com um processo que já se sabe natimorto, dando primazia ao legalismo, e não à legalidade, em detrimento de vários princípios, como os da razoabilidade, da economia processual, da instrumentalidade das formas e, porque não dizer, ao valor da dignidade humana, visto que responder um processo em vão, nesses casos, já será uma inaceitável sanção.

Como diz Ada Grinover, "o processo não é apenas um instrumento técnico, mas sobretudo ético" (*Teoria geral do processo,* p. 277).

Portanto, entende-se que, para além do julgamento antecipado da ação penal, o art. 397 do CPP autoriza ao juiz que, conforme o caso, efetue a extinção do processo sem resolução do mérito (apenas reconhecendo a ausência de uma condição de punibilidade, por exemplo), e até mesmo que proceda no saneamento do processo (determinando ao acusador que junte condição de procedibilidade, noutro exemplo), configurando verdadeiro espaço para o "julgamento conforme o estado do processo", à semelhança do que existe no processo civil.

Porém, dentro desse paralelismo com o processo civil, há que se mencionar que é inadmissível dar-se vista ao acusador para "réplica" após a resposta escrita, pois no processo penal "a defesa do acusado sempre fala por último" (STF – HC/87926, DJ 25.04.2008).

Na proposta de lei feita pela Comissão presidida pela Profa. Ada Grinover, constava que "Apresentada a defesa, o juiz ouvirá o Ministério Público ou o querelante sobre preliminares e documentos, em cinco dias". Essa possibilidade, todavia, com acerto, não vingou durante o trâmite congressual. Nada obstante, se forem juntados documentos com a resposta escrita, há que se dar vista à parte contrária, antes da decisão relativa à absolvição sumária, em homenagem ao princípio do contraditório.

Por outro lado, mas no mesmo diapasão, não se pode dar ao novel instituto elastério que implique aprofundada incursão cognitiva no mérito da prova, consagrando verdadeiro desprestígio da instrução processual e abrindo-se portas largas para temerárias "absolvições sem processo", para se utilizar expressão consagrada pelo STF, em longínquo precedente (RECrim 90.697, DJU 30.11.79).

Em sentido contrário, estabelecendo um paralelo com o procedimento do Júri, David Medina, nesta obra, sustenta que o recebimento da denúncia não deve mais ser visto como "admissão da acusação", que constitui juízo posterior ao oferecimento da resposta escrita, quando o juiz examinará a matéria exposta na defesa do réu, devendo proferir juízo *pro societate* (à semelhança da decisão de pronúncia), admitindo a acusação, caso conclua não haver prova cabal de qualquer das matérias elencadas no art. 397, às quais o juiz ficará adstrito. Nessa esteira, Medina afirma que diante da possibilidade de resposta escrita e produção de prova documental, antes do "recebimento da acusação", institui-se no Brasil um "simulacro" de "juizado de instrução", vislumbrando, portanto, duas fases ao procedimento ordinário, uma de "admissibilidade da denúncia (delibação)" e outra de "admissibilidade da acusação". Nesse contexto, Davi critica a novidade, afirmando que comprometerá sensivelmente a imparcialidade do juiz, dizendo que: "se tal não ocorre no júri, é porque o juiz que pronuncia não é o mesmo que julga. No procedimento comum, todavia, a absolvição sumária afigura-se catastrófica, pois obriga o juiz a antecipar-se, de certo modo, à instrução processual, o que implica algum grau de convencimento antes do conhecimento, em flagrante subversão da racionalidade jurídica". Em que pese seja respeitável essa perpespectiva, com ela não se concorda, pois, conquanto a proposta da Comissão presidida pela Prof.ª Ada Grinover previsse, realmente, um procedimento ordinário bifásico, após o trâmite congressual essa idéia inicial foi desnaturada, não podendo mais ser identificada no resultado do processo legislativo.

De qualquer modo, sem dúvida alguma se trata de julgamento a ser proferido com cautela, segundo o princípio *in dubio pro societate*, à semelhança da decisão que recebe a denúncia, só que, agora, após breve contraditório, tal qual ocorre atualmente na Lei de Drogas.

Se o juiz acolher o pedido de absolvição sumária, caberá apelação, conforme demonstrado anteriormente (*ver item 10 supra*). Todavia, não será oponível recurso se indeferir tal pretensão. Entretanto, por óbvio, a decisão indeferitória poderá ser combatida por *habeas corpus*.

14. A DENÚNCIA SERÁ RECEBIDA NOVAMENTE?

Não sendo o caso de absolvição sumária, o art. 399 do CPP dispõe: "*Recebida* a denúncia ou queixa, o juiz designará dia e hora para a audiência, ordenando a intimação (*rectius* trata-se de notificação, pois é comunicação processual para ato futuro) do acusado, de seu defensor, do Ministério Público e, se for o caso, do querelante e do assistente".

A infeliz dicção legal certamente dará margem a interpretações antípodas, provocando mais uma celeuma na doutrina e na jurisprudência.

Não se tem dúvida, porém, de que, embora o art. 399 do CPP afirme que "*recebida* a denúncia ou queixa, o Juiz designará (...)", a bem da técnica, deve-se ler "*se não absolver sumariamente o Juiz designará (...)*" (à semelhança da redação do art. 396 do CPP), isso porque a denúncia já foi recebida antes da citação, mesmo porque não se concebe que haja citação sem recebimento da denúncia!

Nesse sentido, refere-se que o Projeto de Lei 2007/01, que deu origem à Lei 11.719, pretendia estabelecer a resposta escrita nos moldes de uma defesa preliminar, ou seja, de uma manifestação que deveria anteceder o recebimento da acusação, nos moldes do procedimento da Lei de Drogas. Entretanto, o Projeto foi modificado na Câmara dos Deputados, ao argumento de que não teria cabimento mandar citar o réu sem a acusação ser recebida, bem como que era necessário o juízo de prelibação, sob pena de constranger-se o acusado a responder uma acusação inepta ou uma ação penal inadmissível. Quando o Projeto foi remetido ao Senado Federal, novamente buscou-se introduzir a proposta original, qual seja a defesa preliminar anterior ao juízo de admissibilidade. *De volta à Câmara, entretanto, a emenda do Senado foi rejeitada.* O texto do parecer do Dep. Régis Fernandes de Oliveira à referida emenda do Senado é o seguinte: "Emenda n. 8: Pretende alterar no caput do art. 395, do Código de Processo Penal, o termo 'recebê-la-á', sob a justificativa de que o ato de recebimento da denúncia está previsto no momento descrito no art. 399. O instrumento que é o processo, não pode ser mais importante do que a própria relação material que se discute nos autos. Sendo inepta de plano a denúncia ou queixa, razão não há para se mandar citar o réu e, somente após a apresentação de defesa deste, extinguir o feito. Melhor se mostra que o Juiz ao analisar da denúncia ou queixa ofertada fulmine relação processual infrutífera. Rejeita-se a alteração proposta pelo Senado".

Sem embargo do esclarecimento, é de todo lamentável a falta de precisão técnica do legislador, pois convém lembrar que a discussão que ela gerará tem importância não só no campo processual, mas também em termos de direito material, na medida em que o recebimento da denúncia ou queixa interrompe o prazo da prescrição da pretensão punitiva (art. 117, I, do CP).

Aliás, esse é mais um argumento para se entender que a denúncia já foi efetivamente recebida após o juízo de prelibação, pois sabidamente um dos fundamentos da prescrição é castigar a inércia do autor, sendo por isso que o legislador penal prevê que logo depois de ofertada a vestibular acusatória, havendo o seu recebimento, interrompe-se a prescrição, pois não teria sentido aguardar-se todo o trâmite, não raro moroso, da citação, resposta escrita e análise do processo no estado em que se encontra, para tão-somente depois "receber" a denúncia e interromper-se a prescrição.

Dito isso, conclui-se que, se na resposta escrita não for aventada nenhuma matéria que demande análise detida e decisão fundamentada, bastará o seguinte despacho: "não sendo caso de absolvição sumária, designo audiência de instrução e julgamento para do dia tal, intime-se". Mas se for provocado pela defesa a proferir julgamento conforme o estado do processo, o juiz deverá decidir de forma fundamentada, mas sucinta, evitando prejulgamento. Da decisão que não absolver sumariamente não há previsão legal de recurso, rendendo ensejo ao manejo de *habeas corpus*, tão-somente.

15. AUDIÊNCIA PARA PROPOSTA DE SUSPENSÃO CONDICIONAL DO PROCESSO

Noutro inexplicável cochilo do legislador de 2008, não foi previsto um momento adequado para implementação da proposta de suspensão condicional do processo (art. 89 da Lei 9.099/95), muito embora fosse um dos principais objetivos da reforma!

Evidentemente, fere os princípios da razoabilidade e da economia processual, designar-se audiência de instrução e julgamento, intimando-se ofendidos, testemunhas, etc., e, bem assim, antes da solenidade, fazer-se ao réu a proposta de suspensão condicional do processo.

Diante dessa imprevidência legislativa, preconiza-se que o acusado, ao ser citado para responder à acusação, deverá, concomitantemente, ser intimado a manifestar-se, já na reposta escrita, se aceita a proposta feita pelo Ministério Público ou, mesmo, se aceita discutir os seus termos. Caso positivo, deve ser designada audiência extraordinária, especialmente para análise da proposta de suspensão condicional do processo. Caso o réu e seu defensor a aceitem, e o juiz a homologue, este suspenderá o processo, submetendo o acusado ao período de prova.

Entretanto, se o réu e seu defensor não aceitarem a proposta, de modo algum poderá haver interrogatório nessa audiência, sob pena de grave inversão procedimental, com evidente prejuízo para a ampla defesa, com a conseqüente nulidade absoluta do processo, que nesse caso independerá de demonstração de prejuízo, porque não se pode garantir que o resultado seria outro se não houvesse a inversão, conforme decidiu o STF em situação semelhante (HC/87926, DJ 25.04.2008).

Inadmissível, igualmente, que diante da proposta do Ministério Público, na denúncia, e da informação de que o réu aceita as condições, veiculada pelo defensor com a resposta positiva, não seja marcada audiência alguma, apenas lançando uma "decisão de homologação" do acordado, pois como preconiza Giacomolli, embora com olhos na Alemanha, o juiz tem o dever de participar ativamente no momento do consenso, aceitando ou rejeitando as condições propostas, certificando-se de que elas foram bem compreendidas pelo acusado e se ele as aceita voluntariamente (*Revista da Ajuris* 96/261).

16. AUDIÊNCIA DE INSTRUÇÃO E JULGAMENTO

Não sendo o caso de absolvição sumária, tampouco de suspensão condicional do processo, segue-se o procedimento com a audiência de instrução e julgamento, mais uma novidade introduzida nos procedimentos comuns, ordinário e sumário (art. 400, *caput*, CPP). Em nível teórico, trata-se de mais uma medida elogiável, que vem em prol dos princípios da celeridade e oralidade.

Como subprincípios da oralidade seguem a "imediatidade", ou seja, o contato direto e pessoal do juiz com o acusador, vítima, testemunhas e acusado, enfim com todo o conjunto probatório, bem como a "identidade física do juiz", que significa que o juiz que coletou a prova deverá valorá-la em sentença, princípios que não eram reconhecidos pela jurisprudência como princípios previstos pelo CPP.

Na prática, contudo, sabe-se que lamentavelmente a idéia do legislador não se concretizará com a freqüência desejada, pois é comum a ausência de pessoas que conformam a prova oral que se pretende produzir em audiência. De tàl sorte, os juízes, de antemão, evitam congestionar suas pautas com a previsão de longas audiências, já prevendo que os debates e sentença podem não se concretizar em tal solenidade.

O CPP prevê que a audiência de instrução e julgamento deve ser realizada no prazo máximo de 60 dias, mas não especifica a partir de quando é contado esse prazo, parecendo lógico concluir que seja do despacho que a designou, logo após a análise da resposta escrita, pois antes sempre haverá a possibilidade de haver absolvição sumária.

Por outro lado, considerando a pletora de trabalho a que estão submetidas a maioria das comarcas do país, antolhe-se que esse prazo configura disposição que, na prática, tende a ser cumprida somente nos casos de réus presos.

Na audiência ,será observada a seguinte ordem (arts. 400 a 405 do CPP):

Do procedimento comum ordinário

1º) coleta das declarações do ofendido. Note-se que a Lei 11.690/08 introduziu diversos parágrafos ao art. 201 do CPP, assim, antes do início da audiência e durante a sua realização, será reservado espaço separado para a vítima; se intimada para audiência e deixar de comparecer sem motivo justo, ela poderá ser conduzida à audiência; ainda, a vítima deve ser comunicada dos atos processuais relativos ao ingresso e à saída do acusado da prisão, da sentença e respectivos acórdãos que a mantenham ou modifiquem, tais comunicações deverão ser feitas no endereço por ele indicado, admitindo-se, por opção do ofendido, o uso de meio eletrônico. Portanto, é aconselhável que durante a oitiva do ofendido, na fase policial, a autoridade peça que o ofendido informe um e-mail para contato, facilitando a comunicação, sob pena de a previsão legal ser relegada ao olvido na pletora de trabalho dos cartórios; Luiz Flávio Gomes (op. cit., p. 298), ao comentar o art. 201 do CPP, elogiou a iniciativa legislativa, afirmando "pouco importa, outrossim, se a prisão do agente for cautelar ou decorrer de sentença condenatória. Ou se a soltura é conseqüência de sua absolvição ou, antes, da concessão de liberdade provisória ou mesmo de ordem de *habeas corpus*". (...) "Por último, no que tange à sentença e ao acórdão, é mesmo fundamental que a vítima, prejudicada diretamente pela ação delituosa, tenha conhecimento do desfecho do processo. Quer tenha sido absolvido, quer ele tenha sido condenado. Nessa última hipótese, inclusive, poderá o ofendido, a partir da condenação, manejar execução no juízo cível, conforme autoriza o art. 63 do CPP". Principalmente agora que o inciso IV do art. 387 do CPP determina ao juiz que, na sentença condenatória, fixe valor mínimo de reparação do dano.

2º) inquirição das testemunhas arroladas pela acusação e pela defesa, nesta ordem, no número máximo de oito para cada uma das partes. Há, no entanto, posição jurisprudencial que, por analogia ao art. 407 do CPC, admite oito testemunhas para cada fato (STF – RHC 65.673, DJU de 11.3.88; STJ – HC 26.834-CE DJU de 20.11.06). De qualquer modo, nesse número não se compreendem as testemunhas que não prestam compromisso (informantes, previstos nos arts. 206 e 208 do CPP), bem como aquelas pessoas que são mencionadas pelas testemunhas arroladas (testemunhas referidas). As partes poderão desistir das testemunhas que arrolaram, ressalvado o disposto no art. 209 do CPP, que versa sobre a possibilidade de o juiz, quando julgar oportuno, ouvir testemunhas de ofício, denominadas, em doutrina, de "testemunhas do juízo". Antes do início da audiência e durante a sua realização, também devem ser reservados espaços separados para a garantia da incomunicabilidade das testemunhas (art. 210, parágrafo único, do CPP).

Note-se que a Lei 11.690/08 alterou o CPP, afastando o sistema presidencial, no qual as perguntas tinham que ser feitas ao juiz, o qual, por sua vez, as refazia às testemunhas.

Agora, o sistema será de inquirição direta pelas partes, cabendo ao juiz fiscalizar e impedir as perguntas que induzam as respostas, bem como não permitir as que não tiverem relação com a causa ou importarem na repetição de outra já respondida. A inquirição da testemunha iniciará pela parte que as arrolou, seguindo-se na inquirição direta da parte contrária (adota-se o sistema do *cross examination*), sendo que, somente após as partes, o juiz, de forma complementar, inquirirá as testemunhas (art. 212, parágrafo único, do CPP).

Com isso, prestigia-se o sistema acusatório, dando-se realce ao papel das partes na aquisição da prova, deixando para o magistrado o papel primordial que lhe é conferido tradicionalmente nesse sistema processual, qual seja, o de garante do devido processo legal, sem descurar, à evidência, da procura pela "verdade real", que não é incompatível com o sistema acusatório, conforme demonstrado por Ada Grinover em percuciente artigo (A Iniciativa Instrutória do Juiz no Processo Penal Acusatório. Revista Brasileira de Ciências Criminais, nº 27).

Logo após vigência da nova redação do artigo 212 do CPP, diante da ausência do membro do Ministério Público em audiência (note-se que a falta pode dar-se por vários motivos justificados, pois o Promotor titular pode estar de férias, em substituição a algum colega, ser convocado para encontro institucional, etc.), alguns defensores adotaram a estratégia de não fazer perguntas às testemunhas arroladas pela acusação, protestando quando o magistrado iniciou seus questionamentos, ao argumento que o juiz somente poderia "complementar a inquirição". Desse modo, não sendo feita nenhuma pergunta pelas partes, não haveria o que "complementar". A intenção, evidentemente, era impedir a judicialização da prova oral arrolada pela acusação. O argumento não merece vingar por vários motivos. O primeiro é que o CPP não afastou o poder intrutório do juiz, pelo contrário, a reforma de 2008 reforçou-o. Logo, por ser inerente ao sistema processual penal brasileiro a busca da verdade pelo magistrado, o juiz não somente "pode" como "deve esclarecer os fatos", afinal o ordenamento jurídico não pode ser interpretado extraindo-se dele "as tiras" que convém, para se usar a ontológica expressão de Eros Grau. Por outro lado, mas no mesmo diapasão, o CPP consagra o "princípio da comunhão da prova", o qual estabelece que é ônus das partes a proposição dos meios probatórios e ao juiz, enquanto destinatário da prova, cabe sindicar-lhes a oportunidade e conveniência, podendo indeferir aqueles meios que entender desnecessários à formação de sua convicção. Entretanto, a partir do momento em que a prova é admitida pelo julgador, ela passa a ser do processo, servindo a todos os sujeitos processuais (juiz e partes) e ao interesse da justiça.

Em sentido contrário, é a lição de Luiz Flávio Gomes (*Comentário à reforma do Código de Processo Penal*, p. 302), o qual diz que é a leitura apressado do art. 312 do CPP que leva à conclusão de que as partes devem iniciar a formulação das perguntas.

Com uma argumentação sistemática, invocando o modelo de realização do interrogatório do acusado (art. 188 do CPP), da ouvida do ofendido (art. 201 do CPP), bem como o sistema previsto para o plenário do Júri (art. 473 do CPP), em que há primazia do juiz nas perguntas à vítima e às testemunhas, para depois facultar às partes a complementação dos depoimentos, o referido autor conclui que é "Melhor que fiquemos com a fórmula tradicional, arraigada na *praxis* forense, pela qual o juiz dá início às suas indagações para, depois, facultar às partes a possibilidade de, também, inquirirem a testemunha, desta feita diretamente, sem a necessidade de passar, antes pelo *filtro* judicial".

Entretanto, a vontade do legislador foi realmente assegurar que as partes perguntassem primeiro que o juiz, pois, durante o trâmite congressual, a Comissão instituída pelo Poder Judiciário apresentou à Senadora Ideli Salvatti propostas de emendas, que foram repassadas à CCJ do Senado Federal, para alteração do PLC n. 37/2007 (originário do PL nº 4.205/2001 da Câmara dos Deputados). Dentre estas, constava a Emenda Modificativa nº 07, que alterava a redação original para permitir que o juiz perguntasse antes que as partes, ao argumento de que, sendo ele destinatário da prova, deveria ter primazia em sua colheita. Todavia, esta Emenda rejeitada pela CCJ do Senado, que seguiu orientação do Sen. Mozarildo Cavalcanti, Relator do projeto no Senado, o qual, sobre o ponto, fez constar em seu parecer: Todos os projetos de lei da chamada Reforma do Código de Processo Penal estão fundados no modelo acusatório, reconhecidamente o mais apto à consecução de um processo penal não apenas ético, mas igualmente mais simples célere, transparente e desburocratizado, trazendo maior eficiência e atacando a impunidade. Temos agora, portanto, oportunidade de ouro para romper com nossa cultura jurídica e raiz inquisitiva, tornando clara a opção pelo modelo acusatório puro. Sucede que, para impedir que a doutrina e jurisprudência continuem interpretando a lei nova com a mentalidade antiga, cremos ser indispensável radicalizar a redação de alguns dispositivos da presente proposição, de modo a não deixar qualquer margem para uma interpretação salvacionista de cunho inquisitivo".

Resta saber como se posicionará a jurisprudência diante da divergência doutrinária, pois poderá reconhecer nulidade na inversão da ordem.

As testemunhas residentes fora da comarca deverão ser ouvidas mediante carta precatória (art. 222 do CPP). Para que haja a celeridade deseja pela reforma, importante frisar a necessidade de se colocar em prática os §§ 1º e 2º do art. 222 do CPP, com a fixação de prazo para oitiva das testemunhas ouvidas por precatória, em especial as da acusação, para que não haja inversão da ordem fixada em lei, observando-se, igualmente, que a expedição da carta não obsta o encerramento da instrução criminal, com possibilidade de juntada daquela aos autos, inclusive, após a sentença, quando devolvida depois do prazo fixado. Tais disposições são consideradas constitucionais pelo STF (RE 383429/AC, DJ de 03.08.2006). Entretanto, para que não se diga que o procedimento previsto em lei poderá restringir a ampla defesa, acolhe-se a tese de Érico Barin, sugerindo-se que, em temperamento à literal redação do § 2º do art. 222 do CPP, somente assim se proceda após ser expedida segunda precatória para ouvida da mesma testemunha.

Na hipótese da ausência de testemunha, seja da acusação ou da defesa, se a parte insistir na sua relevância, não restará alternativa ao magistrado senão designar outra audiência. Essa possibilidade, lamentavelmente, poderá ser utilizada para a chicana processual, pois, por exemplo, a defesa poderá arrolar uma testemunha que, de antemão, sabe que não comparecerá. Desse modo, forçará a designação de outra audiência, permitindo que, nesse ínterim, melhor "oriente" o seu cliente, após a coleta da prova da acusação. O juiz, todavia, deverá ficar atento para essas manobras impertinentes ou protelatórias, indeferindo a designação de nova audiência quando a defesa não demonstrar a relevância da oitiva da testemunha faltante (art. 400, § 1º, do CPP), diminuindo a chance de o réu adotar versão adaptada às declarações das testemunhas.

Excepcionalmente, a oitiva do ofendido e das testemunhas poderá ser feita por videoconferência, nas hipóteses previstas no art. 217 do CPP, desde que a medida seja fundamentada. Entretanto, ante a consabida falta de recursos da realidade forense, nas situações mencionadas no referido dispositivo, a solução de regra adotada será a retirada do acusado da sala de audiências, já admitida antes da reforma de 2008;

3º) oportunidade de esclarecimentos pelos peritos, o que dependerá de prévio requerimento das partes. Lembrando-se que antes disso é permitido às partes, quanto à perícia, requerer que os peritos respondam a quesitos, bem como indicar assistentes técnicos que poderão apresentar pareceres em prazo a ser fixado pelo juiz ou serem inquiridos em audiência (art. 159 do CPP). Também poderão ser ouvidos em audiência, a pedido da parte, o seu assistente técnico, conforme previsto no art. 159, § 5º, II, do CPP. Evidentemente, a oitiva dos peritos pode ser determinada de ofício, pois, conquanto o art. 400, § 2º, do CPP, seja omisso nesse sentido, há previsão para tal iniciativa no art. 156, II, do CPP;

4º) após a produção da prova oral, poderão ser feitas acareações, caso sejam solicitadas ou determinadas de ofício. Segundo o léxico, acareação é o ato de pôr "cara a cara", "frente a frente", pessoas cujas declarações não são concordes, para que expliquem as divergências. No processo penal brasileiro, a acareação pode ser feita de ofício ou a pedido das partes, entre acusados; entre acusado e testemunha; entre acusado e vítima; entre vítimas; entre vítima e testemunha; entre testemunhas (art. 229 do CPP). Entretanto, é praticamente unânime na doutrina e na jurisprudência o escasso valor probatório da acareação, visto que raramente as pessoas confrontadas se dispõem a elucidar as contradições, pois, na maioria das vezes, isso implicará desdizer o que foi dito anteriormente;

5°) superada a fase de produção da prova oral, será feito o reconhecimento de pessoas e coisas. O reconhecimento é definido como sendo o procedimento pelo qual alguém é chamado para verificar e confirmar a identidade de uma pessoa ou a qualidade de uma coisa, que lhe é apresentada, com outra que teve contato no passado, ou seja, há a confrontação de uma percepção sensorial atual com outra pretérita. Se as formalidades previstas em lei forem observadas, será um reconhecimento formal (art. 226 do CPP), caso contrário estar-se-á diante de um reconhecimento denominado "informal", que é admitido pela jurisprudência, desde que subordinada a um juízo constitucional de licitude, proporcionalidade e razoabilidade (STF – HC 68819/SP, DJ de 05.11.1991);

6°) por último, será levado a efeito o interrogatório do acusado. Trata-se de outra importante mudança feita no procedimento ordinário, pois amplia a possibilidade de defesa, na medida em que, a partir de agora, o acusado terá plena ciência da prova judicializada produzida contra si.

Essa alteração fortalece a idéia de que o interrogatório é, sobretudo, um meio de defesa pessoal, e não apenas mais um "meio de prova", conquanto assim também seja tratado pelo CPP (vide Capítulo III do Título VII do CPP). Todavia, diferentemente do que ocorre em relação às testemunhas, no interrogatório é o juiz quem inicia as indagações ao interrogado; somente depois ele deve permitir que as partes, por meio de questionamento indireto, obtenham esclarecimentos complementares (art. 188 do CPP). Entende-se que os questionamentos complementares devem iniciar pelo defensor, pois, como dito, o interrogatório passou a ser, principalmente, meio de defesa.

Em face da mudança do rito, deve ser repensada a possibilidade e conveniência do interrogatório por precatória. A doutrina destaca que o CPP não deixa dúvidas de que o interrogatório deve ser feito pelo juiz do processo, e assim, via de regra, deve ser, pois, sendo uma oportunidade singular de autodefesa, o ato está intimamente vinculado ao princípio constitucional da ampla defesa, sendo importante que o magistrado que irá julgar o réu tenha oportunidade imediata de ouvir sua versão, captar sua personalidade e, no mesmo passo, auferir a credibilidade que a palavra dele transparece, mormente agora, que o CPP consagra o princípio da identidade física do juiz (*v*. item 18 infra).

Sem embargo desse entendimento doutrinário, os Tribunais compreendem que, em determinadas situações, especialmente quando o acusado reside em localidade longínqua daquela onde está sendo processado, não é razoável a exigência do comparecimento dele no juízo processante, pois disso pode resultar grandes gastos, não raro superiores à punição prevista para o delito imputado, o que poderia, inclusive, levá-lo a não comparecer nesse ato de extrema importância.

Entretanto, doravante, em face da consagração do princípio da identidade física do juiz, a opção do interrogatório por precatória deve ser feita com extrema parcimônia. Nesse sentido, aliás, já julgou o STJ: "Por se tratar de um dos meios de prova da defesa, convém que o interrogatório do réu seja realizado pelo próprio Juiz que preside a causa, devendo ser admitida a sua realização mediante carta precatória somente em casos excepcionais, quando o réu encontrar-se preso ou efetivamente impossibilitado financeiramente de comparecer perante o juiz natural". (HC 18969/RS, DJ de 05.02.2002);

De qualquer modo, mesmo na excepcional hipótese de ser admitido o interrogatório por precatória, há que se atentar para o fato de que o acusado deve ser previamente intimado para comparecer na audiência de instrução e julgamento, pois, além disso,

Do procedimento comum ordinário **83**

está previsto em lei, é um direito seu ser interrogado por quem irá julgá-lo. Portanto, deve o magistrado – caso anteveja a possibilidade de ele não comparecer, em virtude da distância – na mesma carta precatória de intimação para a solenidade, determinar que ele informe ao Oficial de Justiça eventual impossibilidade de comparecimento. Essa precaução deve ser adotada, pois caso ele não compareça à audiência, sem justificativa, isso implicará revelia (art. 367 do CPP). Caso ele informe a impossibilidade de comparecimento e efetivamente não compareça, deve ser deprecada audiência de interrogatório após a audiência para a coleta do restante da prova no juízo da causa. Se essas precauções não forem adotadas, haverá inversão dos atos processuais, com grave prejuízo ao contraditório e à ampla defesa, o que certamente conduzirá à nulidade absoluta do processo, por ofensa a princípio constitucional;

7º) requerimento de diligências, desde que a necessidade destas se origine de circunstâncias ou fatos apurados durante a instrução do processo. Tais requerimentos devem ser feitos de imediato, na audiência, salvo se a complexidade do processo revelar ser mais razoável que seja deferido às partes um prazo maior para tais requerimentos, desde que o juiz não vislumbre nessa possibilidade manobra protelatória. Se forem determinadas diligências consideradas imprescindíveis, de ofício, ou a requerimento das partes, a audiência será concluída sem as alegações finais, que serão substituídas por memoriais, a serem apresentados no prazo de 05 dias após a conclusão das diligências (art. 404 CPP);

8º) não havendo requerimentos, ou sendo eles indeferidos, segue-se com o oferecimento de alegações finais orais, por vinte minutos, respectivamente, pelo Ministério Público ou querelante (se for ação penal privada) e pela defesa, prorrogáveis por mais dez. Na ação penal pública, se houver assistente, ser-lhe-ão concedidos, após a manifestação do Ministério Público, dez minutos, prorrogando-se por igual período o tempo de manifestação da defesa. O CPP não possibilita que o tempo do acusador seja aumentado, conforme o número de acusados, embora preveja que, havendo mais de um acusado, o tempo previsto para a defesa de cada um será individual (art. 403, § 1º, do CPP). Trata-se, todavia, de flagrante violação do princípio da isonomia processual. Tal lacuna deve ser suprida com a interpretação sistemática do CPP, invocando-se o que dispõe o procedimento do Tribunal do Júri. Lá naquele rito especial, na mesma hipótese, há a previsão de que, havendo mais de um acusado, o tempo previsto para a acusação e a defesa de cada um deles será individual (art. 411, § 5º, do CPP).

Entretanto, o mais correto, diante de um número significativo de acusados, ou de um caso complexo, é utilizar-se da possibilidade dada ao juiz de conceder às partes prazo de 5 dias sucessivos para apresentação de memoriais, proferindo depois a sentença, em 10 dias (art. 403, § 3º, CPP). Evidentemente, essa válvula de escape não deve ser utilizada sem critério algum, frustrando o objetivo previsto em lei de que os debates e o julgamento sejam feitos imediatamente após colheita da prova. Ademais, há que se ter sempre presente que a todos é assegurado o direito a um julgamento célere, sem dilações indevidas, mormente as ilegais (art. 5º, LXXVIII, da CF). Oxalá, pois, que a exceção não vire regra;

9º) após o oferecimento de alegações finais orais, deve o magistrado proferir sua derradeira decisão na própria audiência (art. 403, *caput*, do CPP). Porém, se oferecidas alegações finais por escrito – seja em face da complexidade do caso; do número de acusados (art. 403, § 3º, do CPP) ou diante da necessidade de realização das diligências requeridas (art. 404, parágrafo único, do CPP) –, o julgador possui o prazo de 10 dias para prolatar a sua sentença. Em virtude das profundas mudanças que recebeu em seu trato, a abordagem da sentença será feita em tópico distinto (*v.* item 17 infra);

10º) ao final, lavra-se termo de audiência assinado pelo juiz e pelas partes, com breve resumo dos fatos relevantes ali ocorridos. O CPP determina que, sempre que possível, o registro dos depoimentos do investigado, indiciado, ofendido e testemunhas será feito pelos meios ou recursos de gravação magnética, estenotipia, digital ou técnica similar, inclusive audiovisual, destinada a obter maior fidelidade das informações sendo que, no caso de registro por meio audiovisual, será encaminhado às partes cópia do registro original, sem necessidade de transcrição. Trata-se de, finalmente, o CPP incorporar recursos modernos, já postos na prática em analogia ao art. 170 do CPC.

17. SENTENÇA: DEFINIÇÃO, CLASSIFICAÇÃO E REQUISITOS

Conforme o senso comum jurídico, define-se sentença como sendo a decisão que resolve o mérito da causa, solucionando o caso penal. Contudo, a sentença deve ser concebida, não como uma simples conformidade da norma de direito positivo à *fattispecie* sem qualquer preocupação com o conteúdo ético do pronunciamento, mas, sim, como objeto cultural, uma obra humana, impregnada de valores e de ideologia, enfim uma verdadeira criação da inteligência e da vontade do juiz. Nesse sentido, vale lembrar que a própria etimologia da palavra sentença (derivada de *setentia*, que, por sua vez, vem de *sententiando*, gerúndio do verbo *sentire*) expressa sentimento ou sentido, ensejando a idéia de que, por meio dela, o juiz *sente e declara o que sente.*

A sentença pode ser classificada em: *a) Condenatória* (art. 387 do CPP): quando julga, total ou parcialmente, procedente a pretensão punitiva estatal, infligindo ao autor do fato uma pena legalmente cominada; e *b) Absolutória* (art. 386 do CPP): que por sua vez, subdivide-se em *própria,* quando julga totalmente improcedente a pretensão punitiva estatal, absolvendo o acusado, sem aplicação de pena ou medida de segurança, seja porque não ficou comprovada a acusação (art. 386, I, II, IV, V, VII, do CPP), seja porque ficou comprovado que o fato não é uma infração penal (art. 386, III, do CPP), seja porque foi reconhecida uma causa que exclua o crime (excludentes de ilicitude), consoante art. 386, VI, primeira parte, do CPP; e *imprópria*, quando reconhece circunstância que isente o réu de pena (excludentes de culpabilidade arroladas no art. 26, *caput*, do CP), conforme art. 386, VI, segunda parte, do CP. Nesses casos, há aplicação tão-somente de medida de segurança (art. 386, parágrafo único, III, do CPP).

Os requisitos da sentença são os seguintes:

a) *Relatório*: contém a identificação das partes e o histórico dos atos praticados nos autos, onde são expostas, de forma sucinta, as teses apresentadas por defesa e acusação (art. 381, I e II do CPP), sob pena de nulidade. Entretanto, o entendimento pretoriano, capitaneado pelo STF, direciona-se no sentido de que a falta ou deficiência da exposição das teses articuladas pelas partes somente nulifica a *sentença* se provado prejuízo para o réu (*pas de nullité sans grief*). Afasta-se ainda a mácula de *nulidade* se, mesmo existente o defeito no *relatório*, o *decisum* analisa em seu bojo a prova coletada em face dos argumentos oferecidos pela defesa (STJ – HC 69967/RJ, DJ de 14.05.2007);

b) *Fundamentação:* contém a identificação dos motivos de fato de direito em que se funda a decisão (art. 381, III, do CPP). Trata-se da concretização da garantia inserta no art. 93, IX, da CF. A exigência da motivação das decisões possui uma função *extraprocessual* de publicidade, pois viabiliza o controle democrático e a responsabilização externa da atividade judiciária, além de possuir uma função *endoprocessual* de defesa, como garantia interna do equilíbrio do processo, pois, em razão dela, o juiz terá que demonstrar a sua imparcialidade, bem como justificar o seu convencimento frente aos elementos probatórios trazidos pelas partes, representando verdadeiro "freio" processual que limita o ímpeto do *jus puniendi* estatal.

Veja-se, portanto, que o desrespeito deste mandamento constitucional constitui vício de particular gravidade, uma vez que o silêncio da fundamentação quanto às provas e alegações das partes revela não só a falta de uma adequada cognição, mas, sobretudo, a violação de um princípio natural do processo. Nesse sentido, a jurisprudência, em uníssono entendimento, ressalta que a falta de consideração, na motivação da sentença, das alegações apresentadas, especialmente pela defesa, caracteriza nulidade absoluta do ato decisório pela violação da efetividade do contraditório (STF – HC 74073-RJ, DJ);

c) *Conclusão*: contém a indicação dos artigos de lei aplicados e o dispositivo (art. 381, IV e V, do CPP), que é o momento em que o julgador faz a subsunção do fato à lei, decidindo o caso penal, condenando ou absolvendo o acusado. É indispensável, sob pena de nulidade insanável (art. 564, IV, do CPP). Todavia, tem-se admitido que, se o dispositivo não contiver o artigo de lei, mas o mesmo foi mencionado no relatório ou na fundamentação, ou se de alguma outra forma seja possível identificá-lo, não haverá nulidade da decisão (STF – RTJ 60/94). Ademais, também eivada de nulidade a sentença suicida, onde há verdadeira contradição entre a conclusão e a fundamentação da decisão (RJDTACRIM 8/141).

d) *Autenticação*: a sentença deve conter local, data e assinatura (art. 388 do CPP), bem como deve ser digitada no vernáculo e rubricada em todas as suas folhas.

17.1. Providências adotadas pelo juiz na sentença absolutória

Em caso de prolação de decisão absolutória própria, o julgador deve determinar a imediata soltura do acusado, se este estiver preso (art. 387, parágrafo único, I, do CPP), pouco importando o posterior oferecimento de recurso de apelação pela parte acusadora (art. 596, *caput*, do CPP). Além do mais, cabe ao magistrado ordenar a cessação das penas acessórias provisoriamente aplicadas (art. 387, parágrafo único, II, do CPP) e, com o trânsito em julgado da sentença, levantar o seqüestro dos bens (art. 131, III, do CPP), o arresto (art. 141, primeira parte, do CPP), cancelar a hipoteca (art. 141, segunda parte, do CPP) e restituir a fiança previamente prestada (art. 337 do CPP).

Já nas hipóteses de decreto absolutório impróprio, conforme anteriormente dito, o juiz, ao reconhecer a inimputabilidade do acusado, deve absolvê-lo, impondo a medida de segurança cabível (art. 386, parágrafo único, III, do CPP), sendo as demais conseqüências analisadas à luz das sentenças penais condenatórias.

17.2. Providências adotadas pelo juiz na sentença condenatória

Se proferida sentença condenatória, o magistrado deve realizar a dosimetria e a individualização da pena (art. 387, I, II e III, do CPP), mencionando quais as circunstâncias agravantes (art. 61 do CP) ou atenuantes (art. 65 do CP) foram reconhecidas, bem como referir outras circunstâncias apuradas e tudo o mais que deva ser levado em conta na imposição da reprimenda (arts. 59 e 60, do CP). Assim, de acordo com tais conclusões, compete ao julgador aplicar as penas (principais e acessórias) dentro dos limites legalmente estabelecidos, fixando o regime inicial de cumprimento da sanção privativa de liberdade (art. 59, III, do CP), bem como, se cabível, atender ao sistema das penas substitutivas (art. 59, IV, do CP) ou suspensão condicional da pena (art. 77 do CP).

Novidade introduzida no procedimento ordinário pela reforma de 2008 é a necessidade de o juiz fixar valor mínimo para reparação dos danos causados pela infração, considerando os prejuízos sofridos pelo ofendido (art. 387, IV, do CPP). Trata-se de um conseqüência legal da condenação, não carecendo de pedido expresso na inicial. Desse modo, com o trânsito em julgado da sentença, a vítima, ou quem tiver capacidade para representá-la, poderá promover no juízo cível a imediata execução do referido montante, sem prejuízo da liquidação para a apuração do dano efetivamente sofrido (art. 63, parágrafo único, do CPP). Como se depreende da redação legal, o valor a ser estipulado na decisão é apenas *mínimo*, não se constituindo como empecilho para que a vítima ajuíze ação cível própria para complementação do ressarcimento por parte do autor do crime (art. 64 do CPP). A providência almeja resguardar os interesses do ofendido, denotando uma clara tentativa de atribuir a este um papel de maior relevo no direito processual penal moderno.

A novidade não é de todo estranha ao ordenamento jurídico pátrio, pois a Lei 9.605/98 (Lei dos Crimes Ambientais) já estabelece que a "sentença penal condenatória, sempre que possível, fixará o valor mínimo para reparação dos danos causados pela infração, considerando os prejuízos sofridos pelo ofendido ou pelo meio ambiente". Ademais, é cediço que a Lei 9.099/95 (arts. 72 e 89, § 1º, I) teve grande preocupação em resguardar os interesses da vítima no processo penal, onde, até então, esteve submetida a um papel secundário. A Lei 9.503/97 (que instituiu o CTB) prevê a penalidade de multa reparatória, consistente no pagamento, mediante depósito judicial em favor da vítima, ou seus sucessores, de quantia calculada com base no disposto no § 1º do art. 49 do CP, sempre que houver prejuízo material resultante do crime. Depois veio a Lei 11.340/06 (Lei Maria da Penha), que criou os Juizados de Violência Doméstica e Familiar contra a Mulher, competente para causas cíveis e penais. Portanto, o ordenamento brasileiro, aos poucos, migra do sistema da independência entre as instâncias civil e criminal, para o denominado "sistema da confusão", o qual, segundo Tourinho Filho, já é uma realidade em alguns países, como a Alemanha (*Processo Penal.* 2º v., p. 8/9).

> Note-se que, desde o advento da Lei 9.099/95, significativo segmento da doutrina vislumbra na possibilidade da reparação dos danos causados ao ofendido uma indesejável privatização do processo penal. Afirma-se que em um processo penal democrático, revestido pela instrumentalidade garantista, a aplicação da pena não possui qualquer cunho reparatório, pois não está voltada à satisfação retributiva da vítima, ainda que não se possa negar que esta tenha um interesse natural de ver punido seu agressor. Portanto, a busca pela satisfação dos interesses da vítima não deveria ocorrer no interior de um processo penal, que diz respeito fundamentalmente à defesa do réu contra os poderes públicos (o Leviatã estatal) e/ou privados desregulados. Nesse sentido, por todos, Aury Lopes Jr. *in* Justiça Negociada: Utilitarismo Processual e Eficiência Antigarantista.

De outra banda, cabe ao juiz decidir, de forma fundamentada (como não poderia deixar de ser), sobre a manutenção ou, se for o caso, a imposição de prisão preventiva ou de outra medida cautelar, sem prejuízo do conhecimento da apelação que vier a ser interposta (art. 387, parágrafo único, do CPP).

Inclusive, a reforma de 2008 revogou expressamente o art. 594 do CPP (*O réu não poderá apelar sem recolher-se à prisão, ou prestar fiança, salvo se for primário e de bons antecedentes, assim reconhecido na sentença condenatória, ou condenado por crime de que se livre solto*), expungindo do ordenamento jurídico pátrio a (nefasta) "prisão decorrente de sentença penal condenatória recorrível". Agora, para que o réu condenado em primeira instância seja preso (ou mantido preso), o julgador deverá aquilatar concretamente a necessidade da prisão preventiva, verificando a presença conjunta dos requisitos do *fumus comissi delicti* (probabilidade da ocorrência do delito) e do *periculum libertatis* (perigo que decorre do estado de liberdade do acusado).

Na mesma linha de raciocínio, houve revogação tácita do art. 393, I, do CPP (*São efeitos da sentença condenatória recorrível: (...) I – ser o réu preso ou conservado na prisão, assim nas infrações inafiançáveis, como nas afiançáveis, enquanto não prestar fiança*). Igualmente, observa-se, por derivação e comezinha lógica, o desaparecimento tácito da nefasta figura da deserção (art. 595 do CPP), que condicionava a interposição de apelação ao recolhimento à prisão, na medida em que, independentemente do encarceramento do réu condenado em primeira instância, seu recurso será conhecido.

> Os próprios Tribunais Superiores já vinham reconhecendo que a prisão decorrente de sentença penal condenatória recorrível, por ser modalidade de custódia cautelar, para ser mantida ou decretada, deveria atender aos requisitos autorizativos previstos no art. 312 do Código de Processo Penal, os quais seriam demonstrados com o cotejo de elementos reais e concretos que indicassem a necessidade da segregação provisória (STJ – HC 59.948/SP, DJU de 12.2.2007) Igualmente, já se vinha considerando que o referido art. 595 do CPP era incompatível com o princípio da presunção de não-culpabilidade, da ampla defesa e do contraditório. Sobre o tema, o STJ editou a súmula 347, com o seguinte teor: *"o conhecimento do recurso de apelação do réu independe de sua prisão"*. No mesmo diapasão, o STF entendia que o não recolhimento do réu à prisão não poderia ser motivo para a deserção do recurso de apelação por ele interposto, uma vez que o art. 595 do CPP instituía pressuposto recursal draconiano, que violava o devido processo legal, a ampla defesa, a proporcionalidade e a igualdade de tratamento entre as partes no processo (STF – HC 84469/DF, DJ: 15.04.2008).

As outras medidas cautelares referidas no supramencionado artigo são, de acordo com o Projeto de Lei 4.208/01 (ainda pendente de aprovação): o comparecimento periódico em juízo, quando necessário para informar e justificar atividades; a proibição de acesso ou freqüência a determinados lugares em qualquer crime, quando, por circunstâncias relacionadas ao fato, deva o indiciado ou acusado permanecer distante desses locais para evitar o risco de novas infrações; a proibição de manter contato com pessoas determinadas quando, por circunstâncias relacionadas ao fato, deva o indiciado ou acusado dela permanecer distante; a proibição de ausentar-se do país em qualquer infração penal para evitar fuga, ou quando a permanência seja necessária para a investigação ou a instrução; o recolhimento domiciliar no período noturno e nos dias de folga nos crimes punidos com pena mínima superior a 02 anos, quando o acusado tenha residência e trabalho fixos; a suspensão do exercício de função pública ou de atividade de natureza econômica ou financeira quando haja justo receio de sua utilização para a prática de novas infrações penais; a internação provisória do acusado em crimes praticados com violência ou grave ameaça, quando os peritos concluírem ser inimputável ou semi-imputável (art. 26 e parágrafo único do CP) e houver risco de reiteração; a fiança, nas infrações que a admitem, para assegurar o comparecimento aos atos do processo, evitar a obstrução do seu andamento ou em caso de resistência injustificada a ordem judicial.

17.3. Sentenças desclassificatórias e a correlação entre a acusação e a sentença

A sentença desclassificatória é, na realidade, uma sentença condenatória que retira a infração penal da classificação inicialmente dada na petição inicial e a coloca em outra. Todavia, para que isso seja viável, é necessário correspondência entre o objeto da ação e o objeto da sentença, ou seja, exige-se que o julgador decida o caso penal nos limites em que este foi proposto, sendo-lhe vedado conhecer questões não suscitadas pelas partes.

O princípio da correlação vem ao encontro do velho brocardo do *ne eat judex ultra petita partium* (o juiz não pode decidir além do pedido), pois, ao ser iniciada a ação penal (via denúncia ou queixa), expressamente fixados estão os contornos da matéria a ser decidida no processo, devendo o magistrado pronunciar-se exatamente, e tão-somente, sobre aquilo que foi pedido e descrito na peça exordial pelo acusador (com a exceção do *favor rei*).A sentença desclassificatória que desatende ao princípio da correlação ou congruência é denominada de incongruente, podendo ser dividida em: *positiva*, quando o julgador concede ou nega mais do que foi pedido (*ultra petita*); *negativa*, quando o juiz não decide sobre o todo do pedido (*citra petita*); e *mista*, quando o magistrado julga algo distinto do que foi pedido (*extra petita*). Quaisquer dessas modalidades de incongruência equivalem à falta de sentença sendo, assim, elevada à condição de nulidade insanável do processo (art. 564, III, *m*, do CPP).

De um modo geral, a doutrina trata das sentenças descassificatórias quando trata dos institutos da *emendatio libelli* e da *mutatio libelli*, a seguir especificados.

17.3.1. "Emendatio libelli"

Como dito em linhas anteriores, a qualificação jurídica (enquadramento legal) do fato imputado, por não integrar o objeto processual, pode sofrer alteração quando proferida a derradeira decisão judicial. Trata-se do instituto da *emendatio libelli* (art. 383 do CPP), oportunidade em que o juiz tem o poder de decidir, em caráter definitivo, qual será o direito material aplicável ao objeto processual. Portanto, se a acusação descrever o fato corretamente e capitulá-lo de forma equivocada, o julgador fará a correção da definição jurídica na sentença, sem a necessidade de determinar à acusação que emende a inicial. O entendimento predominante é no sentido de que a *emendatio libelli* deve ser aplicada apenas no momento da prolação da sentença (*v.* item 6 supra).

O Projeto de Lei 4.207/2001, em sua redação original, previa no art. 383, § 1º, que "*as partes, todavia, deverão ser intimadas da nova definição jurídica do fato antes de prolatada a sentença*". A proposta, todavia, não vingou na Lei 11.719/2008.

Sem embargo, razão assiste a segmento crítico da doutrina, quando coloca em xeque os dogmas que existem em torno da *emendatio libelli*, sustentando que a classificação jurídica exerce influência decisiva nos rumos a serem tomados pela defesa, colocando, por vezes, os fatos naturalísticos ao plano secundário. Logo, sustenta-se que, no Direito Penal Democrático, o réu defende-se não só do fato que lhe é imputado, mas também da capitulação típica que sobre ele recai, devendo a correção ser feita na primeira oportunidade que o magistrado tiver. Ademais, em razão da importância penal e processual da tipificação do fato, argumenta-se que é necessária que a nova classificação jurídica do fato seja precedida do contraditório, pois as partes não podem ser surpreendidas com uma modificação inquisitória. Concluem, assim, que não há razão para o juiz deixar de ouvir o acusador e o acusado antes de alterar a classificação inicial em sua sentença. Nesse sentido, por todos, Benedito Pozzer, em "Correlação entre acusação e sentença no processo penal" (IBCCrim, 2001, p. 32).

Se em virtude da nova qualificação jurídica do fato houver a possibilidade de proposta de suspensão condicional do processo (art. 89 da Lei 9.099/95), o juiz, mantendo-se ainda competente, deve dar vista dos autos ao Ministério Público para a oferta da benesse processual (art. 383, § 1º, do CPP). Todavia, caso a alteração da capitulação jurídica modificar a competência para o processamento e julgamento do feito, o magistrado deverá remeter os autos do processo ao juízo competente para a tomada das providências legais (art. 383, § 2º, do CPP).

17.3.2. *"Mutatio libelli"*

Verificado durante a instrução processual o surgimento de elemento ou circunstância que modifique o fato imputado, deve o órgão ministerial aditar a denúncia ou a queixa subsidiária oralmente em audiência, ou no prazo de 05 dias, quando realizado de forma escrita (art. 384, *caput,* do CPP).

Diante disso, ao contrário da sistemática anterior a 2008, observa-se que havendo modificação do fato imputado – independente de esta alteração importar em *quantum* inferior ou superior de sanção corpórea – deverá, de maneira necessária, o acusador acrescer ao requisitório vestibular a nova circunstância fática, isso porque, à evidência, a necessidade de correlação entre a acusação e a sentença é independente da pena aplicada ao fato imputado.

Ao contrário da *emendatio libelli,* a *mutatio* é instituto exclusivo das ações penais públicas, em razão do princípio da obrigatoriedade vigente nessa espécie. Tratando-se de ação penal de iniciativa privada, o querelante, na exordial, exerce o poder máximo que a lei lhe faculta, permitindo-lhe, depois, tão-somente abrandar a situação do querelado, mas nunca agravá-la. Vislumbrando elemento fático hábil a alterar o fato imputado, compete ao ofendido, se possível – em razão do não-transcurso do interregno do prazo decadencial –, oferecer nova queixa. Caso este já transcorrido, a absolvição do querelado restará como única solução cabível.

> Existe entendimento doutrinário minoritário que, invocando aplicação analógica, afirma ser perfeitamente possível a *mutatio libelli* na esfera das ações penais de iniciativa privada. Para os defensores desta posição, causa estranheza que o querelante, pelo fato de inicialmente não haver apreendido, em toda a extensão, a gravidade do fato delituoso, ou, ainda, pelo fato de haver surgido, na instrução, prova pertinente a uma circunstância elementar de molde a agravar a pena, não possa fazer o aditamento da queixa-crime. E mais estranha é a atitude do juiz que não podendo condenar pelo crime realmente verificado (ante a ausência de aditamento) e, muito menos, pelo capitulado na queixa (porque, na verdade o crime foi outro), tem que forçosamente proferir um decreto absolutório, fomentando a impunidade.

Agora, a regra é que a *mutatio* seja precedida de aditamento espontâneo. Entretanto, excepcionalmente, a lei permite ao julgador "que provoque aditamento", pois ele tem a função (por alguns considerada anômala) de fiscal do princípio da obrigatoriedade da ação penal. Assim, quando o magistrado, ao vislumbrar, em tese, a necessidade de aditamento à inicical, provocará o acusador a pronunciar-se. Evidentemente, o promotor não está obrigado a aditar, todavia, deverá fundamentar sua posição. Havendo discordância em realizar espontaneamente o aditamento à acusação, cabe ao magistrado invocar o art. 28 do CPP, para que sobre o caso se manifeste o Procurador-Geral de Justiça (art. 384, § 1º do CPP). Este, por sua vez, poderá aditar, designar um outro representante ministerial para fazê-lo ou, mesmo, também entender não ser caso de aditamento, hipótese em que restará apenas ao juiz prolatar sentença absolutória ou condenatória, nos exatos termos da inicial acusação.

A "provocação" feita pelo julgador é permitida, pois o Poder Judiciário, no atual Estado Democrático de Direito, deve exercer um papel que faça prevalecer os valores constitucionais, e dentro das tradicionais funções de *cheks and balances*, lhe é legítimo *fiscalizar* a ação ou inação do Ministério Público. Inclusive, a moderna doutrina constitucionalista indica que a divisão dos poderes deve estar voltada à noção de *cooperação* mútua para a realização de valores éticos substanciais, positivados constitucionalmente e reclamados pela maioria do povo, dentre os quais, não pode haver mínima dúvida, está a justiça no âmbito penal.

Sem embargo, a utilização do art. 28 do CPP também é combatida pelo mesmo segmento crítico da doutrina, porque supostamente transformaria o julgador em *fiscal do fiscal da lei*. Afirma-se que tal desconfiança e intervenção judicial (verdadeiro controle externo do princípio da obrigatoriedade da ação penal) em relação às atividades do Promotor de Justiça é desnecessária e, sobretudo, indesejável. Considerando que a instituição Ministério Público está fundada sobre os princípios da legalidade e da moralidade, deveria presumir que o Promotor de Justiça atua em conformidade com tais máximas, funcionando o controle interno e a intervenção do ofendido como mecanismos suficientes para velar pela legalidade da decisão do órgão acusador.

Por outro lado, lamentável, novamente, a imprecisão terminológica do legislador, que, ao tratar da situação em que ocorre a alteração do fato, e não de singela classificação jurídica deste (hipótese prevista na *emendatio libelli*), equivoca-se ao utilizar na nova redação do art. 384 a expressão *nova definição jurídica do fato*, pois o que é novo é o fato, e não apenas a sua classificação legal. Certamente que a alteração do fato processual pode acarretar modificação na definição jurídica do mesmo, sendo, portanto, sua causa, e não simples consequência. Melhor seria ter empregado a expressão *novo fato*, ou *nova circunstância do fato*, em contraposição à alteração da classificação jurídica, inserta no artigo imediatamente anterior. Logo, deve-se entender a (errônea) *nova definição jurídica do fato* como *alteração do fato imputado*.

Como se percebe, a *mutatio libelli* só é cabível quando descoberta, durante a fase instrutória, prova de nova circunstância ou elemento que possibilite a alteração da imputação, não dizendo respeito, deste modo, àqueles elementos probatórios anteriormente conhecidos, já acostados no inquérito policial e nas demais peças de informação, uma vez que estes, se não contidos na exordial acusatória, arquivados (ainda que implicitamente) estão.

Conforme o art. 385 do CPP, é dispensável a *mutatio libelli* para agregar na acusação inicial as circunstâncias agravantes recém-descobertas na instrução, eis que possível o juiz reconhecê-las de ofício. Entretanto, em que pese a clareza desse dispositivo, melhor seria que não houvesse distinção entre as circunstâncias agravantes e as causas de aumento de pena, devendo, em ambas as situações, haver o aditamento à peça acusatória, sob pena de se fazer *tabula rasa* do princípio da correlação, bem como de todo o conjunto garantista trazido à baila pela Carta Magna.

Realizado o aditamento ministerial, seja oral ou escrito, interrompe-se a audiência de instrução e julgamento, sendo oportunizada a resposta da defesa técnica dentro de 05 dias. Após este breve contraditório, o juiz decide, fundamentadamente, acerca do recebimento ou não do acréscimo acusatório. Admitido o aditamento, o magistrado designará nova data para continuação da solenidade processual, com a inquirição das testemunhas arroladas, no número máximo de 03 por cada parte, (art. 384, § 4º, do CPP), e, necessariamente, com realização de novo interrogatório, debates e julgamento (art.

Do procedimento comum ordinário

384, § 3º, do CPP). Não recebido o aditamento, o processo prosseguirá com a sentença (art. 384, § 5º, do CPP).

Outra novidade importante advinda com a reforma de 2008 é que o juiz deve ficar restrito aos exatos termos do aditamento ministerial, não mais podendo pronunciar-se sobre a imputação originalmente formulada (segunda parte do art. 384, § 4º, do CPP). Diante disso, uma vez realizada a *mutatio libelli*, a novel imputação, agora acrescida da circunstância fática recém-descoberta, substitui a imputação original, e não se coloca, quanto a esta, em caráter alternativo. Não há mais, pois, previsão legal da denominada "imputação alternativa" em nosso ordenamento jurídico.

Cumpre, ainda, distinguir a *mutatio libelli* da *mutatio acusationis*, que é oferecimento de nova acusação, pois o art. 384 do CPP não permite seja a peça acusatória ampliada com novos fatos criminosos, por meio do aditamento. A *mutatio libelli* está limitada à alteração do fato inicialmente imputado, não à apresentação de nova imputação, providência que é compatível com a propositura de nova ação penal.

Aditar, *in casu*, significa formular a imputação em novos termos, acrescentando somente as circunstâncias ou elementos que, alterando o objeto processual, culminam por agravar a acusação. Não se tolera, assim, a inclusão de novos fatos criminosos, salvo na hipótese de conexão com o fato imputado originariamente, mas, nesse caso, o juiz é que deve verificar a oportunidade e a conveniência de permitir, em homenagem ao princípio da economia processual, o oferecimento de outra acusação no mesmo processo, com a conseqüente abertura do prazo para resposta escrita e nova instrução, ou se deve determinar a abertura de um outro processo (art. 80 do CPP).

Por fim, há que se ter em mente a Súmula 453 do STF: "Não se aplicam à segunda instância o art. 384 e parágrafo único do Código de Processo Penal, que possibilitam dar nova definição jurídica ao fato delituoso, em virtude de circunstância elementar não contida, explícita ou implicitamente, na denúncia ou queixa".

18. IDENTIDADE FÍSICA DO JUIZ

Outra inovação trazida pela Lei 9.099/95, incorporada pela reforma de 2008, é a vinculação do juiz que presidiu a instrução ao julgamento da causa: *"o juiz que presidiu a instrução deverá proferir a sentença"* (art. 399, § 2º, CPP). Essa opção legislativa favorece julgamentos mais justos, pois possibilita ao magistrado sentenciante apreciar melhor a credibilidade dos depoimentos e do interrogatório, visto que a decisão deve ser proferida enquanto essas impressões ainda estão vivas na memória do julgador.

Evidentemente que esse princípio comporta temperamentos, pois o juiz que se aposenta não mais exerce a função jurisdicional e, por isso mesmo, não poderá proferir a sentença. Também não pode proferir a sentença o juiz removido, promovido ou convocado após colher o material probatório, pois nesse caso não possuirá mais competência para tanto. Há que se aplicar, pois, por analogia, o art. 132 do CPC, conforme autoriza o art. 3º do CPP.

18.1. Prazo para encerramento da instrução no caso de réu preso

A partir de julgados oriundos de Minas Gerais, na década de 80, concluiu-se que o prazo para conclusão do procedimento ordinário, mormente nos casos de réu preso, seria de, no máximo, "81 dias", contabilizados a partir da soma dos prazos previstos para os atos procedimentais. Mais recentemente, todavia, a jurisprudência, inclusive dos Tribunais Superiores, firmou-se no sentido de que tal prazo não é fatal e/ou improrrogável, fazendo-se imprescindível raciocinar com o juízo de razoabilidade para definir o excesso de prazo na formação da culpa de réu preso.

Portanto, em face das alterações sofridas pelo procedimento ordinário totalmente, inadequado novo "engessamento do prazo", mediante outra soma aritmética de tempo para os atos processuais.

Entretanto, caso queira-se criar um novo prazo referencial para verificação do excesso, devem-se levar em conta, necessariamente, os seguintes prazos: 10 dias para conclusão do inquérito policial (art. 10, *caput*, CPP); 02 dias para o escrivão fazer o inquérito concluso ao juiz (art. 799 do CPP); 01 dia para o juiz dar vista ao Ministério Público (art. 800, III, do CPP); 02 dias para o escrivão cumprir a decisão judicial (art. 799 do CPP); 05 dias para o acusador oferecer denúncia ou queixa (art. 46, *caput*, CPP); 02 dias para o escrivão fazer os autos conclusos ao juiz (art. 799 do CPP); 01 dia o juiz terá para receber ou rejeitar a acusação (se tal decisão for considerada "mero despacho" – art. 800, III, do CPP) ou 5 dias (caso entenda-se que é uma decisão interlocutória simples – art. 800, II, do CPP); 02 dias para o cumprimento da decisão judicial (art. 799 do CPP); 10 dias para o acusado responder à acusação, podendo se estender por mais 10 dias, para apresentação de resposta pelo defensor público ou dativo, caso o acusado não apresente a resposta nem constitua advogado; 02 dias para o escrivão fazer os autos conclusos ao juiz (art. 799 do CPP); 05 dias para o juiz decidir sobre absolvição sumária (art. 800, II, do CPP); 02 dias para o escrivão cumprir a decisão judicial (art. 799 do CPP); 60 dias para a realização da audiência, contados da decisão que não absolveu sumariamente (art. 400 do CPP).

Portanto, o prazo para a conclusão do procedimento ordinário, na hipótese de réu preso, será de *109 dias*, isso se o juiz não deferir diligências e conceder prazo para oferecimento de memoriais. Nessa hipótese, ter-se-ia o seguinte acréscimo: 02 dias fixados pelo juiz para a escrivania cumprir das diligências requeridas pelas partes em audiência, se existirem (art. 799 do CPP); 05 dias para apresentação de memoriais, por parte da acusação (art. 403, § 3º, primeira parte, do CPP); 05 dias para apresentação de memoriais pela defesa. Tratando-se de réu defendido pela Defensoria Pública ou por órgão de assistência judiciária oficial, o prazo é de 10 dias; 10 dias para prolação de sentença (art. 403, § 3º, segunda parte, do CPP).

Nesse caso, o prazo para conclusão do procedimento ordinário, na hipótese de réu preso, será de *131 dias*, isso sem prever a existência de precatória e incidentes que podem ter lugar durante a instrução, o que pode alargar ainda mais o prazo, sem caracterização de constrangimento ilegal, para o desfecho do processo com réu preso.

Releva salientar, mais uma vez, o entendimento de que não basta ultrapassar a soma aritmética dos prazos processuais para justificar relaxamento da prisão preventiva, por excesso de prazo, devendo ser analisado se a demora é razoável e justificável.

> Em uma análise comparada sobre o prazo razoável do processo penal, verifica-se que o Tribunal Europeu de Direitos Humanos (TEDH) leva em conta três critérios (I) a complexidade do caso, (II) o comportamento da parte e (III) o comportamento das autoridades judiciárias. Ademais, com base no critério da razoabilidade, o TEDH entende que "a duração prolongada da prisão cautelar somente estará justificada se houver uma real exigência do interesse público, que deve prevalecer sobre o direito de liberdade, não obstante a presunção de inocência" (Aury Lopes Júnior e Gustavo Henrique Badaró, *in Direito ao Processo Penal no Prazo Razoável*, p. 49-50).

19. ROTEIRO SIMPLIFICADO DO PROCEDIMENTO ORDINÁRIO

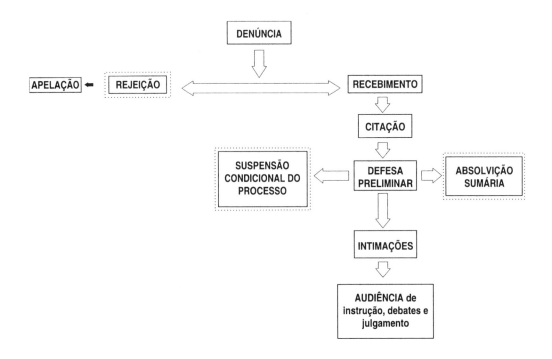

Capítulo III

Do procedimento comum sumário

DIOGO MACHADO DE CARVALHO[1]

1. DE GARANTE A DEGRADANTE: O PROCESSO COMO VERDADEIRA PENA

Em sua concepção clássica, o processo penal apresenta-se não apenas como um caminho necessário à aplicação da pena, mas, sobretudo, como instrumento encarregado de resguardar a máxima eficácia dos direitos e garantias constitucionais do réu. Entretanto, não se pode olvidar que, hodiernamente, na sociedade neoliberal regida pela instantaneidade da *mass media*, há uma inversão completa da utilização do instrumento, sendo o processo penal um sério incômodo que culmina por atingir a honra do acusado e macular sua reputação no meio em que vive, tornando-se, não raras vezes, uma sanção mais execrável que a própria pena tradicional. Nas palavras de Jacinto Coutinho (*A lide e o conteúdo do processo penal*, p. 148): "o dia-a-dia do fórum ensina o quanto um processo penal faz o réu sofrer. É necessário não esquecer esse detalhe".

Conforme Luigi Ferrajoli (*Direito e Razão*, 2.ed, p. 673-674), tal grave degeneração do processo configura uma verdadeira patologia judicial, na qual o processo penal é utilizado como punição antecipada – com uma deturpada finalidade de prevenção geral, como instrumento de perseguição política, intimidação policialesca, gerador apenas de certificados penais e *status* jurídico-sociais (de reincidente, de perigoso, ou no aguardo de sentença e semelhantes). Ademais, sob um viés criminológico, o processo penal – por ser parte integrante de um sistema especificamente concebido para fazer o mal (Hulsman e De Cellis, *Penas Perdidas*, p. 88) – é uma nítida atividade da (longa) marcha de rotulação e etiquetamento criminal, porquanto representa a extração da identidade pessoal do autor do fato e a imediata introdução de uma outra, deteriorada, e, mormente, estigmatizada. Nesse sentido: "O processo produz estigmas. E todo o estigma, em circunstâncias que tais, ofende a dignidade da pessoa. E a defesa desta, lembra-se, é fundamento do Estado Democrático de Direito" (TJRS, Apelação Crime nº 70021146428, DJ de 07/11/2007).

Preocupado com este inegável caráter degradante do ritual penal, o legislador pátrio buscou revitalizar o procedimento sumário, ampliando a sua incidência, abreviando-o e dotando-o de uma maior celeridade, a fim de mitigar as nefastas conseqüências (penas) processuais advindas ao réu com o excessivo prolongamento da cerimônia punitiva.

Assim, o rito sumário – que nada mais é que um mero procedimento comum variante do ordinário – passa a ser aplicado aos processos dos crimes de médio potencial ofensivo, ou seja, aqueles cuja sanção máxima cominada seja superior a 02 anos e inferior a 04 anos de pena privativa de liberdade (art. 394, § 1º, II, do CPP).

---

[1] Advogado criminalista militante. Graduado em Direito pelo Centro Universitário FEEVALE.

Além disso, com força no art. 538 do CPP, o procedimento sumário também deverá ser adotado no processamento das infrações penais de menor potencial ofensivo, quando o juizado especial criminal encaminhar ao juízo comum as peças existentes para a adoção de outro procedimento, seja em razão da complexidade ou circunstâncias da causa que dificultem a formulação oral da peça acusatória (art. 77, § 2°, da Lei n° 9.099/95) ou do fato de o réu não ser encontrado para a citação pessoal (art. 66, parágrafo único, da Lei n° 9.099/95)

> Nestas situações excepcionais, cumpre observar que o procedimento será o sumário, mas devem, impreterivelmente, ser empregados na Vara Comum os arts. 74, 76 e 89 da Lei n°. 9.099/95, pois se tratam de medidas de caráter penal, benéficas, aplicáveis em qualquer processo, independentemente do procedimento adotado.

Em que pese não haver fixação legal de tempo para sua duração, computados os prazos dos atos processuais, observa-se que, de regra, o procedimento sumário deverá ser concluído em, no máximo, *60 dias*, no caso de acusado preso (10 dias: inquérito policial; 05 dias: oferecimento de denúncia ou queixa; 05 dias: recebimento da acusação; 10 dias: resposta escrita, 30 dias: audiência de instrução e julgamento) ou *90 dias*, quando o acusado estiver solto (30 dias: inquérito policial; 15 dias: oferecimento de denúncia ou queixa; 05 dias: recebimento da acusação; 10 dias: resposta escrita, 30 dias: audiência de instrução e julgamento), contados da abertura do procedimento investigatório. Por conseguinte, evidente o avanço democrático obtido com a abreviação do procedimento sumário, uma vez que o tão propalado direito ao julgamento no prazo razoável (art. 5°, LXXVIII, da CF) deixa de ser mera letra morta do papel constitucional e passa, efetivamente, a ser alcançado ao acusado (mormente quando este estiver preso).

2. UNIFORMIZAÇÃO PROCEDIMENTAL E SUBSIDIARIDADE DO RITO ORDINÁRIO

Com o objetivo de uniformizar os procedimentos, algumas disposições do procedimento ordinário aplicam-se, de maneira subsidiária, aos ritos sumário e sumaríssimo (art. 394, §§ 4° e 5°, do CPP), a saber: as regras sobre oferecimento da peça acusatória; juízo de admissibilidade da acusação; citação; resposta escrita com apresentação de exceções, documentos e rol de testemunhas; bem como a possibilidade de absolvição sumária. Portanto, com a finalidade precípua de evitar desnecessária tautologia sobre o tema, recomenda-se a leitura do esmerado texto do Prof. Charles Emil Machado Martins, presente nesta obra.

3. AUDIÊNCIA DE INSTRUÇÃO E JULGAMENTO: UM *AFFAIR* ACUSATÓRIO

Não se vislumbrando as hipóteses de absolvição sumária (art. 397 do CPP), tampouco a possibilidade de oferta de suspensão condicional do processo (art. 89 da Lei n° 9.099/95), segue-se o *iter* procedimental, com a realização de audiência de instrução e julgamento *no prazo máximo de 30 dias*, contados do despacho que a designou (art. 531 do CPP).

Com efeito, a unificação de tantos atos processuais em uma *super-audiência*, marcada pela publicidade e oralidade, representa uma medida absolutamente louvável, que vem como tentativa de depurar o (impuro) sistema acusatório constitucionalmente eleito (STF, HC n° 84051/PR, DJ de 17/08/2004).

Infelizmente, nos ares tupiniquins prevalece apenas uma teoria de aparência acusatória, pois o sistema e o princípio acusatório (repartição de papéis entre os atores processuais, sem qualquer possibilidade de confusão entre eles), na práxis, são mitigados pelas formas processuais penais inquisitórias que, vivendo de contrabando, são implementadas diariamente em contrariedade aos ditames constitucionais. Assim, para uma máxima purificação do sistema acusatório, imperioso que os dispositivos do Código de Processo Penal – que, conquanto constantemente modificado, continua regido pelo inquisitorialismo (vide que a produção de provas reside, ainda que de forma supletiva, nas mãos do julgador) – sejam relidos e interpretados em conformidade com a disposição garantista e democrática trazida pela Carta Magna.

Por serem sustentáculo das imprescindíveis garantias primárias (ampla defesa, contraditório, imparcialidade do juiz, presunção de inocência), a publicidade dos atos processuais e a oralidade do juízo (cognominadas, também, garantias secundárias) são características indissociáveis do sistema acusatório, ao passo que a forma escrita e o sigilo se mostraram fundamentais ao processo penal inquisitório.

A predominância da palavra falada sobre a escrita possibilita a definição dos verdadeiros papéis exercitados pelos atores processuais. Logo, a realização de audiência de instrução e julgamento exige que o defensor, na frente do réu, demonstre conhecimento sobre o caso penal e se empenhe na busca de um resultado mais favorável ao acusado, eis que não bastam reiterações de manifestações escritas anteriores. Da mesma maneira a acusação deverá se posicionar sobre a prova produzida no ato processual, enquanto o juiz, oralmente, exporá as razões de sua decisão. Deste modo, a (promíscua) troca de papéis entre acusador e juiz é bastante dificultada.

3.1. Declarações do ofendido

Como primeiro momento da audiência de instrução e julgamento, deve-se, dentro do possível, proceder à tomada das declarações do ofendido (art. 201 do CPP). Para tanto, antes do início da solenidade e durante a sua realização, será reservado espaço separado para o ofendido, tendo em vista a possível impressão intimidatória causada pela presença do réu. E mais: poderá *o ofendido ser ouvido por meio de videoconferência*, sempre que o juiz constatar que a presença do acusado cause humilhação, temor ou sério constrangimento na pessoa da vítima, de forma a prejudicar a verdade de seu depoimento (art. 217 do CPP).

Caso intimado para audiência, deixando de comparecer sem motivo justo, o ofendido, a julgar imprescindível a sua oitiva, poderá ser conduzido coercitivamente à solenidade processual.

Além disso, o ofendido será comunicado dos atos processuais relativos ao ingresso e à saída do acusado da prisão, da prolação de sentença e respectivos acórdãos que a mantenham ou modifiquem. Tais comunicações deverão ser feitas no endereço por ele indicado em audiência, admitindo-se, por opção do ofendido, o uso de correio eletrônico.

Com base nos argumentos trazidos à baila pelos adeptos da corrente abolicionista, entende-se que exigir tamanha participação do ofendido no processo penal nada mais é que provocar o nefasto processo de revitimização, pois, de maneira desnecessária, potencializam-se novamente os efeitos do crime outrora sofrido. Como o intuito do processo é a reconstrução de um fato pretérito não mais passível de experimentação para solucionar o caso penal, ao proporcionar tal experiência à vítima, faz-se com que ela reviva aquele penoso momento de dor e angústia.

Do procedimento comum sumário

3.2. Inquirição das testemunhas

Como continuação da *super-audiência*, deverão ser inquiridas as testemunhas arroladas pela acusação e pela defesa, nesta ordem, no *número máximo de cinco para cada uma das partes*. Impende ressaltar que neste número não estão compreendidas as testemunhas que não prestam compromisso (informantes), aquelas pessoas que são mencionadas pelas testemunhas arroladas (testemunhas referidas), bem como aquelas que o juiz, quando entender oportuno, ouvir "de ofício" (testemunhas do juízo).

Tendo em boa conta que no processo penal constitucional norteado pela observância das garantias individuais e pela adoção de um sistema acusatório não mais existe a (herética e mítica) busca pela verdade real, o informante – "testemunha" previamente descompromissada e, portanto, suspeita, a qual é possibilitada inclusive o falso testemunho – não merece ser ouvido, sequer admitindo-se a produção desta (ilegítima) prova no processo. Por outro lado, no que toca às "testemunhas do juízo", convém salientar que a inquisitorial iniciativa no campo das provas possibilita ao juiz o desenvolvimento dos perigosos "quadros mentais paranóicos" (Franco Cordero), pois tem a possibilidade de decidir antes e, após, sair na busca desenfreada de elementos probatórios suficientes a confirmar aquela decisão que, de antemão, já fora tomada. Conforme Geraldo Prado (*Sistema Acusatório*, 4.ed., p. 137): "quem procura sabe ao certo o que pretende encontrar e isso, em termos de processo penal condenatório, representa uma inclinação ou tendência perigosamente comprometedora da imparcialidade do julgador. Desconfiado da culpa do acusado, investe o juiz na direção da introdução de meios de prova que sequer foram considerados pelo órgão de acusação, ao qual, nestas circunstâncias, acaba por substituir". No mesmo sentido: TJRS, Correição Parcial nº 70017121849, DJ 08/11/2006

Antes do início da audiência e durante a sua realização, devem ser reservados espaços separados para a garantia da incomunicabilidade das testemunhas (art. 210, parágrafo único, do CPP). Esta regra pretende tão-somente manter a integridade da versão a ser apresentada perante o magistrado, impossibilitando que uma testemunha influencie no relato da outra. Consoante entendimento jurisprudencial, a falta de incomunicabilidade entre as testemunhas, se não causar prejuízo à parte, configura mera irregularidade processual (TJRS, Apelação Crime nº 70007091739, DJ 08/10/2003).

Como ocorre com *o ofendido, as testemunhas também poderão ser ouvidas por meio de videoconferência*, sempre que o juiz constatar que a presença do acusado cause humilhação, temor ou sério constrangimento, de forma a prejudicar a veracidade dos depoimentos.

Não restam dúvidas de que, atualmente, vive-se na era da insegurança, na qual o medo do outro, difundido pelos meios de comunicação de massa, predomina em todos estratos sociais. Na modernidade os indivíduos não se olham tête-à-tête, dão primazia à tecnologia do computador e do telefone celular para se comunicar, porquanto é mais seguro não sair de casa. Transportando tal (i)lógica ao campo processual, certo que as audiências virtuais – verdadeiros *reality shows* penais – possibilitam maior emoção e proteção do que o contato pessoal do julgador com a "patuléia". Entretanto, o uso da sedutora tecnologia em detrimento da presença física deve ser medida mais do que excepcional, sob pena de transformar o processo penal em um ambiente meramente virtual, onde o magistrado, isolado de qualquer relação interpessoal e distante da coleta de provas, tem apenas o trabalho de "deletar" o acusado do sistema.

Em contraponto ao antigo sistema presidencial, agora as próprias partes inquirem de forma direta as testemunhas, cabendo ao julgador, do alto de sua eqüidistância e imparcialidade, fiscalizar apenas a conveniência das indagações. Portanto, dentro de uma perspectiva constitucional, deve o magistrado abdicar da (inquisitória) faculdade de inquirição suplementar prevista no art. 212, parágrafo único, do CPP e se contentar com as perguntas formuladas por acusação e defesa.

Em um Estado que se auto-intitula Democrático de Direito a função do juiz não pode ser outra senão a de *garantidor* das regras do jogo (*fair trial*), mormente dos direitos constitucionais assegurados ao acusado no processo penal. Isso porque o magistrado não pode ser visto como um *pau-para-toda-obra*, não deve ser chamado para suprir eventuais deficiências apresentadas por outros órgãos estatais ou pelas partes (salvo o *favor rei*). O juiz penal de hoje não persegue, não acusa, não pune e tampouco castiga. A sua missão é de valorar os elementos de prova trazidos pelas partes e proferir justo julgamento, sem qualquer pretensão de revelar uma (inalcançável) "verdade".

As testemunhas residentes na comarca deverão, impreterivelmente, comparecer à audiência de instrução e julgamento, uma vez que, de regra, nenhum ato processual será adiado, salvo quando imprescindível a prova faltante, ocasião em que o juiz determinará a condução coercitiva de quem deva comparecer (art. 535 do CPP). Logo, em que pese a salutar obrigatoriedade da audiência una, o discurso de celeridade do processo deve ser compatível com as garantias das partes. Destarte, em caso de testemunha-chave faltante e não se podendo abrir mão de sua oitiva, merece ser aprazada uma nova solenidade, sob pena de se atropelar a ampla defesa e/ou o contraditório em nome do (até certo ponto perigoso) rápido trâmite processual.

Como exceção ao princípio da identidade física do juiz, as testemunhas residentes fora da comarca serão inquiridas pelo magistrado do lugar de sua residência, expedindo-se, para esse fim, carta precatória, com prazo razoável, intimadas as partes, sob pena de nulidade (TJRS, Apelação Crime nº 70024913527, DJ de 06/08/2008). Uma vez ultrapassado o prazo razoável, dar-se-á prosseguimento ao processo, podendo aquela prova, quando finalmente juntada aos autos, ser sopesada em qualquer fase ou grau de jurisdição.

O critério do *prazo razoável* – utilizado inclusive para determinar a duração razoável do processo – é dotado de absoluta vagueza e inexatidão, porquanto deixa vasto espaço arbitrário para aferição segundo as peculiaridades do caso penal e o sentimento do magistrado. Por ser o processo penal um exercício permanente de coerção sobre a pessoa do imputado, necessário que seja disposto por estrita legalidade e tenha limites concretamente estabelecidos. Se inexiste sequer prazo, como aferir sua razoabilidade?

3.3. Esclarecimento dos peritos, acareações e reconhecimentos

Ao haver prévio requerimento, deve ser oportunizado momento próprio para os peritos e/ou assistentes técnicos indicados pelas partes prestarem os devidos esclarecimentos (art. 159 do CPP). O perito é basicamente um auxiliar da justiça, compromissado, estranho às partes, portador de um conhecimento técnico altamente especializado, sem impedimentos ou incompatibilidades para atuar no processo, que auxilia o juiz a comprovar a veracidade de um fato alegado ou a natureza de alguma coisa. Portanto, ressalvado o entendimento jurisprudencial majoritário, como necessidade de um processo penal idôneo e ético, tratando-se de peritos não-oficiais, deve constar nos autos do processo a qualificação técnica destas pessoas (diploma de curso superior ligado à matéria do exame), sob pena de imprestabilidade do laudo pericial (TJRS, Apelação Crime nº 70024585580, DJ de 26/06/2008). Ademais, por questões de transparência, entende-se que policias civis estão impedidos de atuarem como "peritos" (TJRS, Apelação-Crime nº 70023678907, DJ de 29/05/2008)

Do procedimento comum sumário

Após a inquirição dos *experts* e existindo solicitação de uma das partes – não custa relembrar que o juiz, por manter-se inerte na posição constitucional de espectador, nada deve requisitar – poderão ser realizadas acareações, ou seja, o confronto direto das versões antagônicas apresentadas, com o objetivo de dirimir quaisquer dúvidas.

O réu, com base no princípio do *nemo tenetur se detegenere*, não pode sofrer nenhum prejuízo (ou pré-juízo) pelo fato de omitir a sua participação em acareação que possa incriminá-lo ou mesmo causar dano a sua estratégia defensiva.

Conquanto o CPP não discipline expressamente a matéria, entende-se que a acareação entre ausentes, realizada por meio de videoconferência, não apresenta qualquer utilidade probatória, visto que o fator fundamental da acareação é exatamente o vínculo psicológico resultante das presenças, "cara a cara", das pessoas cujos depoimentos foram conflitantes.

Com base na doutrina e na jurisprudência, a acareação é medida que fica adstrita ao arbítrio do magistrado, cabendo a este, com base em seu livre convencimento, decidir (sempre de modo fundamentado) acerca da conveniência ou não da produção desta prova (STJ, HC nº 57732/RJ, DJ de 30/06/2008).

> Por não estar prevista no taxativo rol do art. 581 do CPP, além de não caracterizar decisão definitiva, ou que afronte direito à locomoção ou líquido e certo, o indeferimento do pedido de acareação comporta desafio por meio de correição parcial. Nesse sentido: TJRS, RSE nº 70013653555, DJ 25/01/2006.

Transcorrida a etapa de produção da prova oral, será feito o reconhecimento de pessoas e coisas. O reconhecimento é um fenômeno psicológico de conhecer novamente quem se tinha conhecido noutro tempo. É o ato pelo qual alguém verifica e confirma a identidade de pessoa ou coisa que lhe é mostrada com outra que manteve contato no passado, em ato processual praticado diante da autoridade policial ou judiciária, de acordo com a forma especial prevista em lei.

A validade do reconhecimento pessoal como meio de prova deve, obrigatoriamente, estar atrelada à observância das formalidades previstas no art. 226, do CPP, sob pena de vício insolúvel (TJRS, Apelação-Crime nº 70019908805, DJ de 19/03/2008). Diante disso, observa-se que o estrito procedimento determinado pelo referido texto legal configura inequívoca imposição legal, e não mera recomendação. O processo penal democrático não se desenvolve "a ferro e fogo", mas segundo as formas que o legislador estipulou como as mais aptas para gerarem um resultado (julgamento) isento de erros.

Outrossim, o reconhecimento pessoal realizado dentro do (antigarantista) inquérito policial, por ser singelo ato de investigação preliminar voltado a fornecer elementos para o oferecimento da acusação, prova não é.

> O reconhecimento procedido na seara policial, onde ausentes a publicidade, o contraditório mínimo, a defesa e o direito ao silêncio, é imprestável para embasar decisão condenatória. "A única prova hábil a gerar certeza é aquela coletada perante autoridade eqüidistante, com sóbria fiscalização das partes, no espaço público. Aliás, o inverso, onde vigora o segredo e a busca da verdade máxima a qualquer preço, se situa no sistema inquisitorial vigorante na idade média" (TJRS, Apelação Crime nº 70007740681, DJ 18/02/2004).

Por outro lado, os tribunais pátrios mantêm entendimento de que o reconhecimento fotográfico, quando acompanhado de outros elementos, não perde seu valor probatório (STJ, HC nº 109810/MG, DJ de 18/07/2008). Todavia, percebe-se que tal modalidade de reconhecimento deve ser utilizada com extrema cautela, não podendo, jamais, ter atribuída a mesma valia do reconhecimento pessoal. Além do mais, são notórias as dificuldades de correspondência entre uma (fotografia) e outra (pessoa), pois é cediço que as fotografias nem sempre são fidedignas à realidade física do acusado, podendo, inclusive, estar desatualizadas.

> Muito embora o reconhecimento por fotografia seja considerado ato preparatório do reconhecimento pessoal, imprescindível ressaltar, com base em Enrico Altavilla (*Psicologia Judiciária, v.*1, p. 23), que a *percepção precedente* também pode ser fomentadora de graves equívocos. Isso porque o ofendido ou testemunha certamente não identificará o imputado se não o conhece, já que a imagem deste não estará guardada em sua memória. Contudo, se for induzido por uma (sugestiva) fotografia, no ato de reconhecimento propriamente dito, talvez se recorde não da pessoa envolvida no delito, mas sim daquela que lhe foi mostrada no álbum. Nesses casos, a imagem guardada na memória, ou seja, a percepção precedente (fotografia anteriormente vista), pode vir a prejudicar aquilo que efetivamente tem ciência. Ademais, o transcurso temporal também é de primordial importância nessa questão, pois quanto mais o tempo passar, maior será a probabilidade de esquecimento da fisionomia dos agentes praticantes do crime. Sem falar que a memória é essencialmente dinâmica, havendo todo um processo de *tradução* entre a aquisição e a evocação, e, neste ínterim, como sabido, as perdas são inegáveis. Nesse sentido: TJRS, Apelação Crime nº 70024139370, DJ 29/05/2008.

3.4. Enfim no seu devido lugar: o interrogatório como principal ato de defesa

Como último ato processual da fase instrutória deve ser realizado o interrogatório do acusado. Com efeito, diante de tal colocação sistêmica, o interrogatório passa, finalmente, a ser tratado verdadeiro ato de defesa, pois permite ao réu se pronunciar, pessoalmente, sobre todas as provas já produzidas.

Assim, dentro de um modelo garantista de processo penal acusatório, o interrogatório é apresentado como o ápice da defesa pessoal, sendo o momento em que o sujeito passivo tem a oportunidade de atuar de forma *positiva* – contestando a acusação ou apresentando argumentos para se justificar – ou mesmo de maneira *negativa* – usufruindo de seu direito ao silêncio e não contribuindo para qualquer atividade probatória realizada pelos órgãos estatais de investigação.

> Na lição de Luigi Ferrajoli (*Direito e Razão*, 2.ed., p. 560), o interrogatório, que tem como objetivo único permitir a defesa do réu, deve se sujeitar a uma série de regras de lealdade processual: a imediação ou do mesmo modo a tempestividade (curto espaço de tempo após a prática do fato criminoso); a contestação verbal da acusação e de tudo que se oponha à estratégia defensiva; a proibição de perguntas tendenciosas e de qualquer promessa ou pressão (direta ou indireta) capaz de induzir o acusado ao arrependimento ou à colaboração com a investigação; a compilação original do auto de interrogatório por parte do interrogado em caso de processo penal escrito e o registro de seu depoimento em caso de processo oral; a indulgência a todas as interrupções que o interrogado solicitar (mormente para instruir-se com o seu defensor); a obrigação de investigar todas as circunstâncias levantadas pelo interrogado em sua defesa; o respeito ao direito ao silêncio, assim como a faculdade do imputado de responder o falso; a negação do papel decisivo da confissão.

A defesa pessoal é considerada absolutamente disponível, haja vista que, além do direito de silenciar, o acusado pode, julgando conveniente, abdicar de ter "seu dia na Corte" (*his day in the Court*) e não comparecer à audiência de instrução e julgamento, sem qualquer prejuízo a sua defesa. Por conseguinte, dentro da ótica garantista, a possibilidade de condução coercitiva para interrogatório daquele que deseja calar (art. 260 do CPP) configura inegável coação ilegal, ainda que indireta. Sobre o tema: TRF 2ª Região, Correição Parcial nº 2007.02.01.007301-4, DJ de 27/02/2008.

Do procedimento comum sumário

Por outro lado, a defesa técnica apresenta-se como irrenunciável (art. 261 do CPP), necessária à (suposta) igualdade das partes, eis que o acusado (legítimo hipossuficiente), por não ter aptidão técnica e capacidade postulatória, deve, segundo Alberto Binder (*Introdução ao Direito Processual Penal*, p. 118), "ser assistido por um advogado que, com seu conhecimento das leis e do processo, aumente suas possibilidades de defesa".

No ritual judiciário, conquanto personagem principal, o réu encontra-se em incômoda posição de inferioridade, porquanto ignora as regras do jogo e não domina o discurso do juridiquês. Conforme Antoine Garapon (*Bem Julgar: Ensaio sobre o Ritual Judiciário*, p. 105-108), o simbolismo do julgamento permite concluir que o acusado vive uma situação alienante, uma vez que todos os demais participantes o chamam pelo nome e que jamais é antecedido de Doutor ou Vossa Excelência, além de sofrer com a incômoda solidão, pois, no "mesmo lado da barra, as personagens do coro estão unidas por uma vestimenta e, no outro lado, o público constitui uma massa; o acusado, esse está isolado". Ademais, o sujeito passivo, durante a cerimônia degradante, encontra-se em um cerco fechado e elevado em relação ao público, o cognominado banco dos réus. Nesse sentido, destaca-se que "o acusado é a única personagem permanente do processo que não veste toga".

Durante o interrogatório (assim como em todo o trâmite processual), o acusado, em face dos princípios da dignidade da pessoa humana e da presunção de não-culpabilidade, tem a garantia de não ser submetido ao uso de qualquer instrumento capaz de restringir sua liberdade de locomoção, salvo as excepcionais hipóteses previstas na súmula vinculante nº 11 do STF.

Em um plano teórico, a utilização de algemas justifica-se por ser uma forma de impedir reações violentas ou indevidas dos presos, quer quanto à fuga, quer quanto a reações que ponham em risco a vida dos próprios algemados, dos policiais e de terceiros. Todavia, na práxis cotidiana, as pulseiras de ferro, não raras vezes, representam o símbolo do poder arbitrário do Estado sobre um ser humano, genuíno instrumento de humilhação pública. Sequer configuram uma pena legalmente cominada, mas, sim, uma forma de punição antecipada adstrita ao bel-prazer da autoridade estatal, carente de causa específica e sem efetiva previsão de reparação moral para os danos que a imagem (já degradada) do preso tenha sofrido. Vive-se, atualmente, sob a égide de um Estado-Espetáculo onde a informação, por ser tratada como produto, deve ser atrativa (chocante) para maior ser o seu consumo. Conforme Pierre Bordieu (*Sobre a televisão*, p. 74), "a mesma busca do sensacional, portanto do sucesso comercial, pode também levar a selecionar variedades que, abandonadas às construções selvagens da demagogia (espontânea ou calculada), podem despertar um imenso interesse ao adular as pulsões e as paixões mais elementares (com casos como os raptos de crianças e os escândalos capazes de suscitar a indignação popular), ou mesmo formas de mobilização puramente sentimentais e caritativas ou, igualmente passionais, porém agressivas e próximas do linchamento simbólico, com os assassinos de crianças ou os incidentes associados a grupos estigmatizados". Assim, a prisão, com a exibição (desgraça) pública do acusado algemado, tornou-se apenas mais um ato deste grande circo penal idealizado pelo discurso midiático que se põe como se suficiente fosse a mera apresentação da pessoa do imputado e não a apuração e punição do crime em conformidade com a lei. "Mata-se e esquece-se. Extinguiu-se a pena de morte física. Mas instituiu-se a pena de morte social" (STF, HC nº 89.429/RO, DJ de 22/08/2006).

Reforçando a indelével natureza inquisitória de nosso processo penal, diversamente da sistemática empregada em relação às testemunhas, no interrogatório (relembre-se: principal ato de defesa) vigora o nefasto sistema presidencial de inquirição, onde o juiz indaga diretamente o interrogado. Dentro de uma perspectiva processual acusatória, como dito alhures, é intolerável tal investida judicial no campo probatório, porque o magistrado (inerte e imparcial) deve ser apenas o *destinatário* da prova, cujo ônus compete *exclusivamente* à acusação (TJRS, Apelação-Crime nº 70017250986, DJ de 25/10/2007). Consoante Piero Calamandrei (*Eles, os Juízes, vistos por nós, os Advoga-*

dos, p. 50), o julgador "deve conservar, no decorrer do processo, uma atitude estática, esperando sem impaciência e sem curiosidade que os outros o procurem e lhe proponham os problemas que há de resolver". Deste modo, ao tomar as rédeas do interrogatório, na lição de Aury Lopes Jr. (*Introdução crítica ao Processo Penal*, 4.ed, p. 183), o juiz-inquisidor-paranóico já está ciente (prognóstico mais ou menos seguro) de que conseqüências as suas perguntas trarão para a definição do fato penal discutido, sepultando de vez, assim, quaisquer resquícios de eventual imparcialidade.

Diante da (salutar) consagração expressa da identidade física do juiz (art. 299, §2°, do CPP) inexiste a possibilidade de o interrogatório ser realizado por carta precatória, devendo sempre o acusado – caso este queira usufruir do seu direito de presença – ser ouvido pessoalmente pelo magistrado condutor do processo. Na mesma linha de raciocínio, inviável a realização de interrogatório por videoconferência, como bem decidido pelo STF (HC n° 88914/SP, DJ de 05/10/2007).

> A falta do contato pessoal com os celebrantes do ritual penal torna, em termos de humanidade, absolutamente asséptico o ambiente dos tribunais, fazendo mecânica e insensível a atividade judiciária. Para Aury Lopes Jr. (*O interrogatório on line no processo penal: entre a assepsia e o sexo virtual*, Boletim do IBCCRIM, p. 06) "acrescentando-se a distância e a 'assepsia' gerada pela virtualidade, teremos a indiferença e a insensibilidade do julgador elevadas a níveis insuportáveis. Se uma das maiores preocupações que temos hoje é com o resgate da subjetividade e do próprio sentimento no julgar (sentenciar=sententiando=sentire), combatendo o refúgio na generalidade da função e o completo afastamento do *eu*, o interrogatório *on line* é um imenso retrocesso civilizatório (na razão inversa do avanço tecnológico)".

3.5. Alegações finais orais

Não havendo momento processual para requerimento de diligências, tampouco possibilidade de substituição por memoriais escritos, segue-se o oferecimento de alegações finais orais, por vinte minutos – prorrogáveis por mais dez minutos -, respectivamente, pelo acusador (Ministério Público ou querelante) e pela defesa, (art. 534, *caput*, do CPP).

Na ação penal pública, se houver habilitação de (inconstitucional) assistente de acusação, ser-lhe-ão concedidos, após a manifestação do Ministério Público, dez minutos, prorrogando-se por igual período o tempo de manifestação da defesa (art. 534, § 2°, do CPP).

> Como sabido, o interesse que norteia a ação ministerial em sua jornada acusatória não pode estar ligado à pessoa do ofendido, sendo, na realidade, uma tutela não personificada (difusa) dos direitos sociais e coletivos. Desta forma, discrepa da essência do sistema a possibilidade de participação de um assistente (acusador) particular no processo penal, porquanto, como retrata Lenio Streck (*Tribunal do Júri – Símbolos e Rituais*. 2.ed, p. 149), "é antinômica a presença do Ministério Público, que no Júri defende os interesses da sociedade, com a figura do assistente de acusação, que defende os interesses privados da vítima, transparecendo, disso, resquício de vindita". No mesmo sentido, filia-se a moderna jurisprudência: "A intervenção privada caracteriza-se um excesso acusatório incompatível com a nossa tradição jurídica. Entende-se a ilegitimidade *ad processum* do assistente de acusação, instituto não recepcionado pela Carta de 1988" (TJRS, Apelação-Crime n° 70023493604, DJ de 14/05/2008).

Havendo mais de um acusado, o tempo previsto para a defesa de cada um será individual (art. 534, § 1°, do CPP). Observa-se que, mesmo que exista concurso de agentes, o tempo previsto para acusação é imutável, não sendo possível prorrogá-lo.

Nesse momento processual, é realizada a análise e o cotejo de toda a prova produzida na audiência de instrução e julgamento, onde acusação e defesa, em sede preliminar, devem argüir eventuais nulidades, e, no mérito, apresentar as suas devidas teses. A apresentação das alegações finais é ato imprescindível ao devido processo legal, mormente as defensivas, sendo que sua eventual omissão caracteriza nulidade absoluta por violação aos princípios do contraditório e da ampla defesa (STJ, REsp nº 457401/RS, DJ de 25/09/2006). Por razões óbvias, a defesa deve se posicionar contrária ao pedido de condenação, refutando todos os argumentos da acusação e pugnando pela absolvição do acusado, sob pena de nulidade insanável em face da deficiência.

> Segundo Francesco Carnelutti (*As misérias do Processo Penal*, p. 43-45), o defensor, como verdadeiro amigo do acusado, tem, naturalmente, o interesse de procurar todas as razões que possam servir para demonstrar a inocência de seu companheiro. Para tanto deve ser um raciocinador absolutamente parcial (um raciocinador que traz a água para seu moinho) que, jamais, pode se quedar diante do acusador e assentir com a condenação. A imparcialidade do advogado não somente trai o próprio dever como contraria a sua razão de ser no processo, acarretando evidente desequilíbrio na balança.

Por sua vez, o acusador (leia-se Ministério Público) pode, diante do contexto probatório, reconhecer a inconsistência da acusação proposta e proferir alegações finais com pedido de absolvição, vinculando, assim, o magistrado em sua decisão (TJRS, Apelação-Crime nº 70022113773, DJ de 19/12/2007). Tratando-se de ação penal de iniciativa privada, a falta de pedido de condenação acarreta a extinção de punibilidade por perempção (art. 60, III, do CPP).

> No sistema acusatório eleito pela Carta Magna (porém, ainda não recepcionado pelo inquisitorial CPP), não pode o juiz (recorde-se, inerte e imparcial) levar adiante a pretensão punitiva já abandonada pelo seu autor, à vista das provas produzidas. Conforme Paulo Rangel (*Direito processual Penal*, 11.ed., p. 62) "a ação deflagra a jurisdição e instaura o processo. O processo tem um objetivo que é a pretensão acusatória. Se a pretensão acusatória deixa de ser exercida pelo MP, não pode o juiz, no sistema acusatório, fazê-lo. Nesse caso, sustentada a desclassificação ou a absolvição pelo MP, deverá o juiz atender. O exercício da pretensão acusatória é a energia que anima todo o processo. Retirada a pretensão, deve o acusado ser absolvido, ou conforme o caso, a infração penal ser desclassificada".

3.6. Sentença penal: oral e imediata

Após o oferecimento das alegações finais, deve o magistrado proferir sua derradeira decisão de forma oral na própria audiência (art. 534, *caput*, do CPP). Veja-se que no procedimento comum sumário não há possibilidade legal de o juiz prolatar sentença escrita em momento posterior à realização da solenidade processual. Assim, o caso penal deve ser decidido de imediato, sob pena de as impressões colhidas pelo magistrado desvanecerem no tempo.

> Em que pese o legislador propositalmente não incluir a possibilidade de substituição da imediata sentença oral por posterior decisão escrita, não é de se duvidar que os juízes pátrios, de maneira subterfúgia, utilizem a aplicação subsidiária do procedimento ordinário (art. 394, §5º, do CPP) para garantir tal procedimento. Como sabido e consabido, é muito mais confortável construir a sentença no aconchego do gabinete, com o sedutor auxílio de assessores e dos meios de informática, do que pronunciar a sua conclusão oralmente, com base em sua própria percepção, na audiência perante as partes (...)

É na sentença que o julgador exprime toda a sua carga de subjetividade, porquanto, com base na emoção e no sentimento experimentado, escolhe, em conformidade com a prova trazida, qual versão dentre as apresentadas no processo mais o convenceu.

Para tanto, surge como imperativo o respeito à garantia constitucional de motivação da decisão (arts. 381, III, do CPP e 93, IX, da CF).

A garantia processual de motivação da decisão judicial, consoante Luigi Ferrajoli (Direito e Razão, 2.ed., p. 573), exprime a natureza cognitiva do juízo, vinculando-o, em direito, à estrita legalidade, e, de fato, à prova nas hipóteses acusatórias. Além disso, o dever de fundamentar o *decisum* revela respeito para com a pessoa do acusado e sua dignidade, dando-lhe, inclusive, a oportunidade de exercer a ampla defesa em eventual recurso, caso a decisão motivada lhe tenha sido desfavorável.

Todavia, o convencimento motivado do juiz (art. 157 do CPP) não pode ser inteiramente livre, pois deve estar limitado aos elementos de provas regularmente produzidos pelas partes na audiência concentrada – momento em que há garantia de efetivo contraditório oral -, não abrangendo, desta forma, o período anterior que, por sua própria natureza inquisitiva (secreta e escrita), restringe a intervenção do acusado. Com isso, obriga-se o magistrado a tomar contato direto com o cotejo probatório judicializado, aproximando-o de seu objetivo de investigação (a reconstrução histórica do fato delituoso).

Outrossim, em razão da estrita obediência à regra da correlação entre a acusação e a sentença – um dos tantos corolários do modelo processual penal eleito, interligado diretamente aos princípios da ação e da inércia jurisdicional –, o juiz está impossibilitado de proferir decisão além, fora ou aquém do que foi imputado ao acusado na peça inicial acusatória: *ultra, extra e citra petita*. Para uma melhor compreensão do tema (bem como do estudo da *emendatio* e da *mutatio libelli*), renova-se a recomendação de leitura do percuciente texto do Prof. Charles Emil Machado Martins, presente nesta obra.

3.7. Lavratura do termo de audiência

Como último ato processual de primeiro grau, faz-se necessária a lavratura do termo da audiência a ser assinado pelo juiz e pelas partes, com breve histórico dos fatos relevantes ali ocorridos (art. 405 do CPP).

O CPP determina que, sempre que possível, com o objetivo de obtenção de maior fidelidade das informações, o registro dos depoimentos do investigado, indiciado, ofendido e testemunhas será feito pelos meios ou recursos de gravação magnética, estenotipia, digital ou técnica similar, inclusive audiovisual, (art. 405 do CPP) sendo que, neste caso, será encaminhada às partes cópia do original, sem necessidade de transcrição (art. 405, § 2º, do CPP). Portanto, com vistas à informatização e simplificação de alguns atos do processo penal, busca-se racionalizar o procedimento e viabilizar o (tardio) rompimento com a cultura da burocratização, assentada nos carimbos e no hábito arraigado da confecção de documentos em papel.

Capítulo IV

Do procedimento no tribunal do júri

DAVID MEDINA DA SILVA[1]

1. INTRODUÇÃO

Segundo Rui Barbosa, *"o Júri sempre foi mal visto àqueles que o uso do arbítrio habituou a considerar a justiça como simples manivela de poder" (O Júri Sob Todos os Aspectos, Editora Nacional de Direito, 1950, p. 51).*

Uma das principais contrariedades endereçadas ao Tribunal Popular diz com a ausência de conhecimento técnico por parte dos jurados, o que os tornaria incapazes de transpor o véu de intrincadas questões jurídicas. A crítica é inconsistente, na medida em que tal conhecimento é sequer exigível ao nosso legislador, incumbido de produzir leis penais, as quais se fundam, muitas vezes, em complexos problemas de ordem criminal. Julga o jurado com noção do justo existente em todos os seres humanos, letrados ou não. Assim não fora, o direito penal não abrigaria a noção de *potencial consciência da ilicitude* como elemento da culpabilidade relacionado a qualquer indivíduo, e não apenas aos juristas.

Foi também Rui Barbosa, em sua imortal eloqüência, que advertiu: *"todas as instituições modernas estão expostas ao embate violento da contradição humana, que julga afoitamente a terra e os céus. Mas os povos livres sentem nessa profunda criação da história um desses órgãos essenciais do direito, que se malsinam, mas não se poderão substituir. Não é fácil desarraigar da consciência humana esta idéia superior na sua simplicidade, em que o júri assenta as suas bases, de que a humanidade não permite aplicar pena grave, enquanto a culpa não for manifesta aos olhos do senso comum"* (op. cit., p. 76).

É polêmico, entre os autores, o nascimento do Tribunal do Júri no tempo e no espaço. De nossa parte, optamos por vislumbrar a origem remota da instituição do Júri nas *quaestiones perpetuae* do direito romano, compostas de um presidente, que era um magistrado, a quem incumbia examinar, preambularmente, a acusação, decidir sobre a competência, receber o juramento das partes, escolher e convocar os *iudices iurati*, presidir as discussões e fazer executar a sentença; os jurados, uma vez indicados, deviam participar de todo o procedimento e, no final, pronunciar-se, por meio de votação.

As características do processo acusatório romano espalharam-se. Foram levadas pelos normandos para as ilhas britânicas, ganhando assento na célebre Carta Magna de 1215. Irradiou-se o Júri, então, para a Europa e para as Américas, de forma que, no século XVII, a instituição já era um dos postulados do povo norte-americano.

No Brasil, o Júri foi criado pela lei de 18 de junho de 1882, para o julgamento dos crimes de imprensa. Ganhou *status* constitucional com a Carta de 1824. Com o fim

---

[1] Promotor de Justiça no RS. Professor da FESMP-RS.

do império, a matéria tornou-se competência legislativa dos Estados. Sob a égide da Constituição de 1891, a maioria dos Estados só manteve o Júri para os crimes contra a vida. A Constituição de 1934 deslocou o Júri para o capítulo "Do Poder Judiciário", com organização e atribuições cometidas à lei. A Carta outorgada de 1937 silenciou sobre o Júri, sobrevindo o Decreto-Lei 167, regulando o seu funcionamento, em 1938. Foi a primeira lei nacional de processo penal do Brasil republicano. O Código de Processo Penal de 1942 regulou amplamente o Tribunal do Júri, e a Constituição de 1946 devolveu-lhe o assento constitucional. O Júri permaneceu na Constituição de 1967 e na Emenda Constitucional nº 1, de 1969.

Finalmente, na Constituição de 1988, o Tribunal do Júri foi inserido entre as garantias individuais com vigor de cláusula pétrea, consubstanciada no art. 5º, XXXVIII, que recepciona a disciplina estabelecida no Código de Processo Penal (Decreto-Lei 3.689/1941), o qual recebeu profundas modificações na Lei nº 11.689/08, em vigor desde 09 de agosto de 2008.

2. PRINCÍPIOS CONSTITUCIONAIS DO JÚRI

2.1. Plenitude de defesa

O alcance da *plenitude de defesa* (CF, art. 5º, XXXVIII, *a*) não está exatamente definido, mas seguramente é maior que a amplitude de defesa expressa no artigo 5º, LV, da Constituição Federal.

Em conseqüência desse princípio, é dever do juiz:

a) "nomear defensor ao réu, quando o considerar indefeso, podendo, neste caso, dissolver o conselho, marcando novo dia para julgamento e nomeando outro defensor" (CPP, art. 497, V);

b) garantir a formulação de quesitos (perguntas dirigidas pelo juiz aos jurados sobre os fatos em julgamento, cujas respostas darão origem ao veredicto) concernentes às teses de defesa, embora contraditórias, desde que não haja prejuízo ao acusado;

c) exercer com cautela o dever de regulamentar os apartes no curso dos debates em plenário, só intervindo, na forma do art. 497, XII, do CPP, quando instado a tanto por qualquer das partes.

2.2. Sigilo das votações

O *sigilo das votações* (CF, art. 5º, XXXVIII, *b*) está entre os princípios fundamentais e, portanto, prevalece à regra geral da publicidade dos julgamentos, prevista no art. 93, IX, da Constituição Federal. Na prática, o Júri delibera por votação em sala secreta (CPP, arts. 480 e 481), e as decisões são tomadas com cédulas opacas e urnas indevassáveis (CPP, arts. 485 e 486), por maioria de votos (CPP, art. 488).

Em face da reforma legislativa, impõe-se imediato abandono da prática de abertura de todos os votos da urna. O art. 489 manda que as decisões sejam tomadas por maioria de votos. Caso sejam abertos 7 votos condenatórios ou absolutórios, a violação do princípio constitucional é manifesta, com sério prejuízo aos jurados, os quais, em caso de condenação, poderão ficar à mercê de represálias por parte de réus perigosos. A abertura de todos os votos presta-se, tão-somente, à vaidade dos vencedores ou à humilhação dos perdedores. No fim, perde a sociedade com a distorção de valores democráticos.

A incomunicabilidade corresponde à vedação dos jurados de exercer, depois de sorteados, qualquer tipo de comunicação concernente ao processo (art. 466, § 1º). Também é decorrência do princípio em questão, de modo que sua infringência acarreta nulidade por omissão de formalidade essencial do julgamento, consoante art. 564, IV, do CPP.

2.3. Soberania dos veredictos

O princípio do duplo grau de jurisdição consagra a possibilidade de recurso para a correção de erros judiciários. No Tribunal do Júri, o erro pode partir do juiz ou dos jurados. Caso o erro parta do juiz, nenhuma restrição existe ao direito de recorrer. Com efeito, conforme dispõe o art. 593, III, *b* e *c*, e §§ 1º e 2º, caso haja erro ou injustiça na aplicação da pena ou da medida da segurança, bem como contrariedade entre a decisão do Juiz e o veredicto, caberá ao Tribunal, na apelação, proceder à correção devida.

No caso de nulidade posterior à pronúncia, prevista na alínea *a* do art. 593, III, caberá ao Tribunal proceder à anulação e determinar a realização de novo Júri.

Todavia, caso o erro parta dos jurados, o direito de recorrer fica limitado à hipótese de *decisão manifestamente contrária à prova dos autos*, que se verifica quando os jurados, por suposta arbitrariedade, decidem ao arrepio das provas existentes. O Tribunal, nesse caso, deve verificar se existe alguma prova nos autos que dê sustentação à decisão. Entendendo que nenhum elemento, por mínimo que seja, dá amparo ao veredicto, o Tribunal determina a realização de novo julgamento. Veja-se que não pode o Tribunal corrigir o erro. Tampouco se trata de anulação, porquanto não há vício formal verificado. O problema é de mérito e, como não pode o Tribunal corrigi-lo, em face da soberania dos veredictos, deve proceder à *cassação* do julgamento.

A cassação do veredicto e a realização de novo júri em virtude de decisão manifestamente contrária à prova dos autos só é admitida uma única vez, independentemente de quem tenha interposto o recurso, acusação ou defesa, não importa.

Costuma-se dizer que o processo do júri é "de capa a capa", porquanto os jurados podem decidir com base em qualquer elemento de prova, seja ele do inquérito ou da instrução judicial. Assim, não se considera manifestamente contrário às provas dos autos o veredicto fundado, exclusivamente, em elementos do inquérito, não obstante a nova redação do art. 155, que proíbe ao juiz "fundamentar sua decisão exclusivamente em elementos informativos colhidos na investigação". Os jurados, sabidamente, não "fundamentam" suas decisões, pois julgam por íntima convicção – corolário da soberania – ao contrário do juiz, que se vincula ao *princípio da livre convicção fundamentada*.

Os tribunais consideram manifestamente contrária à prova dos autos a decisão que tenha amparo exclusivo na versão do acusado, pois o interrogatório caracteriza-se como meio de defesa, e não apenas de prova.

Do exposto, conclui-se que o princípio da soberania dos veredictos confere *intangibilidade ou imutabilidade* às decisões do júri. Tal intangibilidade é relativa, porquanto admite-se cassação (CPP, art. 593, §2º), em caso de decisão manifestamente contrária à prova dos autos, ou correção, em caso de erro ou injustiça na aplicação da pena ou sentença contrária à lei ou à decisão dos jurados (art. 593, § 1º).

É francamente minoritária a tese que propugna pela inconstitucionalidade da apelação por decisão manifestamente contrária à prova dos autos por ofensa ao princípio constitucional da soberania dos veredictos. A raiz do princípio está na sua dimensão democrática e não há democracia no veredicto arbitrário, longe de qualquer esteio probatório. A preservação da constituição está, justamente, no combate ao arbítrio, razão do recurso em comento.

Sempre que houver novo julgamento, decorrente de anulação ou cassação, nenhum dos jurados anteriores pode integrar o novo conselho de sentença, sob pena de nulidade, a teor do art. 449, I e II, do CPP. A matéria integra a Súmula 206 do STF.

Assim, não há falar em *reformatio in pejus* indireta se, submetido o réu a novo julgamento, for aplicada pena maior em razão do reconhecimento, pelos jurados, de fato que implique a exacerbação. Ex.: réu acusado de homicídio qualificado, que vem a ser condenado por homicídio simples. A defesa recorre e obtém a anulação. O réu é submetido ao segundo julgamento e, neste, os novos jurados reconhecem a qualificadora afastada no primeiro júri. Nesse caso, a pena deve ser maior, com observância da soberania, ainda que não tenha havido recurso da acusação.

Conforme pacificado, não prevalece a soberania em caso de revisão criminal, admitindo-se que o Tribunal absolva o réu condenado pelo Júri em caso de revisão do julgamento popular. Trata-se, em nosso juízo, de lamentável desrespeito ao princípio constitucional.

Ainda, em se tratando de decisão soberana, cujo mérito não pode ser alterado, salvo em novo julgamento ou revisão criminal, é injustificada a prática de ser permitido ao réu condenado pelo Júri recorrer em liberdade, caso não estejam presentes os requisitos da prisão preventiva. Dado que a decisão condenatória é soberana, não é desarrazoado determinar imediata prisão e formação do processo de execução criminal provisório. Pior é permitir que o réu saia do Tribunal juntamente com aqueles que, soberanamente, ditaram a condenação. O próprio STJ já pacificou o entendimento de que a prisão para apelar não afronta a presunção de inocência (Súmula 09).

2.4. Competência para os crimes dolosos contra a vida

A Constituição Federal retrata a competência mínima e não veda a ampliação, cometendo ao Tribunal do Júri o julgamento dos crimes dolosos contra a vida consumados ou tentados (CF, art. 5º, XXXVIII, *d*). São eles: homicídio (CP, 121), participação em suicídio (art. 122), infanticídio (art. 123) e aborto (arts. 124 e ss.). Participação em suicídio não admite tentativa. Todo os crimes dolosos contra vida são crimes apenados com reclusão, exceto o infanticídio (art. 123), o auto-aborto e o aborto consentido pela gestante (art. 124), apenados com detenção.

Os demais crimes poderão ser julgados pelo Júri quando for verificada a conexão ou continência em relação ao crime doloso contra a vida, chamado, então, de *crime prevalente*, ressalvadas as hipóteses de cisão obrigatória, previstas no artigo 79 do CPP. O crime de latrocínio compete ao juízo singular, conforme a Súmula 603 do STF, salvo quando conexo a algum crime doloso contra a vida.

O Júri Federal está previsto, expressamente, no art. 4º do Decreto-Lei 253/67, que faz remissão às regras do CPP. Compete ao Júri Federal o julgamento dos crimes dolosos contra a vida de agentes federais, ou cometidos por estes, desde que haja vinculação com o exercício de suas funções, por haver interesse da União (ex.: morte de Policial Federal ou Procurador da República), cf. art. 109, IV, da CF. Também o crime doloso contra a vida cometido a bordo de aeronave, não importa se pública ou privada, ressalvadas as militares, conforme o inciso IX, além dos crimes previstos em tratado ou convenção internacional quando, iniciada a execução no País, o resultado tenha ou devesse ter ocorrido no estrangeiro, conforme o inciso V.

A prerrogativa de função prevalece sobre a competência do Tribunal do Júri. Consoante a Súmula 704 do STF, "Não viola as garantias do juiz natural, da ampla defesa e do devido processo legal a atração por continência ou conexão do processo do co-réu ao foro por prerrogativa de função de um dos denunciados". Assim, caso haja pessoa com prerrogativa de função, todos os co-réus serão julgados pelo foro especial. Antes da referida súmula, o entendimento tradicional impunha que as pessoas sem foro privilegiado fossem julgadas pelo Júri, cindindo-se o processo, o que não mais ocorre. Note-se, porém, que a competência constitucional do Tribunal do Júri deve prevalecer sobre o foro privilegiado quando este for estabelecido exclusivamente pela Constituição Estadual (STF, Súm. 721).

Com o advento da Lei nº 9.299/96, o julgamento de militares passou ao Tribunal do Júri, quando se tratar de crime doloso contra a vida de civis.

Recentemente, o Superior Tribunal de Justiça decidiu que os crimes dolosos contra a vida, cometidos em situação de violência doméstica contra mulher, devem tramitar no Juizado de Violência Doméstica e Familiar até a pronúncia, remetendo-se à Vara do Júri o julgamento em plenário (HC 73.161). Ocorre que tal entendimento é prejudicial à vítima, pois o Órgão de acusação deveria, para melhor atuar no plenário, acompanhar a causa desde o princípio.

3. PANORAMA DO PROCEDIMENTO DO JÚRI

3.1. Principais inovações da Lei nº 11.689/08

– Alteração do rito: denúncia, citação, defesa, audiência com interrogatório ao final, debates orais e julgamento, devendo ser concluído em 90 dias;

– Novas hipóteses de absolvição sumária: prova da inexistência do fato e a prova de não ter sido o réu o autor ou partícipe e a prova de o fato não constituir infração penal;

– Não há absolvição sumária em caso de inimputabilidade, a menos que seja a única tese defensiva;

– Recurso de apelação na absolvição sumária e na impronúncia;

– Fim do recurso de ofício em caso de absolvição sumária;

– Intimação pessoal ao réu solto ou preso, sem paralisação no caso de não ser encontrado, realizando-se intimação por edital;

– Fim do libelo e da contrariedade;

– Juiz elabora relatório durante a preparação do processo. O relatório é entregue por escrito na sessão de julgamento. Não há relatório oral pelo juiz;

– Desaforamento: relator pode conceder efeito suspensivo; excesso de prazo passa de 1 ano para 06 meses; vedado expressamente na pendência de recurso da pronúncia ou após o Júri;

– Possibilidade de o réu requerer imediata inclusão do seu processo em pauta;

– Jurados: reduziu-se a idade mínima de 21 para 18 anos; a idade máxima para dispensa passa de 60 para 70 anos, desde que haja pedido de dispensa;

– Jurados: multa de 01 a 10 salários mínimos em caso de recusa do Júri. Se esta se der por razões políticas, religiosas, filosóficas, admite serviço alternativo ou, caso descumprida, perda ou suspensão dos direitos políticos. Preferência no provimento de cargos públicos e nas promoções ou remoções voluntárias. Admite-se dispensa por *justo impedimento*;

– Equiparação dos jurados aos juízes para fins criminais;

– Jurados que participarem do Conselho de Sentença uma vez são automaticamente excluídos da lista anual;

– Proibição de exclusão de jurados em razão de credo, cor, sexo, profissão, classe social ou econômica, origem e grau de instrução;

– Jurados podem ser convocados pelo correio ou qualquer meio hábil, em vez de edital e mandado;

– Expresso impedimento do jurado que já atuou anteriormente na mesma causa, ainda que seja outro acusado, ou que tenha manifestado sua opinião de mérito (art. 449);

– Aumento do número de jurados para 25, autorizando-se, também, aumento na lista geral, quando a Comarca o exigir;

– Autorização para formação da lista de suplentes na sessão de julgamento onde o número legal mínimo – 15 – não seja atingido, transferindo-se o julgamento para outra data.;

– Possibilidade de julgamento sem a presença do réu solto; réu preso pode requerer o não-comparecimento;

– Novas causas de impedimento: ter funcionado em julgamento anterior do mesmo processo, ter participado do julgamento de co-réu, ter manifestado prévia disposição de condenar ou absolver;

– Dificulta a cisão do processo em plenário, que apenas ocorrerá se não for possível compor o Conselho de Sentença em razão das escusas;

– No caso de cisão, deve ser julgado, primeiramente, o réu acusado de ser autor ou co-autor;

– Instrução em plenário: obrigatório o depoimento da vítima (sempre que possível); o réu deve ser interrogado ao final, depois das oitivas da vítima, testemunhas e peritos;

– Restrição à leitura de peças: somente colhidas em precatória ou irrepetíveis;

– O juiz pode regulamentar o aparte, concedendo 3 minutos, acrescidos ao tempo de quem o sofreu, caso não haja acordo entre as partes;

– Proibição de mencionar, nos debates, as algemas, o silêncio do acusado no interrogatório ou a pronúncia;

– O réu deve permanecer sem algemas, em regra;

– Peritos podem ser arrolados para depoimento;

– Documentos, vídeos, escritos, laudos, croquis, etc., devem ser comunicados à parte contrária com antecedência mínima de 3 dias úteis antes do julgamento;

– Acusação em plenário limitada pela pronúncia;

– Simplificação de quesitos, que passam a guardar correlação com a pronúncia e com as teses alegadas;

– Quesito único para a tese defensiva: "O Jurado absolve o acusado?";

– Não se quesitam agravantes e atenuantes, cabendo ao juiz fixá-las de acordo com os autos e os debates;

– Não se divulga o resultado total da votação, que se encerra quando houver mais de 3 votos sim ou não;

– Prisão após a condenação ou sua revogação depende do exame dos requisitos da preventiva;

– Havendo desclassificação para infração de menor potencial ofensivo, o juiz aplica de imediato a Lei nº 9.099/95;

– Fim do recurso de ofício e do protesto por novo júri.

3.2. Procedimento escalonado

O procedimento perante o Tribunal do Júri é escalonado ou bifásico, ou seja, composto de duas fases. A primeira fase é conduzida por um juiz singular e se chama *judicium accusationis*, pois o juiz examina, apenas, a viabilidade da acusação, segundo o princípio *in dubio pro societate*. Com efeito, se o juiz estiver convencido da materialidade do fato e de indícios suficientes de autoria ou de participação, deve pronunciar o réu e encaminhá-lo a julgamento (art. 413). Na segunda fase, chamada *judicium causae*, o Tribunal do Júri, composto por um juiz e sete jurados, irá examinar o mérito da acusação, atento ao princípio *in dubio pro reo*.

3.3. Síntese do procedimento

1º Fase (*judicium accusationis*)
1) Oferecimento de denúncia;
2) Rejeição ou recebimento da denúncia (art. 394, § 4º, c/c art. 395);
3) Citação;
4) Defesa Preliminar ;
5) Manifestação do MP;
6) Audiência de Instrução, Debates e Julgamento (Pronúncia, Impronúncia, Desclassificação ou Absolvição Sumária);
7) Recurso.

2ª Fase (*judicium causae*)
1) Preparação do processo para plenário;
2) Desaforamento (se houver);
3) Sessão de julgamento;
4) Recurso.

4. ESTRUTURA E ORGANIZAÇÃO DO TRIBUNAL DO JÚRI

4.1. Composição

Conforme dispõe o art. 447 do CPP, o Tribunal do Júri é composto por 1 (um) juiz togado, seu presidente, e por 25 (vinte e cinco) jurados que serão sorteados dentre os alistados, 7 (sete) dos quais constituirão o Conselho de Sentença em cada sessão de julgamento. A sentença, no Tribunal do Júri, é considerada *subjetivamente complexa*, pois emanada de órgãos distintos.

4.2. Juiz-presidente

É o dirigente dos trabalhos do Tribunal do Júri, competindo-lhe:

a) instalar e presidir a sessão de julgamento, exercendo o poder de polícia;
b) elaborar e explicar os quesitos, submetendo-os a votação;
c) proferir a sentença de acordo com o veredicto dos jurados;
d) supervisionar a elaboração da ata de julgamento;
e) exercer todas as atribuições expressamente elencadas no art. 497.

4.3. Jurados

4.3.1. Seleção e classificação dos jurados

A seleção dos jurados ocorre em três etapas, a saber:

a) Alistamento e formação da lista geral (arts. 425 e 426 do CPP): o alistamento ocorre anualmente e compreende a inscrição de 800 a 1.500 jurados nas comarcas de mais de 1.000.000 de habitantes; de 300 a 700 nas comarcas de mais de 100.000 habitantes e de 80 a 400 nas comarcas de menor população. O jurado que tiver integrado o Conselho de Sentença nos 12 (doze) meses que antecederem à publicação da lista geral fica dela excluído (art. 426, § 4º). O juiz-presidente requisitará às autoridades locais, associações de classe e de bairro, entidades associativas e culturais, instituições de ensino em geral, universidades, sindicatos, repartições públicas e outros núcleos comunitários a indicação de pessoas que reúnam as condições para exercer a função de jurado (art. 425, § 2º). A lista geral dos jurados, com indicação das respectivas profissões, será publicada pela imprensa até o dia 10 de outubro de cada ano e divulgada em editais afixados à porta do Tribunal do Júri, podendo ser alterada até o dia 10 de novembro, de ofício ou mediante reclamação de qualquer do povo. Depois disso, a lista só será alterada por meio de recurso em sentido estrito, com prazo especial de 20 dias (art. 586, parágrafo único).

b) Sorteio e convocação (reunião periódica – arts. 432 a 435 do CPP): da lista geral, devem ser sorteados 25 jurados para a Reunião Periódica mensal. O juiz-presidente determinará a intimação do Ministério Público, da Ordem dos Advogados do Brasil e da Defensoria Pública para acompanharem, em dia e hora designados, o sorteio dos jurados que atuarão na reunião periódica. A audiência de sorteio não será adiada pelo não-comparecimento das partes. O jurado não-sorteado poderá ter o seu nome novamente incluído para as reuniões futuras. Os jurados sorteados serão convocados pelo correio ou por qualquer outro meio hábil para comparecer em dia e hora designados para a reunião, sob as penas da lei.

c) Conselho de sentença: em cada sessão de julgamento, durante o mês, procede-se ao sorteio de 7 jurados para a Sessão de Julgamento, na forma do arts. 467 a 469.

A lei impede o jurado de perpetuar-se na função ("jurado profissional"). Com efeito, o jurado que for sorteado para compor a sessão periódica, não poderá ter seu nome incluído nas próximas reuniões mensais (art. 432, § 3º). Além disso, o jurado que integrar a composição do Conselho de Sentença pelo menos numa sessão, ficando entre os 7 sorteados, não poderá participar do Tribunal do Júri no ano seguinte, pois ficará excluído da próxima lista geral (art. 425, § 4º).

Os jurados podem ser classificados em:

a) Titular: sorteado originariamente, para compor a reunião periódica.

b) Suplente: sorteado em substituição ao jurado titular, em razão de falta ou exclusão deste na sessão de julgamento (art. 464). Uma vez sorteado, o suplente substitui o titular no restante da reunião.

4.3.2. Função de jurado

a) Pessoas alistáveis: são alistáveis os cidadãos maiores de 18 (dezoito) anos de notória idoneidade (art. 436). Nenhum cidadão poderá ser excluído dos trabalhos do júri ou deixar de ser alistado em razão de cor ou etnia, raça, credo, sexo, profissão, classe social ou econômica, origem ou grau de instrução (§ 1º). Evidentemente, estão incompatibilizados com a natureza do serviço do júri as pessoas que, a despeito de possuírem certa escolaridade, não possam compreender o relatório escrito ou o conteúdo das cédulas de votação, como ocorre, por exemplo, com os chamados "analfabetos funcionais".

b) Isenção: são isentas do serviço do júri as pessoas elencadas no art. 437 do CPP.

c) Recusa: a recusa injustificada ao serviço do júri acarretará multa no valor de 1 (um) a 10 (dez) salários mínimos, a critério do juiz, de acordo com a condição econômica do jurado (art. 436, § 2º). A recusa ao serviço do júri fundada em convicção religiosa, filosófica ou política importará no dever de prestar serviço alternativo, sob pena de suspensão dos direitos políticos, enquanto não prestar o serviço imposto (art. 438). Entende-se por serviço alternativo o exercício de atividades de caráter administrativo, assistencial, filantrópico ou mesmo produtivo, no Poder Judiciário, na Defensoria Pública, no Ministério Público ou em entidade conveniada para esses fins (§ 1º).

d) Prerrogativas e responsabilidades: o exercício efetivo da função de jurado constituirá serviço público relevante, estabelecerá presunção de idoneidade moral e assegurará prisão especial, em caso de crime comum, até o julgamento definitivo (art. 439). Constitui também direito do jurado, na condição do art. 439 do CPP, preferência, em igualdade de condições, nas licitações públicas e no provimento, mediante concurso, de cargo ou função pública, bem como nos casos de promoção funcional ou remoção voluntária (art. 440). Nenhum desconto será feito nos vencimentos ou salário do jurado sorteado que comparecer à sessão do júri (art. 441). O jurado, no exercício da função ou a pretexto de exercê-la, será responsável criminalmente nos mesmos termos em que o são os juízes togados (art. 445). Aos suplentes, quando convocados, serão aplicáveis os dispositivos referentes às dispensas, faltas e escusas e à equiparação de responsabilidade penal prevista no art. 445 (art. 446).

e) Escusas, ausências e dispensas: ao jurado que, sem causa legítima, deixar de comparecer no dia marcado para a sessão ou retirar-se antes de ser dispensado pelo presidente será aplicada multa de 1 (um) a 10 (dez) salários mínimos, a critério do juiz, de acordo com a sua condição econômica (art. 442). Somente será aceita escusa fundada em motivo relevante devidamente comprovado e apresentada, ressalvadas as hipóteses de força maior, até o momento da chamada dos jurados (art. 443). O jurado somente será dispensado por decisão motivada do juiz-presidente, consignada na ata dos trabalhos (art. 444).

4.3.3. Suspeições, impedimentos e incompatibilidades

Por ocasião do julgamento, quando da composição do Conselho de Sentença, o juiz e as partes deverão atentar para as regras que tornam o jurado impedido de tomar assento entre os sete julgadores. O art. 466 expressamente determina que o magistrado esclareça aos jurados tais regras, previstas nos artigos 448 e seguintes.

Dispõe o art. 448 do CPP:

Art. 448. São impedidos de servir no mesmo Conselho:
I – marido e mulher;
II – ascendente e descendente;
III – sogro e genro ou nora;
IV – irmãos e cunhados, durante o cunhadio;
V – tio e sobrinho;
VI – padrasto, madrasta ou enteado.
§ 1º O mesmo impedimento ocorrerá em relação às pessoas que mantenham união estável reconhecida como entidade familiar.
§ 2º Aplicar-se-á aos jurados o disposto sobre os impedimentos, a suspeição e as incompatibilidades dos juízes togados. (NR)

O art. 449, a seu turno, estabelece:

Art. 449 Não poderá servir o jurado que:
I – tiver funcionado em julgamento anterior do mesmo processo, independentemente da causa determinante do julgamento posterior;
II – no caso do concurso de pessoas, houver integrado o Conselho de Sentença que julgou o outro acusado;
III – tiver manifestado prévia disposição para condenar ou absolver o acusado.

Dos impedidos entre si por parentesco ou relação de convivência, servirá o que houver sido sorteado em primeiro lugar (art. 450). Os jurados excluídos por impedimento, suspeição ou incompatibilidade serão considerados para a constituição do número legal exigível para a realização da sessão (art. 451).

5. PRIMEIRA FASE PROCEDIMENTAL: "JUDICIUM ACCUSATIONIS"

5.1. Definição

Dado que o procedimento do júri compreende duas fase (rito escalonado), o *judicium accusationis* é a fase de admissibilidade da acusação, regida pelo princípio *in dubio pro societate*, estendendo-se desde a denúncia até a decisão de pronúncia.

5.2. Oferecimento de denúncia ou queixa

Recebendo os elementos de investigação, geralmente consubstanciados em inquérito policial, o Promotor de Justiça, entendendo que há elementos suficientes de autoria e materialidade, oferecerá a denúncia, que é a petição inicial da ação penal pública. Queixa, a seu turno, é a petição inicial da ação privada, que pode coexistir com a pública, no caso de um crime conexo de ação privada, ou ser subsidiária, em razão da inércia do acusador oficial.

João Mendes, citado por Espínola Filho, diz que essa petição deve ser uma peça narrativa e demonstrativa: "Narrativa, porque deve revelar o fato com todas as suas circunstâncias, isto é, não só a ação transitiva, como a pessoa que a praticou (*quis*), os meios que empregou (*quibus auxilii*), o malefício que produziu (*quid*), os motivos que a determinaram a isso (*cur*), a maneira por que a praticou (*quomodo*), o lugar onde o praticou (*ubi*), o tempo (*quando*). Demonstrativa, porque deve descrever o corpo de delito, dar as razões de convicção ou sanção e nomear as testemunhas informantes"(*Código de Processo Penal Brasileiro Anotado*, v. 1, p. 348).

Especialmente no procedimento do Júri, deve a denúncia ou queixa conter:

a) Descrição do fato e suas circunstâncias: deve o acusador formular denúncia inteligível, descrevendo todos os fatos delituosos e suas circunstâncias, ressalvadas as causas gerais e especiais de aumento ou diminuição de pena, pois estas não serão consideradas na pronúncia. Obviamente, as qualificadoras e, no caso de tentativa, a circunstância configuradora do *conatus*, são de obrigatória descrição, pois integram a tipicidade. É recomendável a utilização de estilo lacônico, dizendo apenas o quanto for rigorosamente necessário ao exercício de defesa, para não haver risco de excessos ou inverdades, naturais à complexidade de certos fatos, mas que podem gerar constrangimentos à acusação por ocasião dos debates. Ex.: *No dia 1º de abril do corrente ano, por volta das 14h, o denunciado matou X, desferindo-lhe disparos de revólver (não apreendido) e produzindo-lhe as lesões descritas no auto de necropsia de fl. , que registra a morte causada por hemorragia. Ao agir, o denunciado aproximou-se da vítima pelas costas e, sem dizer nada, surpreendeu-a com os disparos, praticando o crime mediante recurso que dificultou a defesa do ofendido.* Havendo pluralidade de fatos, recomenda-se descrever, primeiro, o crime fixador da competência. Ex.: no caso de estupro seguido de tentativa de homicídio, embora o crime contra os costumes tenha ocorrido primeiro, é o crime doloso contra a vida que deve constar na denúncia em primeiro lugar;

b) Qualificação do acusado ou dados que possibilitem sua identificação: em regra, costuma-se qualificar o denunciado ou querelado com o prenome e o nome patronímico, alcunha, nacionalidade, estado civil, naturalidade, profissão, filiação, grau de instrução e endereço. Todavia, a falta de uma qualificação completa não obsta o oferecimento da denúncia ou da queixa, desde que seja possível identificar, por outros meios idôneos, a pessoa acusada. Vige o princípio da identidade física, que exige, apenas, a presença de dados suficientes para distinguir uma pessoa de todas as outras. Obviamente, não se admite denunciar, por exemplo, *fulano de tal*;

c) Classificação jurídica do fato: trata-se da capitulação, na qual não se inserem agravantes e atenuantes, tampouco as causas gerais e especiais de aumento e diminuição de pena (majorantes e minorantes), ressalvada a tentativa, por ser dado da tipicidade;

d) Pedido de pronúncia: a denúncia no rito do júri, ao invés de pedido condenatório, formula pedido de pronúncia, que é a decisão que encaminha o réu a julgamento pelo Tribunal do Júri;

f) Rol de testemunhas: admite-se sejam apresentadas até oito testemunhas por fato, não computadas as que não prestam compromisso;

g) Pedido de diligências: pode o acusador requerer, com a denúncia, qualquer diligência necessária ao esclarecimento da verdade;

h) Pedido de prisão preventiva: pode ser requerida a prisão preventiva do imputado, atendidas as hipóteses e requisitos legais (CPP, arts. 312 e seguintes);

i) Pedido de esclarecimento dos peritos: consoante art. 411, § 1º, os esclarecimentos dos peritos dependerão de prévio requerimento e de deferimento pelo juiz;

j) Outros pedidos: quaisquer outros requerimentos podem ser formulados com a denúncia, como o desentranhamento de peça erroneamente anexada ao inquérito, por exemplo.

Do procedimento no tribunal do júri

5.3. Recebimento ou rejeição da denúncia ou queixa

Nos termos do § 4º do art. 394, as disposições dos artigos 395 a 398 do CPP aplicam-se a todos os procedimentos de primeiro grau. Assim, oferecida a denúncia, cumpre ao juiz decidir por seu recebimento ou pela rejeição liminar, que ocorrerá, consoante art. 395, nas hipóteses de inépcia da denúncia, falta de pressuposto processual ou condição de ação ou, ainda, no caso de ausência de justa causa (falta de elementos informativos idôneos ao embasamento da denúncia).

Recebendo a denúncia, o juiz ordena a citação do acusado.

5.4. Citação

O juiz, ao receber a denúncia ou a queixa, ordenará a citação do acusado, para responder a acusação, por escrito, no prazo de 10 dias (art. 406). Há duas formas de citação:

a) Real: mandado, precatória, requisição (no caso de funcionários públicos e militares) e com hora certa, introduzida pela Lei nº 11.719/08.

b) Ficta: realizada por edital.

5.5. Resposta escrita

O réu deve responder a acusação, por escrito, no prazo de 10 dias, contados do efetivo cumprimento do mandado de citação ou do comparecimento do acusado, no caso de citação inválida ou por edital (art. 406, § 1º). Trata-se de resposta ampla, na qual é cabível toda a matéria de interesse da defesa do réu, incluindo preliminares e exceções.

É recomendável, porém, a estratégia de reservar a discussão de mérito para o plenário, a menos que haja confiança na absolvição sumária ou impronúncia, podendo a peça defensiva ser lacônica, portanto. Ex.:

Excelentíssimo Senhor Dr. Juiz da Vara do Tribunal do Júri:

XX, por seu Defensor Público, nos autos do processo nº..........., não tendo preliminares a argüir, declara sua inocência, como ficará demonstrado durante a sessão de julgamento, caso seja pronunciado.

Local, data e firma.

De qualquer sorte, é essa a oportunidade para requerer diligências e arrolar até 8 testemunhas. Caso seja argüida alguma exceção, será autuada em separado (art. 407). Deve a defesa, se desejar, requerer esclarecimentos dos peritos, por força do art. 411, § 1º.

Não apresentada a resposta no prazo legal, o juiz nomeará defensor para oferecê-la em até 10 (dez) dias, concedendo-lhe vista dos autos. Apresentada a defesa, o juiz ouvirá o Ministério Público ou o querelante sobre preliminares e documentos, em 5 (cinco) dias.

5.6. Réplica e despacho

Nos termos do art. 409, apresentada a defesa, o juiz ouvirá o Ministério Público ou o querelante sobre preliminares e documentos, em 5 dias.

A seguir, o juiz designará audiência, determinando a inquirição das testemunhas e a realização das diligências requeridas pelas partes, no prazo máximo de 10 dias (art. 410).

5.7. Audiência concentrada

Consoante o art. 410, o juiz determinará a inquirição das testemunhas e a realização das diligências requeridas pelas partes, no prazo máximo de 10 dias.

A audiência está prevista no art. 411 do CPP, que prevê a concentração dos atos probatórios, debates e julgamento. Assim, segundo a regra geral, todas as provas serão produzidas em uma só audiência, podendo o juiz indeferir as consideradas irrelevantes, impertinentes ou protelatórias. Nenhum ato será adiado, salvo quando imprescindível à prova faltante, determinando o juiz a condução coercitiva de quem deva comparecer.

A audiência seguirá a seguinte ordem:

1º. Declarações do ofendido: a vítima deve ser ouvida, sempre que possível, independentemente de requerimento das partes. Nada obsta, porém, que seja arrolada por qualquer das partes, caso em que não poderá ser dispensada judicialmente sem a concordância da parte que a arrolou, salvo quando não for localizada;

2º. Declarações de testemunhas: as testemunhas serão inquiridas diretamente pelas partes, podendo o juiz fazer perguntas complementares, conforme dispõe o art. 212, com a redação da Lei nº 11.690/08. No caso, inspirou-se a lei, com variações, no princípio *cross examination* do sistema norte-americano;

3º. Esclarecimento dos peritos: os esclarecimentos dos peritos dependem de prévio requerimento das partes e deferimento do juiz;

4º. Interrogatório: o interrogatório do acusado ao final da audiência é situação indevidamente importada do direito alienígena, pois dificulta a suspensão condicional do processo e o contato do réu pobre com a Defensoria Pública, que geralmente tinha condições de, no interrogatório feito inicialmente, solicitar testemunhas e documentos para a instrução, além de permitir que o réu crie versão fantasiosa adequada à prova testemunhal por ele assistida;

5º. Debates: as alegações das partes serão orais, concedendo-se a palavra, respectivamente, à acusação e à defesa, pelo prazo de 20 minutos, prorrogáveis por mais 10. Havendo mais de 1 acusado, o tempo previsto para a acusação e a defesa de cada um deles será individual. Ao assistente do Ministério Público, após a manifestação deste, serão concedidos 10 minutos, prorrogando-se por igual período o tempo de manifestação da defesa;

6º. Decisão: Encerrados os debates, o juiz proferirá a sua decisão, ou o fará em 10 dias, ordenando a conclusão dos autos para tal fim. As decisões possíveis são: pronúncia, impronúncia, absolvição sumária ou desclassificação.

5.8. Pronúncia

A pronúncia, prevista no art. 413 do CPP, é a decisão que admite a acusação, reconhecendo a materialidade do fato e a existência de indícios suficientes de autoria ou participação. Rege-se pelo princípio *in dubio pro societate*, classificando-se como *decisão interlocutória mista não terminativa*, pois encerra a primeira fase do procedimento, sem extingui-lo.

A fundamentação da pronúncia limitar-se-á à indicação da materialidade do fato e da existência de indícios suficientes de autoria ou de participação, devendo o juiz declarar o dispositivo legal em que julgar incurso o acusado e especificar as circunstâncias qualificadoras e as causas de aumento de pena. É nula a pronúncia com excesso de linguagem em relação a qualquer fato que interesse à acusação ou à defesa, pois isso pode influenciar o veredicto.

Deve a pronúncia abranger os crimes conexos. Portanto, caso o juiz pronuncie o réu pelo crime doloso contra a vida (delito prevalente), deve examinar os conexos, submetendo-os aos mesmos requisitos da prova da materialidade e indícios suficientes de autoria.

Se o crime for afiançável, o juiz arbitrará o valor da fiança para a concessão ou manutenção da liberdade provisória, ou decidirá, motivadamente, no caso de imposição, manutenção ou revogação da prisão ou outra medida restritiva.

A publicação da pronúncia demarca a interrupção da prescrição (CP, art. 117, II). Consoante entendimento consagrado na Súmula 191 do STJ, essa causa interruptiva permanece, ainda que, futuramente, os jurados acabem por desclassificar o crime para outro que não seja da competência do Tribunal do Júri.

5.9. Impronúncia

É o oposto da pronúncia. Consoante o art. 414, "não se convencendo da materialidade do fato ou da existência de indícios suficientes de autoria ou de participação, o juiz, fundamentadamente, impronunciará o acusado". A impronúncia não faz coisa julgada material. Portanto, caso surja prova nova, pode ser promovida nova ação penal, desde que não esteja extinta a punibilidade do agente (art. 414, parágrafo único).

Ao impronunciar o réu, não deve o juiz examinar os conexos. Preclusa a impronúncia, o juiz deve encaminhar o processo ao juízo competente para os conexos.

Chama-se despronúncia a impronúncia realizada em sede recursal.

5.10. Absolvição sumária

A absolvição sumária está prevista no art. 415 do CPP, *in verbis*:

Art. 415. O juiz, fundamentadamente, absolverá desde logo o acusado, quando:
I – provada a inexistência do fato;
II – provado não ser ele autor ou partícipe do fato;
III – o fato não constituir infração penal;
IV – demonstrada causa de isenção de pena ou de exclusão do crime.

A absolvição sumária constitui julgamento de mérito, excepcionando a constitucional competência do Júri. Por isso, exige a existência de prova cabal e indiscutível sobre as hipóteses do art. 415. A menor dúvida impede a absolvição e recomenda a pronúncia, mercê do princípio *in dubio pro societate*.

Caso haja certeza acerca de inimputabilidade por doença mental ou desenvolvimento mental incompleto ou retardado, ocorrerá absolvição sumária imprópria, com aplicação de medida de segurança. Todavia, a teor do parágrafo único do art. 415, a absolvição sumária, nessa hipótese, só é possível se esta for a única tese defensiva. Havendo outra tese e não estando ela provada sem sombra de dúvida, é mais favorável ao réu a pronúncia, para que o réu possa pleitear absolvição própria na sessão de julgamento.

No caso de absolvição sumária, o juiz não se pronuncia sobre os delitos conexos, que, em havendo, implicarão a remessa dos autos ao juiz competente, após o trânsito em julgado.

Como é autêntica decisão de mérito, a absolvição sumária desafia recurso de apelação (art. 416).

5.11. Desclassificação

Quando o juiz se convencer, em discordância com a acusação, da existência de crime não-doloso contra a vida e não for competente para o julgamento, remeterá os autos ao juiz que o seja, ficando à disposição deste o acusado preso (art. 419).

Ao desclassificar para crime de outra competência, não deve o magistrado tipificar o crime desclassificado, limitando-se a declarar que não se trata de crime doloso contra a vida. Ademais, na decisão desclassificatória, o juiz não examina os crimes conexos, pois estes serão objeto de exame no juízo competente.

A remessa dos autos ao juízo competente ocorre apenas depois da preclusão da decisão desclassificatória.

Não se confunde a desclassificação com a hipótese de *emendatio libelli*, prevista no art. 418, que permite ao magistrado dar ao fato definição jurídica diversa da constante da acusação, embora o acusado fique sujeito a pena mais grave (art. 418). Nesse caso, a nova classificação não altera a competência do Júri. Imagine-se, por exemplo, que a denúncia descreve um infanticídio, e o juiz conclui tratar-se de homicídio.

5.12. Alterações da denúncia e da pronúncia

O aditamento da denúncia deve ocorrer, em regra, ao final da audiência instrutória. Todavia, consoante dispõe o art. 421, § 1º, ainda que preclusa a decisão de pronúncia, havendo circunstância superveniente que altere a classificação do crime, o juiz ordenará a remessa dos autos ao Ministério Público. Digamos, por exemplo, que a vítima atinja o óbito após a pronúncia por tentativa de homicídio. A denúncia, nesse caso, terá que ser aditada, a fim de que o réu passe a responder por crime consumado. O mesmo pode ocorrer quando, após a pronúncia, verificar-se, por exemplo, que a vítima estava grávida e que o réu tinha conhecimento do estado gravídico, impondo-se aditar a denúncia para incluir a acusação pelo crime de aborto.

Se houver indícios de autoria ou de participação de outras pessoas não incluídas na acusação, o juiz, ao pronunciar ou impronunciar o acusado, determinará o retorno dos autos ao Ministério Público, por 15 dias, aplicável, no que couber, o art. 80 do CPP, que trata da cisão facultativa.

5.13. Intimação da pronúncia

Conforme o art. 420, a intimação da pronúncia deve ser feita:

a) pessoalmente: ao acusado (preso ou solto), defensor nomeado e ao Ministério Público;

b) por nota de expediente: ao defensor constituído, ao querelante e ao assistente;

c) por edital: ao réu solto que não for encontrado.

5.14. Recurso da primeira fase

Contra a sentença de impronúncia ou de absolvição sumária caberá apelação (art. 416), ao passo que a desclassificação e a decisão de pronúncia desafiam recurso em sentido estrito (CPP, art. 581, II e IV).

Do procedimento no tribunal do júri

5.15. Efeito preclusivo e alteração da pronúncia

Como não se trata de decisão de mérito, não é correto dizer que a pronúncia faz coisa julgada, possuindo, isto sim, eficácia preclusiva, no sentido de encerrar a primeira fase processual, sanar nulidades relativas e delimitar a acusação que será articulada em plenário.

Assim, expirado o prazo de recurso ou sendo este improvido, opera-se a preclusão da decisão de pronúncia, e os autos devem ser encaminhados ao juiz-presidente do Tribunal do Júri. Conforme já referido (item 6.12), pode a pronúncia ser alterada em razão de fato novo. Assim, havendo circunstância superveniente que altere a classificação do crime, o juiz ordenará a remessa dos autos ao Ministério Público (art. 421, § 1°).

5.16. Prazo para encerramento da primeira fase

Conforme o art. 412, a fase de admissibilidade da acusação deve encerrar no prazo de noventa dias. Tal prazo deve ser contado a partir da citação, pois, de acordo com o art. 363 do CPP, "o processo terá completada a sua formação quando realizada a citação do acusado". Nos termos do § 1° do art. 406, conta-se o prazo a partir do efetivo cumprimento do mandado ou do comparecimento, em juízo, do acusado ou de defensor constituído, no caso de citação inválida ou por edital.

6. SEGUNDA FASE PROCEDIMENTAL: "JUDICIUM CAUSAE"

6.1. Definição

É a fase de julgamento do mérito da causa, regido pelo princípio *in dubio pro reo,* estendendo-se da intimação das partes para arrolar testemunhas e requerer diligências, até o julgamento final. Compreende a preparação do processo e o julgamento propriamente dito.

6.2. Preparo do processo, organização da pauta e convocação de jurados

O preparo do processo compreende a adoção das providências prévias necessárias à realização da sessão de julgamento. Ao receber os autos, após a preclusão da pronúncia, o presidente do Tribunal do Júri determinará a intimação do órgão do Ministério Público ou do querelante, no caso de queixa, e do defensor, para, no prazo de 5 (cinco) dias, apresentarem rol de testemunhas que irão depor em plenário, até o máximo de 5 (cinco), oportunidade em que poderão juntar documentos e requerer diligência (art. 422). Conforme o art. 423, após deliberar sobre os requerimentos de provas a serem produzidas ou exibidas no plenário do júri, e adotadas as providências devidas, o juiz-presidente:

I – ordenará as diligências necessárias para sanar qualquer nulidade ou esclarecer fato que interesse ao julgamento da causa;

II – fará relatório sucinto do processo, determinando sua inclusão em pauta da reunião do Tribunal do Júri.

A ordem de inclusão de processos na pauta do Tribunal do Júri não é arbitrária, devendo obediência aos critérios previstos no art. 429 do CPP, a saber: 1°) acusados presos; 2°) dentre os acusados presos, aqueles que estiverem há mais tempo na prisão; 3°) em igualdade de condições, os precedentemente pronunciados.

Antes do dia designado para o primeiro julgamento da reunião periódica, será afixada na porta do edifício do Tribunal do Júri a lista dos processos a serem julgados, obedecida a ordem prevista legalmente.

A fim de preservar, ao máximo, essa ordem, deve o juiz ter a cautela de reservar datas, durante a mesma reunião mensal, para a inclusão de processos que tenham sido adiados.

Caso haja assistente, este deve atentar para o art. 430, pois somente será admitido se tiver requerido sua habilitação até 5 (cinco) dias antes da data da sessão na qual pretenda atuar. Ausente a tempestiva habilitação, não poderá o assistente atuar na sessão de julgamento, sob pena de nulidade.

Estando o processo em ordem, o juiz-presidente mandará intimar as partes, o ofendido, se for possível, as testemunhas e os peritos, quando houver requerimento, para a sessão de instrução e julgamento, devendo a intimação observar o disposto no art. 420 (art. 431).

Impõe-se observar que a não-localização do réu solto implica sua intimação por edital e o prosseguimento do feito, inclusive o julgamento, a teor do art. 457 do CPP.

O sorteio e a convocação dos jurados serão realizados de acordo com os artigos. 425-426, 432-452 (ver item 5, *supra*).

6.3. Desaforamento

O desaforamento está previsto nos artigos 427 e 428 do CPP. A medida busca deslocar a competência *ratione loci* em virtude de uma das circunstâncias legalmente previstas, tratando-se de medida excepcional, portanto.

Conforme dispõe o art. 427, se o interesse da ordem pública o reclamar ou houver dúvida sobre a imparcialidade do júri ou a segurança pessoal do acusado, o Tribunal poderá determinar o desaforamento do julgamento para outra comarca da mesma região, onde não existam aqueles motivos, preferindo-se as mais próximas. São legitimados para buscar o desaforamento o Ministério Público, o assistente, o querelante, o acusado e, mediante representação, o próprio juiz de direito. O juiz, ainda, será ouvido sempre que não tiver partido dele a solicitação (art. 427, § 3°).Também poderá ser determinado o desaforamento por comprovado excesso de serviço, se o julgamento não puder ser realizado no prazo de 6 (seis) meses contados do trânsito em julgado da decisão de pronúncia, não se computando os atrasos decorrentes de adiamentos, diligências e incidentes realizados no interesse da defesa.

O pedido de desaforamento será distribuído imediatamente e terá preferência de julgamento na Câmara ou Turma competente. Sendo relevantes os motivos alegados, o relator poderá determinar, fundamentadamente, a suspensão do julgamento pelo júri.

Não havendo excesso de serviço ou existência de processos aguardando julgamento em quantidade que ultrapasse a possibilidade de apreciação pelo Tribunal do Júri, nas reuniões periódicas previstas para o exercício, o acusado poderá requerer ao Tribunal que determine a imediata realização do julgamento.

6.4. Julgamento pelo Tribunal do Júri

A sessão de julgamento pelo Tribunal do Júri desenvolve-se numa série de atos concatenados, desde a verificação das presenças até o encerramento da votação dos quesitos, com a prolação da sentença e a lavratura da ata dos trabalhos. É o ponto culminante, pois, de todo o procedimento escalonado. Não há confundir, portanto, reunião com sessão. A sessão diz respeito ao dia do julgamento propriamente dito, no qual participam 7 jurados, sob a presidência do Juiz de Direito. A reunião periódica do Tribunal do Júri compreende o período de 30 dias, do qual participam os 25 jurados sorteados, com o objetivo de realizar todas as sessões de julgamento do período.

6.5. Roteiro da sessão de julgamento

1º. Abertura dos Trabalhos e Adiamentos

Primeiramente, o juiz decidirá os casos de isenção, dispensa e adiamento (art. 454).

A ausência do Ministério Público implica adiamento da sessão, comunicando-se ao Procurador-Geral, caso não seja justificada (art. 455).

Caso o defensor não compareça injustificadamente, o julgamento será adiado somente uma vez, devendo o réu ser julgado na próxima sessão, comunicando-se o fato à OAB e designando-se a Defensoria Pública para o novo julgamento, que não será realizado antes de 10 dias (art. 456).

O julgamento não será adiado pelo não-comparecimento do acusado solto, do assistente ou do advogado do querelante, que tiver sido regularmente intimado (art. 457). Se o acusado preso não for conduzido, o julgamento será adiado para o primeiro dia desimpedido da mesma reunião, salvo se houver pedido de dispensa de comparecimento subscrito por ele e seu defensor (art. 457, § 1º). Os pedidos de adiamento e as justificações de não-comparecimento deverão ser, salvo comprovado motivo de força maior, previamente submetidos à apreciação do juiz-presidente do Tribunal do Júri (art. 457, § 2º).

Com relação à testemunha, sua ausência apenas implicará o adiamento da sessão de julgamento, conforme o art. 461, se concorrerem as seguintes condições:

a) intimação por mandado no local indicado, o que exclui a possibilidade de precatória, pois é direito da testemunha prestar depoimento no local do seu domicílio;
b) tiver sido arrolada como imprescindível.

Concorrendo tais condições, o juiz, diante da ausência da testemunha, mandará conduzi-la de imediato ou adiará o julgamento, determinando a condução na data designada.

De qualquer sorte, a ausência injustificada da testemunha fará com que incorra no crime de desobediência e na multa de 1 a 10 salários mínimos (art. 458).

2º) Separação das testemunhas

As testemunhas deverão serão recolhidas a lugar onde umas não possam ouvir os depoimentos das outras (art. 460).

3º) Verificação e chamada dos jurados

O juiz verifica se a urna contém as cédulas dos 25 jurados sorteados, mandando que o escrivão proceda à chamada deles (art. 462).

4º) Instalação da Sessão e argüição de nulidades

O juiz declara instalados os trabalhos se comparecerem pelo menos 15 jurados (art. 463). Não havendo esse número, procede-se ao sorteio de suplentes necessários e designa-se nova data (464). A seguir, o Oficial de Justiça faz o pregão (463, § 1º).

É esse o momento de argüição de nulidades posteriores à pronúncia. O art. 571, V, do CPP, estabelece que a nulidade deve ser argüida após "apregoadas as partes". Em que pese a remissão ao art. 447, houve alteração decorrente da Lei nº 11.689/08, correspondendo, atualmente, ao art. 463.

Cumpre notar que, quanto às nulidades ocorridas durante a sessão, a argüição deve ser imediata (CPP, art. 571, VIII), mesmo que tenha caráter absoluto, pois deve constar em ata para comprovação junto à superior instância.

5º) Suspeições, impedimentos e incomunicabilidade dos jurados

Antes de proceder ao sorteio, o juiz esclarece sobre impedimentos, suspeições e incompatibilidades constantes dos arts. 448 e 449 e adverte sobre a incomunicabilidade (art. 466).

Sobre as incompatibilidades, veja-se o item 4.3.3, *supra*. Sobre a incomunicabilidade, veja-se o item 2.2, *supra* (sigilo das votações).

Releva notar que os jurados excluídos por impedimento, suspeição ou incompatibilidade serão considerados para a constituição do número legal exigível para a realização da sessão (art. 451).

Quanto às alegações de suspeição e impedimento do juiz, dos servidores ou do Ministério Público, não há oportunidade específica, podendo ser formuladas quando se verificarem, dispondo a lei que o desacolhimento não implicará suspensão do julgamento, devendo constar em ata a argüição, o fundamento e a decisão (art. 470).

6º) Formação do Conselho de Sentença, recusas e cisão

Deve o juiz proceder ao sorteio de 07 jurados para a composição do Conselho de Sentença (art. 467). Consoante o art. 468, à medida que as cédulas forem sendo retiradas da urna, o juiz-presidente as lerá; a defesa e, depois dela, o Ministério Público poderão recusar os jurados sorteados, até três cada parte, sem motivar a recusa. Trata o dispositivo das recusas *imotivadas* ou *peremptórias*. Como o próprio nome indica, podem as partes, sem declinar o motivo, recusar o jurado sorteado, ficando este excluído dos trabalhos, por força do art. 468, parágrafo único. Note-se que a defesa exerce, em primeiro lugar, o direito à recusa, seguindo-se a manifestação do Ministério Público.

Dispõe o art. 469 que, se forem dois ou mais os acusados, as recusas poderão ser feitas por um só defensor. Nesse caso, deve o defensor declinar em nome de qual réu exerce esta ou aquela recusa.

Caso haja divergência entre os réus, ou entre um dos réus e o Ministério Público, o jurado deve ser excluído (art. 468, parágrafo único), não se operando, como antigamente, a cisão do julgamento. O sorteio deve prosseguir sem cisão enquanto houver a possibilidade de composição do Conselho de Sentença. A separação dos julgamentos somente ocorrerá se, em razão das recusas, não for obtido o número mínimo de sete jurados para compor o Conselho de Sentença (art. 469, § 1º). Caso isso não seja possível, ante o número excessivo de réus e recusas, opera-se a cisão, devendo ser designada nova data, observando-se a preferência de julgamento estabelecida pelo art. 469, § 2 º, que manda julgar o réu acusado de autoria em primeiro lugar. Em caso de co-autoria, aplicar-se-á o critério de preferência do art. 429, ou seja, primeiro réus presos, depois os mais antigos na prisão e, em igualdade, os precedentemente pronunciados.

O exercício das recusas peremptórias não impede o exercício de recusas motivadas, fundadas em suspeições, impedimentos ou incompatibilidades, tantas quantas forem necessárias, não havendo, nesse caso, previsão de número máximo. O desacolhimento da recusa motivada não implica suspensão do julgamento, devendo constar na ata a recusa, seu fundamento e a decisão proferida pelo juiz (art. 470).

Dispõe o art. 471 que, se em conseqüência de impedimento, suspeição, incompatibilidade, dispensa ou recusa, não houver número para a formação do Conselho, o julgamento será adiado para o primeiro dia desimpedido, após sorteados os suplentes.

7º) Compromisso e entrega de peças aos jurados

Formado o Conselho de Sentença, o juiz fará a exortação prevista no art. 472 e, a seguir, os jurados prestarão compromisso e receberão cópias da pronúncia ou, se for o caso, das decisões posteriores que julgaram admissível a acusação e do relatório do processo. A lei não mais prevê a realização de relatório pelo juiz, em plenário.

Não é suficiente a solenidade prevista no dispositivo em comento, devendo ser lavrado, embora não haja expressa previsão legal, termo de compromisso, que os jurados assinarão, a exemplo de qualquer pessoa que exerça *munus* processual.

8º) Instrução de plenário

A instrução de plenário está prevista nos artigos 473 a 475 do CPP, observando a seguinte ordem e aspectos:

a) declarações do ofendido: a vítima deve ser notificada de ofício, mas, caso tenha sido arrolada em caráter imprescindível e intimada por mandado, não pode o júri realizar-se sem a sua presença, a menos que a parte desista;

b) inquirição de testemunhas: serão ouvidas, primeiramente, as testemunhas de acusação, depois as de defesa, podendo as partes inquiri-las diretamente, seguindo-se as perguntas dos jurados, que devem fazê-lo por intermédio do juiz, o qual poderá complementar a argüição, na forma do art. 212, parágrafo único.

c) requerimentos: as partes e os jurados poderão requerer acareações, reconhecimentos de pessoas e coisas e esclarecimentos periciais;

d) leitura de peças: poderão ser lidas pelo juiz ou servidor, a requerimento das partes e dos jurados, as peças relativas a precatórias ou cautelares consideradas irrepetíveis;

e) interrogatório: ao final, o Ministério Público, o assistente, o querelante e o defensor, nessa ordem, poderão formular, diretamente, perguntas ao acusado, sendo que os jurados formularão perguntas por intermédio do juiz-presidente;

f) proibição de algemas: não se permitirá o uso de algemas no acusado durante o período em que permanecer no plenário do júri, salvo se absolutamente necessário à ordem dos trabalhos, à segurança das testemunhas ou à garantia da integridade física dos presentes;

g) registro: O registro dos depoimentos e do interrogatório será feito pelos meios ou recursos de gravação magnética, eletrônica, estenotipia ou técnica similar, destinada a obter maior fidelidade e celeridade na colheita da prova. A transcrição do registro, após feita a degravação, constará dos autos.

9°) Debates

Conforme o artigo 476, encerrada a instrução, será concedida a palavra ao Ministério Público, que fará a acusação, nos limites da pronúncia ou das decisões posteriores que julgaram admissível a acusação, sustentando, se for o caso, a existência de circunstância agravante. O assistente falará depois do Ministério Público (§ 1°). Depois, terá a palavra a defesa (§ 3°), seguindo-se réplica e tréplica (§ 4°). Note-se que, diante da redação do § 4°, réplica e tréplica são facultativas, devendo ser observado, caso a acusação faça uso da palavra, que a defesa também o faça, sob pena de incorrer em falta de defesa, suscetível de dissolução do Conselho de Sentença (art. 497, V). O tempo destinado à acusação e à defesa será de uma hora e meia para cada, e de uma hora para a réplica e outro tanto para a tréplica (art. 477).

O § 1° do art. 477, trazido pela Lei n° 11.689/08, não resolve a polêmica sobre o tempo do assistente, pois se refere ao acusador, ou seja, ao caso de litisconsórcio ativo. Melhor solução é utilizar, por analogia, o tempo do assistente nos debates orais da primeira fase, ou seja, 50% do tempo do Ministério Público, acrescido a este. Nesse caso, deverá ser acrescido, também, o tempo da defesa, em analogia ao art. 411, § 6°.

Consoante o § 2° do art. 477, havendo mais de 1 (um) acusado, o tempo para a acusação e a defesa será acrescido de 1 (uma) hora e elevado ao dobro o da réplica e da tréplica.

A acusação, a defesa e os jurados poderão, a qualquer momento e por intermédio do juiz-presidente, pedir ao orador que indique a folha dos autos onde se encontra a peça por ele lida ou citada, facultando-se, ainda, aos jurados solicitar-lhe, pelo mesmo meio, o esclarecimento de fato por ele alegado (art. 480, *caput*).

É vedado às partes:

a) fazer referência à decisão de pronúncia, às decisões posteriores que julgaram admissível a acusação ou à determinação do uso de algemas como argumento de autoridade que beneficiem ou prejudiquem o acusado, bem como ao silêncio do acusado ou à ausência de interrogatório por falta de requerimento, em seu prejuízo (*trata-se de dispositivo nitidamente direcionado ao Ministério Público, com prejuízo à acusação*);

b) a leitura de documento ou a exibição de objeto que não tiver sido juntado aos autos com a antecedência mínima 3 (três) dias úteis, dando-se ciência à outra parte, abrangendo a leitura de jornais ou qualquer outro escrito, bem como a exibição de vídeos, gravações, fotografias, laudos, quadros, *croquis* ou qualquer outro meio assemelhado, cujo conteúdo versar sobre a matéria de fato submetida à apreciação e julgamento dos jurados.

O artigo 497, XII, nova redação, prevê a atribuição do juiz de regulamentar, durante os debates, a intervenção de uma das partes, quando a outra estiver com a palavra, podendo conceder até 3 (três) minutos para cada aparte requerido, que serão acrescidos ao tempo desta última. Entendemos que essa atribuição deve limitar-se às hipóteses em que uma das partes requeira a intervenção judicial, sob pena de lesão ao princípio da plenitude de defesa, caso haja indevida interferência do magistrado. A regulamentação do aparte deve servir ao contraditório, e não cerceá-lo.

10º) Esclarecimentos e diligências

Concluídos os debates, encaminha-se o momento da decisão dos jurados. Antes, porém, impõe-se oportunizar aos julgadores os esclarecimentos necessários à dissipação de pontos obscuros quanto à matéria de fato. Para tanto, o presidente indagará os jurados se estão habilitados a julgar ou se necessitam de outros esclarecimentos (art. 480, § 1º). Se houver dúvida sobre questão de fato, o presidente prestará esclarecimentos à vista dos autos (§ 2º).Os jurados, nesta fase do procedimento, terão acesso aos autos e aos instrumentos do crime se solicitarem ao juiz-presidente (§ 3º).

Nesse momento, pode surgir a necessidade de realização de alguma diligência. Se esta puder ser realizada de imediato, como a obtenção de uma certidão judicial, por exemplo, junta-se a prova, e o julgamento prossegue normalmente. Se, todavia, a diligência for complexa, impõe-se a dissolução do Conselho de Sentença e a designação de nova data, a teor do art. 481. Se a diligência consistir na produção de prova pericial, o juiz-presidente, desde logo, nomeará perito e formulará quesitos, facultando às partes também formulá-los e indicar assistentes técnicos, no prazo de cinco dias (art. 481, parágrafo único)

11º) Questionário e votação

A teor do art. 484, após os esclarecimentos, o juiz-presidente procederá à leitura dos quesitos e indagará às partes se têm requerimento ou reclamação a fazer. Havendo qualquer manifestação nesse sentido, a mesma deverá constar em ata, assim como a decisão. Em seguida, ainda em plenário, caberá ao juiz explicar aos jurados o significado de cada quesito. Nesse momento, deve o magistrado agir com total cautela, a fim de não influenciar os jurados em razão de errônea explicação ou leitura.

Conforme o art. 485 e seus parágrafos, não havendo dúvida a ser esclarecida, o juiz-presidente, os jurados, o Ministério Público, o assistente, o querelante, o defensor do acusado, o escrivão e o oficial de justiça dirigir-se-ão à sala especial a fim de ser procedida a votação. Na falta de sala especial, o juiz-presidente determinará que o público se retire, permanecendo somente as pessoas já referidas. O juiz-presidente advertirá as partes de que não será permitida qualquer intervenção que possa perturbar a livre manifestação do Conselho e fará retirar da sala quem se portar inconvenientemente.

O juiz mandará distribuir aos jurados cédulas opacas dobráveis, contendo em sete a palavra "sim" e em outras sete a palavra "não", adotando as providências dos artigos 487 e 488, a fim de assegurar o sigilo. Nesse aspecto, impõe-se observar que "as decisões do Tribunal do Júri serão tomadas por maioria de votos" (art. 489), dispensando-se a abertura de todas as cédulas, sendo suficiente a resposta de mais de três jurados, conforme se depreende dos §§ 1º e 2º do art. 483.

A Lei nº 11.689/08 inovou profundamente na forma de redação dos quesitos. Embora o artigo 483 estabeleça a matéria da quesitação em incisos, isto não implica rigor inflexível na formulação. Tal como no sistema antigo, os incisos encerram uma orientação, sem amarras, para a elaboração do questionário.

Apresentamos, como sugestão, reflexão e adaptação aos casos concretos, um exemplo de quesitação em crime de homicídio:

1. No .... (dia, hora e local), foram efetuados disparos de arma de fogo em .... (nome da vítima), produzindo-lhe a morte em decorrência das lesões registradas no auto de necropsia?

Sim: prossegue
Não: absolve
2. O réu concorreu para o crime produzindo disparos na vítima?
Sim: prossegue
Não: absolve
3. O jurado absolve o acusado?
Sim: absolve
Não: prossegue
4. O réu agiu sob o domínio de violenta emoção, logo após injusta provocação da vítima?
Sim: reconhece a causa de diminuição
Não: afasta a causa de diminuição
5. O réu agiu mediante recurso que dificultou a defesa da vítima?
Sim: reconhece a qualificadora
Não: afasta a qualificadora
6. O réu praticou o crime contra pessoa maior de 60 anos?
Sim: reconhece a causa de aumento
Não: afasta a causa de aumento

Impõe-se registrar a incompatibilidade entre uma privilegiadora e qualificadoras subjetivas. Assim, se os jurados reconhecerem, por exemplo, homicídio cometido por relevante valor moral, resta prejudicada a qualificadora do motivo fútil. De fato, não é possível uma ofensa ter motivo relevante e, ao mesmo tempo, fútil.

No caso de tese desclassificatória para crime diverso da competência do Tribunal do Júri, após afirmada a materialidade e a autoria, deve ser formulado quesito a respeito (art. 483, § 4º).

No nosso exemplo:
3. O réu quis ou assumiu o risco de matar a vítima?
Sim: afirma a competência do Júri
Não: afasta a competência do Júri

Assim, está proscrita, ao que parece, a esdrúxula figura da desclassificação imprópria, pela qual o Tribunal do Júri realizava condenações por crimes não-dolosos contra a vida. Ocorre que, extinta a hipótese de quesitação complexa das teses defensivas (ex.: legítima defesa, que culminava com indagação sobre o excesso doloso ou culposo), bem como havendo expressa obrigação de quesitar a tese desclassificatória alegada, cumpre ao juiz, desde logo, formular quesito apto a afastar ou não, de pronto, a competência do tribunal popular. Vale dizer: doravante, ao que parece, toda a desclassificação permite julgamentos pelo presidente, à guisa de desclassificação própria.

No caso de tese desclassificatória para crime da competência do Tribunal do Júri, inclusive tentativa, após afirmada a materialidade e a autoria, deve ser formulado quesito a respeito (art. 483, § 5º).

No nosso exemplo:
3. Ao agir, o réu deu início ao ato de matar a vítima, o que não se consumou por circunstância alheia à vontade do agente?
Sim – desclassificação para tentativa
Não – mantém a forma consumada
ou

3. O jurado reconhece a prática de crime diverso, qual seja, infanticídio?

Sim – desclassifica para infanticídio

Não – mantém a acusação original

A lei afastou a quesitação de agravantes e atenuantes, que passa a ser objeto de exame pelo juiz, na sentença (art. 492, I, *b*).

Impõe-se observar que, no caso de acusação por tentativa, esta já integra os primeiros quesitos, respeitantes a autoria e a materialidade, criando hipótese desclassificatória distinta.

1. No .... (dia, hora e local), foram efetuados disparos em .... (nome da vítima), produzindo-lhe as lesões descritas no auto de exame de corpo de delito?

Sim: prossegue

Não: absolve

2. Assim agindo, esse alguém deu início ao ato de matar a vítima, o que não consumou por circunstância alheia à sua vontade?

Sim: prossegue

Não: desclassifica

A tentativa, destarte, pode surgir como fato principal ou como tese de uma das partes. No primeiro caso, figura na quesitação do fato principal. No segundo, figura como tese desclassificatória, ocupando o terceiro lugar.

Em se tratando de co-autoria ou participação, deve ser impessoal o primeiro quesito da série, a exemplo do que já ocorre atualmente. A participação deve constar de quesito autônomo, desdobrado em quantas forem as formas descritas na denúncia e acolhidas na pronúncia. Não se desfez a polêmica, ainda existente, sobre o quesito genérico.

Finalmente, no caso de inimputabilidade, com possibilidade de aplicação de medida de segurança, não pode a tese absolutória ser quesitada genericamente, impondo-se, nesse caso, a elaboração de quesito especial sobre a matéria.

O quesito poderá ser formulado nos seguintes termos: "O Jurado absolve o acusado em razão de doença mental que, ao tempo da ação ou omissão, tornou-o incapaz de compreender o caráter ilícito do fato ou de determinar-se de acordo com esse entendimento"?

O quesito de inimputabilidade deve ser respondido após os jurados negarem a absolvição própria, isto é, o 3º quesito. Figure-se o exemplo de a defesa sustentar legítima defesa e inimputabilidade por doença mental. Caso efetuado um só quesito – *O Jurado absolve o acusado?* – não se poderia aquilatar a real vontade do jurado, qual seja, de absolver própria ou impropriamente, já que esta última hipótese implica aplicação de medida de segurança.

Se a resposta a qualquer dos quesitos estiver em contradição com outra ou outras já dadas, o presidente, explicando aos jurados em que consiste a contradição, submeterá novamente à votação os quesitos a que se referirem tais respostas. Se, pela resposta dada a um dos quesitos, o presidente verificar que ficam prejudicados os seguintes, assim o declarará, dando por finda a votação (art. 490 e parágrafo único).

Encerrada a votação, será lavrado o termo respectivo, conforme artigos 491 e 488, assinado pelo presidente, pelos jurados e pelas partes.

12º) Sentença

A sentença, consoante art. 492, será proferida pelo juiz-presidente, devendo estar de acordo com o veredicto dos jurados.

No caso de condenação, além de observar, no que couber, o art. 397 do CPP, a sentença fixará a pena-base, considerará as circunstâncias agravantes ou atenuantes alegadas nos debates, imporá causas de aumento e diminuição reconhecidas, decidirá sobre a prisão do acusado, com base nos requisitos da prisão preventiva, e estabelecerá os efeitos genéricos e específicos da condenação. Obviamente, a sentença condenatória não comporta fundamentação de mérito, reportando-se ao veredicto.

Vistos etc.

Adoto o relatório de fl.

Submetido a julgamento pelo Tribunal do Júri, restou o réu condenado, conforme termo de votação juntado aos autos.

ISSO POSTO, declaro CONDENADO o réu XX nas sanções do art. 121, *caput*, do CPP.

Passo à aplicação da pena.

No caso de absolvição, a sentença deve revogar a prisão e as medidas restritivas impostas no curso do procedimento e aplicará medida de segurança, se for o caso de absolvição imprópria.

Vistos etc.

Adoto o relatório de fl.

Submetido a julgamento pelo Tribunal do Júri, restou o réu absolvido, conforme termo de votação juntado aos autos.

ISSO POSTO, declaro XX ABSOLVIDO da acusação que lhe foi feita.

Se houver desclassificação da infração para outra, de competência do juiz singular, ao presidente do Tribunal do Júri caberá proferir sentença em seguida, aplicando-se, quando o delito resultante da nova tipificação for considerado pela lei como infração penal de menor potencial ofensivo, os artigos 69 e seguintes da Lei nº 9.099, de 26 de setembro de 1995 (art. 492, § 1º). O crime conexo que não seja doloso contra a vida será julgado pelo juiz-presidente do Tribunal do Júri, aplicando-se, também, a Lei 9.099/95, se for o caso (art. 492, § 2º).

Vistos etc.

Adoto o relatório de fl.

Realizado o julgamento pelo Tribunal do Júri, operou-se a desclassificação pelo Conselho de Sentença, conforme termo de votação juntado aos autos.

Assim, passo ao exame da prova.

A materialidade está demonstrada pelo auto de exame de corpo de delito da fl. A autoria foi admitida pelo acusado, que admitiu ter efetuado um disparo na vítima, sem intenção de matar. A negativa de dolo encontra respaldo na prova colhida, haja vista a sede da lesão (joelho) e a prova testemunhal coligida, no sentido de que o réu, ao atirar, referiu "agora quero ver tu conseguir pular outro muro" (fls. 94, 96 e 97), o que denota a intenção do acusado de preservar a vida do réu.

Portanto, estão integralmente configurados os elementos do crime de lesões corporais graves, haja vista que a vítima restou, consoante a prova pericial, incapacitada para as ocupações habituais por mais de trinta dias.

ISSO POSTO, CONDENO XX nas sanções do art. 129, § 1º, I, do Código Penal.

Passo à aplicação da pena.

A sentença será lida em plenário pelo presidente antes de encerrada a sessão de instrução e julgamento (art. 493).

13º) Ata dos trabalhos

Prevista nos artigos 494 a 496 do CPP, a ata deve descrever as ocorrências da sessão de julgamento, em especial as argüições de nulidades, para posterior conhecimento em recurso de apelação. Deve ser assinada pelo juiz e pelas partes. A falta da ata sujeitará o responsável a sanções administrativa e penal.

6.6. Recurso da segunda fase

É a apelação o recurso ordinário cabível das decisões do Tribunal do Júri. Conforme o art. 593, III, a apelação será admitida nos seguintes casos:

a) nulidade posterior à pronúncia: nesse caso, deve a parte consignar em ata, durante a sessão de julgamento, a argüição respectiva.

b) erro do juiz-presidente: nos casos em que o juiz contrariar a lei ou o veredicto, bem como equivocar-se na aplicação da pena ou da medida de segurança cabível;

c) veredicto manifestamente contrário à prova dos autos: trata-se da decisão dos jurados que não encontra nenhum supedâneo probatório.

Na hipótese de erro do juiz-presidente, o Tribunal procederá à devida retificação (art. 593, §§ 1º e 2º). Reconhecendo a nulidade, o Tribunal determinará a designação de novo julgamento. Na hipótese de apelação por veredicto arbitrário, que só é admitida uma única vez, o Tribunal, caso dê provimento ao recurso, procederá à cassação do julgamento, determinando que o réu seja submetido a novo júri (art. 593, § 3º).

Cumpre lembrar que, em qualquer caso de novo julgamento, é vedada a participação de jurado que tenha atuado na sessão anulada ou cassada, conforme a redação do art. 449, I. Nesse sentido, ainda, a Súmula 206 do STF.

7. SÚMULAS

7.1. Supremo Tribunal Federal

SÚMULA Nº 155

É relativa a nulidade do processo criminal por falta de intimação da expedição de precatória para inquirição de testemunha.

SÚMULA Nº 156

É absoluta a nulidade do julgamento, pelo júri, por falta de quesito obrigatório.

SÚMULA Nº 160

É nula a decisão do tribunal que acolhe, contra o réu, nulidade não argüida no recurso da acusação, ressalvados os casos de recurso de ofício.

SÚMULA Nº 162

É absoluta a nulidade do julgamento, pelo júri, quando os quesitos da defesa não precedem aos das circunstâncias agravantes.

SÚMULA Nº 210

O assistente do Ministério Público pode recorrer, inclusive extraordinariamente, na ação penal, nos casos dos arts. 584, parágrafo 1º e 598 do Código de Processo Penal.

SÚMULA Nº 523

No processo penal, a falta da defesa constitui nulidade absoluta, mas a sua deficiência só o anulará se houver prova de prejuízo para o réu.

SÚMULA 704

Não viola as garantias do juiz natural, da ampla defesa e do devido processo legal a atração por continência ou conexão do processo do co-réu ao foro por prerrogativa de função de um dos denunciados.

SÚMULA Nº 712

É nula a decisão que determina o desaforamento de processo da competência do Júri sem audiência da defesa.

SÚMULA Nº 713

O efeito devolutivo da apelação contra decisões do Júri é adstrito aos fundamentos da sua interposição.

SÚMULA Nº 721

A competência constitucional do Tribunal do Júri prevalece sobre o foro por prerrogativa de função estabelecido exclusivamente pela constituição estadual.

7.2. Superior Tribunal de Justiça

SÚMULA Nº 191

A pronúncia é causa interruptiva da prescrição, ainda que o Tribunal do Júri venha a desclassificar o crime.

8. ESQUEMA DO PROCEDIMENTO

8.1. Primeira fase: "judicium accusationis"

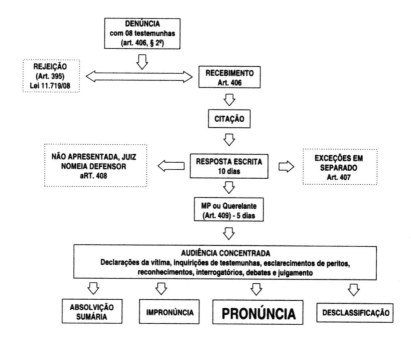

8.2. Segunda fase: "judicium causae"

9. ROTEIRO SIMPLIFICADO DA SESSÃO DE JULGAMENTO

1. Dispensas e adiamento

O juiz decide casos de isenção, dispensa e adiamento (art. 454). O julgamento não será adiado pelo não-comparecimento do acusado solto, do assistente ou do advogado do querelante, que tiver sido regularmente intimado (art. 457).

2. Verificação das cédulas

O juiz verifica se a urna contém as cédulas dos 25 jurados sorteados, mandando que o escrivão proceda à chamada deles (art. 462).

3. Instalação da sessão

O juiz declara instalados os trabalhos, se comparecerem pelo menos 15 jurados (art. 463). Não havendo esse número, procede-se ao sorteio de suplentes necessários e designa-se nova data (464).

O oficial de Justiça faz o pregão (463, § 1º).

4. Esclarecimentos do juiz

Juiz esclarece sobre impedimentos, suspeições e incompatibilidades constantes dos arts. 448 e 449 e adverte sobre a incomunicabilidade (art. 466).

5. Formação do conselho

Sorteio de 7 jurados para composição do Conselho de Sentença, podendo a defesa e o Ministério Público efetuar até 03 recusas imotivadas (arts. 467 e 468).

6. Exortação e compromisso (arts. 472 e 473)

"Em nome da lei, concito-vos a examinar esta causa com imparcialidade e a proferir a vossa decisão de acordo com a vossa consciência e os ditames da justiça". Os jurados, nominalmente chamados pelo presidente, responderão: "Assim o prometo".

7. Entrega de peças

O jurado, em seguida, receberá cópias da pronúncia ou, se for o caso, das decisões posteriores que julgaram admissível a acusação e do relatório do processo (art. 472, parágrafo único).

8. Inquirição das testemunhas

Art. 473. Prestado o compromisso pelos jurados, será iniciada a instrução plenária quando o juiz presidente, o Ministério Público, o assistente, o querelante e o defensor do acusado tomarão, sucessiva e diretamente, as declarações do ofendido, se possível, e inquirirão as testemunhas arroladas pela acusação. § 1º Para a inquirição das testemunhas arroladas pela defesa, o defensor do acusado formulará as perguntas antes do Ministério Público e do assistente, mantidos no mais a ordem e os critérios estabelecidos neste artigo. § 2º Os jurados poderão formular perguntas ao ofendido e às testemunhas, por intermédio do juiz presidente. § 3º As partes e os jurados poderão requerer acareações, reconhecimento de pessoas e coisas e esclarecimento dos peritos, bem como a leitura de peças que se refiram, exclusivamente, às provas colhidas por carta precatória e às provas cautelares, antecipadas ou não repetíveis.

9. Interrogatório do acusado

Art. 474. A seguir será o acusado interrogado, se estiver presente, na forma estabelecida no Capítulo III do Título VII do Livro I deste Código, com as alterações introduzidas nesta Seção. § 1º O Ministério Público, o assistente, o querelante e o defensor, nessa ordem, poderão formular, diretamente, perguntas ao acusado. § 2º Os jurados formularão perguntas por intermédio do juiz presidente. § 3º Não se permitirá o uso de algemas no acusado durante o período em que permanecer no plenário do júri, salvo se absolutamente necessário à ordem dos trabalhos, à segurança das testemunhas ou à garantia da integridade física dos presentes.

10. Debates

Uma hora e meia para cada uma das partes, uma hora para réplica e uma hora para tréplica (art. 477) Compete ao juiz regulamentar, durante os debates, a intervenção de uma das partes, quando a outra estiver com a palavra, podendo conceder até 3 (três) minutos para cada aparte requerido, que serão acrescidos ao tempo desta última (art. 497, XII).

11. Consulta aos jurados

O juiz indaga se os jurados estão habilitados a julgar (art. 480, § 1º).

12. Dissolução do conselho

Se houver necessidade de diligência essencial ou prova pericial, o juiz dissolve o Conselho (art. 481).

13. Leitura e explicação dos quesitos

Em plenário, o Juiz lê os quesitos e pergunta às partes se têm reclamação ou impugnação, explicando aos jurados o significado de cada quesito (art. 484).

14. Votação

A votação na sala especial, onde houver (art. 485).

Assinatura do termo de votação (art. 491).

15. Sentença

Se houver desclassificação da infração para outra, de competência do juiz singular, ao presidente do Tribunal do Júri caberá proferir sentença em seguida, aplicando-se, quando o delito resultante da nova tipificação for considerado pela lei como infração penal de menor potencial ofensivo, o disposto nos arts. 69 e seguintes da Lei nº 9.099, de 26 de setembro de 1995. Em caso de desclassificação, o crime conexo que não seja doloso contra a vida será julgado pelo juiz-presidente do Tribunal do Júri, aplicando-se, no que couber, o disposto no § 1º deste artigo (art. 492, §§ 1º e 2º)

16. Ata (arts. 494 e ss.)

Capítulo V

Do procedimento aplicável aos crimes de responsabilidade dos funcionários públicos

RODRIGO DA SILVA BRANDALISE[1]

1. INTRODUÇÃO

Nesse início, salutar relembrar que processo é o conjunto de atos que busca a solução do litígio para que haja a atuação da vontade concreta da lei, a partir de uma exigência de restabelecimento de um direito lesado. Objetiva o provimento jurisdicional, ainda que autônomo em relação ao direito material.

De outra banda, procedimento é a coordenação dos atos que formam um processo. É a seqüência ordenada de atos judiciais que deve ser observada. Como se está a falar em processo penal, é a ordem dos atos entre a denúncia oferecida pelo Ministério Público ou a queixa do ofendido e a sentença que condena ou absolve o réu.

Oportuno frisar que o procedimento estará previamente disciplinado pelo legislador, não havendo a possibilidade de criação e/ou inovação dele pelas partes (em obediência ao mandamento da Constituição Federal de 1988, em seu art. 5º, inc. LIV, que estabelece a regra do devido processo legal).

Voltando ao objeto do presente estudo, releva notar que seu foco reside no exame do procedimento (rito, portanto) aplicável aos crimes de responsabilidade dos funcionários públicos.

Dessa forma, é necessário definir quais os crimes ajustados a ele, sempre lembrando a pertinente lição de Guilherme de Souza Nucci. Ele critica a definição *crimes de responsabilidade* utilizada pelo Código de Processo Penal, pois entende que os crimes de responsabilidade autênticos caracterizam infrações político-administrativas, com julgamento acontecendo em órgãos políticos, como o Senado Federal e as Assembléias Legislativas, com aplicação de sanções que não são criminais em sua essência (*Manual de Processo Penal e Execução Penal*, 2ª ed. rev., atual. e ampl., São Paulo, RT, 2006, p. 656).

Com o intuito de superar a impropriedade do Código, a doutrina e a jurisprudência estabeleceram que, em verdade, o legislador referiu-se aos chamados crimes funcionais, que podem ser praticados por todos aqueles que detêm uma função pública, seja nos poderes do Estado, seja nas instituições que também o integram. Ou seja, os crimes cuja condição de funcionário público, no exercício de suas funções, é inerente à prática do delito contra a Administração Pública (definidos entre os arts. 312 a 326 do Código Penal).

Para fins penais, a definição de funcionário público consta no art. 327 do Código Penal.

---

[1] Promotor de Justiça no Rio Grande do Sul.

Os crimes funcionais tanto podem ser *próprios*, que só podem ser praticados por funcionários públicos (corrupção passiva, prevaricação, concussão, dentre outros); e *impróprios*, que também caracterizam crimes comuns, mas com uma nova tipificação quando o sujeito ativo for funcionário público (peculato e violação de sigilo funcional, por exemplo).

São os crimes que ferem os mais elevados interesses da administração pública, como a probidade, publicidade, impessoalidade, honestidade, legalidade, decoro.

Já os crimes majorados pela presença de funcionário público não são crimes funcionais, como o do art. 289, § 3º, do Código Penal, motivo pelo qual não se submetem ao presente rito, assim como outras infrações funcionais estabelecidas em leis especiais.

Também é importante relembrar que, em sendo caso de prerrogativa de foro junto ao Superior Tribunal de Justiça e ao Supremo Tribunal Federal, o rito aplicável é o da Lei Federal nº 8.038/90. Igualmente utiliza-se o mesmo rito junto aos Tribunais de Justiça, por força das Leis Federais nº 8.658/93 e 8.938/93.

Inobstante a correta crítica apresentada, será mantida a definição do Código de Processo Penal, qual seja, procedimento aplicável aos crimes de responsabilidade do funcionário público, para fins didáticos.

Tendo as premissas acima como pontos de partida, passar-se-á ao exame do rito objeto desse estudo. No momento em que o presente vem sendo escrito, o Código de Processo Penal aguarda o período de *vacatio legis* da Lei Federal nº 11.719/08, que o altera substancialmente, no que diz com os procedimentos.

Assim, na seqüência, serão analisadas questões relativas à aplicação da lei penal no tempo. Após, o procedimento conforme o Código de Processo Penal estabelecia antes da Lei Federal nº 11.719/08. Ato contínuo, o procedimento será analisado com as alterações estabelecidas pelo regramento citado, e as repercussões decorrentes da eficácia da lei processual penal no tempo. Antes deles, porém, serão tecidos rápidos comentários sobre os crimes previstos nos arts. 312 a 326 do Código Penal e o Juizado Especial Criminal.

2. CRIMES FUNCIONAIS E O JUIZADO ESPECIAL CRIMINAL

Como o leitor pode acompanhar e aprofundar nessa mesma obra, algumas infrações são definidas como de menor potencial ofensivo, que, obrigatoriamente, devem ser processadas e julgadas pelo Juizado Especial Criminal, constitucionalmente criado.

E isso acontece, igualmente, com alguns dos crimes funcionais indicados na parte introdutória do texto, pois possuem pena máxima igual ou inferior a 2 (dois) anos.

Crimes funcionais que são processados e julgados perante o Juizado Especial Criminal:

(a) peculato culposo - art. 312, § 2º;

(b) modificação ou alteração não autorizada de sistemas de informação – art. 313-B;

(c) emprego irregular de verbas e rendas públicas – art. 315;

(d) a figura de corrupção passiva prevista no art. 317, § 2º;

(e) prevaricação – art. 319;

(f) condescendência criminosa – art. 320;

(g) advocacia administrativa – art. 321, caput, e seu parágrafo único;

(h) abandono de função – art. 323, caput, e § 1º;

(i) exercício funcional ilegalmente antecipado ou prolongado – art. 324;

(j) violação de sigilo funcional – art. 325, *caput*, e § 1º;

(l) violação do sigilo de proposta de correspondência – art. 326.

E deve ser observado que a competência do Juizado Especial Criminal não foi afetada com a Lei Federal nº 11.719/08, pois esta determinou que os crimes cujas penas máximas sejam inferiores ou iguais a 2 (dois) anos obedecerão ao rito sumaríssimo, nos termos da lei – *in casu*, a Lei Federal nº 9.099/95 e Lei Federal nº 10.259/01.

> Segundo a nova redação (conforme Lei Federal nº 11719/08) do art. 394, § 1º, inc. III, do Código de Processo Penal, o procedimento será sumaríssimo para as infrações de menor potencial ofensivo, na forma da lei.

Portanto, para tais crimes, o rito é o do Juizado Especial Criminal, conforme a Lei Federal nº 9.099/95 e a Lei Federal nº 10.259/01.

3. DA APLICAÇÃO DA LEI PROCESSUAL PENAL NO TEMPO

Questão que ganha relevo no presente exame é a que diz com a aplicação da lei processual penal no tempo (não se tratará, aqui, da aplicação das leis penais materiais, que têm disciplina diversa). É imprescindível rememorar que norma processual é aquela que regula o início, o desenvolvimento e o fim do processo.

Segundo o art. 2º do citado diploma alterador (Lei Federal nº 11.719/08), a vigência da lei dar-se-á em 60 (sessenta) dias após sua publicação, ou seja, em 21 de agosto de 2008 (*vacatio legis* para conhecimento da lei). Referida lei traz alterações importantes aos procedimentos penais, afetando, pois, o procedimento dos crimes funcionais.

Como o Estado administra a justiça conforme as variações da sociedade, o art. 2º do Código de Processo Penal consagra a regra de que *tempus regit actum,* pois *a lei processual penal aplicar-se-á desde logo, sem prejuízo da validade dos atos realizados sob vigência da lei anterior.* É o chamado *princípio da aplicação imediata*, embora determine a preservação dos atos processuais praticados com base na lei anterior.

Afasta-se a possibilidade de retroatividade das regras processuais pelo art. 2º do Código de Processo Penal, porque a lei nova somente regula os atos que forem praticados a partir de sua vigência. As obrigações existentes são de proteção ao devido processo legal, bem como de proteção ao direito adquirido, ao ato jurídico perfeito e à coisa julgada (CF/88, art. 5º, inc. XXXVI).

Discute-se sobre a retroatividade de normas processuais em casos de prisões processuais e fianças, por exemplo. Contudo, por não serem objeto desse estudo, não serão exploradas por ora.

A regra, pois, é a aplicação imediata com respeito aos atos já praticados, desde que adequados ao devido processo legal vigente à época.

4. PROCEDIMENTO APLICÁVEL AOS CRIMES DE RESPONSABILIDADE DO FUNCIONÁRIO PÚBLICO PELO CÓDIGO DE PROCESSO PENAL, ANTERIORMENTE À LEI FEDERAL Nº 11719/08

Para melhor situar o leitor, necessário o estudo do rito que vinha estabelecido anteriormente à reforma causada pela Lei Federal nº 11.719/08.

O procedimento era previsto nos arts. 513 a 518 do CPP.

A denúncia e a queixa deveriam ser instruídas com documentos e/ou justificação que faziam presumir a existência do delito ou com declaração fundamentada da impossibilidade de apresentação de qualquer dessas provas (CPP, art. 513).

A prática forense indica que as denúncias são, no mais das vezes, embasadas em inquéritos policiais. No caso dos crimes funcionais (próprios ou impróprios), as denúncias podem ter, como base, sindicâncias, procedimentos administrativos disciplinares, inquéritos civis públicos, inquéritos administrativos, dentre outras. Normalmente, todos os documentos necessários constam de ditas investigações. Entretanto, existem documentos sigilosos (bancários, telefônicos, de correspondência) ou, em outras hipóteses, negados por quem os deveria fornecer. Em tais situações, o Código de Processo Penal autorizava que a inicial acusatória fosse instruída com a declaração fundamentada da impossibilidade de apresentação de qualquer documento.

> Sobre documentos, conveniente observar os arts. 231 a 238 do CPP. Apesar da possibilidade de o juiz requisitar os documentos de ofício, é de bom alvitre requerer, na denúncia ou na queixa, a atuação judicial para sua obtenção, ainda que com expedição de mandado de busca e apreensão (CPP, art. 240, § 1º).

De qualquer forma, há a necessidade de apresentação de prova suficiente para comprovação da justa causa que dá início à ação penal, sob pena de concessão de *habeas corpus* (CPP, art. 648, inc. I, e CF/88, art. 5º, inc. LXVIII) e/ou rejeição da denúncia (art. 395, inc. III, do CPP, com redação definida pela Lei Federal nº 11.719/08) – aliás, tal exigência vale para qualquer rito.

Oferecida a denúncia ou a queixa, o Código de Processo Penal estabelecia uma distinção (CPP, art. 514, *caput*):

– caso a acusação versasse sobre um crime inafiançável, o rito a ser seguido era, diretamente, o ordinário comum (CPP, art. 518);

– caso a acusação versasse sobre um crime afiançável, antes do recebimento da denúncia ou da queixa, o juiz mandava autuar a peça e ordenava a notificação do acusado para apresentação de *defesa preliminar* pelo acusado, no prazo de 15 (quinze) dias. Recebida a denúncia ou a queixa, o procedimento seria o ordinário comum, como mencionado no item acima.

A opção pelo rito ordinário decorre de lei, seja o crime apenado com reclusão, seja apenado com detenção (de ser observado o que está explicitado no item *Crimes Funcionais e o Juizado Especial Criminal*). A adoção do rito sumário para os crimes funcionais apenados com detenção implicava nulidade absoluta do processo.

Inafiançáveis são os crimes previstos no art. 316, § 1º (excesso de exação), e no art. 318 (facilitação de contrabando ou descaminho) do Código Penal, por possuírem pena mínima de 3 (três) anos, conforme a regra do art. 323, inc. I, do Código de Processo Penal. Na presente situação, a impossibilidade de fiança é definida pelo crime, não pela condição pessoal do acusado.

A concessão de prazo para oferecimento de defesa prévia somente cabia ao agente que fosse funcionário público, pois o que se quer proteger é a função pública exercida (neste sentido, STJ – RHC 2369/SP – 6ª Turma, Rel. Min. Luiz Vicente Cernicchiaro, DJU de 29/03/93, p. 5.267). A defesa preliminar não se estendia aos particulares que fossem co-autores ou partícipes.

Não era aplicável a defesa prévia quando o funcionário público não mais exercia o cargo, emprego ou função pública (STJ – HC 3242/DF – 5ª Turma, Rel. Min. Jesus Costa Lima, DJ de 07/04/97).

A oportunização de prazo para oferecimento de defesa preliminar é obrigatória ao funcionário público, sob pena de nulidade absoluta, já que sua supressão fere o princípio constitucional do devido processo legal. A defesa preliminar atende ao interesse do Estado, pois seu objetivo é apresentar motivações impeditivas do seguimento da ação penal contra seu servidor, especialmente para que não sejam indevidamente processados.

É importante afirmar que a nulidade aconteceria na hipótese de não-abertura do prazo. O oferecimento da defesa preliminar era uma faculdade do denunciado.

Recentemente (HC nº 85779/RJ e HC 89686/SP, ambos em 2007), de forma acertada, o Supremo Tribunal Federal entendeu ser imprescindível a concessão de prazo para oferecimento de resposta preliminar, nos termos do art. 514 do CPP, sob pena de nulidade absoluta, como conseqüência do devido processo legal. Com isto, afastou a incidência da Súmula nº 330 do Superior Tribunal de Justiça, que era anterior aos julgamentos.

Súmula 330 do STJ: é desnecessária a resposta preliminar de que trata o artigo 514 do Código de Processo Penal, na ação penal instruída por inquérito policial.

A idéia que inspirou a súmula remonta às regras processuais anteriores ao Código de Processo Penal de 1941, que impediam a apuração dos crimes funcionais por inquérito policial. Como a apuração passou a ser aceita a partir de 1941, entendia-se que o acusado, com o inquérito policial, já tinha prévio conhecimento da acusação, o que não existia antes. Porém, bastava a leitura do art. 514 para perceber-se que a distinção legalmente estabelecida era entre crimes afiançáveis e inafiançáveis, não havendo qualquer menção sobre a origem da investigação. Portanto, andou bem o Supremo Tribunal Federal, que fez valer o devido processo legal.

Também como conseqüência de tais decisões, resta afastado o entendimento de que a resposta preliminar era dispensável quando havia a conexão com outro crime não funcional.

O prazo para a resposta era de 15 dias (CPP, art. 514, *caput*), a contar da intimação do acusado ou da nomeação e intimação do defensor dativo. Podia ser apresentada pelo próprio acusado ou por advogado constituído. Não há nulidade se o réu deixar de se manifestar.

Havia a previsão de nomeação de defensor para oferecimento de defesa ao acusado, na hipótese de não ser conhecida a residência dele ou quando se achar fora da jurisdição do juiz (CPP, art. 514, parágrafo único). Porém, há de ser referido que a segunda previsão não se coaduna com as melhores regras para a defesa do acusado, garantida constitucionalmente. Isto porque somente o réu tem condições de apresentar elementos e fundamentá-los para elidir eventual seguimento de denúncia ou queixa. Se é certo que o defensor nomeado pode conhecer melhor a técnica, os fatos são de conhecimento de quem dele participou. Portanto, o ideal é a expedição de carta precatória para sua intimação.

Na hipótese de o acusado não ser localizado para oferecimento da defesa prévia, decidiu o Supremo Tribunal Federal haver a necessidade de notificação por edital (INQO 455/DF – Plenário, Rel. Min. Moreira Alves, DJU de 23/10/92, p. 18780.).

Os autos deveriam permanecer em cartório, sendo que a defesa poderia ser instruída com documentos e justificações (CPP, art. 515, *caput*, e parágrafo único).

Do procedimento aplicável aos crimes de
responsabilidade dos funcionários públicos

Apresentada a defesa ou escoado o prazo *in albis*, deveria o juiz receber ou rejeitar a inicial. Esta última situação em despacho fundamentado, caso convencido da inexistência do crime ou da improcedência da ação, com base na defesa oferecida (CPP, art. 516).

A intimação para apresentação de defesa preliminar não equivale à citação, pelo que, uma vez recebida a inicial, deve ser ela procedida (CPP, art. 517).

Após a citação, o processo seguia o rito comum para os crimes apenados com reclusão de competência do juiz singular, ainda que o crime seja apenado com detenção (CPP, art. 518).

5. PROCEDIMENTO APLICÁVEL AOS CRIMES DE RESPONSABILIDADE DO FUNCIONÁRIO PÚBLICO COM O ADVENTO DA LEI FEDERAL Nº 11.719/08

A Lei Federal nº 11.719/08 trouxe consideráveis modificações aos procedimentos em primeiro grau e, como não poderia deixar de ser, tais modificações afetaram o rito do procedimento aplicável aos crimes de funcionários públicos.

Espera-se, francamente, que as alterações (analisadas na presente obra) alcancem o objetivo que as inspiraram, qual seja, o julgamento ágil dos processos criminais, sem descurar-se da amplitude probatória, em busca de uma verdade mais próxima da realidade acontecida.

Com a nova redação, o CPP, art. 394, § 1º e incisos, estabelece novos critérios para definição do rito a ser seguido: comum ordinário, para crimes com pena máxima igual ou superior a 4 anos; comum sumário, para os crimes com pena máxima inferior a 4 anos; e o comum sumaríssimo, para as infrações de menor potencial ofensivo, nos termos da lei.

A primeira modificação importante estabelecida no rito está estampada na nova redação do art. 394 do Código de Processo Penal, que passou a ter um § 4º, que assim reza: *As disposições dos arts. 395 a 398 deste Código aplicam-se a todos os procedimentos penais de primeiro grau, ainda que não regulados neste Código.*

Como conseqüência, o art. 395 do CPP, com nova redação, passa a ser integrante do rito em comento. Por ele, a denúncia ou queixa será rejeitada quando (I) for manifestamente inepta, (II) faltar pressuposto processual ou condição para o exercício da ação penal ou (III) faltar justa causa para o exercício da ação penal.

Aqui, volta-se ao temor exposto anteriormente. O art. 395 e seus incisos repetem, com uma mudança de palavras, o que já constava no art. 43 e incisos do mesmo Código de Processo Penal, que restou revogado expressamente. Ou seja, não havia a mínima necessidade de sua inclusão na reforma, com recolocação de artigos. Veja-se que inépcia ocorre quando o fato narrado na peça não constituir crime. Extinção da punibilidade é uma situação que afasta a justa causa para o exercício da ação penal. A ilegitimidade de parte ou a falta das condições da ação penal já eram motivos para rejeição da denúncia. Ademais, o próprio Código de Processo Penal já estabelece que será concedido *habeas corpus* quando faltar justa causa para a ação penal (art. 648, inc. I).

Em suma, em nada acrescentou o legislador. Contudo, há a necessidade de sua observância, ainda que pareça alguma novidade.

Não sendo caso de sua rejeição liminar, o juiz (a) receberá a peça e (b) ordenará a citação do acusado para responder a acusação, no prazo de 10 (dez) dias (nova redação dada ao art. 396 do CPP).

Vale relembrar que o art. 513 do Código de Processo Penal continua válido: a denúncia e a queixa serão instruídas com documentos ou justificações que façam presumir a existência do delito, ou com declaração fundamentada da impossibilidade de apresentação de qualquer dessas provas.

Como visto anteriormente, nos crimes afiançáveis, a denúncia ou a queixa somente seria recebida após a defesa prévia. A partir do advento da Lei Federal nº 11.719/08, não mais importará se o crime é ou não afiançável: oferecida a denúncia ou a queixa, já haverá o exame do juiz para fins de recebimento ou rejeição. Não rejeitando de plano, deverá recebê-la, expressamente!

Salutar dita providência, pois, dentre outros efeitos, o recebimento da denúncia determina a interrupção da prescrição, conforme o CP, art. 117, inc. I. Evitar-se-á, assim, a evasão de acusados para forçar uma possível decretação de tal causa extintiva da punibilidade, o que podia acontecer antes.

Recebida a denúncia ou a queixa, será ordenada a citação do acusado para oferecimento de resposta à acusação, por escrito, no prazo de 10 (dez) dias. Relevante observar que, agora, haverá resposta à acusação em qualquer crime funcional, seja afiançável, seja inafiançável.

Em comparação com as regras e os entendimentos anteriores, deve-se dizer que a Lei Federal nº 11.719/08 estabeleceu que a resposta à acusação sempre será obrigatória, pois o juiz deverá nomear defensor para oferecê-la, caso o acusado citado não constitua defensor e/ou não apresente resposta no prazo (CPP, art. 396-A, § 2º).

Calha observar que o prazo, agora, é de 10 (dez) dias.

A partir de agora, *sempre* haverá resposta à acusação nos crimes funcionais, ainda para aqueles que não sejam funcionários públicos, em casos de concurso de agentes. Não há mais diferenciação entre crimes afiançáveis ou não; não mais se ressalva se o autor deixou de exercer a função pública; não se discute mais se a base da denúncia ou da queixa é o inquérito policial, ou se tem conexão com outro crime comum.

Importa frisar que as alterações encontrarão processos que já estão em curso. Retomando os conceitos decorrentes da aplicação da lei processual penal no tempo (item 3 do presente texto):

– a resposta à acusação é obrigatória em todos os processos por prática de crime funcional em que não tenha havido o início da instrução processual até a data de vigência da nova lei, por força do art. 2º do CPP. Como a nova lei força a realização do interrogatório após a coleta da prova, a conclusão que se chega é a de que a resposta à acusação deverá ser feita ainda que já produzido o interrogatório conforme a lei anterior, mas sem início da instrução até a data de vigência da nova lei. Se já iniciada a produção de provas antes da vigência da nova lei, não há mais que se falar em resposta à acusação.

Com a nova lei federal, evidencia-se ser o interrogatório meio de defesa, não mais de prova. O réu somente será ouvido após ter conhecimento de toda a prova contra si existente nos autos. Sendo prevista a resposta à acusação como forma de ser evitada a dilação probatória, conclui-se que as instruções não iniciadas sob a vigência da lei anterior somente podem iniciar se existente a resposta à acusação, salvo se a defesa manifestar não ter interesse nela.

Como refere Charles Emil Machado Martins (http://intra.mp.rs.gov.br/opiniao/?opt=rpt_nw&idn ot=15071):

"3. Os processos em curso que estão com interrogatório marcado para antes da nova lei devem ser feitos? Ou não, devendo-se aguardar e aplicar a lei tão-logo ela entre em vigor?

Os réus presos com certeza devem ser interrogados. Depois desse ato, se já estiver em vigência o novo rito, deve-se proceder a intimação da defesa para a resposta escrito nos termos do novo art 395 CPP), viabilizando a absolvição sumária.

Com relação aos réus soltos, também não se vê motivo para agir de modo diferente, nada obstante os inconvenientes, adrede referidos, da mescla de procedimentos e a possibilidade de ter-se que refazer o ato, diante de justificado interesse da defesa".

Não fosse tudo isso suficiente, há de ser notado que o prazo da resposta à acusação é superior ao prazo da antiga defesa prévia (Código de Processo Penal, art. 395), o que demonstra seu objetivo diferenciado em relação ao rito anterior.

Como dito em linhas anteriores, há a necessidade de realização de interrogatório após a coleta da prova, desde que já não tenha sido declarada encerrada a instrução antes da vigência da nova lei.

Conforme o parágrafo único do art. 396 do CPP, o prazo para oferecimento da resposta começará a fluir a partir do comparecimento pessoal do acusado ou do defensor constituído, quando houver citação por edital (de ser observado que a determinação de suspensão do processo e do prazo prescricional, quando houver citação editalícia, não foi revogada – ver art. 366, *caput*, do CPP).

Na resposta, poderão ser argüidas preliminares, bem como outras alegações que interessem à defesa. Podem ser juntados documentos e justificações, requeridas provas pretendidas e arroladas testemunhas (CPP, art. 396-A, *caput*).

Havendo exceções, serão processadas em apartado, conforme as regras dos arts. 95 a 112 do CPP (CPP, art. 396-A, § 1º).

Passadas as fases acima especificadas, poderá acontecer hipótese de absolvição sumária, sem a necessidade de instrução processual, quando o juiz verificar (I) a existência manifesta de causa excludente da ilicitude do fato; (II) a existência manifesta de causa excludente da culpabilidade do agente, salvo inimputabilidade; (III) que o fato narrado evidentemente não constitui crime; ou (IV) extinta a punibilidade do agente (CPP, art. 397 e incisos).

A lei nova fala em *existência manifesta* (incisos I e II) para justificar a absolvição sumária após a resposta à acusação. Significa dizer que a prova apresentada pelo acusado, em sua resposta, deve ser de tal forma irrefutável que demonstre a absoluta desnecessidade de instrução processual. Ela, de plano, afasta qualquer forma de viabilidade das provas acusatórias.

A própria lei ressalvou que, em havendo alegação de inimputabilidade, não será declarada a absolvição sumária. Isto porque ela pode ter duas conseqüências:

1ª) haver a absolvição do inimputável por alguma das situações previstas no art. 386 do Código de Processo Penal (atipicidade da conduta, excludente de ilicitude, dentre outras);

2ª) ser caso de aplicação de medida de segurança, na chamada absolvição imprópria, quando o fato for típico, ilícito, e só não é totalmente culpável por se tratar de inimputável. A medida de segurança não deixa de ser uma pena, pois conseqüência da prática de um crime, cuja duração pode ser maior do que a própria sanção privativa de liberdade dos imputáveis. Portanto, o inimputável tem o direito de ser declarado inocente e ver-se livre da medida de segurança. Eis a razão da exceção constante no inciso II.

Certo é que o réu tem de ser absolvido quando o fato for atípico, dado o princípio da reserva legal e, por que não dizer, da anterioridade. Assim, se for visto que não se trata de fato típico desde logo, deve o juiz absolver sumariamente o acusado (inciso III).

E, presente qualquer causa de extinção da punibilidade (prescrição, morte do réu), também o juiz deve absolver sumariamente o acusado (inciso IV), pois impedido o direito estatal de seguimento da ação penal.

Oferecida a resposta à acusação e afastadas as hipóteses de absolvição sumária, de rejeição e de não-recebimento da denúncia ou queixa (falta de requisitos formais da peça), o juiz deverá dar andamento regular ao feito, por força do art. 517 do Código de Processo Penal. Apenas se faz a ressalva de que não há necessidade de nova citação, pois já acontecida, como analisado antes.

Veja-se que as alterações trazidas pela Lei Federal nº 11.719/08 afastaram a necessidade de novo recebimento da denúncia, com base no art. 516 do Código de Processo Penal. A peça já foi recebida, como dito acima. Completamente desnecessário um segundo recebimento.

Para um exame mais aprofundado sobre ditas questões, remete-se o leitor ao capítulo específico relativo ao procedimento comum ordinário, presente nessa obra.

Pergunta pertinente diz com o rito a ser observado após a resposta preliminar.

O Código de Processo Penal, em seu art. 518, estabelece que o procedimento, após a resposta, é o procedimento comum ordinário, previsto para os crimes apenados com reclusão, mesmo que o crime fosse punido com detenção.

Agora, o rito é definido pela pena máxima prevista para o crime, como já citado anteriormente.

Pessoalmente, entendo que o rito continua sendo o ordinário comum, com exceção dos crimes que se submeterem ao Juizado Especial Criminal, por força constitucional.

A despeito de qualquer consideração pejorativa que se faça sobre os servidores públicos após tantos escândalos que são vistos ultimamente, devemos ter sempre presente que se está protegendo um interesse da Administração Pública, especialmente, os seus servidores. A presunção é a de que seus atos são dotados de legalidade, assim como de veracidade. Para o cumprimento de seus múnus, por vezes, devem desgostar diversos interesses pessoais e econômicos, pelo que estão sujeitos a diversos revanchismos, como as acusações infundadas de prática de crimes.

Certo é que funcionários públicos desonestos existem e sempre existirão. Contudo, não se pode, por isto, entender que todo o corpo de servidores do Estado é corrupto e criminoso, pelo que não podem os bons servidores ser punidos por aqueles que não são tão bons assim.

O que causa a sensação de impunidade não é o rito estabelecido, mas a conivência com a prática criminosa. Assim, em vista do interesse protegido, deve-se dar a maior amplitude possível ao acusado.

Além disto, note-se que não houve revogação do art. 518 do Código de Processo Penal. Portanto, hígido o conceito de que a regra especial afasta a regra geral. Na sua especialidade, o artigo citado determina o procedimento comum ordinário. Portanto, não se aplica a previsão existente no art. 394, § 1º, inc. II, do Código de Processo Penal. O que deve o aplicador do direito é, apenas, adequar o rito ordinário comum aos novos ditames legais (para tanto, reporta-se o leitor para o capítulo específico do procedimento comum ordinário).

6. ROTEIRO DO PROCEDIMENTO APÓS O ADVENTO DA LEI FEDERAL N° 11719/08

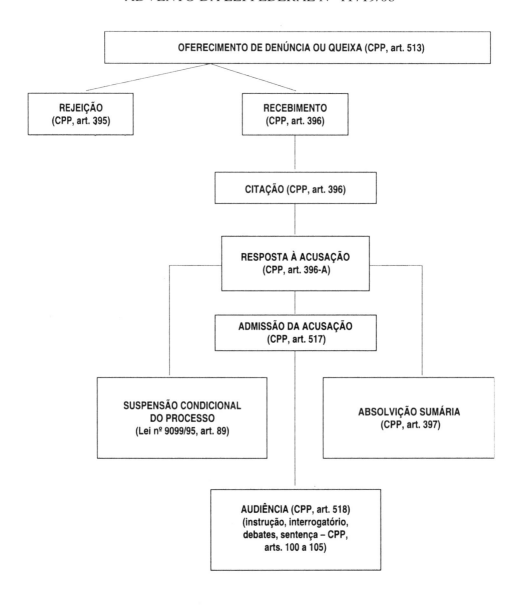

Capítulo VI

Do procedimento dos crimes contra a honra

NEREU JOSÉ GIACOMOLLI[1]

1. RITUALÍSTICA PROCESSUAL

Prima facie, faz-se mister assentar serem os crimes contra a honra, em sua maioria, infrações penais de menor potencial ofensivo, pois a pena privativa de liberdade máxima não supera os dois anos. No delito de calúnia (art. 138 do CP), a pena máxima é de dois anos de detenção; na difamação (art. 139 do CP) e na injúria real (art. 140, § 2º, do CP), a pena privativa de liberdade máxima é de um ano de detenção, e a de injúria (art. 140 do CP) é de seis meses de detenção. Portanto, isoladamente, todos esses crimes são de competência do Juizado Especial Criminal e de aplicação do rito sumaríssimo, previsto na Lei 9.099/95, mesmo onde não haja tal unidade instalada e em funcionamento. Nesses delitos, cuja sanção máxima de privação da liberdade não superar aos dois anos, pode ocorrer o concurso de crimes ou a incidência de causas especiais de aumento de pena, como as expressamente previstas no artigo 141 do Código Penal, de modo a afastar a competência do Juizado Especial Criminal e a aplicabilidade do rito sumaríssimo. Na injúria racial (art. 140, § 3º, do CP), a pena máxima supera os dois anos de privação de liberdade, motivo por que não se aplica o rito sumaríssimo, mas o rito especial do Código de Processo Penal, salvo se incidir alguma causa especial de diminuição da pena, a tornar a sanção privativa de liberdade inferior aos dois anos. Mesmo iniciado o processo perante o Juizado Especial Criminal, quando o réu não for encontrado para ser citado (art. 66, parágrafo único, da Lei 9.099/95) ou o caso for complexo (art. 77, parágrafo único, da Lei 9.099/95), desloca-se a competência do Juizado Especial Criminal para o juízo comum, com a ampliação do rito comum sumário, conforme expressa disposição do artigo 538 do CPP (Redação dada pela Lei 11.719/08).

> O artigo 60 da Lei 9.099/95, modificado pela Lei 11.313/06, também retira da competência do Juizado Especial Criminal as infrações de menor potencial ofensivo em razão da conexão ou da continência, com aplicação dos benefícios, fora do juizado.

Além do rito sumaríssimo (espécie de rito comum, ao lado do ordinário e do sumário, segundo a Lei 11.719/08), a especialidade de outras leis prepondera sobre a especialidade dos artigos 519 a 523 do Código de Processo Penal. Portanto, praticado um delito contra a honra, previsto em lei especial é o rito previsto na referida lei que prepondera. A Lei de Imprensa (Lei 5.250/67) prevê um rito especial (o STF, na APF/130, em 27.02.2008, suspendeu a aplicabilidade de vários dispositivos desta lei). Quando o delito contra a honra for relacionado à propaganda eleitoral, aplica-se o rito previsto nos artigos 355 a 364 do Código Eleitoral (Lei 4.737/65). Também existe a possibilidade

---

[1] Desembargador do TJRS. Doutor em *Estudios de Actualidad Procesal pela Universidad Complutense de Madrid* (2001). Professor da PUC-RS e ESM-RS (AJURIS).

de o delito contra a honra ser um crime militar, ocasião em que seguirá o rito previsto no Código de Processo Penal Militar, inclusive na aplicação da Lei de Segurança Nacional (Lei 7.170/83), quando se tratar de calúnia ou difamação contra o Presidente da República, os Presidentes do Senado, da Câmara Federal e do STF (art. 26), nos termos do artigo 30.

> O STF, no HC 80249/PE, Rel. Min. Celso de Mello, DJ de 07.12.2000, decidiu ser crime militar impróprio a calúnia feita por militar em atividade, contra outro militar, em igual situação funcional, mesmo que tenha sido praticado através da imprensa.

Ainda, a ação penal originária seguirá o processo previsto nas Leis 8.038/90 e 8.658/93. Isso porque a incidência do rito apropriado considera, primeiramente, a existência de previsão específica em alguma lei especial. Na concorrência entre ritos especiais, aplica-se o que oferecer maior amplitude de defesa. Na conexão ou continência, mesmo que não for seguido o rito sumaríssimo, aplicam-se os institutos da composição civil e da transação penal, conforme artigo 60, parágrafo único, da Lei 9.099/95, situações aplicáveis ao processamento nos casos de foro privilegiado e pela Justiça Eleitoral.

> Embora o parágrafo único do artigo 60 da Lei 9.099/95 determine a aplicação, no juízo comum ou no âmbito da competência do Tribunal do Júri, da composição civil e da transação criminal às infrações penais de menor potencial ofensivo, retiradas do Juizado Especial Criminal e do rito sumaríssimo, por força das regras da competência, a disposição legal também se aplica à suspensão condicional do processo, sempre que forem preenchidos os pressupostos legais.

Vencidas as etapas da exclusão do rito sumaríssimo e dos ritos previstos em leis especiais, os delitos que atingem a honra se processam pelo rito especial previsto nos artigos 519 a 523 do Código de Processo Penal. Os delitos contra a honra são os previstos nos artigos 138 a 140 e seus derivados do Código Penal. O enunciado do Livro II, Título II, Capítulo III, do Código de Processo Penal não faz referência à difamação porque na época (Código Penal de 1890) a difamação não era tipificada de forma autônoma.

Os processos dos crimes contra a honra, previstos nos artigos 519 a 523 do Código de Processo Penal, iniciam, via de regra, com o ajuizamento da queixa-crime, mas também podem iniciar por ação penal pública condicionada à representação, condicionada à requisição do Ministro da Justiça e por ação penal pública incondicionada. É importante estabelecer, primeiramente, a titularidade da ação penal, em face das diferenciações que isso implica no rito processual, mormente em razão da audiência de reconciliação, fator especializante do rito.

Nas ações penais públicas, condicionadas ou incondicionadas, apresentada a denúncia pelo Ministério Público, o magistrado possui as alternativas de recebê-la, rejeitá-la (vid. nova disposição a cerca da rejeição no art. 395 do CPP, com a redação dada pela Lei 11.719/08). Neste momento processual, em face da quantidade máxima da pena privativa de liberdade prevista nos delitos que ofendem a honra, o caso pode ser de competência do Juizado Especial Criminal ou de aplicação de outro rito processual. A situação contrária também poderá ocorrer, isto é, o processo pode estar em outro juízo (Juizado Especial Criminal, por exemplo), e ser remetido ao juízo comum. Mesmo não sendo da competência do Juizado Especial Criminal, recebida a denúncia, é cabível a suspensão condicional do processo. Recebida a denúncia, o processo segue o rito comum ordinário, na medida em que o artigo 394, § 5º, do CPP (redação dada pela Lei 11.719/08) determina a aplicação subsidiária aos procedimentos especiais, do rito comum. Não havendo disposição de qual rito comum há de ser observado o rito mais solene.

Na ação penal privada, após a distribuição da queixa-crime, o Ministério Público é cientificado, na qualidade de fiscal da lei. Aqui, é necessário salientar o dissídio doutrinário acerca da possibilidade ou não de o Ministério Público aditar a queixa-crime. Em pólos opostos estão os que admitem o aditamento, nos termos do artigo 45 do Código de Processo Penal, sob o argumento de que o Ministério Público zela pela indivisibilidade da ação penal, de modo que poderia corrigir vícios formais e, inclusive, incluir outros agentes no pólo passivo da acusação. Porém, o Ministério Público não é o titular da ação penal, cabendo-lhe, no máximo, emitir parecer de alerta ao querelante das possibilidades da renúncia tácita. Nos casos de ação penal privada subsidiária da pública, o Ministério Público, ao ser intimado, tem ampla liberdade ao aditamento, pois é o titular originário da ação penal. Após a manifestação do Ministério Público, é designada a audiência de reconciliação ou de conciliação, com o objetivo de reconciliar o querelante e o querelado. O êxito da reconciliação implica extinção da ação penal, e o insucesso, a sua continuação, com o recebimento ou rejeição da queixa-crime, com incidência das mesmas situações referentes à ação penal pública. Com o recebimento, cessa a especialidade essencial do rito, o qual segue o mesmo caminho do rito comum ordinário, nos termos do artigo 394, § 5º do CPP. Mesmo em se tratando de queixa-crime, após seu recebimento, é possível a suspensão condicional do processo.

Nas hipóteses de ação penal de iniciativa privada também é possível haver renúncia, perdão e perempção. O pedido de explicação e a exceção da verdade são cabíveis em todos os tipos de ação penal, mas esta última somente cabe nos delitos de calúnia e difamação, segundo os artigos 138, § 3º, e 139, parágrafo único, do Código de Processo Penal.

2. PARTICULARIDADES DO EXERCÍCIO DA AÇÃO PENAL

2.1. Espécies de ação penal

Via de regra, a provocação da jurisdição nos delitos que ofendem a honra ocorre através da ação penal de iniciativa privada, instrumentalizada através da queixa-crime. É o que se infere do artigo 145 do Código Penal, o qual contempla as hipóteses de ação penal pública condicionada à representação (art. 141, II, do CP), de ação penal pública condicionada à requisição do Ministro da Justiça (art. 141, I, do CP) e da ação penal pública incondicionada (art. 140, § 2º, do CP). Na hipótese de ofensa *propter officium*, a lei é clara em exigir a representação, mas o entendimento do Supremo Tribunal Federal é pela legitimidade concorrente, conforme Súmula 714 ("É concorrente a legitimidade do ofendido, mediante queixa, e do Ministério Público, condicionada à representação do ofendido, para a ação penal por crime contra a honra de servidor público em razão do exercício de suas funções"). É certo ser a regra, nos delitos ofensivos à honra, a ação penal de iniciativa privada. Entretanto, a política criminal legislativa excepciona as hipóteses em que a iniciativa da ação penal não segue a regra constitucional (art. 129, I, da CF). Ademais, caso o *parquet* permanecesse inerte, caberia a ação penal de iniciativa privada subsidiária.

É questionável a manutenção da ação penal pública incondicionada, na hipótese de injúria real com resultado lesões corporais leves, após o advento do artigo 88 da Lei 9.099/95, a qual condicionou à representação as lesões corporais leves e as culposas.

A regra da ação penal privada nos delitos que ofendem a honra induz à exigência da representação, a qual era dispensável porque as lesões corporais leves se processavam mediante ação penal pública incondicionada. Em razão da regra da ação penal privada, o STF, na Súmula 714, admite até na hipótese do artigo 141, II, do Código Penal, a legitimidade concorrente entre o ofendido e o Ministério Público.

Não podemos olvidar a aplicabilidade da queixa-crime subsidiária à ação penal pública, nos termos do artigo 5º, LIX, da Constituição Federal e dos artigos 100, § 3º, do Código Penal e artigo 29 do Código de Processo Penal, na inércia do Ministério Público em mover a ação penal, no prazo estabelecido em lei.

2.2. Facultatividade do pedido de explicação

Embora previsto no artigo 144 do Código Penal, o pedido de explicações em juízo tem nítido conteúdo processual, motivo por que sua colocação científica e dogmática deveria estar no Código de Processo Penal.

O agente ofendido por um dos delitos contra a honra (calúnia, difamação ou injúria), via de regra, quando estiver em dúvida (quando o agente não tiver dúvida, poderá ajuizar diretamente a queixa-crime) acerca de conceitos, expressões, gestos, situações, ou outros meios pelos quais tenha sido atingido, tem a faculdade de ajuizar uma medida cautelar penal, denominada de pedido de explicações, com o objetivo de obter do autor das ofensas esclarecimentos acerca do significado, alcance e objetivos dos mecanismos (expressões, gestos, por exemplo) utilizados na ofensa. Em suma, pretende dirimir sua dúvida, na medida em que pode estar interpretando equivocadamente o que foi dito, circunstância que afastaria o êxito numa queixa-crime.

Essa medida cautelar preparatória é uma faculdade do ofendido, que poderá, independentemente de seu ajuizamento, tendo elementos suficientes, aforar diretamente a queixa-crime. Ademais, poderá optar somente pela *notitia criminis* e representação à autoridade policial, com o objetivo de ser instaurado o devido procedimento investigatório.

O disposto no artigo 144 do Código Penal não limita o cabimento do pedido de explicação às hipóteses da ação penal privada. Embora seja mais comum nesse tipo de ação penal, é cabível também na ação penal pública condicionada à representação.

O pedido de explicações não influi no prazo decadencial à representação e ao ajuizamento da queixa-crime e, por ser uma medida cautelar facultativa, seu ajuizamento, as explicações dadas ou não e nem o conteúdo destas vincula o ingresso da ação penal correspondente. Gera prevenção à futura ação penal, nos termos do artigo 83 do Código de Processo Penal, embora a inobservância, segundo a Súmula 706 do STF ("É relativa a nulidade decorrente da inobservância da competência penal por prevenção"), tenha como conseqüência apenas a nulidade relativa.

Ao receber o pedido de explicações, o qual pode ser indeferido liminarmente (incidência da decadência ou de outra causa extintiva da punibilidade, bem como nas hipóteses em que não há dubiedade, por exemplo) o magistrado cientifica o requerido para que, querendo, oferte as explicações solicitadas, aplicando-se a ritualística prevista para as notificações e interpelações judiciais dos artigos 867 a 873 do Código de Processo Civil. Estas podem ser prestadas por procurador com poderes especiais ou pessoalmente, com as precauções de molde a evitar responsabilidades do advogado do requerido. Com ou sem a resposta, os autos são entregues ao autor. Estes poderão servir de documentação à inicial acusatória. Porém, a ausência das explicações ou seu conteúdo insatisfatório não induz admissibilidade da prática de fato criminal. Isso é objeto da ação penal. Portanto, a cautelar não é fator determinante do recebimento da ação penal e nem da procedência ou improcedência do pedido. Por isso, o magistrado não analisa o mérito do pedido de explicações; se o fizer, o ato processual viciado produz efeitos. O autor das ofensas possui uma oportunidade de evitar um processo criminal, pois, ao dar as explicações, poderá satisfazer o ofendido.

No artigo 144 do Código Penal consta: "aquele que se recusa a dá-las ou, a critério do juiz, não as dá satisfatórias, responde pela ofensa". O alcance da parte do dispositivo reduz-se à perda da chance de o autor das ofensas dar uma explicação ou dá-la de forma convincente, de molde a evitar a ação penal. Mas, como já afirmado, o magistrado não analisa o mérito da cautelar, e o autor da medida, o ofendido, em se tratando de representação ou de queixa-crime, exerce ou não seu direito, segundo critérios de oportunidade. Não se aplica à ação penal privada e à representação o princípio da legalidade ou obrigatoriedade.

2.3. Requisitos específicos da queixa-crime

Além dos mesmos requisitos da denúncia (arts. 41 e 43 do CP), a queixa-crime, para ter viabilidade, deve estar aparelhada, no prazo decadencial, de procuração com poderes especiais e descrição do fato no instrumento procuratório. A assinatura do querelante na peça inicial supre a descrição do fato na procuração. Possíveis aditamentos à inicial são admissíveis até a implementação do prazo decadencial, o qual não se interrompe e nem se suspende. A peça inicial deverá estar acompanhada de material comprobatório da articulação, sob pena de inépcia. Por isso, muitas vezes se faz necessário o registro de ocorrência e solicitação de instauração de inquérito´policial, de modo a viabilizar o exercício da ação penal. A falta de diligência do querelante ou de seu procurador, no decorrer do processado, ainda, poderá levar à perempção.

2.4. Suspensão condicional do processo

Uma das hipóteses de suspensão incondicional do processo é a do artigo 366 do Código de Processo Penal, quando o réu, citado por edital, não comparecer e nem constituir defensor. Assim como a suspensão incondicional, a suspensão condicional do processo, prevista no artigo 89 da Lei 9.099/95, se aplica a todos os ritos processuais, desde que satisfeitos os requisitos legais próprios: pena mínima cominada à infração criminal, não superior a um ano (meu posicionamento, manifestado em *Juizados Especiais Criminais*, 2002, p. 202 e em *Legalidade, Oportunidade e Consenso no Processo Penal*, 2006, p. 378 é que houve alteração da base penológica para dois anos, em razão das alterações basilares do conceito de infração penal de menor potencial ofensivo, pela legislação posterior, mormente pela Lei 11.313/2006) e merecimento.

Segundo a Súmula 243 do STJ, a suspensão condicional do processo não é aplicável em relação às infrações penais cometidas em concurso material, concurso formal ou continuidade delitiva, quando a pena mínima cominada, seja pelo somatório, seja pela incidência de majorantes, ultrapassar o limite de um ano. Importante questionamento há de ser feito a esta Súmula e também à Súmula 723 do STF ("Não se admite a suspensão condicional do processo por crime continuado, se a soma da pena mínima da infração mais grave com o aumento mínimo de um sexto for superior a um ano"), no que se refere à consideração em separado das infrações para ser proposto o benefício, em face

Do procedimento dos crimes contra a honra

da Lei 11.313/06, por dois motivos: aumento da base legal de infração penal de menor potencial ofensivo (art. 61 da Lei 9.099/95) e a consideração em separado das infrações na conexão e na continência (art. 60, parágrafo único, da Lei 9.099/95).

No cálculo da base legal incidem as causas especiais de aumento e de diminuição da pena, na situação mais favorável ao consenso criminal, ou seja, a diminuição máxima e o aumento mínimo, mas não as demais circunstâncias da dosimetria da sanção. Nos termos da Súmula 723 do STF, antes referida, não se admite a suspensão condicional do processo por crime continuado, se a soma da pena mínima da infração mais grave com o aumento mínimo de 1/6 for superior a um ano. Por simetria, com a alteração da base legal no conceito de infração penal de menor potencial ofensivo, também se alterou a base da suspensão condicional do processo.

Superada a controvérsia do cabimento da suspensão condicional do processo na ação penal privada, a discussão atual diz respeito à titularidade (querelante, Ministério Público ou dos dois) da proposta de suspensão quando se tratar de queixa-crime: o entendimento do STJ é de ser do querelante, titular da ação penal, a iniciativa da proposta da suspensão, na esteira do que vem decidindo acerca da titularidade da proposta na ação penal púbica. Nesse sentido, Apn 390/DF, da Corte Especial do STJ, Rel. Min. Félix Fischer, DJ de 08.08.05.

Aqui se faz necessário discutir se a suspensão condicional do processo se insere no exclusivo exercício da ação penal, ou também no âmbito da ampla defesa. Nos Tribunais pátrios prepondera (praticamente dominante) o entendimento de que a suspensão condicional do processo se insere na esfera do poder discricionário do órgão acusador, isto é, somente o Ministério Público e o querelante podem propor a suspensão condicional do processo, dentro das esferas de discricionariedade e de oportunidade, mas não a defesa ou o magistrado propor tais benefícios. Meu entendimento é no sentido de que tais benefícios também se circunscrevem na esfera da ampla defesa, podendo a defesa técnica e pessoal postulá-los, e o magistrado garanti-los, com a vênia das opiniões contrárias, preponderantes na jurisprudência.

A fase do recebimento da denúncia ou da queixa-crime não é o único momento processual à viabilização da suspensão condicional do processo. Nos termos da Súmula 337 do STJ, é cabível na desclassificação do crime e na procedência parcial da acusação, sempre que à infração residual não for cominada pena privativa de liberdade mínima superior a um ano.

3. ESPECIALIDADE DO RITO PROCESSUAL

3.1. Audiência de reconciliação (arts. 520, 521 e 522 do CPP)

É o ato processual que outorga a especialidade a este rito processual, pois é condição de prosseguibilidade, e não de procedibilidade da ação penal. Ajuizada a queixa-crime, o magistrado designa uma audiência para tentar reconciliar o querelante e o querelado, pois cabível somente nas hipóteses de ação penal privada exclusiva. Isso se deve à existência, nessa espécie de ação penal, do poder de disposição ou da oportunidade, situação oposta à regra da obrigatoriedade ou legalidade da ação penal (exceção feita, de modo relativo, nas infrações penais de menor potencial ofensivo). A ausência da designação deste ato processual desconstitui toda a situação processual a partir do momento em que deveria ser designada a audiência.

A ausência do querelante é sancionada com a perempção, nos termos do artigo 60, III, do Código de Processo Penal, embora haja entendimento de que esta ausência significa que o querelante não deseja reconciliar-se, ademais de verificar-se a peremp-ção quando o processo está em curso, o que não se verificaria antes do recebimento da queixa-crime. Situação diversa diz respeito à ausência do querelado, a qual não é sancionada e nem pode ser conduzido para este ato, em face do direito constitucional ao silêncio (art. 5º, LXIII, CF/88). O objetivo deste ato processual é a reconciliação das partes, tarefa difícil de ocorrer, na medida em que o querelante, como regra, após ter optado por ajuizar uma queixa-crime, contratando advogado e pagando custas no pro-cesso, dificilmente se reconciliará com o querelado. Entretanto, a ritualística processual determina a realização desta audiência.

> As críticas mais comuns a este ato processual dizem respeito à possível contaminação do juiz que realiza esta audiência e depois analisa o mérito da causa; que representa resquícios da fase inqui-sitorial do processo. O que se constata é a regra da inutilidade deste ato processual.

Segundo a lei, o magistrado ouve, separadamente, o querelante e o querelado, sem a presença dos advogados, o que não tem adequação constitucional, na medida em que são assegurados o contraditório e a ampla defesa (art. 5º, LV, da CF), e o advogado (defesa técnica) é indispensável à administração da justiça (art. 133 da CF). Obtida a re-conciliação das partes (desistência do querelante), o juiz julga extinta a punibilidade, e o processo é arquivado. Sem êxito a reconciliação, o magistrado analisa se a queixa-crime satisfaz os requisitos legais. Com o seu recebimento, o processo segue o rito comum or-dinário, aplicado aos delitos punidos com pena privativa de liberdade superior a 4 anos, nos termos do art. 394, § 5º, do CPP (redação dada pela Lei 11.719/08).

4. DEFESAS ESPECÍFICAS

4.1. Imunidades

O artigo 142 do Código Penal prevê três hipóteses de exclusão do delito contra a honra, nos casos de injúria e difamação: a imunidade judiciária, a imunidade literária, artística ou científica, bem como a imunidade funcional, havendo discussão acerca de ser uma excludente de tipicidade, ilicitude ou de punibilidade.

As ofensas proferidas pelas partes ou por seus procuradores, durante a discussão da causa, na dialética processual, em juízo, por escrito ou de forma oral, é a primeira das imunidades tipificadas. No conceito de parte se inclui o Ministério Público, e o artigo 41, V, da Lei 8.265/93 trata da inviolabilidade dos membros do Ministério Público.

> É de ser admitida a extensão dessa imunidade também nas situações fora do juízo, em outros tipos de procedimentos, como na apuração de sanção funcional ou mesmo no inquérito policial. Isso porque não se trata de norma restritiva, mas permissiva, a qual comporta interpretação analógica e extensiva.

Segundo o artigo 133 da Constituição Federal, o advogado é inviolável por seus atos e manifestações no exercício da profissão, nos limites da lei. O Estatuto da Ad-vocacia, Lei n 8.906/94, em seu artigo 7º, § 2º, estabeleceu ter o advogado imunidade profissional, não constituindo injúria, difamação puníveis qualquer manifestação de sua parte, no exercício de sua atividade, em juízo ou fora dele, sem prejuízo das sanções disciplinares perante a OAB, pelos excessos que cometer. Entretanto, a interpretação dos Tribunais Superiores é no sentido da restrição da imunidade nos limites do Código Penal. Nesse sentido, STF, em Tribunal Pleno, Inq. 1674/PA, Rel. Min. Ilmar Galvão, DJ de 01.08.2003 e RHC 80536/DF, Rel. Min. Sepúlveda Pertence, DJ de 16.11.2001 e STJ, RHC 8819/SP, Rel. Min. Gilson Dipp, DJ 30.10.2000; AgRg no REsp. 281170/RN, Rel. Min. Nancy Andrighi, DJ de 05.02.2001; HC 19486/PB, Rel. Min. Hamilton Carvalhido, DJ 06.05.2002; RHC 10769/MT, Rel. Min. Fernando Gonçalves, DJ de 18.12.2002. Imunidade Profissional do Advogado e Desacato. A expressão *desacato* foi considerada inconstitucional pelo STF, no julgamento da ADI 1127/DF. Nesse sentido, STF, HC 88164/MG, Rel. Min. Celso de Mello, 15.8.2006.

O magistrado é um sujeito processual, mas não é parte no processo e nem pode ser procurador, ao mesmo tempo, motivo por que a imunidade não alcança as ofensas a ele irrogadas. No caso do Ministério Público, apesar das opiniões em contrário, a imunidade há que ser aplicada também quando atua como fiscal da lei ou em procedimentos investigatórios, por se tratar de norma permissiva.

Nos termos do artigo 5º, IV, da CF/88 é livre a manifestação de pensamento, sendo vedado o anonimato. Conforme inciso IX do mesmo artigo, da CF/88, é livre a manifestação de atividade intelectual exercício da liberdade de expressão e crítica, nas esferas literária, artística e científica e de comunicação, independentemente de censura ou licença. A imunidade do artigo 142, II, do Código Penal diz respeito à liberdade de expressão, na qual se inclui a liberdade de crítica da produção intelectual nominada. Entretanto, quando da crítica se inferir a inequívoca vontade (elemento subjetivo específico) de ofender, não há imunidade e nem fato típico é, o qual exige além do elemento subjetivo genérico, o específico.

A terceira imunidade prevista no artigo 142 do Código Penal diz respeito ao conceito desfavorável proferido por funcionário público, no exercício de seu mister, na linha de argumentação de que o interesse da administração pública está em patamar superior aos interesses privados e individuais. As duas primeiras imunidades não se aplicam ao terceiro que der publicidade, em razão do âmbito de abrangência da ofensa, a qual sai da esfera restrita e limitada de sua ocorrência.

4.2. Exceção da verdade ou *exceptio veritatis* (art. 523 do CPP)

A exceção da verdade ou *exceptio veritatis* é uma forma de defesa indireta, através da qual o réu da ação penal pretende demonstrar que o ofendido praticou o delito que lhe foi imputado (calúnia) ou que o fato difundido é de conhecimento geral e realmente ocorreu (difamação). Também é enunciada como sendo uma questão prejudicial homogênea, que suspende o andamento do processo penal até sua decisão. Na hipótese da calúnia, o réu, tido como autor do fato, com a exceção da verdade, pretende demonstrar ser o querelante, que se diz ofendido, o autor do fato criminoso a ele imputado, originário da queixa-crime. Feita a prova da veracidade, desaparece o elemento típico "imputando-lhe falsamente fato". Na calúnia, a regra é o cabimento da exceção da verdade, exceto nas hipóteses previstas no artigo 138, § 3º, do Código Penal. Na difamação, a regra é o descabimento desta defesa indireta, a qual somente e admissível quando o ofendido for funcionário público, e as ofensas se relacionarem ao exercício de suas funções, nos termos do artigo 139, parágrafo único, do Código Penal. Por isso, quando se trata de difamação, é tecnicamente denominada de exceção de notoriedade. A tipificação do delito de difamação independe de ser o fato verdadeiro ou falso. A admissibilidade nas hipóteses do funcionário público tem por escopo o interesse estatal na apuração da veracidade das alegações contra o funcionário público. Não se admite a exceção da verdade na injúria, em face dos elementos típicos do delito, "dignidade" e "decoro", inerentes à compreensão que o ofendido possui de si mesmo (amor-próprio, auto-estima).

Quando na exceção da verdade o excepto possuir foro privilegiado, a competência para processar e julgar a defesa indireta é do órgão colegiado competente, e não do juízo singular onde tramita a ação penal, a quem caberá, após o recebimento e a resposta à exceção, encaminhar cópias dos autos ao Tribunal Competente à continuação do processo e julgamento da exceção. Delegar ao juízo *a quo* a instrução da exceção, apesar de o artigo 85 do Código de Processo Penal referir-se apenas ao julgamento pelo Tribunal, desnatura o foro por prerrogativa de função e agride a garantia constitucional do juiz natural, a qual se refere ao processo e julgamento (art. 5º, LIII, CF). Prepondera a Constituição Federal sobre o Código de Processo Penal. Outra questão importante diz respeito à remessa ao Tribunal para processo e julgamento da exceção da verdade quando se tratar de calúnia e difamação ou somente na primeira hipótese. Há entendimento pela remessa ao Tribunal competente somente quando se tratar de calúnia, pois nesse tipo penal há a imputação da prática de delito, e não na difamação, aplicando-se o foro por prerrogativa de função somente quando o detentor dessa prerrogativa for réu. Entretanto, o que importa é a condição de réu na exceção.

Sendo uma defesa indireta, de conteúdo material, com efeitos também processuais, o prazo para aduzi-la é o da defesa prévia, nos próprios autos, independentemente de o réu, na fase probatória, articular os argumentos próprios da exceção, mas somente com os efeitos substanciais desta. Recebida a exceção da verdade aduzida pelo excipiente, o processo é suspenso, e o excepto (querelante ou Ministério Público) é cientificado para respondê-la em dois dias, podendo alterar o rol de testemunhas, respeitado o limite legal. Após a contestação à exceção, ocorre a instrução conjunta da ação penal e da exceção, com decisão única, salvo a ocorrência de foro por prerrogativa de função do exceto (autor da ação, mas réu na exceção, hipótese em que, sendo inadmitida a exceção, no juízo competente para a ação continuará o processo). A procedência da exceção implica absolvição do querelante por atipicidade. A improcedência da exceção não implica, necessariamente, a condenação do querelado.

4.3. Renúncia e perdão

Em razão da disponibilidade do ofendido nas hipóteses da ação penal privada exclusiva, antes de exercer o direito de queixa-crime, este poderá renunciá-lo, de forma expressa ou tácita, ao praticar atos incompatíveis com a vontade de provocar a jurisdição criminal (art. 104 do CP). O oferecimento da queixa-crime contra parte dos ofensores implica renúncia tácita em relação aos demais (arts. 48 e 49 do CPP). Nesse sentido, STF, HC 88165/RJ, Rel. Min. Celso de Mello, de 18.4.2006.

A composição dos danos, independentemente de se tratar de infração penal de menor potencial ofensivo (art. 74, parágrafo único, da Lei 9.099/95), acarreta a renúncia do direito de queixa. O alcance do parágrafo único do artigo 104 do Código Penal se aplica às hipóteses de recebimento da indenização quando ocorre julgamento do mérito, e não acordo. Mesmo após ter sido distribuída a queixa-crime, desde que ainda não tenha ocorrido o seu recebimento, o querelante poderá desistir da mesma, arcando com os encargos processuais até então verificados.

Após o recebimento da queixa-crime, na ação penal privada exclusiva, o querelante também poderá desistir, hipótese denominada de perdão do ofendido (autor da ação penal), até o trânsito em julgado da sentença penal (art. 106, § 2º, do CP), admitindo-se as duas modalidades: expressa e tácita. Diferentemente da renúncia, o perdão judicial, segundo a lei, é ato bilateral, isto é, depende da aceitação do querelado para se perfectibilizar. Entretanto, caso não haja aceitação, o querelante poderá optar, voluntariamente, pela perempção.

A renúncia e o perdão do ofendido, assim como a aceitação, podem ser viabilizados através de procuradores, com poderes especiais (art. 55 do CP), mas os menores de 18 anos e incapazes necessitam de representante legal para renunciar, desistir, perdoar ou aceitar o perdão.

4.4. Decadência

É a sanção processual que se aplica ao descumprimento do prazo, que é de direito material, para exercer o direito de queixa ou de representação. Aplica-se também à queixa-crime subsidiária da pública. O Código Penal, em seu artigo 107, IV, a classifica como uma das modalidades de extinção da punibilidade. Via de regra, segundo o artigo 38 Código de Processo Penal, o prazo é de seis meses, a contar do dia em que o agente sabe quem é o autor do fato, cessando sua fluência com o oferecimento da queixa-crime ou da representação, salvo quando o ofendido for menor de 18 anos, hipótese em que, para ele, o prazo inicia no dia em que completar a maioridade, independentemente do prazo de seu representante legal. Na Lei de Imprensa, o prazo é de três meses, conforme disposição expressa em seu artigo 25. O artigo 236, parágrafo único, do Código Penal e o artigo 529 do Código de Processo Penal possuem formas diferenciadas ao início da contagem do prazo. O pedido de instauração de inquérito policial ou o pedido de explicações não interrompe e nem suspende o prazo decadencial.

4.5. Retratação

É uma causa de extinção da punibilidade, prevista nos artigos 107, VI, 143 do Código Penal e 26 da Lei 5.250/67 (ausência de possibilidade jurídica de aplicar a pena). O réu da ação penal privada (querelado) pode, até a publicação da sentença, retratar-se (retirar o que disse), reconhecer seu erro, retornando ao momento da conduta, de modo a restabelecer a honra da vítima perante determinado grupo (colegas de trabalho, por exemplo) ou toda a comunidade. É cabível somente na ação penal privada e nos casos de calúnia e difamação, salvo na Lei de Imprensa, a qual admite inclusive na injúria.

4.6. Provocação e retorsão imediata

Nas hipóteses de injúria, o querelado pode alegar ter o querelante provocado diretamente e de forma reprovável a injúria, isto é, ter sido provocado pelo autor da ação penal, de modo a lhe macular o equilíbrio, motivo das ofensas (art. 140, § 1º, I, do CP). Também há isenção de pena nas hipóteses de retorsão, ou seja, diante de uma ofensa do querelante, o querelado devolveu a ofensa, também ofendeu (injúrias recíprocas), compensando a agressão, de modo que estaria justificada a conduta (art. 140, § 1º, II, do CP). Assim, na provocação, temos uma injúria, mas na retorsão, em tese, duas injúrias.

4.7. Perempção

É uma sanção processual aplicável à desídia do querelante ou de seu procurador, prevista no artigo 60 do Código de Processo Penal. Discute-se a aplicabilidade da perempção quando o querelante, cientificado, não comparecer na audiência de reconciliação. Estamos diante de uma ação penal privada de exclusiva titularidade do ofendido, motivo por que sua ausência injustificada há de ser interpretada como falta de interesse na continuação do processo. Quando não deseja reconciliar-se, pode manifestar essa intenção na própria inicial da queixa-crime ou por petição, ao ser intimado da audiência.

ESQUEMA DO PROCEDIMENTO

A) DENÚNCIA ———— REJEIÇÃO ———— APELAÇÃO
RECEBIMENTO —— COMUM

B)QUEIXA-CRIME —— AUDIÊNCIA DE RECONCILIAÇÃO
EXITOSA ———— EXTINÇÃO DA PUNIBILIDADE
INEXITOSA ———— REJEIÇÃO
RECEBIMENTO —— COMUM

QUESTIONÁRIO PARA FIXAÇÃO

1) Qual a justificativa de ser permitida a audiência de reconciliação somente nas hipóteses em que se procede mediante ação penal privada?

2) Quando o delito que atinge a honra é de competência do Juizado Especial Criminal?

3) Cabem a "transação penal" e a suspensão condicional do processo quando esse inicia por ação penal privada? Sendo cabíveis, o Ministério Público poderá propor tais medidas?

4) O Ministério Público poderá aditar a queixa-crime?

5) Há legitimidade concorrente entre o funcionário público atingido, em razão de sua função, em sua honra, e o Ministério Público, à propositura da ação penal?

6) O pedido de explicação influi no prazo para ajuizar a queixa-crime?

7) A inviolabilidade do advogado, no exercício da profissão, possui algum limite, no que tange ao cometimento de delitos contra a honra?

8) Qual a natureza jurídica da exceção da verdade?

9) Qual o juízo competente para processar e julgar a exceção da verdade, nos crimes contra a honra?

10) Quais os pontos de contato e os diferenciadores entre a renúncia e o perdão, nos delitos que ofendem a honra?

11) Quais os efeitos da ausência do querelante na audiência de reconciliação?

12) Quais os efeitos da ausência do querelado na audiência de reconciliação?

Capítulo VII

Dos crimes contra a propriedade intelectual e seu procedimento

MARCELO JOSÉ DA COSTA PETRY[1]

1. INTRODUÇÃO

Quando se enfrenta qualquer instituto jurídico debruçando-se em explicitar seus conceitos e discussões legais, mister se faz buscar seu passado, suas origens históricas, seu surgimento e aperfeiçoamento, ou, nas palavras de Descartes: "as vicissitudes do pensamento humano, e denuncia, sob seus variados aspectos, tendências características de gerações e gerações, que sucessivamente urdiram e descambaram no vasto horizonte da vida e da história" (*Marcas de indústria e de comércio e privilégios de invenção*. SP, 1923, vol. I, p. 07).

Já entre os romanos existia a prática de se cunhar o nome ou emblema dos fabricantes, ou localidade de fabricação. Do mesmo modo, segundo Pierangeli, "o uso uniforme de marcas pelos povos antigos tinha o claro objetivo de distinguir um produto dos demais existente no mercado, surgindo, portanto, de uma provável necessidade de evitar a confusão entre eles, mas isso não pode levar a uma conclusão de que tal providencia encontraria inspiração em uma possível concorrência" (*Crimes contra a propriedade industrial e crimes de concorrência desleal*. RT, 2003, p. 27).

Na Grécia, conforme lição de Pella, a existência das marcas de fábrica está perfeitamente comprovada pela arqueologia, porém, apresenta-se válida a afirmação de que as iniciais e as figuras gravadas pelos artífices gregos nos vasos "solo de uma maneira muy lata merecen ser llamadas de marcas de fábrica" (*Tratado teórico-práctico de las marcas de fabrica y de comércio em España*. Madri, 1911, p. 12-13). Nada obstante as discussões de ordem histórica, certo é que os textos legais que foram resgatados, em momento algum falam ou defendem o uso de marcas, tampouco puniam sua usurpação.

Já na idade média, surge a origem do uso das marcas. Essas defesas objetivavam muito mais a defesa de um interesse público do que estabelecer garantias ao seu titular. Na lição de Descartes: "segundo se infere de alguns éditos ou proclamações reais, afirmaremos que outra não foi a tendência manifestada na França, a partir do século XII, quando os usurpadores, falsificadores ou contrafeitores de certas marcas industriais considerados como criminosos e equiparados aos moedeiros falsos, se tornavam passíveis de severas penas, que iam da mutilação às galés, e até a morte" (op. cit. p. 17-19).

---

[1] Promotor de Justiça. Professor universitário. Especialista em Direito Constitucional – UNOESC-SC. Mestre em Direito pela UFSC.

Existem notícias de que o primeiro texto legal de proteção à propriedade intelectual tenha surgido em 1386, na Espanha, dando conta da proteção aos tecelões da cidade de Barcelona.

Em 1500, já se conhecia, sobejamente, o conceito de marca, a ponto de, em meados do século XVI, a Europa assinar um Tratado sobre marcas intitulado "De insignis et armis".

Já na modernidade, confere-se à França a iniciativa por meio de legislação datada de 1803, que organizava o registro das marcas e estendia aos contrafatores as penas do crime de falsificação de documentos privados, ressalvando ao proprietário o direito às perdas e danos. O Código Francês, cognominado Código Napoleônico, ocupou-se do tema e criminalizou o uso fraudulento das marcas emblemáticas e das marcas nominais, estabelecendo igual tratamento e punição aos infratores, estabelecendo uma resposta penal fundada na reclusão (art. 142, 143).

No Brasil, a história sobre legislação de marcas e patentes é por demais resumida, vez que, na Colônia, nossa insignificante indústria, quase sempre voltada ao extrativismo, pouco contribuiu para uma criação intelectual ou industrial. Com a vinda do Príncipe Regente, em 1808, abriu-se os portos às Nações Amigas, revogando-se o Alvará de 1785, que proibia a instalação de indústrias e manufaturas no Brasil, e, como estímulo à nossa industrialização, criou o primeiro sistema de incentivos para que pudesse ela competir com os produtos manufaturados que provinham do estrangeiro.

Proclamada nossa independência, a Lei de 1823 mandou viger as Ordenações Filipinas. Assim, o Livro V dessas ordenações, em que era cuidada a parte criminal relativamente às fraudes. Entretanto, essa legislação em nada dispunha sobre usurpação, imitação, falsificação ou contrafação de marcas distintivas de produtos e mercadorias, inviabilizando, assim, a punição de tais condutas, por falta de tipo penal abarcando as ações.

O Código Criminal de 1830, reconhecido demasiado avançado para a época, pecou ao não fazer qualquer previsão de proteção penal à propriedade industrial. Primeira proteção sonora aos Instituto telado somente veio com a Lei de 1857 que, provocada por diversas disputas sobre propriedade industrial e falsificação de embalagens, em especial no Estado da Bahia, levou a preocupação com o tema para o Congresso Nacional.

A Lei 2.682/1875 transformou-se na primeira proteção efetiva para as marcas. Ainda houve Leis em 1884 ratificando uma Convenção Internacional sobre marcas e patentes e modificações em 1887, no sentido de aperfeiçoar o texto legal.

Na República, em 1889, fora recepcionada a legislação industrial vigente, somente havendo significativa modificação com o Código Penal republicano (1891), onde se aboliu a pena de prisão e modificou-se a multa estabelecida pelo art. 14 da Lei ab-rogada.

Em 1903, nova legislação incrementou a pena aplicável, criou a responsabilidade subsidiária para os co-autores, além de matéria de ordem processual para o assunto. Sem mudanças significativas, somente em 1934 foi aprovado regulamento para a concessão de patentes de desenho ou modelo industrial, para o registro comercial e do título de estabelecimento e para a repressão da concorrência desleal, tudo isso regulamentado pelo Dec. 24.507/34.

Finalmente, o Código de 1940, que em seu Título III cuidou dos crimes contra a propriedade imaterial. Conforme a lição de Cerqueira: "O Código Penal, por sua vez, alterou em suas fórmulas a definição dos delitos contra a propriedade industrial, além de fixar novos princípios gerais, de grande relevância, aplicáveis à matéria das infrações... Nem sempre felizes foram as inovações introduzidas pelos Códigos citados [o autor inclui o Código de Processo Penal] na legislação industrial que encontramos em vigor. O fato, porém, não surpreende, pois os assuntos relativos à propriedade industrial não tem merecido até hoje, dos nossos legisladores, a atenção e cuidado que deveriam. Legisla-se meio ao acaso, sem estudo atento da matéria e de suas peculiaridades, sobremodo quando se trata de leis de caráter geral, como as que vimos de referir. Aliás, a observação está a indicar que toda a matéria relativa à propriedade, dadas a íntima dependência e conexão existentes entre suas normas de natureza substantiva e as de caráter processual" (*Tratado da propriedade industrial*. RJ. 1946. t. I. p. 60-61).

A mencionada imperfeição resultou, a destempo é bem verdade, em modificação adoperada em 14 de maio de 1996, atualmente em vigor.

2. DISCUSSÃO CONSTITUCIONAL

Em sede de processo penal, é muito raro que se encontre discussão relativa aos crimes em tela, bem como sobre a problemática e o procedimentalismo nos delitos relativos à propriedade intelectual.

Costuma-se menosprezar esse tipo de delito, acusando-se quem se arrisca a fazer sua defesa como se patrocinador de interesses privados fosse. Certo é que o desrespeito ao direito de propriedade, a par de causar prejuízo econômico ao proprietário da marca, patente e registro de fabricação e comércio, aponta também para uma defesa dos direitos do consumidor, para um defesa de direitos ligados à saúde, bem como proteção aos interesses estatais no controle de qualidade de produtos e alimentos, como somado aos interesses tributários decorrentes do comércio nessa categoria, normalmente realizado à margem da formalidade e da legalidade.

A pirataria e a sucumbência dos interesses na proteção dos bens relativos à propriedade intelectual remetem, obviamente, a muitos elementos diretos e indiretos a serem protegidos.

Para quem não esta habituado ao combate à falsificação e à pirataria pode imaginar que, defendendo-se as marcas e patentes, bem como a produção intelectual de modo genérico, se busca uma defesa meramente econômica, como dantes já salientado.

Nos anos de trabalho nessa área, tenho presenciado nos delitos que atentam contra a propriedade intelectual, além de prejuízos óbvios ao detentor da marca ou tecnologia para explorar determinados produtos, são causas determinantes na falta de incentivo para a continuidade das pesquisas. Há a desmotivação para quem insiste em produzir filmes, livros, obras intelectuais, pesquisas científicas e estudos no tocante a farmacologia, células tronco, biocombustíveis etc., tudo girando sobre o respeito e proteção penal e processual dos bens juridicamente protegidos nessa senda.

No sistema jurídico brasileiro, a Constituição se inaugura com uma declaração em favor da liberdade de iniciativa e insere entre os princípios da Ordem Econômica o da liberdade de concorrência. Vale acompanhar, assim, com atenção, o papel da iniciativa privada no texto constitucional, pois o Estado, segundo a Carta Constitucional, não exercerá concorrência, a não ser quando necessária aos imperativos da segurança nacional ou relevante interesse coletivo, nos dois casos conforme definido em lei. O dispositivo do art. 173 da Lei Maior dá o tom do tratamento constitucional ao investimento privado.

A Constituição também preconiza, em seu art. 219, o incentivo ao mercado interno de forma a viabilizar o desenvolvimento cultural e socioeconômico, o bem-estar da população e a autonomia tecnológica do País. Tal dispositivo coaduna-se com a própria defesa da propriedade industrial e intelectual, no sentido de proteger uma saudável concorrência em favor de seu titular, impedindo que os demais competidores usem da mesma tecnologia ou conhecimento, conforme legislação que disciplina a matéria.

Tamanha a importância da matéria que o texto constitucional, por mais de uma oportunidade, faz expressa referência à proteção da propriedade industrial e intelectual, como se pode ler v.g. no art. 5°, incisos XXIX, XXVII, XXVIII, da Carta Magna.

Pretende-se, pois, nesse estudo, fomentar reflexão sobre a importância do assunto, com análise da sistemática processual e ritualística no julgamento de delitos afetos aos bens relativos à propriedade intelectual e industrial.

3. DOS PROCEDIMENTOS

No tocante ao procedimento judicial para o processamento dos referidos delitos, temos que a redação do art. 199 do CP é clara no sentido de determinar os ritos processuais para os delitos aqui estudados: "art. 199 - Nos crimes previstos neste Título somente se procede mediante queixa, salvo quanto ao crime do art. 191, em que a ação penal será pública".

Essa exceção nos obriga a uma necessária reflexão sobre os tipos de ação penal previstos em nosso ordenamento jurídico, quais sejam, pública e privada, por excelência. Não é demais lembrar que adotamos regramento onde, salvo disposição expressa em contrário, toda a ação penal será pública incondicionada (art. 100 do CP). Aqui, por curioso que pareça, temos regramento oposto, ou seja, toda a ação é privada, excepcionada por um único exemplo.

A ação penal pública se justifica em função da preponderância de um interesse público, levando o legislador a determinar a aplicação de princípios processuais como o da legalidade e obrigatoriedade, entre outros.

Nessa espécie, que se subdivide em incondicionada e condicionada à representação (ou requisição do Ministro da Justiça – em crimes contra a honra), é evidente que a autoridade policial deve atuar, sem qualquer restrição. Deve-se compreender que a obrigatoriedade da ação não significa uma submissão cega e descabida a submeter o órgão à imposição da obrigatoriedade. Não pode o Promotor de Justiça declinar do exercício da ação, transigir, aguardar melhor oportunidade. Resguardada sua independência funcional e respeitado o seu livre convencimento, deve o promotor oferecer a denúncia, postulando o início da ação penal, a qual, uma vez instaurada, não poderá ser abandonada.

A ação penal nos crimes cometidos por meio de marca, título de estabelecimento e sinal de propaganda (art. 191 da LPI) é pública incondicionada. Justifica-se porque o crime é praticado em detrimento de armas, brasões e distintivos oficiais, nacionais e estrangeiros, e o Estado deve demonstrar um maior interesse por bens cuja proteção lhe compete, e também, para evitar possíveis problemas com outros países. Chegando, pois, o fato ao conhecimento da autoridade, normalmente a aduaneira ou administrativa, deve esta, incontinente, instaurar inquérito policial, independentemente da representação do titular do bem jurídico tutelado, normalmente o titular da marca, mesmo contra a vontade deste.

Uma vez formada a *opinio delicti* o agente ministerial deve ofertar a denúncia, mesmo que não queira ou se oponha o titular desses bens. Vigora, assim, o princípio da indisponibilidade da ação penal. Esta se inicia com o recebimento da denúncia, a qual deve respeitar os requisitos previstos no art. 41 do CPP, quais sejam: a) exposição do fato criminoso com todas as suas circunstâncias; b) qualificação do acusado ou esclarecimentos pelos quais se possa identificá-lo; c) classificação do crime, e d) quando necessário, o rol de testemunhas.

Há que se fazer menção, antes de outros comentários, à possibilidade de o ofendido, na ausência de atuação do agente do Ministério Público, atuar como parte, delegando ao promotor o papel de litisconsorte necessário na ação criminal. Não é demais lembrar que o prazo, que é também decadencial, se inicia a contar do fim do prazo para o oferecimento da inicial criminal, ou seja, 5 dias em caso de réu preso e 15 no caso de solto. A partir daí, contam-se 6 meses onde o ofendido ou seu representante legal, no caso de *omissão* (grifado) do promotor, poderá fazer as vezes de Estado-acusação, mediante a contratação de profissional que manejará a ação penal.

Nesse comenos, insta lembrar que o pedido de arquivamento ou de diligências afasta essa possibilidade, vez que somente o não-agir justifica tal exceção.

Por oportuno, inclusive por ser o mote desse trabalho, que acompanha outros mais, são as recentes modificações experimentadas pelo Código de Processo Penal na modificação de ritos e procedimentos.

Deve-se deixar muito claro que, por expressa previsão legal, o rito utilizado deve ser o comum ou ordinário (arts. 524-530 do Código de Processo Penal), independente das modificações operadas pela Lei 11.719/2008. Com isso, mesmo com a nova redação do art. 394 do Código de Processo Penal, em função do princípio da especialidade em matéria processual, embora as penas remetessem os fatos ao juizado especial, em sua totalidade, deve-se adotar o rito determinado legalmente.

Importante modificação foi implementada com a redação do art. 396 do Código de Processo Penal, onde, desde que não rejeitada liminarmente a denúncia (fato que embora não previsto legalmente no estatuto processual modificado era possível de ocorrer, em havendo fundamentação suficiente), o juiz deve recebê-la e determinar a citação do acusado para resposta à acusação, no prazo de 10 dias.

Posteriormente, não sendo o caso de absolvição sumária, o juiz deve realizar audiência de instrução e julgamento, culminada com debates orais e sentença, possibilitada a substituição por memoriais e sentença em gabinete, a ser designada prazo de 60 dias máximo (art. 400).

Após tal solenidade, são cabíveis diligências que se originem do contexto probatório, mas fazendo-se um leitura teleológica da intenção do legislador, que é de abreviar o máximo o tempo do processo, temos que tais diligências seriam fruto somente daquilo que se houvesse produzido em audiência, o que, embora acelere o feito, prejudica em muito o alcance da verdade real.

Fato que causa espécie e alguma inconformidade é a regra contida no art. 400 do Código de Processo Penal, ordenando a oitiva do ofendido, testemunhas de acusação, de defesa, os peritos, eventuais incidentes processuais (acareação, reconhecimento etc.), para finalmente interrogar-se o acusado.

Nossa crítica não é de hoje, deriva, sim, desde a inovação, agora estendida ao procedimento comum e sumário, mas antes usada no sumaríssimo, e o momento, além

Dos crimes contra a propriedade
intelectual e seu procedimento

da oportunidade, nos levam à obrigatoriedade de externar nosso inconformismo. Senão vejamos, temos uma deficiência enorme em nosso ordenamento jurídico no que diz respeito ao instituto do interrogatório, em especial no tocante a valor e conseqüências do seu exercício.

Já se pacificou, inclusive por determinação legal, que o silêncio do acusado não será interpretado em seu benefício. Isso, seguramente, tem origem histórica no direito americano, consubstanciado pela chamada Emenda Miranda, que se traduz que o réu tem o direito de permanecer calado para não se auto-acusar. Assim a legislação norte-américana garante o silêncio e, acredito, que esse também não será interpretado contra o sujeito do processo penal.

Agora, sua manifestação inverídica tem o condão de prejudicá-lo a ponto de ele cometer mais um delito, o *contempt of court*, ou crime de perjúrio, ou seja mentir sob juramento. Então, o acusado tem o dever de lealdade para com o Estado e o processo, se é dever da acusação provar sua culpa sem dúvidas razoáveis, é dever do réu não faltar com a verdade, sob pena de cometimento de mais um crime.

Aqui, onde a imaginação dos acusados já era algo a ser destacado, quando mentem descaradamente em juízo, apresentando falsos álibis, cooptando testemunhas, apresentando versão montada, sem que isso representasse qualquer espécie de conseqüência, imagino, agora, com a possibilidade de "montar" seu interrogatório conforme o que foi produzido no contexto do processo. Poderá, assim, o réu assistir a toda a carga de prova contra ele produzida e mentir, como melhor lhe convier, de maneira a justificar ou dar interpretação diferente sobre o apresentado por Ministério Público, testemunhas, vítima e mesmo perícia.

É, ou era, muito comum que uma versão mentirosa aplicada pelo acusado em seu inicial interrogatório não se sustentasse, até porque dissociada da verdade, durante a juntada das provas periciais e depoimentos das testemunhas, inclusive algumas de defesa. Agora, o acusado poderá moldar sua versão, inclusive mentindo, para fugir à pretensão punitiva estatal.

Não sejamos malcompreendidos. Somos, sim, garantistas, no sentido processual da teoria. Entendemos razoável que o acusado seja ouvido por último no processo, mas vemos como um desequilíbrio a possibilidade de manipulação sem qualquer previsão de pena ou atrapalho ao réu. Assim, responsabiliza-se a testemunha que sustenta versão maquinada pelo acusado, mas não se pune esse, incentivador e mentor da conduta. Por isso, de lege ferenda, fica a crítica e a sugestão para que se criem mecanismos, penais e processuais, de controle para esse atuar.

Chegamos a sustentar em manifestações acadêmicas que pela leitura que se aplica sobre o agir do acusado em sua defesa pessoal, que a Constituição Federal lhe garante o direito de mentir, tergiversar sobre a verdade ou montar versão que lhe beneficie de algum modo, sem que isso lhe cause qualquer conseqüência, é uma aposta que não tem risco e pode lhe render total impunidade. Se a mentira se sustentar (até por peritos corrompidos ou testemunhas instruídas) ou criar no julgador dúvida, muito mais comum, será o réu absolvido. Caso seja flagrada sua intenção e comprovada a fraude de sua versão, sua sorte não piora nem lhe é aplicada qualquer sanção por ter sido desleal com o Estado.

Lealdade essa que é cobrada pela defesa e agora transformada em lei, quando trata do afastamento das provas ilícitas e seus desdobramentos dentro do processo, conforme redação do artigo 157 do Código de Processo Penal. Com isso, o dever ético só é imposto a uma das partes. Assim, o princípio da igualdade das partes no Processo Penal é mera retórica e não se sustenta a uma leitura crítica.

4. AÇÃO PENAL PRIVADA GENUÍNA

Nomenclatura de ação penal privada genuína ou exclusiva é usada para distinguir-se da ação penal privada substitutiva da pública e da personalíssima. Enquanto a ação pública rege-se por princípios já elencados, faz-se mister aduzir que a ação pena privada se orienta pelos princípios da oportunidade e da disponibilidade. Nessa hipótese, ocorre uma subordinação do interesse público ao interesse privado que decorre ou da conveniência para o Estado em sopesar o interesse privado em face do interesse público, embora bem grande esse, ou da tenuidade do interesse público, ou, finalmente, dos dois motivos combinados. Podemos concluir, então, que, em determinados casos, o Estado renuncia à iniciativa da ação penal e subordina a apuração do delito à iniciativa da ação penal particular, ao qual submete a decisão de conformidade com conveniência e opção deste.

Conforme preleciona a doutrina, cuida-se de verdadeiro caso de substituição processual, hipótese em que o ofendido defende, em nome próprio, interesse alheio, em verdade, o do Estado, vez que este abriu mão do *jus persecutione,* mantendo íntegro o *potere dovere a punire.*

Não se olvida que os mesmos requisitos e obrigações impostos à denúncia devem ser respeitados porque se utiliza da queixa-crime, iniciando pela possibilidade em ser parte e segue pela necessidade de ter poderes e capacidade para postular em juízo, enquanto profissional habilitado para tanto.

Há que se enfrentar a regra preconizada pelo art. 526 do Código de Processo Penal: " Sem a prova de direito à ação, não será recebida a queixa nem ordenada qualquer diligência preliminarmente requerida pelo ofendido". Firma o rito processual, como requisito essencial, para o ingresso no juízo criminal, a fim de promover a responsabilidade do infrator por crime contra a propriedade imaterial, a exigência da prova de ter sido, efetivamente, ofendido quem apresenta tal pretensão, e, bem assim, de que tem legítimo interesse na perseguição do seu ofensor.

De modo geral, deve considerar-se estar em foco a punição de crimes contra a propriedade alheia, sendo, naturalmente, o proprietário quem tem interesse em perseguir aquele que a desrespeitou. Na lição de Bento de Faria, "devem ser juntos os títulos da propriedade e os registros respectivos, com a prova da publicidade. Verificada a regularidade dos mesmos e a sua vigência, poderá ser considerado o pedido de busca e apreensão" (*Código de Processo Penal.* 1942. Vol. 2°, p. 111-112).

Ingressando em juízo, o querelante terá de conformar-se com o disposto no artigo 44 do Código de Processo Penal, isto é, munirá seu procurador de poderes especiais, devendo constar do instrumento do mandato o nome do "querelante" (*rectius*, há evidente erro material na regra, pois o certo seria "querelado") e a menção do fato criminoso.

Algumas características diferenciam a ação privada da pública, quais sejam: a renúncia (tácita ou expressa), a decadência, o perdão (também tácito ou expresso) e a perempção.

A renúncia, ato unilateral, pode ocorrer antes do oferecimento da queixa e acarreta a perda do direito ao exercício da ação penal. Esta pode ser expressa ou tácita, havendo a primeira quando há declaração inequívoca do ofendido, assinada por ele ou seu

Dos crimes contra a propriedade
intelectual e seu procedimento

representante legal, podendo ser exarada por procurador ou advogado, desde que com especiais poderes para tanto.

Já a renúncia tácita ocorre quando o ofendido pratica atos incompatíveis com o desejo de exercer ação penal. Por óbvio que seja, não é demais lembrar que os institutos não se aplicam à ação privada subsidiária da pública. Nesses casos, retoma o Ministério Público a titularidade do processo, dele não podendo desistir.

A decadência, nos crimes de ação privativa do ofendido, representa causa que extingue a punibilidade, caracterizando-se pela perda do direito de ação ou de representação, por não ter sido exercido no prazo que a lei determina. Isso, como já frisado, ocorre tanto na ação privada genuína ou exclusiva, como na substitutiva da pública, conforme determina o art. 105 do Código de Processo Penal. Prazo este que é de seis meses, em nada sendo disciplinado em contrário.

Questão é extremamente controvertida, em especial no que diz respeitos aos crimes previstos pela Lei 9.279/96 que, diferentemente do que disciplina o Código Penal, institui, quando necessária, a perícia para comprovação da fraude ou usurpação. Daí, o prazo, que normalmente é de seis meses, se reduz para apenas 30 (trinta) dias, contando-se da intimação da decisão judicial que homologou o laudo pericial. A questão suscita dúvidas e muita controvérsia doutrinária e jurisprudencial.

Orientação que nos parece razoável, até por ser mais literal, é que quando os delitos deixem vestígios e dependam de laudo para comprovação, o prazo se reduz para trinta dias da intimação da homologação do laudo pericial, quando se terá certeza de que o interessado tem ciência e certeza da materialidade do delito (Nesse sentido: STJ- RE nº 738328/SP (2005/0040640-9), DJ de 03.04.2006). Assim a regra fica muito clara e evidente. Impõe-se dizer, também, que a mesma regra é aplicada para os delitos previstos no artigo 184 do Código Penal, diante do que determina o artigo 529 do Código de Processo Penal.

Devemos também alertar que o prazo decadencial é peremptório, terminante, improrrogável, vencendo em dias santos e feriados. Certo que na ausência de titular na comarca, deve-se buscar o plantonista de modo que o prazo seja respeitado, evitando-se, assim, a perda do direito de acionar o Estado na busca da punição ao faltoso.

Regra pouco usual mas interessante é a que reduz ainda mais o prazo de decadência, podendo chegar a somente *oito dias* (grifado), no caso de ocorrer a prisão em flagrante do réu e este não esteja em liberdade, consoante determinação do art. 530 do Código de Processo Penal.

A prisão dos infratores, assim, influencia sobre o prazo da apresentação da queixa, referente a crime contra a propriedade imaterial. Note-se que, determinada a busca e apreensão, pode também ser incluída, nos poderes do executor, a prisão, nos casos cabíveis na legislação, não havendo particularidades do conceito de prisão em flagrante quando se trate de crime contra a propriedade imaterial.

Sucede, ademais, mesmo não tendo havido prisão em flagrante, possam os infratores ser recolhidos à custódia, em virtude de prisão preventiva, susceptível de decretar, também, em razão de crimes contra a propriedade imaterial, à vista das condições especiais do autor do crime.

Cumpre assinalar a confirmação do já dito antes, que é de ser reduzido para 8 dias, se algum dos querelados se encontrar preso em razão do processo. Essa fórmula tem o condão de generalizar a disposição do art. 530, para alcançar, também, o caso de haver querelado detido, não em virtude de prisão em flagrante, mas de segregação preventiva, hipótese que escapou ao legislador, dada a raridade de decretação dessa medida nos crimes objeto de análise, não escapando, de qualquer forma, sua possibilidade de verificação, o tratamento não poderia deixar de ser idêntico.

Mister se faz esclarecer que em nada influi, para a restrição do prazo, a circunstância de ter estado algum dos querelados preso, em razão do fato, porém, ele havendo sido solto antes de escoados os oito dias seguintes à homologação do laudo; a soltura, por si só, é o bastante para observar-se o lapso temporal de 30 dias, conforme a regra geral do art. 530.

Obviamente, em estando o réu preso, mas por outro motivo, permanecem inalterados os prazos do art. 529, bem como se, em havendo vários presos, por crime contra a propriedade, havendo a soltura de uns mas permanecendo a prisão de ainda que um só acusado, pelo princípio da indivisibilidade da queixa, deve-se obedecer o prazo mais enxuto, quais sejam, os oito dias.

Já o perdão, reconhecido como ato bilateral, que é oferecido após o início da ação penal privada, pelo querelante ou representante legal, dependendo de aceitação pelo querelado e, uma vez aceito pelo agente, estende-se a todos os demais acusados, caso existam, pelo que determina o princípio da indivisibilidade da ação penal privada. É ato que cabe nos autos ou fora deste, admitindo-se os meios de prova em direito previstos. Na primeira hipótese, o querelante expressa essa intenção no processo, desculpando o querelado que sobre ele será intimado a se manifestar.

Por fim, a perempção ocorre quando o autor deixa de dar andamento ao processo. Na lição de Nogueira: "constitui sanção reservada ao acusador particular" (*Curso completo de processo penal*. SP: Saraiva. 1990. p. 70). Está disciplinada pelo artigo 60 do Código de Processo Penal.

Devemos, por apreço aos detalhes, esclarecer que não se pode confundir perempção com preclusão. Enquanto a primeira é causa que extingue a punibilidade, a preclusão é um fato processual que impede a parte da prática de determinado ato. Portanto, a preclusão é a inércia da parte que deveria praticar determinado ato e não o faz.

A prescrição, conquanto não seja instituto privativo da ação penal privada, seu reconhecimento constitui um elemento impeditivo da propositura da ação penal, independente da sua classificação, fundamentando-se o instituto em três nortes: a) o decurso de tempo; b) o esmaecimento da memória do fato, e conseqüente do alarma social que o delito cria; e c) o desaparecimento dos "rastros do delito", ou seja, da prova. Trata-se de causa extintiva da punibilidade, uma garantia recepcionada em nosso ordenamento pela Convenção Americana sobre Direitos Humanos, conhecido como Pacto de São José da Costa Rica. Dessa monta, a limitação no poder-dever punir, estabelecido pelo Estado, atinge não somente a renúncia à execução da pena, mas também ao exercício da ação penal. Daí a diferença entre a prescrição da pretensão punitiva da prescrição da pretensão executória da pena por ventura aplicada.

5. DOS CRIMES E JUIZADOS ESPECIAIS CRIMINAIS

Certo que de início a Lei 9.099/95 não se aplicava aos crimes contra a propriedade imaterial. A discussão estabeleceu-se, todavia, quando da edição da Lei 10.259/01, que instituiu o Juizado Especial Federal, ampliando sobre maneira o espectro de aplicação dos juizados, afastando, segundo alguns, inclusive a ritualística como exceção do reconhecimento no uso da lei. Tal entendimento restou pacificado como a nova redação dada ao art. 61 da Lei 9.009/95, pela Lei nº 11.313, de 28.06.2006.

Agora, alguns crimes antes não sujeitos aos benefícios e regalias do Juizado de Pequenas Causas Criminais passaram indevidamente a ser passíveis de transação criminal, como v.g. o delito de abuso de autoridade.

Entretanto, temos que, embora o entendimento jurisprudencial majoritário em sentido contrário, não se pode fugir de um enfrentamento mais técnico sobre o tema.

Embora se reconheça a possibilidade de oferecimento de queixa-crime oralmente junto ao juizado especial criminal, previsto no artigo 77, § 3º, da Lei 9.099/95, que preconiza: " na ação penal de iniciativa do ofendido poderá (não deverá) ser oferecida queixa oral, cabendo ao juiz verificar se a complexidade e as circunstâncias do caso determinam a adoção das providências previstas no parágrafo único do art. 66 dessa Lei", o qual, por sua vez, determina o encaminhamento das "peças existentes ao Juízo comum para a adoção do procedimento previsto em lei".

Com isso, podemos defender que, embora o rol dos crimes sujeitos à Lei 9.099/95 tenha aumentado, as peculiaridades e o rito a ser obedecido não podem ser afastados, pelo já repisado principio da especialidade, não importando que alguns defendam o contrário.

Nesse diapasão, parece incabível a oferta de transação criminal, em especial pelo Ministério Público, em crimes que não dependem dele para serem apreciados pelo Poder Judiciário. No mesmo sentido, parece-me um contra-senso a admissão de suspensão condicional do processo, menos razoável ainda, que seja oferecida pelo ofendido, embora reconheçamos que esse vem sendo o entendimento dos Tribunais Superiores (STJ Ação Penal nº 390/DF (2004/0163560-9), Corte Especial do STJ, Rel. Min. Félix Fischer. j. 01.06.2005, unânime, DJ de 08.08.2005).

Daí por que, sempre respeitando as conclusões em contrário, serem inadmissíveis os institutos da Lei 9.099/95 na espécie em comento.

6. DAS MEDIDAS ASSECURATÓRIAS

A principal delas é a busca e apreensão, prevista no art. 200 da Lei 9.279/96, que, embora não se constitua em obrigação legal, se apresenta como medida indispensável para provar o delito contra a propriedade industrial, inclusive nos crimes de concorrência desleal. De fato, do exame que cada tipo penal que a Lei 9.279/96 criou, conclui-se a necessidade da medida. Todavia, nada impede que o ofendido proponha ação penal privada sem tal providência, provavelmente fadada ao insucesso, hipótese em que o prazo decadencial se inicia e finda em seis meses, a contar da data da ciência da autoria do delito, conforme ensina o artigo 38 do Código de Processo Penal. Tal medida, de difícil ocorrência, só seria possível em uma ação penal que não reclamasse essa providência por não deixar vestígios.

Como antes dito, o prazo, para interposição da inicial privada, contam-se 30 dias a partir da intimação da decisão judicial que homologou o laudo de comprovação da fraude ou imitação, tudo na forma do artigo 529 do Código de Processo Penal.

Noronha inicia seu estudo das provas pela medida cautelar da busca e apreensão, entendendo ser ela providência que se destina a evitar o desaparecimento das provas (op. cit. p. 92). Tornaghi também é de opinião que o mais correto seria situar a busca e apreensão entre as providências acautelatórias (*Curso de Processo Penal*. Saraiva. 1988. p. 460). É, de fato, a busca uma medida acautelatória, liminar, destinada a evitar o desaparecimento da coisas. As buscas são diligências que podem ser realizadas antes e durante o inquérito, durante a instrução ou mesmo na fase da execução, para prender o acusado. Assim, busca é a diligência que se faz em determinado lugar com o fim de aí encontrar-se pessoa ou coisa que se procura.

Apreensão é a medida que se sucede à busca. Em sendo encontrada, a coisa será apreendida, quando objeto da execução da ordem judicial. Mas obriga-se a agir a autoridade quando se depara com objetos ilícitos, ainda que estranhos ao objeto investigado ou procurado no mandado.

Desnecessário o mandado no caso de flagrante delito, vez que se utiliza a propriedade de modo nocivo, o que afastaria a proteção constitucional ao domicílio. No mesmo sentido em caso de desastre ou prestação do socorro.

Feita a busca e apreensão, requisito formal é a lavratura de auto circunstanciado, assinado pelos executores e duas testemunhas presenciais, de preferência estranhas ao corpo policial, pois a falta do auto, como determina o Código de Processo Penal (art. 245, § 7°), pode contaminar a prova como vício de origem.

O § 2° do artigo 243 do Estatuto Processual leciona não ser permitida a apreensão de documentos em poder do defensor do acusado, salvo quando constituir elemento do corpo de delito. A exceção somente se permite no caso de o advogado ser partícipe da infração, se o advogado não estiver funcionando como defensor no processo onde foi determinada a busca, se o advogado não possuir os papéis em razão de sua atividade, para apreender documentos e objetos que constituam elementos do corpo de delito.

Entretanto, note-se que o art. 201 da Lei 9.279/96 dispõe: "Na diligência de busca e apreensão, em crime contra patente que tenha por objeto a invenção de processo, o oficial do juízo será acompanhado por perito, que verificará, preliminarmente, a existência do ilícito, podendo o juiz ordenar a apreensão de produtos obtidos pelo contrafator com o emprego do processo patenteado".

Assim, diferentemente do que se possibilita no Código de Processo Penal, há peculiaridade quando se obriga, para a licitude do ato judicial, que, ao oficial de justiça que der cumprimento ao mandado de busca e apreensão, se faça acompanhar de perito, presume-se, oficial.

Questão que merece reflexão é a possibilidade de localização de produtos contrafeitos ou com usurpação de marca em ação rotineira da autoridade policial ou aduaneira, onde normalmente se encontram os produtos que atentam contra a propriedade imaterial.

Nesse caso, deve-se proceder à busca oficiosa da mercadoria, contatar-se o eventual interessado, detentor dos direitos que é o interessado, em sendo caso de ação privada, por óbvio, a provocar a realização de perícia, com a necessidade de perito hábil para cumprir o dever de atestar a fraude, quando então o juiz homologará o laudo, e se inicia o prazo para o oferecimento da queixa.

Em face da nova redação do art. 159 do Código de Processo, na espécie em comento, parece-nos que seja o caso da aplicação da inovação prevista no seu § 7°, que possibilita o trabalho de mais de um perito oficial, sem prejuízo dos assistentes técnicos apontados pelas partes. Temos, ainda, o que refere o art. 527 do Código de Processo Penal, *in verbis*: " A diligência de busca e apreensão será realizada por dois peritos no-

Dos crimes contra a propriedade
intelectual e seu procedimento

meados pelo juiz que verificarão a existência de fundamento para a apreensão, e quer esta se realize, quer não, o laudo pericial será apresentado dentro de três dias após o encerramento da diligência. Parágrafo único: o requerente da diligência poderá impugnar o laudo contrário à apreensão, e o juiz, ordenará que esta se efetue, se reconhecer a improcedência das razões dos peritos."

Com isso parece-nos que tal regra especial somente poderá ser aplicada aos delitos contra a propriedade intelectual, à luz do que já foi visto com a redação do art. 200, antes analisado.

Já foi comentado que, em deixando vestígios, somente se procede à queixa se instruída com o auto de exame de corpo de delito, ou seja, da perícia, feita por técnicos, nos objetos que constituam o corpo de delito. Incumbidos de proceder à busca, esses técnicos, encontrando as coisas designadas, que poderão procurar no lugar mencionado ou em outros, de que venham a ter conhecimento posteriormente, por indicação do próprio requerente ou de terceiros, interessados ou não, fazem seu exame no próprio local, só as apreendendo se entenderem que formam, efetivamente, objeto do corpo de delito, em qualquer das modalidades enumeradas no Código Penal – violação da propriedade intelectual, do privilégio de invenção, de marcas de indústria e comércio, ou manifestação de concorrência desleal.

Óbvio, com a responsabilidade exclusiva da designação de ambos os peritos que devem proceder a diligência de tanto relevo, decidindo sobre a procedência ou não da apreensão, por verificarem se há, ou não, violação de obra literária, de privilégio de invenção, de desenho ou modelo industrial, de marca de comércio ou indústria, o juiz há de pesar muito, além dos requisitos de idoneidade moral e probidade dos nomeados, os seus conhecimentos técnicos especializados.

Sabido, porém, que, focalizada diligência referente à infração contra propriedade imaterial, os peritos são árbitros da apuração de haver, ou não, violação da propriedade imaterial, torna-se imprescritível lavrem eles o seu laudo, dando parte do exame assim efetuado, pois, então, a perícia técnica se efetua no curso da própria diligência, pelos peritos que levam a termo, e não é deixada a técnicos estranhos à busca e apreensão, como nos outros casos sucede.

Peculiaridade existe no tocante a essa modalidade de diligência. Verificado pelos peritos que não há atentado aos direitos de propriedade imaterial, deixarão de efetuar a apreensão, ofertando laudo negativo. Faculta o parágrafo único do art. 527, ao requerente da diligência, impugnar tal laudo, com o desiderato de obter do juiz a determinação de que se leve a efeito a medida.

É intuitivo se a autoridade judiciária reconhecer a procedência da impugnação do requerente, deixará de homologar o laudo (negativo no caso), cuja fundamentação julgue desarrazoada. Em tal caso, o juiz não fica adstrito aos laudos, mas não pode substituir o corpo de delito pela sua opinião individual (daí a necessidade de nomear-se novos peritos, no mínimo). Da decisão, homologando ou não o laudo pericial, descabe recurso.

Conforme dispõe o art. 202 da Lei 9279/96: "Além das diligências preliminares de busca e apreensão, o interessado poderá requerer: I - apreensão de marca falsificada, alterada ou imitada onde for preparada ou onde quer que seja encontrada, antes de utilizada para fins criminosos; ou ll - destruição de marca falsificada nos volumes ou produtos que a contiverem, antes de serem distribuídos, ainda que fiquem destruídos os envoltórios ou os próprios produtos".

Em sendo o produto considerado ilegal, o detentor da marca imitada, usurpada ou ferida em seus direitos imateriais tem a prerrogativa de postular a destruição do material apreendido, e que iria causar erro, confusão e concorrência desleal no mercado.

Levando-se em consideração a nossa experiência na matéria, defendemos que sequer seja necessária uma ação penal ou condenação transitada em julgado para tal autorização. Muito comum, inclusive, que os detentores se satisfaçam com a mera apreensão e destruição do produto que iria macular a marca e causar desequilíbrio no mercado.

Bom gizar que essa destruição envolve tudo o que diz respeito aos objetos apreendidos, inclusive seus invólucros e características que não atentem com a marca usurpada, mas estejam no corpo do produto apreendido. Explicamos: um produto que não guarde semelhança com o usurpado, mas traga em seu bojo apenas o sinal e propaganda, não vai ser regularizado caso seja retirado o distintivo, mas sim destruído totalmente, ou seja, no caso de um tênis ser falsificado, mas não no seu desenho e sim por trazer em seu corpo marca usurpada. Com a retirada do sinal distintivo, o restante do produto em nada lembraria o pretensamente copiado, mesmo assim, deve ser todo o material, inclusive recipientes, destruídos.

Com isso inova-se quando, diferente do que preconiza o Código de Processo Penal, se autoriza a destruição em sede de homologação de laudo de contrafação ou usurpação de marca

Também se admite que, após a homologação do laudo, se destrua, preservando-se apenas algumas amostras, o estoque do material apreendido, resolvendo um problema que aflige ao Judiciário e ao autor, que normalmente se vê como fiel depositário da carga e sem condições de efetuar o armazenamento.

A medida prevista no art. 203 da Lei 9.279/96 nos parece desnecessária, vez que é mais regra de bom-senso do que propriamente uma obrigação a ser prevista juridicamente. Com efeito, feita a ressalva de que no local funcione atividade lícita, entenda-se cadastrada, devidamente registrada, compondo a chamada economia formal, não há motivos para se prejudicar, em especial os funcionários que ali laboram, com a interdição ou paralisação das atividades industriais ou comerciais.

Parece-nos um excesso de zelo, que acaba gerando inflação legislativa. Regrar o que a boa prática já determina não nos parece de boa técnica. Agora, disciplinar o modo como se vai cumprir o mandado no tocante ao comércio legal seria, a contra-senso, dizer que quando tal providência for cumprida em empresa irregular, seja necessário encerrar suas atividades, negando-se que as peculiaridades da diligência definam o que melhor pode ser feito, tudo devidamente certificado pelo oficial encarregado do cumprimento do mandado.

Preferíamos que tal assertiva não estivesse prevista na Lei, deixando-se que as características, vicissitudes e o casuísmo definissem a necessidade do fechamento ou não do estabelecimento comercial, fosse ele legítimo e regulamentado ou não.

Também no art. 204 da Lei 9.279/96 temos que o legislador somente repisou o óbvio, vez que sabemos com alguma tranqüilidade que o próprio Código Civil preconiza o dever de indenizar para quem com dolo ou mesmo culpa causa a outrem prejuízo.

Dessa feita, novamente descabido colacionar tipo meramente explicativo que em nada contribui para a compreensão da Lei, até porque, com toda a certeza, tal reconhecimento (do erro ou má-fé) e sua conseqüente indenização deverão ser precedidos do competente processo de conhecimento.

Dos crimes contra a propriedade
intelectual e seu procedimento

Certo que no concorrido mercado comercial, as práticas nem sempre respeitam os princípios da boa-fé e da honestidade, valendo-se o concorrente de diversos meios para suplantar e tomar o mercado. Claro que uma busca em estabelecimento industrial ou comercial seguramente causaria abalo nos negócios, eivando de suspeitas o comerciante ou industrial que receba a "visita" da justiça com todo o aparato policial que lhe acompanha. Para tanto, o zelo do legislador em deixar claro que reconhece como comum tal prática, e que essa atitude deverá ser devidamente convertida em perdas e danos.

Segundo o art. 205 da Lei 9.279/96: "Poderá constituir matéria de defesa na ação penal a alegação de nulidade da patente ou registro em que a ação se fundar. A absolvição do réu, entretanto, não importará a nulidade da patente ou do registro, que só poderá ser demandada pela ação competente."

Para se apurar um crime é freqüente a necessidade de se esclarecer questões estranhas ao juízo criminal, mas que influem para a própria caracterização do delito. As questões prejudiciais nunca implicam direta paralisação definitiva do processo, mas pressupõe que, despeito de resolvidas favoravelmente ou não, o processo penal chegará a termo de, na sentença final, ser reconhecida a inocência ou responsabilidade do réu, para o que podem aquelas questões ter uma influência determinante ou não. Se bem sejam referidas, geralmente, como questões cíveis, não quer dizer que as prejudiciais versem sempre sobre assunto de direito civil; podem ventilar matéria de direito privado não-civil, como o comercial, o industrial, o aéreo, o marítimo, e, mesmo, matéria de direito público, como o constitucional, o administrativo, o corporativo e, também, matéria de direito internacional privado.

Cuida-se aqui de verdadeiro incidente processual, tratado no Código de Processo Penal como questões prejudiciais, previstas nos artigos 92, 93 e 94 do Estatuto Processual Penal.

Determinam os artigos mencionados que é causa de suspensão, por prazo razoável, do processo criminal questão civil sobre a qual dependa a existência ou não do fato criminoso. Aqui, mais do que em qualquer outro assunto, a existência válida de um direito imaterial é causa que afasta inclusive a própria tipicidade, sendo, portanto, *conditio sine qua non* para o reconhecimento do crime. Assim, a matéria poderá ser, exclusivamente de cunho civil, não havendo sequer necessidade de produção de provas em âmbito penal, já que a desconstituição da patente afasta o crime de atentado contra direito imaterial.

Muito comum, porém, é que, ao surgirem, no curso do processo criminal, as questões prejudiciais ainda estejam controvertidas, seja porque não tenham sido submetidas pelos interessados à apreciação do juízo competente, seja porque não tenham chegado a termo a ação cível, em que são discutidas. Daí por que a necessidade da discussão civil normalmente surge com o início da ação criminal, como matéria de defesa.

Com isso poderá (não necessariamente deverá) o juiz criminal sobrestar o feito. Agora, em questões onde estejam pendentes matérias que versem sobre a existência das infração, de controvérsia séria e fundada, sobre o estado civil das pessoas, ter-se-á de esperar seja, no juízo civil, resolvida a questão prejudicial, por sentença passada em julgado.

Não é demais salientar que a suspensão do processo criminal só pode se efetivar, em qualquer caso (arts. 92 e 93 do Código de Processo Penal), depois de procedida a inquirição das testemunhas e colhidas as outras provas, que, pela sua natureza urgente, ficariam prejudicadas se sofressem o efeito da paralisação. Claro que se preocupou o legislador em garantir o interesse do Estado ao disciplinar no art. 116, I, do CP que: "Antes de passar em julgado a sentença final, a prescrição não corre: I – enquanto não resolvida, em outro processo, questão de que dependa o reconhecimento da existência do crime..."

Já a regra do art. 206 da Lei 9.279/96 disciplina: "Na hipótese de serem reveladas, em juízo, para a defesa dos interesses de qualquer das partes, informações que se caracterizem como confidenciais, sejam segredo de indústria ou de comércio, deverá o juiz determinar que o processo prossiga em segredo de justiça, vedado o uso de tais informações também à outra parte para outras finalidades."

A preocupação do legislador, nesse ponto, justifica-se, vez que, como regra, todo o processo criminal é público, e somente o embaraço que o processo pode trazer, ou interesse de ordem pessoal, justificado, tem o condão de ser caso de decretação de seguimento em segredo de justiça. A medida determina que somente às partes será dada vista do processo e que todos os que o manusearem devem guardar sigilo do que nos autos é produzido. Muito comum nos crimes sexuais, nos delitos contra a honra etc.

Com mais razão ainda deve a lei preocupar-se com as informações e documentos que transitem pelo processo, em especial quando digam respeito a segredos e fórmulas industriais e que, em sendo vazadas, poderiam causar ainda mais prejuízo ao detentor de marca, sinal ou fórmula.

Com efeito, deve o juiz zelar pelo responsável uso das informações utilizadas como meio de prova. Imagine-se que determinada parte, para provar não copiar determinada fórmula de refrigerante, junte ao processo a sua. Evidente o prejuízo caso tais informações sejam repassadas à concorrência.

Na parte final da lei (arts. 207 a 210), faz-se a previsão de cabimento da ação civil, independente da criminal, o que é obvio, sob o ponto de vista de seu cabimento. É de se esclarecer que a Lei da Propriedade Industrial se refere tanto à parte civil, como à administrativa e também à criminal, assim, nessas disposições finais da Lei, elenca-se critérios, razoáveis, é bem verdade, de modo a pautar a decisão do julgador.

Assim, o lucro não percebido pelo prejudicado pelo agir delituoso ou fraudulento é apenas um dos critérios utilizados como parâmetro para definir a quantidade da reparação financeira, de modo a dar subsídios suficientes para que o magistrado conclua por uma indenização justa e criteriosa.

Nesse sentido, é sempre salutar que a lei traga quanto mais elementos de modo a dar segurança jurídica para quem se socorre do Judiciário para encontrar guarida por seus direitos violados. Quiçá as leis fossem objetivas e orientadoras como esta, visando a garantir um mínimo de previsibilidade no conteúdo da decisão judicial que se persegue. A bem da verdade, é exatamente para isso que serve o texto legal.

Bem como se verifica, pela redação do art. 209 do estatuto em estudo, que o rol de condutas lesivas à concorrência comercial e industrial não é taxativo, dando azo à interpretação do juiz qualquer ato capaz de ensejar prejuízo ao livre mercado e à concorrência leal.

Capítulo VIII

Abuso de autoridade e seu procedimento

ANTONIO CEZAR LIMA DA FONSECA[1]

1. NOTA INTRODUTÓRIA[2]

Em que pesem alguns julgamentos isolados em sentido contrário (v. TRF4 - RC nº 2004.70.03.003282-5/PR, DJU de 15.03.2006), o entendimento amplamente majoritário na jurisprudência, capitaneado pelo STJ (HC 81752/RS, DJ de 15.10.2007) e respaldado pelo STF (HC 92.912-5/RS, DJ de 19.12.2007), é no sentido de que, em virtude da pena máxima cominada, o abuso de autoridade é crime que se enquadra na competência do Juizado Especial Criminal, admitindo, portanto, o rito sumaríssimo estabelecido nos arts. 77 a 81 da Lei 9.099/95, mormente após a nova redação dada ao art. 61 desta lei, que afasta a exclusão dos procedimentos especiais à competência do Juizado.

Nada obstante, nesta quadra, o autor insurge-se contra essa orientação.

Razão assiste ao Prof. Antonio Cezar Lima da Fonseca, pois todo o ordenamento jurídico deve ser submetido a "filtragem" constitucional. Vale dizer: todas as leis infraconstitucionais devem ser harmônicas com a Carta Magna, sob pena de não terem aplicabilidade por parte do Poder Judiciário, em virtude do que dispõe o princípio do devido processo legal, consagrado nos seus dois aspectos, substantivo e processual, nos incisos LIV e LV, do art. 5º da CF, respectivamente. Aludido princípio constitui limite a todos os atos emanados do poder público, os quais, para efeito de validade material, devem observar, no processo de sua formulação e interpretação, critérios de razoabilidade que guardem estrita consonância com os padrões fundados no princípio da proporcionalidade. (ADI-MC 2.667/DF, Tribunal Pleno, Relator Ministro Celso de Mello, DJ de 12.03.2004)

Vale dizer, a utilização do Direito Penal deve estar subordinada à materialidade da Constituição. Penalizações e despenalizações devem estar intimamente ligadas aos propósitos do núcleo político essencial da Constituição. Nesse sentido, não é minimamente razoável entender-se que o crime de abuso de autoridade, que atinge objetivo nuclear do Estado Democrático de Direito - a proteção da dignidade da pessoa humana - seja passível medidas despenalizantes, sendo considerado crime de menor potencial ofensivo!

Dir-se-á: *legem habemus*! Mas a pergunta que fica é: tem o legislador carta branca para estabelecer, sem limitações no que concerne à teoria do bem jurídico, a retribui-

---

[1] Procurador de Justiça no RS. Palestrante na FESMP-RS e em Cursos de Extensão e de Preparação para Concursos da Magistratura e do Ministério Público. É autor das seguintes obras: *Abuso de autoridade*, *Direito Penal do Consumidor*, *Crimes contra a criança e o adolescente*, *Código Civil e o Novo Direito de Família*, todos da Livraria do Advogado Editora. Contatos: acfonseca@via-rs.net

[2] Nota feita pelo organizador.

ção penal que bem entender? Há, pois, que se dar às leis uma interpretação conforme à Constituição.

Aliás, nesses dias tão estranhos, verifica-se que o Presidente do STF recebeu, com alvíssaras, cópia do Projeto de Lei 3.886/08, que visa a alterar a Lei nº 4.898/65, em que há previsão, para o crime de abuso de autoridade, de uma pena de quatro a oito anos de reclusão.

Pasme-se, de crime de "menor potencial ofensivo", passível de transação penal, o abuso de autoridade passará a ter sanção maior do que a pena inicial do crime de tortura, que é de três anos de reclusão!

Tanto a atual interpretação quanto a referida proposta legislativa ferem o princípio da proporcionalidade, vindo à calha a lição de Streck: "Trata-se de entender, assim, que a proporcionalidade possui uma dupla face: de proteção positiva e de proteção de omissões estatais. Ou seja, a inconstitucionalidade pode ser decorrente de excesso do Estado, caso em que determinado ato é desarrazoado, resultando desproporcional o resultado do sopesamento (*Abwägung*) entre fins e meios; de outro, a inconstitucionalidade pode advir de proteção insuficiente de um direito fundamental-social, como ocorre quando o Estado abre mão do uso de determinadas sanções penais ou administrativas para proteger determinados bens jurídicos. Este duplo viés do princípio da proporcionalidade decorre da necessária vinculação de todos os atos estatais à materialidade da Constituição, e que tem como conseqüência a sensível diminuição da discricionariedade (liberdade de conformação) do legislador." (Constituição e Bem Jurídico. *Revista da AJURIS* nº 33)

Destarte, por concordamos com o Prof. Antonio Cezar Lima da Fonseca, atendemos à sua solicitação e, estando ele impossibilitado, nós "adaptamos" o seu texto às inovações introduzidas pela Lei 11.719/08, pois de acordo o art. 394, § 4º, do CPP, as disposições dos arts. 395 (referente à rejeição liminar da denúncia), 396 (pertinente ao recebimento da denúncia e à citação), 396-A (que trata da resposta escrita à acusação) e 397 (que contempla a possibilidade de absolvição sumária) daquele *codex* aplicam-se a todos os procedimentos de primeiro, abrangendo, portanto, o presente rito especial.

2. A LEI Nº 4.898, DE 09 DE DEZEMBRO DE 1965

A Lei 4.898/65 foi editada em período histórico conturbado do Brasil. No ano anterior a sua edição (1964), havia sido deflagrada uma revolução militar, pelo que o tempo de exceção exigia alguma providência contra os abusos que se seguiram, alguns deles certamente indesejados à administração superior. Embora seja um absurdo pensar que uma lei ou limite legal detenha, por efeito mágico, o poder (Zaffaroni e Pierangeli, *Manual de Direito Penal Brasileiro*, vol. 1, p. 61), editou-se contra seu abuso uma norma que ficou conhecida como "Lei do Abuso de autoridade". Como tantas outras, a lei veio a tornar-se parte de um direito penal simbólico, sem muito efeito prático, mas com o firme propósito de estancar os comportamentos abusivos dos agentes da administração pública em geral, nas searas penal, civil e administrativa. A Lei disciplinou o chamado direito de petição, o direito de representação de cidadãos contra abusos cometidos por agentes públicos de autoridade. O direito de petição, como diz Fernando Capez, citando Bulos (*Legislação Penal Especial*, vol. 1, Ed. Damásio de Jesus, 6ª ed., 2007, p. 139/140), consiste no poder de dirigir à autoridade um pedido de providências, ou de intervenção, em prol de interesses individuais ou coletivos, próprios ou de terceiros, de pessoa física ou jurídica, que estejam sendo violados por ato ilegal ou abusivo de poder

(...) se apresenta por meio de queixas, reclamações, recursos não contenciosos, informações derivadas da liberdade de manifestação do pensamento, aspirações dirigidas a autoridades, rogos, pedidos, suplicas, representações diversas, pedidos de correção de abusos e erros, pretensões, sugestões.

A Constituição Federal de 1988 manteve o direito de petição aos Poderes Públicos contra ilegalidade ou abuso de poder do administrador (art. 5º, inc. XXXIV, "a") e vigente a Lei 4.898/65. São esses dispositivos que analisamos a seguir.

2.1. Sujeitos do crime

Sujeito ativo é quem pratica o crime, seja como autor, seja como partícipe, dizia Heleno Fragoso (*Lições de Direito Penal*, 8ª ed., vol 1, Forense, p. 15). No crime de abuso de autoridade, é um servidor público detentor de poder administrativo, é sempre uma autoridade; é o agente do crime, aquele que incide no tipo penal; é o autor do fato delituoso, que tem domínio da conduta, uma pessoa (o homem) que encarna a figura de autoridade. É quem realiza materialmente a conduta penalmente típica, embora não se afaste aquele que planeja a ação criminosa, quando ainda incidirá na agravante do art. 62, inc. I, do Código Penal.

A Lei define quem é autoridade, no art. 5º, *verbis* (Lei 4.898/65): "Considera-se autoridade, para os efeitos desta Lei, quem exerce cargo, emprego ou função pública, de natureza civil, ou militar, ainda que transitoriamente e sem remuneração. É uma pessoa que, de forma transitória ou definitiva, concursada ou não, está no exercício de um cargo ou função pública de mando".

Autoridade vem do latim *auctoritas* (poder/comando, direção/jurisdição). Comumente, diz-se aquela pessoa da administração pública (civil ou militar) que tem outros servidores ou pessoas físicas sob suas ordens, orientação ou jurisdição; é quem exerce parcela de poder do Estado, em menor ou maior grau hierárquico; é o agente encarregado de exercer o poder de polícia, seja como dirigente, seja como subalterno. Por estar ocupando um cargo público, temporário ou definitivo, a pessoa equipara-se a funcionário público, tal como define o art. 327 do Código Penal.

Não é necessário que a pessoa esteja em atuação funcional própria, ou que esteja na "ativa", se militar; para ser agente do crime, deve invocar sua condição funcional, de autoridade, fazendo-se reconhecer como tal à vítima, ao ofendido ou a terceiros. Há quem entenda que "é necessário que a autoridade esteja no exercício da função pública" (Capez, *Legislação Penal Especial*, 2007, p. 159). Mas isso deve ser bem entendido, sob penal de a Lei raramente ser aplicada, pois os maiores abusos funcionais, via de regra, surgem é no escondimento, fora do exercício de função pública. O servidor aposentado não cometerá o crime, porque está fora do exercício da função pública. Diz-se que se trata de um crime próprio, uma vez que a condição de autoridade compõe o tipo, ou seja, se não for autoridade, inocorre o crime de abuso tal como previsto na lei especial. Como sabemos, crime próprio é aquele que pressupõe no agente uma particular condição ou qualidade pessoal (v. Damásio de Jesus, *Direito Penal*, vol. 1, 2001, p. 188). Se um servidor não for autoridade e praticar conduta funcional penalmente relevante, poderá incidir nos crimes contra a administração, tais como, concussão, peculato e outros.

A qualificação desse título – autoridade – afasta a incidência da agravante do art. 61, inc. II, "f", do Código Penal, seja porque componente do tipo ou porque o comportamento do agente (autoridade) está disciplinado por lei especial.

Nos crimes em geral antevemos dois sujeitos passivos. O sujeito passivo constante de todos os crimes é o Estado, porque é o titular do interesse jurídico que se consubstancia no *jus puniendi* nascido com a prática da infração penal. É um sujeito genérico ou formal, pois é o titular do interesse concreto atingido pelo crime (v. Frederico Marques, *Tratado*, vol. II, 1997, p. 42/3). O Estado, porém, pode assumir outras posições como sujeito passivo, quando é duplamente atingido pelo crime (v. lições de Damásio de Jesus, *Direito Penal*, vol. 1, p. 172, e de José Frederico Marques, *Tratado de Direito Penal*, vol. II, p. 45).

Nos crimes de abuso de autoridade, o Estado é atingido também como Administração Pública. Torna-se o Estado, assim, sujeito passivo material, ao lado do cidadão (ofendido, vítima) que teve seus direitos constitucionais violados. O abuso fere interesse direto do próprio Estado, que é o de manter a seriedade, a moralidade e a regularidade funcional da Administração Pública, tudo em obediência à ordem constitucional.

Nada impede que uma pessoa detentora de parcela de autoridade possa ser também sujeito passivo material (vítima) do crime de abuso de autoridade. Basta que a ação se enquadre no tipo penal considerado. Isso não é descartado nem mesmo na hierarquia militar ou quando uma autoridade civil pratica ato abusivo contra outra, como pode acontecer entre um Delegado de Polícia e um Promotor de Justiça ou um Juiz de Direito e vice-versa.

É possível também a co-autoria, seja direta ou parcial. Como diz Damásio de Jesus, na co-autoria direta, todos os sujeitos realizam a conduta típica. Na co-autoria parcial ou funcional, há divisão de tarefas executórias do delito (*Direito Penal*, vol. 1, p. 410). Mesmo aquele que não exerça autoridade pode incidir no crime, pela participação. O co-autor pode ser um particular, na forma do art. 30 do C. Penal. Sabe-se que ocorre participação quando uma pessoa, autoridade ou não, não praticando os atos executórios do crime, concorre de qualquer modo para a sua realização, seja por ação ou omissão.

O elemento subjetivo do tipo nos crimes de abuso de autoridade é o dolo, que deve sempre estar presente no atuar do agente ativo. Pode ser dolo direto ou indireto, desimporta. Sabe-se, dolo é a vontade de praticar o ato abusivo, tendo o agente, no caso, a plena consciência de que está atuando além dos limites que sua autoridade ou competência o permitem. A culpa não deve ser considerada para os fins legais.

2.2. Objetividade jurídica

Quando tratamos de objetividade jurídica devemos atentar para os bens jurídicos, pois a ordem do Direito Penal existe para proteger ditos bens, que são vitais à existência e à convivência em sociedade. Em outras palavras, podemos afirmar que o ordenamento jurídico-penal se dirige à proteção de algo ou de alguma coisa valiosa, o que denominamos de bens jurídicos. Como já advertiu recentemente Cláudio do Prado Amaral (*Bases Teóricas da Ciência Penal Contemporânea*, IBCRIM, n. 44, p. 166), o conceito de bem jurídico é elemento importante na determinação do injusto, na medida em que é referido de forma mediata ou imediata como objeto de proteção penal. Por outro lado, não se confunde bem jurídico com objeto material do crime. O bem jurídico é uma situação social desejada que o direito quer garantir contra lesões (Assis Toledo, *Princípios Básicos de Direito Penal*, p. 16), isto é, são aqueles bens vitais para a vida de relação, como a vida, a liberdade, a propriedade, a segurança, a saúde, a honra, a intimidade, etc.

A distinção entre objeto jurídico e objeto material do crime já havia sido feita por Carrara (*Programa*, v.1, § 42 e ss.) e por Enrico Ferri (*Princípios*, 1996, p. 379 e ss.). O objeto material é sempre um bem jurídico, é a pessoa ou coisa sobre a qual recai a conduta do sujeito ativo. Igualmente, não se confunde com o sujeito passivo, embora às vezes sejam coincidentes. O objeto material está sempre contido na figura típica, enquanto o objeto do crime é uma síntese do fato típico. O objeto jurídico é um direito a que a lei tenha expressado sua tutela. É aquilo que conhecemos por objetividade jurídica. Na lei do abuso de autoridade, a objetividade jurídica (objeto jurídico) é dúplice, confundindo-se, muitas vezes, com o próprio sujeito passivo do crime.

Como é sabido, o Estado regula, orienta e protege os direitos dos cidadãos e administrados por meio de seus Poderes, devendo velar pelo cumprimento e pela obediência da Constituição Federal. Interessa sobremodo ao Estado que a Administração Pública funcione regularmente e de acordo com a ordem constitucional. O abuso da autoridade é uma distorção das incumbências constitucionais do Estado, uma doença que o abate e o desmoraliza.

Nos crimes de abuso de autoridade, constata-se uma (1) violação aos direitos e garantias do cidadão-administrado e um prejuízo (2) ao funcionamento escorreito da Administração Pública. Essa é a dúplice objetividade jurídica: protege-se (1) o Estado, como entidade, como Administração Pública e (2) protegemos os direitos constitucionais de cada cidadão. Uma objetividade jurídica mediata, secundária, que é o acertado e regular funcionamento da máquina administrativa; uma objetividade imediata, principal, que é a proteção das várias garantias do cidadão-administrado, como previstas na Constituição Federal.

3. DA AÇÃO PENAL

Nos crimes de abuso de autoridade, a ação penal é pública e incondicionada, como se deduz do artigo 12 da Lei 4.898/65, isto é, inicia-se pela atuação do Ministério Público, não dependendo de outra condição (v. Magalhães Noronha, *Curso de Direito Processual Penal*, cit. p. 29). Diz-se, portanto, que o *dominus litis* é o Ministério Público, podendo este órgão requisitar a instauração de inquérito policial mesmo contra a vontade do ofendido.

Embora assegurado e disciplinado pelos arts. 1º e 2º da Lei do abuso, a representação contra a autoridade não é imprescindível para a persecução penal do acusado. Em outras palavras: mesmo sem a representação, bastando mera *notitia criminis*, impõe-se a ampla apuração de eventual fato abusivo praticado por qualquer autoridade. Basta a existência de *informatio delicti*, com provas e rol testemunhal, para que o órgão ministerial ofereça a acusação (v. Frederico Marques. *Elementos de Direito Processual Penal*, vol. 1, p. 306/7).

A apuração e a materialização desses crimes dão-se pelas polícias federal ou estadual, na esfera de sua competência, pelos órgãos administrativos civis ou militares, pelo Ministério Público, estadual ou federal, igualmente. Nada impede que tais crimes sejam "descobertos" no bojo de outros procedimentos, processos civis, administrativos ou penais, sendo recomendável que peças sejam encaminhadas à devida apuração pela polícia judiciária competente.

Abuso de autoridade e seu procedimento

3.1. Não-aplicação da Lei n. 9.099/95

Como é sabido, a Lei do Abuso de Autoridade (LAA) prevê um procedimento próprio, um procedimento especial. Discutiu-se nos primórdios da Lei acerca do procedimento nos crimes de abuso, ou seja, qual seria o rito adotado para tais crimes.

Houve quem entendesse, p. ex., porque se entendia tratar-se de crime de responsabilidade atribuído a servidor público, que o rito a ser adotado seria aquele previsto no Código de Processo Penal, relativo ao processo e julgamento dos crimes de responsabilidade dos funcionários públicos (arts. 513 a 518 do CPP). Não devemos confundir, porém, crime de abuso de autoridade com crimes cometidos por funcionários públicos. Embora aquele seja uma (sub) espécie de delito funcional, não se lhe aplica a regra do art. 514 do CPP, pela simples razão de já se sujeitar a um procedimento especial (v. Tourinho Filho, *CPP Comentado*, op. cit. p. 193). Não cabe defesa preliminar, portanto.

Para outros doutrinadores, em se tratando de lei especial, o rito a ser adotado era aquele previsto na própria lei, sendo essa a posição que assumimos à época. A intenção é a de que tais crimes sejam julgados com rapidez, não apenas pela satisfação que o Estado deve ao cidadão, mas para até para evitar-se a prescrição penal.

A discussão acerca do procedimento adequado, porém, parece longe de findar e seguidamente reaparece, seja pela confusão legislativa, seja pela forte argumentação jurídica.

Com o advento da Lei 9.099, de 26 de setembro de 1995, que instituiu os Juizados Especiais Criminais e definiu as infrações de menor potencial ofensivo, sustentamos que dita lei não se aplicava aos crimes do abuso de autoridade. Entendemos que tais crimes não se enquadravam na definição de infrações de menor potencial ofensivo, porque possuíam um rito especial, o que incidia na exceção do antigo art. 61 da Lei do JEC. Aquele diploma legal, então recém-surgido, havia definido infrações de menor potencial ofensivo como "as contravenções penais e os crimes a que a lei comine pena máxima não superior a um ano, excetuados os casos em que a lei preveja procedimento especial" (art. 61). Embora a Lei do abuso trouxesse pena inferior a um ano (seis meses de detenção), ela trazia regras especiais de procedimento especial, as quais não poderiam ser adaptadas ao procedimento dos Juizados Especiais, porque isso seria criar uma terceira lei.

Após nosso estudo, enquanto discutiam doutrina e jurisprudência, surgiu a Lei 10.259, de 12 de julho de 2001, que dispôs acerca do Juizado no âmbito da Justiça Federal, a qual ampliou ainda mais o conceito de crimes de menor potencial ofensivo. Essa lei não repetiu a exceção para os casos em que a lei previa procedimento especial, alargando o conceito de infração de menor especial ofensivo. Não fez referência ao crime de abuso de autoridade. Posteriormente, adveio a Lei 11.313, de 28 de junho de 2006, a qual modificou os arts. 60 e 61, da Lei 9.099/95 e o 2º da Lei 10.259/01, mantendo-se o entendimento.

Como todas essas normas legais não fizeram qualquer alusão àqueles casos em que a lei previa procedimento especial, parte da doutrina (Ada Pellegrini Grinover e Outros, *Juizados Especiais Criminais*, RT, 5ª ed., p. 407 e Fernando Capez, op. cit. p. 164) e da jurisprudência (HC-22.881-RS, Rel. Ministro Felix Fischer, em 08/4/2003) sustentaram que o crime de abuso de autoridade também era de menor potencial ofensivo, devendo ser a eles aplicadas as medidas despenalizadoras da Lei dos Juizados Especiais, dentre elas, a transação penal e/ou a suspensão condicional do processo.

Na verdade, quando se aplicam à Lei do Abuso de Autoridade normas processuais penais da Lei dos Juizados Especiais Criminais, não estamos apenas ignorando que o julgamento do crime de abuso possui um procedimento especial, mas estamos criando uma terceira lei (?) de cunho processual penal. *Data venia*, fosse intenção do legislador aplicar todas as medidas despenalizadoras dos Juizados Especiais Criminais ao processo do abuso de autoridade, teria feito referência expressa, assim como fez no Código Brasileiro de Trânsito (Lei 9.503/97, art. 291), na Lei dos Crimes Ambientais (Lei 9.605/98) ou no Estatuto do idoso (art. 94, Lei 10.741/03). Isso se não tivesse criado um juizado próprio, como fez na Lei Maria da Penha (art. 14, Lei 11.340/06).

Nada mais equivocado, ainda, do que invocar-se a aplicação do princípio da isonomia aos crimes de abuso de autoridade, porquanto as autoridades já são constitucionalmente excepcionadas, pois possuem juízos privativos para seu julgamento, como no caso de abusos cometidos por Juízes, Desembargadores e agentes do Ministério Público, os quais têm foro especial junto aos Tribunais de Justiça e tribunais superiores. Isso para não falarmos de abusos cometidos por Prefeitos, Ministros, Deputados e Senadores. Enfim, como poderemos conduzir um Juiz Federal, um Juiz de Direito, um Promotor de Justiça ou um Delegado de Polícia ao Juizado Especial Criminal para a lavratura de um termo circunstanciado (?), tal como determina a Lei dos Juizados Especiais Criminais? Se não há igualdade aqui, não há isonomia lá.

Há quem entenda que, em cada caso concreto, o julgador determinará se aplica ou não os institutos da Lei dos Juizados Especiais, como a transação penal, podendo refutá-la "em fatos graves, gravíssimos" (Ada Grinover e Outros, op. cit. p. 408). Nesse caso, parece-nos que, aí sim, há ferimento aos princípios da igualdade, da segurança jurídica, da legalidade, pois fica ao entendimento arbitrário do juiz de plantão aplicar este ou aquele instituto, para esta ou aquela autoridade, aferindo previamente – sem impor a sanção penal – a gravidade deste ou daquele comportamento. Enfim, cria-se uma lei de processo penal para cada caso em concreto, o que fere a segurança jurídica que deve estar presente nas normas penais e processuais penais.

Diz-se igualmente que se deve aplicar a lei mais branda, pois lei posterior, mas se olvida de que em direito processual intertemporal não tem guarida a aplicação da lei mais branda e favorável ao réu, como já ensinava José Frederico Marques (*Elementos de Direito Processual Penal*, Vol. 1, p. 57).

Assim, se o legislador não incluiu os crimes de abuso de autoridade no procedimento previsto na Lei dos Juizados Especiais Criminais, ditos crimes apenas formalmente podem ser vistos como de menor potencial ofensivo. Ademais, são crimes que não só prevêem penas de natureza penal, mas também sanções civis e administrativas, aplicadas por juiz criminal. São crimes que atingem a Administração Pública, bem como a dignidade, o *jus libertatis* do cidadão; são crimes praticados por pessoas (autoridades) que nem de longe podem esconder-se no desconhecimento da lei ou alegar ignorância de suas atribuições funcionais. Autoridades em geral são considerados "cidadãos qualificados", com um *munus* especial, com parcela de mando outorgada pelo próprio Estado, pelo que seus crimes não podem ser considerados como se fossem cometidos pelo cidadão comum, ou tidos como de menor potencial ofensivo. A moralidade da administração pública impede que tais comportamentos sejam vistos como de pequena monta, pelo que incabível a aplicação de transação, suspensão do processo ou institutos penais despenalizadores. O Ministério Público não pode "acordar" sobre direitos da Administração Pública e nem sobre direitos constitucionais, que dizem respeito à cidadania e à dignidade da pessoa humana, trocando-os por cestas básicas.

No mesmo sentido é o entendimento de Alexandre de Moraes e Gianpaolo Smanio (*Legislação Penal Especial*, 8ª ed., Atlas, SP, 2005, p. 260), pois não são de competência do Juizado Especial Criminal as infrações de menor potencial ofensivo cometidas por pessoas que gozam de foro especial por prerrogativa de função.

3.2. Competência e procedimento

Como ensinou Frederico Marques (*Da competência em matéria penal*, Saraiva, p. 36), a competência é a medida da jurisdição, ou seja, o poder de julgar constituído. Em outras palavras: "aquele" juiz deverá julgar "aquela" pessoa; apenas o juiz competente poderá julgar determinado processo.

Os crimes de abuso de autoridade, via de regra, são julgados por Juízes de Direito, com competência criminal comum, ou por Desembargadores, dependendo do cargo ocupado pela autoridade incriminada. Em casos excepcionais, o crime poderá ser julgado por um Juiz Federal, mas jamais nos Juizados Especiais Criminais Estaduais ou Federais. Não fosse assim, no Rio Grande do Sul, v.g., teríamos Pretores julgando abusos cometidos por Delegados de Polícia, quando é sabido que tais juízes não têm competência para impor sanções administrativas a detentores de cargos públicos.

Destarte, nos crimes de abuso de autoridade, no que se refere à competência, importa sabermos, primeiro, qual é o juiz que irá apreciar o ato cometido pela autoridade incriminada, ou seja, devemos perscrutar e aquilatar, frente a dado caso, se vige regra impondo a submissão da espécie a uma jurisdição especial, já que esta sempre decorre de injunção legal, de texto expresso de lei que a preveja (v. Fernando de Almeida Pedro, *Competência penal*, RT, 2ª ed., 2007, p. 16).

Via de regra, a competência em matéria penal, como prevê o Código de Processo Penal, determina-se em razão do local do fato (art. 70 do CPP), por motivos de ordem geográfica (*locus delicti comissi*). Aí ocorre a competência *ratione loci* (em razão do local).

Existem certas autoridades, no entanto, que são julgadas em foro especial, não em razão do local do fato ou do território, mas por determinação constitucional em consideração ao cargo público (elevado) que ocupam. Nesses casos, as regras-base sobre competência serão encontradas na Constituição Federal, nas Constituições Estaduais, em leis ordinárias, em normas de organização judiciária e regimentos internos dos tribunais. Com isso, não há ferimento à igualdade, mas uma "consideração" ao cargo ocupado pela pessoa junto ao poder do Estado.

Na prática, verificamos se existe regra legal fixando competência de julgamento para o abuso cometido por aquela autoridade. Se houver, para a autoridade competente determinada pela regra especial será enviada a *notitia* ou a representação, para providenciar o processo e o julgamento. Se não houver regra legal especial, a competência será a comum e fixar-se-á em razão do lugar do fato.

Notemos, portanto, que não basta que a autoridade abusiva seja federal, para que a Justiça Federal seja a competente para o julgamento, uma vez que ditos crimes, via de regra, devem ser apurados na esfera estadual, mesmo que o agente seja federal.

As exceções, como se disse, ficam por conta daqueles agentes que detêm foro privilegiado, como é o caso de abuso praticado por Desembargadores, Juízes ou membros do Ministério Público. Os membros do Poder Legislativo da União e dos Estados e Prefeitos, igualmente, detêm foro privilegiado para crimes comuns, como se enquadra abuso de autoridade.

O art. 109, inc. IV, da CF/88, determina que aos juízes federais compete processar e julgar as infrações penais praticadas em detrimento de bens, serviços ou interesse da União ou de suas entidades autárquicas ou empresas públicas, excluídas as contravenções e ressalvada a competência da Justiça Militar e da Justiça Eleitoral. Assim, se o agente do crime for um Delegado de Polícia Federal, o crime de abuso é de competência da Justiça Estadual, salvo na hipótese de o crime de abuso ser praticado nas dependências de repartição federal, quando estará ferido interesse da União e será julgado por Juiz Federal.

A Justiça Militar não julga crimes de abuso de autoridade quando cometido contra civis, pois nessa hipótese não é considerado crime militar. Entretanto, se o crime de abuso for praticado por militar contra militar, aí sim, competente será a Justiça Militar (Ex. art. 176 do CPM). Se o abuso de autoridade contra civil for praticado em conexão com os crimes de lesão corporal ou de violação de domicílio, estes, por estarem estabelecidos nos arts. 209 e 226 do CPM, serão da competência da Justiça Castrense. Portanto, nesses casos, impositiva é a separação do processo para que cada Justiça julgue o que lhe compete (STF - HC 92.912-5/RS, DJ de 19.12.2007).

4. O JULGAMENTO DO ABUSO

Como a prática tem demonstrado, raramente uma autoridade é "detida" em flagrante por crime de abuso de poder; assim como dificilmente será lavrado contra ela um Termo Circunstanciado ou algo parecido. Se um agente público qualquer assim proceder, ou seja, deter em flagrante uma "autoridade", não estranharemos se o condutor da autoridade não for acusado, posteriormente, de abuso de autoridade cometido contra a autoridade abusiva. Chega a ser risível, mas não impossível.

No mais das vezes, quando surge o abuso, a autoridade já se utiliza do aparato do cargo, até repressivamente. Explicamos. Uma autoridade policial ou militar, v.g., que chega no local acompanhado por seus agentes de confiança e pratica um ato de abuso, não encoraja a vítima – e menos os seus subordinados – a detê-la em flagrante e nem mesmo a encaminhá-la ao Juizado Especial Criminal.

Para nós, não parece que a Reforma Processual Penal tenha modificado o procedimento previsto na Lei 4.898, uma vez que o art. 394, § 2º, do CPP, com a redação da Lei 11.719/08, dispôs que o procedimento comum se aplica a todos os processos, "salvo disposições em contrário deste Código ou de lei especial". Todavia, os arts. 395 a 398, CPP, aplicam-se naturalmente aos crimes de abuso, por força do art. 394, § 4º, CPP (nova redação). Assim, ditos crimes seguem o procedimento previsto na própria Lei, que é sumaríssimo (ou sumariíssimo, como outros sustentam), com as modificações das Leis 11.690/08 e 11.719/08, como veremos a seguir.

O processo por abuso de autoridade possui alguma peculiaridade. Os maus-tratos da matéria ou seu desuso fazem com que haja certa dúvida a respeito de sua vigência e aplicação. Talvez porque esteja até arraigado na população o entendimento acerca de certa impunidade e complacência com o abuso cometido por certas autoridades.

O entendimento de que o abuso de poder é crime de menor potencial ofensivo, o que já enfrentamos anteriormente, embora seja precedido de fortes argumentos jurídicos, deve ser bem entendido, porque é da autoridade o dever de assegurar ao cidadão comum o afastamento de atentados e crimes de menor potencial ofensivo.

4.1. Representação e denúncia

Como afirmamos, a representação materializa o direito de petição já previsto na Constituição Federal. Tanto na *notitia criminis* quanto na representação, temos a narrativa de um fato delituoso, com a identificação da autoridade, com dia, hora e local da ocorrência, as testemunhas do fato, enfim, um fato com todas as suas circunstâncias. Em tais casos, o destinatário da narrativa/representação poderá ser o agente do Ministério Público, Federal ou Estadual, assim como poderá ser a autoridade superior do servidor acusado de abusador. Eventual equívoco no direcionamento da representação não a invalidará, competindo àquele que a recebe direcioná-la imediatamente ao órgão competente.

Como se sabe, a representação deve ser uma peça formal, uma petição escrita, que narra um fato ilícito, administrativo ou penal, pedindo providências legais a respeito. É a ciência da ocorrência de um ilícito penal ou administrativo. Representar é expor uma reclamação aguardando uma providência de quem de direito (Guilherme de Souza Nucci, *Leis penais e processuais penais comentadas*, RT, p. 33). Mesmo diante de uma representação, porém, a autoridade não fica impedida de ouvir o ofendido, para dele colher todas as indicações que possa fornecer (Hélio Tornaghi, *Comentários ao CPP*, vol. 1, Forense, 1956, p. 79). A representação pode ser oferecida pessoalmente pelo ofendido ou, se este for incapaz, pelo pai, mãe, tutor ou curador. Não se admite atuação do Ministério Público sem o apontamento probatório, sem uma prova pré-constituída, sob pena de falta de justa causa para a ação penal, sanável por *habeas corpus*.

O direito de representação e a sua forma de manifestação estão previstos no art. 2º, da Lei n. 4.898/65, *verbis*:

Art. 2º. O direito de representação será exercido por meio de petição:

a) dirigida à autoridade superior que tiver competência legal para aplicar, à autoridade civil ou militar culpada, a respectiva sanção;

b) dirigida ao órgão do Ministério Público que tiver competência para iniciar processo-crime contra a autoridade culpada;

Parágrafo único. A representação será feita em duas vias e conterá a exposição do fato constitutivo do abuso de autoridade, com todas as suas circunstâncias, a qualificação do acusado e o rol de testemunhas, no máximo de três, se as houver.

Em suma: a representação deve vir por petição o mais detalhada possível, contendo todas as informações que possam servir à apuração do fato criminoso e de sua autoria (§ 2º, art. 39 do CPP). No conhecimento de ofício de um fato criminoso, vale a atuação pessoal da autoridade superior ou mesmo do agente ministerial. Estes deverão atuar *ex officio* e imediatamente, assim que souberem do ilícito, para providenciar na averiguação da conduta praticada pela autoridade, impedindo dessa forma o curso de prazos prescricionais.

Há expressa previsão legal no sentido da possibilidade de representação do ofendido (arts. 2º e 7º da Lei 4.898/65), mas esta peça não é condição de procedibilidade para a ação penal. Isso o art. 1º da Lei 5.249/67 bem estabelece.

Um inquérito policial, ou inquérito administrativo, pode surgir nos crimes de abuso, em forma excepcional, como meio de melhor apurar as circunstâncias do fato reputado criminoso. Se não houver provas de autoria ou materialidade, o agente providencia na instauração de procedimento ou inquérito. Como quer que seja, o Ministério Público está jungido (pelo princípio da obrigatoriedade da ação penal) a investigar, até de ofício, eventuais condutas funcionais abusivas que lhe cheguem ao conhecimento.

Em princípio, o Ministério Público tem o prazo de 48 horas (dois dias), depois de recebida a representação, para denunciar (apresentar denúncia contra) o acusado, pedir arquivamento da representação ou tomar alguma providência concreta a respeito. Poderá requisitar a instauração de inquérito policial, p. ex., sendo que a retratação da vítima/ofendido não impede e nem susta a atuação do agente ministerial. Isso porque a ação penal é pública e incondicionada.

O agente ministerial, entendendo que o fato narrado contra a autoridade não constitui crime, poderá encaminhar ao juiz um pedido de arquivamento, devidamente fundamentado, com razões de fato e de direito, com apoio de jurisprudência, se houver. Se o juiz concordar, dá-se o arquivamento da representação. Em o juiz não concordando com aquele pedido, procederá na forma do art. 28 do CPP, ou seja, encaminhará os autos da investigação/inquérito ao Procurador-Geral de Justiça. É a previsão do art. 15 da Lei 4.898/65. O Procurador-Geral poderá designar outro agente para oferecer a denúncia ou insistirá no pedido de arquivamento, ao qual só então restará o juiz obrigado a atender.

Se o agente ministerial não adotar qualquer providência naquele prazo legal (48 horas ou dois dias), a vítima poderá contratar um advogado e ajuizar uma ação penal privada (art. 16, Lei 4.898/65), por meio de queixa-crime (ação penal privada subsidiária da pública). A atuação da vítima não exclui o Ministério Público da ação penal, que mesmo assim poderá aditar a queixa (art. 16, Lei do Abuso de Autoridade), repudiá-la e/ou oferecer denúncia substitutiva, sempre intervindo em todos os atos do processo. Mesmo que o prazo de 48 horas seja descumprido, nem por isso será inepta eventual denúncia do órgão ministerial. Afinal, pode a representação do ofendido ou a notícia do crime virem desacompanhadas das devidas provas, o que exigirá do agente uma maior investigação ou até mesmo a requisição de inquérito policial, como já referimos.

A denúncia deve ser apresentada ao juiz em duas vias (art. 13, § 1º), sendo uma delas entregue ao acusado por ocasião da sua citação (art. 17, § 2º da Lei 4.898/65). A peça ministerial deve arrolar testemunhas, até o número de cinco (v. José Paulo Baltazar Júnior, *Crimes Federais*, 2007, p. 220), sendo duas para comprovar materialidade, quando for o caso (art. 14, letra "a" da lei 4.898/65). Há quem entenda possível arrolar no máximo quatro pessoas como testemunhas (v. Guilherme Nucci, *Leis Penais e Processuais Penais Comentadas*, 2007, p. 63). Porém, como quer que seja, nada impede que cinco ou quatro testemunhas sejam arroladas pelo agente ministerial ou pela defesa, pois ficará a critério do julgador suprir seu convencimento ouvindo as testemunhas que entender necessárias.

Outro aspecto relevante diz respeito à comprovação da materialidade, entendendo-se que a previsão do art. 14, "a", da Lei 4.898/65 (segundo o qual, a comprovação dos vestígios, pode ser feita por meio de duas testemunhas), deve ser harmonizada com a regra do art. 167 do CPP. Vale dizer, a materialização do delito por prova testemunhal somente é viável na hipótese de o desaparecimento dos vestígios impossibilitar a realização do exame de corpo de delito direto.

4.2. Audiência e sentença

O juiz tem o prazo de 48 horas para receber ou rejeitar a denúncia (art. 17 da Lei 4.898/65).

Caso a receba, deverá seguir o que determina o art. 394, § 4º, do CPP, determinando a citação do acusado para a resposta escrita. Se a denúncia for recebida, não cabe recurso, mas o réu poderá impetrar *habeas corpus*, pessoalmente ou por advogado constituído. Se o juiz rejeitar a denúncia ou a queixa-crime, é cabível apelação pelo Ministério Público ou pelo assistente de acusação.

> A citação deve ser pessoal, por mandado acompanhado da segunda via da denúncia. Nada impede que o réu seja citado por edital ou por hora certa, desde que devidamente certificado pelo oficial de justiça que se encontra em lugar incerto e não sabido ou que se oculta para não ser citado, respectivamente. A falta ou deficiência na citação, ou eventual equívoco na certidão do oficial, ocasiona a nulidade do processo. Se o acusado citado por edital não comparecer e nem constituir advogado, suspende-se o processo e o curso do prazo prescricional (art. 366 do CPP). Nesse caso não há revelia. A revelia ocorrerá se o réu citado pessoalmente ou por hora certa não comparecer, quando o juiz nomeará defensor público ou dativo para apresentar resposta escrita e funcionar na audiência e ulteriores termos do processo (art. 22, LAA c/c art. 396-A do CPP).

Após o recebimento da denúncia e da citação, o juiz, em face da resposta à acusação, analisará a possibilidade de absolvição sumária (art. 397 do CPP).

Sobre essa novidade, convidamos à leitura do que foi escrito por ocasião do procedimento ordinário nessa obra, destacando que se o juiz absolver sumariamente, caberá apelação, mas da decisão que não reconhecer tal possibilidade não há previsão de recurso, também restando a via do *habeas corpus*.

Não sendo o caso de absolvição sumária, o juiz designará audiência de instrução e julgamento, que será pública. Ao contrário dos procedimentos comuns, nesse rito especial a audiência inicia-se com o réu sendo qualificado e interrogado (interrogatório), se estiver presente. É o que dispõe o art. 22 da Lei. Tudo deve estar narrado no termo judicial pelo Escrivão. O juiz poderá determinar segredo de justiça ao processo, se o fato gerar publicidade a ponto de interferir ou mesmo perturbar a instrução.

A lei não esclareceu a possibilidade da intimação de testemunhas arroladas pela acusação ou pela defesa, mas nada impede que o sejam, em nome da ampla defesa. Dificilmente poderá a parte ou o Ministério Público providenciarem a apresentação em juízo das testemunhas, em cinco dias, como determinam os arts. 17, § 1º c/c 18, *caput*, da Lei 4.898/65. Com relação à vítima, na nova dicção do art. 201 do CPP, deve ser ouvida sempre que possível, independente de requerimento do Ministério Público. Por outro lado, não existe impedimento à remessa de carta precatória, para a ouvida de prova testemunhal relevante para acusação ou defesa, em nome do princípio constitucional da ampla defesa.

Na audiência, interrogado o réu, quando presente, serão ouvidas as testemunhas e o perito, se houver e for necessário. Não há defesa prévia, dada a celeridade exigida pelo regramento legal. Do ocorrido na audiência, o escrivão lavrará no livro próprio, ditado pelo juiz, um termo que conterá, em resumo, os depoimentos e as alegações da acusação e da defesa, os requerimentos e, por extenso, os despachos e a sentença (art. 25 da Lei 4.898/65), se possível. Colhida a prova, passam-se aos debates orais, quando Ministério Público e defesa terão quinze minutos, cada um, para expor suas conclusões, prorrogáveis por mais dez minutos, a critério do julgador. Os debates orais podem ser substituídos por memoriais escritos. Encerrados os debates ou apresentados os memoriais, o juiz proferirá sentença (art. 24 da Lei 4.898/65), seja no termo da audiência, seja posteriormente, quando os autos vierem em conclusão para tal desiderato.

Capítulo **IX**

Dos juizados especiais criminais

MAURÍCIO TREVISAN[1]

1. CONTEXTUALIZAÇÃO DA TEMÁTICA

A doutrina brasileira tradicional classifica (ou divide) as infrações penais em crimes (ou delitos) e contravenções, afirmando, contudo, que não há distinção de essência; o que se poderia afirmar é que crimes são infrações penais mais graves, e contravenções, mais leves, sendo a distinção basilar a espécie de sanção corporal. Crimes são apenados com reclusão e detenção; estas, a seu turno, diferenciam-se pela espécie de regime carcerário para cumprimento (reclusão possível fixação dos três, alguns casos obrigatoriamente o fechado, e detenção apenas semi-aberto e aberto); pelo estabelecimento penal (arts. 87, 91 e 93 da Lei nº 7.210/84 – Lei de Execução Penal); pela incapacidade para exercício do poder familiar (somente reclusão – art. 92, inc. II, do Código Penal); pela medida de segurança a ser aplicada a inimputável (a crimes apenados com reclusão aplica-se internação, enquanto aos com detenção pode ser tratamento ambulatorial); pela impossibilidade de fiança em reclusão superior a 02 anos; quanto ao cabimento de prisão preventiva (reclusão qualquer caso, detenção somente se o réu é vadio ou recusa-se a fornecer elementos para identificação pessoal, ou em hipóteses de violência doméstica e familiar contra a mulher – art. 313, incs. I, II e IV, do Código de Processo Penal). Contravenções são apenadas com prisão simples (regimes semi-aberto ou aberto, cumprimento sem rigor penitenciário – art. 6º do Decreto-Lei nº 3.688/41 – Lei das Contravenções Penais).

Após o advento de leis como a de nº 8.072/990 (Lei dos Crimes Hediondos) e, especialmente, a de nº 9.099/95 (Lei dos Juizados Especiais), nova classificação (ou divisão) pode ser proposta. Tem-se infrações penais de menor potencial ofensivo, que são todas as contravenções penais e os crimes cuja pena máxima prevista não ultrapasse 02 anos (art. 61 da Lei nº 9.099/95, com a redação dada pela Lei nº 11.313/06, no tocante aos Juizados Especiais Criminais estaduais, e art. 2º, parágrafo único, da Lei nº 10.259/01, para a esfera federal); caracterizam-se por tentativa de composição de danos (extintiva da punibilidade, quando a persecução penal for sujeita a representação ou a queixa), transação penal, suspensão condicional do processo, procedimento oral, informal e célere, e aplicação preferencial de pena não-privativa de liberdade. Em seqüência, podem-se apontar infrações penais de médio potencial ofensivo, a saber, os crimes com pena mínima abstrata não superior a 01 ano (pena máxima podendo ser maior), cujo traço marcante é o cabimento de suspensão condicional do processo. Após, viriam o que se chamaria de infrações penais graves, as quais seriam residuais, crimes não enquadráveis nem como de médio potencial ofensivo, nem como de especial gravidade. Por fim,

---

[1] Promotor de Justiça no RS. Mestre em Direito, Cidadania e Desenvolvimento pela UNIJUÍ.

as infrações penais de especial gravidade, abrangendo crimes considerados hediondos e afins, marcados por previsões como prazo de prisão temporária mais dilatado que em outras infrações (Lei nº 7.960/89, art. 2º, comparada à Lei nº 8.072/90, art. 2º, § 4º), penas corporais elevadas, exigência de cumprimento de maior tempo em regime fechado para progressão de regime (2/5 para primários e 3/5 para reincidentes), livramento condicional após 2/3 da privação de liberdade fixada, vedação de indulto, graça e anistia.

Processualmente falando, haveria necessidade ainda de conjugar-se essa nova classificação proposta com as recentes disposições da Lei nº 11.719/08, que alterou o Código de Processo Penal, estabelecendo, no art. 394 deste, que o procedimento comum será dividido em ordinário, para crimes com pena privativa de liberdade cominada igual ou superior a 04 anos (não importando se detenção ou reclusão), sumário para crimes com pena inferior a 04 anos e sumaríssimo para infrações penais de menor potencial ofensivo.

Quando se aludir genericamente ao regramento da Lei nº 9.099/95, é preciso ter em mente tanto as infrações de menor potencial ofensivo, às quais é aplicável a totalidade das disposições de cunho penal e processual penal, como as de médio potencial ofensivo, que são afetadas apenas pela previsão da suspensão condicional do processo. Este instituto é aplicável às duas modalidades, muito embora, como se infere do que recém se mencionou, as de médio potencial sejam apuradas por outros ritos, o sumário ou o ordinário, conforme a quantidade máxima de pena corporal prevista. Por isso, pode-se afirmar que a suspensão condicional do processo está apenas acidentalmente prevista na referida lei (ou seja, poderia ter sido inserida em qualquer outra lei penal).

A abordagem dos Juizados Especiais Criminais ficará centrada no procedimento para a apuração das infrações penais de menor potencial ofensivo, com tangenciamento do tema da suspensão condicional do processo naquilo que a elas disser respeito.

2. "MOLAS PROPULSORAS" DA SISTEMÁTICA DOS JUIZADOS ESPECIAIS CRIMINAIS

Entende-se ser importante apontar algumas "molas propulsoras" dessa nova sistemática processual. A doutrina sempre se preocupou com a necessidade de efetividade processual, propugnando pela melhoria da qualidade do processo penal, com o fito de conseguir-se um processo de resultados, ou seja, conseguir-se utilidade prática das decisões. Também se sustentava a conveniência de aproveitar as vantagens da oralidade do procedimento, como concentração dos atos processuais, imediação na coleta da prova, identidade física do Juiz, pois daí tendem a resultar melhor apreciação dos elementos probatórios e convicção embasada realmente na prova colhida e nos argumentos apresentados pelas partes. A utilização de mecanismos de conciliação era uma via igualmente muito prestigiada, no intento de propiciar-se, com o processo, não só decisão sobre o conflito levado a juízo, mas também pacificação do conflito social na íntegra. Não passava despercebida, ainda, a preocupação em resguardar os interesses da vítima, quase esquecida pelo sistema processual penal tradicional. Era também destacada a constatação de "falência da pena de prisão", de que ela não cumpre uma de suas "missões": a recuperação dos autores do crime (muito embora não se possa também esquecer, como normalmente acontece no debate desse aspecto, que os pregadores daquela "falência" não apresentam alternativas, em termos de respostas penais, para crimes graves ou de especial gravidade, e que as previsões legais atinentes à execução penal nunca foram implementadas em sua plenitude).

Nesse contexto, o legislador constituinte estipulou, no art. 98, inc. I, da Constituição da República, a necessidade de criação ("A União, ..., e os Estados criarão") de Juizados Especiais para infrações penais de menor potencial ofensivo; entretanto, não definiu o que seriam estas.

Em cumprimento à dita estipulação constitucional, primeiramente foi editada a Lei nº 9.099/95, estabelecendo os contornos dos Juizados Especiais Criminais estaduais; anos depois, com o advento da Lei nº 10.259/01, houve a instituição desses Juizados no âmbito da Justiça Federal.

A Lei nº 10.259/01 quase se limitou a estender para o âmbito federal o regramento da Lei nº 9.099/95 (art. 1º daquela); o que mais trouxe foram adaptações da novel sistemática às peculiaridades das causas e partes submetidas à Justiça Federal. Por isso é que se pode tratar, em termos gerais, de modo indistinto os Juizados Especiais Criminais estaduais e federais.

3. COMPETÊNCIA DOS JUIZADOS ESPECIAIS CRIMINAIS

A lei instituidora dos juizados especiais estaduais originalmente estipulou teto de 01 ano para o conceito de infração penal de menor potencial ofensivo; a lei dos juizados federais trouxe importante alteração nesse conceito, ampliando-o para 02 anos (redação original do art. 2º da Lei nº 10.259/01). Essa ampliação, estendida jurisprudencialmente quase de imediato para os juizados estaduais, foi equiparada no âmbito legislativo tempos depois, com a edição da Lei nº 11.313/06, dando nova redação ao art. 61 da Lei nº 9.099/95 e ao art. 2º da outra mencionada, homogeneizando o conceito nos dois níveis federativos.

Da conceituação referida decorre a definição da competência dos Juizados Especiais Criminais, bem como, por óbvio, das situações em que a autoridade policial deverá apurar as infrações penais mediante o termo circunstanciado.

Considerável parcela – senão a maioria – da doutrina afirma que a competência dos Juizados Especiais Criminais é de natureza material, ou em razão da matéria, ou pela natureza da infração, expressões sinônimas; isso porque abarca, face a determinações constitucional e legal expressas, apenas os ilícitos criminais que foram definidos como infrações de menor potencial ofensivo, quais sejam, as contravenções penais e os crimes a que a lei não comine pena superior a dois anos.

Daí se pode extrair uma peculiaridade dos Juizados Especiais Criminais em relação à sistemática processual penal tradicional de definição da competência. Prevê o art. 74 do Código de Processo Penal que "A competência pela natureza da infração será regulada pelas leis de organização judiciária, salvo a competência privativa do Tribunal do Júri". Leis de organização judiciária são leis locais, destinadas, entre outras finalidades, a distribuir entre os diversos juízes que atuam em comarcas de médio e grande porte competência para processo e julgamento de determinadas infrações penais, aproveitando as vantagens que a divisão do trabalho propicia. No caso das infrações penais de menor potencial ofensivo, – esta é a peculiaridade aludida – competência em razão da matéria foi (teria sido) estabelecida não por lei local de organização judiciária, mas pela Carta Magna e em leis genéricas nacionais (a Lei nº 9.099/95 e a Lei nº 10.259/01).

A par, portanto, dos critérios doutrinários empregados até o advento das leis instituidoras dos Juizados Especiais Criminais para aferir a natureza da infração, tais como caráter de resultado (de dano ou de perigo), tipo de culpa em sentido amplo (dolo ou culpa em sentido estrito), objetividade jurídica (contra o patrimônio, contra a honra etc.), qualidade da pena (reclusão, detenção, prisão simples, multa), deve-se alinhar outro, o da quantidade de pena (até dois anos, mais de dois anos).

Porém, a questão da competência absoluta *ratione materiae* dos Juizados Especiais Criminais não pode ser tratada nos mesmos termos em que a doutrina tradicional aborda essa modalidade de competência em relação a outros Juízos.

Ora, competência em razão da matéria – ou pela natureza das infrações – nos moldes tradicionais implica inderrogabilidade, indeclinabilidade, caráter absoluto. Pois bem, a Lei nº 9.099/95 dispõe expressamente que, se o acusado não for encontrado para citação pessoal (art. 66, parágrafo único), ou se a complexidade ou circunstâncias do caso não permitirem formulação de denúncia oral em audiência preliminar (art. 77, § 2º), o Juiz encaminhará as peças existentes ao Juízo comum para a adoção do procedimento previsto em lei (isto é, no Código de Processo Penal, mais precisamente art. 538 – procedimento sumário); estabelece, ainda, a aplicação subsidiária das normas do Código de Processo Penal, no que não forem incompatíveis com as previsões nela contidas (art. 92).

Ademais, o procedimento sumaríssimo da Lei nº 9.099/95 é espécie de procedimento comum, e não especial. Se alguma dúvida existia a respeito, foi dissipada com a nova redação do art. 394 do Código de Processo Penal, dada pela Lei nº 11.719/08.

Assim, não se pode afirmar que a Lei nº 9.099/95 estabeleceu competência absoluta em razão da matéria aos Juizados Especiais Criminais, nos moldes em que o assunto competência é abordado tradicionalmente. Na verdade, restringe-se à impossibilidade de nos Juizados serem julgadas outras infrações que não as especificadas em seu art. 61; no entanto, não há óbice ao julgamento de infração de menor potencial ofensivo por outro órgão da jurisdição ordinária. Poder-se-ia definir tal situação como de *in*competência *ratione materiae* ou pela natureza da infração. Esta seria, portanto, outra das peculiaridades atinentes à competência dos Juizados Especiais Criminais: não se deve falar em competência, e sim em incompetência absoluta em razão da matéria (somente processo e julgamento de infrações penais de menor potencial ofensivo).

Colocada a questão da competência dos Juizados Especiais Criminais nesses termos, fica plenamente esclarecida a razão de a Lei nº 11.313/06 ter modificado a redação do art. 60 da Lei nº 9.099/95 e do art. 2º da Lei nº 10.259/01, ressalvando que devem ser "respeitadas as regras de conexão e continência".

Mesmo que não tivesse sido também ressalvado expressamente que, "Na reunião de processos, perante o juízo comum ou o tribunal do júri, decorrentes da aplicação das regras de conexão e continência, observar-se-ão os institutos da transação penal e da composição dos danos civis", como o foi, a aplicação dos novos institutos da justiça consensual no Juízo comum não ficaria obstada. Tanto a composição civil, quando em delito de ação pública condicionada ou privada, como a transação penal, pela conseqüência de caráter material que geram (ou podem gerar), a extinção da punibilidade, não teriam sua incidência afastada por dispositivos de natureza processual. Assim, a composição civil e a transação penal (esta quando cabível, considerada a pena máxima abstrata resultante do concurso de crimes) devem ser oportunizadas também no Juízo comum. Para tanto, se entender procedimentalmente necessário, o Juiz, quando conclusa a si a denúncia ofertada e as peças informativas que a ela dão supedâneo, abster-se-á de proferir, de imediato, despacho de admissibilidade ou não da exordial acusatória previsto no art. 396 do Código de Processo Penal (porque a composição civil extintiva da punibilidade e a transação penal estão previstas na Lei nº 9.099/95 para ocorrerem antes desse ato), designando audiência para apreciação das medidas despenalizadoras em comento, solenidade na qual, inexitosa a aplicação destas, receberá (ou não receberá, ou rejeitará) a denúncia.

A faculdade de separação de processos prevista no artigo 80 do Código de Processo Penal é de ser aplicada estritamente nas hipóteses contempladas no dispositivo referido: infrações praticadas em circunstâncias de tempo ou lugar diferentes, excessivo número de acusados, alguns presos provisoriamente, e outro motivo relevante; a última, embora comporte certa elasticidade, não pode ser estendida a ponto de albergar qualquer situação, segundo a livre discricionariedade do Magistrado.

Assim, havendo conexão ou continência entre infrações de menor potencial ofensivo com crimes de médio potencial ofensivo, graves ou de especial gravidade, impõe-se a unidade de processo e julgamento perante o Juízo prevalente, o Juízo comum, competente para apreciação das infrações com penas cominadas mais graves.

Outra situação emblemática, no tema da competência, é a conexão ou continência entre várias infrações de menor potencial ofensivo, elevando a pena máxima cominada, tendo-se em conta o concurso, acima de 02 anos, teto dos Juizados Especiais Criminais.

O STF, no HC 80.811, julgado em 08/05/2001, publicado no DJU de 22/03/2002 (tanto neste caso, como nas demais citações jurisprudenciais que seguem, procurar-se-á mencionar a primeira situação analisada pelo tribunal respectivo sobre a matéria debatida, o "precedente"), decidiu que, "Havendo concurso de infrações penais, que isoladamente sejam consideradas de menor potencial ofensivo, deixam de sê-lo, levando-se em consideração, em abstrato, a soma das penas ou o acréscimo, em virtude desse concurso"; no voto do relator consta invocação do precedente contido no HC 77.242, no qual se lê que já "não se trata, em face da quantidade da pena, de infração de menor potencial ofensivo, de molde a se aplicar o princípio da desnecessidade da pena de prisão de curta duração".

Discorda-se de tal orientação, pois as infrações penais, por mais numerosas que sejam, se não tiverem cominações, cada uma, superiores a 02 anos de pena privativa de liberdade, seguem sendo de menor potencial ofensivo.

As causas de deslocamento da competência dos Juizados Especiais Criminais para essas infrações penais estão explícitas no texto da Lei nº 9.099/95: se o acusado não for encontrado para citação pessoal (art. 66, parágrafo único) ou se a complexidade ou as circunstâncias do caso não permitirem a formulação de denúncia (art. 77, § 2º).

No tocante à segunda das mencionadas causas, observa-se que o simples fato de se ter infrações penais de menor potencial ofensivo diversas, em situação de conexão, não implica de modo automático a afirmação de complexidade.

Acrescente-se que não se deve ceder à tentação de amalgamar eventual impossibilidade de oferecimento de benefícios despenalizadores (notadamente a transação penal, que é privativa de infrações penais de menor potencial ofensivo) com competência do Juizado Especial Criminal; se o descabimento dos institutos pela pluralidade de infrações penais de menor potencial ofensivo conexas ensejasse a modificação da competência, qual seria a razão para tratamento diferente quando, por exemplo, o autor do fato apresentar antecedentes impeditivos, ou outro dos óbices legais à transação penal e à

Dos juizados especiais criminais

suspensão condicional do processo? Haveria, então, também incompetência do Juizado Especial Criminal?

Um último e substancioso argumento pode ser referido. A Lei nº 9.099/95, aplicável à esfera estadual, e a Lei nº 10.259/01, para o âmbito federal, não aludiram a competência para situações fáticas (ou expressão correlata na qual se inferisse compreendidas a conexão, a continência, o concurso material ou formal, ou mesmo a continuidade) em que a pena cominada não ultrapasse 02 anos, e sim para infrações penais com esse teto de apenamento. No entanto, parece ter sido daquele modo que o STF tratou a questão.

Talvez considerando tudo isso é que o Fórum Nacional de Juizados Especiais, ainda no seu XIX Encontro, ocorrido em Aracaju, SE, com ratificação no XXIII Encontro, o mais recente, realizado em Boa Vista, RR, entre 23 e 25/04/2008, tenha editado e, depois, reafirmado o enunciado nº 80: "No caso de concurso de crimes (material ou formal) e continuidade delitiva, as penas serão consideradas isoladamente para fixação da competência".

4. PROCEDIMENTO SUMARÍSSIMO (EM SENTIDO AMPLO)

A denominação sumaríssimo fora conferida, na Lei nº 9.099/95, a apenas uma das fases da persecução penal das infrações de menor potencial ofensivo: aquela a partir do momento da denúncia (arts. 77 e segs.). Com o advento da recente Lei nº 11.719/08, que alterou dispositivos do Código de Processo Penal, estabeleceu-se que o procedimento como um todo deve ser tido por sumaríssimo.

Feito esse esclarecimento, passa-se ao exame das duas fases do procedimento comum sumaríssimo (em sentido amplo), tal como denominadas na lei respectiva: preliminar e procedimento sumaríssimo (em sentido estrito, significando apenas os atos posteriores à etapa da proposta de transação penal).

4.1. Fase preliminar

4.1.1. Termo circunstanciado

A Lei nº 9.099/95 estabeleceu, em seu art. 69, que a investigação policial nas infrações penais de menor potencial ofensivo ocorrerá através de termo circunstanciado; contudo, não esclareceu em que, exatamente, consiste esse novo expediente investigatório.

Essa modalidade deve ser simplificada, comparativamente com o tradicional e formal inquérito. Mas isso não dispensa a polícia de investigar, tendo havido apenas deformalização, na busca principalmente de celeridade.

Pretendeu-se imprimir cunho de imediatidade no encaminhamento do termo circunstanciado a juízo, com vítima e autor do fato (art. 69, *caput*, da Lei nº 9.099/95). Contudo, a experiência mostra que essa pretensão é uma quimera, devido a fatores variados, importando referir, a título de mero exemplo, a ausência de uma das partes quando da comunicação da ocorrência à autoridade policial, ou a inviabilidade de pautar-se audiência preliminar de pronto junto ao órgão judiciário, ou a impossibilidade de realização, desde logo, de exame ou perícia imprescindíveis (p. ex., atestado médico em lesão corporal, laudo de constatação ou toxicológico em posse de droga).

O que deve, de modo mais realista, servir como horizonte na elaboração do termo circunstanciado é, pois, a busca de celeridade, valendo-se de informalidade e não se olvidando a economia processual. A investigação policial, portanto, deve ocorrer sem desnecessária delonga, mas precisa ser consistente o bastante para que, em Juízo, tenha o titular da ação penal (normalmente o Ministério Público) condições de, se preciso, formalizar acusação (por denúncia ou queixa, conforme o caso).

Para isso, é importante colher-se, de modo sintético, as versões das partes envolvidas na infração penal, bem como de eventuais testemunhas que elas indicarem para confirmação de seus relatos. Considerando-se os critérios da simplicidade, informalidade e economia processual (arts. 2º e 62 da Lei nº 9.099/95), tais narrativas dispensam a presença física de quem as declina, podendo ser obtidas pela autoridade policial, valendo-se de telefone e certidão nos autos do expediente, ou mesmo mero relatório de serviço, qualificando a pessoa com quem se falou, noticiando o contato mantido e seu respectivo teor. Embora não haja disposição expressa nesse sentido na Lei nº 9.099/95, invoca-se como base o § 2º do art. 65, estabelecendo, para a fase já judicializada, que "A prática de atos processuais em outras comarcas poderá ser solicitada por qualquer meio hábil de comunicação", pelo que não se vislumbra qualquer óbice àqueles modos de agir na etapa policial da persecução.

A lavratura fica a cargo da "autoridade policial que tomar conhecimento da ocorrência" (art. 69, *caput*, da Lei nº 9.099/95). Isso significa que a atribuição para a confecção do expediente é tanto da polícia civil, incumbida preferencialmente pela Constituição da República da apuração de infrações penais, na função de polícia judiciária (art. 144, § 4º), como da polícia militar, a quem a Carta Magna encarregou da preservação da ordem pública, enquanto polícia ostensiva (§ 5º), mas não proibiu funções correlatas, afetas à segurança pública, como a efetivação do singelo termo circunstanciado. O Fórum Nacional de Juizados Especiais, no seu XXIII Encontro, realizado em Boa Vista, RR, entre 23 e 25/04/2008, debateu esse tema e editou o enunciado nº 34: "Atendidas as peculiaridades locais, o termo circunstanciado poderá ser lavrado pela Polícia Civil ou Militar".

Conferir-se atribuição concorrente à polícia militar para o termo circunstanciado em nada avilta ou diminui a missão da polícia civil, e sim pelo contrário. Com efeito, desonerando-se esta última da apuração de um elevado número de pequenos ilícitos criminais, teoricamente se contribui para melhorar a qualidade e a agilidade de apurações de crimes de maior monta. A experiência cotidiana mostra que, quando do cometimento das infrações penais, a polícia militar é a primeira a ser acionada e a tomar contato com as partes envolvidas. O encaminhamento de todos os casos a uma Delegacia de Polícia onera a polícia militar, pois seus integrantes que atendem as ocorrências precisam permanecer até o registro junto à polícia civil, gastando tempo em que poderiam estar na atividade-fim. A par disso, praticamente inexiste complexidade na grande maioria das infrações penais de menor potencial ofensivo, a justificar o emprego de técnicas investigativas mais apuradas, que são alcançadas a policiais civis, e não na mesma intensidade aos militares.

Poder-se-ia estabelecer como limite a essa atribuição da polícia militar o surgimento da necessidade de criação de estrutura administrativa investigativa para fazer frente à missão; tal não é razoável, sob pena, então sim, de sobreporem-se as diferentes instituições policiais. Dito de outro modo, não se pode admitir que se atribua uma tarefa nova, e não diretamente afeta à polícia militar, se o custo disso for prejudicar as tarefas precípuas desse órgão; assim, convém que a polícia militar seja autorizada a confeccionar termos circunstanciados para as hipóteses em que a coleta de elementos de convicção esteja imediatamente disponível a seus integrantes, por ocasião do atendimento de ocorrências, e não seja preciso praticar outros atos investigativos posteriormente (p. ex., coleta de declarações de pessoas ausentes do lugar do fato), salvo requisição de perícias (conforme previsto no próprio art. 69, *caput*, da Lei nº 9.099/95).

A autoridade policial que lavrar o termo circunstanciado deverá propor ao autor do fato imediato encaminhamento ao Juizado (o que, como já assinalado, no mais das vezes não é viável) ou então que assuma compromisso de a ele comparecer, em data e horário desde logo agendados. O esclarecimento a ser feito é que a aceitação dessa proposição impedirá a prisão em flagrante (art. 69, parágrafo único, da Lei nº 9.099/95). *A contrario sensu*, caso o autor do fato rejeite a proposição e estejam presentes os requisitos legais, o flagrante deverá ser normalmente lavrado, tal como previsto no Código de Processo Penal.

O agendamento de audiência preliminar deverá ser providenciado tanto nas infrações penais de ação pública incondicionada, como nas de ação pública condicionada ou de ação privada em que houver manifestação do ofendido no sentido da realização da persecução penal. Quanto às infrações penais de menor potencial ofensivo de ação privada, notadamente crimes contra a honra (que, atualmente, em sua maioria são abrangidos pelo teto de 02 anos da Lei dos Juizados Especiais Criminais), a audiência preliminar terá a mesma finalidade da audiência de reconciliação instituída pelos arts. 520, 521 e 522 do Código de Processo Penal.

4.1.2. Audiência preliminar

4.1.2.1. Tentativa de composição civil

No Juizado Especial Criminal realizar-se-á a audiência preliminar. Dela deverão estar cientes, obrigatoriamente, o autor do fato e, quando houver, a vítima da infração penal (arts. 70 e 71 da Lei nº 9.099/95); também é conveniente (e a lei alude a tal pessoa – art. 71) que o responsável civil seja cientificado. Isso porque a primeira etapa da audiência é (ou deve ser) destinada à tentativa de composição civil (para os casos em que esta seja cogitável). Frise-se que essa tentativa precisa ser feita e prestigiada não só nas infrações penais sujeitas a representação ou a queixa, em que a composição civil extingue, de pronto, a punibilidade (art. 74, *caput*), gerando título executivo judicial (art. 74, parágrafo único); também é de ser feita e prestigiada quando a ação for pública incondicionada; aqui avulta o papel do órgão do Ministério Público e do Juiz na mediação do conflito; de modo a estimular a reparação dos danos sofridos pela vítima, uma das grandes metas do Juizado Especial Criminal, ao primeiro cabe mostrar que a composição civil que for travada será por ele considerada em prol do autor do fato, quando formular a proposta de transação penal; ao segundo, mesmo quando não caiba transação penal, cabe explicar que a composição será levada em conta, de modo positivo e significante, em eventual sentença condenatória.

Em se tratando de infração de ação pública condicionada e não se obtendo a composição civil, ou quando a tentativa de tal composição não for adequada ao caso concreto (p. ex., quando não existir dano a reparar), passa-se à tomada de representação. A representação é uma manifestação de vontade do ofendido ou seu representante legal, qualquer que seja a forma (em geral feita oralmente e registrada nos autos, tanto pela polícia judiciária, na fase preliminar, como pelo Juiz, na audiência preliminar, ou por servidor judicial que detenha fé pública, fora dessa audiência), que permita concluir que ele quer ver o autor do fato responsabilizado criminalmente pelo Estado. O não-oferecimento da representação na audiência preliminar não implica automática decadência, pois a condição de procedibilidade poderá ser satisfeita no prazo previsto em lei (06 meses, a contar da ciência, pela vítima, da autoria). O ofendido, se estiver em dúvida quanto àquele desiderato de responsabilizar o autor do fato, pode solicitar ao Juiz que a fluência do prazo decadencial seja aguardada; decorrido o prazo, será a punibilidade declarada extinta, pela decadência. Pode também ocorrer que a vítima, intimada pela autoridade policial ou mesmo pela secretaria do Juizado (arts. 70 e 71 da Lei nº 9.099/95), deixe de comparecer à audiência preliminar, sem externar motivação plausível; nessa hipótese, sua inércia pode ser tomada como demonstração tácita daquela dúvida e, então, o Juiz determinar aguardem os autos em cartório a iniciativa do ofendido durante o prazo decadencial; transcorridos os 06 meses, a punibilidade poderá ser declarada extinta, quer por decadência, se não tiver sido ofertada à autoridade policial representação, quer por renúncia tácita ao direito respectivo, se já exercitado perante a polícia anteriormente, considerando-se o não-comparecimento à audiência e a posterior inércia como atos incompatíveis com a vontade de exercê-lo (art. 104, parágrafo único, do Código Penal).

Cabe enfrentar a questão da extensão ou não da exigência de representação, a partir da previsão do art. 88 da Lei nº 9.099/95 para a lesão corporal leve e a modalidade culposa desse delito. No STF, a partir da decisão proferida no HC 80.617, julgado em 20/03/2001, publicado no DJU de 04/05/2001, sedimentou-se o entendimento de que não é extensível, por analogia ou interpretação *in bonam partem*, aquela exigência; no corpo do acórdão, no qual há menção ao art. 101 do Código Penal, como também ao art. 17 da Lei das Contravenções Penais (com afirmação de que está em vigor), lê-se: "Ainda que possa parecer paradoxal, o art. 88 da Lei 9.099/95 – que tornou condicionada à representação a ação penal por lesões corporais leves – não se estende à persecução das contravenções. Sequer à de vias de fato (LCP, art. 21), ainda que o fato que a constitui seja, de regra, consumido pela consumação de lesões corporais. Não cabe condicionar à representação a ação penal pública – nem por analogia, nem por força de compreensão".

Pode-se sustentar que a admissão expressa, pelo STF, de que a contravenção de vias de fato é um agravo menor ao mesmo bem jurídico do crime de lesão corporal leve permite estabelecer-se a exigência de representação para aquela. Em tal rumo, o Fórum Nacional de Juizados Especiais, no XVII Encontro, em Curitiba, PR, entre 25 e 27/05/2005, com o referendo do mais recente, em Boa Vista, RR, nos dias 23 e 25/04/2008, confeccionou o enunciado nº 76: "A ação penal relativa à contravenção de vias de fato dependerá de representação". O art. 17 do Decreto-Lei nº 3.688/41 segue em vigor, mas derrogado (ou seja, revogado parcialmente). E não só no tocante à contravenção de vias de fato, mas igualmente à de omissão de cautela na guarda ou condução de animais (art. 31 da Lei das Contravenções Penais), quando dela resultar lesão corporal culposa, pois doutrina e jurisprudência consolidaram o entendimento de que, em tal caso, ocorrendo o dano (materializado na lesão), o perigo antecedente (constituído pela omissão de cautela e conseqüente atividade perigosa do animal) resta consumido.

Assunto correlato a ser igualmente abordado diz respeito ao teor do enunciado nº 99 do Fórum Nacional de Juizados Especiais, editado no recente XXIII Encontro, realizado em Boa Vista, RR, entre 23 e 25/04/2008: "Nas infrações penais em que haja vítima determinada, em caso de desinteresse desta ou de composição civil, deixa de existir justa causa para ação penal".

Até o advento da Lei nº 11.719/08, a expressão "justa causa" somente constava em texto legal no art. 648, inc. I, daquele código, no regramento do *habeas corpus*. A doutrina, de modo praticamente uníssono, considera justa causa "a existência de fundamento jurídico e suporte fático autorizadores de constrangimento à liberdade deambulatória", englobando "falta de justa causa para a prisão, para o inquérito e para o processo" (excertos da obra de Fernando Capez, *Curso de Processo Penal*, Saraiva, 13ª ed., 2006, p. 521); em suma, inexistiria justa causa quando o fato apurado não constitui infração penal ou a persecução não contém elemento concreto de convicção acerca da existência ou da autoria da infração penal. A recém-mencionada lei deu nova redação ao art. 395 do Código de Processo Penal, que passou a disciplinar as situações de rejeição de denúncia ou queixa (outrora tratadas pelo revogado art. 43), incluindo a falta de justa causa para o exercício da ação penal como uma delas.

Assim, entende-se que a orientação do citado enunciado nº 99 tem de ser acolhida com reservas. No tocante à composição civil, vale lembrar abordagem precedente, no sentido de que ela, em infração penal de ação pública incondicionada, não deve conduzir ao encerramento do feito, e sim apenas à amenização da proposta de transação penal ou de eventual pena a ser aplicada na sentença. E não se pode dizer que a vítima se desimportou com a persecução penal, pois veio na audiência preliminar para a qual foi intimada e em que foi encaminhada a composição. Quanto ao restante da enunciação, poder-se-ia propor o seguinte temperamento: quando a infração penal de menor potencial ofensivo de ação pública incondicionada tenha vítima (no sentido técnico: o titular do bem jurídico protegido pelo tipo penal respectivo) determinada, e esta manifestar expressamente o desinteresse pelo prosseguimento da persecução penal pré-processual, ou mesmo apenas praticar ato incompatível com a vontade de vê-la prosseguir, e ainda não tenha havido coleta de elementos de convicção suficientes para a ação penal, o Estado fica desonerado de levar a termo a investigação e desencadear o procedimento sumaríssimo (em sentido amplo). Assim, se a autoridade policial ainda não tiver colhido provas suficientes de que o fato a ela comunicado constitui infração penal, ou acerca da existência ou da autoria de infração penal em tese narrados, fica dispensada de aprazar audiência preliminar em Juízo, estando-se diante de circunstância que autoriza o envio do termo circunstanciado no estado em que se encontrar; marcada ou não audiência preliminar, o órgão ministerial fica legitimado a postular o arquivamento sem investigação acessória; se for oferecida denúncia ou queixa, o Juiz fica legitimado à rejeição; tudo pela falta de justa causa decorrente de insuficiência de provas. Solução essa que não prejudica a aplicação da orientação contida na Súmula nº 524 do STF (aplicável também ao termo circunstanciado, inserido no ordenamento jurídico-penal depois da edição do verbete): "Arquivado o inquérito policial, por despacho do juiz, a requerimento do promotor de justiça, não pode a ação penal ser iniciada sem provas novas"; ou seja, se surgirem provas substancialmente novas depois do arquivamento e antes de escoado o prazo prescricional, pode a persecução penal ser retomada.

4.1.2.2. Transação penal

A etapa subseqüente da audiência preliminar é a transação penal. A formulação da proposta respectiva é atribuição exclusiva do Ministério Público (art. 76, *caput*, da Lei nº 9.099/95); isso não significa, por óbvio, poder absoluto do Promotor de decidir se cabe ou não o benefício; significa que o Magistrado não pode propor o benefício contra manifestação da instituição do Ministério Público, devendo, se discordar do Promotor quanto à não-formulação, aplicar a sistemática estabelecida para sua discordância relativa a pedido de arquivamento de inquérito policial (a fundamentação decisional do HC 75.343, julgado em 12/11/1997, publicado no DJU de 18/06/2001, evidencia que o raciocínio se aplica não só à suspensão condicional do processo, mas também à transação penal, devido à proximidade entre os institutos; tal decisão é o *leading case* da Súmula 696 do Supremo Tribunal Federal, assim redigida: "Reunidos os pressupostos legais permissivos da suspensão condicional do processo, mas se recusando o promotor de justiça a propô-la, o juiz, dissentindo, remeterá a questão ao Procurador-geral, aplicando-se por analogia o art. 28 do Código de Processo Penal").

A transação penal é medida despenalizadora de nítido cunho de conveniência e oportunidade do autor do fato, não implicando admissão de culpa (em sentido amplo). Tanto assim que os §§ 4º e 6º do art. 76 da Lei nº 9.099/95 estabelecem que não gera efeitos condenatórios, como posterior reincidência, registro em antecedentes criminais e tornar certa a obrigação civil de indenizar; apenas fica anotada para impedir nova proposta no prazo de 05 anos (que deve ser contado da data do integral cumprimento da transação aceita, a exemplo do que acontece com a chamada "prescrição" da reincidência, prevista no art. 64, inc. I, do Código Penal).

A proposta de transação penal poderá abarcar multa ou pena restritiva de direitos. O Juiz, embora não possa propor o benefício, tem poder para ingerir no conteúdo da proposta do Ministério Público e reduzir o patamar desta, se as circunstâncias do caso concreto justificarem (para a multa, essa possibilidade de ingerência judicial está explicitada no art. 76, § 1º, da Lei nº 9.099/95; já para as penas restritivas de direitos, além da invocação analógica de tal dispositivo, há afirmação genérica de que a proposta aceita "será submetida à apreciação do Juiz" – § 3º). Impende destacar que a aceitação da proposta de transação penal deve-se dar pelo autor do fato e seu defensor (constituído ou nomeado), como o exige o mencionado § 3º; havendo divergência entre as manifestações deles, deverá prevalecer a vontade do autor do fato, nomeando-se outro defensor, para a hipótese de aceitação. Transação penal sem assistência de defensor é absolutamente nula, por infringência à garantia constitucional da ampla defesa.

Não há regramento expresso na Lei nº 9.099/95 para quando a transação penal é regularmente proposta e aceita, mas não cumprida. A solução que parece ser mais consentânea com as garantias constitucionais do devido processo legal e da ampla defesa é de a persecução penal retomar seu curso, com oferecimento de denúncia, se o benefício tiver sido aceito em audiência preliminar, ou com prosseguimento do processo penal, na hipótese de a aceitação ser posterior à denúncia. Nesse sentido, decide reiteradamente o STF, a partir do precedente HC 79.572, julgado em 29/02/2000, publicado no DJU de 22/02/2002 (que alude a "declaração de insubsistência" ou "rescisão" do acordo despenalizador). O STJ, para as situações em que não houve sentença homologatória da transação penal, decide da mesma forma; contudo, há ressalva de que, prolatada tal sentença, gerada estará eficácia de coisa julgada formal e material, sem se condicionar ao cumprimento de multa ou de pena restritiva de direitos, e criado óbice à instauração da ação penal contra o autor do fato, se descumprido o acordo homologado (RHC 11.350-SP, julgado em 28/06/2001, publicado no DJU de 27/08/2001). Desta linha de entendimento é possível concluir que se admite a postergação da sentença homologatória da transação penal, prevista (ainda que não com essa expressão) no art. 76, § 4º, da lei ao início mencionada, para depois do cumprimento do acordo despenalizador.

Convém assinalar, ainda, que a transação penal é instituto que produz, além de implicações de direito formal (ou processuais), igualmente conseqüências de direito material (ou penais), pois atinge o *jus puniendi* estatal (enseja, ou pode ensejar, extinção da punibilidade). Regras jurídicas de cunho material não têm sua incidência afastada por dispositivos de natureza processual. Assim sendo, a proposição de transação penal independe do procedimento a ser seguido na persecução, se o da Lei nº 9.099/95 ou outro estabelecido em lei especial, basta que a infração penal tenha pena não superior a 02 anos. Nesse sentido, confira-se fundamentação contida no HC 17.601-SP, julgado pelo STJ em 07/08/2001, publicado no DJU de 19/12/2002. Se necessário, o Juiz deverá designar audiência específica para tal finalidade.

Por essa mesma razão, além da possibilidade de renúncia ou desistência da ação penal, ou do perdão pelo ofendido (que representam um *plus* em relação ao instituto despenalizador), entende-se que a transação penal deve ser viabilizada em infrações penais de menor potencial ofensivo sujeitas à ação privada, ainda que o art. 76 da Lei nº 9.099/95 não tenha contemplado explicitamente tal hipótese. Discussão existe, contudo, no tocante à legitimação para a proposta. Existe orientação jurisprudencial de que é atribuição do Ministério Público, desde que não haja formal oposição do querelante (STJ, Rec. Ord. em HC nº 8123-AP, julgado em 16/04/1999, publicado no DJU de 21/06/1999). Outra solução é atribuir-se a proposta ao próprio ofendido/querelante (STJ, EDcl no HC 33.929-SP, julgado em 21/10/2004, publicado no DJU de 29/11/2004; em tal decisão, há referência expressa ao HC 81.720 do STF, julgado em 26/03/2002, publicado no DJU de 19/04/2002, no qual se lê que "A qualificação para propor a suspensão condicional do processo é corolário da titularidade da ação penal", raciocínio extensível, como se nota, por paridade de razão, à transação penal). Não é demais lembrar que ao Juiz cabe a avaliação da proposta apresentada, seja pelo Ministério Público (em infração penal de ação pública ou mesmo privada, se se entender por sua legitimação), ou pelo ofendido, cabendo-lhe coibir eventuais excessos.

Quando o autor do fato residir em comarca diversa da competente territorialmente para apreciação do caso concreto, poderá ser a transação penal proposta através de carta precatória, instrumento que é passível de utilização nos Juizados Criminais, como adiante se verá. O já mencionado Fórum Nacional de Juizados Especiais, no seu XXI Encontro, realizado em Vitória, ES, editou, a respeito do tema, o enunciado nº 13, ratificado no XXIII Encontro, realizado em Boa Vista, RR, entre 23 e 25/04/2008: "É cabível o encaminhamento de proposta de transação por carta precatória". Para a instrumentalização, o legitimado à propositura lançará manifestação, oral ou escrita, conforme seja ou não em audiência, especificando os termos em que a propõe, o Juiz apreciará e avaliará a proposta e, estando adequada à situação fática, determinará a expedição da deprecata.

É de anotar, ainda, que a proposta de transação penal não deve ser formulada pelo Ministério Público quando o termo circunstanciado não contiver elementos suficientes para oferecimento de denúncia, caso haja negativa do autor do fato acerca do benefício que lhe seja proposto (diferente é a hipótese de queixa, em que a inicial é apresentada antes da audiência preliminar; convém que já contenha a proposta; não contendo, o querelante deverá formulá-la na audiência preliminar que for marcada pelo Juiz, ou mediante provocação deste, antes da expedição de carta precatória). Dito de outro modo, ainda que de maneira informal e oral, é necessário que se possa especificar uma imputação de infração penal de menor potencial ofensivo ao autor do fato, a ser deduzida contra ele na forma de denúncia, na hipótese de eventual negativa a transação penal que for oportunizada. Assim, a proposta do instituto despenalizador não é alternativa, p. ex., a pedido de diligência complementar e imprescindível à denúncia, ou mesmo a pedido de arquivamento por insuficiência de provas, caso aquela seja recusada.

Não há como deixar de registrar, por fim, que a lei abre exceções expressas de cabimento de transação penal em hipóteses nas quais, considerada a pena máxima prevista para os ilícitos, superior a 02 anos, o benefício não teria lugar. É o caso do art. 291, § 1º, da Lei nº 9.503/97 (Código de Trânsito Brasileiro), que determina a aplicação do instituto despenalizador ao crime de lesão culposa, previsto no art. 303 com pena máxima de 02 anos de detenção, exceto quando cometida com o agente sob influência de álcool ou outra substância psicoativa, ou em meio a corrida, disputa ou competição automobilística, de exibição ou demonstração de perícia em manobra de veículo automotor, não autorizada pela autoridade competente, ou em velocidade 50km/h superior à permitida para a via (parágrafo introduzido pela Lei nº 11.705/08); também descabida a transação penal nas hipóteses do parágrafo único do art. 303, que contempla causas de majoração que eleva a pena de 02 anos da forma simples entre um terço e a metade em determinadas circunstâncias). Antes da alteração legislativa promovida pela citada Lei nº 11.705/08, havia um parágrafo único no art. 291 que admitia a transação penal também para o delito de embriaguez ao volante, tendo havido supressão dessa possibilidade.

4.2. Procedimento Sumaríssimo (em sentido estrito)

O procedimento sumaríssimo (em sentido estrito) desdobra-se em (no mínimo) dois momentos de maior significação.

O primeiro desses momentos, de regra ainda na audiência preliminar, quando descabida transação penal, pela presença de alguma das causas legais impeditivas, ou impossibilitada a formulação de proposta pela ausência do autor do fato à audiência preliminar, abre-se oportunidade para denúncia ou queixa orais, conforme se trate de infração penal sujeita à ação pública ou à ação privada, existindo elementos de convicção suficientes para tanto. Se a denúncia ou queixa forem oferecidas apenas em razão da ausência do autor do fato, que preencha os requisitos da transação penal, é conveniente que contenham, em seu bojo, a especificação de proposta desse benefício (assim como ocorre com a proposição de suspensão condicional do processo, quando satisfeitos os pressupostos legais); com isso, já se dá ciência ao denunciado de que poderá valer-se do instituto despenalizador na audiência subseqüente, e em que termos.

Insta anotar que o texto legal estabelece diferenciação entre as situações de necessidade de diligências imprescindíveis (art. 77, *caput*, parte final, da Lei nº 9.099/95) e aquelas em que a complexidade ou circunstâncias do caso não permitirem a formulação da denúncia (art. 77, § 2º). Para estas, abre-se a possibilidade de deslocamento de competência, com envio dos autos ao Juízo comum (parte final do referido § 2º, que remete ao art. 66, parágrafo único), no qual será imprimido o procedimento sumário (art. 538 do Código de Processo Penal). Já para as primeiras, em que o caso não seja complexo nem apresente circunstâncias excepcionais que recomendem a análise fora do Juizado Especial Criminal, mas sejam necessárias diligências adicionais, não é apontado expressamente o caminho a seguir; aplica-se, então, de modo subsidiário, o Código de Processo Penal, que, em seu art. 16, permite requisição dessas diligências à autoridade

Dos juizados especiais criminais

policial. Deve-se evitar, contudo, a transformação do termo circunstanciado em inquérito policial, pois não foi isso que se pretendeu; as diligências adicionais devem seguir as mesmas diretrizes já referidas para a confecção do termo circunstanciado, na esteira dos critérios consagrados pelas leis dos Juizados Especiais Criminais, de simplicidade, informalidade e economia processual.

A complexidade justificadora do deslocamento de competência já foi reconhecida em situações como de necessidade de quebra do sigilo de dados telemáticos (STJ, CC 55786-DF, julgado em 27/09/2006, publicado no DJU de 23/10/2006), ou de quebra de sigilo bancário, além de diligências demoradas para identificar outro agente envolvido no delito (STJ, HC 42.070-PE, julgado em 06/12/2005, publicado no DJU de 13/02/2006). Poder-se-ia acrescentar aqui a hipótese de incidente de insanidade mental (TJ-RS, Conflito de competência nº 70012003737, Quinta Câmara Criminal, julgado em 03/08/2005). Circunstâncias do caso aptas a ensejarem o deslocamento da competência se pode vislumbrar em contextos de várias infrações penais de menor potencial ofensivo praticadas por também diversos autores, com pluralidade de testemunhas.

Oferecida a denúncia ou a queixa em audiência preliminar, a citação será imediata, quando presente o autor do fato, agora denunciado ou querelado, a quem será entregue cópia da peça acusatória que tiver sido reduzida a termo (art. 78, *caput*, da Lei nº 9.099/95); por analogia ao disposto no art. 68, o Juiz deverá esclarecer o acusado sobre a necessidade de comparecimento com advogado e adverti-lo de que, na falta deste, haverá nomeação de defensor público; se ausente o denunciado, o ato citatório acontecerá por mandado (art. 78, § 1º), no qual deverão constar o esclarecimento e a advertência mencionados (art. 68).

No procedimento sumaríssimo, não se admite citação que não seja pessoal; se o acusado não for encontrado, ocorre nova causa de deslocamento de competência, pois deverão os autos ser remetidos ao Juízo comum, para, como já assinalado, adoção do procedimento sumário, no qual possibilitadas a citação por hora certa (art. 362 do Código de Processo Penal) e a editalícia (art. 363, § 1º), permissiva de suspensão do processo e do curso do prazo prescricional (art. 366).

Já na ocasião do oferecimento da denúncia ou queixa, o Juiz designará data para audiência de instrução e julgamento (até porque, como dito, o denunciado ou o querelado, de regra, será imediatamente citado). A própria Lei nº 9.099/95, em seu art. 65, § 2º, indica a pertinência da prática de atos processuais em outras comarcas, estabelecendo que poderá ser solicitada por qualquer meio hábil de comunicação. Dentre esses meios, inclui-se a tradicional carta precatória, como já foi afirmado pelo STJ, no RHC 9740-MG, julgado em 21/11/2000, publicado no DJU de 19/02/2001. Em que pese tenha a decisão referida feito menção à garantia constitucional da ampla defesa, entende-se possível invocar também os princípios do contraditório e do devido processo legal para admitir deprecata para inquirição de testemunhas de acusação, e não somente de defesa. Insta evocar a advertência de Alexandre de Moraes, cabível principalmente para a fase da persecução penal a partir do oferecimento da denúncia ou queixa, de que os critérios informadores dos Juizados Especiais Criminais não excluem os princípios gerais fundamentais de ordem constitucional, que regem o processo penal, como o do estado de inocência, da ampla defesa, do contraditório, do juiz natural, da publicidade, devendo ser compatibilizados aqueles com estes, bem como aplicar-se subsidiariamente o Código de Processo Penal e, assim, apesar de ser recomendável o emprego intenso dos critérios da Lei nº 9.099/95, não se devem afastar as garantias processuais constitucionais das partes (*in Juizados especiais criminais*: aspectos práticos da lei 9.099/95. São Paulo: Atlas, 2003, p. 29). Também se pode cogitar, como meio hábil de comunicação, na era da *internet*, o chamado *e-mail*, correspondência eletrônica que permite, na atualidade, inclusive confirmação de autenticidade quanto ao envio, e de recebimento e leitura pelo destinatário.

Em se tratando de ato instrutório que deva ter participação do denunciado ou querelado e/ou seu defensor, como oitiva de testemunha de acusação, convém postergar-se a expedição de carta precatória para depois do recebimento da denúncia ou queixa, na audiência de instrução e julgamento; expedir-se deprecata antes criaria o paradoxo de estar-se procedendo à instrução de um processo (art. 363 do Código de Processo Penal: "O processo terá completada a sua formação quando realizada a citação do acusado") que ainda não teve a denúncia ou queixa recebida. Aliás, não é raro ocorrer que o autor do fato não comparece à audiência preliminar e, por isso, mesmo fazendo jus à transação penal, pela ausência de qualquer das causas legais impeditivas, seja denunciado ou tenha contra si ofertada queixa. É uma hipótese que enseja aplicação específica do disposto no art. 79 da Lei nº 9.099/95, ou seja, precisam ser oportunizadas, na audiência de instrução e julgamento, tentativa de composição civil e transação penal; ambas devem acontecer antes do recebimento da denúncia ou queixa e, se exitosas, obstarão esse recebimento. Assim, a carta precatória terá sido um ato processual não só inútil, mas também descabido, pois o denunciado ou querelado do processo não se tornou réu de ação penal.

A audiência de instrução e julgamento foi concebida, teoricamente, para ocorrer em uma só ocasião. O art. 80 e o § 1º do art. 81, ambos da Lei nº 9.099/95, trazem esse indicativo. Contudo, várias intercorrências fáticas acabam por, seguidas vezes, frustrar esse desiderato. Além do já citado exemplo da carta precatória, pode-se mencionar o não-comparecimento de testemunhas por motivo de doença, viagem, ou que não sejam localizadas para condução coercitiva; também a ausência de defensor em acompanhamento ao denunciado ou querelado e indisponibilidade de defensor público ou advogado para nomeação *ad hoc*; enfim, fatos da vida que inviabilizam a diretriz legal.

Essa audiência é o segundo momento de maior significação do procedimento sumaríssimo. No início dela, "se na fase preliminar não tiver havido possibilidade de tentativa de conciliação e de oferecimento de proposta pelo Ministério Público, proceder-se-á nos termos dos arts. 72, 73, 74 e 75" (art. 79 da Lei nº 9.099/95); acrescente-se a esse elenco o art. 76, haja vista a menção expressa à "proposta pelo Ministério Público", de transação penal. Contudo, importa referir que esse procedimento não deve constituir repetição das oportunidades de tentativa de composição civil e proposta de transação penal; é previsto para as situações em que antes não houve possibilidade de tais encaminhamentos na audiência preliminar, como, p. ex., em razão da ausência de um dos envolvidos no conflito, do responsável civil, de advogado/defensor para assistência ao autor do fato, de não-formulação de proposta de transação penal por necessidade de diligências complementares no termo circunstanciado. Portanto, não se pode afirmar a existência de direito subjetivo à repetição daquele modo de proceder, e sim à oportunização dele, na audiência preliminar ou no início da audiência de instrução e julgamento, antes da resposta à acusação. Em atendimento ao disposto no art. 75, caso se trate de infração penal de ação pública condicionada e estando presente a vítima, facultar-se-á a esta derradeira oportunidade de retratar a representação que tiver ofertado na audiência preliminar, ainda que já oferecida a denúncia, tratando-se de exceção ao disposto no art. 25 do Código de Processo Penal. Isso porque, na seqüência da audiência, o Juiz deverá pronunciar-se

Dos juizados especiais criminais

201

sobre o recebimento ou não da denúncia e, uma vez recebida a peça acusatória, descabe a retratação, pois então estará satisfeita a condição de procedibilidade, completada a formação do processo e perfectibilizada a ação penal, cujo caráter público, a partir daí, torna-se pleno. O Fórum Nacional de Juizados Especiais, no XXIII Encontro, realizado em Boa Vista, RR, entre 23 e 25/04/08, aprovou, a respeito do tema, o enunciado nº 35: "Até o recebimento da denúncia é possível declarar a extinção da punibilidade do autor do fato pela renúncia expressa da vítima ao direito de representação". Não obstante aquelas considerações de ordem técnica e essa afirmação de posição, há entendimento de que a retratação da representação pode ocorrer a qualquer tempo, mesmo já recebida a denúncia, desde que não prolatada a sentença; a argumentação, baseada na proposição nº 04 do Encontro de Magistrados dos Juizados Especiais do Rio Grande do Sul, ocorrido em Gramado, RS, no ano de 2006, lá aprovada por maioria, é de que, no ponto em discussão, os princípios da Lei 9.099/1995 são incompatíveis com aquele dispositivo do Código de Processo Penal, pois valorizam a conciliação e a vontade da vítima no tocante às infrações penais de menor potencial ofensivo; o interesse público, nestas, seria centrado nas soluções alternativas preconizadas no microssistema e na primazia da integração da manifestação da vítima na pretensão punitiva do Estado, integração que não mais ocorreria quando retratada a representação antes de decidida a ação penal (Turma Recursal Criminal do RS, Carta Testemunhável, conhecida como Apelação, nº 71000955104, julgada em 04/09/2006, publicada no DJE/RS de 11/09/2006, inteiro teor disponível no *site* www.tj.rs.gov.br, *link* "acompanhamento processual").

Em seguida, se não restar prejudicado o seguimento do feito em decorrência do previsto no art. 79, abre-se oportunidade para resposta oral à acusação, pelo defensor do (ainda) denunciado, ou querelado. Essa resposta deve ser focada principalmente em questões preliminares elisivas do recebimento da denúncia ou queixa, e não apenas em aspectos de mérito atinentes à imputação. Aliás, tendo-se em conta que o termo circunstanciado é uma investigação simplificada, bem como devendo ser célere sua tramitação, conforme já explanado, o mérito da imputação tem o exame significativamente canalizado à fase judicializada da persecução penal (isso está praticamente expresso pelo STF no HC 81.671, julgado em 05/02/2002, publicado no DJU de 12/04/2002, no qual se lê que "A higidez da peça acusatória, cuja síntese encontra abrigo nos princípios que regem os Juizados Especiais Criminais, não constitui obstáculo ao exercício da ampla defesa pela paciente, que durante a instrução penal – foro apropriado para tanto – poderá provar sua eventual inocência"). Aquelas preliminares estão elencadas, ainda que essas relações possam não ser exaustivas, nos arts. 395 e 397 do Código de Processo Penal, ensejadoras da rejeição da peça acusatória, às quais se somam as hipóteses de desatendimento do art. 41 do mesmo Código, tidas como causas de não-recebimento da denúncia ou da queixa.

A redação do art. 81 da Lei nº 9.099/95 passa, após o recebimento da peça acusatória, a ocupar-se dos atos instrutórios da ação penal. Contudo, houve omissão importante do momento processual adequado à propositura da suspensão condicional do processo. Assim, antes de iniciar a instrução, o Juiz deverá questionar o agora réu e seu defensor sobre o interesse no mencionado instituto despenalizador. Se a proposta não tiver sido especificada já na denúncia ou queixa e existir aquele interesse, ao Magistrado incumbe instar o titular da ação penal a formulá-la oralmente na audiência. Ao Juiz é vedado, entretanto, propor de ofício a suspensão, consoante já sumulado pelo STF (Súmula nº 696).

Se não for cabível ou não for aceita a proposta de suspensão condicional do processo, haverá instrução, com oitiva da vítima, das testemunhas e interrogatório, nessa ordem. A Lei nº 9.099/95 trouxe algumas importantes alterações na sistemática da instrução, na mesma esteira da viragem paradigmática que pretendeu representar. Afirmou com clareza que a vítima não deve ser computada no número de inquirições permitidas a qualquer das partes e também deu a entender ser desnecessário que elas a arrolem, cabendo ao Juiz determinar a inquirição, caso não seja elencada na peça acusatória ou pela defesa. Inovou, igualmente, no § 1º do art. 78, ao estipular que as testemunhas de defesa não precisam ser nominadas com antecedência, desde que trazidas à audiência de instrução e julgamento; prévio rol deve ser apresentado, 05 dias antes, se se pretender intimação delas. Outra relevante mudança disse respeito ao interrogatório, deslocado para depois da oitiva das testemunhas, consagrando sua faceta de instrumento de defesa, mais do que de prova (ou seja, o réu será interrogado já sabendo que elementos de convicção foram produzidos em seu desfavor e, assim, poderá orientar sua manifestação – ou mesmo sua opção pelo direito ao silêncio – com base no contexto probatório já consumado, orientado pelo defensor). Tal sistemática de instrução foi recentemente estendida, em suas linhas gerais, aos demais procedimentos ordinários, com o advento da Lei nº 11.719/08. Em se admitindo a expedição de carta precatória para coleta de prova oral, consistente em inquirição do ofendido ou de testemunha, não haveria razão para obstar-se o uso desse instrumento a fim de oportunizar-se o interrogatório. Nesse sentido, tem-se o enunciado nº 17 do Fórum Nacional de Juizados Especiais, com a atual redação dada no XXI Encontro, realizado em Vitória, ES, confirmada no XXIII Encontro, realizado em Boa Vista, RR, entre 23 e 25/04/2008: "É cabível, quando necessário, interrogatório por carta precatória, por não ferir os princípios que regem a Lei 9.099/95".

As partes terão oportunizado, após a instrução, debate oral, para sintetizarem suas argumentações a respeito do julgamento a ser proferido quanto à imputação. A lei dos Juizados Especiais Criminais não mencionou o número máximo de testemunhas, nem o tempo de duração do debate. Enquanto vigente o regramento outrora previsto para o procedimento das contravenções, nos arts. 531 e segs. do Código de Processo Penal, podia-se aplicá-lo analogicamente à Lei nº 9.099/95; isso representava afirmar o máximo de 03 testemunhas para cada parte (art. 537) e debate por 20 minutos, prorrogáveis por mais 10 minutos (§ 2º do art. 538). Contudo, os dispositivos legais mencionados foram revogados expressamente pela Lei nº 11.719/08. O mais plausível, na atualidade, é a invocação do disposto no art. 538 do Código de Processo Penal, que prevê a aplicação do rito sumário para os termos circunstanciados ou processos encaminhados do Juizado Especial Criminal para o Juízo comum, para sustentar-se a isonomia entre os procedimentos, no tocante àqueles dois temas não regrados pela Lei nº 9.099/95; assim, o número máximo de testemunhas passa a ser de 05 cada parte (atual art. 532) e fica mantido o mesmo tempo de antes para o debate (atual art. 534).

A sentença, como regra, deverá ser proferida na audiência de instrução e julgamento (art. 81, *caput*, parte final, da Lei nº 9.099/95), face à sistemática instituída pela lei dos Juizados Especiais Criminais, de concentração da instrução nessa ocasião; assim, tendo contato direto com a prova produzida na audiência, o Juiz estará habilitado a decidir o mérito da ação penal, pois de caso complexo não se tratará (a teor do art. 77, § 2º, quando isso ocorrer, deve haver redistribuição ao Juízo comum, antes mesmo do oferecimento de denúncia); essa parece ser a razão, ainda, da dispensa de relatório no ato sentencial (art. 81, § 3º). Tal indicativo, contudo, não afasta a possibilidade de

Dos juizados especiais criminais

203

determinar o Magistrado conclusão dos autos para sentenciar, quando não se considerar habilitado a fazê-lo de imediato, ou, principalmente, se a instrução não puder ser concentrada na audiência de instrução e julgamento (p. ex., quando expedida carta precatória para inquirição do ofendido ou de testemunha, ou mesmo para interrogatório do réu, em outra Comarca); nesta última hipótese, nada obsta também, no que pertine à manifestação final das partes, a conversão do debate oral em memoriais, pois, em última análise, oralidade (e suas decorrências) e celeridade terão, ao menos em significativa dose, restado prejudicadas; a dispensa do relatório na sentença, então, perde a razão de ser, devendo o Juiz atender os ditames do art. 381 do Código de Processo Penal, que inclui como parte dela "a exposição sucinta da acusação e da defesa".

5. RECURSOS

O microssistema instituído pela Lei nº 9.099/95 somente alude, de modo expresso, a dois instrumentos de questionamento de decisões: apelação e embargos declaratórios (este um instrumento direcionado ao próprio órgão julgador, tanto da instância decisória, como da instância revisora). Além destes, não se pode descartar, por constituir uma garantia individual específica (art. 5º, inc. LXVIII, da Constituição da República), o cabimento de *habeas corpus*. Em sentido amplo, pode-se aludir a esses instrumentos como recursos (embora, em sentido estrito, quiçá somente a apelação devesse assim ser considerada). Não se cogita da extensão, ao procedimento do Juizado Especial Criminal, do recurso em sentido estrito, por ir de encontro ao critério de celeridade insculpido naquela lei; as intercorrências processuais que poderiam motivar tal recurso hão de ser atacadas diretamente com apelação, quando surtirem efeitos tendentes ao encerramento do feito, ou como preliminares da apelação que for dirigida contra a sentença.

A hierarquia recursal desse microssistema é unicamente a seguinte: das decisões do Juiz singular cabem os recursos referidos a uma "turma composta de três Juízes em exercício no primeiro grau de jurisdição" (art. 82, *caput*, da Lei nº 9.099/95); das decisões da Turma Recursal, podem ser manejados recurso extraordinário (art. 103, inc. III, alínea "a", da Constituição da República) e *habeas corpus*, unicamente ao Supremo Tribunal Federal (definiu-se este órgão como único destinatário no HC 71.713, julgado em 26/10/1994, publicado no DJU de 23/03/2001, interposto em face de previsões contidas em lei estadual da Paraíba que, antes da Lei nº 9.099/95, outorgara competência penal a juizado especial; nesse julgamento, foi também afirmada a inconstitucionalidade da lei estadual); quanto ao *habeas corpus*, existe inclusive súmula a respeito (Súmula 690 do STF: "Compete originariamente ao Supremo Tribunal Federal o julgamento de *habeas corpus* contra decisão de turma recursal de juizados especiais criminais").

É de anotar que a competência da Turma Recursal é apenas para recurso de decisão oriunda de Juizado Especial Criminal; se provier do Juízo comum, mesmo tendo como objeto infrações penais de menor potencial ofensivo (p. ex., em processos enviados com base no art. 77, § 2º, ou mesmo art. 66, parágrafo único), o recurso deve ser julgado pelo Tribunal de Justiça (nesse sentido, STF, HC 83.855, julgado em 04/05/2004, publicado no DJU de 28/05/2004; essa decisão alude a Tribunal de Alçada, mas esta espécie de tribunal foi extinta pela Emenda Constitucional nº 45, de 2004, art. 4º).

A situação mais freqüente é a da apelação. Ela seria destinada, de acordo com o art. 82 da Lei nº 9.099/95, para atacar decisão de rejeição de denúncia ou queixa, bem como a sentença de mérito, ou, consoante art. 76, § 5º, sentença que acolher proposta de transação penal formulada pelo legitimado e aceita pelo autor do fato (leia-se, sentença homologatória da transação penal). No procedimento instituído pela lei dos Juizados Especiais Criminais, basicamente seriam essas as possibilidades. Contudo, a prática mostrou que situações outras existem, não enquadráveis estritamente nessas molduras; exemplificativamente, pode-se aludir à formulação de proposta de transação penal pelo Juiz, contra manifestação denegatória do Ministério Público ou do querelante; ou extinção da punibilidade por reconhecimento de prescrição pela pena em perspectiva. A saída é considerar tais decisões judiciais como sentenças, porque, afinal de contas, tendem ao encerramento do feito.

O prazo da apelação é de 10 (dez) dias, "contados da ciência da sentença pelo Ministério Público, pelo réu e seu defensor" (art. 82, § 1º, da Lei nº 9.099/95). Mas, e se sentença foi prolatada em audiência na qual os atos instrutórios foram gravados (conforme autoriza o art. 65, § 3º)? Nesse caso, embora parecesse razoável interpretar-se que a transcrição da gravação, facultada no art. 82, § 3º, devesse ocorrer antes do início do prazo (pois, conforme expressado no § 1º, da petição recursal devem constar as razões), o STF tem decidido que aquela ciência na própria audiência e é aperfeiçoada pela assinatura no respectivo termo (HC 81.933, julgado em 01/10/2002, publicado no DJU de 22/11/2002); assim, a fluência do prazo recursal independe da transcrição, que só servirá para quem for analisar o recurso. Em se tratando de Defensor Público, além da intimação necessariamente pessoal, é garantido prazo em dobro para o apelo, de acordo com o art. 128, inc. I, da Lei Complementar nº 80/94 (STF, HC 80.502, julgado em 12/12/2000, publicado no DJU de 24/08/2001); quanto à intimação pessoal, diz respeito apenas à sentença, e não à data de julgamento dos recursos, junto às Turmas Recursais, podendo a intimação desta ser pela imprensa oficial (STF, HC 76.915, julgado em 17/06/1998, publicado no DJU de 27/04/2001).

No tocante à essencialidade ou não das razões recursais, a jurisprudência do STF é dividida. A Primeira Turma fixou posição de que não são essenciais as razões, daí sua ausência não prejudicar o conhecimento das apelações (HC 80.947, julgado em 04/09/2001, publicado no DJU de 19/10/2001), ou a intempestividade na apresentação delas (HC 85.344, julgado em 08/11/2005, publicado no DJU de 31/03/2006). O argumento basilar é de que tal recurso se caracteriza, à exceção do Júri, justamente pela devolutividade integral do exame da causa ao órgão recursal (a menos que, na petição ou no termo de interposição, haja expressa limitação da inconformidade a uma parte somente da sentença). A Segunda Turma, de modo diverso, entende que o sistema recursal da Lei nº 9.099/95, que estabelece um só prazo para recorrer e, necessariamente, arrazoar, deve prevalecer em sua integralidade, não se admitindo conhecimento de apelação sem razões ou com estas intempestivas, aplicando-se o critério da especialidade e também porque admitida aplicação subsidiária de normas gerais do Código de Processo Penal apenas se não forem incompatíveis com o que a lei específica dos Juizados Especiais Criminais dispõe (HC 79.843, julgado em 30/05/2000, publicado no DJU de 30/06/2000).

Capítulo X

Comentários às disposições penais e processuais da Lei nº 9.613/98 (Lavagem de Dinheiro)

LUCIANO FELDENS[1]

DÉBORA POETA[2]

1. HISTÓRICO SOBRE A CRIMINALIZAÇÃO DA LAVAGEM[3]

A Lei nº 9.613, de 3 de março de 1998, pode ser dividida em dois módulos: (a) definição dos crimes de lavagem ou ocultação de bens, direitos e valores, e previsão de disposições processuais específicas (arts. 1º a 8º) e (b) instituição de mecanismos de prevenção da utilização do sistema financeiro para os ilícitos previstos nesta Lei (arts. 9º a 13), abrangendo a criação do COAF (Conselho de Controle de Atividades Financeiras) (arts. 14 a 17). O presente texto se concentrará na primeira parte da Lei, enfocando os dispositivos penais e processuais que a estruturam. Antes disso, aqui lançamos breves considerações sobre o contexto a partir do qual a legislação foi editada, o que nos auxilia à melhor compreensão de seu conteúdo.

1.1. Origens da lavagem como fenômeno

Atribui-se a Meyer Lansky a inauguração do fenômeno que hoje conhecemos pelo nome de lavagem de dinheiro. Russo de nascimento (1902), radicou-se nos Estados Unidos por volta da década de 30, onde criou, com Lucky Luciano, o *National Crime Syndicate*. Portador de indiscutíveis inteligência e perspicácia, Lansky chegou a ser chamado de "A Cabeça da Máfia" (*Mastermind of the mod*). O diferencial em Lansky consistia, precisamente, na adoção de técnicas mais desenvolvidas destinadas à dissimulação do proveito econômico das atividades da máfia, mediante depósitos em instituições financeiras sediadas em ilhas caribenhas e até mesmo na Europa. Segundo estimativas do FBI, Lansky ocultou no sistema financeiro cerca de US$ 300 milhões oriundos de práticas criminosas, dinheiro que jamais foi recuperado. Julgado em 1974, Lansky foi absolvido.

---

[1] Doutor em Direito Constitucional. Professor do Programa de Pós-Graduação em Ciências Criminais da PUCRS. Procurador da República, com atuação perante a 1ª Vara Federal Criminal em Porto Alegre/RS, especializada no processo e julgamento de crimes contra o Sistema Financeiro Nacional, de "lavagem" de capitais e crime organizado. E-mail: luciano@prrs.mpf.gov.br

[2] Mestranda e Especialista em Ciências Criminais pela PUCRS. Professora na Escola Superior da Magistratura Federal. Advogada Criminal. E-mail: debora@advocaciapenal.com.br

[3] Este ensaio, destinado a compor obra coletiva contingenciada por compreensíveis limitações de espaço, é bastante modesto em suas pretensões, dedicando-se a tecer comentários à Lei nº 9.613/98 a partir de uma revisão bibliográfica e jurisprudencial, com breves apontamentos críticos sobre recorrentes problemas acerca de sua aplicação.

1.2. Origens da Lei nº 9.613/98: um compromisso internacional

Desde a década de 80, a reação à lavagem de dinheiro vem se mostrando, progressivamente, como uma preocupação internacional. Isso se evidencia pela aprovação de diversas convenções e recomendações acerca do tema. Dentre essas, destaca-se a Convenção de Viena (*Convenção das Nações Unidas contra o Tráfico Ilícito de Entorpecentes e Substâncias Psicotrópicas*), concluída em 20/12/1988, é reconhecida como um marco na reação a ações delituosas dessa natureza, porquanto estabeleceu a obrigação, para cada país signatário, de criminalizar a lavagem do dinheiro derivada do tráfico de drogas (art. 3º), bem como criou dispositivos sobre cooperação internacional, objetivando facilitar a investigação e a extradição em casos tais.

A Lei nº 9.613/98 é, portanto, produto do compromisso internacional formalmente assumido pelo Brasil originariamente a partir da aprovação (Decreto Legislativo nº 162, de 14/06/1991) e da promulgação (Decreto nº 154, de 26/06/1991) da Convenção de Viena. Pode-se também dizê-la decorrente de outros compromissos internacionais assumidos no continente americano dos quais participou o Brasil, especialmente:

a) a *XXII Assembléia-Geral da Organização dos Estados Americanos* (OEA), em Bahamas, em 1992, da qual redundou a aprovação do "Regulamento Modelo sobre Delitos de Lavagem Relacionados com o Tráfico Ilícito de Drogas e Delitos Conexos", elaborado pela Comissão Interamericana para o Controle do Abuso de Drogas – CICAD.

b) a *Cúpula das Américas*, reunião essa integrada pelos Chefes de Estado e de Governo dos Países Americanos, no âmbito da OEA, realizada em Miami, em 1994, onde foi firmado um Plano de Ação prevendo que os governos "sancionarão como ilícito penal a lavagem dos rendimentos gerados por todos os crimes graves";

c) a *Conferência Ministerial sobre a Lavagem de Dinheiro e Instrumentos do Crime*, realizada em Buenos Aires, em 02/12/95, na qual o Brasil firmou a Declaração de Princípios relativa ao tema, inclusive quanto à tipificação do delito e sobre regras processuais especiais (Exposição de Motivos da Lei nº 9.613/98).

Importa ainda destacar a Convenção de Palermo (*Convenção das Nações Unidas contra o Crime Organizado Transnacional*), de 15/11/2000 (aprovada, no Brasil, pelo Decreto Legislativo nº 231, de 29/05/2003 e promulgada por meio do Decreto nº 5.015, de 12/03/2004). Esse documento estabelece a obrigação de cada Estado-Parte de adotar medidas legislativas ou outras que sejam necessárias para caracterizar como infração penal "a conversão ou transferência de bens, quando quem o faz tem conhecimento de que esses bens são produto do crime, com o propósito de ocultar ou dissimular a origem ilícita dos bens ou ajudar qualquer pessoa envolvida na prática da infração principal a furtar-se às conseqüências jurídicas dos seus atos" (art. 6º). De igual forma, se comprometeram os Estados-Parte a instituir "um regime interno completo de regulamentação e controle dos bancos e instituições financeiras não bancárias (...) a fim de prevenir e detectar qualquer forma de lavagem de dinheiro, sendo nesse regime enfatizados os requisitos relativos à identificação do cliente, ao registro das operações e à denúncia de operações suspeitas", assim como a garantir que "as autoridades responsáveis pela administração, regulamentação, detecção e repressão e outras autoridades responsáveis pelo combate à lavagem de dinheiro (incluindo, quando tal esteja previsto no seu direito interno, as autoridades judiciais), tenham a capacidade de cooperar e trocar informações em âmbito nacional e internacional, em conformidade com as condições prescritas no direito interno" (art. 7º).

Outrossim, o Brasil promulgou a *Convenção das Nações Unidas contra a Corrupção*, adotada pela Assembléia-Geral das Nações Unidas, no México, em 31/10/2003 (Decreto n° 5.687, de 31/01/2006). Nesse documento, os Estados-Parte assumiram o compromisso de criminalizar a lavagem de capitais oriunda de atos de corrupção (art. 23).

Percebe-se, pois, que a criminalização da lavagem de dinheiro resulta de variados compromissos internacionais assumidos multilateralmente pelo Brasil (conferir também: Aras, 2006).

1.3. Origens da expressão "lavagem" de dinheiro

A gênese da expressão *lavagem de dinheiro*, tradução de *money laudering*, estaria ligada ao fenômeno ocorrido nos EUA, na década de 20, relacionado às atividades mafiosas de *Al Capone*, quando foi montada uma rede de lavanderias para aparentar procedência lícita do dinheiro auferido com atividades ilícitas.

Essa nomenclatura foi adotada por outros países além do Brasil, tais como: Alemanha (*Geldwäsche*), Suíça e Áustria (*Geldwäscherei*), Argentina (*lavado de dinero*) etc. Outra expressão utilizada para designar este delito é *branqueamento de dinheiro*, utilizada por uma série de países: Espanha (*blanqueo de dinero*), Portugal (*branqueamento de dinheiro*), França (*blanchiment d'argent*). Na Itália, a tradução literal aponta para a utilização do termo *reciclagem* (*riciclaggio*). Judicialmente, a expressão foi utilizada pela primeira vez, também nos Estados Unidos, em 1982, em um caso envolvendo o confisco do dinheiro originário do tráfico de cocaína advinda da Colômbia, que havia sido "lavado" para encobertar sua procedência ilícita (Blanco Cordero, 2002: 86).

De acordo com a Exposição de Motivos da Lei n° 9.613/98, a opção legislativa por "lavagem", em vez de "branqueamento", deve-se ao fato de a expressão já estar consagrada no glossário das atividades financeiras e na linguagem popular, em conseqüência de seu emprego internacional (*money laudering*). Ademais, em razão de a denominação "branqueamento" não estar inserida no contexto da linguagem formal ou coloquial em nosso País, sua utilização poderia ensejar uma inferência racista do vocábulo.

2. OBJETO DE TUTELA NO CRIME DE LAVAGEM DE DINHEIRO

A identificação do objeto de tutela do delito de lavagem de dinheiro requer uma prévia visualização da(s) conduta(s) que se procura(m) coibir. Os contornos dogmáticos do delito não podem estar dissociados daquilo que se apresentou, ao legislador, como o móvel da necessidade de criminalização. Para tanto, ser-nos-á útil repassar, brevemente, as características exteriores do processo de lavagem, tais como concebidas pelo Grupo de Ação Financeira Internacional (FATF/GAFI).

2.1. Fases da lavagem no modelo clássico (FATF/GAFI)

Desde a perspectiva traçada no plano internacional, a lavagem de dinheiro é caracterizada por um conjunto complexo de operações comerciais ou financeiras que buscam a incorporação, na economia de cada país, de modo transitório ou permanente, de recursos, bens e valores de origem ilícita (COAF, 1999: 08). Ou seja, o delito compreende uma sucessão de atos que pressupõem a prática de um crime anterior (denominado crime antecedente), cujo proveito (bens, direitos ou valores) o agente busca integrar no sistema econômico legal, já com a aparência de haver sido obtido de forma lícita, no intuito de usufruí-lo sem despertar suspeitas quanto à origem criminosa. A prática da lavagem abarca, pois, uma série de atos realizados simultânea ou progressivamente até que os valores de origem ilícita possam se desvincular do crime anterior e, assim, ser inseridos na economia como aparentemente legais (Blanco Cordero, 2002: 91).

No modelo clássico (conhecido com *modelo FATF/GAFI,* que é um organismo intergovernamental que estabelece padrões, desenvolve e promove políticas de combate à lavagem de dinheiro e ao financiamento do terrorismo. <https://www.coaf.fazenda.gov. br >. Acesso em 20 jul 2008.), esse processo abarca três fases: (a) colocação ou introdução (*placement*), (b) ocultação ou dissimulação (*layering*) e (c) integração (*integration*) dos valores, as quais são aqui sinteticamente dispostas:

a) Colocação ou introdução – caracteriza-se pela inserção do dinheiro, bem ou valor no sistema econômico com o objetivo de distanciá-lo de sua origem ilícita. Tanto mais o autor logrará esse afastamento se movimentar o dinheiro em países com regras mais permissivas e que possuem um sistema financeiro liberal, com rígidas regras de sigilo bancário, de modo a garantir o anonimato do depositante, conhecidos como paraísos fiscais.

> Sob essas características, há cerca de 70 países ainda considerados paraísos fiscais, como: Bahamas, Bermudas, Chipre, Dubai, Gibraltar, Hong Kong, Ilhas Cayman, Ilhas Virgens Britânicas, Luxemburgo, Mônaco, Uruguai, etc. (*v.* Maia: *Lavagem de Dinheiro* (lavagem de ativos provenientes de crime) Anotações às disposições criminais da Lei n. 9.613/98, 1. ed., 2. tiragem, São Paulo: Malheiros, 1999.

A colocação se efetua, por exemplo, por meio de depósitos ou da aquisição de instrumentos negociáveis ou de bens. Para dificultar a identificação da procedência do dinheiro, são manobradas técnicas como o fracionamento dos valores (multiplicação de depósitos parciais), a aquisição de moeda estrangeira, a utilização de estabelecimentos comerciais que usualmente trabalham com dinheiro em espécie, empresas de fachada, e "mulas" para o transporte de divisas para o exterior, além da técnica hoje conhecida como *dólar-cabo* (Schmidt; Feldens, 2006: 221-225).

b) Ocultação ou dissimulação – consiste em dificultar o rastreamento contábil dos recursos ilícitos. O objetivo é quebrar a cadeia de evidências ante a possibilidade da realização de investigações sobre a origem do dinheiro. Os mecanismos utilizados são a movimentação dos valores de forma eletrônica, transferindo os ativos para contas anônimas ou a realização de depósitos em contas "fantasmas" (COAF, 1999: 12). No particular, os agentes do delito costumam se servir dos chamados paraísos fiscais, assim diagnosticados pela sua pequena ou inexistente taxação dos ativos e praticamente nula cooperação jurídica na revelação dos delitos dessa natureza (dentre os tantos existentes, seguem capitenando a lista de paraísos fiscais europeus Liechtenstein, Andorra e Monaco).

> Para uma visão global a respeito: *Atlas de la Criminalidad Financiera – Del Narcotráfico al Blanqueo de Capitales,* Madrid: Akal, 2002 (org. Jean de Maillard). A respeito, registre-se a recente descoberta de aplicações financeiras, de alemães, da ordem de 4 bilhões de euros, remetidos clandestinamente a Liechtenstein. O fato, considerado o maior escândalo fiscal da história da Alemanha, levou à prisão o diretor do *Deutsche Post* (El País, 24 de fevereiro de 2008, pp. 36-37).

c) Integração – reaparição do dinheiro produto do crime, agora com feição de dinheiro licitamente obtido. Visto que o dinheiro já se encontra "limpo", pode-se considerar esta fase como subseqüente à lavagem, destinada a incorporar os ativos formalmente ao sistema econômico. Como exemplo, refira-se a reinserção do dinheiro a partir da simulação da contratação de um empréstimo com empresa *off shore*, a declaração de que os valores são oriundos de empresa comercial (na verdade, uma empresa de fachada), um suposto pagamento de honorários profissionais oriundos do exterior (em contraprestação a um serviço que na realidade nunca foi prestado). Também é comum que essa reintrodução se verifique mediante a aquisição de bens em nome de terceiros (laranjas), de modo a não despertar a ação das autoridades sobre o autor do delito antecedente.

Essas três etapas caracterizam a fisiologia da lavagem naquilo que se poderia designar como seu complexo operacional global. Todavia, para a consumação do delito, não é necessária a ocorrência de todas essas fases; menos ainda que elas se verifiquem de forma independente, sendo comum, inclusive, que elas ocorram a um só tempo. Nesses termos, será a redação dos tipos penais que demarcará o âmbito da conduta penalmente reprovável, sendo de se observar, a partir do direito brasileiro, que a simples conversão, em ativos lícitos, de valores provenientes de quaisquer dos crimes antecedentes, efetuada com o preciso fim de dissimular a utilização desses valores, constitui infração penal (art. 1º, § 1º, I, da Lei nº 9.613/98). Perceba-se, também, que a internacionalidade do delito não é requisito necessário à sua configuração, refletindo-se, apenas, na determinação da competência jurisdicional (federal ou estadual).

2.2. Bem jurídico protegido

Observam-se algumas controvérsias acerca da objetividade jurídica protegida no delito de lavagem de dinheiro. Trata-se de uma questão relevante porquanto o alcance da tutela penal é também conformado pelo espectro da proteção visada. A doutrina, tanto nacional quanto estrangeira, não é unânime a respeito. Posicionamentos diversos apostam nos seguintes bens jurídicos:

2.2.1. Administração da Justiça

Parcela da doutrina sustenta que o objeto jurídico prevalente na Lei nº 9.613/98 seria a administração da justiça (Podval, 1998: 217-222), compreendida em sua acepção genérica, no sentido de "quaisquer manifestações da Justiça no atingimento de suas metas e finalidades" (Fragoso *apud* Maia, 1999: 54). Segundo esta concepção, a criminalização da lavagem de dinheiro objetiva impedir que o produto de crimes anteriormente cometidos sejam reinseridos no ambiente socioeconômico, parecendo ostentarem procedência lícita, o que impediria não apenas o seu confisco, mas a própria identificação da autoria e da materialidade do crime antecedente.

Esse entendimento encontra apoio em setores da doutrinas suíças, portuguesa e espanhola, ao fundamento de que o autor da lavagem oculta a origem do dinheiro ilícito no preciso objetivo de evitar que as autoridades encarregadas pela persecução penal descubram suas intenções, impedindo o bloqueio dos bens e, também, o próprio descobrimento do delito antecedente.

A seu turno, Blanco Cordero (2002: 183-204) refere que um tal posicionamento abrangeria apenas as primeiras duas fases do processo, sem prestar nenhuma atenção na fase que considera verdadeiramente importante: a da integração. Ademais, conforme Blanco Cordero, quando se sanciona penalmente a lavagem de dinheiro, não é por ser uma conduta lesiva à administração da Justiça, mas porque afeta outros interesses merecedores de proteção.

2.2.2. Sobreproteção do bem jurídico do crime antecedente

Para esta concepção, que toma em conta a natureza pluriofensiva do delito (decorrente do caráter multifacetado do processo da "lavagem" de dinheiro, bem como da feição acessória do tipo penal correspondente), o objeto jurídico do crime de lavagem de dinheiro é proteger, ainda que de forma mediata, os bens jurídicos tutelados pelos delitos antecedentes, quais sejam: a) saúde pública; b) segurança nacional; c) administração pública; d) sistema financeiro nacional; e) patrimônio, liberdade individual, integridade física e vida; f) paz pública.

No direito comparado, Miguel Bajo e Silvina Bacigalupo (2001: 684) defendem esse posicionamento, entendendo que, a exemplo do delito de receptação, a criminalização da lavagem de dinheiro tem por objetivo reforçar a proteção de um bem jurídico já tutelado pelo delito antecedente. Na Itália, em função de o delito de lavagem estar situado ao lado do delito de receptação no Código Penal, parte da doutrina comunga desse mesmo entendimento.

No Brasil, Pitombo (2003: 74), em tom crítico, refere que essa concepção almeja criar um "supertipo", cuja função seria atuar nas hipóteses de ineficácia do tipo penal antecedente. Aduz, nesse sentido, que se estaria prevenindo o cometimento de um crime impondo-se pena a sujeito (eventualmente) diverso daquele cujo comportamento se quer evitar.

2.2.3. Ordem econômica (e sua correlação com o sistema financeiro)

Significativa parcela da doutrina acentua estar em questão, como objeto de tutela, a ordem econômica, encontrando-se indiretamente afetadas a livre iniciativa, a propriedade, o consumidor (Pitombo, 2003: 77-80) e também o sistema financeiro.

Essa posição ganha destaque quando analisada sob a seguinte perspectiva: o ambiente econômico, aí englobado o sistema financeiro, exige higidez e transparência no que respeita ao seu funcionamento e, também, quanto aos valores por eles canalizados. Em um regime pautado na propriedade privada, a acumulação de patrimônio requer uma base econômica lícita.

A ingestão na economia de valores obscuros, misturados a bens de origem legal, marca a intromissão da criminalidade – muitas vezes organizada, e de escala internacional – na base das relações econômicas (aquisição, venda, locação e troca da propriedade imobiliária, comercialização de bens móveis e produtos, prestação de serviços, acumulação de capital para investimento no setor), colocando em xeque – em maior ou menor escala – a reclamada lisura necessária ao adequado funcionamento da ordem econômica nesse complexo de relações que a envolvem.

Paralelamente, o sistema financeiro, em regra utilizado para a satisfação de interesses bastante diversos (remuneração do capital aplicado e financiamento de necessidades individuais ou sociais) mantém-se como tal a partir da confiabilidade que nele se deposita. Essa crença na solidez é o que justifica o aporte de capital nas instituições financeiras e em empresas (por exemplo, mediante a aquisição de ações), propiciando investimentos e o crescimento econômico.

Alguma ou outra vez menciona-se, como objeto de tutela, a ordem socioeconômica, considerados os efeitos projetados pela ação delituosa no meio social. É uma questão de nominalização, sendo evidente que a afetação social de uma conduta é o que confere ao bem jurídico atingido, em última análise, dignidade penal.

Se bem analisados os objetivos específicos perseguidos pela Lei, seria mais adequado, em termos de objetividade jurídica, associar a ordem econômica ao sistema financeiro em sua perspectiva operacional, haja vista as exigências de confiabilidade que pesam sobre o setor. É por esses canais onde freqüentemente transitam os valores oriundos de práticas delituosas. A própria Lei nº 9.613/98, em sua rubrica, é expressa em referir que sua instituição se dá para "a prevenção da utilização do sistema financeiro para os ilícitos previstos nesta Lei". Essa a razão pela qual, doravante, quando tratarmos do bem jurídico em questão, seguiremos com a denominação *ordem econômico-financeira*, sem prejuízo de que casuisticamente se verifique um maior ou menor envolvimento de uma objetividade jurídica mediatamente atingida, o que decorre da natureza pluriofensiva dos delitos sob análise.

2.2.4. Pluriofensividade do delito: característica sugerente de uma pluralidade de objetividades jurídicas

Para que não se dissipe em mera retórica acadêmica, o discurso jurídico há de assumir certas imprecisões quando se propõe a operar com novos modelos de proibição. Nesse tom, não podemos ignorar que boa parte dos tipos penais, mesmo quando instituídos a fazerem frente à criminalidade clássica, não estão voltados à proteção de um único e recortado bem jurídico-penal. Casos há em que a classificação no âmbito de uma tal ou qual objetividade jurídica atende a critérios de opção legislativa nem sempre muito claros. Se analisarmos, por exemplo, os elementos dos crimes de latrocínio (art. 157, § 3º, do CP) e extorsão mediante seqüestro (art. 159 do CP), não se torna difícil identificar que neles se projetam a proteção jurídico-penal não apenas do patrimônio, senão que também da vida e da liberdade. A colocação desses delitos entre os crimes patrimoniais não os destitui da tutela de outro bem jurídico. Na lavagem de dinheiro, processa-se esse mesmo fenômeno, haja vista a pluriofensividade do delito.

Assim, embora nos pareça que a objetividade jurídica tutelada seja, efetivamente, a ordem econômico-financeira, não se poderá negar que indiretamente a administração da justiça – nos termos em que dela já trata a Parte Especial do CP – é afetada pela prática da lavagem. Da mesma forma que ocorre com o crime de favorecimento real (art. 349 do CP), na lavagem, o conteúdo da proibição revela o principal objetivo do legislador: impedir que os autores dos crimes antecedentes restem impunes e logrem, ademais, usufruir os proveitos deles originados, com se lícitos fossem, escapando, assim, à ação da justiça.

3. DISPOSIÇÕES PENAIS DA LEI Nº 9.613/98 (TIPOLOGIA)

Art. 1º. Ocultar ou dissimular a natureza, origem, localização, disposição, movimentação, ou propriedade de bens, direitos ou valores provenientes, direta ou indiretamente, de crime: (...)

3.1. Tipo objetivo (verbos nucleares)

3.1.1. Ocultar ou dissimular

Embora a identificação do sentido dos verbos nucleares da figura típica – *ocultar* ou *dissimular* – não requeira maiores esforços lingüísticos, algumas observações são necessárias no intuito de ajustá-las ao propósito da criminalização da lavagem. Em termos semânticos, *ocultar* significa encobrir, esconder, abrigar, ao passo que a *dissimulação* transmite uma idéia de maior elaboração, um estágio mais avançado em relação à ocultação, consistente no disfarce, no mascaramento do produto do crime antecedente. Em algum ou outro ponto, essas formas verbais podem até mesmo se interseccionar, quando então a delimitação conceitual perderia sentido prático, uma vez que catalogadas alternativamente, sob a mesma tipologia e pena. Todavia, se alargarmos o espectro das expressões a partir de sua literalidade, os verbos *ocultar* e *dissimular* também podem apresentar sentidos bastante distantes. Enquanto a dissimulação já indica a prática de alguma manobra tendente a desassociar o dinheiro de sua origem ilícita, o que parece ser uma exigência do tipo penal, a ocultação, por si só, não conduz – ou pelo menos não conduz sempre – à mesma conclusão. Há formas e formas de ocultação, inclusive formas um tanto rudimentares que não são aptas a caracterizar o delito de lavagem. Isso nos aponta para a necessidade de aportarmos uma interpretação a esse verbo nuclear que esteja em consonância ao contexto típico no qual está inserido.

3.1.2. Sentido específico da ocultação no tipo penal de lavagem.
A diferença entre a lavagem, o favorecimento real e a receptação

A compreensão do verbo *ocultar*, para efeitos de caracterizar o delito de lavagem, requer uma análise nos limites da objetividade jurídica tutelada (essencialmente, a ordem econômico-financeira). Para tanto, devemos identificar se a ocultação efetivada pelo agente tem, de fato, o condão de permitir a desvinculação entre o crime praticado e o dinheiro ilícito obtido, de modo a permitir sua ulterior fruição, no ambiente econômico, aparentando origem lícita. Nesse tom, podemos afirmar, em primeira linha, que o *ocultar* do art. 1º da Lei nº 9.613/98 não equivale ao simples "esconder" o produto do crime. Se assim fosse, o tipo ostentaria uma abertura textual demasiamente ampla, de modo a abranger praticamente toda e qualquer destinação dada ao dinheiro pelo autor do crime antecedente.

A ocultação requerida pelo tipo não se confunde com formas básicas de escondimento ou uso do valor obtido com o crime. Imagine-se, por exemplo, que o agente venha a enterrar o dinheiro produto de um delito de descaminho (art. 334 do CP) nos fundos de sua residência. Essa conduta caracterizaria, por si só, o tipo penal do art. 1º, inc. V, da Lei nº 9.613/98, na modalidade *ocultar*? A resposta é negativa. Respondemos com outra indagação: qual o risco, já neste momento, que a conduta oferece para a ordem econômico-financeira? Por outro lado, se essa conduta (enterrar o dinheiro) é realizada por terceiro, que não participou do crime, mas atua em consciente auxílio posterior àquele que o praticou, tem-se por consumado o crime de favorecimento real (art. 349 do CP). E caso esse terceiro o faça retirando algum proveito econômico (patrimonial), poder-se-á cogitar de receptação, na modalidade *ocultar* (art. 180 do CP); nunca, entretanto, se caracterizará, neste exemplo, a lavagem de dinheiro.

> Conforme Nelson Hungria, na receptação o agente age impelido pelo interesse econômico próprio ou de terceiro, que não o autor do crime anterior, ao passo que no favorecimento real o proveito é assegurado em favor ou no interesse do próprio autor do crime antecedente (Comentários ao Código Penal, VII, Rio de Janeiro: Foresene1959, p. 509-510).

Haveremos de assumir, portanto, que a modalidade *ocultar*, do art. 180 do CP, não tem sentido idêntico àquela mesma forma verbal presente no art. 1º da Lei nº 9.613/98.

A ocultação exigida pelo tipo penal da lavagem deve equivaler à – ou muito aproximar-se da – dissimulação, consistente na utilização de artifícios tentendentes a promover a reaparição do dinheiro no sistema econômico-financeiro, desta feita com aparência lícita. Este, e não outro, o sentido da criminalização da lavagem de dinheiro. Assim, se distinção existe entre os verbos nucleares do art. 1°, seria ela um tanto sutil, situando-se, ambos, em uma relação de linearidade progressiva, de menos a mais, no que respeita ao processo de reintegração dos valores. Neste preciso particular, concordamos com Celso Vilardi (2007: 18), quando sustenta que "não basta, pois, ocultar ou esconder; é necessário que a ocultação integre o processo de lavagem, daí não se poder aplicar o significado literal do verbo ocultar, para explicar este tipo penal".

Entretanto, cabe referir, na senda do que decidido pelo STF, que a ocultação que aperfeiçoa o tipo e realiza o crime não necessita ser a ocultação absoluta, insuscetível de ser desvelada, nem mesmo realizada por meio de um complexo esquema financeiro transnacional, perfectibilizando-se com condutas mais simples, como depositar na conta da empregada doméstica dinheiro proveniente de um dos crimes elencados nos incisos do art. 1° (STF – RHC 80.816/SP, 1ª Turma, Rel. Min. Sepúlveda Pertence, DJ de 18/06/2001).

3.1.3. Tipo penal misto alternativo

Dogmaticamente, estamos diante de um tipo penal misto alternativo, na medida em que a realização de quaisquer das ações elencadas nos núcleos verbais (ocultar ou dissimular) caracteriza o ilícito, porém, a subsunção da conduta a mais de uma ação nuclear, quando incidente sobre o mesmo objeto material, não configura pluralidade de crimes.

3.2. Tipo subjetivo

A Lei n° 9.613/98, seguindo recomendação da Convenção de Viena, previu apenas tipos dolosos, o que se constata pela ausência de qualquer previsão de crime na modalidade culposa (art. 18, p. único, do CP). Sendo requisito do crime de lavagem que o proveito seja oriundo da prática de um dos crimes antecedentes arrolados no art. 1°, o autor deve ter conhecimento de que o capital ocultado ou dissimulado provém de uma daquelas infrações penais. Nesse sentido: STJ, HC 44339/SP, 6ª T., Rel. Min. Paulo Medina, DJ de 21/11/2005; STJ, HC 49470/PB, 5ª T., Rel. Min. Felix Fischer, DJ de 11/09/2006 e STJ, HC 84190/SP, 5ª T., Rel. Min. Felix Fischer, DJ 07/02/2008.

Discute-se, aqui, sobre a imprescindibilidade do dolo direto para a caracterização da lavagem, ou se suficiente o dolo eventual. A admissão do dolo eventual baseia-se essencialmente na substituição da expressão "sabendo serem provenientes", constante no projeto original, pela expressão "provenientes" constante no art. 1°. Nesse sentido é o entendimento de Baltazar Jr. (2006: 417) e Maia (1999: 88). De modo diverso, Pitombo (2003: 137) entende que "a intencionalidade de ocultar ou dissimular não dá abrigo à assunção de risco; ao contrário, exige ação com conhecimento prévio do crime-base, conduzida a partir da decisão de alcançar o resultado típico".

Essa discussão assume relevo apenas quando o autor da lavagem não é o autor do delito antecedente. Entendemos, alinhados a Pitombo, que o autor da lavagem deve ter conhecimento de que o bem, direito ou valor é originário de um dos delitos elencados no rol do art. 1º. Isso não pressupõe, entretanto, exigir do sujeito ativo conhecimentos detalhados acerca do delito antecedente (como sobre sua autoria, seu *modus operandi* etc). Ademais, o que dirá sobre se o agente detinha ou não esse conhecimento são as provas circunstanciais do fato em sua globalidade, não sendo o bastante, evidentemente, a simples negativa do autor quanto a essa consciência.

A respeito, a Recomendação nº 2 expedida pelo GAFI aponta que:

2. Os países deveriam asegurar que: a) A intenção e o conhecimento requeridos para provar o crime de branqueamento de capitais estão em conformidade com as normas estabelecidas nas Conveções de Viena e de Palermo, incluindo a possibilidade de o elemento interncional ser deduzido a partir de circunstâncias factuais objetivas.

3.3. Crimes antecedentes

A lavagem de dinheiro tem como pressuposto o cometimento de um delito antecedente, tenha este sido praticado ou não pelo autor da ulterior ocultação ou dissimulação (lavagem). A respeito do rol dos crimes antecedentes (também chamados de anteriores ou prévios), são essencialmente dois os critérios mundialmente adotados para classificá-los:

3.3.1. Modelo catálogo (lista taxativa)

Trata-se de um modelo no qual o legislador cria uma lista fechada de crimes que poderão ser considerados antecedentes à lavagem. Dentro dessa classificação, poderíamos alocar tanto a legislação de primeira geração, como a de segunda geração, das quais trata a Exposição de Motivos da Lei nº 9.613/98.

As legislações de primeira geração basearam-se na Convenção de Viena e circunscreviam o delito de lavagem a bens, direitos e valores oriundos exclusivamente do tráfico de entorpecentes. Essa orientação era compreensível, pois os traficantes foram os "navegadores pioneiros nas marés da delinqüência transnacional" (Exposição de Motivos da Lei nº 9.613/98 – Item 15). Assim, a ocultação ou dissimulação de bens, direitos e valores originários de todos os demais ilícitos, que não o tráfico de entorpecentes, se enquadravam na órbita do favorecimento real ou, dependendo do caso, da receptação.

Como passo seguinte, advieram legislações que culminaram por ampliar as hipóteses dos ilícitos antecedentes, com a elaboração de listas mais amplas, porém igualmente taxativas. São chamadas legislações de segunda geração, mas ainda assim classificadas como de lista fechada.

3.3.2. Modelo aberto

Neste modelo inexiste uma relação taxativa de quais são os delitos antecedentes. A fómula aberta pode-se verificar em legislações que acolhem, com antecedentes à lavagem, uma ampla categoria de delitos (*v.g.* crimes dolosos ou crimes graves) ou, de modo ainda mais extensivo, qualquer tipo de delito.

Internacionalmente, a Convenção do Conselho da Europa de 1990 adotou esse modelo, passando a considerar como delito prévio à lavagem qualquer infração penal. Seguindo essa diretriz, muitos países passaram a adotar o modelo aberto, tais como: Suíça ("*Verbrechen*" – delitos graves, entendidos como tais os sancionados com pena de prisão), Áustria (delitos graves, entendidos como tais os sancionados com pena de prisão superior a três anos), Itália ("delitto non colposo"), Inglaterra (todo e qualquer delito – alteração realizada pelo *Criminal Justice Act*, 1993), Espanha (qualquer "delito"), entre outros (Blanco Cordero, 2002: 254-255). Considera-se este modelo como legislação de terceira geração.

3.3.3. Modelo misto (modelo adotado pelo Brasil)

A lista de delitos antecedentes da Lei nº 9.613/98 é geralmente caracterizada como fechada e de segunda geração. Porém, essa classificação merece uma observação adicional, especialmente em razão da cláusula de abertura prevista no inciso VII, a admitir, como delito prévio à lavagem, qualquer crime "praticado por organização criminosa". Essa fórmula permite a ampliação indireta do rol de crimes antecedentes, de modo que a opção legislativa brasileira melhor se diagnostica como um modelo *misto* (Bonfim; Bonfim, 2005: 56): em princípio fechado, porém aberto a outras hipóteses delitivas, desde que praticadas *por* organização criminosa.

3.4. O rol de crimes antecedentes adotado pela Lei nº 9.613/98

A lavagem de dinheiro, no Brasil, tem como crimes antecedentes as seguintes infrações penais:

I – de tráfico ilícito de substâncias entorpecentes ou drogas afins;

Foi o delito de tráfico ilícito de entorpecentes que impulsionou os acordos e as convenções internacionais no combate à lavagem de dinheiro. Isso porque, embora o narcotráfico não seja a única vertente desse crime, configura-se como uma das principais fontes de proventos ilícitos submetidos a um processo de dissimulação.

Quando da entrada em vigor da Lei nº 9.613/98, o delito de tráfico encontrava suporte nos artigos 12 e 13 da Lei nº 6.368/73, condutas que hoje estão incriminadas nos arts. 33 e 34 da Lei nº 11.343/06. Dentre os crimes previstos no Capítulo II desta Lei, são abrangidos pelo inciso I da Lei nº 9.613/98, além do art. 33, *caput* e § 1º, os tipos penais dos artigos 34 e 36 (este na hipótese de gerar bens, direitos ou valores ao financiador dos delitos antes referidos).

Essa interpretação é congruente ao próprio compromisso assumido pelo Brasil com a promulgação da Convenção de Viena, no sentido de criminalizar a "a conversão ou a transferência de bens, com conhecimento de que tais bens são procedentes de algum ou alguns dos delitos estabelecidos no inciso 'a' deste parágrafo", dentre os quais se situam: "a) i) a produção, a fabricação, a extração, a preparação, a oferta para venda, a distribuição, a venda, a entrega em quaisquer condições, a corretagem, o envio, o envio em trânsito, o transporte, a importação ou a exportação de qualquer entorpecente ou substância psicotrópica, contra o disposto na Convenção de 1961 em sua forma emendada, ou na Convenção de 1971; ii) o cultivo de sementes de ópio, do arbusto da coca ou da planta de cannabis, com o objetivo de produzir entorpecentes, contra o disposto na Convenção de 1961 em sua forma emendada; iii) a posse ou aquisição de qualquer entorpecente ou substância psicotrópica com o objetivo de realizar qualquer uma das atividades enumeradas no item i) acima; iv) a fabricação, o transporte ou a distribuição de equipamento, material ou das substâncias enumeradas no Quadro I e no Quadro II, sabendo que serão utilizados para o cultivo, a produção ou a fabricação ilícita de entorpecentes ou substâncias psicotrópicas; v) a organização, a gestão ou o financiamento de um dos delitos enumerados nos itens i), ii), iii) ou iv)".

A respeito, debate a doutrina, desde a vigência da Lei n° 6.368/76, sobre a inclusão, no âmbito de abrangência do inciso I do art. 1° da Lei n° 9.613/98, do crime de associação para o tráfico, hoje previsto no art. 35 da Lei n° 11.343/06. Devemos bem compreender a questão.

A simples associação, em si, sequer gera lucro a ser ocultado ou dissimulado. O problema é outro. O que se exige, para fins de tipicidade penal à luz do art. 1°, I, da Lei n° 9.613/98, é que o valor ocultado ou dissimulado seja proveniente do tráfico, tenha este sido praticado ou não por aquele que oculta ou dissimula os valores obtidos por meio dessa ação delituosa. Ou seja, desimporta que o sujeito da lavagem seja sujeito ativo do tráfico ou simples membro de associação para esse fim. Ademais, eventuais bens, direitos ou valores obtidos pelo membro de uma associação para o tráfico apontará, muito provavelmente, para sua condição de partícipe dessa ação delituosa (tráfico). Mas é importante obserava que essa condição não é necessária à tipicidade penal do delito de lavagem. Para tanto, basta que tenha havido um tráfico, cujo produto (bem, direito ou valor) é ocultado ou dissimulado, tendo o autor da ocultação ou dissimulação consciência da origem criminosa do bem. Considere-se, ainda, que na conformidade do *caput* do art. 1° o delito de lavagem se consuma mediante a ocultação ou dissimulação de valores provenientes, *direta ou indiretamente*, dos crimes arrolados em seus incisos.

> Como exemplo, citamos recente julgado do TRF/4ª Região, cuja leitura integral recomendamos, porquanto o acórdão transpõe argumentativamente o conteúdo registrado na ementa: PENAL. LAVAGEM DE DINHEIRO. CRIME ANTECEDENTE. ASSOCIAÇÃO PARA O TRÁFICO DE DROGAS (ART. 14 DA LEI 6.368/76). AUTORIA E PARTICIPAÇÃO NO DELITO ACESSÓRIO. TIPICIDADE. 1. Lavagem de dinheiro é delito acessório que pressupõe a existência de um crime antecedente. 2. *A associação para o tráfico, consoante abalizada doutrina, constitui uma das hipóteses previstas no art. 1º, I, da Lei 9.613/98.* No caso *sub judice*, o acusado apresenta também diversas condenações pelo ilícito insculpido no art. 12 da Lei de Tóxicos. 3. O autor do branqueamento de ativos não precisa necessariamente ter concorrido para a prática do crime principal, podendo dele participar na forma do art. 29 do CP, ou ainda do art. 1º, § 1º da legislação específica. 3. Lavagem de dinheiro comprovada pela extensa movimentação de recursos financeiros e bens materiais, oriundos do tráfico de drogas, praticado por um dos réus em nome da sua mãe, co-acusada, que não dispunha de receitas compatíveis. A ocultação e/ou dissimulação restou evidenciada inclusive pela tentativa de demonstrar junto ao Fisco a origem fictícia dos recursos (TRF4 – ACR 2003.71.00.046933-0, 8ª Turma, Rel. Élcio Pinheiro de Castro, DJ 24/10/2007).

II – de terrorismo e seu financiamento;

Inicialmente, esse inciso referia-se apenas ao terrorismo, vindo a ser acrescido da expressão "e seu financiamento", inserida pela Lei n° 10.701/03, editada em razão da ratificação, pelo Brasil, da Convenção Internacional para Supressão de Financiamento do Terrorismo, de 09/12/99 (promulgada pelo Decreto n° 5.640/05).

O delito de terrorismo tem sua criminalização exigida pela Constituição da República (art. 5°, XLIII), que o qualifica como inafiançável e insuscetível de graça e anisitia. A despeito desse mandado de criminalização expresso, o legislador ainda não o cumpriu como lhe competia fazê-lo (a respeito da relação entre Constituição e Direito Penal, enfatizando os mandados constitucionais de criminalização, v. nossa obra: *A Constituição Penal* – A Dupla Face da Proporcionalidade no Controle de Normas Penais, Porto Alegre: Livraria do Advogado, 2005). Essa omissão tem gerado uma série de discussões doutrinárias acerca da existência, ou não, de um tipo penal de terrorismo no Brasil. Invoca-se, seguidamente, a Lei de Segurança Nacional (Lei n° 7.170/83), de duvidosa aplicabilidade em tempos atuais, porquanto duvidosa é sua recepção pela Constituição de 1988. Essa lei faz alusão, em seu art. 20, a "atos de terrorismo", os quais muito se relacionavam, na época de sua edição, à ação de grupos sociais então tidos por "subversivos". No particular, este tipo de interpretação não pode mais prevalecer. Ainda assim, algo da redação se pode manter para o fim de atestar a dupla incriminação, no Brasil e no exterior, quando o delito de lavagem se configure no território nacional, mas o delito antecedente tenha se realizado no exterior.

Surge, aqui, a seguinte questão: se o crime de terrorismo for praticado em um país no qual esteja prevista sua adequada tipificação penal – por exemplo, na Espanha – e o proveito desse crime for ocultado ou dissimulado no Brasil, caracterizará o delito de lavagem de dinheiro do nosso ordenamento jurídico? A resposta é positiva. O fato de o delito prévio ser cometido no exterior não é óbice para a condenação por lavagem em nosso país, diante da expressa previsão legal do inciso II do art. 2º.

De ver-se, outrossim, que o terrorismo, em si, não gera necessariamente bens, direitos ou valores. De modo que o âmbito de incidência do inciso II parece realmente estar voltado a alcançar o dinheiro movimentado para a realização da ação terrorista, justificando-se, no particular, o acréscimo legislativo mencionado.

III – de contrabando ou tráfico de armas, munições ou material
destinado à sua produção;

Circunscrevem-se nessa norma os delitos previstos nos arts. 334 do CP (contrabando), 12 da Lei nº 7170/83 – com as reservas recém-aludidas acerca da validade da lei, pelo menos nos contornos semânticos originais – e 18 da Lei nº 10.826/03.

No que respeita ao contabando, a explicitação legislativa é totalmente desnecessária, porquanto, no Brasil, essa infração penal se encontra catalogada como delito contra a administração pública, abrangida, portanto, pelo inciso V do art. 1º.

Acerca do tráfico de armas, é bastante razoável sua previsão expressa como crime antecedente porquanto, conforme relatório das Nações Unidas, é prática que movimenta internacionalmente grandes quantidades de dinheiro (Cervini, Oliveira e Gomes, 1998: 331) que inevitavelmente têm origem ilícita e também são reutilizadas no patrocínio de ações criminosas.

IV – de extorsão mediante seqüestro;

Esse crime foi elencado como antecedente à lavagem em função de uma reivindicação da bancada dos deputados do Rio de Janeiro, a pretexto da gravidade do delito, bem como da sua constante ocorrência naquele Estado (Jobim, 1999: 100). Com essa fundamentação, o legislador deixa transparecer que a criminalização da lavagem parece assumir uma perspectiva de sobreproteção do bem jurídico do delito antecedente, cuja definição legal encontra-se no art. 159 do CP, elencado como crime hediondo pela Lei nº 8.072/90.

V – contra a Administração Pública, inclusive a exigência, para si ou para outrem, direta ou indiretamente, de qualquer vantagem, como condição ou preço para a prática ou omissão de atos administrativos;

No anteprojeto da Lei, esse inciso referia-se apenas aos crimes "contra a Administração Pública", sendo complementado a partir de sua discussão na Câmara dos Deputados (Pitombo, 2003: 61). Essa redação final, entretanto, em nada alterou seu conteúdo original.

Devemos aqui observar que inexiste uma congruência total entre a redação do inciso V e a rubrica do Título XI do Código Penal (Dos Crimes Contra a Administração Pública). E isso por dois motivos:

(a) muito embora o inciso V abranja, corretamente, os delitos de peculato, corrupção passiva, concussão, tráfico de influência etc., sob o Título XI encontram-se abarcados delitos que não propiciam a obtenção de bens ou valores, tais como o abandono de função, o desacato, a resistência e a desobediência etc.

(b) por outro lado, o inciso V deve ser compreendido de forma a acolher delitos que, embora não previstos no Título XI do Código Penal, inequivocamente se apresentem como atentatórios à administração pública. Essas situações ocorrem porque em determinados casos o legislador previu, em leis penais especiais, por força de um sujeito ativo ou objeto material específicos, delitos com idêntica base material. Como exemplo, citamos os arts. 89, 90, 92, 95 e 96 da Lei nº 8.666/93, relacionados aos delitos praticados em relação ao procedimento licitatório, bem como o art. 3º da Lei nº 8.137/90, o qual trata de delitos funcionais praticados contra a administração pública fazendária.

Sendo assim, não será a vestimenta jurídico-penal da conduta, ou sua classificação em tal ou qual rubrica do Código ou de leis especiais que indicará, por si só, sua condição de crime contra a administração pública. Essa característica se diagnostica a partir do próprio conteúdo (formal e material) do tipo penal incriminador.

VI – contra o sistema financeiro nacional;

Os crimes contra o sistema financeiro nacional estão tipificados na Lei nº 7492/86. Em virtude da amplitude desse inciso, poder-se-ia afirmar, em gênero, que qualquer delito previsto nessa lei pode ser considerado como prévio à lavagem. Na prática, as espécies delitivas que mais aparecem como antecedentes à lavagem são aquelas inscritas nos artigos 4º (gestão fraudulenta de instituição financeira), 5º (apropriação ou desvio de valores), 11 ("caixa 2" de instituição financeira) e 22 (evasão de divisas).

A inclusão desses delitos como antecedentes retrata uma acertada opção legislativa, pois estão rotineiramente ligados à lavagem de capitais. De acordo com William Terra de Oliveira (1998: 331), o legislador deveria ter incluído, ao lado desses crimes, outros igualmente lesivos à ordem socioeconômica e que propiciam a lavagem de dinheiro, a exemplo dos delitos que atingem a livre concorrência e a economia popular.

VII – praticado por organização criminosa;

Este dispositivo estabelece uma cláusula de abertura, ampliando, indiretamente, o rol dos delitos antecedentes, porquanto permite que o produto de qualquer crime, desde que este tenha sido cometido por organização criminosa, possa ser objeto de lavagem de dinheiro.

A questão realmente é problemática. E o problema reside no conceito daquilo que seja uma organização criminosa. Embora tenhamos legislação sobre questões relacionadas ao tratamento do crime organizado (Lei nº 9.034/95), a lei brasileira não definiu, com a desejável precisão, o que se deva entender por "organização criminosa", o que vem dificultando a aplicação desse inciso.

De fato, a terminologia empregada presta-se a articulações dialéticas bastante amplas. Sua abertura semântica permite que tanto se enquadrem em seus domínios textuais quanto deles se afastem inúmeras situações, tudo a depender dos pré-conceitos utilizados à caracterização de cada um dos elementos que sirvam à sua configuração conceitual (Feldens, 2007).

Na atualidade, para fins de determinação do conteúdo da terminologia "organizações criminosas", torna-se necessário recorrer, em primeiro plano, à antes mencionada Convenção das Nações Unidas contra o Crime Organizado Transnacional (Convenção de Palermo). Referida Convenção tem como "grupo criminoso organizado" aquele "grupo estruturado de três ou mais pessoas, existente há algum tempo e atuando concertadamente com o propósito de cometer uma ou mais infrações graves ou enunciadas na presente Convenção, com a intenção de obter, direta ou indiretamente, um benefício econômico ou outro benefício material" (artigo 2 – Terminologia, "a").

A jurisprudência vem se valendo basicamente desse conceito para a definição de uma organização criminosa (TRF4 – ACR 2000.71.00.018143-6, 7ª Turma, Rel. Desa. Federal Maria de Fátima Freitas Labarrère, DJ de 13/06/2007).

De ver-se, entretanto, que tal conceito, marcado por sua amplitude, não elucida, com a desejável precisão, seu próprio objeto. Assim, sua utilização está conduzindo a uma indevida equiparação entre "organização criminosa" e o delito de quadrilha ou bando previsto no art. 288 do CP, traduzindo graves problemas jurídicos com inequívoca repercussão prática.

Se o conceito normativo de "organizações criminosas", porque edificado internacional e multilateralmente, não pôde avançar mais, tudo indica que sua operacionalização no âmbito do Direito interno está a merecer uma adjudicação de sentido que lhe garanta aplicabilidade. Seja como for, essa tarefa haveria de iniciar-se pelo cotejo do conceito com outros parâmetros normativos já existentes que lhe sirvam de referência (positiva ou negativa). Nesse contexto, e já no intento de produzir um sentido possível à expressão sob análise, uma hipótese deve ser rechaçada de imediato. Precisamente aquela que induza sinonímia entre os delitos de quadrilha ou bando (art. 288 do CP) ou de associação para o tráfico de entorpecentes (art. 35 da Lei nº 11.343/06) e o conceito emanado da Convenção de Palermo. Inexiste, no caso, relação de justaposição. Quando mais não seja porque, se houvesse, seria de todo inútil a incorporação do documento internacional ao Direito interno. Outrossim, se à primeira vista estaríamos autorizados a cogitar que toda "organização criminosa" constitui, em tese, uma quadrilha ou bando, fato é que nem todo bando ou quadrilha configura, per se, uma "organização criminosa". Entretanto, sequer a primeira dessas hipóteses pode ser tida como verdadeira, porquanto ao tempo em que o tipo penal do art. 288 do CP exige, para sua configuração típica, a presença de "mais de três pessoas", o conceito da Convenção contenta-se com "três" (artigo 2 – Terminologia, "a").

Ainda nesse tom, o aspecto organizacional da associação não parece dispensar a verificação de alguns requisitos que nos permitam diferenciá-la de grupos criminosos "não-organizados". Assim, as "organizações criminosas", para que se possam enquadrar como tais na normatividade da Convenção de Palermo, haveriam de contar, pelo menos, com um denominador comum: a manifestação do caráter empresarial de suas operações, via de regra marcado: a) pela hierarquia na gestão das atividades delituosas; b) pela distribuição de posições com metas e propósitos, gerais e específicos; c) pelo autofinanciamento do grupo a partir do lucro obtido por meio das próprias operações

Comentários às disposições penais e processuais
da Lei nº 9.613/98 (Lavagem de Dinheiro)

221

ilícitas, a indicar não apenas a existência de relações comerciais lucrativas havidas em torno da prática do delito (característica de toda infração patrimonial), mas uma retroalimentação financeira da organização, mediante a ingestão de recursos ilegais na economia (aquisição de bens) de sorte a possibilitar sua subsistência como tal; d) pela participação (ainda que remota ou eventual, por ação ou omissão) de agentes do Estado na planificação ou execução da empreitada delituosa (este critério não é propriamente conceitual, mas fortemente indicativo da organização do grupo criminoso).

Salientamos, por fim, o fato de tramitarem, no Congresso Nacional, diversos projetos de lei com o escopo de criar o tipo penal de organização criminosa. Dentre eles, destacamos o Projeto de Lei n° 2.858/00:

> Art. 1º. O Decreto-Lei no 2.848, de 7/12/1940 (Código Penal), fica acrescido do seguinte artigo: "Organização criminosa. Art. 288-A. Associarem-se mais de três pessoas, em grupo organizado, por meio de entidade jurídica ou não, de forma estruturada e com divisão de tarefas, valendo-se de violência, intimidação, corrupção, fraude ou de outros meios assemelhados, para o fim de cometer crime: Pena – reclusão, de cinco a dez anos, e multa. § 1º Aumenta-se a pena de um terço à metade se o agente promover, instituir, financiar ou chefiar a organização criminosa. § 2º O participante e o associado que colaborar para o desmantelamento da organização criminosa, facilitando a apuração do delito, terá a pena reduzida de um a dois terços".
>
> Igualmente, tramitam no Congresso: a) Projeto de Lei nº 2751/00 (Câmara dos Deputados); b) Projeto de Lei nº 7223/02 (Câmara dos Deputados); c) Projeto de Lei nº 3.731 de 1997 (Senado Federal), PLS nº 67/96; d) Substitutivo ao Projeto de Lei nº 3.731 de 1997; e) Projeto de Lei do Senado nº 118/02; f) Projeto de Lei nº 150/06, recentemente aprovado com emendas no Senado Federal.

VIII – praticado por particular contra a administração pública estrangeira (arts. 337-B, 337-C e 337-D do Decreto-Lei nº 2.848, de 7 de dezembro de 1940 – Código Penal).

Esse inciso foi acrescentado pela Lei n° 10.467/02, promulgada com o objetivo de dar efetividade ao compromisso internacional assumido pelo Brasil na *Convenção sobre Combate da Corrupção de Funcionários Públicos Estrangeiros em Transações Internacionais*, concluída em Paris, em 17/12/1997 (promulgada pelo Decreto n° 3.678, de 30/11/2000). Ao incorporarem essa Convenção, os Estados-Partes se obrigaram a incluir a corrupção de funcionário público estrangeiro como delito antecedente à lavagem, independente do local da ocorrência da corrupção. Essa prática era comum na realização de negócios comerciais internacionais, havendo registros de pagamentos de propina, por parte de executivos estrangeiros, a funcionários públicos nacionais.

A Lei n° 10.467/02, além de adicionar esse inciso VIII ao art. 1° da Lei n° 9.613/98, acrescentou o Capítulo II-A (Dos Crimes praticados por particulara contra a Administração Pública estrangeira) ao Título XI (Dos Crimes contra a Admistração Pública) do Código Penal, definindo os crimes praticados por particular contra a administração pública estrangeira (arts. 337B, 337C e 337D).

3.5. Análise crítica sobre a lista de delitos antecedentes adotada pelo Brasil e anteprojeto de lei que amplia a lavagem para abranger qualquer delito antecedente

No Brasil, as escolhas legislativas efetuadas pelo legislador na composição da lista de crimes antecedentes à lavagem merecem algumas críticas. A grande omissão legislativa foi a não-inclusão do delito de sonegação fiscal como antecedente, especialmente o art. 1º da Lei nº 8.137/90, na medida em que muitos casos de ocultação e dissimulação provêm dessa conduta. O item 34 da Exposição de Motivos justifica a opção legislativa nos seguintes termos:

> Observe-se que a lavagem de dinheiro tem como característica a introdução, na economia, de bens, direitos ou valores oriundos de atividade ilícita e que representaram, no momento de seu resultado, um aumento do patrimônio do agente. Por isso que o projeto não inclui, nos crimes antecedentes, aqueles delitos que não representam agregação, ao patrimônio do agente, de novos bens, direitos ou valores, como é o caso da sonegação fiscal. Nesta, o núcleo do tipo constitui-se na conduta de deixar de satisfazer obrigação fiscal. Não há, em decorrência de sua prática, aumento de patrimônio com a agregação de valores novos. Há, isto sim, manutenção de patrimônio existente em decorrência do não pagamento de obrigação fiscal. Seria desarrazoado se o projeto viesse a incluir no novo tipo penal – lavagem de dinheiro – a compra, por quem não cumpriu obrigação fiscal, de títulos no mercado financeiro. É evidente que essa transação se constitui na utilização de recursos próprios que não têm origem em um ilícito.

Discordamos desse entendimento e, principalmente, da fundamentação em referência. A formação de "Caixa 2" no âmbito das empresas gera, potencialmente, um vultoso aumento do patrimônio de seus sócios a partir do redirecionamento de valores originariamente destinados aos cofres públicos (aliás, em casos vários o imposto vem destacado na nota de venda, e quem o paga é o consumidor final). Assim, a tomar-se por válida a argumentação expendida na Exposição de Motivos – insinuando ser a sonegação um mero descumprimento de obrigação fiscal – sequer poderíamos tomá-la como crime, mesmo autônomo.

Ademais, a fundamentação utilizada expõe uma evidente contradição do legislador, que penaliza, como crime antecedente, o descaminho (art. 334 do CP), delito esse que, além de via de regra praticado por pessoas inferiorizadas no plano socioeconômico, nada mais é do que a ilusão de tributos devidos pela entrada ou saída de produtos do País (II e IPI), deixando de fazê-lo, todavia, em relação à sonegação fiscal fraudulenta (art. 1º da Lei nº 8.137/90).

Para ilustrar com outro exemplo, que novamente expõe a contradição do legislador: a movimentação de valores paralelos à contabilidade (formação de "Caixa 2") no âmbito de uma instituição *financeira* configura a infração penal do art. 11 da Lei nº 7.492/86. Por se tratar de crime contra o sistema financeiro nacional, é delito que pode figurar como antecedente da lavagem.

Outra curiosidade – que novamente denuncia uma certa incoerência sistêmica – diz respeito aos crimes de sonegação de contribuição previdenciária (art. 337-A do CP). Agora encartados ao capítulo dos crimes contra a Administração Pública, habilitar-se-iam, se adotado um critério exclusivamente atrelado ao posicionamento topológico, a figurar como antecedentes da lavagem, sem que possam sê-lo, entretanto, os crimes contra a ordem tributária. Parece-nos, novamente, que a mera alocação do delito sob uma tal ou qual rubrica não define sua condição como pertencente a uma tal ou qual objetividade jurídica.

Por essas e outras razões, em 2005 o Ministério da Justiça encaminhou ao Congresso Nacional anteprojeto de lei que suprime a lista cerrada de delitos antecedentes. A prevalecer essa orientação, o artigo 1º possibilitaria a penalização da ocultação ou dissimulação de bens, direitos ou valores oriundos de *qualquer* crime. A redação proposta tem o seguinte teor:

Art. 1º. Ocultar ou dissimular a natureza, origem, localização, disposição, movimentação ou propriedade de bens, direitos ou valores provenientes, diretamente ou indiretamente, de infração penal.

3.6. Tipos penais derivados: §§ 1º e 2º do art. 1º da Lei nº 9.613/98

A par do tipo básico instituído no *caput* do art. 1º, a Lei nº 9.613/98 estabeleceu outras variantes da reciclagem de dinheiro, ampliando, assim, o âmbito de tutela por meio das condutas descritas em seus §§ 1º e 2º. São perceptíveis algumas semelhanças entre a forma básica e alguns dos tipos derivados de lavagem de dinheiro, o que tem gerado algumas discussões acerca da correta qualificação jurídica de determinados casos práticos. Quando congruência houver, parece-nos que a relação entre o *caput* e seus parágrafos resolve-se, em princípio, pelas regras atinentes ao concurso aparente de normas, isso quando idêntico o objeto material da ação delituosa. Muito embora a pena cominada ao tipo principal e aos secundários seja a mesma, pode haver discussão acerca da incidência, ou não, da majorante prevista no § 4º do art. 1º, destinada exclusivamente ao tipo penal previsto no *caput*.

§ 1º. Incorre na mesma pena quem, para ocultar ou dissimular a utilização de bens, direitos ou valores provenientes de qualquer dos crimes antecedentes referidos neste artigo:

I – os converte em ativos lícitos;

A conversão (transformação, modificação) do capital proveniente de um delito em ativos lícitos normalmente ocorre por meio da sua inserção em ativos societários, em investimentos (ações), em aplicações financeiras, em depósitos bancários ou, ainda, na compra de bens móveis e imóveis. É principalmente através da conversão que se promove a separação física entre o criminoso e o produto de seu crime.

Em realidade, a conversão em ativos lícitos nada mais é do que uma forma de ocultar ou dissimular a proveniência ilícita do capital. Importante lembrar, entretanto, que para consumação desse tipo derivado não é necessário que o autor tenha efetivamente atingido a ocultação ou dissimulação, bastando que tenha realizado a conversão com esse desiderato. Por essa razão, o § 1º e o *caput* do art. 1º podem se encontrar em relação de progressividade, apresentando-se, o § 1º, como uma etapa anterior da que prevista no *caput*. A consideração de tratar-se, aqui, de progressividade criminosa, afasta a dupla incriminação, pelo § 1º e, depois, pelo *caput*, se atingida a ocultação ou dissimulação.

Também aqui é preciso não confundir a conduta criminosa com a simples utilização – ou gasto – do proveito financeiro obtido com o crime antecedente. O delito está imbricado na mesma lógica do *caput*, no que requer que a ação de ocultar ou dissimular tenha aptidão para disfarçar a origem desses valores.

II – os adquire, recebe, troca, negocia, dá ou recebe em garantia,
guarda, tem em depósito, movimenta ou transfere;

Essa forma típica (tipo misto alternativo) traz uma série de condutas que podem tanto ser praticadas pelo autor do crime antecedente como por terceiro. Imperioso observar, no entanto, que para a consumação desse ilícito penal é necessário que o agente, sendo ou não o autor do crime antecedente, pratique a conduta nuclear (adquirir, receber, trocar, guardar, movimentar, transferir, etc.) com o específico propósito de ocultar ou dissimular a sua origem ilícita (§ 1º). Inexistindo essa finalidade específica, o fato poderá caracterizar o delito de receptação (art. 180 do CP), desde que o agente saiba tratarem-se os bens, direitos ou valores provenientes de crime.

Os atos que constituem esse tipo penal são, em sua maioria, relacionados à fase da dissimulação (*layering*), na medida em que o criminoso, praticando-os, busca impedir a reconstrução da trilha de vestígios que vincula o ativo ao crime que o gerou.

Da mesma forma que ocorre com o inciso anterior, essa modalidade típica é caracterizada por condutas que precedem o resultado exigido pelo *caput*. Ou seja, neste inciso são descritos meios através dos quais o autor do crime pode dissimular ou ocultar a origem ilegal dos proveitos obtidos com a prática do delito prévio. Diferencia-se essencialmente do tipo penal originário porque prescinde da ocultação ou da dissimulação, consumando-se com o propósito de atingi-las.

III – importa ou exporta bens com valores não correspondentes aos verdadeiros

Esse tipo penal envolve, basicamente, a prática de superfaturamento na utilização do comércio exterior (importação ou exportação de bens), utilizado para dissimular a saída ou o ingresso de valores auferidos com a prática de crime (antecedente).

O tipo se realiza, assim, pela adoção de medidas relacionadas ao comércio exterior tententes a legitimar o ingresso de divisas formadas no exterior – ou para lá remetidas em momento anterior – ou a saída dissimulada, para o exterior, de recursos obtidos com a prática de uma infração penal catalogada como antecedente à lavagem.

Assim, por exemplo, um traficante que tenha US$ 500.000 no exterior, produto do tráfico internacional, desejando fazê-los ingressar no País de forma aparentemente lícita, noticia às autoridades aduaneiras a exportação de mercadorias (v.g., calçados) no valor de US$ 1.000.000, quando, na verdade, essas correspondem a US$ 500.000 (superfaturamento na exportação). Com essa prática, e uma vez acertado com o "importador" – que pode ser o próprio traficante por meio de distinta configuração pessoal ou jurídica –, ingressarão no Brasil US$ 1.000.000, supostamente como contraprestação da mercadoria que, em realidade, vale US$ 500.000. Os demais US$ 500.000, produto do tráfico, adentram camufladamente como o retorno econômico-financeiro de uma operação aparentemente lícita. Em tese, o inverso (superfaturamento na importação) também pode caracterizar o tipo, quando o propósito do agente seja o de enviar ao exterior valores obtidos com a prática de delito anterior (essa forma é de mais difícil realização prática, porquanto exigiria a prévia contabilização do recurso enviado ao exterior; nesta hipótese, muito provavelmente a dissimulação já terá ocorrido e, portanto, consumada estará a lavagem na forma descrita no *caput*).

§ 2º. Incorre, ainda, na mesma pena quem:

I – utiliza, na atividade econômica ou financeira, bens, direitos ou valores que sabe serem provenientes de qualquer dos crimes antecedentes referidos neste artigo;

Trata-se de infiltração do dinheiro sujo na atividade legítima. Criou-se o presente tipo com a finalidade de coibir a etapa da integração (*integration*) e, concomitantemente, obstaculizar a prática de quaisquer variantes da utilização do produto de crime antecedente não alcançadas pelo *caput*.

O tipo penal tem como alvo a ação de terceiro (ou seja, aquele que não praticou o crime antecedente) voltada à utilização de bens, direitos ou valores na atividade econômica ou financeira. Exige o tipo que o terceiro saiba que esses bens, direitos ou valores sejam "provenientes de qualquer dos crimes antecedentes".

Caso a utilização dos valores na atividade econômica ou financeira seja realizada pelo autor do crime antecedente, essa conduta poderá ser enquadrada ou no *caput* ou no § 1°, I, do art. 1°.

A dúvida remanescente, em todo o caso, parece assentar-se naquilo que seja, ou não, utilização dos valores "na atividade econômica ou financeira", o que se dirimirá diante do caso concreto.

Outrossim, se havia qualquer dúvida acerca da admissão do dolo eventual como elemento subjetivo em relação aos tipos penais do *caput* e do § 1°, nesse tipo derivado essa dúvida inexiste. Isso porque o legislador utilizou a expressão "que sabe serem provenientes de qualquer dos crimes antecedenes", não deixando qualquer espaço para o dolo eventual. O que não se exige para a implementação desse tipo penal é a demonstração da ocorrência da ocultação ou da dissimulação do valor, nem mesmo que o agente tenha agido com esse fim, bastando a prova de que o capital ilícito tenha sido conscientemente utilizado, por terceiro, na atividade econômica ou financeira.

II – participar de grupo, associação ou escritório tendo conhecimento de que sua atividade principal ou secundária é dirigida à prática de crimes previstos nesta Lei.

Cuida-se de uma espécie de associação para a prática de lavagem, a qual admite a criminalização autônoma de um determinado agente que dela participe. Neste particular, o tipo seria casuisticamente especial em relação ao art. 288 do CP.

Nos termos da lei, a penalização se verifica pela participação em "grupo, associação ou escritório", desde que o agente tenha conhecimento de que sua atividade, principal ou secundária, seja dirigida à prática dos delitos previstos na Lei n° 9.613/98.

A "atividade principal", como elemento do tipo, requer uma associação ou escritório estruturados especificamente para o fim de praticar a ocultação ou dissimulação de bens, direitos ou valores oriundos da prática dos crimes antecedentes. O delito abarcaria, assim, empresas de fachada, constituídas para a prática da lavagem, assim como empresas que, muito embora operem em observância à razão social (pressupostamente com objeto lícito), tenham estruturado um sistema voltado à prática da lavagem de capitais. Baltazar Jr. (2006: 416) oferece os exemplos de revendas de veículos, casas noturnas e transporte clandestino de passageiros. Podemos adicionar o caso de empresas financeiras (que operam com empréstimo, captação e aplicação de valores de terceiros), casas de câmbio ou mesmo escritórios de prestação de serviços em diversos setores (jurídico, contábil), quando suas atividades se prestem, principal ou secundariamente, à prática da lavagem. De tal modo, quando a constituição de uma associação ou escritório opera para além de sua razão social, funcionando habitualmente como meio à prática da ocultação ou dissimulação de bens, direitos ou valores, se poderá cogitar de uma atividade secundária dirigida a esse fim, nos termos da redação do dispositivo.

Cabe ainda uma explicitação: as expressões "crimes previstos nesta Lei", a que alude o dispositivo, são as diversas formas típicas de lavagem de dinheiro, e não os crimes antecedentes arrolados no art. 1°.

O delito é permamente, exigindo uma estabilidade na formação da associação ou do escritório, e autônomo em relação às formas básicas previstas nos dipositivos anteriores. Em face dessas caracterísitcas, pode-se verificar em situação de concurso de crimes com outras práticas de lavagem.

3.7. Concurso de crimes

3.7.1. Entre a lavagem e o delito antecedente

Entre a lavagem de dinheiro e o delito antecedente, quando praticados pelo mesmo agente, verifica-se concurso material (art. 69 do CP), havendo de ser somadas as penas aplicadas para as respectivas infrações penais. Isso se deve à autonomia do delito de lavagem, expressamente reconhecida pelo art 2º desta Lei. Entendimento diverso colocaria em *xeque* a própria razão de ser da criminalização da lavagem.

3.7.2. Entre os diversos tipos penais da Lei nº 9.613/98

Tratando-se a lavagem de dinheiro de um delito misto alternativo, conforme já analisamos, a subsunção da conduta a mais de uma ação nuclear do tipo penal configura crime único, e não pluralidade de crimes sujeitos a qualquer modalidade de concurso.

Entre o tipo principal (art. 1º, *caput*) e os tipos derivados (art. 1º, §§ 1º e 2º), a modalidade de concurso existente, via de regra, é aparente, devendo ser resolvida com a aplicação do princípio da especialidade. Isso porque os tipos derivados configuram-se como especificidades do delito principal. O único tipo derivado que pode nos conduzir a uma reflexão acerca da existência de concurso real de crimes é o previsto no inciso II do § 2º do art. 1º, que trata do delito de "associação para a prática de lavagem". Isso porque esse crime não guarda uma relação de especialidade com o tipo penal do *caput*, mas, sim, com o art. 288 do CP, podendo, a depender do caso concreto, haver um concurso material entre o *caput* e o inciso II, do § 2º. Sustentando essa modalidade de concurso, destacamos a doutrina de Baltazar Jr. (2006: 416).

3.8. Consumação e tentativa

Reitere-se que para a consumação do delito não é necessário o aperfeiçoamento de todas as fases do denominado modelo clássico de lavagem (colocação, ocultação/dissimulação e integração). O tipo penal criminaliza as condutas centrais da segunda fase (ocultação ou dissimulação), na qual efetivamente o autor do crime objetiva distanciar o recurso de sua origem delituosa.

Acerca da tentativa, existe disposição legal expressa:

§ 3º. A tentativa é punida nos termos do parágrafo único do art. 14 do Código Penal.

O dispositivo é dispensável, considerando-se a regra geral do Código Penal. Dois aspectos, entretanto, devem ser aqui abordados:

3.8.1. É possível ter-se por consumada a lavagem quando tentado o crime antecedente?

A lavagem de dinheiro não inclui em seu tipo penal a necessidade da consumação do tipo antecedente como elemento do elementar. Apenas refere que o bem, valor, direito ocultado ou dissimulado seja proveniente de um dos delitos antecedentes. Assim, se o delito antecedente, mesmo tentado, originar capital ilícito, não há óbice em considerá-lo como antecedente à lavagem.

Sucede, todavia, que na maioria dos casos em que o delito antecedente se reduz à modalide tentada, a obtenção da vantagem (dinheiro), acaba não sendo concretizada, o que afastaria, na hipótese, a caracterização da lavagem de dinheiro.

Aliás, também pode ocorrer de o delito antecedente estar consumado e não haver a geração de valores aptos a serem ocultados ou dissimulados (pense-se no exemplo do art. 159 do CP, crime formal em que a consumação se verifica com o seqüestro da pessoa para cujo resgate a vantagem ilícita é exigida; mesmo sem a obtenção dessa vantagem, o delito estará consumado). Dessa sorte, inexiste qualquer relação de condicionamento entre as modalidades tentada ou consumada do delito antecedente para a consumação da lavagem, de modo que a questão se resolve exlusivamente à luz do tipo penal da Lei nº 9.613/98.

3.8.2. A relação entre o crime tentado do caput e consumado do § 1º

Em decorrência de o *caput* exigir a ocultação ou a dissimulação dos bens, direitos ou valores como elementar típica, a sua inocorrência por motivos alheios à vontade do agente poderá caracterizar a tentativa. Entretanto, poderá ocorrer que a conduta praticada *para ocultar ou dissimular* o bem, direito ou valor já se encontre autonomamente criminalizada pelos incisos do § 1º, de modo que em tais casos teremos o tipo derivado consumado, e não tentativa do tipo principal. Isso porque, conforme já observamos, para a consumação das figuras típicas previstas no § 1º basta a finalidade do agente de ocultar ou dissimular o bem, direito ou valor produto do crime antecedente.

3.9. Causa especial de aumento de pena

§ 4º. A pena será aumentada de um a dois terços, nos casos previstos nos incisos I a VI do *caput* deste artigo, se o crime for cometido de forma habitual ou por intermédio de organização criminosa.

De acordo com a Exposição de Motivos da Lei, essa causa especial de aumento de pena destina-se a coibir a prática da lavagem de forma habitual e auxiliar no combate ao crime organizado. Note-se que o legislador restringiu a incidência dessa majorante ao delito de lavagem previsto no art. 1º, *caput,* tendo como antedentes os delitos previstos nos incisos I a VI, isso porque o inciso VII, o seguinte da lista, já prevê a prática do delito antecedente por organização criminosa. A extensão da majorante a essa hipótese acarretaria *bis in idem.*

A ausência de um cuidado legislativo mais apurado fez com que essa majorante não fosse modificada quando da posterior inserção do inciso VIII ao rol do art. 1º. Sem embargo, a causa de aumento se aplica a essa hipótese, uma vez que os crimes mencionados no inciso VIII foram incorporados ao Título XI do CP, que estabelece os crimes contra a administração pública, previstos, no inciso V, como antecedentes da lavagem.

Da leitura deste § 4º, no entanto, infere-se que estão fora de sua abrangência os tipos derivados de lavagem de dinheiro (§§ 1º e 2º do art. 1º).

Da mesma forma que ocorre em relação ao próprio do art. 1º, inciso VII, antes comentado, esta causa de aumento de pena padece dos mesmos problemas de delimitação conceitual relativos à determinação daquilo que se possa configurar como uma organização criminosa.

3.10. Delação premiada

§ 5º. A pena será reduzida de um a dois terços e começará a ser cumprida em regime aberto, podendo o juiz deixar de aplicá-la ou substituí-la por pena restritiva de direitos, se o autor, co-autor ou partícipe colaborar espontaneamente com as autoridades, prestando esclarecimentos que conduzam à apuração das infrações penais e de sua autoria ou à localização dos bens, direitos ou valores objeto do crime.

Trata-se, aqui, de uma espécie de delação premiada aplicada aos crimes de lavagem de dinheiro. O dispositivo permite que o autor, co-autor ou partícipe obtenha benefícios diversos, inclusive isenção de pena, tudo a depender do grau e das circunstâncias da colaboração oferecida, funcionando como parâmetro a prestação de esclarecimentos acerca das infrações penais, da sua autoria e da localização dos proveitos do crime.

Nos crimes que envolvem organizações criminosas, tais como a lavagem de capitais, o instituto da delação premiada ganha um relevo especial. Ao propiciar a redução da pena do réu colaborador, a Lei favorece o agente que rompa compromissos essenciais para manutenção de grupos criminosos, tais como a fidelidade e o sigilo.

Esse instituto não é novo no ordenamento jurídico, já se encontrando consagrado nos arts. 25, § 2º, da Lei nº 7492/86, 8º, parágrafo único, da Lei nº 8.072/90, 16, parágrafo único, da Lei nº 8.137/90, 6º da Lei nº 9.034/95, e tem-se revelado como um importante instrumento de investigação destinado à revelação dos casos penais. Trata-se, ademais, de prática internacionalmente adotada.

Ainda assim, no Brasil, houve quem preconizasse a inconstitucionalidade dessa medida. É muito curioso esse posicionamento. Mas não há qualquer fundamento para tanto. Manter o silêncio, na conformidade do que autoriza a Constituição, é um *direito* – e não um dever (!) – do investigado ou acusado (art. 5º, inc. LXIII, da CF). E, por certo, se cuida de um direito *disponível*. Ninguém melhor que o investigado ou acusado, assistido por defensor, para avaliar qual comportamento deve adotar diante da possibilidade legal de ver significativamente reduzida sua pena.

Além da redução da pena, o legislador estabeleceu a possibilidade – sempre analisada casuisticamente – de o juiz garantir ao criminoso-delator o início de cumprimento da reprimenda em regime aberto, caracterizando-se como uma exceção às regras de fixação do regime de cumprimento da pena de reclusão dispostas no § 2º do art. 33 do CP. Ou seja, mesmo que o delator seja condenado a uma sanção privativa de liberdade superior a 8 (oito) anos, poderá iniciar seu cumprimento em regime aberto.

4. DISPOSIÇÕES PROCESSUAIS ESPECIAIS

No Capítulo II da Lei, o legislador estabeleceu algumas normas processuais especiais a serem aplicadas aos crimes de lavagem de dinheiro, a seguir analisadas.

4.1. Rito processual

Art. 2º O processo e julgamento dos crimes previstos nesta Lei:
I – obedecem às disposições relativas ao procedimento comum dos crimes punidos com reclusão, da competência do juiz singular;

As recentes alterações legislativas atinentes ao processo e ao procedimento, inseridas pela Lei nº 11.719/08, sugerem uma adaptação deste inciso à nova realidade normativa.

Os delitos de lavagem de dinheiro seguirão, sempre, o procedimento comum *ordinário* (artigos 395 a 405 do CPP), porquanto todos são punidos com pena máxima superior a 4 (quatro) anos de pena privativa de liberdade (art. 394, § 1º, I, do CPP).

4.2. Autonomia do crime de lavagem de dinheiro

A autonomia do crime de lavagem de dinheiro em relação ao delito antecedente é indispensável para a eficácia da própria Lei, de acordo com a Exposição de Motivos. Tal autonomia vem prevista tanto no inciso II como no § 1º deste art. 2º. O primeiro dispositivo relaciona-se à autonomia processual, enquanto o segundo, à autonomia material.

II – independem do processo e julgamento dos crimes antecedentes referidos no artigo anterior, ainda que praticados em outro país;

Conforme essa disposição legal, o processo e o julgamento do crime de lavagem de dinheiro independem do julgamento dos crimes antecedentes. Essa norma fora criada em cumprimento às recomendações internacionais (*v*. Art. 2º – 6, do Regulamento Modelo da CICAD: Los delitos mencionados en este Artículo, serán tipificados, investigados, enjuiciados, fallados o sentenciados por el tribunal o la autoridad competente como *delitos autónomos de cualquier otro crimen*, no siendo necesario que se sustancie un proceso penal respecto a una posible actividad delictiva grave.), especialmente em razão da freqüência com que o crime antecedente é praticado em país diverso de onde ocorre a ocultação de seus proveitos.

A não-obrigatoriedade de vinculação dos processos não impede, por óbvio, que tramitem conjuntamente, situação que seria, talvez, a ideal.

Em relação à última parte, que demonstra a possibilidade de o crime antecedente ocorrer no exterior, é importante mencionarmos a exigência da dupla incriminação. Essa exigência, embora não prevista de forma expressa na lei, advém, segundo Pitombo (2003: 123), do princípio da estrita legalidade, porquanto o delito antecedente integra o tipo penal da lavagem de dinheiro. Não há necessidade de coincidência total dos elementos do tipo, nem mesmo igualdade da nomenclatura utilizada para definir o delito, mas o fato deve ser considerado crime tanto no país onde fora cometido, como no Brasil.

§ 1º A denúncia será instruída com indícios suficientes da existência do crime antecedente, sendo puníveis os fatos previstos nesta Lei, ainda que desconhecido ou isento de pena o autor daquele crime.

Esse parágrafo e o preceito anteriormente comentado integram o princípio da autonomia do crime de lavagem de dinheiro. Autonomia essa que deve ser caracterizada como relativa, porquanto a lavagem é um delito acessório que depende, para sua perfectibilização, da ocorrência do delito básico. Por isso a exigência expressa de que a inicial acusatória esteja calcada em indícios seguros acerca da prática do delito antecedente. Fica clara, todavia, a não-exigência de prova cabal acerca da ocorrência do crime antecedente para oferecimento da denúncia por lavagem de dinheiro. Aliás, em situações de maior complexidade, a denúncia pelo delito de lavagem poderá apontar como delito antecedente um fato que ainda está sendo investigado, e que por essa razão não é imputado na mesma inicial acusatória. Nessas circunstâncias, o delito antecedente, embora não imputado, pode ser objeto de debate no âmbito da própria ação penal referente à lavagem de dinheiro, tendo a prática forense catalogado exemplos dessa situação.

Uma segunda questão diz respeito à acepção da palavra "crime" (antecedente), que devemos adotar para a aplicação do delito de lavagem de dinheiro. Desde um ponto de vista dogmático, para a existência de um delito é preciso que concorram todos os elementos ou categorias integrantes da definição de delito (fato típico, ilícito e culpável). Uma tal concepção, adaptada à tipicidade dos delitos de "lavagem" de dinheiro, implicaria reconhecer a aplicabilidade da acessoriedade máxima, hipótese essa em que, se não culpável o autor do crime antecedente, os deixaria impunes. Objetivando afastar tal entendimento, o legislador deixou clara a adoção da teoria da acessoriedade limitada (*...ainda que desconhecido ou isento de pena o autor daquele crime...*), no sentido de dispensar a identificação da autoria e, portanto, da demonstração da culpabilidade do autor. Essa opção legislativa não é nova no ordenamento jurídico, pois já fora aplicada no crime de receptação. Aliás, a redação utilizada é bastante similar àquela do § 4º do art. 180 do CP.

Desse dispositivo legal denota-se, igualmente, que o autor da lavagem não necessita ter sido o autor, nem mesmo partícipe do delito antecedente, bastando que tenha conhecimento da origem ilícita do capital objeto da lavagem. Nesse sentido é o entendimento pacificado da jurisprudência: "(...) *A participação no crime antecedente não é indispensável à adequação da conduta* de quem oculta ou dissimula a natureza, origem, localização, disposição, movimentação ou propriedade de bens, direitos ou valores provenientes, direta ou indiretamente, de crime, ao tipo do art. 1.º, da Lei n.º 9.613/98. (...)" (STJ – ROMS 16813/SP – Quinta Turma, Rel. Gilson Dipp, DJ 02/08/2004); Ainda: "(...) Não há que se falar em manifesta ausência de tipicidade da conduta correspondente ao crime de 'lavagem de dinheiro', ao argumento de que o agente não foi igualmente condenado pela prática de algum dos crimes anteriores arrolados no elenco taxativo do artigo 1º, da Lei 9.613/98, *sendo inexigível que o autor do crime acessório tenha concorrido para a prática do crime principal,* desde que tenha conhecimento quanto à origem criminosa dos bens ou valores. (...)" (STJ – HC 36837/GO – Sexta Turma, Rel. Paulo Medina, DJ 06/12/2004); E mais: "(...) Inexigibilidade de que o autor do delito da Lei n.º 9.613/98 seja, também, autor do crime antecedente.(...)" (TRF1 – HC 200301000425438/GO – Quarta Turma, Rel. Des. Federal Carlos Olavo, DJ 11/03/2004).

4.3. Questões polêmicas

Muito embora a legislação pareça ser elucidativa na adoção, tanto da autonomia do crime de lavagem de dinheiro, como da teoria da acessoriedade limitada em relação à concepção de crime antecedente, muitas questões permanecem sendo debatidas no âmbito da doutrina e da jurisprudência, dentre as quais destacamos:

4.3.1. Sobre a (não) exigência de prova cabal
acerca da prática do crime antecedente

O texto legal é claro ao dispensar, para o oferecimento da denúncia, a prova cabal da ocorrência do crime antecedente, bastando a demonstração de fortes indícios de sua existência. A questão que merece foco é se tais indícios são, de igual forma, suficientes para embasar o decreto condenatório pelo delito de lavagem. A Exposição de Motivos da Lei parece indicar a exigência de uma prova mais contundente:

61. Observe-se, no entanto, que a suficiência dos indícios relativos ao crime antecedente está a autorizar tão-somente a denúncia, devendo ser outro o comportamento em relação a eventual juízo condenatório.

Qual, então, o nível de prova exigível sobre o delito antecedente para a sentença condenatória? Exigir prova cabal inviabilizaria qualquer condenação por lavagem de dinheiro, bem como tornaria ociosas as normas acerca da autonomia da lavagem, especialmente porque prova cabal da ocorrência do delito anterior apenas se terá, sob uma perspectiva eminentemente jurídica, com o trânsito em julgado da condenação.

A respeito, há manifestação jurisprudencial que anota, com fundamento na interpretação conjunta do art. 2º, II e § 1º, ser possível não apenas o recebimento da denúncia, mas a condenação pelo delito de lavagem de dinheiro sem ter havido julgamento do crime antecedente (TRF4 – ACR 2000.71.00.018143-6, 7ª Turma, Rel. Maria de Fátima Freitas Labarrère, DJ 13/06/2007). Isso não significa, contudo, que o juiz não deva expor as razões de seu convencimento à luz dos elementos de prova acerca da existência do crime antecedente.

De outro lado, defendendo o posicionamento segundo o qual a prova cabal da ocorrência do delito anterior é *conditio sine qua non* para condenação pelo delito de lavagem, destacamos a doutrina de Pitombo (2003: 131): "no correr da instrução criminal, a acusação terá de provar que os bens, objeto da suposta lavagem de dinheiro, provêm de determinado crime antecedente, que não se duvida tenha ocorrido. Caso contrário, será impossível assentar-se a tipicidade penal".

A questão é realmente complexa, e sua solução parece assentar-se no exame detalhado do caso concreto, ocasião em que se poderá fundamentar, a partir do contexto probatório demonstrado, sobre a ocorrência, ou não, do delito antecedente. O que parece evidente, a partir do texto legal, é a inexigência de sentença condenatória com trânsito em julgado do delito antecedente. Isso, contudo, não pode significar que simples indícios da ocorrência do delito, havidos por suficientes para a propositura da ação penal, sejam suficientes para embasar o decreto condenatório. É certo que, ao longo da investigação sobre a lavagem, o crime antecedente, embora não seja objeto daquele processo, será objeto de averiguação, inclusive para fins de demonstração da origem ilícita do capital ocultado ou dissimulado. Essa prova prescinde, entretanto, de demonstrações acerca da autoria do crime antecedente, bem como das circunstâncias específicas do delito, bastando que fique comprovado que por meio da sua prática se originaram bens, valores e direitos ilícitos, os quais foram utilizados no processo de lavagem de dinheiro.

4.3.2. É possível a condenação pelo crime de lavagem de dinheiro quando o crime antecedente foi cometido antes da entrada em vigor da Lei nº 9.613/98?

A autonomia da lavagem de dinheiro nos conduz, inclusive, a problemas relacionados à retroatividade da lei penal, a exemplo do questionamento ora posto em discussão. Em respeito ao princípio da reserva legal, a Lei nº 9.613/98, enquanto lei penal, não poderia retroagir para alcançar os fatos ocorridos anteriormente a sua edição. Situação distinta, entretanto, verifica-se quando a ocultação ou dissimulação de bens, direitos ou valores tenha ocorrido no período de vigência da Lei, tendo o crime antecedente sido praticado em período anterior à sua entrada em vigor.

Exemplo: uma autoridade pública de uma determinada cidade pratica, no ano de 1997, um crime de peculato (art. 312 do CP), apropriando-se de uma quantia "x" do município. Em maio de 1998, quando já em vigor a Lei nº 9.613/98, utiliza essa quantia "x", juntamente com um valor obtido através de um empréstimo com garantia hipotecária, para adquirir um apartamento luxuoso. Objetivando dissimular a ilicitude do capital empregado, aliena imediatamente o apartamento para uma corporação de fachada, que ele próprio controla. Posteriormente, a corporação vende a propriedade para um terceiro de boa-fé, pelo preço de compra original. Assim, o agente do delito logra disfarçar a origem dos fundos inicialmente utilizados (exemplo adaptado ao caso retirado de Maia, 1999: 43). Note-se que o delito contra a administração pública (antecedente) foi praticado em 1997, quando inexistia a Lei nº 9.613/98. Entretanto, a dissimulação dos valores obtidos com a prática do peculato foi realizada quando já vigente essa Lei. Essa hipótese é plenamente viável, não havendo cogitar-se de aplicação retroativa da lei da lavagem.

Há um precedente importante acerca desse assunto, julgado pelo TRF/4ª Região, que decidiu no sentido de permitir a condenação pelo delito tipificado no art. 1º da Lei nº 9.613/98, especialmente sob o fundamento de que "a pretensão punitiva não incide sobre as condutas ilícitas através das quais foram angariados os recursos financeiros, mas sobre as operações irregulares destinadas a legitimar tais valores" (TRF4 – ACR 2006.71.00.003146-5, Rel. Élcio Pinheiro de Castro, DJ 11/10/2006). O voto-condutor do julgado ressalta, ainda, que interessam à *persecutio criminis* tão-só as irregularidades concernentes ao "branqueamento de capitais", não ao delito antecedente, argumentando que raciocínio diverso resultaria na inevitável conclusão de que a Lei nº 9.613/98 incorre em *bis in idem*, pois penalizaria duplamente as práticas delitivas anteriores.

Posicionamento diverso foi manifestado pelo TRF/3ª Região, ocasião em que afirmada a impossibilidade de configuração do delito de lavagem de dinheiro quando o crime antecedente ocorrera anteriormente à vigência da Lei 9.613/98, porquanto nesses casos "o posterior aproveitamento pelos autores, para qualquer finalidade, do produto do delito prévio configura o que se denomina exaurimento do crime, situação que não se confunde com a ação típica, esta sim apta a ensejar eventual discussão sobre a aplicação da lei penal no tempo". (TRF3 – RCCR 3443/SP – 1ª Turma, Rel. Juiz Johonsom di Salvo, DJU 15/10/2004).

4.4. Competência

III – são da competência da Justiça Federal:
a) quando praticados contra o sistema financeiro e a ordem econômico-financeira, ou em detrimento de bens, serviços ou interesses da União, ou de suas entidades autárquicas ou empresas públicas;
b) quando o crime antecedente for de competência da Justiça Federal.

O legislador enumerou os casos em que a Justiça Federal terá competência para processar e julgar os crimes de lavagem de dinheiro, deixando a cargo da Justiça Estadual todos os demais (competência residual).

A primeira parte da alínea "a" determina que os crimes, quando praticados contra o sistema financeiro e a ordem econômico-financeira, serão de competência da Justiça Federal. O dispositivo legal é congruente ao art. 109, inc. VI, da Constituição.

Como exemplo, destacamos o precedente do STJ que, julgando um *habeas corpus* no qual o impetrante objetivava, entre outras teses, a declaração da nulidade da ação penal *ab initio* face à incompetência da Justiça Estadual, por ter o crime sido cometido contra o sistema financeiro e a ordem econômica e financeira, já que dissimulado em contas correntes os valores ilicitamente obtidos, entendeu que "a competência da Justiça Federal para o processo e julgamento dos crimes contra o sistema financeiro e a ordem econômico-financeira circunscrevem-se às hipóteses previstas na

Lei 7.492/86, não podendo ser ampliada para abranger crimes que, embora afetem a economia ou o sistema financeiro, não estão nela previstos" (STJ – HC 11.462/SP, 6ª Turma, Rel. Min. Vicente Leal, DJ. 04/12/2000).

A segunda parte também não traz qualquer dificuldade interpretativa, pois reprisa o que contido no art. 109, IV, da Constituição. O dispositivo tem, apenas, caráter esclarecedor, porquanto as hipóteses mencionadas já estão constitucionalmente situadas no âmbito de competência da Justiça Federal.

A regra contida na alínea "b", também de uma forma muito objetiva, vincula a competência da Justiça Federal para julgamento do delito de lavagem aos casos em que o crime antecedente é a ela afeto.

Importante ainda mencionar que no âmbito da Justiça Federal foram especializadas varas para o processo e julgamento dos crimes contra o sistema financeiro nacional e de lavagem de capitais. Essa especialização se deu por provocação do Conselho Nacional de Justiça (CNJ) e do Conselho da Justiça Federal (CJF), tendo os TRFs efetivado a medida nas suas respectivas áreas de jurisdição.

O CNJ editou, em 30/05/2006, a Recomendação nº 3, dirigida ao CJF e aos TRFs (no que respeita ao sistema judiciário federal), por meio da qual recomendou a especialização de varas federais *"para processar e julgar delitos praticados por organizações criminosas"*. A seu turno, o CJF fez publicar a Resolução nº 314, de 12/05/2003, alterada pela Resolução nº 517, de 30/05/2003, mediante a qual possibilitou aos TRFs a especialização de Varas Federais Criminais para processar e julgar "os crimes praticados por organizações criminosas, independentemente do caráter transnacional ou não das infrações". Em atenção a essas normativas, o TRF/4ª Região, por exemplo, por meio da Resolução nº 20/03, com suas inúmeras modificações, estabeleceu como competentes para o julgamento desses delitos, embora praticados em qualquer parte do território do Estado respectivo, a 1ª Vara Criminal Federal de Porto Alegre, a 2ª Vara Federal Criminal de Curitiba e a Vara Criminal de Florianópolis

Em geral, a jurisprudência vem se manifestando a favor da legitimidade dessa especialização, sob o argumento de que os tribunais têm competência para auto-organizar seus órgãos, a teor dos artigos 99 da CF e 3º da Lei nº 9.664/98 (STJ – CC 39.367, 3ª Seção, Rel. Min. José Arnaldo da Fonseca, DJ de 28/10/2003 e TRF4 – RSE 200370010148969/PR, 8ª Turma, Rel Des. Federal Élcio Pinheiro de Castro, DJ de 05/05/2004).

A matéria ainda comporta alguma discussão no STF. No julgamento do HC 88.660, o STF decidiu pela inconstitucionalidade da Resolução nº 314/2003 do CJF, reconhecendo que esse órgão exorbitou de suas funções ao delinear a competência de órgãos judiciais. Esse entendimento, contudo, não conduz, por si só, à inconstitucionalidade das varas especializadas, porquanto, no mesmo julgamento, o STF esclareceu que a inconstitucionalidade da Resolução do CJF não contaminaria as resoluções dos respectivos tribunais. Ainda entendeu o STF não haver afronta, no caso, ao princípio do juiz natural, pois a resolução questionada não criara tribunais de exceção, nem mesmo instituíra juízos *ad hoc* (STF – HC 88660, Tribunal Pleno, Rel. Min. Carmem Lúcia – Informativo do STF nº 506). Aspecto que merece reflexão diz com os inquéritos que já se encontravam em curso perante outras varas federais, com competência plena, e que foram redistribuídos quando da criação das varas especializadas. No julgamento do HC 88.660, afetado ao Plenário, o STF decidiu, por 10 votos contra 1, pela inexistência de qualquer vício. Essa decisão teve como fundamento a inocorrência, no concreto caso, de afronta ao parágrafo único do art. 75 do CPP, haja vista a inexistência de ato com conteúdo decisório por parte do juízo para o qual o inquérito fora inicialmente distribuído. E também adotou-se o entendimento de que a regra contida nesse dispositivo legal teria sua aplicação restrita aos casos em que o juízo prevento deixa de existir, ou quando dele for retirada por completo a competência para o julgamento da causa (acórdão ainda não publicado ao momento desta edição; conferir Informativos do STF nºs 457, 468 e 506).

4.5. Inaplicabilidade do artigo 366 do CPP aos crimes previstos nesta Lei

§ 2º. No processo por crime previsto nesta Lei, não se aplica o disposto no art. 366 do Código de Processo Penal.

O art. 366 do CPP dispõe que "se o acusado, citado por edital, não comparecer, nem constituir advogado, ficarão suspensos o processo e o curso do prazo prescricional" (Lembrando que, embora o legislador tenha buscado, entre outras alterações introduzidas pela Lei nº 11.719/08, modificar a redação do art. 366, houve veto presidencial no particular, o qual foi aposto com o preciso fim de "assegurar vigência ao comando legal atual, qual seja, a suspensão do processo e do prazo prescricional na hipótese do réu citado por edital que não comparecer e tampouco indicar defensor". Mensagem Presidencial nº 421, de 20/06/2008). Para o caso de delito contemplado na Lei nº 9.613/98, não se aplica essa regra, havendo o processo de prosseguir à revelia do acusado, com a nomeação de defensor.

Este dispositivo foi inicialmente acoimado de inconstitucional por setores da doutrina ao argumento de que acarretaria violação aos princípios constitucionais da ampla defesa e do contraditório. Inexiste a inconstitucionalidade alegada. Referidos princípios constitucionais não albergam, em seu conteúdo essencial, a obrigatoriedade da suspensão do processo quando não encontrado o denunciado e quando não atendida a citação editalícia. Ou, o que é dizer o mesmo: dos princípios aventados não brota um direito fundamental a não ser processado quando não citado pessoalmente. Aliás, se inconstitucionalidade existisse, todos os processos por crimes praticados anteriormente à entrada em vigor da Lei nº 9.271/96 haveriam de ser anulados, porquanto a disciplina anterior era precisamente essa para todos os casos, sendo agora restrita aos delitos previstos na Lei nº 9.613/98.

Conforme a Exposição de Motivos (Item 63): "Trata-se de medida de Política Criminal diante da incompatibilidade material existente entre os objetivos desse novo diploma e a macrocriminalidade representada pela lavagem de dinheiro ou ocultação de bens, direitos e valores oriundos de crimes de especial gravidade. A suspensão do processo constituiria um prêmio para os delinqüentes astutos e afortunados e um obstáculo à descoberta de uma grande variedade de ilícitos que se desenvolvem em parceria com a lavagem ou a ocultação".

Na atualidade, a partir das modificações introduzidas pela Lei nº 11.719/08, o dispositivo sob apreço deve ser interpretado como exceção ao art. 396, parágrafo único, do CPP, aplicando-se a disciplina do art. 396-A, § 2º, do CPP.

4.6. Proibição de concessão de liberdade provisória

Art. 3º Os crimes disciplinados nesta Lei são insuscetíveis de fiança e liberdade provisória e, em caso de sentença condenatória, o juiz decidirá fundamentadamente se o réu poderá apelar em liberdade.

As duas proibições a que o legislador aqui se refere não devem ser confundidas: fiança e liberdade provisória. A inafiançabilidade da infração não impede que o investigado ou acusado obtenha a liberdade provisória, sem fiança, desde que ausentes os requisitos ensejadores da decretação da prisão preventiva. No que respeita, entretanto, à vedação, por automatismo legal, da liberdade provisória, o dispositivo não se pode ter como válido à luz do que vem decidindo o STF. A constitucionalidade desse artigo, juntamente com o art. 9° da Lei n° 9.034/95, foi questionada perante aquela corte na Reclamação n° 2.391, sob o argumento, especialmente, de afronta ao princípio da não-culpabilidade. Muito embora esta ação tenha perdido seu objeto, foi possível averiguar o posicionamento de alguns dos ministros acerca do tema (Ministros Marco Aurélio, Cezar Peluso, Joaquim Barbosa, Carlos Britto e Gilmar Mendes). O resultado parcial do julgamento era no sentido de declarar a inconstitucionalidade do art. 9° da Lei n° 9.034/95, com efeitos *ex nunc*, e dar interpretação conforme a Constituição ao dispositivo ora analisado, no sentido de que o juiz, na hipótese de sentença condenatória, haveria de fundamentar a existência ou não dos requisitos da prisão cautelar.

> Nesse sentido: Art. 7º "(...) Não será concedida *liberdade provisória,* com ou sem fiança, aos agentes que tenham tido intensa e efetiva participação na organização criminosa. O citado dispositivo – a exemplo da *vedação* legal imposta aos crimes hediondos -, deve ser conciliado com a necessidade da prisão cautelar (artigo 312 do Código de Processo Penal), pela inexistência de prisão cautelar obrigatória". (TRF4 – HC 2007.04.00.025896-4, 7º Turma, Rel. Néfi Cordeiro, DJ 24/08/2007).

Em relação à proibição da liberdade provisória prevista na Lei dos Crimes Hediondos (Lei n° 8.072/90), o próprio legislador, pressionado pela crítica e pela decisão do STF que declarou a inconstitucionalidade do preceito que obrigava o condenado a cumprir a pena em regime integralmente fechado, editou a Lei n° 11.464/07, revogando a segunda parte do inciso II do art. 2° (que tratava da proibição da liberdade provisória) e estabelecendo prazos diferenciados para a progressão de regime. Tendo, portanto, o próprio legislador revogado tal proibição aos crimes considerados mais graves pelo ordenamento jurídico, parece inviável sustentar a validade dessa vedação aos crimes de lavagem de dinheiro. Assim sendo, a interpretação constitucionalmente adequada dessa norma é no sentido de exigir que o magistrado, atento aos requisitos do art. 312 do CPP, decida fundamentadamente sobre a necessidade da prisão preventiva em cada caso concreto.

4.7. Medidas assecuratórias

> Art. 4º O juiz, de ofício, a requerimento do Ministério Público, ou representação da autoridade policial, ouvido o Ministério Público em vinte e quatro horas, havendo indícios suficientes, poderá decretar, no curso do inquérito ou da ação penal, a apreensão ou o seqüestro de bens, direitos ou valores do acusado, ou existentes em seu nome, objeto dos crimes previstos nesta Lei, procedendo-se na forma dos arts. 125 a 144 do Decreto-Lei nº 3.689, de 3 de outubro de 1941 – Código de Processo Penal.
> § 1º. As medidas assecuratórias previstas neste artigo serão levantadas se a ação penal não for iniciada no prazo de cento e vinte dias, contados da data em que ficar concluída a diligência.

São medidas assecuratórias já estabelecidas genericamente no CPP (seqüestro, hipoteca e arresto), mas aqui adaptadas exlcusivamente a bens, direitos e valores que forem objeto da lavagem de dinheiro.

O seqüestro de bens (art. 125 do CPP) visa à constrição dos imóveis adquiridos com o produto da infração, de modo a propiciar, ao final, a medida do art. 91, II, do CP (perda do produto do crime ou de qualquer bem ou valor que constitua proveito auferido pelo agente com a prática do crime).

Já a hipoteca legal (arts. 134 e 135 do CPP) não tem por escopo atingir bens adquiridos com o provento da infração (embora até possam sê-lo). Nesta sede, disso não se perquire, voltada que está a medida, apenas, a garantir a indenização do dano causado pelo delito, efeito da condenação nos termos do art. 91, I, do CP.

A seu turno, o seqüestro (na realidade, arresto) prévio (art. 136 do CPP) – que não se confunde com o seqüestro antes mencionado (art. 125 do CPP) – é medida de índole cautelar, instrumental à inscrição da hipoteca legal. Com essa medida (arresto), procura-se preservar a eficácia da hipoteca legal requerida, durante seu demorado processo de especialização e inscrição.

O Brasil tem procurado implantar medidas que tornem mais eficiente o bloqueio desses bens, dentre as quais podemos destacar a implantação do BACEN-JUD, sistema de bloqueio de valores em tempo (quase) real, já em uso nas varas especializadas em processar delitos de lavagem de dinheiro, derivado de meta da ENCCLA (Estratégia Nacional de Combate à Corrupção e à Lavagem de Dinheiro).

A ENCCLA surgiu no final de 2003 com uma reunião com a maioria dos órgãos envolvidos no combate à lavagem de capitais, a partir da qual foram formados grupos de estudos que permitiram um melhor relacionamento entre tais órgãos, bem como o estabelecimento de metas e de responsáveis pela melhoria da política governamental de controle à lavagem de capitais. Barcelos (2006: 121-145).

Uma alteração significativa em relação às normas gerais previstas no CPP diz respeito ao prazo para o início da ação penal quando as medidas assecuratórias forem decretadas durante a investigação, o qual é aqui duplicado em relação ao previsto no CPP (art. 131, I). Essa limitação temporal, entretanto, vem sendo matizada pela jurisprudência, especialmente sob o argumento da complexidade dos casos envolvendo a lavagem de dinheiro (TRF4 – AC 2004.71.00.04.07638/RS, 8ª Turma, Rel. Des. Élcio Pinheiro de Castro, j. 25/05/05; TRF4 – AGMS 2004.04.01.05.18519/PR, 7ª Turma, Rel. Des. Néfi Cordeiro, j. 01/03/05).

A diligência de que trata o artigo em comento, da mesma forma em que ocorre em relação ao art. 131, I, CPP, haveria de ser a própria decretação da medida assecuratória, não se relacionando com diligências investigatórias requeridas pelo Ministério Público ao longo do inquérito. Nada obstante, recentemente, o STF entendeu "não estar vencido o prazo a que alude o § 1º do art. 4º da Lei nº 9.613/98, que é de 120 dias, pois ainda se encontram inconclusas as diligências requeridas pelo Ministério Público Federal, em ordem a não se poder iniciar a contagem do lapso temporal". (Inq-QO 2248/DF, Tribunal Pleno, Rel. Min. Carlos Britto, DJ 20/10/2006).

§ 2º. O juiz determinará a liberação dos bens, direitos e valores apreendidos ou seqüestrados quando comprovada a licitude de sua origem.

O legislador aqui definiu que caberá ao acusado a prova da licitude dos bens apreendidos. Por suposta inversão do ônus da prova, essa opção não ficou imune a diversas críticas.

Importante enaltecer, entretanto, que esse dispositivo foi criado em consonância com as recomendações de Direito Internacional, tais como a de nº 7 do art. 5º da Con-

Comentários às disposições penais e processuais
da Lei nº 9.613/98 (Lavagem de Dinheiro)

venção de Viena (Art. 5°, n° 7: "Cada uma das partes considerará a possibilidade de inverter o ônus da prova com relação à origem ilícita do suposto produto ou outros bens sujeitos a confisco, na medida em que isso seja compatível com os princípios de seu direito interno e com a natureza de seus procedimentos judiciais e de outros procedimentos"), e a terceira das 40 Recomendações do GAFI/FATF (Rec. n° 3 (...) Os países podem considerar a adoção de medidas que permitam o confisco de tais produtos ou instrumentos sem que seja exigida uma condenação criminal, ou que exijam do criminoso a demonstração da origem lícita dos bens sujeitos possivelmente a confisco, desde que isto esteja de acordo com os princípios do seu direito nacional. Disponível no *site* oficial do COAF: www.coaf.gov.br), especialmente diante da dificuldade de comprovar, quando ainda não encerrada a instrução, a origem ilícita dos bens apreendidos.

É de destacar, ainda, que essa aludida inversão quanto à prova da origem do bem circunscreve-se apenas aos casos de apreensão ou seqüestro de bens e valores, não se aplicando ao seu perdimento, o que poderá ocorrer apenas com o trânsito em julgado da sentença condenatória (Exposição de Motivos – Item 66).

> § 3°. Nenhum pedido de restituição será conhecido sem o comparecimento pessoal do acusado, podendo o juiz determinar a prática de atos necessários à conservação de bens, direitos ou valores, nos casos do art. 366 do Código de Processo Penal.

Esse parágrafo tem sido objeto de crítica por mostrar-se, aparentemente, contraditório com a redação do § 2° do art. 2°, que prevê a inaplicabilidade do art. 366 do CPP (Gomes, 1998: 357; Silva, 2001: 140). Muito embora pareça evidente a falta de técnica de redação, entendemos não haver a alegada incompatibilidade. O art. 2°, § 2°, conforme já referimos, dispõe que o acusado que, citado por edital, não comparece a juízo, nem constitui advogado, não terá direito à suspensão do processo prevista no art. 366 do CPP. No que respeita a este parágrafo, devemos compreendê-lo no sentido de que ao juiz é dado "determinar a prática de atos necessários à conservação de bens, direitos e valores" nos casos em que o autor do crime não comparece nem constitui advogado (Baltazar Jr., 2006: 428; Bonfim; Bonfim, 2005: 88).

> § 4°. A ordem de prisão de pessoas ou da apreensão ou seqüestro de bens, direitos ou valores, poderá ser suspensa pelo juiz, ouvido o Ministério Público, quando a sua execução imediata possa comprometer as investigações.

Insituído com a mesma finalidade a que editada a denominada *ação controlada* (art. 2°, inc. II, da Lei n° 9.034/95), esse preceito autoriza o retardamento do cumprimento da ordem de prisão ou da apreensão e seqüestro de bens, direitos e valores. Observe-se, entretanto, que nos termos da lei essa suspensão do cumprimento da medida (pela autoridade policial ou outro órgão) depende de autorização judicial, ouvido o Ministério Público. Trata-se de disposição legal que objetiva resguardar o sigilo da investigação e a eficácia das medidas restritivas.

5 . CASUÍSTICA

São realmente variadas – e muitas vezes complexas – as formas de execução dos tipos penais da Lei n° 9.613/98. Aqui oferecemos alguns exemplos ilustrativos, inclusive para o fim de diferenciar o delito de lavagem de atos que implicam, simplesmente, a utilização do proveito do crime.

5.1. Depósito do dinheiro ilícito em
conta-corrente de empresa de terceiro

"A" tendo recebido uma quantia "x", em cheque, pelo cometimento de crime contra a administração pública (art. 316 do CP), e *objetivando ocultar* a origem ilícita desse valor, deposita o referido título na conta-corrente de titularidade da empresa de seu cunhado. Questiona-se: (a) "A" poderia ser condenado pelo crime de lavagem de dinheiro? (b) em sendo afirmativa a resposta, qual a precisa tipificação para a conduta de "A", nos limites da Lei nº 9.613/98?

Esse exemplo foi analisado pelo STF no julgamento do RHC 80.816/SP. Na denúncia, o fato foi capitulado no art. 1º, § 1º, inc. I, da Lei nº 9.613/98. Em superior instância, o MPF manifestou-se pela capitulação no art. 1º, § 2º, inc. I, da mesma Lei. O relator, Min. Sepúlveda Pertence, acompanhado pelos demais ministros integrantes da Turma, concluiu que a conduta se insere no *caput* do art. 1º.

Um intento de definição mais precisa requer que partamos da diferenciação entre o *caput* do art. 1º e seu § 1º. Ao passo em que o *caput* exige a *ocultação* ou a *dissimulação*, a figura do § 1º, inc. I, apenas requer que a conduta de conversão em ativos lícitos, ou seja, com a *intenção* de ocultar ou de dissimular. Em relação à hipótese do § 2º, inc. I, esta nos parece ser a menos cabível, especialmente pela acepção da expressão "atividade econômica ou financeira". Se entendermos que o ato de depositar o valor oriundo do crime em conta-corrente (no caso, de terceiro) é utilizá-lo na atividade econômica ou financeira, deveríamos também entender que o simples depósito na conta de titularidade do próprio autor do crime também configuraria a lavagem de dinheiro, o que não parece adequado.

Assim, sempre respeitadas as circunstâncias do caso concreto, no exemplo proposto, uma vez reconhecido ter havido ocultação do valor obtido com a prática do crime antecedente, a conduta voltada ao depósito do cheque em conta de titularidade de empresa de terceiro (cunhado) parece melhor se amoldar à hipótese do *caput* do art. 1º.

5.2. Desvio de dinheiro e depósito em conta de laranja aberta
para esse fim: ocultação e/ou dissimulação

"A", uma autoridade pública, apropria-se de dinheiro do respectivo órgão, incidindo, assim, no art. 312 do CP (peculato). Objetivando distanciar-se do proveito do crime, "A" abre contas em nome de terceiros (laranjas) especialmente para este fim, onde realiza depósitos fracionados dos valores desviados para depois resinseri-los na economia legal.

Neste caso, se constatado que o dinheiro obtido com a prática do peculato, depositado na conta de terceiros, retornará, direta ou indiretamente, ao autor do crime antecedente ("A"), estará caracterizada a *dissimulação* da origem (localização e movimentação) de valores oriundos de crime contra a administração pública (art. 1º, inc. V, da Lei nº 9.613/98), também imputável a "A".

No que respeita aos "laranjas", será o caso concreto que dirá sobre a conveniência – e mesmo a figura típica – da extensão da imputação criminal para abrangê-los. Em muitos dos casos os "laranjas" são pessoas humildes, semi-analfabetas, usadas para o único fim de titularem uma conta-corrente por meio da qual transitam valores ilícitos de terceiros.

5.3. Desvio de dinheiro de contas de clientes de instituição financeira para depósito em conta de terceiros: duas soluções possíveis, a depender da finalidade do agente

"G", gerente de banco (instituição financeira), desvia valores das contas de clientes da respectiva agência, dos quais tem a posse em razão dessa função, redirecionando-os para a conta de sua sogra.

Por força da condição de "G", enquanto gerente de instituição financeira, aqui incidirá o art. 5º da Lei nº 7.492/86 (delito especial em relação à apropriação indébita, ao furto ou ao peculato). Na hipótese, caracterizada estará a ocultação, ou mesmo a dissimulação, agora na feição de ocultação ou dissimulação de valores provenientes de crime contra o sistema financeiro nacional (art. 1º, inc. VI, da Lei nº 9.613/98);

Devemos observar, entretanto, que o simples desvio (direto) do dinheiro a terceiros, *quando destinado para uso e proveito destes*, é conduta já abrangida pelos próprios dispositivos legais que o incriminam, os quais prevêem que o desvio pode se dar em proveito próprio ou alheio (art. 312 do CP ou art. 5º da Lei nº 7.492/86). Nesta específica situação, na qual o desvio encontra em um terceiro seu destino final, não se há cogitar de lavagem de dinheiro. A lavagem poderá se dar, entretanto, se evidenciado que o depósito na conta de terceiros serve apenas à dissimulação da origem dos valores, que haverão de retornar, futuramente, a seu "titular".

5.4. Aquisição de bens com o produto do crime antecedente

"T", traficante, adquire dois veículos com dinheiro produto do tráfico: um deles, para si próprio, o qual registra em seu nome; outro, como presente para "E", sua esposa, sendo registrado o bem em nome de "E".

A aquisição de um bem com o produto do crime, para uso próprio, ou sua doação a terceiro, para uso e propriedade deste, não caracteriza o delito de lavagem, porquanto se trata de mera fruição do produto do crime. Será distinta a situação se esse bem permanece sob a disposição do autor do delito antecedente, como proprietário de fato, embora registrado em nome de terceiro. Nesta última hipótese, poderá se caracterizar a lavagem na forma do art. 1º, § 1º, inc. I, da Lei nº 9.613/98.

Capítulo XI

Da persecução criminal na falência

LUIZ INÁCIO VIGIL NETO[1]

1. TEORIA SISTÊMICA E ELEMENTOS FUNDACIONAIS

1.1. Apresentação

A proposição básica da Teoria Econômica do Direito é a criação de vínculo relacional entre as ciências econômica e jurídica. Através da primeira, procura-se propor um método de compreensão de comportamentos humanos racionais que visem a satisfação das necessidades pessoais dentro de um contexto de escassez de meios.

Pela análise jurídica, pretende-se propor sistemas avaliativos das condutas racionais frente ao contexto normativo positivado através de métodos valorativos, finalísticos, científicos, lógicos, sistêmicos ou históricos de interpretação jurídica.

Homens e mulheres, todos os dias, praticam atos que decorrem de decisões tomadas em uma base de racionalidade, ainda que não tenham consigo um pleno domínio da normatividade jurídica. As regras de Direito, princípios, textos legais, decisões jurisprudenciais proverão os humanos de capacidade valorativa de seus atos frente ao ordenamento jurídico.

Entretanto, assiste plena razão a David Friedman (in *Law's Order- Princeton Paperbacks*, p 8, 2000) quando afirma, em contrariedade àquilo que os economistas têm como dogma, a racionalidade humana às vezes dá lugar aos instintos básicos

Os atos de entes econômicos – que, através do atendimento dos requisitos descritos no artigo 966 do Código Civil, tornam-se econômico-empresariais (conforme a interpretação da regra referida – deverão: (a) ter finalidade de lucro; (b) realizando o lucro através das atividades de produção de bens, intermediação entre produtor e consumidor ou pela prestação de serviços; (c) adotando forma organizada de empresa) – são ordinariamente disciplinados pelo Direito de Empresa, Livro II do Código Civil, que se constitui na regra nuclear da teia jurídica de Direito Econômico-Empresarial, o qual regula um sistema protetivo aos praticados dentro do limite da licitude subsistêmica, ou repressivo para os que ela ultrapassarem.

Contudo, ainda que sob contexto econômico-empresarial, o comportamento racional poderá também ultrapassar o limite de licitude penal, tornando-se um ilícito penal e dessa forma punível sob o ponto de vista penal.

Se estes atos foram praticados no exercício gerencial de um negócio de uma empresa individual ou de uma sociedade empresarial em crise econômica e financeira e

---

[1] Procurador de Justiça no RS. Mestre em direito pela Univ. da Califórnia. Professor na UNISINOS.

submetida a um dos regimes instituídos pela Lei n.º 11.101/05, serão considerados crimes de natureza falimentar (*v*. regra do artigo 1º da Lei n.º 11.101/05).

O Direito Penal Falimentar cuida da definição e repressão das condutas gerenciais da gestão empresarial que ofendem aos valores da cultura social voltada à atividade econômica, enquanto o Direito Processual Falimentar da realização dessa finalidade repressiva. A nova Lei Falimentar trouxe duas grandes inovações: (1) uma ampliação relevante quanto ao alcance de agentes puníveis não mais se restringindo basicamente ao empresário, estendendo inclusive a terceiros desvinculados da gestão empresarial, (2) a afirmação do alcance repressivo para condutas praticadas durante o regime de recuperação.

Diante disso, a nomenclatura mais adequada ao novo sistema repressivo seria Crimes de Gestão e correlatos à crise da empresa em vez de Crimes Falimentares.

1.2. Fundamentos do sistema repressivo penal falimentar

A matriz principiológica da Lei nº 11.101/05, referente à repressão penal dos crimes de gestão e correlatos à crise da empresa, se fundamenta em algumas elementares que precisam ser sempre atentamente examinadas no momento de proposição, processamento e julgamento da ação penal:

(1) justa causa;
(2) configuração típica;
(3) condição(ões) para o exercício legítimo da pretensão punitiva;
(4) identificação dos agentes puníveis;
(5) prescrição;
(6) direito intertemporal.

1.2.1. Justa Causa

A existência de uma empresa é permeada, seqüencialmente, por momentos, longos ou breves, de sucesso e de crise. Muitas crises são superadas mesmo sem a aplicação dos regimes recuperatórios ou liquidatórios. Em outras, porém, a crise desencadeará uma desagregação econômica e financeira tão intensa que torna necessária a aplicação de um dos regimes jurídicos de regulação de crise.

A Lei nº 11.101/05 reprime penalmente somente as condutas puníveis praticadas no contexto da crise que leva à instauração do regime recuperatório ou falimentar. Desse modo, para as condutas penais que possuam alguma relação fática e temporal com o período de desagregação econômica e financeira da empresa que implique instauração dos regimes, haverá justa causa na punição por crime falimentar.

Em outras palavras, somente haverá razão jurídica suficiente para punir atos cuja prática tenha sido identificada no período de desagregação, o qual deverá ser indicado na perícia que acompanha o relatório do administrador judicial.

Assim sendo, estando a empresa sob um dos regimes previstos pela Lei nº 11.101/05, a partir de janeiro de 2007 não haveria razão jurídica suficiente para punir um ato típico praticado, por exemplo, no ano de 1930. Ainda que tecnicamente não pudesse ser afirmada a prescrição do crime falimentar (*v*. regra do artigo 182), é evidente que não será considerada conduta punível, pois a sua prática não contribuiu para a crise da empresa.

Ainda que em 1930 tenha estado em crise, esta foi superada, logo não diz respeito a uma falência decretada ou recuperação concedida setenta e seis anos após.

Em síntese, conforme se observa nesse exemplo, o fato não guarda uma relação histórica com a crise que justifica a imposição de um dos regimes, logo não poderá ser levado em consideração na análise de repressão penal, por não existir justa causa.

A idéia de uma justa causa para o exercício da pretensão repressiva está na proteção que o ordenamento falimentar e recuperatório deve garantir aos credores que integrem os respectivos processos. Se estes não tiverem sido lesados, nem material nem potencialmente, não haverá razão legítima para esta espécie de repressão penal, salvo nas hipóteses de crimes formais.

Essa análise relacional entre prática do ato ilícito e período de crise que leve a aplicação de um dos regimes previstos na Lei nº 11.101/05 deverá ser feita pela perícia contábil a qual deverá identificar o início do período de desagregação econômica e financeira.

1.2.2. Configuração típica

Ao se tratar sobre configuração típica discute-se o procedimento jurídico de descrição abstrata de fatos puníveis e a sua concretização material.

Os tipos penais são concretizados na forma consumada assim como na forma tentada, sendo aplicáveis as disposições normativas previstas no Código Penal. As condutas são sempre punidas a título de dolo, uma vez que a Lei não prevê punição para a modalidade culposa. Isso, por mais contraditório que possa parecer, não afasta a possibilidade de o ato ter sido praticado com negligência, imperícia ou imprudência, formas de realização dos tipos criminais culposos, como, por exemplo: a) a contratação pelo empresário de contador ineficiente que elabora a escrituração contábil ou balanço com dados inexatos; b) ter o contador, por falta de capacidade técnica, elaborado peça contábil inexata; c) propagar irresponsavelmente um boato sobre as condições de uma empresa sem ter certeza sobre a existência da crise. Ainda assim, o fato será punido como crime doloso.

Os tipos penais descritos em situações diversas:

(1) os relativos ao contexto da falência;
(2) os relativos ao contexto recuperatório;
(3) os relativos ao contexto conspiratório à empresa;
(4) os relativos ao exercício ilegal de atividade;
(5) os relativos às condutas oportunísticas.

Em relação aos itens 1 e 2, identificam-se como condutas puníveis: a fraude falimentar a credores (artigo 168 e parágrafos); a indução em erro (artigo 171); o favorecimento aos credores (artigo 172); o desvio, a ocultação ou a apropriação de bens (artigo 173); a aquisição, o recebimento ou o uso ilegal de bens (artigo 174); a habilitação ilegal de crédito (artigo 175); a omissão dos documentos contábeis obrigatórios (artigo 178). Em todos estes tipos penais, o resultado material deverá influir no processo falimentar ou recuperatório, mesmo que praticados antes do ato judicial decretatório da falência ou concessivo do regime de recuperação. Deve-se, contudo, observar que o tipo penal descrito no artigo 173 não poderá ser praticado no contexto de recuperação extrajudicial, enquanto o tipo penal descrito no artigo 174 somente poderá ser praticado após a decretação da falência.

Os delitos conspiratórios à sobrevivência da empresa representam uma novidade no Direito Falimentar brasileiro. Representam condutas que não se direcionam à apropriação ou ao desvio dos bens da empresa nem que visam a fraudar ou favorecer os credores, ou confundir o administrador judicial, o Ministério Público ou o Poder Judiciário, mas que afetam o conceito da empresa perante o seu segmento mercadológico a ponto de levá-la a uma crise irreversível. A Lei prevê duas condutas conspiratórias contra a empresa: a) a violação de sigilo empresarial (artigo 169) e, b) a divulgação de informações falsas (artigo 170). A realização destes tipos penais não se dá por ato do empresário, mas de terceiro.

O exercício ilegal de atividade decorre do desatendimento de uma determinação judicial de inabilitação ou de incapacitação para o desempenho de funções relativas a cargos previstos na Lei, como administrador judicial, leiloeiro, membro de comitê (artigo 176).

Por fim, os delitos de prática oportunística por parte de agentes do processo: administrador judicial, Juiz, Desembargador, Promotor ou Procurador de Justiça, gestor judicial, perito, avaliador, escrivão, oficial de justiça ou leiloeiro, que, aproveitando-se da sua condição de agentes ou operadores públicos do processo e, por força disso, utilizando-se de informações privilegiadas, adquirem ou especulam com os bens da massa falida. Essa hipótese está definida como violação de impedimento (artigo 177).

1.2.3. Condição(ões) para o exercício legítimo da pretensão punitiva

No sistema repressivo do Direito Falimentar, a pretensão punitiva, sob o ponto de vista jurídico, não pode ser expressada a partir da prática do ato punível nem a partir da coleta de provas suficientes sobre autoria e materialidade. Além desses dois requisitos, a Lei impõe uma condição para o exercício da pretensão punitiva em criminalidade falimentar.

O sistema anterior previa uma condição de natureza processual para o exercício da pretensão punitiva. De acordo com o artigo 504 do Código de Processo Penal, para o sistema penal falimentar do Decreto-Lei nº 7.661/45, a sentença de decretação do regime liquidatório constituía-se em condição de procedibilidade para o exercício da ação penal.

A falta de uma base doutrinária qualificada na matéria penal falimentar e o desejo do legislador de resolver todos os problemas de justificação repressiva levaram o legislador a cometer o mesmo erro observado no sistema anterior.

Em conformidade com o artigo 180 da nova Lei, *verbatim*: "A sentença que decreta a falência, concede a recuperação judicial ou concede a recuperação extrajudicial de que trata o art. 163 desta Lei é condição objetiva de punibilidade das infrações penais descritas nesta Lei".

A inovação trazida pelo novo sistema resumiu-se apenas em alterar a natureza da condição, sem, contudo, trazer uma adequada solução ao tema. Neste sentido, teria sido muito melhor ter mantido a natureza processual da condição.

Quando se trata de condição penal objetiva de punibilidade, denota-se que o ato típico, em outras circunstâncias diversas da condição concretizada, não interessaria ao Direito Penal, pois não se trataria de conduta punível.

Dessa forma, quando se analisa o fato típico descrito no artigo 169 (*Violar, explorar ou divulgar, sem justa causa, sigilo empresarial ou dados confidenciais sobre operações ou serviços, contribuindo para a condução do devedor a estado de inviabilidade econômica ou financeira: Pena- reclusão, de 2 (dois) a 4 (quatro) anos , e multa*), observa-se que ainda que ocorra o atendimento de todos os elementos da descrição típica, o ato só se torna punível se a falência for decretada ou a recuperação judicial ou extrajudicial forem concedidas, condições que, por força do artigo 180, tornam a conduta punível.

Porém, ainda que plenamente acertada essa conclusão, ela não responde suficientemente a todas as situações que o Ministério Público e o Poder Judiciário irão enfrentar. Por exemplo, quando se pratica o ato descrito no artigo 168: "(...) ato fraudulento de que resulte ou possa resultar prejuízo aos credores, com o fim de obter ou assegurar vantagem indevida para si ou para outrem", antes da falência, houve a prática de uma conduta típica e punível, mas que somente irá ser processada como crime de falência ou de recuperação judicial ou extrajudicial se for prolatada a sentença falimentar, conceder a recuperação judicial ou homologar a recuperação extrajudicial que, no caso, ainda serve como condição de procedibilidade. Isto porque, na hipótese de a falência não ser decretada, poderá, ainda, dependendo da adequação típica suficiente, ser o ato punido como estelionato comum.

Por fim, quando o agente adquire, recebe ou usa, ilicitamente, bem que sabe pertencer à massa falida, ou influir para que terceiro de boa-fé o adquira, receba ou use (*v.* regra do artigo 174), deve-se observar que a concretização suficiente do fato típico só será possível se o bem pertencer à massa, a qual somente é constituída pela sentença falimentar, que, nessa situação, é elemento essencial do tipo penal.

Ainda assim é inquestionável a necessidade da sentença falimentar para se dar início à ação penal, pois, mesmo definida pela lei unicamente como condição objetiva de punibilidade, não há justificativa para o oferecimento de denúncia ou queixa contra fato impunível, atípico ou sem condição essencial para o exercício da ação penal.

Observa-se que a Lei nº 11.101/05 não trouxe nenhuma grande melhoria ao tema, remanescendo as mesmas questões que eram lançadas no sistema anterior.

1.2.4. Identificação dos agentes puníveis

A Lei nº 11.101/05, na identificação dos agentes puníveis por condutas ilícitas, procurou trabalhar com um leque mais amplo que o proposto pelo Decreto-Lei nº 7.661/45.

Ao invés de estruturar o sistema punitivo basicamente na figura do empresário, ampliou o seu raio de ação, estendendo-o aos que, sem gerenciar, tenham contribuído para a grave crise da empresa ou, aproveitando-se dela, beneficiaram-se indevidamente. Os crimes deixaram de ser exclusivamente próprios do falido com participação de terceiros.

Dessa forma, a estrutura repressiva da atual Lei quanto a agentes puníveis, nunca incluindo a pessoa jurídica, abrange:

Da persecução criminal na falência

– o empresário e seus auxiliares nos atos referentes à gestão da empresa, à administração do processo;

– os terceiros que por ação dolosa ou irresponsável contribuem para a geração ou agravamento da crise;

– os terceiros, por desvio ou apropriação indevida de bens do devedor;

– os agentes oficiais que oportunisticamente se apropriam ou especulam com os bens da empresa em recuperação judicial ou da massa falida;

– os que exercem indevidamente funções oficiais no processo falimentar ou recuperatório.

No primeiro grupo, o processo material de adequação típica deverá ser feito diretamente aos que tenham o poder de administração da empresa: o empresário individual, o administrador da sociedade empresarial, os sócios que tenham essa atribuição, bem como aqueles que participam do ato, incluindo os sócios sem a atribuição diretiva e membros de conselhos, além do próprio administrador judicial, na forma prescrita pelo artigo 179.

As hipóteses de gerenciamento temerário são encontradas:

(1) no artigo 168, que pune atos de fraude a credores e que expressamente estabelece o concurso de pessoas entre os empresários e administradores com contadores, técnicos em contabilidade ou quaisquer outros que concorrerem para a prática do(s) ato(s);

(2) no artigo 172, que pune os atos de disposição ou oneração patrimonial ou gerador de obrigação para a empresa em favor de terceiros, praticados antes ou depois da prolação da sentença que concede a recuperação judicial ou homologa o plano de recuperação extrajudicial. A prática desse ato pelo falido, após a decretação da falência, deverá, nesta modalidade típica, ser considerada crime impossível, pois, de acordo com a regra do artigo 103, o falido perde o poder de administração, logo não pode juridicamente dispor do patrimônio, nem onerá-lo, nem aumentar o seu endividamento. Esses atos, se praticados pelo falido após a sentença falimentar, são considerados ineficazes perante a massa falida. Nessa hipótese, a conduta será punível se praticada pelo administrador judicial e/ou por seus auxiliares, incluindo os membros do comitê de credores que tiverem algum tipo de participação.

As condutas puníveis referentes às dificuldades criadas pelo falido na administração do processo estão descritas como:

(3) a indução a erro, descrita no artigo 171, quando o presentante da empresa ou sociedade empresarial, em processo recuperatório ou falimentar, omite ou sonega informações com a finalidade específica de induzir em erro o juiz, o Ministério Público, os credores, a assembléia geral de credores, o comitê ou o administrador judicial;

(4) crime de desobediência referido no artigo 104, quando o falido ou o presentante da sociedade deixar de atender as obrigações decorrentes da decretação da sua falência;

(5) no crime de omissão dos documentos contábeis obrigatórios, previsto no artigo 178, no qual o contador não elabora, não escritura ou não autentica documento obrigatório para a escrituração contábil.

O segundo grupo trata de condutas praticadas por aqueles que, interessada ou desinteressadamente, contribuem para o estado de crise. Se em decorrência dessa conduta do terceiro, a empresa necessitar ou for-lhe aplicado um dos regimes instituídos pela Lei, os seus autores serão responsabilizados por:

(6) violação de sigilo empresarial, na forma do artigo 169, hipótese em que o terceiro, utilizando-se de informações confidenciais, torna público o estado da empresa. O sigilo aqui exigido não é quebrado quando a parte informa, antes mesmo do próprio devedor, dados que tenham natureza ou interesse público, como a lavratura de protesto, o não adimplemento de obrigação, a demissão de

funcionários, contumaz desrespeito aos consumidores ou ao meio ambiente. A informação a qual o agente está privado de tornar pública é a que provém do sigilo empresarial, tais como os dados confidenciais constantes nos livros contábeis, o sigilo bancário ou o fiscal, pois para estes não há uma razão justificável que permita a revelação;

(7) divulgação de falsas informações, na forma do artigo 170, que se diferenciam das informações punidas no item anterior que são verdadeiras, porém de divulgação vedada. Nesta hipótese a ação do agente tem um fim específico de criar uma situação falsa de crise que abale o conceito da empresa no mercado, inviabilizando as suas operações negociais.

Na terceira situação, movidos por sentimento oportunístico e com dolo intenso, os terceiros, nessa hipótese incluindo membros do comitê, administrador judicial e seus auxiliares ou leiloeiro, procuram apropriar-se do patrimônio da empresa em crise nas condutas de:

(8) desvio, ocultação ou apropriação, direita ou indiretamente, de bens pertencentes ao devedor, na forma do artigo 173;

(9) aquisição, recebimento ou uso ilegal de bens da massa falida, na forma do artigo 174, hipótese em que a adequação típica somente será concretizada em processo falimentar;

(10) pela habilitação ilegal de crédito, na forma do artigo 175, que trata de crime próprio do credor.

As hipóteses oportunísticas em que agentes públicos, no desempenho efetivo de suas atividades, ou mesmo os que eventualmente a estejam desempenhando, caso do leiloeiro, do administrador judicial, do gestor judicial, se aproveitam de sua situação favorável no processo para lucrar indevidamente com o patrimônio da empresa em crise, na forma abaixo descrita:

(11) violação de impedimento, de acordo com a regra do artigo 177, que pune a conduta do membro do Poder Judiciário, do membro do Ministério Público, do servidor do Poder Judiciário, dos ocupantes de cargo na falência ou que desempenhem atividade de auxílio que adquiram ou especulem com os bens da empresa.

Por fim, também há pretensão punitiva contra aqueles que indevidamente exercem funções no processo, de acordo com o tipo abaixo descrito:

(12) exercício ilegal de atividade para a qual foi inabilitado ou incapacitado por decisão judicial, de acordo com o enunciado do artigo 176. A Lei define uma série de impedimentos para o exercício de cargos e funções em processos falimentares e recuperatórios, como, por exemplo, as regras do artigo 30, "*caput*". O desrespeito a esse impedimento viola a norma estabelecida no artigo 176. Importa destacar que não se o ato judicial não se restringe ao condenatório penal. A decisão judicial em processo falimentar ou recuperatório destitutiva de cargo, torna-o impedido para novos acessos durante cinco anos.

1.2.5. Prescrição

Tema de alta importância na matéria penal é o que regula a prescrição dos crimes previstos na Lei nº 11.101/05. Neste tema, em particular, houve uma simplificação dos dispositivos que permitirá aos aprendizes e aos aplicadores da lei uma compreensão mais correta do tema.

A regra encontra previsão no artigo 182, que dispõe que o prazo prescricional respeitará as disposições do Código Penal. No sistema anterior, o prazo de prescrição era de dois anos independentemente da pena cominada ou aplicada. Pela nova lei, o prazo irá variar de acordo com o enunciado das regras dos artigos 109 e 110 do Código Penal.

Da persecução criminal na falência

Nesse mesmo dispositivo, também se encontra definido o termo inicial de contagem do prazo, que não mais será do trânsito em julgado da sentença de encerramento do processo, mas do dia da decretação da falência, ou da concessão da recuperação judicial, ou da homologação do plano de recuperação judicial.

Ainda utilizando-se da regra do Código Penal, resolve-se, com facilidade, uma situação extremamente complexa no sistema anterior. O termo inicial da contagem prescricional será o do artigo 182 quando o fato tiver ocorrido antes da falência, ou da concessão da recuperação judicial, ou da homologação do plano. Se o ato tiver sido praticado após a decretação da falência, contar-se-á a prescrição a partir do fato pela regra geral do artigo 111, I e II, do Código Penal nas hipóteses em que é possível a modalidade tentada.

Iniciada a contagem prescricional, submete-se às causas interruptivas da prescrição previstas no artigo 117 I, IV a VI, respectivamente: a) pelo recebimento da denúncia ou da queixa; b) pela sentença condenatória recorrível; c) pela reincidência.

Para os crimes cometidos durante os regimes de recuperação judicial e de recuperação extrajudicial, a decretação da falência, de forma incidental, ou em virtude de ação proposta, também será causa interruptiva da prescrição.

1.2.6. Direito Intertemporal

Uma situação que costuma chamar a atenção dos alunos é a que trata do Direito Penal intertemporal. Isto porque existe uma regra prevista na Lei que regula este tema.

Segundo o artigo 192, os regimes de falência com sentença prolatada antes de 09 de junho de 2005 deverão ser regidos pelo Decreto-Lei. Dessa forma, e por esse raciocínio, se na investigação ficasse demonstrada autoria e materialidade de fato punível, por exemplo: "gastos excessivos em relação ao cabedal", o agente deveria estar sendo processado pela prática de conduta prevista no artigo 186, I, do diploma anterior.

Contudo, em Direito Penal, ainda que Penal Falimentar, existem regras próprias que prevalecem em detrimento de outros segmentos da ciência jurídica. No exemplo lançado, a partir de 09 de junho de 2005, deveria ocorrer o imediato trancamento da ação penal em virtude da *abolitio criminis*, pois essa conduta tornou-se atípica para a atual Lei.

A conduta praticada e punível pelo Decreto-Lei, com o oferecimento da denúncia antes de 09 de junho de 2005, que tiver sido mantida como tipo penal, porém agravada a pena, será punida integralmente na forma do regime penal anterior, em virtude da ultratividade da lei penal mais benéfica, como pode ser observado pela análise comparativa entre os dispositivos dos artigos 187 do Decreto-Lei nº 7.661/45 e 168 da Lei nº 11.101/05.

Uma situação importante é a que trata do debate que segue. Tendo a falência sido decretada em 09 de setembro de 2005, aplicar-se-á para o processo todo o regramento previsto na Lei nº 11.101/05, incluindo os dispositivos penais. Considerando que a lei criou novos tipos penais, como, por exemplo, a violação de sigilo empresarial e a divulgação de informações falsas, aprioristicamente, o agente realizador desses atos deverá ser penalmente responsabilizado. Porém, se o ato de divulgar informação falsa contra a empresa foi praticado no dia 08 de junho de 2005, mesmo que a condição penal objetiva de punibilidade tenha sido atendida no dia 09 de junho, não poderá o agente ser punido por sua prática em virtude do princípio da irretroatividade da lei penal incriminadora.

1.3. Efeitos da Condenação

A condenação irá trazer alguns efeitos secundários não-automáticos (isso significa que deverão estar expressamente previstos na sentença condenatória) previstos no artigo 181:

I – *a inabilitação para o exercício de atividade empresarial:* o enunciado é passível de críticas, pois este efeito já decorre da regra prevista no artigo 102, independentemente da condenação. A finalidade, infelizmente não atingida ao se descrever este enunciado, é esclarecer que, com a condenação, o falido não se reabilitará tão-somente com a extinção das obrigações, mas cumulativamente com o cumprimento da pena e o decurso de cinco anos após a extinção da punibilidade na forma do artigo 181, § 1º, ressalvada a hipótese de reabilitação penal;

II – *o impedimento para o exercício de cargo ou função em conselho de administração, diretoria ou gerência das sociedades sujeitas a esta Lei:* ainda que secundário e condicionado a expressa referência na sentença judicial, é um sucedâneo necessário, pois os crimes praticados pelo empresário são crimes, basicamente, de gestão ou a ela complementares. A sua prática não pode passar despercebida pelo Poder Judiciário, restringindo, dessa forma, o acesso a cargos de gestão para quem administrou de forma temerariamente dolosa;

III – *a impossibilidade de gerir empresa por mandato ou por gestão de negócio:* trata-se da mesma espécie de impedimento, contando com a mesma justificativa. A diferença se encontra no fato de este inciso tratar de gestão de empresa individual, enquanto o inciso II trata de gestão de sociedade empresarial.

2. O PROCEDIMENTO INVESTIGATÓRIO E O PROCEDIMENTO ACUSATÓRIO

O Direito Processual Penal Falimentar regulado pela nova legislação, aplicável somente para fatos praticados após a sua vigência (STJ – HC 85147/SP – 5ª T. Rel: Ministra Rejane Silva, 2007), ainda que submetido a inovações relevantes, manteve a estrutura de dupla regulamentação legislativa: a investigação é regida pela Lei nº 11.101/05, e a ação penal, uma vez proposta, será regulada pelo Código de Processo Penal (*v.* regra do artigo 185).

O primeiro dispositivo a ser examinado está previsto no artigo 187, pelo qual, após a prolação da sentença falimentar ou da concessão da recuperação judicial, o representante do Ministério Público com atribuições perante o juízo falimentar ou recuperatório, respectivamente com base nos artigos 99, XIII, e 52, V, será intimado de seu conteúdo, devendo examinar se pelas informações contidas nos autos é possível a identificação de condutas puníveis previstas na Lei.

Presentes indícios suficientes de autoria e materialidade, o Promotor de Justiça deverá oferecer denúncia no prazo de quinze dias, se o acusado estiver solto, e cinco dias, se estiver preso. Se houver identificado conduta punível, mas carecer de um ou dos dois requisitos, requisitará a abertura de inquérito policial. Nessa hipótese, deverá manifestar-se pela imediata soltura do investigado que estiver preso.

Por outro lado, a Lei assegura ao Promotor dispensar a peça policial e aguardar a apresentação da exposição circunstanciada prevista no artigo 186 (*v.* regra do artigo 187, § 1º).

Da persecução criminal na falência

Ao receber a exposição circunstanciada, existindo indícios suficientes de autoria e materialidade, deverá oferecer denúncia no prazo de quinze dias, não podendo mais solicitar novas diligências, salvo se demonstrar necessidade ao juiz.

Ao receber o inquérito policial, o representante do Ministério Público poderá oferecer denúncia ou pedir o arquivamento da peça informativa, cujo requerimento submete-se à regra prevista no artigo 28 do Código de Processo Penal.

Conforme o dispositivo do artigo 184, *capvt*, os crimes previstos na Lei nº 11.101/05 são de ação penal pública incondicionada, salvo se o promotor de justiça deixar transcorrer o prazo sem manifestação, que permitirá a apresentação da queixa subsidiária pelo administrador judicial ou por qualquer credor habilitado.

Nessa hipótese, deverá, tanto pelo credor habilitado como pelo administrador judicial, ser observado o prazo decadencial de seis meses para o oferecimento da queixa, enquanto o promotor de justiça orientar-se-á apenas pelos prazos prescricionais.

Uma vez arquivado o inquérito ou ultrapassado o prazo para o oferecimento de denúncia previsto no artigo 187, § 1º, surgindo indícios de prática de crimes posteriormente à elaboração das peças, o juiz imediatamente cientificará o Ministério Público (*v.* regra do artigo 187, § 2º), que poderá solicitar novo inquérito policial, ou realizar suas próprias investigações, ou mesmo oferecer denúncia se possuir elementos suficientes.

A denúncia ou queixa serão oferecidas no juízo criminal da jurisdição onde tenha sido decretada a falência, concedida a recuperação judicial ou homologado o plano de recuperação extrajudicial (*v.* regra do artigo 183).

Ainda que não exista um dispositivo expresso na lei, recomenda-se o reconhecimento de atribuições para exame das condutas e persecução penal ao Promotor de Justiça com atuação no juízo falimentar ou recuperatório.

Após o recebimento da denúncia pelo juiz criminal competente, este irá presidir o processo de acordo com o procedimento comum de rito ordinário para todos os tipos penais, com exceção do delito previsto no artigo 178 – omissão de documentos contábeis e obrigatórios –, para o qual será adotado o procedimento sumário (*v.* regra do artigo 394, I e II, e § 2º do Código de Processo Penal) e demais disposições que sejam compatíveis com os pressupostos principiológicos da Lei (*v.* regra do artigo 188). A ressalva do parágrafo segundo do artigo 394 do Código de Processo Penal não é aplicável, pois a Lei n.º 11.101/05 não exclui a incidência do procedimento comum; logo, a sua nova estrutura procedimental deverá ser incorporada ao Direito Processual Penal Falimentar e Recuperatório.

De acordo com a correta avaliação realizada por Luis Fernando Copetti Leite (*Aspectos Criminais da Nova Lei de Falência* – artigo publicado na Página do Ministério Público do Estado do Rio Grande do Sul, 2005, p. 4. In www.mp.rs.gov.br), a afirmação de adoção do rito sumário para a hipótese delitiva descrita no artigo 178 deverá ser recebida com alguma cautela.

Inicialmente, excluem-se os artigos 531 a 537 do Código de Processo Penal por contrariedade aos princípios adotados pela CFRB. Ademais, após uma análise de todos os tipos penais, conclui-se que somente um dentre onze tipos permite a aplicação das regras procedimentais sumárias, o artigo 178, que pune a omissão dos documentos contábeis, cuja pena cominada é detenção. Por outro lado, sendo a cominação máxima a detenção por dois anos, a competência para o processamento desse delito será do Juizado Especial Criminal.

Em concordância com os pensamentos de Anco Márcio Valle (*Nova Lei de Falências e Recuperação de Empresas*. Forense. p 419) e de Luis Fernando Copetti Leite, a transação penal é possível somente para o crime de omissão de documentos obrigatórios, cuja pena máxima privativa de liberdade é de dois anos.

A prisão preventiva poderá ser ordenada pelo juízo criminal em qualquer das circunstâncias que autorizem a decisão, de acordo com o artigo 311 do Código Penal. Antes do oferecimento da denúncia, admite a lei o decreto prisional preventivo com base no artigo 99, VII, contudo, nessa situação, a ordem de prisão preventiva será determinada pelo juízo falimentar, devendo, nesta hipótese, o Promotor de Justiça oferecer denúncia no prazo de cinco dias, ou manifestar-se pela libertação do empresário.

Capítulo XII

Da violência doméstica e familiar contra a mulher (Lei 11.340/06)

PEDRO RUI DA FONTOURA PORTO[1]

1. INTRODUÇÃO

A Lei 11.340/06 pretende coibir e prevenir a violência doméstica e familiar contra a mulher, atendendo ao preceito constitucional do § 8º do art. 226 da Constituição Federal e as convenções internacionais, ratificadas pelo Brasil, que lhe impunham a internalização de regras tendentes à repressão desta específica modalidade delitiva, dentro da atual tendência de especialização dos direitos fundamentais em coletividades bem determinadas e mais vulneráveis no meio social.

O legislador da LMP, invocando dados estatísticos que apontam a mulher como a principal vítima da violência intralares, assumiu esta discriminação negativa contra o gênero feminino, como uma realidade a ser combatida, admitindo que, ao longo da história, o Direito pouco fez para transformar tal realidade cultural, de modo que também a impunidade se erigia como um dos fatores criminógenos da violência doméstica e/ou familiar contra a mulher. A histórica discriminação da mulher, a genética masculina mais voltada à violência e a maior fragilidade física da mulher justificam-lhe um tratamento legal mais favorecido, o que afasta a pecha de inconstitucionalidade geral da lei, conforme já vêm decidindo os tribunais de forma predominante.

Parte, pois, o legislador da evidente constatação de que, em nossa sociedade, a mulher ainda é, reiteradamente, oprimida, especialmente pelo homem, e que tal opressão é particularmente mais grave porque ocorre principalmente no ambiente doméstico e familiar, sendo, por isso mesmo, a gênese de outras violências. E, logo, enquanto persistir tal quadro fático, o Brasil não será uma sociedade nem livre, nem igualitária e nem fraterna e, conseqüentemente, não se caracterizará como um Estado Democrático de Direito, objetivo maior da Carta Constitucional.

Destarte, a Lei 11.340/06 finaliza, ao menos, minimizar a violência doméstica e familiar contra a mulher, inaugurando uma tradição jurídica antagônica a esta modalidade de violência que, na acepção do art. 7º da referida lei, abrange formas outras que a tradicional *vis corporalis*. Ademais, o legislador pretende sejam utilizados diversos instrumentos legais para dar combate à violência contra a mulher, sendo o direito penal apenas um deles. Depreende-se disso que a Lei 11.340/06 não se constitui apenas em lei

---

[1] Promotor de Justiça no RS. Mestre em Direito Público pela UNISINOS. Professor da FESMP-RS e da UNIVATES. Autor dos Livros: Direitos Fundamentais Sociais – Considerações acerca da Legitimidade Política e Processual do Ministério Público e do Sistema de Justiça para sua Tutela e Violência Doméstica e Familiar contra a Mulher – Lei 11.340/06 – análise crítica e sistêmica.

penal, mas uma lei com repercussão nas esferas administrativa, civil, penal e, inclusive, trabalhista.

Ademais, a LMP atentou também para a defesa dos direitos coletivos e difusos provenientes de seus diversos dispositivos legais, legitimando, para tanto, em seu art. 37 e parágrafo único, o Ministério Público ou associação cujas finalidades guardem pertinência com o tema da violência doméstica e, nesse ponto, permitiu, inclusive, a dispensa da pré-constituição ânua, quando se verificar a inexistência de outras associações ou entidades para representar os interesses transindividuais albergados na nova lei, elencados especialmente em seus arts. 3º e 35.

Por outra, ao especializar tipos penais preexistentes com a característica complementar da violência doméstica ou familiar contra a mulher, o legislador, quase exclusivamente, atingiu delitos de menor e médio potencial ofensivo, cujos autores ficaram privados das medidas despenalizadoras da Lei 9.099/95. Em relação a crimes de maior potencial ofensivo e hediondos, as alterações operadas limitam-se à incidência de uma agravante genérica (art. 43) e à possibilidade, agora prevista em lei, de medidas protetivas a serem determinadas pelo Juiz Criminal ou dos Juizados de Violência Doméstica e Familiar contra a Mulher (arts. 22 a 24), mediante pedido da ofendida, instrumentalizado pela polícia judiciária ou por requerimento do Ministério Público.

2. SÍNTESE DAS ALTERAÇÕES DE DIREITO MATERIAL PRODUZIDAS PELA LEI 11.340/06

Antes de tudo, é preciso esclarecer que a Lei 11.340/06 não cria nenhum tipo penal novo. No plano do direito penal material, as modificações produzidas pela referida Lei são as seguintes:

a) modifica a pena do crime do art. 129, § 9º, do CP, reduzindo o limite mínimo de seis para três meses e aumentando seu limite máximo de um para três anos; retirando, destarte, essa modalidade típica do conceito de crime de menor potencial ofensivo, posto que o parâmetro máximo ultrapassa a dois anos;

b) acrescentou o § 11º, ao art. 129 do CP, com a seguinte redação: "na hipótese do § 9º deste artigo, a pena será aumentada de um terço se o crime for cometido contra *pessoa* portadora de deficiência".

c) altera a agravante do art 61, II, f, do CP acrescentando a dicção em negrito: "com abuso de autoridade ou prevalecendo-se de relações domésticas, de coabitação ou de hospitalidade, ou *com violência contra a mulher na forma da lei específica*";

d) altera do art. 152 da LEP, agregando-lhe um parágrafo único:

Art. 152. [Refere-se à Limitação de Finais de Semana]:

Parágrafo único. Nos casos de violência doméstica contra a mulher, o juiz poderá determinar o comparecimento obrigatório do agressor a programas de recuperação e reeducação.

Além disso, a determinação do que seja violência doméstica e familiar contra a mulher depende da combinação das formas de violência previstas e definidas no art. 7º da lei em referência com algum dos âmbitos ou relações previstos no art. 5º da mesma normativa.

Na verdade, para que haja imputação penal com os influxos da Lei Maria da Penha, será necessária a conjugação de três fatores:

a) ocorrência de fato típico, antijurídico e culpável, previsto no Código Penal ou em normas penais especiais, tendo como sujeito passivo uma mulher;

b) tal fato típico encontre adequação típica complementar em alguma das normas penais explicativas dos conceitos de violência física, psíquica, sexual, patrimonial ou moral definidas no art. 7º da Lei 11.340/06; e

c) os dois itens anteriores tenham ocorrido nos âmbitos doméstico, familiar ou em virtude de relação afetiva, presente ou pretérita, conforme art. 5º da mencionada lei.

Tratando-se, pois, de crime ou contravenção praticada em situação de violência doméstica e familiar contra a mulher, a Lei 11.340/06 comporta importantes modificações de ordem processual, especialmente por prever grande número de medidas protetivas, de evidente caráter cautelar, a serem decididas pelos denominados Juizados Especiais de Violência Doméstica e Familiar contra a Mulher, cuja criação e instalação foram recomendadas no art. 14 da LMP.

2.1. A natureza da ação penal nos crimes do art. 129, § 9º, do CP

Tema que se afigura ainda tormentoso é o concernente à exigibilidade ou não de representação nos crimes de lesões corporais praticadas em situação de violência doméstica ou familiar contra a mulher (art. 129, § 9º, do CP).

A interpretação mais literal do art. 41 da LMP parece excluir o pressuposto da representação nos casos do art. 129, § 9º, do CP, ao determinar que, aos crimes praticados com violência doméstica e familiar contra a mulher, não se aplica a Lei 9.099/95. Uma vez que a exigência desta condição de procedibilidade foi imposta pelo art. 88 da Lei 9.099/95, conclui-se que as lesões leves praticadas em situação de violência doméstica e familiar contra a mulher passaram a desafiar ação penal pública incondicionada.

A base sociológica desta interpretação é respeitável. Argumenta-se que a mulher é muitas vezes pressionada por razões econômicas, familiares ou emocionais a desistir da representação e se tal faculdade fosse-lhe extirpada, ocorreria uma significativa redução da impunidade dos casos de lesões corporais contra a mulher, pois o processo seria deflagrado independentemente de sua vontade.

A tese de que a ação penal nos crimes do art. 129, § 9º, do CP é de ação penal pública incondicionada vem predominando no Colendo Tribunal de Justiça do Rio Grande do Sul, cujas, primeira e segunda Câmaras Criminais, aquela, por maioria, e essa, por unanimidade, perfilham-se a tal orientação.

No julgamento do RSE nº 70023415441/2ª Câmara Criminal do TJRS, a relatora, em seu voto, faz referências a decisões em igual sentido do TJSC e TJGO, bem como ao entendimento de Guilherme de Souza Nucci (in Leis penais e processuais penais comentadas, 2ª. ed. atual. e ampl. - , São Paulo: Revista dos Tribunais, 2007, pág. 706) a seguir transcrito:

> (...) Quanto à hipótese de violência doméstica, temos defendido ser caso de ação pública incondicionada, afinal, a referência do art. 88 desta Lei menciona apenas a lesão leve, que se encontra prevista no caput do art. 129 do Código Penal, bem como a lesão culposa, prevista no art. 129, § 6º. Não se incluem outras formas de lesões qualificadas (§§ 1º, 2º, 3º e, atualmente, 9º).

Por outra, no Egrégio Superior Tribunal de Justiça, a Sexta Turma, no julgamento do HC 96.992/DFT, por maioria, já decidiu pela inexigibilidade de representação nos casos do art. 129, § 9º, do CP, contra a mulher. Na ocasião, acompanharam o voto da Relatora, Min. Jane Silva, os Ministros Paulo Gallotti e Hamilton Carvalhido, que denegavam a ordem, restando vencidos a Min. Maria Thereza de Assis Moura e Nilson Naves.

Ainda assim, sem pretender deter-se por demais no tormentoso ponto, tal como o fizemos em nosso livro sobre o tema, estamos em que a melhor orientação é a de que deva permanecer incólume a condição de procedibilidade da representação nos casos do art. 129, § 9º, do CP, mesmo quando praticado contra mulher, na conformidade dos argumentos a seguir alinhados.

Por primeiro, com o devido respeito, não se nos assoma inquebrantável o argumento invocado por Nucci e mencionado no voto do Min. Paulo Gallotti, de que o delito do art. 129, § 9º, do CP não se insere no conceito de lesões leves, expressamente referido no art. 88 da Lei 9.099/95, razão pela qual escapa à sua incidência, mesmo sem se recorrer ao art. 41 da LMP. A nosso ver, leves são as lesões que não se enquadram nas formas expressas dos §§ 1º, 2º e 3º do art. 129 do CP, todas tradicionalmente relacionadas às *conseqüências* da ofensa somática.

Além disso, a acolher-se tal argumento, por simetria, seria forçoso convir que também as ações penais por lesões culposas no trânsito já não estariam condicionadas à representação, porquanto, do mesmo modo, o Código Brasileiro de Trânsito é posterior à Lei 9.099/95, a pena lá aplicada é superior à forma genérica de lesões culposas do Código Penal e, a sociedade ansiava e anseia por maior repressão aos crimes de trânsito, tanto quanto no tangente à violência doméstica. Ninguém jamais sustentou, entretanto, que as lesões culposas no trânsito, cuja pena mínima é até superior àquela cominada no art. 129, § 9º, do CP, estivessem sujeitas à persecutio criminis mediante ação penal pública incondicionada.

É certo que, se a mulher desiste da representação, o faz por algum motivo mais ou menos nobre, mas nem sempre será por coação irrazoável ou criminosa que, em ocorrendo, repta as conseqüências penais daí exsurgentes. Se ela o faz por razões econômicas, melhor que impedi-la desta opção, seria o estabelecimento de políticas públicas de educação e profissionalização para afastar ou minorar a dependência econômica do parceiro. Se o faz para manter a unidade familiar, trata-se de um direito ínsito à sua condição humana, dotada de livre-arbítrio. Compete apenas oportunizar-lhe orientação sobre seus direitos em caso de separação ou dissolução da união estável. Se o faz por razões emocionais, trata-se de motivos personalíssimos, em cuja recôndita privacidade, não é lícita tão severa intervenção estatal, como a intervenção penal, cujo caráter subsidiário recomenda cautela e respeito aos direitos personalíssimos e aos interesses mais íntimos do ser humano.

Mas essa interpretação acerca do tema não deita lastro tão-somente em razões de caráter filosófico ou sociológico, tais as supra-alinhadas. O texto da Lei 11.340/06 também traz, em seu bojo, dispositivos legais referentes à representação, tais como o art. 12, I, o qual, ao referir-se aos *procedimentos* a serem adotados pela autoridade policial, determina "ouvir a ofendida, lavrar o boletim de ocorrência e *tomar a representação a termo*, se apresentada", e o art. 16 da referida lei estabelece que "nas ações penais públicas condicionadas à representação da ofendida de que trata esta Lei, *só será admitida a renúncia à representação perante o juiz*, em audiência especialmente designada com tal finalidade, antes do recebimento da denúncia e ouvido o Ministério Público" (grifo nosso).

Assim, uma vez que, em se tratando de crimes contra a liberdade sexual ou contra a honra, a regra geral continua sendo a ação penal privada (excepcionada nas hipóteses legais e jurisprudenciais), não parece razoável que o legislador tenha plasmado em lei dois dispositivos tão relevantes, apenas para o crime de ameaça, cuja representação, indiscutivelmente, remanesce exigível, pois prevista no próprio art. 147, parágrafo único, do CP.

Aliás, no ponto, é relevante destacar que crimes contra a liberdade sexual – *v.g.* estupros e atentados violentos ao pudor – na maioria das vezes são bem mais traumatizantes que lesões leves e ninguém discute que seu processamento, salvo as exceções legais e jurisprudenciais, continua dependendo da propositura da ação penal privada ou de representação, nos casos em que esta é exigível.

Daí por que se assume aqui que a ação penal, na hipótese do delito do art. 129, § 9º, do CP, depende de representação, mesmo quando contra a mulher.

Entretanto, tem-se que algumas importantes ressalvas convêm virem registradas.

Destarte, na audiência de que trata o art. 16 da LMP, o Juiz deve indagar a mulher em separado sobre sua decisão, especialmente acerca da ocorrência de coação. Nessa ocasião, na medida do possível, deve ser-lhe oportunizada assistência jurídica, cumprindo ainda ao agente do Ministério Público prestar-lhe orientação, pois se o Juiz é imparcial, o Promotor de Justiça, como regra, deve postar-se ao lado da vítima no processo penal. Em caso de não haver interesse no empreendimento vitimário, ao Juiz cabe salvaguardar à ofendida o direito ao exercício da representação durante todo o prazo decadencial. É certo, ademais, que, uma vez estruturados os juízos, com as recomendadas equipes interdisciplinares, previstas na LMP, a mulher, e até mesmo o agressor, deverão ser encaminhados à equipe para competente avaliação prévia à desistência da representação e, concluindo-se estar ela sob coerção, é lícito ao juiz não acatar a renúncia, já que um ato levado a efeito sob coação é sempre nulo. Ademais, se o Juiz estivesse jungido a sempre acatar a desistência da representação, sentido algum teria a exigência de audiência e parecer prévio do Ministério Público, antevistos no art. 16 da Lei 11.340/06. Em tal caso, havendo a devida fundamentação, a ação se transmutaria em pública incondicionada, ante a evidente hipossuficiência da vítima para defesa de direitos individuais indisponíveis, a demandar proteção especial do Estado. Ao acusado, então, resta somente recorrer ao *habeas corpus* para trancamento da ação penal ou aguardar o deslinde do feito.

Por fim, embora se tenha adotado por praxe a realização da audiência do art. 16 da LMP em todos os casos aportados ao juízo, parece que, do texto da Lei 11.340/06, ela não emerge obrigatória, pois, havendo representação no inquérito policial, somente seria necessária a audiência ali referida se a vítima manifestasse – em cartório judicial, na polícia ou promotoria – interesse em desistir da representação antes do recebimento da denúncia.

No entanto, vem sendo adotada por prática a designação de audiência em todos os casos em que se admite a coleta da representação. Por isso, no âmbito do JVDFM, é razoável concluir que, intimada a vítima, e não comparecendo ela à solenidade, pode o juiz convidá-la a comparecer, conduzindo-a, assim como ao agressor, para outra solenidade, pois tal medida virá em seu total benefício. Evidentemente, não se trata de conduzi-la à força e contra a sua vontade, caso em que a providência não deve ser realizada, mas de fornecer-lhe meio de transporte e uma abordagem humanista que induza a vítima à aceitação do deslocamento proposto.

De qualquer sorte, é razoável crer que conveniências pragmáticas não imponham o raciocínio acima manifestado ou mesmo haverá aqueles casos em que a mulher se negará peremptoriamente a apresentar-se em juízo. Assim, parece que antes de promover o arquivamento do feito cuja vítima, devidamente notificada, não compareceu à solenidade, ou mesmo de mandar os autos aguardarem o prazo decadencial, seja mais correto determinar diligências, se possível por assistente social, conselho tutelar (quando a violência envolver crianças) na residência em questão a fim de assegurar-se minimamente de que a decisão de não representar não decorre de coação e de que a mulher conhece seus direitos e recursos existentes na comunidade para fazê-los valer.

Frise-se que não se pode aplicar aos casos de violência doméstica a mesma sistemática dos Juizados Especiais Criminais, em que o não-comparecimento é tomado como desistência da representação, pois um dos maiores propósitos da LMP foi afastar-se da metodologia própria da Lei 9.099/95. Destarte, não parece razoável interpretar-se o simples não-comparecimento como desistência da representação. No mínimo, é necessário que a mulher seja visitada por emissários do juízo, capazes de orientá-la acerca de seus direitos e das conseqüências de sua decisão, lançando, posteriormente, relatório circunstanciado.

Passa-se, agora, à análise dos aspectos procedimentais propriamente ditos da Lei 11.340/06.

3. ASPECTOS PROCEDIMENTAIS DA LEI 11.340/06

Sem dúvida, a LMP perfilha-se a uma tendência de incremento do rigor punitivo, especialmente de crimes antes classificados como de menor potencial ofensivo, a exemplo das lesões corporais leves e ameaças, que, estatisticamente, dominam os maiores percentuais dos delitos de violência doméstica. Tais ilícitos, nos moldes até então preconizados pela Lei 9.099/95, eram beneficiados por institutos despenalizadores, tais como a transação penal e a suspensão condicional do processo. O art. 41 da LMP excluiu, entretanto, a aplicação da Lei 9.099/95 do âmbito dos *crimes* de violência doméstica e familiar contra a mulher. Aliás, o art. 14 da Lei 11.340/06 atribui a competência, para processamento, julgamento e execução de decisões referentes a tais delitos, aos JVDFM, afastando a dos Juizados Especiais Criminais.

No Livro *Violência Doméstica e Familiar contra a Mulher – Análise Crítica e Sistêmica* (PORTO, Pedro Rui da Fontoura. Porto Alegre: Livraria do Advogado, ano 2007, p. 117), chegou-se a afirmar que as contravenções praticadas em situação de violência doméstica ou familiar contra a mulher continuariam a ser de competência dos Juizados Especiais Criminais. Atualmente, todavia, capitula-se frente à orientação diversa, pois, embora o art. 41 da LMP refira-se apenas a *crimes*, e não a contravenções, tendo em conta que outros dispositivos, especialmente relacionados à fixação da competência, mencionam, generalizadamente, a expressão *causas* (arts. 14 e 33 da mencionada lei), a jurisprudência vem entendendo que a competência do JECrim está afastada mesmo nas hipóteses de contravenções subsumíveis nos conceitos de violência doméstica e familiar contra a mulher (arts. 5º e 7º da LMP). Contudo, é bom salientar que, em se tratando de contravenções, em que pese competentes os Juizados Especiais de Violência Doméstica contra a Mulher ou, provisoriamente, as Varas Criminais, é possível, no âmbito destas unidades judiciárias especializadas, beneficiar os acusados com as medidas despenalizadoras da Lei 9.099/95, visto que o art. 41 da LMP excepcionou da aplicação da Lei 9.099/95, apenas os *crimes* e, ainda, que tenha sido outro descuido do legislador, o fato é que, como é cediço, em sede de direito penal, não se pode fazer interpretação extensiva ou analógica em desfavor do réu.

Resumindo, em se tratando das contravenções praticadas em situação de violência doméstica e familiar contra a mulher – como vias de fato (art. 21 do Dec.-Lei 3.688/41), perturbação do trabalho ou sossego alheios (art. 42 do Dec.-Lei 3.688/41), importunação ofensiva ao pudor (art. 61 do Dec.-Lei 3.688/41), perturbação da tranqüilidade (art. 65 do Dec.-Lei 3.688/41) – não há como negar estejam mantidos os benefícios exsurgentes da Lei 9.099/95, tais como a transação penal, suspensão condicional do processo e, do mesmo modo, a possibilidade de não ser preso em flagrante. Todavia, vem se orientando a jurisprudência no sentido de que a competência jurisdicional para julgamento das contravenções deve direcionar-se ao mesmo juízo competente para as demais *causas* de violência doméstica e familiar contra a mulher, e não mais aos juizados especiais criminais. Este será, talvez, o único caso em que o rito sumaríssimo, previsto na nova redação do art. 394, § 1°, III, do CPP (acrescentado pela Lei 11.719, de 20 de junho de 2008) para os crimes de menor potencial ofensivo se aplicará fora dos Juizados Especiais Criminais, em que pese regulamentado no âmbito da Lei 9.099/95.

Os demais delitos praticados em situação de violência doméstica ou familiar contra a mulher estarão sujeitos aos ritos sumário ou ordinário, conforme a nova redação do mesmo art. 394 do CPP. Delitos até agora tidos como de menor potencial ofensivo – lesões corporais leves, ameaças, invasão de domicílio – já não mais sendo assim considerados, estarão sujeitos ao rito sumário, posto que seus apenamentos máximos não alcançam o marco de quatro anos de pena privativa da liberdade, a partir do qual o rito a ser aplicado será o ordinário. Casos de crimes contra a honra, abarcados pela LMP, estarão sujeitos ao rito especial, previsto nos arts. 519 a 523 do CPP.

Detecta-se, destarte, uma imensurável preocupação jurisprudencial e doutrinária em dar concreção à obstinada vontade legal de centralizar a competência de todas as causas relativas à violência doméstica e familiar contra a mulher em juizados especiais pertinentes a esta matéria. A tal ponto, dimensiona-se esta orientação que, até mesmo em processos de júri, vem se sustentando que a competência para a instrução do processo, até a pronúncia, deveria ser do JVDFM e, apenas, após esta passaria o feito para a Vara do Júri, visto que a competência deste é de matiz constitucional.

Dentre os aspectos procedimentais da LMP, interessante diferenciar aqueles que incidem diretamente sobre a atividade policial daqueloutros que necessitam judicialização. Quanto a estes, emergem agora, como grande inovação, uma ampla gama de medidas protetivas da mulher, da prole e de seus interesses patrimoniais, algumas delas já freqüentes na Justiça Civil, as quais, no âmbito da Lei 11.340/06, passam a ser competência concorrente do Juiz Criminal, como meio de ampliação do acesso à justiça, pela mulher vítima de violência doméstica.

3.1. As novas atribuições das polícias em casos de violência doméstica e familiar contra a mulher

As atribuições das polícias encontram-se listadas no Capítulo III da Lei 11.340/06. O art. 10 determina o consabido, ou seja, que a ação da polícia deve situar-se nos limites legais, porém pode ser encetada de ofício sempre que ocorrer caso de iminência ou prática real de violência doméstica contra a mulher. O parágrafo único, entretanto, traz alerta que não pode passar despercebido. Ao consignar que "aplica-se o disposto no *caput* deste artigo ao descumprimento de medida protetiva de urgência deferida", o legislador evidenciou que a desobediência às medidas de proteção se inclui no conceito de violência contra a mulher, ainda que se trate de delito capitulado como *crime contra*

Da violência doméstica e familiar contra
a mulher (Lei 11.340/06)

259

a justiça. Ocorre que, de uma maneira muito direta e não apenas mediata, tal modalidade típica atinge a mulher também e pode ser inserida nas hipóteses especializantes do art. 7º da lei, pois, quase sempre, importa em constrangimento, humilhação, vigilância constante, perseguição contumaz, danos patrimoniais etc. Ademais, normalmente, é fácil encontrar conexão entre os delitos diretamente caracterizados como de violência doméstica – lesões, ameaça – e a desobediência à ordem judicial do art. 359 do CP, de sorte que deverá prevalecer a competência mais especializada. Outrossim, nos casos em que a desobediência for praticada em detrimento de medida protetiva judicialmente ordenada, conconcordando-se aqui de que se trata também de violência doméstica contra a mulher, sem sombra de dúvidas que o recalcitrante não pode pretender em seu beneplácito os favores legais da Lei 9.099/95, por expressa vedação do art. 41 da Lei 11.340/06.

O art. 11 da LMP refere-se a *providências* a serem adotadas pela polícia, enquanto o art. 12 menciona *procedimentos*. As primeiras são imediatas e materiais, enquanto os segundos têm caráter formal. Na sua grande maioria, tanto as providências quanto os procedimentos são atribuições da polícia judiciária. Todavia, em alguns casos, a polícia militar poderá ser convocada a efetuar as providências mais urgentes. De qualquer sorte, a exclusão dos casos de violência doméstica contra a mulher do âmbito do Juizado Especial Criminal também modificou o procedimento investigatório aplicável em tais hipóteses, sendo então só admissível o inquérito policial, procedimento de atribuição exclusiva da polícia civil, e não mais o sumário termo circunstanciado, próprio das infrações de menor potencial ofensivo.

Todavia, a polícia militar é quem normalmente atende ocorrências em situações de flagrância. Neste caso, salvo hipóteses de contravenções penais, por força do art. 41 da Lei 11.340/06, todos os crimes de violência doméstica e familiar contra a mulher são passíveis de prisão em flagrante e aqui já reside uma alteração importante que pode competir à polícia militar: decidir se se trata de caso de violência doméstica e, nesse caso, se há situação que autorize a prisão em flagrante do agressor, denominado "flagrante material".

As demais providências, especificamente listadas no art. 11 da Lei 11.340/06, também podem tocar a ambas as polícias solidariamente em atitude de franca e generosa cooperação. Assim, sabe-se que "garantir proteção policial à mulher" vítima de violência doméstica é providência pouco provável até mesmo em países desenvolvidos. No entanto, é possível, sim, dar um atendimento prioritário a tais casos, inserindo, quem sabe por algum tempo, o paradeiro da mulher na rota de patrulha do policiamento militar. Outrossim, conduzir a mulher a atendimento curativo é providência que cumpre seja realizada de imediato pela polícia que atender a ocorrência.

As medidas dos incisos III e IV do art. 11 da Lei Maria da Penha independem de prévia autorização judicial e dizem respeito à escolha da mulher em situação de risco e seu abrigamento em local seguro. O inciso IV enfatiza a providência policial de transporte da mulher em viatura policial, para a retirada de seus pertences e de seus dependentes do lar comum, especialmente quando, conforme o inciso III, estiver ela sendo conduzida a um abrigo ou outro local seguro, que pode ser, por exemplo, a casa de familiares. Frise-se que, quando no inciso IV, a lei pressupõe o "risco de vida" disse menos do que deveria, pois risco menor, relativo à integridade física, também merece a mesma proteção policial.

Por último, no inciso V do art. 11, a LMP prevê ser providência policial "informar à ofendida os direitos a ela conferidos nesta Lei e os serviços disponíveis". Obviamente, trata-se de dispositivo legal que enfatiza o exercício da cidadania e a facilitação do acesso à justiça. Nesse caso, avultam em importância as delegacias especializadas da mulher (DEAMs), a serem integradas por policiais vocacionados a tais atendimentos, com permanente treinamento.

No art. 12 da Lei 11.340/06 estão listados os *procedimentos* atribuídos à polícia. Em seu conjunto, eles referem-se, sinteticamente: a) à elaboração do inquérito policial; e b) ao pedido da ofendida. Com efeito, a ouvida da vítima e a coleta da representação, bem como a oitiva do agressor e testemunhas, pregressando aquele e relatando seus antecedentes e, por fim, a realização dos exames periciais necessários, constituem providências elementares de qualquer inquérito policial e transcendem àquelas relativas aos sumários termos circunstanciados.

3.2. O Pedido da Ofendida

A grande novidade do art. 12 da Lei 11.340/06 consiste no chamado *pedido da ofendida,* o qual, nos termos do inciso III do dispositivo citado, deverá ser remetido à autoridade judicial, no prazo de 48h do registro de ocorrência policial e manifestação de interesse da ofendida quanto às medidas protetivas que lhe são disponibilizadas pela lei.

O pedido da ofendida é petição da própria vítima, apenas tomada a termo pela polícia judiciária, devendo consignar: a) qualificação da ofendida e do agressor; b) nome e idade dos dependentes; c) descrição sucinta do fato, suprível pela cópia da comunicação de ocorrência, desde que bem detalhada; e c) relação das medidas protetivas solicitadas pela ofendida.

A anexação do registro de ocorrência policial é indispensável, para demonstrar que o pedido advém de fato criminalmente típico, de conhecimento da autoridade policial, sendo conveniente ainda a anexação de outros documentos, como registros civis de casamento e nascimento dos filhos, comprovações da renda do agressor (para pedidos de alimentos provisórios), bem como laudos ou prontuários médicos que atestem as lesões sofridas pela vítima (ainda que, posteriormente, devam ser ratificados por laudos periciais elaborados nos moldes do art. 159 e §§ do CPP). A certificação dos antecedentes criminais do agressor, especialmente aqueles contra a própria vítima, permitirá ao juiz elaborar uma visão mais nítida do risco enfrentado por esta.

Frise-se que a possibilidade de a vítima requerer providências urgentes em juízo, por meio da polícia judiciária, não significa impedi-la de optar livremente por fazê-lo mediante advogado particular ou defensoria pública. É perfeitamente possível que a ofendida procure a polícia apenas para registrar a ocorrência criminosa, mas faça os requerimentos de medidas protetivas por intermédio de um advogado ou defensor público e que dirija estes pedidos à Vara de Família ou mesmo à Vara Cível, reservando ao juízo criminal o julgamento apenas dos crimes correspondentes. Apenas nas Comarcas onde instalado o Juizado de Violência Doméstica e Familiar contra a Mulher (JVDFM) a competência *ratione materiae* deste será absoluta, mesmo assim, ressalvada, à vítima, a possibilidade de eleição do foro para processos cíveis, consoante dicção expressa do art. 15 da Lei 11.340/06.

Tem-se, contudo, que o deferimento das medidas protetivas de urgência não prescinde, como regra, de alguns requisitos a seguir enumerados:

1) presença do *fumus boni juris* e do *periculum in mora*, requisitos fundamentais de toda medida cautelar;

2) ajuizamento da ação principal cível no prazo de trinta dias do deferimento da cautelar, pois, nos termos do art. 13 da LMP, é possível a aplicação subsidiária do CPC ao procedimento dos casos de violência doméstica e familiar contra a mulher. Com efeito, o art. 806 desse diploma legal estabelece que "cabe à parte propor a ação, no prazo de 30 (trinta) dias, contados da data da efetivação da medida cautelar, quando esta for concedida em procedimento preparatório".

Como quaisquer medidas cautelares, as medidas protetivas dos arts. 22 a 24 da LMP podem ser deferidas *inaudita altera parte,* após audiência de justificação ou mesmo incidentalmente, no curso do processo principal. Os requisitos da plausibilidade do direito e do risco da demora já são doutrinariamente bem conhecidos. Releva mais sua demonstração em juízo, mediante prova de agressões anteriores, laudos periciais demonstrativos da violência, posse ou propriedade de armas, consumo de drogas lícitas ou não, dilapidação ou desvio patrimonial etc.

Já no tocante ao prazo de trinta dias para o ajuizamento da ação principal, tem-se que, ao menos significativa parte das medidas de proteção, não podem ser deferidas indefinidamente, sob pena de causarem grave prejuízo ao suposto agressor. Assim, a determinação para afastamento de casa, se esta for patrimônio comum do casal, pode significar uma concessão definitiva de direito de moradia, se não se impuser prazo para que a mulher ingresse com a competente ação de separação ou de partilha dos bens adquiridos em união estável. Ademais, na maioria dos casos, a ação penal não supre a necessidade de propositura de ação civil própria, pois o objetivo da denúncia não será partilhar bens, definir guarda dos filhos ou pensão alimentícia.

3.3. Crimes de ação penal condicionada à representação, providências policiais e pedido da ofendida

Nos termos do art. 14 da Lei 11.340/06, poderão ser criados Juizados Especiais de Violência Doméstica contra a mulher, "com competência cível e criminal", "para o processo, o julgamento e a execução das causas decorrentes da prática de violência doméstica e familiar contra a mulher".

O art. 33 da referida lei estabelece regra transitória, determinando que, enquanto não instalados os Juizados Especiais de Violência Doméstica e Familiar contra a Mulher (JVDFM), as Varas Criminais acumularão competência cível e criminal para conhecer e julgar as causas decorrentes de violência doméstica e familiar contra a mulher. O legislador, ao contrário do expresso no art. 14, não mencionou, no art. 33, a competência provisória para execução das decisões no âmbito das varas criminais.

Neste ponto, o legislador efetuou indevida intromissão na esfera gerencial do Poder Judiciário ao importar para o âmbito de Varas Criminais o processamento de lides cíveis cuja *causa petendi* seja a violência doméstica, pois, a proceder-se dessa forma, a celeuma estaria instalada. Com iniludível razão, os tribunais vêm contornando o disparate legal, reservando às varas criminais a avaliação das medidas de proteção e o julgamento das causas criminais, enquanto varas de família ou cíveis continuam competentes para os processos cíveis e mesmo para os feitos executivos, ainda que de decisões ou acordos tomados em cautelares de medidas de proteção que tramitaram na seara criminal.

Frente a este preâmbulo, cumpre enfrentar a indagação: a representação nos crimes em que exigível – lesões leves, ameaça, crimes contra a liberdade sexual – é condição necessária para autorizar a polícia a tomada das providências imediatas do art. 11

da LMP e para deferimento das medidas protetivas dos arts. 22 a 24 do CP, via pedido da ofendida, ou é ela dispensável?

Pensamos seja necessário fazer uma distinção entre as providências imediatas do art. 11 e o deferimento do pedido direto das medidas protetivas dos arts. 22 a 24 do CP, devendo analisar-se com parcimônia, mesmo o caso concreto, a fim de se evitar que a generalização de uma regra possa desencadear situações injustas e danosas.

No tangente às providências do art. 11 da LMP, sem dúvida, independem de representação, pois que se destinam a uma proteção urgente e visam, exatamente propiciar um ambiente de mais segurança e tranqüilidade para que a vítima possa, no momento mais oportuno, decidir-se pela autorização à procedibilidade, pelo aguardo do prazo decadencial ou pelo abortamento do inquérito com a negativa da representação. Não se pode, sem afrontar à necessária ética policial, condicionar as medidas ali predispostas à prévia representação, com cuja aquiescência dispõe a vítima do prazo muito mais dilatado de seis meses.

Todavia, no tocante às medidas de proteção elencadas nos arts. 22 a 24 da Lei 11.340/06, é preciso considerar que, à exceção da medida prevista no art. 22, I, todas as demais são medidas tradicionalmente analisadas e deferidas na esfera cível que, por força do art. 33 da LMP, estão agora sob jurisdição criminal provisória.

Assim, nas comarcas em que ainda não instalado o JVDFM, é lícito à vítima postular a maioria das disposições assecuratórias previstas nos arts. 22 a 24, diretamente à Vara de Família ou Cível competente, e fazê-lo como ação cautelar de processo cível a ser proposto no trintídio legal. Tal se afirma, porque não há qualquer sentido em requererem-se medidas de proteção por meio da polícia, sem que ocorra a necessária representação. Se a representação é necessária para autorizar o mais, que é a instauração do inquérito e do processo, deve ser indispensável para deflagrar o menos, que são as medidas cautelares. Ademais, salvo excepcionalmente, colimando facilitar o acesso à justiça, a polícia não deve ser usada para substituir atribuições do advogado ou da Defensoria Pública, até porque o art. 27 da LMP recomenda que "em todos os atos processuais, cíveis e criminais, a mulher em situação de violência doméstica e familiar deverá estar acompanhada de advogado", ressalvando apenas as hipóteses do art. 19 que tratam especificamente do "pedido da ofendida".

Cumpre frisar quão estranho seria a situação do deferimento de medidas protetivas de nítido caráter cautelar, no âmbito de uma vara criminal, sem que, posteriormente, houvesse um processo criminal principal a dar supedâneo às medidas cautelares. Diferentemente, já pode ocorrer nos Juizados Violência Doméstica e Familiar contra a Mulher, que têm competência plena cível e criminal, para processos cuja *causa petendi* sejam as modalidades de violência do art. 7º da LMP. Em tais unidades jurisdicionais altamente especializadas, as medidas protetivas, mesmo encaminhadas via Delegacia de Polícia, podem preparar o terreno para ações tanto cíveis quanto criminais. O mesmo se aplica a Comarcas de Vara Única, onde, sob o forte argumento constitucional de facilitar o acesso à justiça, poder-se-ia deferir medidas protetivas, postuladas pela ofendida, com os préstimos da Polícia, mesmo sem representação, desde que houvesse representação posterior, ou ajuizamento de ação cível principal, nos trinta dias subseqüentes à efetivação da cautelar.

Saliente-se, por oportuno, que, normalmente, tendo seu próprio advogado, com uma dedicação mais exclusiva, a mulher estará melhor defendida em seus interesses, do que por meio dos pedidos elaborados pela polícia, a qual, notoriamente, ainda padece de inúmeras dificuldades estruturais e deficiências de pessoal para atendimento qualificado de tão larga demanda em meio ao seu universo de crescentes atribuições. Todavia, é forçoso convir que, em extensas áreas do território nacional, há falta de Defensores Públicos e a polícia, ou mesmo o Ministério Público, será a única alternativa de acesso à justiça para a vítima de violência doméstica. Em tais distantes sítios do continental território brasileiro, haverá que se ter uma maior tolerância em relação aos pedidos advindos diretamente da ofendida a fim de, repita-se, facilitar o tão colimado acesso à justiça, garantia constitucional de elevada relevância, elencada no catálogo dos direitos fundamentais (art. 5º, LXXIV, da CF/88).

3.4. A prisão em flagrante e a prisão preventiva nos crimes praticados com violência doméstica e familiar contra a mulher

Dispensável discorrer aqui acerca dos requisitos do flagrante e quase-flagrante dispostos nos arts. 302 e 303 do CPP. As regras ali dispostas aplicavam-se a qualquer infração penal até a superveniência do parágrafo único do art. 69 da Lei 9.099/95, onde consta, expressamente, que, *ao autor do fato* [criminoso ou contravencional] *que, após a lavratura do termo, for imediatamente encaminhado ao juizado* [especial criminal] *ou assumir o compromisso de a ele comparecer, não se imporá prisão em flagrante, nem se exigirá fiança.* Ou seja, tal dispositivo, praticamente imunizou de prisão em flagrante o autor de infração de menor potencial ofensivo, pois que, como é cediço, este sempre se compromete a comparecer ao Juizado Especial Criminal.

Todavia, por força do art. 41 da Lei 11.340/06, o qual determina que *aos crimes praticados com violência doméstica e familiar contra a mulher, independentemente da pena prevista, não se aplica a "Lei nº 9.099, de 26 de setembro de 1995"*, conclui-se que, salvo no caso das contravenções, que continuam sujeitas aos benefícios materiais da Lei 9.099/95 (mas não à competência dos JECRIMs), é possível a prisão em flagrante do autor de violência doméstica e familiar contra a mulher.

Sabe-se, entretanto, que hodiernamente a prisão em flagrante somente subsiste nos casos em que decretada a custódia preventiva, fundamentada nos pressupostos do art. 312 do CPP. Destarte, a Lei em comento entroniza no sistema jurídico-penal outra saliente modificação, qual seja, a possibilidade de decretação de prisão preventiva em delitos punidos com pena de detenção, sem as ressalvas, de difícil transposição, assentadas no art. 313, II, do CPP, que só admitiam a prisão preventiva, em crimes punidos com detenção, *quando se apurar que o indiciado é vadio ou, havendo dúvida sobre a sua identidade, não fornecer ou não indicar elementos para esclarecê-la.*

A Lei 11.340/06 introduziu, no art. 313, o inciso IV, segundo o qual é cabível a decretação da prisão preventiva, *se o crime envolver violência doméstica e familiar contra a mulher, nos termos da lei específica* [Lei 11.340/06], *para garantir a execução das medidas protetivas de urgência.* A regra, todavia, impõe uma conclusão: a prisão preventiva deve ser providência subsidiária das demais medidas protetivas, porquanto, sendo aquela que mais restringe o *jus libertatis* do réu e, portanto, que mais confronta a presunção de sua inocência, deve o Juiz dela lançar mão, somente quando o elenco das demais medidas assecuratórias fizer-se inócuo frente à ousadia do agressor. Assim que, se afastado de casa, imposto distanciamento da vítima, proibido o contato, o porte de armas etc., mesmo assim o indiciado insistir em desacatar as determinações judiciais, a prisão preventiva surge como *ultima ratio* para conter o ímpeto violento do agressor.

Com efeito, não houvesse a alternativa mais drástica da custódia cautelar, as medidas mais brandas restariam sem qualquer força suasória.

É verdade que esta disposição subsidiária da custódia cautelar em relação às medidas menos restritivas da liberdade, somente se justifica em crimes de menor apenamento, notadamente, os punidos com pena de detenção. Destarte, quando se tratar de crimes de maior gravidade, como homicídios, tentados ou consumados, crimes sexuais violentos e outros do mesmo jaez, a custódia cautelar pode ser decretada de imediato pelo juiz, desde que presentes os demais requisitos dos arts. 312 e 313 do CPP, pois que, caso contrário, a mulher, vitimada pela violência doméstica e familiar, restaria com menor proteção do que outras vítimas que não contam com proteção especial da lei.

Sem dúvida que argumentos relevantes vêm sendo levantados na doutrina e na jurisprudência contrários à possibilidade de prisão preventiva em delitos punidos com penas curtas, tais aqueles outrora classificados como de menor potencial ofensivo, considerando-os "incompatíveis com a decretação da prisão preventiva", porque "a pena a ser aplicada, no futuro, seria insuficiente para 'cobrir' o tempo de prisão cautelar", ou seja, quando se operasse a detração, ela daria um "crédito" punitivo ao agressor. Com efeito, por exemplo, o delito do art. 129, § 9º, do CP tem pena de 03 meses a 03 anos. Vigorante o princípio da pena mínima, se o acusado recrutar em seu favor todas ou a maioria das circunstâncias judiciais do art. 59 do CP, sua pena ficará próxima do mínimo. Nesse caso, será necessário que seu processo ande muito rápido para que, em sendo condenado, não lhe sobre pena em excesso em face da detração penal (art. 42 do CP).

Ocorre que, *maxima venia,* a prisão preventiva não é um instituto penalizador, mas cautelar, não podendo ser obstada sob o argumento de que extrapolaria os parâmetros punitivos do preceito penal secundário da norma incriminadora. Quando se trata de garantir a ordem pública, uma de suas finalidades precípuas, é assegurar ou proteger o bem jurídico tutelado pela norma penal, que o agressor põe em evidenciado perigo com seu agir temerário, incontido, inconseqüente.

Sem sombra de dúvidas, uma vez decretada a custódia cautelar, cabe ao juízo dar andamento célere ao feito, a fim de que o tempo de prisão preventiva não extrapole aquele que derivará de eventual condenação. Destarte, se a delonga na marcha processual já impõe ao acusado um período de prisão significativamente superior àquele que se pressagia resultante de eventual condenação, recomenda-se sua soltura, para evitar uma prisão provisória excedente e injustificável.

3.5. Os casos do art. 129, § 9º, e a substituição do art. 44, ambos do Código Penal: a ressurreição do *sursis*

Sendo certo que, no tocante aos crimes praticados com violência doméstica ou familiar contra a mulher não subsistem medidas despenalizadoras pré-processuais como a transação penal e a suspensão condicional do processo, cumpre ainda refletir-se sobre possibilidade de substituição da pena privativa da liberdade por penas restritivas de direito, em caso de violência doméstica de que trata o art. 129, § 9º, do CP.

Como é curial, um dos requisitos para esta substituição é a de que o delito não tenha sido praticado com violência ou grave ameaça à pessoa (art. 44, I, do CP), de sorte que, em condenações por lesões leves, vinha-se admitindo a referida substituição, sob o argumento de que, por constituírem delito de menor potencial ofensivo, em que cabíveis medidas despenalizadoras pré-processuais, previstas na Lei 9.099/95, com muito mais razão, dever-se-ia admitir a substituição do art. 44 do CP.

Hodiernamente, entretanto, o crime do art. 129, § 9º, do CP não é mais de menor potencial ofensivo, pois sua pena extrapolou o limite máximo de dois anos, inadmitindo, portanto, as medidas despenalizadoras da transação penal ou da suspensão condicional do processo (neste caso somente quando for praticado contra mulher) e não mais servindo, a argumentação antes mencionada, para justificar a substituição do art. 43 do CP.

A nosso ver, a única solução, para evitar o encarceramento, será o reavivamento da suspensão condicional da pena com base no art. 77 do CP, que manteve, em nossa legislação o tradicional *sursis,* a ser aplicado quando "não seja indicada ou cabível a substituição prevista no art. 44 deste Código [Penal]". É o caso do crime do art. 129, § 9º, do CP, porquanto, independentemente do sujeito passivo ser homem ou mulher, tal delito já não admite a substituição do art. 44 do CP, vez que, cometido com iniludível violência, não milita mais em seu socorro a alegação de tratar-se de infração de menor potencial ofensivo. Nesse caso, resta, como benefício secundário, para sustar a pena privativa da liberdade, apenas a suspensão condicional da pena, não sendo o condenado reincidente em crime doloso e concorrendo em seu favor as circunstâncias judiciais previstas no art. 77, II, do CP.

É possível que o mesmo instituto – *sursis* penal – seja ainda o indicado para outros delitos – ameaça, constrangimento ilegal, desobediência a ordem judicial, invasão violenta de domicílio, dano com emprego de violência etc. – quando praticados em situação de violência doméstica ou familiar contra a mulher, visto que, agregada tal circunstância especializante, tais delitos refogem ao conceito de crimes de menor potencial ofensivo, já que, também, não admitem a aplicação da Lei 9.099/95, conforme preceitua o art. 41 da Lei 11.340/06.

No tocante à aplicação da suspensão condicional da pena em crimes de violência doméstica e familiar contra a mulher interessante ainda observar que, conforme art. 78, § 1º, do CP, *no primeiro ano do prazo, deverá o condenado prestar serviços à comunidade (art. 46) ou "submeter-se à limitação de fim de semana (art. 48)".* A limitação de fim de semana é uma pena restritiva de direitos que, conforme art. 48 do CP, *consiste na obrigação de permanecer, aos sábados e domingos, por 5 (cinco) horas diárias, em casa de albergado ou outro estabelecimento adequado* e, ainda, consoante reza seu parágrafo único, *durante a permanência poderão ser ministradas ao condenado cursos e palestras ou atribuídas atividades educativas.* A comum inexistência de albergues penitenciários e ainda mais de recursos para que ministrados cursos e palestras em seu interior desmotiva o Poder Judiciário de aplicar esta modalidade sancionatória.

Ocorre, que a Lei 11.340/06, em seu art. 45, acrescenta um parágrafo único ao art. 152 da Lei 7.210/84 (Lei de Execuções Penais), o qual precisamente trata dos cursos e palestras impositivos no seio da limitação de fim de semana, onde consta que *nos casos de violência doméstica contra a mulher, o juiz poderá determinar o comparecimento obrigatório do agressor a programas de recuperação e reeducação.* O parágrafo único agregado ao art. 152 da LEP, embora situe-se em seção que trata da limitação de fim de semana não está jungido plenamente às demais imposições desta pena alternativa, de sorte que não é necessário que os *programas de recuperação e reeducação* ocorram nos sábados ou domingos no interior dos albergues.

4. CONCLUSÃO FINAL

A Lei Maria da Penha constitui-se em diploma legal controvertido que causou inquietação no meio jurídico, especialmente por incrementar o rigor penal, tendência notoriamente distanciada dos postulados do minimalismo penal. Mas, mesmo que por caminhos repressivos, toda lei que incentive a igualdade material, que reprima a discriminação e a violência e contribua para a formação de uma sociedade mais justa e solidária, deve ser recebida com encômios pelos operadores do sistema jurisdicional, pois converge para sua função precípua de mourejar por um mundo melhor, mais ético e justo.

Não há como se negar que sua aplicação serena e prudente pode produzir efeitos sociais relevantes, modificando uma realidade social muito evidente na América Latina, de discriminação e violência contra a mulher no âmbito doméstico e familiar.

Todavia, nem só ao direito penal se devem impor todas as expectativas; também políticas públicas e sociais que incentivem a independência econômica; programas de aptidão cultural e profissional, de melhoria da auto-estima da mulher etc., serão indispensáveis para robustecer a figura feminina na quadratura social.

Esta é uma aposta que só o tempo revelará, mas o tempo já revelou tantas mudanças no seu incessante curso (...).

5. QUADRO SINÓPTICO DOS DELITOS PRATICADOS COM VIOLÊNCIA DOMÉSTICA E FAMILIAR CONTRA A MULHER

Delito	Representação	Conciliação	Transação	Suspensão Condicional do Processo (SCP)
Art. 129, § 9º, CP	Exigível: arts. 12, I, e 16 da Lei 11.340/06	Cabível em juízo como condição da renúncia à representação.	Afastada pelo art. 41 da Lei 11.340/06	Afastada pelo art. 41 da Lei 11.340/06
Art. 147 CP	Exigível: art. 147, par. único, CP	Cabível em juízo como condição da renúncia à representação.	Afastada pelo art. 41 da Lei 11.340/06	Afastada pelo art. 41 Lei 11.340/06
Arts. 138, 139 e 140 Código Penal	Ação penal privada.	Cabível em juízo como condição da renúncia à queixa-crime ou perdão do ofendido.	Afastada pelo art. 41 da Lei 11.340/06	Afastada pelo art. 41 da Lei 11.340/06
Art. 150 e seu § 1º do CP	Ação penal pública incondicionada	Incabível, por se tratar de ação penal pública incondicionada	Afastada pelo art. 41 da Lei 11.340/06	Afastada pelo art. 41 da Lei 11.340/06
Art. 163 *caput* e par. único, IV, do CP	Ação penal privada	Cabível em juízo como condição da renúncia à queixa-crime ou perdão do ofendido	Afastada pelo art. 41 da Lei 11.340/06	Afastada pelo art. 41 da Lei 11.340/06
Art. 163, parágrafo único, I e II, do CP.	Ação penal pública incondicionada	Incabível, por se tratar de ação penal pública incondicionada	Incabível porque a pena máxima é superior a 02 anos	Afastada pelo art. 41 da Lei 11.340/06

Arts. 216, *caput*, e 216-A, do CP	Ação penal privada ou pública condicionada à representação (art. 225, § 1º, I)	Cabível, pois pode condicionar a opção pela representação.	Afastada pelo art. 41 da Lei 11.340/06	Afastada pelo art. 41 da Lei 11.340/06
Art. 359 do CP	Incabível por ser crime de ação penal pública incondicionada	Incabível por ser crime de ação penal pública incondicionada	Afastada pelo art. 41 da LMP	Afastada pelo art. 41 da LMP
Art. 21 da LCP	Exigível por analogia ao delito de lesões corporais leves	Cabível, pois pode condicionar a opção pela representação.	Cabível, pois o art. 41 da Lei 11.340/06, somente se refere a *crimes*	Cabível, pois o art. 41 da Lei 11.340/06, somente se refere a *crimes e não a contravenções*

6. EXERCÍCIOS DE FIXAÇÃO

1) "A" foi condenado a um ano de detenção pelo delito do art. 129, § 9º, do CP contra sua companheira. Assinale a alternativa incorreta:

a) "A" não teve direito à transação penal no crime em questão, por estar vedada a aplicação da Lei 9.099/95 aos casos de violência doméstica contra a mulher;

b) Enquanto não instalados os Juizados de Violência Doméstica e Familiar contra a mulher, os Juizados Especiais Criminais continuam competentes para o processo do crime praticado por "A";

c) Preenchidos os demais requisitos, "A" tem direito ao *sursis* previsto nos arts. 77 e segs. do CP, visto que o delito foi cometido com violência ou grave ameaça à pessoa, causa impeditiva da substituição do art. 44 do CP;

d) Ao ser processado, "A" não teve direito à suspensão condicional do processo, por força do art. 41 da Lei Maria da Penha.

2) Observe as alternativas a seguir, assinalando a incorreta:

a) Em se tratando de violência doméstica e familiar contra a mulher, praticada mediante contravenções penais, vem prevalecendo o entendimento de que a competência não é mais dos JECRIMs, mas o sujeito ativo pode beneficiar-se das medidas despenalizadoras da Lei 9.099/95, no juízo competente;

b) A postulação de medidas protetivas de urgência é plausível tanto no Juízo Criminal, quanto no juízo cível, neste, mediante advogado ou defensor público;

c) A Lei Maria da Penha é uma lei mista, pois contêm disposições penais, processuais penais, processuais civis, administrativas e até mesmo trabalhistas;

d) A Lei Maria da Penha criou um rito próprio para os processos de violência doméstica contra a mulher, não se aplicando os ritos previstos no CPP.

3) Assinale a alternativa correta:

a) A autoridade policial não necessita mandado judicial para acompanhar a mulher até sua casa a fim de buscar seus pertences e removê-la para um abrigo;

b) Nos termos do art. 16 da LMP, a mulher só pode desistir da representação até o oferecimento da denúncia;

c) O pedido da ofendida de medidas protetivas de urgência, previsto no art. 12, III, da LMP, deve ser subscrito por advogado;

d) O juiz antes de decidir sobre as medidas protetivas de urgência deve, obrigatoriamente, ouvir o MP.

4) Assinale a alternativa incorreta:

a) Mesmo nos crimes apenados com detenção praticados com violência doméstica ou familiar contra a mulher, é possível a decretação da prisão preventiva do agressor, sem as ressalvas do art. 313, II, do CPP;

b) Como regra, a prisão preventiva só deve ser decretada para garantir a execução das demais medidas protetivas de urgência;

c) Crimes e contravenções penais, praticados em situação de violência doméstica contra a mulher, sempre admitem prisão em flagrante;

d) Ao condenar o agressor, em lugar da substituição de final de semana, como condição do *sursis,* o juiz poderá determinar o comparecimento obrigatório do agressor a programas de recuperação e reeducação.

Capítulo XIII

Aspectos procedimentais controvertidos da Lei de Drogas

FERNANDO GERSON[1]

1. INTRODUÇÃO

Com o advento da Lei nº 11.343/06, novos horizontes foram propostos pelo legislador para a repressão da criminalidade ligada ao manejo ilegal de drogas no país. A implementação das novas políticas públicas para a circulação ilegal de drogas no Brasil estabeleceu como metas estratégicas o respeito aos direitos fundamentais do cidadão, especialmente quanto à sua autonomia e à sua liberdade, a responsabilidade compartilhada entre o Estado e a sociedade civil, a partir do engajamento da participação social nas atividades de conscientização, prevenção e repressão ao tráfico. A implantação de um sistema nacional de políticas públicas sobre drogas parte de duas premissas bem delineadas e bastante distintas quanto ao tratamento jurídico dispensado pela legislação, quais sejam: a necessidade de reinserção social do usuário e a sua conscientização quanto aos comportamentos de risco assumidos, bem como a indispensável repressão ao tráfico ilícito de drogas.

Inobstante a alteração de alguns atos procedimentais, a atual legislação reafirma os preceitos já contidos nas leis predecessoras no que tange à necessidade de coibir o tráfico ilegal de drogas. Por outro lado, optou o legislador pela adoção do modelo de justiça restaurativa e terapêutica, modificando a situação jurídica do usuário para a posição de um infrator *sui generis,* pois merecedor de reprimenda verbal, pecuniária ou restritiva de direitos, bem como de medidas ressocializadoras ou terapêuticas, sem a aplicação de pena privativa de liberdade, mesmo na hipótese de descumprimento injustificado das medidas impostas.

O princípio da cooperação mútua nas atividades do sistema nacional de políticas públicas sobre drogas, portanto, surge como um elo entre os poderes constituídos e as mais variadas instituições organizadas pela sociedade civil, reconhecendo-se o caráter multidimensional da problemática envolvendo a circulação ilícita de drogas e alterando a dinâmica do Direito Penal e Processual Penal, mediante o processo de flexibilização da atuação do Estado frente ao agente consumidor.

Nesse contexto, este breve ensaio pretende tecer comentários acerca de algumas controvérsias processuais trazidas pela atual Lei de Drogas, realçando a necessidade da implantação e tomada de atos processuais que se harmonizem com o sistema processual brasileiro, pautado nas garantias processuais do acusado e voltado para a descoberta da

---

[1] Promotor de Justiça Criminal no RS. Mestre em Direito e Doutorando em Sociologia Política pela UNISINOS. Professor de Direito Penal e Direito Processual Penal na UNISINOS e na FEMP-RS.

verdade jurídica, sobremaneira após o advento das Leis n° 11.690/08 e n° 11.719/08, as quais alteraram contundentemente as disposições até então vigentes no Código de Processo Penal.

2. A IDÉIA DE LIDE NA LEI DE DROGAS E A FLEXIBILIZAÇÃO DO MODELO CRIMINAL REPRESSIVO FRENTE AO USUÁRIO

A idéia da transposição teórica do conceito de lide do processo privado para o processo penal não é nova. Pretende-se, com isso, encarar a ciência processual penal sob o viés crítico de um novo horizonte teórico que não se coaduna com a notícia da infração de alguma norma penal incriminadora, inexistindo propriamente uma contenda pessoal, um desacordo entre acusador e acusado, inviabilizando-se a compreensão de uma espécie de *pessoalização* do processo penal, inclusive nas ações penais privadas, na medida em que a indisponibilidade dos direitos (públicos) em jogo e a sistematização da produção da prova em pauta não permitem a concepção de lide supostamente transposta do processo civil para o cenário processual penal. Tal diagnóstico jurídico é reforçado pelo advento da Lei n° 11.343/06, na medida em que o acusador público, que não se encontra na situação de uma *lide* processual, poderá postular, inclusive, a pretensão de assistir ao demandado no seu problema de saúde pessoal com o uso ilegal de tóxicos nas inovações assistencialistas previstas na lei em análise.

2.1. Procedimento e lide na política de repressão à criminalidade prevista na Lei n° 11.343/06

Todo processo representa a idéia de movimento. Expressões tais como processo biológico, processo metabólico, processo evolutivo, processamento de sistemas, processamento de dados etc., denotam a antítese da idéia de estagnação. Mesmo quando verbalizado o ato de processar alguma coisa, fato ou circunstância, tem-se a idéia de armazenamento em concomitância com a idéia de movimentação. Quando transposta a idéia de processo para o plano judicial, para o plano do sistema do Direito, essa noção de avanço ou caminhada, muitas vezes em conjunto com a idéia de armazenamento, não perde sua essência. A palavra *processo* deriva do vocábulo *pro cedere*, o qual denota a ação de caminhar, avançar, adiantar ou progredir que, no dizer de Rogério Lauria Tucci, apresenta-se como o instrumento da atividade judiciária, formalizando-se em um procedimento, *a que corresponde a sua esquematização formal* (*Teoria do Direito Processual Penal*: Jurisdição, Ação e Processo Penal (Estudo Sistemático). 2002, p. 157-161).

Se o Direito material encontra sua efetivação no Direito processual, percebe-se claramente o caráter instrumental do processo. Muito embora instrumento, o processo também cria direitos e obrigações, mas estes de plano processual. Daí por que muitos consideram *ação* como sinônimo de *processo*, em que pese a ação revele, basicamente, evitando-se polêmicas que se afastam do foco do presente ensaio, a idéia do exercício de um direito, enquanto o processo traduz a idéia de uma relação jurídica instalada sob a égide de regramentos que estipulam direito, obrigações e sujeições. De qualquer forma, o processo é o meio pelo qual se vale o Estado para a efetivação da função jurisdicional, por isso o processo é o instrumento da jurisdição, constituindo-se de uma série de atos processuais envolvendo as partes que aceitaram a tutela do Estado. Por outro lado, o procedimento é o conjunto de atos processuais previamente regulados pela lei para a instrumentalização do processo, é o aspecto formal do processo, é a sua peculiaridade, o seu diferencial, ou seja, um processo judicial pode tramitar por intermédio das mais variadas formas de procedimentos ou ritos que regulam o início, o desenvolvimento e o seu término.

Neste aspecto, o processo, sob a ótica criminal, como instrumento do Direito Penal, versará acerca de uma zona de tensão entre os dois direitos eminentemente indisponíveis que representam o *ius puniendi* do Estado e o *status libertatis* do acusado quando existente a notícia da eventual violação de uma norma penal incriminadora. A necessária diferenciação da jurisdição ordinária em jurisdição civil e jurisdição penal conduz à inevitável conclusão acerca da existência de conteúdos essencialmente distintos destes processos, razão pela qual entendemos inexistente no processo criminal a existência de uma "lide" tal como concebida na jurisdição contenciosa do processo civil, isso porque inexiste propriamente uma contenda, um desacordo entre acusador e acusado. Não há que se falar em pessoalidade na disputa judicial penal, inclusive nas ações penais privadas, mesmo porque a indisponibilidade dos direitos (públicos) em pauta e a indivisibilidade da ação são da essência do processo criminal, na medida em que o processo encontra justificativa na necessidade, pois somente atingir-se-á a punição jurídica do acusado que violou uma regra geral de cunho penal por intermédio deste instrumento chamado processo, cujo procedimento é o seu diferencial.

A concepção ultrapassada de "lide" no processo criminal perde o seu sentido quando transpomos a controvérsia para o rito especial da Lei de Tóxicos, objeto do presente estudo. A nova Lei de Drogas estabeleceu um novo sistema nacional de políticas públicas sobre drogas, pautando a sua atuação no respeito aos direitos fundamentais e à autonomia do indivíduo, na ampla participação social para o planejamento estratégico do novel sistema, na cooperação mútua entre os poderes públicos e na abordagem multidisciplinar das ações voltadas para a reinserção social do usuário e para a repressão ao tráfico ilícito de drogas. Sem dúvida que a nova Lei nº 11.343/06 encontra alicerce na cooperação mútua entre os poderes públicos e a própria sociedade civil, sem a qual os fins colimados não serão atingidos no que tange ao cenário nacional de combate à criminalidade decorrente da circulação ilícita de tóxicos no país, modificando substancialmente as medidas penais adotadas em relação ao consumidor, previstas nas predecessoras Lei nº 6.368/76 e Lei nº 10.409/02.

Neste ínterim, a idéia de "lide" é afeta aos processos não-criminais que se amoldam e permitem a concatenação de atos processuais sob a ótica da "verdade formal" ou das "presunções", mas que não se coaduna com o processo penal, na medida em que o processo criminal moderno vem admitindo medidas alternativas à própria punição como característica primordial das penas privativas de liberdade e também das maiorias das medidas restritivas de direitos. Como exemplo, a Lei nº 11.343/06 confere um tratamento jurídico diferenciado em relação às condutas nela previstas, encontrando incidência e direcionamento não só à atuação do Poder Judiciário, do Ministério Público ou da Polícia Judiciária, mas também da própria sociedade civil e da polícia ostensiva, na medida em que os delitos, sob o viés crítico da criminologia, devem ser vistos como um problema social e comunitário, sobretudo os que visam a tutelar a saúde pública, e não apenas em seu aspecto reducionista de mero comportamento individual, por isso, com relação ao uso ilegal de tóxicos, a atual legislação rompeu drasticamente com o modelo repressivo anterior, pois, na esteira de seu artigo 28, aquele que adquirir, guardar, tiver em depósito, transportar ou trouxer consigo, para consumo pessoal, drogas sem autorização ou determinação normativa será submetido às penas de advertência sobre os efeitos das drogas, prestação de serviços à comunidade ou medida de comparecimento a programa ou curso educativo, sendo que as mesmas medidas serão igualmente aplicadas para quem, para seu consumo pessoal, semeia, cultiva ou colhe plantas destinadas à preparação de pequena quantidade de substância ou produto capaz de causar dependência física ou psíquica, conforme previsão contida no §1° do mencionado dispositivo.

Em decorrência disso, pode-se argumentar que lide seria essa em que o demandante e autor da ação postula a pretensão de assistir ao demandado no seu problema de saúde pessoal com o uso de ilegal de tóxicos? Como poderíamos conceber uma lide quando o autor pretender ou encontrar satisfação no assistencialismo do Estado, já que a própria idéia *de ius puniendi* é arrefecida pela Lei de Tóxicos? Efetivamente, não se pode deixar de admitir mais uma *mudança de paradigmas* na legislação penal e processual penal brasileira, já que a autonomia do processo penal já não mais permite a idéia de lide, como antes referido, mesmo nas ações consideradas privadas, pois a concepção da chamada *verdade material* (que não guarda nenhuma relação com a verdade ontológica, pois esta é sabidamente inalcançável), a qual denota tão-somente a possibilidade de o Magistrado buscar de ofício provas suplementares no processo, restou consagrada pela recente edição da Lei n° 11.690/08, a qual alterou o disposto no artigo 155 do Código de Processo Penal, que prescreve que é facultado ao Magistrado de ofício ordenar, antes mesmo de iniciada a ação penal, a produção antecipada de provas consideradas urgentes e relevantes, observando a necessidade, adequação e proporcionalidade da medida, bem como determinar, no curso da instrução, ou antes de proferir sentença, a realização de diligências para dirimir dúvida sobre ponto relevante.

É cediço que na persecução da verdade o Juiz pode determinar a busca de provas consideradas relevantes nas ações penais públicas e na ações penais privadas. Naquelas, forçoso reconhecer que o Ministério Público não tem como escopo fazer valer a pretensão punitiva descrita na denúncia, mas o de buscar no processo penal as provas disponíveis que se aproximam da verdade como fim último do processo, mesmo que para isso seja necessário recorrer para buscar a absolvição do acusado, por isso a pretensão dirigida pelo Ministério Público no curso do processo pode ser dirigida para a própria pretensão do acusado na defesa do *status libertatis*.

Por outro lado, a atual legislação de tóxicos inaugurou o precedente legislativo de cominar como sanções criminais principais no preceito secundário do tipo penal as penas restritivas de direitos, sem que o descumprimento de tais medidas impostas pelo Magistrado redundem na aplicação de penas privativas de liberdade, pois com relação ao uso ilegal de tóxicos, a legislação em vigor rompeu drasticamente com o modelo repressivo anterior, pois, na esteira de seu artigo 28, aquele que adquirir, guardar, tiver em depósito, transportar ou trouxer consigo, para consumo pessoal, drogas sem autorização ou determinação normativa será submetido às penas de advertência sobre os efeitos das drogas, prestação de serviços à comunidade ou medida de comparecimento a programa ou curso educativo, sendo que as mesmas medidas serão aplicadas para quem, para seu consumo pessoal, semeia, cultiva ou colhe plantas destinadas à preparação de pequena quantidade de substância ou produto capaz de causar dependência física ou psíquica, conforme previsão contida no §1° do mencionado dispositivo.

Os fins humanitários a que se destinam os principais objetivos da citada Lei em relação ao usuário restaram evidentes, pois, como já referido alhures, constitui uma das principais diretrizes da legislação a prevenção ao uso indevido, a atenção e a reinserção social de usuários e dependentes de drogas, tornando-os menos vulneráveis a assumir comportamentos de risco ao uso indevido de entorpecentes, daí por que não prevista pena privativa de liberdade na hipótese de infração ao disposto no mencionado artigo 28, adotando a legislação, portanto, um modelo terapêutico e restaurador.

2.2. Aplicação das medidas retributivo-assistenciais previstas no artigo 28 da Lei de Drogas

A preocupação com a repressão da produção não autorizada de drogas não é nenhuma novidade no país. As Ordenações Filipinas vigentes no Brasil, as quais entraram em vigor no ano de 1603, já dispunham, no seu título LXXXIX, que *Nenhuma pessoa tenha em caza para vender, rosalgar branco, nem vermelho, nem amarello, nem solimão, nem agua delle, nem escamonéa, nem opio, salvo se fôr Boticário examinado, e que tenha licença para ter Botica, e usar do Officio.* Somente com a promulgação do Código Penal de 1890 que se considerou crime, de maneira sistematizada, uma vez que o Código Criminal do Império não tratava da matéria, a conduta de *expor à venda ou ministrar substâncias venenosas sem legítima autorização e sem as formalidades previstas nos regulamentos sanitários.* A partir daí, uma sucessão de legislações passou a disciplinar a matéria com base em diretrizes internacionais, como ocorreu com o Decreto n° 4.294/21, baseado na Convenção de Haia, ocorrida no ano de 1921, e com o Decreto-Lei n° 891/38, inspirado na Convenção de Genebra de 1936, seguindo-se uma série de legislações que tratavam do assunto, inclusive com a previsão do artigo 281 do Código Penal em vigor, posteriormente revogado pela já mencionada Lei n° 6.368/76 (cf. Vicente Greco Filho. *Tóxicos*: Prevenção – Repressão. 1996, p. 39-43).

A legislação não diferencia as modalidades existentes entre os usuários, pouco importando, para fins de classificação delitiva, a posição de consumidor eventual, freqüente ou absolutamente dependente, cabendo, ao final, ao Magistrado perceber a situação pessoal do agente para assunção das providências legais. É justamente esta grande gama de usuários, nos mais diferentes níveis de intoxicação, que se encontra sob o jugo das recentes inovações, razões pelas quais o prudente arbítrio do julgador é necessário para o sucesso da reinserção social ou mesmo da conscientização reclamadas para a aplicação das penas previstas em lei, já que abolida a pena privativa de liberdade para o agente meramente consumidor e, para a garantia do cumprimento das mencionadas medidas educativas, o Magistrado poderá submeter o agente sucessivamente a admoestação verbal e a multa, sem a possibilidade de conversão da pena restritiva de direitos em pena corporal, como preceitua a Lei de Execuções Penais. A adoção do modelo de justiça restaurativa colocou o usuário na posição de um infrator *sui generis,* uma vez que merecedor de reprimenda e de medidas ressocializadoras ou terapêuticas, sem a aplicação de pena privativa de liberdade, uma vez que colocado da posição de infrator e vítima de seu próprio comportamento (cf. Carlos Alberto Poiares. *Análise Psicocriminal das Drogas*: O Discurso do Legislador. 1998, p. 488).

A Lei, portanto, traça um paralelo muito nítido entre os efeitos penais resultantes da conduta do traficante inserido nos tipos penais previstos nos artigos 33, *caput*, e § 1º, bem como nos artigos 34 a 37 da atual legislação, os quais são inafiançáveis e insuscetíveis de *sursis*, graça, indulto, anistia e liberdade provisória, vedada a conversão de suas penas em restritivas de direitos, quando cotejada com a conduta do consumidor que, como já referido, em tendo praticado uma infração de menor potencial ofensivo, não se submeterá a qualquer pena privativa de liberdade. A posição jurídica do consumidor restou privilegiada quanto aos efeitos penais de sua conduta, pois reconheceu o legislador a necessidade de desmitificação do usuário, optando pela política criminal de recrudescimento da lei frente ao traficante de drogas, mesmo que sabedor que a conduta do consumidor evidentemente fomenta a atividade criminosa do traficante, o qual simplesmente não existiria se não houvesse consumidores. No entanto, tal reducionismo não se sustenta quando é cediço que grande parte dos usuários se torna dependente e completamente vulnerável à existência da circulação ilícita das mais variadas drogas em nossa sociedade, por isso a posição *sui generis* do infrator, uma vez que, ao mesmo tempo, merecedor de reprimenda e de medidas ressocializadoras ou terapêuticas.

Buscar a legitimidade do sistema penal, a partir da racionalização proporcional de suas penas com a reprovabilidade social da conduta do agente, tem sido uma grande preocupação dos países desenvolvidos, de modo que o Brasil procura igualmente adequar-se a um novo modelo punitivo que efetivamente respalde os anseios sociais, procurando afastar-se da seletividade e da própria estigmatização indevida de alguns infratores, sem o afastamento da exigência imprescindível da pena de prisão, por isso a necessidade histórica de se limitar a pena corporal de prisão para situações de reconhecida necessidade, por intermédio de substitutivos penais alternativos, impeditivos de novas e reiteradas ações criminógenas.

Discordamos do entendimento de que o legislador teria descriminalizado a conduta do usuário de entorpecentes, mesmo sem legalizar a ação subsumida no artigo 28 da Lei em comento, retirando o seu *status* de delito e, portanto, deixando de ser ofensa criminal, uma vez que ficariam os agentes sujeitos somente a sanções administrativas. Nesta categoria, estariam abarcadas duas modalidades de ação, ou seja, daquele agente que adquirir, guardar, tiver em depósito, transportar ou trouxer consigo, para consumo pessoal, drogas sem autorização ou em desacordo com determinação legal ou regulamentar, bem como daquele que, para seu consumo pessoal, semeia, cultiva ou colhe plantas destinadas à preparação de pequena quantidade de substância ou produto capaz de causar dependência física ou psíquica, conforme previsto no artigo 28 e § 1º da Lei nº 11.343/06.

Efetivamente, o artigo 1º da Lei de Introdução ao Código Penal estabelece: *Considera-se crime a infração penal a que a lei comina pena de reclusão ou detenção, quer isoladamente, quer alternativa ou cumulativamente com a pena de multa; contravenção, a infração a que a lei comina, isoladamente, pena de prisão simples ou de multa, ou ambas, alternativa ou cumulativamente*. Dessa forma, frente a uma interpretação gramatical do mencionado dispositivo, como a novel legislação retirou qualquer possibilidade de aplicação de pena privativa de liberdade ao usuário ilegal de drogas, a sua ação deixaria de ser considerada qualquer infração penal – nem crime e nem contravenção – para inaugurar uma espécie híbrida em nosso ordenamento de conduta contrária ao Direito.

Todavia, inexistem quaisquer dúvidas acerca do alcance da interpretação do mencionado artigo 1º da Lei de Introdução ao Código Penal, sendo claro o comando que define o crime e as contravenções penais como infrações em que cominadas penas de prisão. Ocorre que o Código Penal vigente entrou em vigor no ano de 1940, oportunidade em que as chamadas penas alternativas foram inovações trazidas somente na grande reforma da Parte Geral do Código Penal, por intermédio da Lei nº 7.209/84, as quais foram posteriormente alteradas pela edição da Lei nº 9.714/98. Acrescente-se que Lei de Introdução ao Código Penal (Decreto-Lei nº 3.914/41) entrou em vigência no nosso ordenamento jurídico quando a pena privativa de liberdade constituía a principal resposta estatal ao ilícito, não dispondo a legislação de instrumentos efetivos que não representassem, principalmente, o encarceramento ou a sanção pecuniária. Tendo em vista a ausência de depuração dos atos que efetivamente indicassem a pena de prisão como indicada e necessária no caso em concreto, até mesmo pela falta de instrumentos legais, intensificavam-se as críticas à ordinarização da pena privativa de liberdade no Brasil e proclamava-se a necessidade de preocupação com a ressocialização do condenado, após inúmeras manifestações de reforma do sistema, cuja precariedade e o arbítrio intensificaram-se posteriormente no período da ditadura militar no país, até o advento da grande reforma penal de 1984, que procurou mitigar a denominada crise da pena de prisão, a qual não atendia satisfatoriamente um dos principais objetivos da sanção criminal, consubstanciado na reeducação e reintegração social do apenado.

Em razão disso, quando da entrada em vigor do artigo 1º da Lei de Introdução ao Código Penal, as realidades social e legislativa conviviam em uma época muito diferente quando comparada com a realidade jurídica atual. Não se cogitava, por exemplo, a existência em nosso ordenamento jurídico de um modelo consensual de justiça criminal, na variedade de penas alternativas ou mesmo em institutos despenalizadores vinculativos. Da mesma forma, sequer se cogitava na possibilidade de responsabilidade penal da pessoa jurídica, de modo que o Direito Penal atual não pode atrelar-se ao paradigma fornecido pela Lei de Introdução distante dos novos institutos em vigência. Disso resulta que a classificação de um fato como crime ou contravenção não pode estar vinculada, tão-somente, pela ausência de cominação de pena privativa de liberdade, mesmo porque, como já referido, na época não se cogitava a hipótese de aplicação de pena que não fosse pecuniária ou privativa de liberdade como sanção principal.

Ademais, o artigo 28 da Lei nº 11.343/06 está inserido no Capítulo III do Título III, que trata expressamente "Dos Crimes e das Penas", não se permitindo, portanto, investigar, processar e condenar, ou mesmo a aplicação de medidas despenalizadoras, para os agentes que não tenham perpetrado crimes ou contravenções penais, motivos pelos quais, forçoso reconhecer que as condutas previstas no artigo 28, *caput*, e no seu § 1º, na citada Lei estão classificadas na categoria de crimes, muito embora a ausência de cominação de pena privativa de liberdade.

Esta linha de raciocínio também pautou o entendimento da 1ª Turma do Supremo Tribunal Federal, posicionando-se sobre o assunto no dia 13 de fevereiro de 2007, ao analisar o RE 430105/QO/RJ, cuja relatoria foi efetuada pelo Ministro Sepúlveda Pertence, sob o enfoque que *a conduta antes descrita neste artigo continua sendo crime sob a égide da lei nova, tendo ocorrido, isto sim, uma despenalização, cuja característica marcante seria a exclusão de penas privativas de liberdade como sanção principal ou substitutiva da infração pena* (STF, 1ª Turma, RE 430105 QO/RJ, rel. Min. Sepúlveda Pertence, 13.2.2007. Informativo n. 456. Brasília, 12 a 23 de fevereiro de 2007).

O argumento de que as condutas previstas no artigo 28, *caput*, e § 1º, da Lei nº 11.343/06 poderiam constituir espécies de infrações com um regime jurídico diferenciado, realmente acarretaria graves conseqüências jurídicas, sendo uma delas, como bem destacado no acórdão, a impossibilidade de as mencionadas infrações serem enquadradas como ato infracional, já que não seriam crime nem contravenção penal, acarretando uma série dificuldade na definição de um regime jurídico específico.

O rompimento com um paradigma até então estabelecido no nosso sistema penal não é uma tarefa fácil, uma vez que as sanções penais previstas para o usuário, na realidade, são medidas educativas de prevenção, e não propriamente sanções de cunho repressor, mas se o legislador optou por prever penas restritivas como sanção principal,

Aspectos procedimentais controvertidos
da Lei de Drogas

277

deveria igualmente prever solução jurídica para garantir o seu cumprimento, no que de fato poderá a opção pela prevenção e reinserção social do usuário estabelecida em Lei tornarem-se efetivas como comandos impositivos para as sanções menos estigmatizantes, uma vez que o desinteresse em seu cumprimento por parte do agente poderá redundar na prolação de um comando judicial sem a necessária coerção e fiscalização estatal que garantam a exeqüibilidade da medida.

Neste caso, abre-se o espaço para o Direito Penal brasileiro não se tornar mais a *ultima ratio*, pois se consagra o primado da prevenção e conscientização sobre a repressão, além de certo assistencialismo terapêutico por parte dos poderes instituídos, mas que, inobstante esta alteração da conduta estatal frente o usuário, mediante a flexibilização do sistema, poderá encontrar sérias dificuldades operacionais em razão da necessidade de cooperação do agente, o qual se sabe nem sempre é alcançada, ficando este novo Magistrado assistencialista e consciente de seu novo papel em relação ao uso ilegal de tóxico, sem instrumentos que confiram adequada garantia de cumprimento das medidas previstas em Lei, pois não se concebe consensualismo em relação às medidas impostas judicialmente, por mais humanitários os objetivos claramente delineados pelo legislador.

3. ASPECTOS POLÊMICOS DO PROCEDIMENTO ESPECIAL PREVISTO NA LEI DE DROGAS

Com o advento da atual Lei de Drogas, nova sistematização jurídica foi implementada quanto à concatenação dos atos processuais para os julgamentos dos delitos nela previstos. Dividindo-se em dois grandes procedimentos a serem adotados, sobremaneira para as condutas do usuário ou para as condutas relacionadas direta ou indiretamente ao tráfico ilícito, inevitável o surgimento de controvérsias processuais quanto à assunção dos atos processuais para o curso dos respectivos procedimentos. Utilizando-se da Lei nº 9.099/95 e das disposições constantes do Código de Processo Penal, a integração dos dispositivos que formam o sistema processual penal é fundamental para a harmonização de alguns incidentes que possam surgir nos procedimentos em análise, tais quais, a conexão, o oferecimento de medida despenalizadora, a absolvição sumária no curso do procedimento, a ordinarização do rito etc. Não se pode olvidar que o processo é o instrumento voltado para as garantias processuais do réu e para a descoberta da verdade jurídica envoltas em regras prévias que necessitam de orientações jurisprudenciais e doutrinárias, sobretudo com o adventos das Leis nº 11.690/08 e nº 11.719/08, as quais alteraram significativamente as disposições até então vigentes do Código de Processo Penal.

3.1. A conexão processual e a execução da medida despenalizadora da transação penal aplicada ao agente transgressor das proibições contidas no artigo 28 da Lei nº 11.343/06

Primeiramente, quando conduzido à autoridade policial, o usuário será compromissado para o comparecimento na audiência preliminar para fins de aplicação do disposto no artigo 76 da Lei nº 9.099/95, elaborando-se o respectivo termo circunstanciado. No entanto, exsurge da nova legislação que, não subscrevendo o compromisso de comparecimento à solenidade judicial, o agente, diante da nova sistemática, não mais poderá ser preso em flagrante delito, ao contrário do que prevê a Lei do JEC em relação às demais

278

Fernando Gerson

infrações de menor potencial ofensivo, pois vedada a pena privativa de liberdade ao usuário de entorpecentes.

Adotou o legislador o paradigma informativo da inexistência de justificativas ressocializadoras para a efetivação da restrição da liberdade física em relação ao indivíduo meramente usuário, afastando-se do viés meramente punitivista, posto que de pouca relevância o dano a um bem jurídico coletivo realizado pelo agente que adquirir, guardar, tiver em depósito, transportar ou trouxer consigo, somente para consumo pessoal, drogas sem autorização ou determinação normativa, permitindo, assim, uma aproximação maior ao escopo primordial da ressocialização do consumidor e da prevenção à repetição do ilícito, mediante mecanismos de conscientização do malefício, principalmente pessoal, de sua ação contrária ao Direito, porquanto, como já referido, no tocante à posse de drogas, o legislador não descriminalizou a conduta, mas continuou e manteve o aprimoramento do processo de despenalização que havia antes mesmo da entrada da legislação em vigor, uma vez que já era considerada infração de menor potencial ofensivo sujeita ao Juizado Especial Criminal.

Por outro lado, o artigo 48, § 5°, da Lei n° 11.343/06 dispõem expressamente que *para os fins do disposto no art. 76 da Lei n° 9.099, de 1995, que dispõe sobre os Juizados Especiais Criminais, o Ministério Público poderá propor a aplicação imediata de pena prevista no art. 28 desta Lei, a ser especificada na proposta*. No entanto, o mencionado artigo 76 dispõe que o Ministério Público poderá propor a transação penal, uma vez satisfeitos os requisitos legais, consistente justamente nas penas restritivas de direitos ou na multa já previstas no preceito secundário do delito de uso de tóxicos. Ocorre que, como essas penas não privativas de liberdade já se encontram previstas expressamente no artigo 28 da nova Lei de Tóxicos, na realidade, o autor do fato não estaria acordando com qualquer pena alternativa, a qual deveria ser mais benéfica e vantajosa quando em confronto com a sanção prevista no referido tipo penal. Nesta hipótese, estaria aceitando o autor do fato uma transação penal idêntica à pena prevista em lei, com a desvantagem de ser aplicada sem a ampla defesa, o contraditório ou o devido processo legal, aceitando-se submeter, prematuramente e sem a possibilidade de um eventual veredicto absolutório, a uma pena (não-alternativa) já prevista em lei acordada com o Ministério Público.

Determina o artigo o artigo 48, §1°, da Lei de Drogas que o rito aplicável para o processamento do delito previsto no artigo 28, salvo se houver concurso com os crimes previstos nos artigos 33 a 37 da Lei, é o comum sumaríssimo previsto na Lei n° 9.099/95, podendo ser aplicável o rito comum sumário quando o Juizado Especial Criminal encaminhar ao Juízo comum as peças existentes para a adoção de outro procedimento, ou seja, quando não encontrado o acusado para ser citado (parágrafo único do artigo 66 da Lei n° 9.099/95), conforme preconizado no artigo 538 do Código de Processo Penal.

Em que pese tal situação não suficientemente solucionada pela legislação quando confrontada com o modelo consensual de justiça adotado pela Lei n° 9.099/95, é certo que o órgão do Ministério Público não poderá propor qualquer medida despenalizadora mais gravosa do que aquelas reguladas pelos artigos 28 e 29 da Lei n° 11.343/06 e, sob a ótica do autor do fato, talvez o único benefício envolvendo a aceitação da transação penal seriam o afastamento efetivo da estigmatização causada contra aqueles que respondem a um processo criminal ou mesmo das inconveniências do trâmite da ação penal e de uma eventual condenação judicial. De qualquer forma, por ocasião da audiência preliminar, analisando-se com prudência o caso em concreto, não se pode deixar de cogitar a eventual aplicação de encaminhamento terapêutico do auto do fato para tratamento em algum estabelecimento de saúde para tratamento especializado, *mutatis mutandi,* em conformidade com o disposto no § 7º do artigo 28 da Lei nº 11.343/06.

De qualquer forma, a atual legislação de tóxicos talvez tenha inaugurado um precedente legislativo de cominar como sanções criminais principais no preceito secundário do tipo penal as penas restritivas de direitos, sem que o descumprimento de tais medidas impostas pelo Magistrado redundem na aplicação de penas privativas de liberdade. No entanto, encaminhar o Direito Penal para a criação de novos tipos penais em tal situação poderá ocasionar uma desestabilização do sistema, uma vez que destituído o Poder Judiciário de mecanismos que dêem exeqüibilidade às suas decisões, tendo em vista a possibilidade de ineficácia da execução da multa eventualmente aplicada, podendo gerar um descrédito no novo sistema implementado. Todavia, posicionou-se o legislador por conferir um tratamento bastante especial ao usuário, optando por uma via até então desconhecida em nosso ordenamento jurídico e afastando a possibilidade de prisão aos infratores que violarem a proibição das condutas mencionadas no artigo 28, *caput,* e § 1º, da Lei nº 11.343/06, pois para garantia do cumprimento das medidas educativas que podem versar sobre a advertência dos efeitos das drogas, a prestação de serviços à comunidade ou a determinação de comparecimento a programa ou curso educativo, na hipótese de recusa do agente, o Magistrado somente poderá submetê-lo à admoestação verbal ou a multa, nos termos do artigo 28, § 6º, da Lei em comento.

De outra banda, vale destacar que o distanciamento entre o tratamento jurídico dispensado ao usuário e ao traficante remete à necessidade de aprofundamento às circunstâncias em que perpetrada a conduta do agente para que se logre diferenciar a efetiva prática de tipos penais tão distintos. Cabe ao Magistrado, portanto, bem como à autoridade policial e ao membro do Ministério Público, verificarem se a droga apreendida destinava-se ao efetivo uso pessoal, levando em consideração a natureza e a quantidade da substância apreendida, o local e as condições em que se desenvolveu a ação delituosa, as circunstâncias sociais e pessoais, a conduta e os antecedentes do agente, conforme preconiza § 2º do artigo 28 da Lei em análise, atentando-se, inclusive, para a possibilidade, mediante a aferição de tais critérios, de eventual ocorrência da conduta criminosa de induzir, instigar ou auxiliar alguém ao uso indevido de droga, a qual está tipificada como tipo autônomo de delito, conforme mencionado anteriormente, não incidindo mais a pena base prevista para o tráfico ilícito de entorpecentes como previsto na legislação revogada.

O artigo 48, § 1º, da Lei nº 11.343/06 estabelece que a conduta prevista no artigo 28 da Lei de Drogas, salvo se houver concurso com os crimes previstos nos artigos 33 a 37, será processada e julgada na forma dos artigos 60 e seguintes da Lei nº 9.099/95, que dispõe sobre os Juizados Especiais Criminais, ou seja, aplicar-se-á o rito sumaríssimo, alçado a rito comum, a teor do disposto no artigo 394, §1º, do Código de Processo Penal, alterado pela entrada em vigor da Lei nº 11.719/08.

A primeira problemática a enfrentar é a hipótese de conexão do crime previsto no artigo 28 da Lei de Drogas com outra modalidade delitiva. Neste aspecto, artigo 60 da Lei do Juizado Especial Criminal, estabelece a competência do Juizado para as infrações penais de menor potencial ofensivo, respeitadas as regras de conexão e continência, estatuindo no §1º do mencionado dispositivo que: *Na reunião de processos, perante o juízo comum ou o tribunal do júri, decorrentes da aplicação das regras de conexão e continência, observar-se-ão os institutos da transação penal e da composição dos danos civis.*

Com efeito, a intenção do legislador é clara no sentido da necessidade de atendimento das regras da autoridade judiciária prevalente quando houver conexão do crime de menor potencial ofensivo, como ocorre com a ação de portar droga para consumo pessoal, com outro crime que não se submeta ao jugo do procedimento sumaríssimo. Ocorre que, em sendo aplicável subsidiariamente as disposições do Código de Processo Penal, a teor do disposto no artigo 48 da Lei de Drogas, tal disposição deve ser plenamente relativizável, uma vez que a unidade de crimes para processamento e julgamento, em havendo a pluralidade de condutas delituosas na hipótese de conexão, submete-se à instrumentalidade do processo. Portanto, sempre que a aplicação da regras relativas à conexão dos feitos importar em algum inconveniente processual, os crimes devem ser submetidos a processos distintos, aplicando-se, portanto, o disposto no artigo 80 do Código de Processo Penal, que estipula a faculdade da separação dos processos quando as infrações tiverem sido praticadas em circunstâncias de tempo ou de lugar diferentes, ou, quando pelo excessivo número de acusados e para não prolongar a prisão processual, ou por qualquer outro motivo relevante, o Magistrado reputar conveniente, ou mesmo necessária, a separação dos feitos, como ocorre, por exemplo, com a pluralidade de réus com imputações diversas, posterior remessa de termo circunstanciado com o processo do delito conexo já em andamento, necessidade de diligências para o deslinde da infração de menor potencial ofensivo etc.

3.2. A investigação criminal e o rito especial da Lei de Drogas

Para exemplificar a necessidade de cooperação e integração das ações públicas no combate ao narcotráfico, a autoridade policial que presidir o inquérito policial deverá atentar-se que o indiciado tem o direito subjetivo da obtenção do benefício da causa de diminuição da pena, de um a dois terços quando, de maneira voluntária, colaborar com a investigação desencadeada na identificação dos demais co-autores ou partícipes do crime ou na recuperação total ou parcial do produto do delito na hipótese de condenação, oportunidade em que o Delegado de Polícia deverá consignar expressamente nos autos do inquérito policial as aludidas colaborações, a fim de não privar o indiciado dos benefícios legais concedidos pela legislação em comento, a teor do disposto no artigo 41 da Lei nº 11.343/06.

Da mesma forma, deverão as investigações analisar a eventual ocorrência de tráfico interestadual ou mesmo se algumas das condutas criminosas tipificadas nos artigos 33 a 37 da legislação tiverem sido praticadas com violência, grave ameaça, emprego de arma de fogo, ou ainda por intermédio de qualquer processo de intimidação difusa ou coletiva, hipóteses em que os agentes terão as penas acrescidas de um sexto a dois terços, conforme dispõe o artigo 40 da citada Lei.

As hipóteses acima elencadas envolvendo a delação colaborativa, como causa de diminuição de pena, e da prática do delito mediante violência, grave ameaça, emprego de arma ou mediante *qualquer processo de intimidação difusa ou coletiva*, como causa de aumento da sanção criminal, forçoso reconhecer, tratam de alterações e imposições significativas, e não meramente periféricas, que se coadunam com algumas atividades criminosas realizadas nos grandes centros urbanos brasileiros, convergindo com a tendência transnacional de perceber que determinados delitos violam em maior ou menor grau a desejada pacificação social, oportunidade em que o processo de vitimização difusa em algumas condutas merecem maior reprovabilidade, ainda que tímida na atual legislação, atentando-se igualmente para a necessidade de perceber uma utilidade – finalidade – no Direito Penal, ou seja, adotando a tendência moderna do pragmatismo-funcionalista que deve permear o Estado no combate à criminalidade, mas igualmente selecionando bens jurídicos de alta relevância penal quando cotejados com infrações penais destituídas de padrões morais e sociais de ilicitude ainda vigentes em nosso ordenamento.

Com relação ao paradigma funcionalista consagrado na legislação vigente, de maneira a reforçar a especialidade da Lei de Drogas, manteve o legislador, para efetivar as diretrizes destinadas à repressão da produção não autorizada e ao tráfico ilícito de drogas, normas especiais para os procedimentos investigatórios de inquérito policial, quais sejam, a possibilidade de infiltração por agentes de polícia nas tarefas de investigação, constituída pelos órgãos especializados pertinentes, bem como na atuação policial postergada, consubstanciada na não-atuação policial sobre os portadores de drogas, seus precursores químicos ou outros produtos utilizados em sua produção, que se encontrem no território brasileiro, com a finalidade de identificar e responsabilizar maior número de integrantes de operações de tráfico e distribuição, conforme o disposto no artigo 53 da atual legislação, no entanto, como já igualmente previsto anteriormente, tais atos tomados no curso de qualquer fase da persecução, somente serão realizados, como medidas restritivas das liberdades individuais e de resguardo dos próprios agentes de segurança, evidentemente, mediante autorização judicial e ouvido antes o Ministério Público, de modo que consagrados os princípios da integração e da colaboração mútua entre as esferas públicas para a consecução dos objetivos previstos na lei, não abarcando a novel legislação a figura da Magistratura de instrução – Juiz prevenido – existente na maioria dos países do Continente Europeu, posto que os atos de investigação apreciados pelo Julgador não o tornam impedido de presidir o processo criminal quando recebida a denúncia ofertada pelo Ministério Público, consagrando, portanto, a integração como base estrutural do sistema processual penal brasileiro e, possivelmente, preterindo para outra oportunidade o debate envolvendo a separação das atividades judiciais realizadas na fase de investigação e na fase de instrução judicial.

Falar em cooperação mútua como um dos princípios do sistema nacional de políticas públicas sobre drogas significa reconhecer que a circulação ilícita de drogas no país é um verdadeiro flagelo coletivo que afeta drasticamente a saúde pública e que assola, principalmente, a camada da população desamparada que vive na linha da pobreza neste país, desencaminhando uma quantidade enorme de jovens para o vício, retirando-lhes a capacidade, em maior ou menor grau, da lucidez autêntica e natural, fornecendo-lhe a redoma artificial de uma sensação prazerosa, cujos efeitos para a saúde psíquica, ou mesmo física, serão inevitavelmente cobrados futuramente, daí por que a necessidade irrefragável da unidade e da convergência de atuação entre os poderes constituídos, a começar pelo pleno entendimento do escopo legislativo e das suas premissas, bem como pelo estímulo ao fenômeno associativo para a resolução de problemas locais.

Nesse ínterim, os efeitos não se fazem sentir apenas na pessoa do usuário e de seu círculo de convívio ou familiar, pois a sociedade arca com os danos do uso disseminado e sem controle de drogas numa parcela significativa de pessoas, pois não se desconhece que a circulação ilícita de drogas no Brasil igualmente fomenta a prática de inúmeros crimes, cuja objetividade jurídica volta-se principalmente para a proteção da pessoa e do patrimônio, a fim de garantir a manutenção do vício por parte do usuário ou para a preservação da lucrativa comercialização por parte da rede de traficância, de modo que o combate ao uso e ao tráfico não deve cingir-se tão-somente ao sistema penal, mas, também, aos mais variados segmentos da sociedade civil, mediante a abordagem de medidas de caráter multidisciplinar no campo das ciências médicas e da assistência social nas atividades de prevenção ao uso indevido de drogas e de atenção à reinserção social de usuários e dependentes de drogas, auxiliando o sistema judicial e policial na repressão da produção não autorizada e do tráfico ilícito de drogas, conforme dispõe o inciso IX do artigo 4º da Lei nº 11.343/06.

A busca de ações integradas, portanto, procura efetivar o princípio do sistema nacional de políticas públicas sobre drogas, estatuído no artigo 4º, inciso IV, da Lei nº 11.343/06, ou seja, *a promoção de consensos nacionais, de ampla participação social, para o estabelecimento dos fundamentos e estratégias do Sisnad*. E essas ações integradas devem resumir-se nas duas grandes pilastras na novel legislação, quais sejam, a prevenção do uso indevido, a atenção e a reinserção social de usuários e dependentes de drogas, bem como a repressão da produção não autorizada e do tráfico ilícito de drogas, como antes já mencionado.

Fácil constatar que o crime de tráfico ilícito de entorpecentes na atual legislação herdou da lei revogada a multiplicidade de tipificação ao prever os verbos nucleares de importar, exportar, remeter, preparar, produzir, fabricar, adquirir, vender, expor à venda, oferecer, ter em depósito, transportar, trazer consigo, guardar, prescrever, ministrar, entregar a consumo ou fornecer drogas, ainda que gratuitamente, sem autorização ou em desacordo com determinação legal ou regulamentar, incidindo igualmente nas mesmas penas do tráfico quem importa, exporta, remete, produz, fabrica, adquire, vende, expõe à venda, oferece, fornece, tem em depósito, transporta, traz consigo ou guarda, ainda que gratuitamente, sem autorização ou em desacordo com determinação legal ou regulamentar, matéria-prima, insumo ou produto químico destinado à preparação de drogas, bem como quem semeia, cultiva ou faz a colheita, sem autorização ou em desacordo com determinação legal ou regulamentar, de plantas que se constituam em matéria-prima para a preparação de drogas ou utilizar local ou bem de qualquer natureza de que tem a propriedade, posse, administração, guarda ou vigilância, ou consente que outrem dele se utilize, ainda que gratuitamente, sem autorização ou em desacordo com determinação legal ou regulamentar, para o tráfico ilícito de entorpecentes, consoante determinação contida no artigo 33, *caput*, e seu §1º, incisos I, II e III, da Lei nº 11.343/06.

Importante ressaltar que a conduta criminosa de induzir, instigar ou auxiliar alguém ao uso indevido de droga foi erigida a tipo autônomo de delito, conforme dispõe o artigo 33, §2º, da citada Lei, com previsão de pena privativa de liberdade de um a três anos de detenção, não incidindo mais a pena-base prevista para o tráfico ilícito de entorpecentes como previsto anteriormente. No entanto, relevante modificação atine ao ato de oferecer droga, eventualmente e sem objetivo de lucro, à pessoa de seu relacionamento, para consumo junto com o agente, pois em se tratando de crime de competência do Juizados Especiais Criminais, não se imporá prisão em flagrante se houver o comprometimento por parte do autor em comparecer à audiência aprazada no Juizado, na medida em que prevista pena privativa de liberdade de no máximo um ano de detenção, consoante artigo 33, §3º, da Lei nº 11.343/06, haja vista que na legislação anterior à autoridade policial deveria efetivar a prisão em flagrante delito do agente que incidisse na mencionada conduta pela caracterização de tráfico ilícito de entorpecentes.

Tendo em vista tais peculiaridades, determina o artigo 50 da atual Lei de Tóxicos que, na hipótese de prisão em flagrante, o Delegado de Polícia providenciará imediata comunicação ao juiz competente que, por seu turno, no prazo de 24 horas, proporcionará vista ao órgão do Ministério Público, de modo que tal rapidez procedimental se justifica pela análise acerca da correção do indiciamento ou mesmo do enquadramento tipológico efetuado pela autoridade policial durante a lavratura da prisão em flagrante delito, motivos pelos quais determina o inciso I do artigo 52 da Lei nº 11.343/06 que, remetido os autos do inquérito policial a juízo, no prazo de trinta dias, se o indiciado estiver preso, ou de noventa dias, quando solto, o Delegado de Polícia *relatará sumariamente as circunstâncias do fato, justificando as razões que a levaram à classificação do delito, indicando a quantidade e natureza da substância ou do produto apreendido, o local e as condições em que se desenvolveu a ação criminosa, as circunstâncias da prisão, a conduta, a qualificação e os antecedentes do agente,* a fim de fornecer elementos probatórios suficientes para a correta definição jurídica do fato, tendo em vista a diversidade de conseqüências advindas da conduta delituosa. Além disso, importantes informações igualmente deverão ser prestadas pelo Delegado de Polícia, até três dias antes da audiência de instrução e julgamento, em nível de diligências complementares, que noticiem a existência de eventuais *bens, direitos e valores de que seja titular o agente, ou que figurem em seu nome* (artigo 52, parágrafo único, inciso II), a fim de que sejam tomadas as medidas assecuratórias relacionadas aos bens móveis e imóveis, ou ainda valores consistentes em produtos ou proveitos auferidos pela prática dos crimes previstos na legislação, a teor no disposto nos artigos 60 e seguintes da Lei nº 11.343/06.

Prescrevem os artigos 54 e 55 da Lei em comento que, recebidos em juízo os autos do inquérito policial, o Juiz providenciará vista ao Ministério Público para, no prazo de 10 dias, promover o arquivamento, requisitar diligências ou oferecer denúncia, arrolando até cinco testemunhas, oportunidade em que, oferecida a exordial acusatória, o juiz ordenará a notificação do acusado para oferecer defesa prévia escrita, no prazo de 10 dias, a qual consistirá em resposta consistente na defesa preliminar e exceções, podendo o denunciado argüir preliminares e invocar todas as razões defensivas de mérito, juntar documentos, arrolar suas testemunhas e especificar as provas que pretende produzir.

Inicialmente, limitar em cinco o número de testemunhas afigura-se inconveniente, porquanto em determinadas ações penais instauradas para a apuração de crimes dessa natureza a complexidade da instrução requer a inquirição de um número maior de pessoas, tanto de acusação como de defesa. Evidentemente, a integração do dispositivo é necessária para garantir o bom andamento da instrução processual, entendendo-se a limitação não só para cada fato delituoso narrado na peça acusatória, mas mesmo para cada fato comprovadamente relevante que se pretenda comprovar em juízo.

A defesa prévia prevista no procedimento especial, agora prevista também no rito comum como resposta à acusação, a teor do disposto no artigo 396 do Código de Processo Penal, é peça defensiva de apresentação obrigatória, sob pena de nulidade absoluta do rito. A questão é saber se, antes da notificação do acusado, poderá o Magistrado *rejeitar liminarmente* a denúncia, conforme dispõe o mencionado dispositivo do referido Diploma Processual. Entende-se que sim, uma vez que cabe ao Juiz analisar de ofício a inépcia da peça, a falta de pressupostos processuais ou de condições da ação, bem como a inexistência de justa causa, esta última condição necessariamente condizente com o mérito do caso em concreto, porquanto cabe ao Ministério Público angariar um lastro mínimo de provas que possa embasar a acusação, muito embora a necessidade de cautela judicial nesta fase pré-processual, uma vez que, no juízo prévio de admissibilidade da acusação, incidente o princípio *in dubio pro societat.*

A rejeição de denúncia em face da inexistência de justa causa, por se tratar de matéria probante, não fará coisa julgada material, apenas formal, por isso, na hipótese da coleta de novas provas acerca do fato delituoso inicialmente noticiado, em não havendo operado algumas das causas de extinção da punibilidade, a ação penal poderá ser definitivamente instaurada. Por outro lado, recebida a defesa prévia igualmente está legitimado o Magistrado em, *mutatis mutandi*, absolver sumariamente o denunciado quando presente alguma das situações previstas no artigo 397 do Código de Processo Penal, conforme a já aludida regra de aplicação subsidiária do Diploma Processual Penal.

Após a apresentação da defesa prévia, na hipótese de recebimento da denúncia, a qual deverá ocorrer no prazo de até cinco dias, o artigo 56 da Lei nº 11.343/06 prescreve que o Magistrado designará a audiência de instrução e julgamento, ordenando a citação pessoal do acusado, a intimação do Ministério Público, do assistente de acusação e, se for o caso, requisitará os laudos periciais toxicológicos definitivos, pois para a instauração da ação penal são suficientes os laudos preliminares de constatação de substâncias entorpecentes.

Questão interessante é a previsão constante do § 1º da mencionada disposição legal que faculta ao Magistrado, quando imputadas as condutas tipificadas nos artigos 33, *caput*,e § 1º, bem como 34 a 37 da Lei em análise, após o recebimento da denúncia, decretar o afastamento cautelar do denunciado de suas atividades, se for funcionário público, comunicando ao órgão respectivo. Neste aspecto, entende-se que o delito de tráfico necessita de alguma ligação com a função pública exercida pelo denunciado, ou seja, um *nexo causal entre o crime e a função* (cf. Paulo Rangel. *Direito Processual Penal*. 2007, p. 565).

Na audiência de instrução e julgamento, a qual deverá ser realizada dentro dos trinta dias seguintes ao recebimento da denúncia, salvo se determinada a realização de avaliação para atestar eventual dependência de drogas, após o interrogatório do acusado e a inquirição das testemunhas, será dada a palavra, sucessivamente, ao representante do Ministério Público e ao defensor do acusado, para sustentação oral, pelo prazo de vinte minutos para cada um, prorrogável por mais dez minutos, a critério do juiz, oportunidade em que, encerrados os debates, proferirá o juiz sentença na própria solenidade ou nos dez dias seguintes, ordenando, neste último caso, que os autos para isso lhe sejam conclusos, consoante o disposto nos artigos 57 e 58 da Lei nº 11. 343/06.

Consagrou o legislador no rito especial da Lei de Drogas os princípios da concentração dos atos processuais e da oralidade, ao determinar a realização da mencionada audiência de instrução e julgamento. Neste aspecto, a inversão da ordem natural de inquirição das testemunhas, com a inquirição de uma testemunha arrolada pela acusação após a oitiva da testemunha de defesa no juízo de origem, não acarreta nulidade processual se houver concordância expressa da defesa constituída, se for o caso, não o podendo fazer o defensor nomeado apenas para o ato, tratando-se de hipótese considerada nulidade relativa, havendo possibilidade de convalidação e necessidade comprovação do prejuízo na hipótese de suscitação nos autos.

Quanto ao princípio da concentração dos atos processuais, é sabido que, empiricamente, a intenção do legislador em aligeirar o procedimento, muitas vezes, causa verdadeiros inconvenientes práticos para o andamento do processo, sendo rotineiramente frustradas as tentativas de resolução do processo em primeira instância em uma única solenidade, como ocorre, *v.g.*, com a falta de comparecimento de alguma das testemunhas, a necessidade da realização de alguma diligência ou mesmo a juntada de prova considerada indispensável para o deslinde do processo. Além disso, forçoso reconhecer que, em razão da complexidade de alguns processos criminais, para a apresentação das razões de acusação e, sobretudo, das razões de defesa, faz-se mister a carga para uma melhor investigação dos autos na entrega do arrazoado por escrito, a fim de que a ampla defesa do réu seja efetivamente garantida, uma vez que os debates oportunizados pelo rito podem tornar-se insuficientes. Ademais, num sentido ainda mais prático, sério inconveniente poderá gerar a aplicação restrita do rito para a pauta judicial das audiências, pois o Magistrado em primeira instância ocupar-se-á de uma ou poucas solenidades em prejuízo de outros processos criminais que igualmente aguardam instrução judicial, motivos pelòs quais o fenômeno da *ordinarização* de alguns procedimentos afigura-se adequada e garantidora de melhor resolução de alguns processos criminais em harmonia com as garantias constitucionais do processo, permitindo-se, se for ocaso, a apresentação de memoriais escritos em substituição aos debates, nos termos do disposto no artigo 403, §3º, do Código de Processo Penal.

Neste ínterim, destoa o rito da Lei de Drogas dos procedimentos comuns constantes do Código de Processo Penal, uma vez que neste rito especial o interrogatório do acusado será realizado antes da inquirição das testemunhas, ao passo que nos demais, a defesa pessoal tem a garantia de manifestação em juízo após a produção da prova oral instrutória, assim, na mesma linha de raciocínio, a mera irregularidade da *ordinarização* não acarretará a nulidade do processo.

Por outro lado, o artigo 59 da Lei nº 11.343/06 reza que nos crimes previstos nos artigos 33, *caput*, e § 1º, bem como 34 a 37, o réu não poderá apelar sem recolher-se à prisão, salvo se for primário e de bons antecedentes, assim reconhecido na sentença condenatória, nos exatos termos do artigo 594 do Código de Processo Penal, oportunidade em que, nos termos do §3º do artigo 2º da Lei nº 8.072/90, em relação ao tráfico ilícito de entorpecentes, equiparado a hediondo, o Magistrado, em caso de sentença condenatória, decidirá fundamentadamente se o réu poderá apelar em liberdade.

4. CONCLUSÃO

A Lei nº 11.343/06 reafirmou a necessidade de repressão estatal ao tráfico ilícito de drogas, cuja diretriz já se encontrava delineada, de forma substancial, nas disposições contidas na Lei nº 6.368/76 e na Lei nº 10.409/02, revogadas pela legislação agora em vigor. Todavia, foi implementado no país um novo sistema nacional de políticas públicas sobre drogas, a fim de sistematizar e integrar as ações sociais voltadas para a contribuição da inclusão social do cidadão, tornando-o menos vulnerável a assumir comportamentos de risco ao uso ilícito de drogas, ao tráfico ilícito, para a promoção da construção e a socialização do conhecimento sobre drogas no país, bem como para a integração das políticas nacionais e internacionais de prevenção ao uso indevido e das políticas públicas setoriais dos órgãos do Poder Executivo da União, Distrito Federal, Estados e Municípios.

As políticas de integração e de cooperação mútua poderão representar um avanço quanto à convergência de ações de combate ao narcotráfico e de conscientização pública sobre os comportamentos de risco e da vulnerabilidade social existente em relação à circulação disseminada de tóxicos, principalmente nos centros urbanos com regiões periféricas de grande aglomeração populacional de pessoas de baixa renda, mediante a integração das estratégias nacionais e de prevenção do uso indevido. No entanto, a compreensão acerca da sistematização do processo penal passa pela utilização da Lei nº

9.099/95 e das disposições constantes do Código de Processo Penal como legislações imprescindíveis para a integração dos dispositivos que formam o Direito Processual Penal, na medida em que o processo ainda se constitui em instrumento voltado para a efetivação do Direito Penal, sem olvidar das garantias processuais do réu e para o foco da descoberta da verdade jurídica envoltas em regras que merecem harmonia com as recentes alterações legislativas do Código de Processo Penal.

Restou evidente que, para atingir tais objetivos, a atual legislação rompeu com o sistema repressivo clássico existente para o tratamento jurídico conferido ao usuário, sendo esta a grande novidade introduzida em nosso ordenamento jurídico. Ao usuário de drogas não se aplicam penas privativas de liberdade, inaugurado a legislação o precedente de cominar como sanção principal penas que até então eram meramente substitutivos penais ou medidas despenalizadoras alternativas, sendo que, na hipótese de cumprimento injustificado da medida educativa imposta pelo Magistrado, vale dizer, não havendo a colaboração do consumidor na adequada execução da medida, inexistem efetivos mecanismos jurídicos, forçoso reconhecer, que permitam a eficaz exeqüibilidade da decisão judicial exarada naquele caso em concreto, correndo-se o risco de desestabilização do sistema. Além disso, as penas educativas previstas em lei não permitem a diferenciação de medidas quando levada em consideração a variação dos níveis de consumo ou de intoxicação do usuário, possibilitando a indesejável possibilidade de tratamentos jurídicos análogos sobre fatos desiguais em virtude da pequena variação de preceitos secundários, podendo gerar um risco na padronização de tratamento pela falta de alternativas legais neste novo papel assistencialista conferido ao Magistrado em relação ao usuário de drogas.

Por outro lado, destarte, em relação às condutas relacionadas direta ou indiretamente ao tráfico ilegal de drogas, os atos que formam o rito previsto em lei homenageiam os princípios da oralidade e da concentração dos atos processuais, os quais devem possibilitar a *ordinarização* do procedimento naquilo que não represente a supressão de garantias processuais penais.

5. FLUXOGRAMA

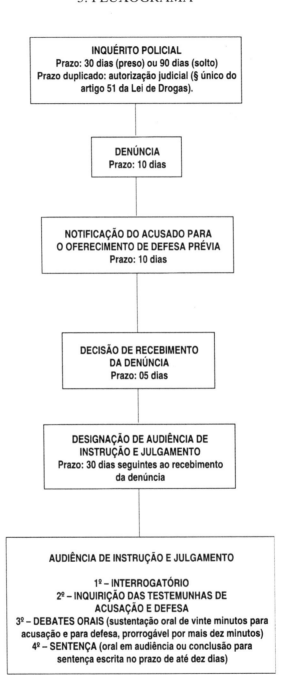

Capítulo XIV

Habeas Corpus

MARCUS VINICIUS BOSCHI[1]

1. INTRODUÇÃO

O presente trabalho sobre o *Habeas Corpus*, por opção dos organizadores, bem como os demais que compõem a presente obra, não tem por objetivo discorrer de forma exaustiva sobre o tema, até mesmo porque tal propósito demandaria a elaboração de uma obra específica. Sem embargo da brevidade imposta ao assunto, o objetivo que se tem em mente é o de fornecer ao leitor linhas sobre os principais pontos que, sejam por razões de ordem meramente dogmática ou de cunho teórico, sejam por necessidade da praxes forense, não podem restar ao largo do debate. Objetiva-se com isto, em linhas gerais, se perpassar por abordagens que, desde o conceito de *Habeas Corpus*, até a conformação que lhe dão os Tribunais do País, possam se mostrar relevantes aos acadêmicos e à comunidade jurídica em geral.

2. ORIGEM E CONCEITO

O *Habeas Corpus*, instituto jurídico de incidência ampla e geral (pois aplicável não só à esfera criminal, mas também ao âmbito do direito civil e laboral, em casos de devedores de alimentos e depositários infiéis), que encontra previsão nos artigos 5º, LXVIII, da CF e 647 e seguintes do CPP, nas palavras de Pontes de Miranda, tem sua origem fincada na Carta de João Sem Terra de 1215, tendo sido compreendido, naquele momento e diante das circunstâncias históricas específicas, como um instrumento destinado a fazer com que o juiz da causa pudesse determinar a apresentação do preso a fim de verificar a legalidade ou adequação do arresto cautelar por que passava ou estava na eminência de passar.

A perversidade do monarca inglês, João Sem Terra, e a sua total incapacidade para bem gerir a dinâmica da Inglaterra, aliadas ao sentimento de que a nação passava pelo seu pior momento de governança, com perda considerável de territórios conquistados, levaram os *barões à atitude extrema: acordaram em que era preciso obter do rei, mesmo pela força, a carta de liberdade. Os revolucionários proclamaram-se exército de Deus, entraram em Londres, a 24 de maio de 1215; e quase um mês depois, a 19 de junho, o rei assinou, no campo de Runnymead, ao sentir-se privado da capital, o "ato", a que se chamaria de Magna Carta.* Ou seja, o *Habeas Corpus* nada mais era do que uma medida, dentre tantas estabelecidas, que significava um "basta" endereçado aos desmandos do monarca, constituindo-se em um verdadeiro direito derivado de

---

[1] Advogado militante. Mestre em Ciências Criminais pela PUC/RS. Professor de Processo Penal na ULBRA, FARGS e Escola Superior da Defensoria Pública.

um "catálogo de direitos" agora estabelecidos (História e Prática do *Habeas Corpus*, 1999, p. 45).

Desta forma, a chamada *ordem de Habeas Corpus,* nada mais era do que ordem judicial endereçada àquele que detinha em seu poder o preso a fim de que o fosse apresentado ao magistrado. Por isso é que se afirma que *Habeas Corpus*, em sua tradução latina, significa ordem para que o corpo (aqui entendido, repita-se, como a pessoa do próprio detido) fosse apresentado a quem o reclamava.

3. CONCEPÇÕES GERAIS E FUNÇÃO DO *HABEAS CORPUS*

Sem embargo deste conceito e, por conseqüência, da própria função clássica do *Habeas Corpus* – instrumento restrito e destinado a combater as ilegalidades da ordem de prisão – modernamente se tem emprestado ao instituto um conceito e uma função mais largos, na medida em que, por reclamos jurisprudenciais e doutrinários, logrou-se desvinculá-lo da liberdade de locomoção estrita e imediata para que pudesse ser compreendido como "arma" de ataque a qualquer tipo de ilegalidade sofrida por pessoa física. É em decorrência deste caráter mais elástico empregado aos fins do *Habeas Corpus* que se admite, nos dias atuais – algo impensável até então – a impetração da ordem para fins de extirpar, *p.ex.*, prova ilícita dos autos (HC 70960, 5ª T. Rel. Min. Gilson Dipp, j.13/02/2007); como instrumento apto a substituir a revisão criminal – ação que se dá em casos previstos estritamente pelo CPP (artigos 621 e 626), admissível apenas após o trânsito em julgado da causa –, nesse sentido, ver HC nº 90991/RS, Rel. Min. Carlos Brito, j. 19.12.2007, no qual se deferia a ordem para cassar sentença que transitara em julgado com ausência de fundamentação quanto à incidência do artigo 44 do CP; embora tecnicamente não seja o mais adequando, mas admitido pela jurisprudência, ainda, como substitutivo de mandando de segurança criminal, a fim de que seja autorizado o acesso do advogado aos autos da investigação policial, nos termos da orientação pacificada no âmbito do Supremo Tribunal Federal (HC 88104, 6ª T., Rel. Min. Maria Thereza de Assis Moura, j. 6/12/2007).

4. NOVA RECONFORMAÇÃO CONCEITUAL

É por tais motivos que, não obstante o respeito que devemos à doutrina e à jurisprudência, entendemos em não mais definir o *Habeas Corpus* como um remédio, como se o Direito fosse uma farmácia a distribuir soluções às situações doentias, mas sim como uma verdadeira ação constitucional de liberdade, e que, como cláusula pétrea que é, não poderá ser abolido por emenda constitucional, nos termos do artigo 60, § 4º, IV, da Constituição Federal de 1988. A expressão "remédio jurídico", amplamente difundida e aceita pela doutrina, não deixa se revelar a verdadeira dimensão protetiva desta medida.

Dizendo de outro modo: o *Habeas Corpus*, pela atual conformação conceitual e função que lhe emprestam a ciência criminal, há muito deixou de ser um instrumento de abrangência restrita apto a tutelar apenas a liberdade de locomoção física de alguém que está preso ou na iminência de sê-lo, para, ao reverso, ganhar contornos amplos de ferramenta constitucional hábil a combater toda e qualquer *ilegalidade manifesta*, seja presente, seja futura.

5. A ILEGALIDADE MANIFESTA

É certo, contudo, que o instituto ora em comento, como assinalado linhas acima, não se destina ao combate de toda e qualquer ilegalidade, mas apenas àquela tida por manifesta e plenamente demonstrável e que, por isso mesmo, reclama pronta e imediata intervenção do Poder Judiciário. A não ser assim, ter-se-ia indevida substituição do processo de conhecimento ou até mesmo dos feitos de natureza executória, que estão submetidos ao contraditório e a uma cognição jurisdicional mais ou menos ampla, por um feito de natureza sumária, que admite liminar e que poderia retirar do juiz a apreciação primeira do fato.

Daí por que se diz que, em sendo ele cabível apenas nos casos de ilegalidade manifesta, não se mostra viável a sua impetração quando o debate do caso penal reclamar dilação probatória, discussão de elemento subjetivo do tipo (dolo e culpa), incidência ou não de alguma causa de justificação (HC nº 62305, 5º T. Rel. Min. Gilson Dipp, j. 07/12/2006), etc. Por óbvio que quando se afirma que é inviável a discussão acerca da prova, há que se compreender tal afirmativa com o devido tempero e ponderação. O que se veda de forma unânime no âmbito jurisprudencial e doutrinário é a possibilidade de que o impetrante (figura sobre a qual linhas abaixo se discorrerá) pretenda realizar um debate sobre o conjunto probatório substituindo, como se disse antes, o processo de conhecimento próprio pela medida excepcional de *Habeas Corpus*.

O debate sobre a prova pode e deve ser feito – até porque seria impossível aos órgãos jurisdicionais julgar sem análise, ainda que mínima da prova – quando ela vem documentalmente posta, ou seja, é pré-constituída. Isto mesmo para que não se oportunize um verdadeiro contraditório dentro da sede estrita do instituto. Sobre o debate de prova em sede de *Habeas Corpus*, se discorrerá quando da abordagem acerca da coação ilegal por ausência de justa causa, uma das hipóteses autorizadoras do manejo do instituto.

Essa compreensão elástica que vem sendo empregada ao *Habeas Corpus*, caracterizando-o como verdadeiro escudo que possui o particular contra os abusos praticados pelo Estado, merece especial atenção e reforço nos dias atuais, isto porque o fenômeno da criminalidade e as formas e princípios invocados para o seu combate transformaram-se por completo nas últimas décadas. A doutrina clássica criminal, com seus grandes pensadores, foi construída à luz de um sistema legal claro, muito mais objetivo do que o atual e, sobretudo, sob os pilares de um Direito Penal liberal onde a invocação de princípios era ouvida pela Jurisprudência, fenômeno que nem sempre se repete nos dias atuais.

Além disso, a estrutura social era marcada por certa previsibilidade nos riscos que podiam ser visualizados, a exemplo da atividade viária e, sobretudo, a criminalidade era um fenômeno concreto, pois os autores das infrações poderiam ser localizados e identificados. As estruturas industriais eram, ao reverso dos dias atuais, incipientes, simples e pouco danosas, não havendo demasiada preocupação com delitos de natureza ambiental, redução à condição de escravo dos trabalhadores e etc.

Porém, impulsionado pela complexidade das relações, o centro da discussão criminal hoje se posta, infelizmente, sob outros postulados. Se antes se debatia acerca do reconhecimento de direitos e garantias que pudessem socorrer os "perseguidos" pelo sistema criminal (aqui compreendido como Polícia, Ministério Público e Poder Judiciário), nos dias atuais, o pano de fundo do debate doutrinário e legislativo é o adiantamento das barreiras de intervenção punitivas, o incremento dos delitos de perigo, a criação de tipos penais novos, o crime de terrorismo e até mesmo um reavivamento da idéias do médico italiano Cesare Lombroso, ante o anúncio da imprensa gaúcha de que pesquisadores pretendem mapear o cérebro de adolescentes autores de delitos graves a fim de identificar e "compreender" a etiologia do "crime". Ou seja, nas palavras de Silva Sánchez, fala-se em uma visível expansão do Direito Penal.

Mas, como se esse fenômeno repressivo/expansivo não fosse suficiente, a doutrina debate ainda, a partir das idéias do conceituado penalista alemão Günther Jakobs, acerca do direito penal do inimigo. Para Jakobs, focando suas idéias nos delitos de terrorismo, especialmente nas ações do conhecido ETA, próximo da sua realidade, mas expandindo o raciocínio a todos os delitos graves, afirma que a sociedade é composta por "pessoas" e por "não-pessoas", ou seja, indivíduos que insistentemente se comportam à margem das regras sociais de conduta postas pela norma. Estes últimos, no seu entendimento, não merecem a proteção do sistema ou não são portadores dos mesmos direitos que socorrem aqueles que por ele são considerados como verdadeiras pessoas.

A doutrina européia, mais preocupada com o debate, tendo em vista as proporções avassaladoras que a idéia pode ganhar, critica ferozmente a concepção de inimigo formulada por Jakobs, idéia esta que pretende a busca de segurança social a todo custo e a qualquer preço. Assim, Karl Heinz Gössel sustenta que a distinção entre "pessoas" e "não-pessoas" não tem amparo na atual ordem constitucional, haja vista que a dignidade humana *no es la dignidad individual de una persona, sino la dignidad del ser humano como ser de la espécie humana* (*Réplica del derecho penal de enemigo. Sobre seres humanos, indivíduos y personas,* 2007, p. 96.)

A mesma crítica ferrenha também é protagonizada por Muñoz Conde. Para o autor, se a teoria formulada por Jakobs almeja alguma consideração e respeito, deverá responder a várias perguntas, tais como: *quién define el enemigo y como se le define? A qué tipo de sujetos autores de delitos se incluye el grupo de los ciudadanos o en el de enemigos? Es compatible con el principio de que todos somos iguales ante la ley?* (*El nuevo derecho penal autoritario: consideraciones sobre el llmado "Derecho Penal del Enemigo",* p. 174).

Dito isto como forma de introdução do leitor ao tema, cabe-nos agora a tarefa de dissecamento do instituto de *Habeas Corpus*, para que possamos tratar acerca de seus mais diversos desdobramentos e peculiaridades. Inicia-se pela definição ou esclarecimento das figuras que convencionamos chamar, em sentido amplo, de "sujeitos do *Habeas Corpus*", ou seja, pessoas, órgãos e/ou juízos que, de certa forma, encontrar-se-ão vinculadas ao instituto para que, após, sejam tratadas questões pontuais do tema.

6. SUJEITOS DO *HABEAS CORPUS*. PACIENTE, IMPETRANTE E AUTORIDADE COATORA. CONCEITO E CONSIDERAÇÕES GERAIS

Assim, no âmbito da referida ação constitucional, tem-se três figuras que orbitam sobre o mesmo tema, qual seja, a ilegalidade ou o constrangimento ilegal. Por suposto que, o primeiro a ser tratado, será aquele que sofre o constrangimento ou a coação ilegal, chamado doutrinaria e jurisprudencialmente de *paciente*. O paciente somente poderá ser pessoa física porque, embora o instituto do *Habeas Corpus* não tutele apenas a liberdade de locomoção imediata, como dito antes, mas sim toda e qualquer ilegalidade, por certo é que, ao fim e ao cabo do feito criminal, o que poderá estar em risco é sim a liberdade de locomoção, haja vista que a procedência na denúncia ou da queixa tem como conseqüência, salvo exceções legais, a aplicação da pena privativa de liberdade. Em sendo a prisão destinada apenas às pessoas físicas, a pessoa jurídica que esteja respondendo ao processo criminal por delito contra o meio ambiente, nos termos da Lei 9605/97, poderá manejar em seu favor apenas o mandado de segurança, justamente por não sofrer qualquer risco de ameaça à liberdade de locomoção, desde que preenchidos os pressupostos legais do "direito líquido e certo" postos na Lei 1.533.

Desta feita, embora a obviedade do assunto, cabe apenas relembrar que o paciente não é apenas aquele que responde a um feito de ordem criminal (inquérito, CPI ou processo judicial), mas também poderá sê-lo o devedor de alimentos e o depositário infiel, este último reconhecido pelo juízo cível ou pela Justiça laboral (HC nº 90897, 4ª T. rel. Min. Massami Uyeda, j. 13/11/2007).

O impetrante, por seu turno, é aquele que, em nome próprio ou por representação do paciente, ajuíza a ação de *Habeas Corpus* (deixando-se ao largo, aqui, a discussão acerca de sua natureza jurídica, de ser ação ou recurso, há muito superada), objetivando fazer cessar o constrangimento que considera ilegal. Não necessita ser ele, ante a urgência da medida (justamente porque há coação ilegal) advogado devidamente inscrito no quadro dos profissionais junto à Ordem dos Advogados, nem tampouco, se assim o for, de procuração daquele por quem irá demandar em juízo). Por isso se reconhece a possibilidade de que qualquer um do povo possa manejar o instituto em nome de terceiro e, inclusive, em seu próprio nome. Daí por que Pontes de Miranda, ao comentar o assunto, afirmou, com a maestria de quem talvez tenha sido o maior jurista brasileiro, *que não se exige ao impetrante qualquer especial interesse de agir, porque não se trata de tutela jurídica do impetrante. O impetrante não precisa ser amigo, sócio, co-parente, confrade, ou ter a nacionalidade brasileira. O seu interesse é o interesse de proteção da liberdade, interesse de estrutura social do país.* (op.cit., p. 47).

Não raro, na práxis jurídica, se vê pessoas presas impetrando ordem de *Habeas Corpus* em seu próprio benefício por se acharem acometidas de coação ilegal, inobstante a temeridade da providência, justamente pela ausência de conhecimento técnico que poderá ser decisivo para o bom desfecho da pretensão.

Por disposição legal do artigo 654 do CPP, a legitimação ativa para impetração do *Habeas Corpus* também pertence ao Ministério Público, embora, na prática forense, pouco ou muito pouco se veja nesse sentido. A lei assim o estabelece porque o Ministério Público, no âmbito criminal, além de ser parte na ação penal pública (forte no artigo 129, I, da Constituição Federal), funciona como *custos legis*, ou seja, fiscal da lei, devendo zelar pela sua correta aplicação, ainda que em benefício daqueles que considera não merecedores desta "especial atenção". Nesse sentido são as palavras de Heráclito Mossin (*Habeas Corpus*, 2002, *passim*).

A autoridade coatora, por fim, é concebida como terceiro "sujeito" sobre o qual gravita o instituto do *Habeas Corpus*, e, como o próprio nome sugere, a responsável pelo constrangimento ilegal. Por autoridade coatora entenda-se não a pessoa física do responsável pelo ato dito ilegal, mas sim a figura pública que por detrás se encontra. De forma que, em sendo assim, se a ordem dita ilegal provém, *p. ex.*, do Juiz de Direito da Primeira Vara Criminal da Comarca X, por certo que não será a sua pessoa física tida por autoridade coatora, mas sim o Juízo no qual exerce as suas funções, de forma que, em havendo alternância do magistrado no curso do *Habeas Corpus*, isto em nada afetará o trâmite da medida. O mesmo se diga quanto aos Delegados de Polícia.

Embora diminuto, certo é que ainda persiste certo debate doutrinário acerca da possibilidade de particulares figurarem como autoridade coatora para fins de *Habeas Corpus*. O exemplo que vem referido, vez por outra, é o do paciente que, após receber alta hospitalar por estar recuperado de procedimento que fizera no nosocômio, e por não possuir condições financeiras de saldar a dívida para com a instituição, tem sua saída vedada pelo Diretor do Hospital, até que o débito seja adimplido. Seria, diante disso, possível a impetração de *Habeas Corpus*, apontando-se como *autoridade coatora* o referido diretor que não detém qualquer cargo público ou, ao revés, o juridicamente correto seria a instauração de inquérito pelo delito de cárcere privado? Cremos que sim, inobstante posicionamentos em sentido oposto. Da mesma posição por nós defendida compartilham Mossin (op. cit. p. 199) e Pontes de Miranda (op. cit. p. 61).

Nosso ponto de vista se justifica nesse sentido por tentar resguardar a finalidade própria do *Habeas Corpus*. Por ser instituto que busca a tutela da liberdade diante de qualquer constrangimento ilegal, sem reclamar, por isso mesmo, formalismos em sua elaboração e impetração, seria um contra-senso afastar a sua incidência diante de casos em que a ilegalidade é latente. Há que se estender, só por isso mesmo, o conceito de autoridade a todo e qualquer particular que atenta contra a liberdade de determinada pessoa.

Não nos parece suficiente o posicionamento doutrinário em sentido oposto que autoriza apenas a instauração de procedimento preliminar a fim de apurar crime contra a liberdade. Tal providência não deverá ser dispensada e não se confunde com a medida de urgência própria do *Habeas Corpus*, de forma que as hipóteses aqui tratadas (impetração de *Habeas Corpus* e instauração de investigação para apurar o delito de privação da liberdade) não são excludentes, mas sim convergentes. O correto, ao nosso sentir, é, portanto, a impetração de *Habeas Corpus* e a instauração do competente Inquérito Policial.

7. HIPÓTESES AUTORIZATIVAS DE *HABEAS CORPUS* PREVISTAS NO CÓDIGO DE PROCESSO PENAL

7.1. Ausência de justa causa

7.1.1. Nos termos do artigo 648 do CPP, caberá HC sempre que houver constrangimento ilegal, sendo a primeira das hipóteses a "ausência de justa causa".

Por justa causa, conceito jurídico-penal amplamente difundido e aceito pela doutrina e jurisprudência, entende-se, em um primeiro momento, a ausência completa ou substancialmente relevante da *prova da materialidade* e de *indícios da autoria* da infração. Dita justa causa, deixando-se ao largo o debate doutrinário acerca da sua natureza jurídica (ser ou não condição da ação), é, sem dúvida, assim como a tipicidade, a inexistência de causa de extinção da punibilidade e a legitimidade de parte (artigo 43 do CPP), elemento que deve estar presente para que o *ius puniend* (ou *ius persequendi in iudicium*) estatal possa se desenrolar validamente. Ou seja, somente haverá possibilidade de instauração de inquérito policial e, principalmente, onde o instituto ganha maior relevo, ação penal, quando esta se mostrar presente, de forma que o Estado-acusação não poderá oferecer denúncia – e igual raciocínio se dedica aos casos de queixa-crime – quando inexistente prova da materialidade e indícios de autoria.   Nesse sentido é a orientação do Tribunal de Justiça do Estado do Rio Grande do Sul (HC 70014156640, 7º Câm. Crim. Rel. Des. Nereu Giacomolli. j. 23.2.2006).

A ausência da justa causa na *persecutio criminis*, portanto, é situação configuradora de constrangimento ilegal, passível de saneamento pela via do *Habeas Corpus*, seja trancando-se a ação penal (instituto que, no âmbito do Processo Civil, *mutatis mutantis,* poderia ser considerado como a extinção do processo sem julgamento de mérito), seja trancando-se o trâmite do próprio inquérito policial ou investigação em sentido amplo. Desta feita, surge a conseqüência, então, que, ao deparar-se com a questão de ausência de justa causa para a persecução criminal, ao Poder Judiciário não se legitima a invocação da idéia de que, na via estreita desta ação constitucional, vedado está o debate da prova. A regra geral, na situação específica ora tratada, cede, justamente porque, para se saber se há prova da materialidade da infração e, ao menos, indícios de que o paciente seja o seu autor, há que se mergulhar no âmbito probatório. A exigência que persiste, no entanto, é a de que a prova que se pretende ver analisada em juízo deve ser pré-constituída, como dito.

7.1.2. Sem embargo do que aqui foi dito, o conceito de justa causa, ao nosso sentir, reclama ser analisado em uma segunda perspectiva, a qual está vinculada às prisões cautelares.

As prisões podem e devem ser divididas em dois grupos distintos. O primeiro, referente às prisões definitivas, seja por força de sentença, seja por força de acórdão, não tem qualquer aplicação ao presente estudo. Isto porque, quando o arresto de alguém se dá nestas situações, a prisão é a conseqüência da condenação. O segundo, que importa estudar no momento, refere-se às prisões cautelares, processuais ou provisórias, que, como o nome está a indicar, não são bastante em si, mas sim, cumprem uma função instrumental de garantia da eficácia do processo penal em casos de condenação, embora algumas críticas possam ser tecidas quanto a esta natureza jurídica instrumental.

As prisões cautelares, e é daí que surge o fundamento para o que ora se afirma, por serem medidas excepcionais, ante a agressão ao princípio da não culpabilidade, somente poderão ser decretadas em casos de extrema e comprovada necessidade, devendo a decisão judicial estar alicerçada nos requisitos do artigo 312 do CPP (HC 83865, 1ª Turma, Rel. Min. Menezes Direito, j. 30/10/2007). Assim, considera-se ausente a justa causa sempre que determinada pessoa esteja presa (cautelarmente, é bem verdade) sem que haja necessidade concreta para tanto. No mesmo sentido é a posição de Odone Sanguiné (*Prisión Provisional y Derechos Fundamentales,* 2003, *passim*).

Assim, embora o raciocínio aqui desenvolvido não seja amplamente aplicável à Prisão Temporária (Lei 7960/89), ante a sua distinta função – em não havendo necessidade concreta a ser demonstrada com base em elementos reais dos autos, e não em mera imaginação cerebrina do Juiz, suposições ou hipóteses futuras não passíveis de demonstração fática, entende-se configurada, nesta segunda perspectiva, a ausência de justa causa.

Diante de ausência de justa causa para a prisão cautelar, há que se revogá-la e, especificamente nos casos de flagrante delito, conceder-se a liberdade provisória, com os mesmo efeitos (soltura), quer com fundamento no artigo 310, *caput*, quer com base em seu parágrafo único, ambos do CPP. Saliente-se, apenas, que a discussão da necessidade concreta para a prisão cautelar (justa causa), implica no debate da sua revogação ou concessão de liberdade provisória, nos casos de flagrante, mas jamais no relaxamento, que, nos termos do artigo 5º, LXV, da CF/88, é medida exclusivamente destinada à prisão ilegal.

Além do que foi dito, necessário se registrar que a necessidade concreta a ensejar a prisão cautelar não poderá ser ilidida tão só com base na existência de trabalho e residência fixos e bons antecedentes por parte do acusado, como diariamente se vê decidido pelos Tribunais brasileiros, inobstante alguns defensores mantenham a insistência nesta linha de atuação. Por certo que tais qualificativos são elementos importantes e que possuem peso significativo no íntimo do julgador, pois é mais fácil justificar a prisão cautelar de determinada pessoa detentora de antecedentes criminais do que daquela que jamais teve qualquer envolvimento com feitos desta natureza.

O que se afirma aqui, no entanto, é que tais qualificativos, *por si sós,* não são aptos a fundamentar a soltura daquele preso cautelarmente. Nesse sentido, recente decisão do STJ (Unicamente a primariedade, bons antecedentes, residência fixa e ocupação lícita do paciente, ainda que comprovados estivessem, não são aptos a garantir-lhe a revogação da prisão preventiva, notadamente quando presentes os requisitos do artigo 312 do Código de Processo Penal no caso concreto (STJ, HC nº 82404, Rel. Min. Jane Silva, 5ª Turma, DJ. 26.11.2007).

7.2. Excesso de prazo na prisão cautelar

O artigo 648 consigna, ainda, que se considera sofrendo constrangimento ilegal o paciente que se encontra preso por mais tempo do que determina a lei.

Quanto a isto, algumas palavras.

O conhecido *excesso de prazo* na formação da culpa é a designação temporal emprestada pela jurisprudência e pela doutrina para definir o espaço de tempo entre o início do procedimento ou do processo criminal – considerando-se, aqui, eventual prisão em flagrante – até o momento em que se encerra a instrução do feito. Afirmava-se, assim, que ninguém poderia ficar preso por prazo superior a 81 dias, haja vista que esse seria o resultado da soma de todos os prazos procedimentais e processuais a contar do início do feito até a finalização da instrução, sob pena de a prisão considerar-se ilegal.

No entanto, apercebendo-se que tal regra propiciava a soltura de detidos em razão da impossibilidade de encerrar-se a instrução do feito em prazo de 81 dias, máxime nos feitos complexos, em que havia excessivo número de réus ou de testemunhas, a orientação firme das Cortes do País passou a invocar, ao invés do critério temporal fixo de 81 dias, a regra da proporcionalidade. Desta feita, a proporcionalidade, que sob as bases de um Estado Liberal, foi um dos principais escudos jurídicos que o particular manejava contra os abusos do Estado, e elegida por Becaria como uma das armas do movimento iluminista, foi travestida para ser, modernamente, invocada contra aqueles que deveria proteger.

Desta forma, com o que discordamos expressamente, a jurisprudência firmou-se no sentido de que, atualmente, o excesso ou não no prazo de prisão cautelar deve ser analisado à luz do caso concreto, de forma que o limite máximo de 81 dias poderá ser extrapolado, em algumas situações específicas que abaixo se esclarecerão. E, ao fazer tal interpretação, as Cortes nacionais obscureceram as regras que permitem a análise de eventual excesso. Esta é a mesma insurgência feita pelos autores Aury Lopes Júnior e Gustavo Badaró, para quem *não existe nada em termos de limite temporal das prisões cautelares, impondo-se uma urgente discussão em torno da matéria, para que normativamente sejam estabelecidos prazos máximos de duração para as prisões cautelares, a partir dos quais a segregação seja absolutamente ilegal* (Direito ao Processo Penal no Prazo Razoável, 2006, p. 63).

A discordância é postada, ainda, antes a existência do Pacto de São José da Costa Rica e, sobretudo, pelo novel inciso LXXVIII, do artigo 5º da Constituição Federal que, incluído pela Emenda Constitucional nº 45/2004, assegura a todos, quer no âmbito administrativo, quer no âmbito judicial, como direito e garantia fundamental, a *razoável duração do processo.* Esse comando, que, ao fim e ao cabo, é um imperativo aos magistrados e às autoridades administrativas na atenção de seus ofícios, embora, como dito antes, permeado pelo subjetivismo, dá indicativos de que as dilações procedimentais – sejam ou não justificadas – são causas de ilegalidade das prisões, ante o chamado *excesso de prazo.* O direito a um processo sem dilações é reconhecido pela vanguardista doutrina colombiana como um dos desdobramentos ao direito de defesa, como dizem Jaime Bernal Cuéllar e Eduardo Montealegre Lynett (El Proceso Penal. Bogotá: 2002, passim). É por isso que há que se ter sempre em mente a advertência feita por Juan Antonio Lascurain Sanchez, quando afirma que *aunque la medida de prisión provisional no suponga reproche, sanción o castigo alguno, no, com eelo, declaraciín algina d culpabilidad, su regulación, (...) debe incorporar las garantias esenciales próprias del principio de culpabilidad.* (Fines Legítimos de la Prisión Provisional. In: Revista Iberto-Americana de Ciências Penais. 2001, p.115).

Ressalva há que ser feita apenas no que pertine à prisão Temporária (Lei 7960/89) que estabelece limites temporários máximos fixos de custódia, sob o quais o magistrado, por isso mesmo, não detém qualquer liberalidade ou autonomia. Desta feita, a prisão será decreta por um prazo máximo de 5 dias, prorrogável, em casos de extrema e comprovada necessidade, por igual período ou, ainda, por 30 dias, igualmente prorrogáveis pelo mesmo período, no casos de crimes hediondos.

Sem embargo desta insurgência doutrinária e dos debates que podem ser acalorados para se saber se o tempo de prisão é ou não proporcional na hipótese, certo é que a jurisprudência definiu alguns parâmetros aptos a refutar eventual alegação de excesso de prazo. Assim, não pode o detido invocar o excesso na prisão quando forem muitos os réus; quando o feito demonstrar complexidade probatória, a exemplo do excessivo número de testemunhas ou cartas, especialmente as rogatórias, e, por fim, quando ele próprio – ou seja, a defesa – for a responsável pela demora que pretende ver sanada.

Nesse sentido decidiu reiteradas vezes o Superior Tribunal de Justiça (Aplica-se o princípio da razoabilidade, para justificar o excesso de prazo, caso haja regular tramitação do feito, com eventual retardamento no julgamento do paciente causado pela complexidade do processo, decorrente da pluralidade de acusados (...) Justifica-se eventual dilação de prazo para a conclusão da instrução processual, quando a demora não é provocada pelo Juízo ou pelo Ministério Público, mas sim decorrente de incidentes do feito e devido à observância de trâmites processuais sabidamente complexos. (...) HC 91982/CE, 5ª Turma, Rel. Min. Jane Silva, j. 27.11.2007), em consonância com o Tribunal Supremo Espanhol que, por meio da sentença nº 257 (STC 257/1993), registrou que *el proceso sin dilaciones indebidas no se identifica, pues, con el mero incumplimiento de los plazos procesales ni tampoco con el retardo ocasionado por un funcionamiento lento de la administración de la Justicia que pueda tener su causa en la acumulación de asuntos o em la escasez de medios personales o materiales, sino que comporta la utilización de um conçepto juridico indeterminado (la resolución dentro de plazo razonable) que necesita ser dotado de contenido concreto en cada caso, antendiendo a cri-*

terios objetivos congruentes com su enunciado genérico (cf. Faustino Cordón Moreno. *Las Garantias Constitucionales del Proceso Penal*. 2002, p. 188).

Quanto a este particular, parece-nos haver incongruência na orientação pretoriana. Isto porque, se a defesa – aqui compreendida como defesa técnica – é diligente e zelosa para com os interesses de seu constituinte, e, por isso mesmo, requer a produção de provas que entende como as mais adequadas ao caso, causando a demora, não poderá argüir excesso de prazo na prisão. Por outro lado, se a mesma defesa é inerte e não requer qualquer meio de prova processual porque disto poderá advir maior demora na instrução, poderá argüir, em determinados casos, especialmente não havendo concorrência das demais hipóteses impeditivas, excesso de prazo, postulando a soltura. No entanto, tal proceder, por certo, trará prejuízo ao réu no curso do feito, justamente pela inércia defensiva e probatória.

Ou seja: se a defesa é diligente, o acusado provavelmente permanecerá preso porque ela, defesa, está dando causa à demora processual (e, por conseqüência, excesso de prazo na prisão cautelar) que pretende ver sanada. De outro turno, se nada faz, pretendendo o rápido andamento do feito, terá maiores condições de pleitear a liberdade daquele que está preso, pois não concorre para eventual demora processual, inobstante tal agir possa trazer visível prejuízo ante a deficiência probatória.

Infelizmente, tal raciocínio simplista transmite ao advogado e ao próprio réu a responsabilidade pela não rara ineficiência do sistema criminal que é lento por natureza, e não porque a defesa postulou alguma prova. Debitar-se "demora" à defesa quando da produção de provas muitas vezes está a cargo de órgão estatais destinados especificamente para este fim é responsabilizá-la pela inércia dos outros.

Pensamos que, diante da atual conformação normativa, em especial pela nova redação data ao artigo 5º da CF pela Emenda nº 45, não há mais espaço para se justificar os eventuais excessos de prazo nos casos em que há número excessivo de réus, testemunhas e/ou diligências a serem realizadas. A redação do dispositivo é clara ao garantir a razoável duração do feito, não deixando qualquer margem à relativização do princípio, embora reconheçamos a orientação doutrinária e jurisprudencial no sentido de que não existem princípios absolutos. A lástima é que a chamada duração razoável do processo é um conceito indeterminado que devera ser preenchido no caso concreto pelo sentimento de proporcionalidade próprio do magistrado da causa, mantendo-se, com isto, espaço às prisões cautelares que parecem não ter fim.

Quanto ao chamado prazo razoável, registre-se, ainda, que, segundo orientação do Superior Tribunal de Justiça, consolidada pela via das súmulas 52 e 21, a discussão, no âmbito do *Habeas Corpus* ou mesmo perante o juiz da causa, acerca do excesso de prazo na prisão somente tem cabimento enquanto não encerrada a instrução ou proferida a decisão de pronúncia. Após o perpasso destas fases procedimentais, é possível, ainda, postular-se a soltura do detido, mas pela via do debate acerca da necessidade da custódia, e não mais de sua (i)legalidade por tempo demasiado. Ou seja, o debate transmuda-se do plano do relaxamento para o da necessidade da prisão (revogação ou concessão de liberdade provisória).

A orientação sumulada tem sua lógica e coerência, pois, ao encerrar-se a instrução ou com o advento da pronúncia, o feito encontra-se em vias de ser sentenciado ou submetido à plenário do Júri. Seria incompreensível que, às bordas do término do processo, se colocasse o réu em liberdade se ele permaneceu preso durante todo o transcorrer do feito.

7.3. Incompetência

Há constrangimento ilegal, ainda, nos termos do artigo 648, III, do CPP, quando quem ordenar a coação não tiver competência para fazê-lo.

A hipótese dá margem a um sem número de casuísticas porque, no caso concreto, há que se perquirir qual é a autoridade judiciária competente para ordenar a prisão. Há que se ter sempre em mente as regras constitucionais e legais acerca da matéria, as quais, *v.g.,* determinam que o competente para processo e julgamento de Juiz Federal é, originariamente, o Tribunal Regional Federal ao qual está vinculado, ainda que em na circunscrição de outro tenha praticado o crime, forte no artigo 108, I, *a* da CF/88.

De qualquer sorte, cabe referir que, conforme ensina Delmar Pacheco da Luz, a competência no âmbito do processo penal, em linhas gerais, se organiza em: a) competência em razão da pessoa (ou melhor, do cargo público por ela ocupado), chamada de competência *rationi personae;* b) competência em razão do lugar da infração, chamada de *rationi loci* e, por fim, em c) razão da matéria a ser submetida a julgamento, chamada de *rationi materiae* (Código de Processo Penal Comentado. 2008, p. 83 e ss).

A regra geral nos feitos criminais é dada pelo artigo 70 do CPP, que determina que competente para o feito é o Juízo do local onde se consumar a infração, de forma que, se a ação se dá no território de uma comarca, mas o resultado cabal (*v.g.*, o homicídio) se consuma em outra, este será o competente. Obviamente, existem causas de modificação da competência que alteram o presente regramento, nominadas de conexão e continência. Daí por que se dizer que a regra definidora da competência é dada pelo lugar do resultado.

Sem embargo disso, em dadas hipóteses, pouco importa perquirir-se acerca do local em que se consumou a infração, porque não será este o critério determinante da competência, mas sim a pessoa ou a matéria a serem levadas a julgamento. Assim, se um Prefeito Municipal do Rio Grande do Sul pratica, na cidade de Passo Fundo, determinado delito, quer tenha vínculo com a administração pública, quer não, será sempre julgado, originariamente, pelo Tribunal de Justiça gaúcho, salvo quanto aos delitos federais ou eleitorais. O mesmo se diga quanto à matéria. Se, *p.ex.*, determinado delito de lavagem de dinheiro é praticado na cidade de Erechim, a competência para o processo e o julgamento será da Primeira Vara Criminal Federal de Porto Alegre, como regra. A uma, porque há interesse direto da União a justificar a competência Federal (artigo 109 da CF), em regra, e previsão expressa na Lei 9613/98. A dois, porque é este o juízo com competência privativa para tal matéria em todo o Estado do Rio Grande do Sul, em face da organização judiciária da Justiça Federal.

Desta feita, a observância de regras de competência, aqui tratadas sem profundidade, pois não é este o objetivo do trabalho, é de vital importância para se determinar a legalidade ou não do constrangimento causado, seja no que pertine à prisão, seja relativamente a qualquer ato do processo ou inquérito. Assim, se a denúncia for recebida por Juiz incompetente, possível é a impetração de *Habeas Corpus* para se ver declarada como nula a referida decisão, permanecendo em curso o lapso prescricional, ante a não incidência da causa interruptiva, pois inaplicável o artigo 117, I, do CP.

Por fim, apenas há que se registrar que a competência, assim como as questões de suspeição e de impedimento, detém íntima relação com o princípio do Juiz Natural que, nas palavras de Cordón Moreno, apoiado em decisão do Tribunal Constitucional Espanhol, reclama *a) a criação do juízo por norma editada anteriormente ao fato que será levado a julgamento; b) que dita lei tenha investido a autoridade de competência e c) que a composição dos órgãos colegiados atenda aos comandos legais* pertinentes (*Las Garantias Constitucionales del Proceso Penal*, 2002, *passim*).

7.4. Cessação dos motivos que autorizam a coação

Outra das hipóteses de impetração de *Habeas Corpus* é quando houver cessado o motivo que autorizou a coação.

Tal hipótese destina-se, basicamente, aos casos de prisão cautelar, em especial ao da preventiva. Desta feita, se determinada pessoa é presa por ordem da autoridade judiciária competente porque está por ameaçar testemunhas, p.ex., realizada a oitiva daquele que se sente amedrontado, não mais subsiste qualquer razão para que seja mantida a custódia. Ou seja, nas palavras do Código de Processo Penal, cessa o motivo que autorizou a coação.

Dentro da casuística a que se presta o assunto, enumera, ainda, Mossin, outra hipótese autorizativa de *Habeas Corpus*. Afirma o autor, assim, que, se pronunciado o réu e recorrendo ele ao Tribunal pela via do Recurso em Sentido Estrito, no caso de provimento da insurgência para fins de despronúncia, eventual prisão anteriormente decretada, não mais tem razão de subsistir, devendo o acusado ser posto em liberdade (op. cit. 126.)

Em sendo mantida a prisão em situações tais, cabível o *Habeas Corpus* para se postular o relaxamento da prisão, e não meramente a liberdade provisória ou a revogação da custódia, pois a hipótese revela, diversamente do que se poderia pensar, não uma prisão desnecessária, mas sim efetivamente ilegal por ausência de motivos para tanto, o que deve ser feito nos termos do artigo 5º, LXV, da CF/88.

7.5. Denegação de fiança, quando cabível

Cabível o *Habeas Corpus*, ainda, quando o detido, em tendo direito à prestação de fiança, não é autorizado a fazê-lo.

A fiança, como vem sendo lecionado pela doutrina, perdeu grande parte de sua importância pela superveniência do artigo 310, parágrafo único do CPP. É que referido dispositivo permite que ao preso em flagrante delito seja concedida a liberdade provisória, sem qualquer espécie de pagamento (fiança), quando o juiz verificar que não estão presentes os requisitos da prisão preventiva previstos no artigo 312 do CPP (entenda-se como a necessidade concreta na manutenção da custódia). Desta forma, desimporta perquirir-se se o delito é ou não afiançável, pois a liberdade provisória será deferida. Nesse sentido é também a orientação sempre precisa de Eugênio Pacelli de Oliveira, para quem *do ponto de vista teórico, não há mesmo nenhuma vantagem na liberdade provisória com fiança, diante do regime do parágrafo único do artigo 310 do CPP, quando cabível ambos* (Curso de Processo Penal, 2005, p. 449).

Refira-se, apenas, que alguns delitos são, por disposição constitucional, inafiançáveis, de forma que somente será cabível a liberdade provisória prevista no artigo 310, par. único do CPP. Assim, confira-se o artigo 5º, XLIII e XLIV, da Constituição Federal.

Sem embargo disso, entendemos, ainda, que a fiança perdeu por completo e não apenas em parte a sua razão de ser (ao menos no plano teórico, inobstante os seus reflexos práticos possam amenizar esta posição). Isto porque, se o agente for preso em flagrante delito e contra ele não existirem quaisquer dos requisitos da prisão preventiva, lhe será concedida a liberdade provisória sem qualquer pagamento. Se, por outro lado, for preso na mesma situação, mas estiverem presentes algum(ns) dos requisito(s) da preventiva, não será possível a concessão de fiança, pois expressamente vedada pelo artigo 324, IV, do CPP. Disso se tem, então, na mesma alinha do sustentado por Pacelli, que a fiança somente será paga como forma de adiantamento da liberdade, evitando-se, com isso, que o conduzido tenha que aguardar despacho do magistrado concedendo-lhe a liberdade provisória (op. cit. p. 451).

7.6. Nulidade manifesta do feito

Cabível, ainda, o *Habeas Corpus* quando o processo for nulo.

A teoria geral das nulidades tem por objeto de estudo situações fático-jurídicas que ensejam vícios no âmbito do processo a ponto de atingir a sua idoneidade, legitimidade e, porque não se dizer, aptidão para gerar efeitos válidos. As nulidades, sejam aquelas de ordem absoluta, sejam as de natureza relativa, nada mais são do que uma das tantas formas de materialização do princípio da segurança jurídica, o mesmo que impede a revisão criminal contra o réu e assegura a soberania da coisa julgada. Segurança jurídica porque é a partir delas que se tem como assegurar que o processo penal somente possa produzir validamente seus efeitos se as regras ditas pela normativa positivada forem atendidas.

É o que, de certa forma, sustenta Ada Pellegrini Grinover *et alli*: *assim, os participantes da relação processual devem pautar o seu comportamento segundo o modelo legal, sem o que essa atividade correria o risco de perder-se em providências inúteis ou desviadas do objetivo maior, que é a preparação de um provimento final.* (As Nulidades no Processo Penal, 1992, p. 15).

As nulidades, no âmbito do Processo Penal, tradicionalmente divididas pela doutrina em absolutas e relativas (as primeiras, com prejuízo presumido e, as segundas, reclamando a sua prova), estão em processo de reclassificação pela doutrina e dando origem a uma nova divisão: nulidades que podem e que não podem ser declaradas, não obstante existentes. Para isto, algumas regras são colacionadas, tais como: não se declara a nulidade quando não houver prejuízo, ainda que absoluta; quando o ato, mesmo diante dela, atingir o seu fim; quando interessar apenas a parte contrária, etc.

Sem embargo disso, o *Habeas Corpus*, por possuir âmbito de cognição apertado, somente se mostrará viável quando a nulidade que se pretende ver sanada for evidente e dispensar, por assim dizer, qualquer análise de prova mais acurada.

Assim, deverá se atentar para o regramento posto nos artigos 563 e ss do CPP que traz inúmeras hipóteses. Não vamos dispensar atenção a cada uma delas, porque este não é o objetivo do presente trabalho. Apenas saliente-se, por fim, que as nulidades atingem os atos processuais, e não o processo como um todo, diversamente do que se costuma afirmar vulgarmente. O que ocorre é que o "ato nulo" poderá irradiar seus efeitos, contaminando ou não os demais atos e ganhando contornos gerais no próprio processo penal.

7.7. Quando extinta a punibilidade

Por punibilidade se entende o direito que o Estado tem de aplicar uma determinada sanção e executá-la em prazo hábil. No entanto, tal direito não é ilimitado ou absoluto, pois somente poderá ser bem exercitado se não incidirem à hipótese causas dadas pela lei que o extingam, as quais, de regra, estão previstas no artigo 107 do CP. Diz-se, de regra, porque existem outras que não estão contempladas neste dispositivo, a exemplo do pagamento e da confissão de dívida antes do início da ação fiscal, nos delitos de apropriação indébita previdenciária (art. 168, A, do CP), o pagamento do tributo nos delitos contra a ordem econômica (Lei 8137/90) e o pagamento do débito nos crimes de sonegação das contribuições previdenciárias (artigo 337, A, do CP).

Quanto a este tópico, não vemos maiores dificuldades. Poder-se-ia aqui tratar das modalidades de prescrição (da pretensão punitiva e executória, pela pena em abstrato ou em concreto etc.) bem como as hipóteses de perempção, mas não é este o objetivo do presente trabalho.

8. FORMAS DE IMPETRAÇÃO E CONSIDERAÇÕES GERAIS

O *Habeas Corpus*, como afirmado linhas acima, deve ser compreendido como verdadeira ação constitucional de liberdade e que, por isso mesmo, destinando-se a combater toda e qualquer ilegalidade, não pode se sujeitar à rigidez quanto às formas de impetração. É por esta mesma razão que o HC não se submete, no âmbito dos Tribunais, à prévia inclusão em pauta para julgamento, devendo ser apresentado em mesa pelo Relator tão logo seja lavrado parecer pelo Ministério Público. É por idêntica razão, ainda, qual seja, a celeridade no combate à ilegalidade, que a referida ação dispensa a existência de Revisor, sendo que, o segundo e o terceiro votos (nos casos das Cortes assim compostas) são proferidos na forma de vogais.

Sem embargo disso, recentemente o Supremo Tribunal Federal, acolhendo reclamo da classe dos advogados, modificou o seu Regimento Interno a fim de que passasse a constar a obrigatoriedade de intimação do advogado (por vezes impetrante) da data do julgamento, sob pena de nulidade (RISTF, art. 192, parágrafo único –A). Isto se dá como forma de melhor resguardar a ampla defesa e, porque não se dizer, o próprio acesso à jurisdição, até mesmo porque a sustentação oral é uma das tantas formas de exercício da defesa e de postulações. Nesse sentido, veja-se a decisão proferida no HC nº 90326/RS, Rel. Min. Menezes Direito, j. 11.12.2007.

Se assim o instituto se configura, há que se autorizar, como efetivamente o fizeram a doutrina e a jurisprudência, a impetração da ordem de forma mais simplificada e informal possível. Desta feita, admite-se que o seja pela via da tradicional petição, por fax, por via eletrônica (ou seja, pelo correio eletrônico, popularmente conhecido como e-mail, por via telefônica etc.), cabendo, nas hipóteses que assim se fizer necessário, ao Poder Judiciário propiciar os meios para que se possa assim proceder.

Cabe referir, no entanto, que, em sendo a impetração realizada por fax, há que se respeitar que a orientação do STJ era no sentido da observância da regra constante da Lei 9.800/99, originariamente destinada ao âmbito do Processo Civil, que determina que o original do petitório seja encaminhado ao Juízo competente no prazo de cinco dias após o envio da petição por fax a fim de que se possa verificar a regularidade da medida. Nesse sentido se manifestou aquela Corte (RHC 20495, 4ª T. Rel. Min. Cesar Rocha, j.12.06.2007).

No entanto, atualmente, a posição firmada é no sentido de que os originais devem ser enviados em prazo de 5 dias após o esgotamento do prazo de recurso (STJ, EREsp nº 640803), providência que não traz qualquer reflexo no âmbito do *Habeas Corpus*, na medida em que este não tem prazo preclusivo para impetração. Desta forma, após a impetração por fax, tem o impetrante o prazo de 5 dias para o envio dos originais, sob pena de não conhecimento da ordem.

9. MEDIDA LIMINAR E INFORMAÇÕES DA AUTORIDADE COATORA

Embora não prevista pelo Código de Processo Penal, a jurisprudência passou a admitir a possibilidade de deferimento de medida liminar, invocando, analogicamente, as disposições da Lei 1.533/51 que a admite de forma expressa. E o fez tendo-se como horizonte sempre presente a idéia que vem norteando o presente estudo, qual seja, a de conceber-se o instrumento do *Habeas Corpus* como uma ação de liberdade destinada ao combate de ilegalidades manifestas e que, nesses próprios termos, não pode se sujeitar apenas a decisões de mérito, reclamando, vez por outra, a antecipação da própria decisão final.

Refira-se, apenas, que a liminar, em harmonia à própria idéia do *Habeas Corpus* que o concebe como medida extrema e de manejo excepcional, somente poderá ser deferida em situações tais em que ilegalidade da coação é tamanha que se revelaria como verdadeiro absurdo o seu saneamento apenas ao final. Isto porque, ao menos no âmbito dos órgãos jurisdicionais colegiados, a regra é o julgamento plural, sendo a decisão monocrática uma exceção destinadas apenas às poucas hipóteses previstas em lei.

Ainda no que pertine à liminar, impende inferir que o seu deferimento, quando a situação processual assim o reclamar, está condicionada à juntada das peças de informação que racionalmente deveriam instruir o pedido. A inércia do impetrante, nesse caso, certamente levará ao seu indeferimento e, por conseqüência, a requisição de informações à autoridade coatora, nos termos do artigo 664 do CPP, causando-lhe prejuízo pelo retardo.

Assim, tome-se como exemplo a hipótese em que se impetra a ordem de *Habeas Corpus* fundamentando-a no fato de que o paciente se encontra preso por um período excessivamente longo, incompatível para com a complexidade procedimental do feito que tramita na origem. A liminar somente poderá ser deferida, se assim for o caso, se superado problema da instrumentalização do HC, o que se dá com a juntada de cópia dos autos a fim de que se possa verificar a alegação de excesso de prazo deduzida.

Acaso indeferida a liminar, e entendendo o relator, no âmbito dos Tribunais, ser prudente alguns esclarecimentos procedimentais por parte da autoridade coatora, requisitará as devidas informações. Prestadas estas, os autos serão remetidos ao Ministério Público, para parecer, conforme o caso.

Quanto ao que pertine ao instituto da medida liminar em sede de *Habeas Corpus*, cabe referir que, uma vez indeferida, é possível, em certas hipóteses, a impetração de novo *Habeas Corpus* à Instância Superior, sem embargo de a Constituição Federal prever, quando a causa for de competência originária das Cortes locais, o recurso ordinário constitucional contra o mérito daquela decisão (artigo 105, II, *a*, CF).

Sem embargo disso, por recente orientação do Supremo Tribunal Federal consolidada na Súmula 691, não é possível a impetração naquela Corte de *Habeas Corpus* contra indeferimento de liminar no âmbito do STJ, mas apenas quando esta Corte tenha apreciado, em definitivo, a causa posta a julgamento. Tal orientação traz como conseqüência, *a priori*, o não-conhecimento do *Habeas* no Supremo. Diz-se *a priori* porque

Habeas Corpus

303

a Corte Constitucional firmou posição no sentido de que a vedação posta pela Súmula não impede que se conceda *Habeas Corpus* de ofício em casos de ilegalidade manifesta. Nesse sentido, STF, HC nº 85185/SP, Rel. Min. Cezar Peluso, 10.8.2005 e HC 86864 MC/SP, Rel. Min. Carlos Veloso, 20.10.2005. Ou seja: supera-se o entrave e se adentra ao mérito. Veja-se, ainda, a rumorosa decisão liminar proferida pelo Min. Gilmar Mendes em favor do acusado Daniel Dantas, na qual, ao que se tem noticia, superou aquele óbice.

10. *HABEAS CORPUS* CONTRA ATO DA TURMA DO JUIZADO ESPECIAL CRIMINAL

Questão que reclama análise é a que diz com a competência para conhecer e julgar *Habeas Corpus* manejado contra ato da Turma Recursal do Juizado Especial Criminal, haja vista a ausência completa de norma reguladora da matéria.

Em um primeiro momento, conforme pode se extrair dos julgados abaixo referidos, o posicionamento do Supremo Tribunal Federal era no sentido de que a competência para o julgamento de *Habeas Corpus* manejados nestas condições era afeto àquela Corte, pois, se a ela cabe o julgamento de Recurso Extraordinário manejado contra acórdão da Turma Recursal, por lógica e simetria em matéria de competência, também o cabe para o próprio HC. Tal orientação, aliás, deu origem à súmula 690, que determina que: *"compete originariamente ao Supremo Tribunal Federal o julgamento de Habeas Corpus contra a decisão de turma recursal de juizados especiais criminais"*. Impende mencionar, apenas, que contra a decisão da Turma Recursal não há possibilidade de interposição de Recurso Especial porque, conforme determina o inciso III do artigo 105 da CF, somente serve a medida para fazer frente a decisão de Tribunal, o que a Turma Recursal efetivamente não é.

Porém, a recente orientação do Supremo Tribunal Federal cambiou o entendimento acerca do tema, consignando que o julgamento do referido HC contra ato da Turma Recursal está afeto ao Tribunal local ao qual se vincula. A idéia advém da dedução, equivocada, ao nosso sentir, de que, se aos Tribunais locais cabe o julgamento de HC manejado contra ato de juiz singular e, se a Turma l é composta por magistrados de primeiro grau, lógico seria que a competência ali fosse firmada. Nesse sentido:

COMPETÊNCIA ORIGINÁRIA. Criminal. *Habeas Corpus*. Impetração contra decisão de colégio recursal de juizado especial criminal. Incompetência do STF. Feito da competência do Tribunal de Justiça local. HC não conhecido. Agravo improvido. Precedente do Plenário. Para julgamento de pedido de *habeas corpus* contra decisão de turma ou colégio recursal de juizado especial, a competência é do tribunal de justiça local, não do Supremo Tribunal Federal (HC Agr 92332, DJ 06.11.2007)

Entendemos que o Supremo Tribunal, ao considerar assim a matéria, equivoca-se porque não se pode lançar os olhos sobre a composição da turma recursal de forma compartimentada, isolada, analisando-se os juízes per si que a compõem. Embora formada por magistrados de primeiro grau, a sua natureza jurídica é de "Corte recursal", e, por isso mesmo, deve assim ser compreendida.

11. PARECER DO MINISTÉRIO PÚBLICO

Questão que merece análise é a da necessidade legal de remessa dos autos ao membro do Ministério Público para parecer.

A questão deve ser enfrentada à luz de duas situações distintas. A primeira não oferece qualquer dificuldade teórica, na medida em que, por disposição expressa do artigo 1º do Dec. Lei 552/69, em sendo o feito de competência dos Tribunais Locais ou Superiores, os autos serão remetidos ao MP para parecer em prazo de 2 dias, feito nos quais se assegura a sua intervenção oral quando da sessão de julgamento.

No entanto, em sendo o julgamento do *Habeas Corpus* ato de competência do juiz singular, a lei nada diz. Assim, entende parte da doutrina que a providência de remessa dos autos ao *parquet* resta dispensada. A uma, justamente porque não há qualquer previsão legal que determine tal procedimento. A dois, porque o Dec. 558 determina tal proceder apenas nos casos de feitos em trâmite junto aos Tribunais. A três e finalmente, porque faltaria interesse jurídico por parte do Ministério Público em ter vista dos autos porque, em sendo concedida a ordem e, a *priori*, sendo vencido o órgão porque sanada a coação, cabível é o recurso de ofício como causa suspensiva da coisa julgada.

Não nos parece razoável, no entanto, a posição. Isto porque o papel do Ministério Público nos feitos criminais não é de ser apenas parte – sem que se adentre aqui à discussão doutrinária da possibilidade de cumulação de funções, de um lado fiscal, e de outro, parte –, mas também, e substancialmente, de fiscal da lei. Desta forma, a discussão acerca de eventual concessão de ordem e eventual prejuízo do MP no caso somente teria cabimento se a instituição assumisse, na hipótese, posição de parte, que efetivamente não detém. Além do mais, a posição que assume no âmbito do *Habeas Corpus*, a de fiscal da lei, reclama exatamente a sua participação para que, inclusive, possa sugerir o deferimento integral da ordem.

Dentro do rico âmbito do *Habeas Corpus*, questão que não se pode refutar à análise é a que versa sobre a possibilidade de concessão de *habeas corpus* de ofício por parte da autoridade judiciária. No entanto, a dificuldade não reside neste tópico, pois, como o próprio artigo 654, §2º do CPP autoriza que sempre que alguém estiver por padecer de constrangimento ilegal, ainda que qualquer providência tenha requerido no sentido de ver sanada tal situação, poderá o Poder Judiciário, *v.g.,* ao julgar uma apelação, conceder a ordem. Assim, se o denunciado recorre ao Tribunal para ver discutida a competência jurisdicional para processo e julgamento da causa e, percebendo-se a Corte que a denúncia narra fato atípico, poderá, inobstante nada tenha sido argüido ou requerido nesse sentido, conceder ordem de *Habeas Corpus*, de ofício, para determinar o trancamento da ação penal, forte no artigo 43, I do CPP.

O ponto a ser tratado, no entanto, é outro. Mas, imagine-se que a referida Corte entende pela sua incompetência, e, ao mesmo tempo, apercebe-se que o fato descrito na acusação está prescrito. Poderá ela, inobstante a sua incompetência, conceder a ordem, de ofício, determinando o trancamento da ação criminal? Entendemos que sim.

Inobstante a prévia competência dos órgãos jurisdicionais seja requisito da validade e da eficácia de suas decisões, possuindo as normas que regem o assunto caráter público – pois vinculam-se a uma das atividades exclusivas de Estado, qual seja, a de julgar – por certo que, no caso concreto, a regra deve admitir exceção. Seria demasiado contraditório emprestar-se ao *Habeas Corpus*, instrumento concebido como ferramenta de combate às mais absurdas ilegalidades, caráter amplo e, ao mesmo tempo, diante de constrangimento ilegal, impedir a sua atuação em face de eventual incompetência jurisdicional. É por tal fundamento, qual seja, de ser o *Habeas Corpus* instrumento de tutela das liberdades, que se deve admitir que possa ser ele julgado e deferido, se for o caso, mesmo que por órgão jurisdicional incompetente, embora a doutrina não se ocupe desse debate.

12. *HABEAS CORPUS* E PRISÃO MILITAR

A Constituição Federal, em seu artigo 142, § 2º, assinala, de forma clara, que não caberá *Habeas Corpus* contra punições disciplinares. A razão de ser da norma é o respeito à hierarquia e ao bom funcionamento das instituições militares (aqui compreendidas como Exército e Polícias Militares). Contudo, como bem adverte Lúcio Constantino, o rigor da norma deve ser visto com certa ponderação, pois, em determinadas hipóteses, é sim cabível a impetração da medida. Isto porque, em sendo a prisão militar ato administrativo, deve atentar para a legalidade, forte no artigo 37 da Constituição Federal, bem como para os motivos, forma, finalidade e objeto (*Habeas Corpus,* 2001, p. 57).

Assim, em sendo a prisão ilegal porque determinada por quem não detém a atribuição para tanto ou, ainda, porque os motivos dados pela lei não se amoldavam à espécie, cabível a impetração do HC a fim de ver sanado o constrangimento ilegal.

13. *HABEAS CORPUS* E APELAÇÃO CONCOMITANTES. DA BUSCA PELO RECURSO EM LIBERDADE

Se determinada pessoa é condenada em primeiro grau e a sentença retira-lhe o direito de apelar em liberdade, com fundamento no artigo 594 do CPP, determinando a sua prisão (salientando-se, apenas, que a prisão para apelar, por não envolver trânsito em julgado da causa, é, tal como a preventiva e as demais, prisão provisória e, portanto, sujeita aos requisitos do artigo 312 do CPP), o seu prévio recolhimento ao cárcere passa a ser pressuposto recursal. Ou seja, interposta a apelação sem que o condenado tenha dado entrada no presídio, o magistrado processante do recurso (juízo da condenação), não admitirá o inconformismo, ante a ausência de um de seus pressupostos.

Desta feita, a alternativa juridicamente viável que socorre a situação seria a de interposição do recurso de apelo, evitando-se a preclusão pelo decurso do prazo de 5 dias e, concomitantemente, a impetração de *Habeas Corpus* junto ao Tribunal local objetivando a concessão da medida para que o paciente tenha o direito de aguardar, em liberdade, o tramitar do recurso interposto. No entanto, tal posicionamento foi radicalmente alterado por força da recente súmula 347 do STJ, na qual se consignou que o não recolhimento do condenando à prisão não impede o conhecimento de seu recurso.

Essa situação ganha contornos distintos quando o feito criminal é de competência originária dos Tribunais. Assim, se determinado Prefeito Municipal for condenado pelo Tribunal de seu Estado, afora o recurso de embargos de declaração, os único de que poderá fazer uso são o Especial e o Extraordinário que, por disposição expressa da Lei 8038/90, não possuem efeito suspensivo (artigo 27, § 2º). Assim, o recolhimento à prisão como requisito para a interposição dos recursos de natureza excepcional é conseqüência da inexistência de efeito suspensivo.

No entanto, buscando amenizar a rigidez legislativa, o Supremo Tribunal Federal vem emprestando a estas formas de irresignação o tão desejado efeito suspensivo, evitando-se a apressada prisão, que ficará reservada, assim, para após o trânsito em julgado da causa Nesse sentido decidiu o Pretório Excelso.

HABEAS CORPUS. INCONSTITUCIONALIDADE DA CHAMADA "EXECUÇÃO ANTECIPADA DA PENA". ART. 5º, LVII, DA CONSTITUIÇÃO DO BRASIL. 1. O art. 637 do CPP estabelece que "[o] recurso extraordinário não tem efeito suspensivo, e uma vez arrazoados pelo recorrido os autos do traslado, os originais baixarão à primeira instância para a execução da sentença". A Lei de Execução Penal condicionou a execução da pena privativa de liberdade ao trânsito em julgado da sentença condenatória. A Constituição do Brasil de 1988 definiu, em seu art. 5º, inciso LVII, que "ninguém será considerado culpado até o trânsito em julgado de sentença penal condenatória". 2. Daí a conclusão de que os preceitos veiculados pela Lei n. 7.210/84, além de adequados à ordem constitucional vigente, sobrepõem-se, temporal e materialmente, ao disposto no art. 637 do CPP. 3. Disso resulta que a prisão antes do trânsito em julgado da condenação somente pode ser decretada a título cautelar. 4. A ampla defesa, não se a pode visualizar de modo restrito. Engloba todas as fases processuais, inclusive as recursais de natureza extraordinária. Por isso a execução da sentença após o julgamento do recurso de apelação significa, também, restrição do direito de defesa, caracterizando desequilíbrio entre a pretensão estatal de aplicar a pena e o direito, do acusado, de elidir essa pretensão. 5. A antecipação da execução penal, ademais de incompatível com o texto da Constituição, apenas poderia ser justificada em nome da conveniência dos magistrados --- não do processo penal. A prestigiar-se o princípio constitucional, dizem, os tribunais [leia-se STJ e STF] serão inundados por recursos especiais e extraordinários, e subseqüentes agravos e embargos, além do que "ninguém mais será preso". Eis o que poderia ser apontado como incitação à "jurisprudência defensiva", que, no extremo, reduz a amplitude ou mesmo amputa garantias constitucionais. A comodidade, a melhor operacionalidade de funcionamento do STF não pode ser lograda a esse preço. 6. Nas democracias mesmo os criminosos são sujeitos de direitos. Não perdem essa qualidade, para se transformarem em objetos processuais. São pessoas, inseridas entre aquelas beneficiadas pela afirmação constitucional da sua dignidade. É inadmissível a sua exclusão social, sem que sejam consideradas, em quaisquer circunstâncias, as singularidades de cada infração penal, o que somente se pode apurar plenamente quando transitada em julgado a condenação de cada qual Ordem concedida" STF, Rel. Min. Eros Grau, HC 91232, j.06/11/2007).

14. *HABEAS CORPUS*, ESTADO DE DEFESA E ESTADO DE SÍTIO

Tanto o Estado de Defesa (artigo 136) quanto o de Sítio (artigo 137), ambos da Constituição Federal, são medidas excepcionais que, em maior ou menor grau, significam uma alteração temporária na estrutura do Estado Nacional, quer quanto a forma de sua administração, quer quanto às garantias que podem restar suspensas.

Assim, por disposição expressa dos artigos 138 e 139 da Carta Magna, a liberdade de locomoção bem como a de reunião, que implica a própria locomoção, podem restar afetadas se constarem dentre as restrições impostas pelo referido Decreto do Executivo. Contra isto não será possível a impetração de *Habeas Corpus*, não sendo possível falar-se em inconstitucionalidade dos referidos dispositivos, pois, conforme mais do que assente pela doutrina, não há inconstitucionalidades dentro da própria constituição no que tange aos seus dispositivos originários, ressalvadas as modificações que se derem por Emenda Constitucional.

15. COAÇÃO ILEGAL PRATICADA POR MEMBRO DO MINISTÉRIO PÚBLICO

Outro ponto que merece destaque no estudo é aquele que diz respeito à competência para julgamento de *Habeas Corpus* quando o constrangimento ilegal advém, diretamente, de órgão do Ministério Público de primeiro grau (seja Promotor de Justiça ou Procurador da República). A questão ganha importância prática nos dias atuais em face das conhecidas e polêmicas investigações realizadas exclusivamente pelo MP. Assim, em havendo constrangimento ilegal em face da atuação destes órgãos, a quem caberia o processo e julgamento de *Habeas Corpus*?

A jurisprudência firmou-se no sentido de que, em casos tais, competente é o Tribunal a que caberia julgar o referido agente em eventual prática de crime (nos caso de Promotores de Justiça, o Tribunal do Estado ao qual está vinculado e, no caso de Procuradores da República, ao Tribunal Regional Federal da Região). O entendimento firmou-se nesse sentido tendo em vista que são estas Cortes que detêm a competência para o julgamento destes profissionais no caso da prática de crime, daí cabendo-lhes a competência para análise da prática de eventual constrangimento ilegal.

16. OBSERVAÇÕES FINAIS

O HC não tutela apenas liberdade de locomoção imediata, mas toda e qualquer ilegalidade que possa afetá-la, inclusive no futuro. A figura da autoridade coatora pode se identificar com o particular. Por força de súmula, incabível HC perante o STF contra decisão em idêntica medida perante o STJ circunstância esta que não impede, contudo, que aquela a Corte conceda a ordem de ofício em casos de manifesta ilegalidade. Em sendo o Inquérito Policial instaurado mediante requisição do Ministério Público ou da autoridade Judiciária, figuram estes como autoridades coatoras, e não propriamente o Delegado de Polícia, de forma que a competência originária para o julgamento do HC é do Tribunal local, reservadas as hipóteses de Tribunal Superior. Em havendo pedido de liminar, faz-se necessário que o HC seja instruído adequadamente a fim de bem se demonstrar a ilegalidade argüida, sob pena de ser o requerimento indeferido, solicitando-se informações.

O pedido de HC pode ser impetrado de qualquer forma, e não necessariamente por escrito, desde que o Poder Judiciário possua estrutura para dar seu correto processamento. Na petição de HC, se requerida a medida liminar, esta deve constar como o primeiro dos requerimentos, seguindo-se a dispensa de informações, intimação do Ministério Público para parecer, em sendo o caso, e, ao final, o pedido de confirmação da liminar com a concessão da ordem. O HC dispensa Revisor bem como a sua prévia inclusão em pauta, ante a urgência da medida que, inclusive, possui prioridade de processamento, salvo quanto aos feitos que tramitam perante o STF, por força de previsão regimental expressa. Em havendo denegação de HC perante o Tribunal Local, em feitos de sua competência originária, embora previsão expressa na Constituição Federal de recurso ordinário para a insurgência, plenamente cabível outro HC.

Capítulo XV

Mandado de segurança criminal

MIGUEL TEDESCO WEDY[1]

1. NOTA INTRODUTÓRIA

Em tempos de reformas processuais penais, em tempos de uma não desprezível insegurança jurídica, em tempos de redução de garantias, no quadrante histórico que vivenciamos e que, de forma contraditória, exige um mais enérgico agir do Estado e, concomitantemente, a manutenção de toda uma pletora de direitos que remontam ao iluminismo penal, impõe-se tecer algumas considerações objetivas sobre o Mandado de Segurança na esfera criminal.

E tal necessidade é realçada em razão do uso cada vez mais alargado que tal instituto tem alcançado, decorrente de um necessário contexto de aprimoramento dos órgãos estatais de investigação e persecução penais.

Mais ainda se impõe tal digressão, em razão de um caráter emergencial e imediatista que vem atingindo o direito penal e o processo penal. Esquece-se, por conseguinte, que o tempo do processo penal há de ser o tempo da temperança e da serenidade e não o tempo dos processos mediáticos e prontos, inimigos da ponderação. Esquece-se que o processo há de ser eficiente, isto é, há de conjugar garantias e o atingimento dos fins a que se propõe.

Sobre tais considerações, essencial a leitura de *Tempo do Direito*, de François Ost (Lisboa: Piaget, 1999). Também sobre a relevância da serenidade para o enfrentamento do tecnicismo dos tempos modernos, leia-se *Serenidade* de Martin Heidegger (Lisboa: Piaget, 2000). Já sobre Eficiência e processo penal, leia-se o artigo de Scarance Fernandes: "Reflexões sobre as noções de eficiência e de garantismo no processo penal", in *Sigilo no Processo Penal – Eficiência e Garantismo*. São Paulo: RT, 2008, p. 09 a 28.

Daí a humilde relevância que se propõe encontrar na presente incursão, que se pretende também prática, a fim de propiciar ao operador do direito, aqui e ali, nos embates forenses, a solução mais justa para o uso do instrumento Mandado de Segurança.

2. NOÇÕES GERAIS E PREVISÃO CONSTITUCIONAL E LEGAL DO MANDADO DE SEGURANÇA

O mandado de segurança tem sua origem histórica na mesma fonte do *habeas corpus*. Pode-se afirmar que são irmãos, pois surgiram da necessidade de proteção do cidadão comum contra os atos dos Poderes do Estado.

---

[1] Advogado Criminalista. Mestre em Ciências Criminais pela PUC/RS. Doutorando em Ciências Jurídico-Criminais pela Universidade de Coimbra. Professor de Direito Penal e Processo Penal da UNISINOS e da ESM-RS (AJURIS).

Assim, pode-se asseverar que o seu ponto de partida está também na *Magna Carta* imposta pelos nobres ingleses ao Rei João Sem Terra, em 1215. A notável construção previa que nenhum homem livre poderia ser preso e nem perder os seus bens senão em decorrência de um julgamento de seus pares, de acordo com a lei local. Impôs-se, por via de conseqüência, a necessidade de criação de instrumentos jurídicos que salvaguardassem tais direitos. Daí a origem do *habeas corpus* e do mandado de segurança.

Inicialmente, o *habeas corpus* ocupou o espaço que hoje se atribui ao mandado de segurança, servindo para atacar não apenas a ameaça ou a violação do direito à liberdade do cidadão, mas também outras situações que importavam no cerceamento de outros direitos. Posteriormente, deu-se a criação da mandado de segurança. Um seguiu o leito da proteção da liberdade de ir e vir do cidadão do povo. Eis o *habeas corpus*. O outro, por sua vez, ocupou o caminho próprio e capaz de proteger o direito líquido e certo, em caso de ilegalidade ou abuso de poder. Eis o mandado de segurança.

No Brasil, segundo Ada Grinover, Antonio Gomes Filho e Scarance Fernandes, coube ao emérito político baiano João Mangabeira dar o nome de mandado de segurança ao instituto ora em comento (*Recursos no Processo Penal*. São Paulo: RT, 1998, p. 389).

A sua criação formal se deu com a Constituição de 1934 (art. 113, n° 33), que protegia direito certo e incontestável que fosse ameaçado ou violado por ato de autoridade manifestamente inconstitucional ou ilegal.

Na atualidade, a Constituição Federal, de forma expressa, prevê ambos os instrumentos jurídicos. De uma parte, o *habeas corpus* protege o cidadão contra a violação ou a ameaça ao seu direito de ir e vir (art. 5°, LXVIII) e de outra, a Carta Maior prevê que caberá o mandado de segurança *"para proteger direito líquido e certo, não amparado por habeas corpus ou habeas data, quando o responsável pela ilegalidade ou abuso de poder for autoridade pública ou agente de pessoa jurídica no exercício de atribuições do Poder Público"* (art. 5°, LXIX).

Albergado na Constituição Federal, o mandado de segurança encontra uma disciplina mais pormenorizada na Lei 1.533/51, com todas as suas modificações posteriores.

Impõe-se afirmar, conforme o disposto na Carta Magna, que o espectro de incidência do mandado de segurança é determinado por exclusão, em casos de não-cabimento de *habeas corpus* ou *habeas data*. A diferença fulcral para a determinação de utilização de um ou outro instrumento se dá na visualização ou não da ameaça direta ou indireta à liberdade de locomoção. Havendo a ameaça à liberdade, seja ela direta ou indireta, cabível será o *habeas corpus*, e não o mandado de segurança.

De outra parte, é o mandado de segurança um instrumento que se dirige contra ato de autoridade, contrariamente do que se prevê para o *habeas corpus*. Outrossim, o ato de autoridade que dá ensejo ao mandado de segurança deve configurar uma ilegalidade ou abuso de poder. Não basta, por conseguinte, o malferimento de direito líquido e certo, impõe-se a existência de ilegalidade ou abuso de poder.

Ademais, a Magna Carta impõe que para o cabimento do mandado de segurança tenha ocorrido a violação de direito líquido e certo, isto é, aquele direito que se pode comprovar sem a necessidade de instrução dilatória, aquele direito que, na lição de Paulo Rangel, "é certo e incontestável, ou seja, induvidoso, cristalino" (*Direito Processual Penal*. Rio de Janeiro: Lumen Juris, 2005, p. 888)

Com isso não se quer dizer que o *writ* prescinde de provas. Bem ao contrário. O cabimento e, primordialmente, a concessão do *mandamus* exige, impõe, obriga e determina que o mesmo esteja lastrado em prova sólida, capaz de asseverar a certeza e a liquidez do direito pretendido.

Apenas excepcionalmente se admitirá a juntada de prova após os prazos legais, seja para o impetrante, seja para a autoridade que presta informações. Apenas se admitirá a juntada de prova além do prazo legal, o que não é livre de controvérsia, a fim de se comprovar fato superveniente, como o agravamento do dano, por exemplo.

Trata-se, pois, o mandado de segurança, de uma ação autônoma de impugnação com previsão constitucional.

3. DO CABIMENTO DO MANDADO DE SEGURANÇA CONTRA ATO JURISDICIONAL

Discutia-se, em passado nem tão remoto, a possibilidade ou não de cabimento de mandado de segurança contra ato jurisdicional. Entretanto, tal discussão dissipou-se ante a realidade palpitante do mundo do direito.

E a realidade impõe um enfrentamento ponderado da matéria. Um enfrentamento que leve em conta a múltipla dimensão do universo jurídico e da vida forense. E a realidade pretoriana cria todos os dias um sem-par de decisões que não encontram instrumentos jurídicos recursais adequados, impondo-se, por conseguinte, a adoção do mandado de segurança como mecanismo de ataque contra tais decisórios. Veja-se, por exemplo, o caso da decisão que determina ao réu a realização de exame grafotécnico ou outro meio de prova que lhe pode prejudicar. Ou ainda, o caso de recebimento sem efeito suspensivo de determinados recursos quando a lei assim não prevê.

Como atacar tais decisões? É inegável que em tais situações e em outras mais não restará outra alternativa ao prejudicado, senão lançar mão do mandado de segurança. Só assim poderá ser protegido, de forma célere e eficaz, o direito do prejudicado.

A vetusta Súmula 267 do Supremo Tribunal Federal, que afastava a incidência do mandado de segurança contra ato jurisdicional, de há muito não é seguida pelo próprio Tribunal, desde o *decisum* relatado pelo então Ministro Xavier de Albuquerque, que se constituiu em verdadeiro *leading case*, prescrevendo como condições de cabimento do *mandamus* contra ato judicial: "*a não suspensividade do recurso acaso cabível, ou a falta de antecipação de eficácia da medida decorrente de correição, a que também alude a lei, uma ou outra somada ao dano ameaçado por ilegalidade patente e manifesta do ato impugnado e, com menor exigência relativamente à tal legalidade, àquele efetiva e objetivamente irreparável*". (RTJ 70/504)

Para além disso, discute-se também a possibilidade ou não de cabimento do mandado de segurança no caso de existência de recurso cabível para atacar eventual decisão judicial. Isto é: havendo recurso cabível para atacar uma decisão, será possível ainda lançar mão do mandado de segurança?

Embora a Lei 1.533/51 (art. 5°, II) disponha expressamente que não se dará mandado de segurança quando se tratar de despacho ou decisão judicial passível de recurso ou correição, o fato é que, na prática forense, tal dispositivo acaba por ceder à realidade pretoriana.

Como salientam Ada Grinover, Antonio Gomes Filho e Scarance Fernandes, "*A verdade é que no curso da demanda, surgem com bastante freqüência atos jurisdicionais ilegais, cuja execução é apta a provocar dano irreparável a uma das partes. E a existência de recurso contra esse ato pode não ser suficiente para evitar o dano, quando a impugnação não tiver efeito suspensivo. Nesses casos, o único meio capaz de evitar o dano é o mandado de segurança, notadamente pela suspensão liminar do ato impugnado. Pode-se afirmar, portanto, que, se o writ não pretendia, inicialmente, ser instrumento de controle de atos jurisdicionais, as necessidades da vida judiciária acabaram levando-o a preencher essa finalidade*" (op. cit. p. 393).

Ainda sobre o tema: *Controle Jurisdicional e mandado de segurança contra atos judiciais*, de Kazuo Watanabe (São Paulo: RT, 1980); Rogério Lauria Tucci, *Do mandado de segurança contra ato jurisdicional penal* (São Paulo: Saraiva, 1978); e, mais recentemente, *Mandado de segurança criminal* de Eduardo Appio (Porto Alegre: Livraria do Advogado, 1995).

Contra tal entendimento, encontra-se Paulo Rangel, asseverando que se a lei acabar por prever recurso e este for capaz de impedir lesão ou ameaça ao direito, restará afastada a possibilidade do mandado de segurança (op. cit. p. 892).

Da mesma forma, discute-se a possibilidade ou não de impetração do mandado de segurança contra ato jurisdicional transitado em julgado. A Súmula 268 do STF não admite o cabimento de mandado de segurança em tais situações. Entretanto, há entendimentos jurisprudenciais e doutrinários em contrário, especialmente o entendimento expresso na Súmula 8 das Mesas de Processo Penal da USP, que asseveraram tratar-se o mandado de segurança, em tais situações, de ação com efeito rescisório, capaz de desconstituir os efeitos da decisão atacada. O fato é que a Constituição Federal não impede que um remédio jurídico especial e excepcional como o mandado de segurança seja constrito pela coisa julgada, ainda mais em casos de ilegalidades ou abusos de poder gritantes e altamente danosos.

4. O MANDADO DE SEGURANÇA E O MINISTÉRIO PÚBLICO

O principal destinatário da previsão de cabimento do mandado de segurança em matéria criminal é o Ministério Público. O réu, na maior parte das vezes, usa do *habeas corpus* para proteger os seus direitos, aduzindo uma ameaça frontal ou indireta ao direito de ir e vir. Portanto, o principal usuário do mandado de segurança em matéria criminal é o órgão do Ministério Público.

Em geral, o Ministério Público se utiliza do mandado de segurança em razão da inexistência de um recurso específico para atacar uma determinada decisão. Noutras situações, mais remotas, o *Parquet* maneja o *mandamus* a fim de alcançar efeito suspensivo para determinados recursos.

No primeiro caso, há um sem-número de decisões no processo penal que não prevêem recursos. Veja-se, por exemplo, o caso de indeferimento de oitiva de testemunha tempestivamente arrolada, de indeferimento de diligência legal tempestivamente requerida, de decisão judicial que determina a transação penal ou a suspensão condicional do processo sem a manifestação do órgão do Ministério Público, a concessão de efeito suspensivo sem previsão legal em recurso interposto pela defesa, o indeferimento da produção antecipada de provas nos casos do art. 366 do CPP. Em tais situações, segundo Scarance Fernandes (Mandado de Segurança em Matéria Criminal, in *Revista Brasileira de Ciências Criminais* n° 40, p. 128/142), o Ministério Público obteve razoável êxito nas ações exercidas perante os Tribunais, especialmente em São Paulo, aceitando-se o mandado de segurança e afirmando-se, ainda, o direito à antecipação da prova testemunhal (TACrimSP, MS, rel. Eduardo Pereira, RJD 37/489; TJSP, MS, rel. Marcondes D'Angelo, RT 758/552). Encontrou-se também apoio no STJ, admitindo-se a natureza urgente da prova testemunhal (RHC 7.101 – MG, DJU 27.04.1998).

Mas, para além dessas situações, o Ministério Público também tem utilizado o mandado de segurança para obstar ou atacar a concessão de efeito suspensivo em recursos interpostos pela defesa, para obter liminar em casos de recursos em sentido estrito, a fim de evitar a soltura e liberdade de determinados réus (cf. José Damião Cogan, Pinheiro Machado. *Mandado de segurança na Justiça Criminal e Ministério Público*. São Paulo: Saraiva, 1992, p. 74). Ademais, tem-se admitido também o mandado de segurança pelo órgão da acusação nos casos de pedido de obtenção de liminar em recursos de agravo, no curso da execução penal.

Em tais casos, por óbvio que o êxito do Ministério Público acarretará prejuízo para a defesa. Em razão disso, decidiu o Supremo Tribunal Federal, em jurisprudência já sumulada, que em caso de "mandado de segurança impetrado pelo Ministério Público contra decisão proferida em processo penal, é obrigatória a citação do réu como litisconsorte passivo" (Súmula 701 do STF).

Além disso, tem sido o mandado de segurança um eficiente instrumento do órgão do Ministério Público para a proteção de suas necessárias e fundamentais prerrogativas, como por exemplo ter livre acesso aos cartórios, aos livros de registros de sentenças, aos autos de processos em curso etc.

As recentes alterações trazidas à baila pelas Leis 11.689, 11.690 e 11.719, todas de 2008, por certo acarretarão em algumas situações concretas novas hipóteses de cabimento do mandado de segurança. Basta observar, por exemplo, o caso de desentranhamento de prova tida como ilícita. Como poderá o MP atacar tal decisão? No atual sistema, poderá usar o mandado de segurança.

Por fim, convém referir que o ofendido e a vítima também podem se utilizar do mandado de segurança a fim de proteger a eventual violação dos seus direitos. Veja-se o caso, por exemplo, do indeferimento do pedido para atuar como assistente da acusação. Não restará outro caminho ao ofendido, senão esgrimir o mandado de segurança.

5. O MANDADO DE SEGURANÇA E A DEFESA

Conforme já referido, o réu e seu defensor contam com um instrumento de espectro mais alargado que o mandado de segurança, a fim de proteger os seus direitos e prerrogativas.

Via de regra, é o *habeas corpus* o instrumento jurídico utilizado pela defesa ou pelo réu para a proteção dos seus interesses. E manejam tal instituto em razão de sua maior abrangência.

Contudo, há também uma gama de situações em que inexiste um mecanismo jurídico adequado para atacar determinadas decisões. Em tais situações, outra alternativa não resta senão fazer uso do mandado de segurança.

Tem sido cada vez mais aperfeiçoada a atuação dos órgãos de investigação preliminar no processo penal. Basta para isso observar o trabalho fecundo e profícuo que vem sendo desempenhado pela Polícia Federal e pelo Ministério Público, seja ele federal ou estadual (aqui considerando o MP como órgão investigador, sem esquecer a polêmica de tal assertiva, que possibilitaria outra incursão de evidente profundidade. Contudo, não é aqui o espaço adequado para tal discussão, sob pena de se perder o foco de estudo). E tal atuação ocorre na busca de uma eficiência legítima no processo penal. Entretanto, em algumas situações têm sido negado vista dos autos ao defensor do investigado. E aqui se apresenta uma séria discussão acerca do sigilo dos atos de investigação. Se num primeiro instante o sigilo é a regra e a necessidade, sob pena da total ineficiência do ato investigatório, verdade também é que, a partir do conhecimento de um ato investigatório contra si, o cidadão deve ter facultado o acesso aos autos, por intermédio do seu defensor constituído. Isso em razão de que o ato de investigação deve servir não necessariamente para incriminar, mas para apurar o fato, esclarecendo a existência ou não de indícios e provas criminais.

Negar ao defensor o acesso aos autos de inquérito ou investigação preliminar ou inclusive a possibilidade de tirar cópias, com total afronta ao disposto no art. 7º, incisos XIII e XIV, da Lei 8.906/94 (Estatuto da Advocacia), configura evidente violação de direito líquido e certo e pode importar, também, no enquadramento típico disposto no art. 3º, alínea "j" (constitui abuso de autoridade qualquer atentado aos direitos e garantias legais assegurados ao exercício profissional) da Lei 4.898/65. Assim, indeferido ou não respondido o pedido de vista ou de cópia dos autos pela autoridade responsável pela investigação, poderá o advogado impetrar o mandado de segurança alegando a ilegalidade ou abuso de poder, com a evidente violação de direito líquido e certo. Vejam-se, por exemplo, decisões que admitiram a incidência de mandado de segurança para ter acesso aos autos de inquérito (RT 592/311;RT 611/362), para acompanhar perícias e diligências policiais (RT 543/392; RT 603/302).

Ademais, há também um rol considerável de decisões contra as quais a defesa, em nome do réu ou investigado, poderá fazer uso do mandado de segurança. Basta relembrar, por exemplo, o caso de apreensão de bens realizada pela autoridade policial em que não caiba pedido de restituição ou que tal pedido seja ineficaz pela urgência do tempo; o caso de interceptações telefônicas ou de quebra de sigilo bancário, etc. Em tais situações, sendo impossível a comprovação da ameaça direta ou indireta à liberdade de locomoção, o que demandaria a impetração de *habeas corpus*, o caminho a ser percorrido será o do mandado de segurança, a fim de obstar a violação de direito líquido e certo.

Ainda se impõe salientar que cabível será também o mandado de segurança no caso do indeferimento do pedido de extinção dos registros policiais, em razão de arquivamento de inquéritos policiais ou nos casos de absolvição. Como diz Appio, mais relevante é ainda aqui o mandado de segurança, pois afasta o estigma decorrente da existência de registros criminais (op. cit. p. 137).

Por fim, há casos e não são raros de impetração de mandado de segurança por terceiros interessados que tiveram bens apreendidos, arrestados ou seqüestrados injustamente. Veja-se o caso real, por exemplo, de indivíduo que teve o automóvel que emprestara apreendido em ação policial de combate ao tráfico de drogas. Originalmente, o caminho mais correto seria o pedido de restituição previsto no art. 120 do CPP. O bem fora usado, à revelia do terceiro interessado, para venda de substâncias entorpecentes. A premente necessidade de retomada do bem, em razão de um problema de saúde do terceiro interessado e prejudicado, impôs a impetração do mandado de segurança, a fim de se proteger direito líquido e certo, o que redundou na retomada da posse do bem pelo legítimo e inocente proprietário. Como se não bastasse, mais ainda se impõe a impetração do *mandamus* naqueles casos em que a violação do sigilo bancário ou a interceptação telefônica se dá de forma equivocada, atingindo terceiros inocentes. Em tais casos, embora o ato possa ser revogado de ofício, caberá também o mandado de segurança.

Assim, vê-se que a gama de situações que podem ensejar a impetração do *writ* é vasta e variada, bem como é variada a "clientela" do mandado de segurança.

Dessa forma, impõe-se também uma análise acerca de outras questões prementes, atinentes à forma do instituto ora analisado.

6. DAS CONDIÇÕES DA AÇÃO, DOS PRESSUPOSTOS PROCESSUAIS E DA COMPETÊNCIA DO MANDADO DE SEGURANÇA CRIMINAL

Conforme já analisado, é passível a impetração de mandado de segurança contra ato jurisdicional. Entretanto, por vezes, exsurge a polêmica acerca da necessidade de interposição prévia de recurso para o conhecimento da impetração do mandado de segurança. Isto é, aprofunda-se, assim, a divergência, numa espécie de inversão exata da antiga tese que afastava a idéia do cabimento do mandado de segurança contra ato jurisdicional. O que parte da doutrina e da jurisprudência defendem é a subordinação da impetração do *writ* à tempestiva interposição do recurso cabível ou a limitação do *mandamus* para apenas atribuir efeito suspensivo ao recurso.

Por óbvio que tais entendimentos não são corretos, visto que há situações pontuais, conforme já assinalado, que o único instrumento ágil, eficiente e veloz para se proteger direito líquido e certo será a ação autônoma de impugnação constitucional que é o mandado de segurança.

A tudo isso deve ser agregada a informação de que os Tribunais vêm admitindo inclusive a impetração de mandado de segurança contra decisões já transitadas em julgado (RT 513/178 e RT 512/183), embora ainda haja polêmica sobre o tema.

De outra parte, para a impetração do *mandamus,* exige-se a existência de interesse por parte do impetrante. Interesse que se demonstra em razão da existência de dano irreparável ou de difícil reparação. É fundamental e necessário que o impetrante demonstre a necessidade do *writ*, pois assim estará erigida a *regra de ouro* que demonstra o interesse na concessão da medida.

O *mandamus* na verdade buscará evitar um dano de monta ao impetrante ou objetivará fazer cessar esse dano irreparável ou de difícil reparação. Assim, o mandado de segurança terá, via de regra, um caráter preventivo.

E esse caráter preventivo se perfectibilizará, na maior parte das vezes, na imediata concessão da medida liminar requerida na inicial. Por isso a relevância da caracterização da necessidade da medida.

Essa mesma necessidade haverá de ser atestada pela ameaça verdadeira que ocorra contra direito líquido e certo. Uma ameaça capaz de causar sérios danos jurídicos ao impetrante, danos que o afetem seriamente e de forma impactante.

A legitimidade de impetração do mandado de segurança também é ampla, conforme já visto. O MP, a defesa, o réu ou investigado, o terceiro interessado, o ofendido, todos terão legitimidade para a impetração do *mandamus*.

O legitimado passivo será a autoridade coatora, via de regra a pessoa jurídica de Direito Público. Isso em razão de que a autoridade coatora é mero representante da pessoa jurídica, apesar de assinar a prestação de informações exigida pela lei. Prova disso é que a condenação em despesas processuais recai sobre o Estado, e não sobre a autoridade coatora (a Súmula 512 do STF determina que não cabe condenação em honorários de advogado em mandado de segurança. Contrariamente, há acórdãos de tribunais estaduais e o REsp nº 6.860/RS).

Relevante ainda é apontar a doutrina de Ada Grinover, Scarance Fernandes e Antônio Magalhães Gomes Filho, para quem haverá litisconsórcio passivo necessário toda a vez que a concessão da segurança acarretar a devida alteração da posição jurídica de terceiros (op. cit. p. 402). Com razão o escólio dos citados autores, pois em tais situações estará configurada a possibilidade de evidente prejuízo para os terceiros. Assim, a sentença não poderá ser proferida sem a devida e escorreita citação daqueles efetiva ou potencialmente prejudicados. Inclusive, há decisões do STF que reconheceram a nulidade em função da ausência de citação dos terceiros prejudicados (RTJ 57/278; 64/777).

No que pertine com os pressupostos processuais do mandado de segurança, impõe-se afirmar que serão semelhantes ao de qualquer demanda, especialmente por tratar-se também de uma ação, embora com peculiaridade de previsão constitucional.

Assim, haverá de estar presente também a capacidade do impetrante, a regularidade formal do pedido, a investidura do juiz, bem como todas as regras atinentes aos pressupostos processuais dos recursos em geral. Isso se deve ao fato de que, em muitas ocasiões, como já apreciado, o *writ*, embora sendo ação, operará como evidente sucedâneo recursal na esfera criminal, atacando ato jurisdicional contra o qual a lei comum não prevê recurso.

A petição inicial do mandado de segurança seguirá o rito das petições iniciais comuns, conforme se depreende do disposto no art. 6º da Lei 1.533/51. Ainda dispõe o mesmo dispositivo que a petição inicial será apresentada em duas vias, e os documentos deverão ser reproduzidos em cópia, na segunda via. A primeira ficará nos autos; a segunda será distribuída para a autoridade coatora preparar as suas informações. Além disso, prevê também a lei que poderá a autoridade judicial determinar a exibição de documento probatório em poder de outra autoridade ou acaso se ache dentro de repartição ou estabelecimento público. Em tais casos, o prazo para a apresentação dos documentos será de 10 dias.

Importa realçar, mais uma vez, a relevância da necessidade de boa instrução probatória do pedido inicial, em razão da ausência de dilação instrutória. Assim, o impetrante deverá carrear aos autos, junto com a petição inicial, os devidos elementos probatórios que asseveram o malferimento de direito líquido e certo, em razão de ilegalidade ou abuso de poder. Do contrário, fragilizado estará o instrumento mandado de segurança. Assim, impõe-se desde o início a juntada da necessária e fundamental prova documental.

O valor da causa na seara criminal será inestimável, impondo-se a fixação do valor de alçada.

De outra parte, não se pode esquecer do prazo preclusivo para a impetração do mandado de segurança, que é de 120 dias e possui natureza decadencial. O dito prazo é contado a partir da ciência do interessado, conforme dispõe o art. 18 da Lei 1.533/51.

Por fim, convém apontar a questão referente à competência do mandado de segurança criminal.

A primeira indagação que o impetrante haverá de fazer é: Quem é a autoridade coatora? A partir disso, poderá definir se é autoridade estadual ou federal? Eleitoral ou militar? Posteriormente, haverá de indagar qual a hierarquia da autoridade. Assim, se o ato é praticado pela autoridade policial, o mandado de segurança haverá de ser impetrado perante a autoridade judicial de primeira instância. Se o ato foi praticado pela autoridade judicial, como por exemplo um juiz federal, o *mandamus,* se cabível, será impetrado perante o Tribunal Regional Federal e assim sucessivamente. Assim, tratando-se de *writ* contra ato judicial, o órgão competente para conhecê-lo e julgá-lo será o órgão com competência para apreciar, em grau recursal, as decisões recorridas do juiz ou tribunal.

7. DO PEDIDO DE LIMINAR EM MANDADO DE SEGURANÇA

Não é raro que o mandado de segurança perca a sua efetividade em caso de não-concessão de medida liminar. Em situações tais, não restou clarificada na inicial a irreparabilidade do dano ou sua difícil reparação. O prejuízo, por conseguinte, tornar-se-á perene, sendo ineficiente, irrelevante e contraproducente a concessão ulterior do *mandamus.*

Por isso, o pedido de liminar em mandado de segurança deve ser colmatado com o máximo cuidado e apuro, sob pena da irreparabilidade do prejuízo que se pretende evitar ou fazer cessar.

O pedido de liminar deve ser lançado ao fim da petição inicial, em tópico específico e bem trabalhado, capaz de aquilatar, aos olhos do magistrado, a relevância do fundamento de direito sobre o qual o pedido está assentado, bem como a comprovação de que poderá resultar a ineficácia da medida, caso seja deferida.

Pense-se, por exemplo, no caso de advogado de investigado que será ouvido pela Polícia e não teve acesso aos autos. O prejuízo que o defensor teve é de dificílima reparação, pois não poderá sequer instruir devidamente o seu cliente. Nem se fale do investigado, que não terá a capacidade mínima de exercer o seu direito de defesa, o que também se prevê na fase inquisitorial, ainda que de forma menos elástica.

Ou então se pense no requerimento do Ministério Público para a realização de produção antecipada de provas prevista no art. 366 do CPP, consistente na oitiva de testemunha em precário estado de saúde. A não-concessão da medida acarretará prejuízo irreparável, com a provável impossibilidade posterior de colhimento da prova testemunhal.

Por isso a necessidade da devida fundamentação do pedido de liminar. Uma fundamentação que será capaz de atingir uma verdadeira antecipação provisória do provimento final.

O impetrante do *mandamus*, por conseguinte, deverá atentar especialmente para a comprovação do *fumus boni iuris* e do *periculum in mora*. O primeiro exprime categoricamente a veracidade, a organicidade, o caráter escorreito e coeso do pedido, que se demonstra assim plausível e congruente com o bom direito alegado. O segundo expõe a necessidade, a urgência, a relevância da imediata resposta do órgão jurisdicional a fim de evitar a ineficácia da medida. O perigo na demora estará aí, na irreparabilidade ou difícil reparação do dano no caso de ausência de resposta imediata.

Portanto, é admitido que o magistrado conceda a liminar sem a oitiva da outra parte, em razão da relevância do fundamento e da irreversibilidade ou difícil reparação do dano em caso de não-concessão da medida. Entretanto, não há impedimento de que o magistrado, para melhor decidir, colha a manifestação da autoridade coatora antes de deferir ou não deferir a medida liminar. O problema aí poderá estar justamente em tornar inefetiva a medida posteriormente.

Da mesma forma, em caso de deferimento da liminar, o magistrado poderá revogá-la, caso se convença da relevância, do fundamento e da correção da resposta da autoridade coatora.

De outra parte, a liminar em mandado de segurança tem em uma eficácia de 90 dias, prorrogáveis por mais 30, "quando provadamente o acúmulo de processos pendentes de julgamento justificar a prorrogação" (art. 1º, "b", da Lei 4.348/64). O fato é que o acúmulo de demandas dos tempos atuais tem feito retrogradar a agilidade dos órgãos jurisdicionais, que apesar de julgarem muito, por óbvio, não conseguem julgar tudo. E isso se deve em razão da realidade conflitiva da sociedade brasileira, bem como decorre de uma cultura processual instigadora da disputa e das querelas, o que acaba por afetar a prestação jurisdicional de forma decisiva, dilatando o cumprimento dos prazos. Outrossim, importa referir que mais estará justificada a dilação do prazo se o atraso no seu cumprimento se der não em virtude de atos do impetrante, que não pode ser prejudicado por atos que não lhe dizem respeito. Em tais situações, caberá ao impetrante apelar mais uma vez para a Carta Maior, asseverando que esta não reconheceria o referido prazo estabelecido na Lei 4.348/64.

A liminar também poderá ser suspensa em razão de requerimento de pessoa jurídica de direito público interessada e para "evitar grave lesão à ordem, à saúde, à segurança e à economia pública" (art. 4º da Lei 4.348/64). Em tais casos, o presidente do tribunal ao qual couber o conhecimento do respectivo recurso poderá suspender, em despacho fundamentado, a execução da liminar e da sentença. Isto é, a liminar poderá ser suspensa pelo presidente do tribunal em razão dos argumentos antes expostos. Da decisão do presidente do tribunal caberá agravo, sem efeito suspensivo, no prazo de 10 dias, contados da publicação do ato.

A liminar, caso não tenha sido revogada no curso da ação, o será ao final, seja pela concessão, seja pela denegação da medida. No primeiro caso, em razão do caráter perene que assume a decisão de mérito definitiva, que poderá ser executada de imediato. Na segunda situação, a denegação da ordem afasta o requisito do *fumus boni iuris*, pois no mérito não se confirmou a plausibilidade do pedido.

8. DA CITAÇÃO (NOTIFICAÇÃO) E DAS INFORMAÇÕES DA AUTORIDADE (DEFESA) EM MANDADO DE SEGURANÇA

Nas ações de mandado de segurança, a notificação equivale à citação. Trata-se de uma forma de desburocratização do processo do *mandamus* a fim de dotar o instrumento com a devida eficácia.

Na prática, a autoridade coatora é citada-notificada para prestar informações através de ofício, de telegrama, fax etc., de forma que as referidas informações nada mais serão, caso apresentadas, do que a própria defesa do ato fustigado. Da mesma forma ocorrerá com o chamado litisconsorte, que também será citado por notificação.

Após a citação-notificação, a autoridade coatora apresentará as suas informações, que nada mais serão do que uma espécie de contestação aos argumentos trazidos à baila pelo impetrante. A autoridade coatora, por conseguinte, não apenas haverá de defender a legalidade do seu ato, como deverá juntar as devidas provas acerca dessa mesma legalidade.

O silêncio da autoridade poderá importar na alegada confissão, bem como na interpretação de que os fatos alegados na prefacial deverão ser considerados verdadeiros. Contudo, esta não parece a mais correta consideração, posto que o desinteresse ou a intempestividade na manifestação (o que pode ocorrer justamente pelo acúmulo de demandas ou pela falta de estrutura) não apontam necessariamente para a relevância do fundamento do pedido e tampouco para a comprovação cabal de violação de direito líquido e certo. Portanto, o correto é que, independentemente da prestação de informações, a autoridade judicial atente para o efetivo cumprimento e atendimento dos requisitos e pressupostos do mandado de segurança.

9. DA INTERVENÇÃO DO MINISTÉRIO PÚBLICO

Há situações nas quais a própria autoridade coatora poderá ser o órgão do Ministério Público. Imagine-se, por exemplo, o caso de investigação pelo *Parquet* no qual é negado ao defensor o direito de ter acesso aos autos.

Contudo, conforme dispõe a Lei 1.533/51, caberá ao Ministério Público se manifestar em 5 dias, após a prestação das informações pela autoridade coatora. De referir que o Ministério Público deve atuar, em tais circunstâncias, como o fiscal da lei, de forma eqüidistante e sobranceira. Por isso não é raro que o órgão do Ministério Público, quando impetrante não é, manifeste-se pelo acolhimento do *mandamus*.

De outra banda, é muito comum também que nos casos do mandado de segurança impetrado pela defesa na esfera criminal, o órgão ministerial atue efetivamente como litisconsorte passivo necessário. Em tais situações, o correto seria uma dupla manifestação do Ministério Público, ora como efetivo interessado, ora como fiscal da lei. Aliás, o mais correto seria a própria extensão da Súmula 701 já referida para o Ministério Público, a fim de que o mesmo pudesse se manifestar como litisconsorte, em prazo mais dilatado. Por óbvio que uma tal manifestação carregaria o peso da parcialidade. Contudo, isso não diminuiria o órgão ministerial. Ao contrário, o colocaria em igualdade de armas com a defesa, em razão do prazo mais extenso.

O fato é que a manifestação, enquanto litisconsorte e enquanto fiscal da lei, não poderia ser congregada pela mesma pessoa, pois assim a sua isenção ficaria diminuída. Contudo, na prática judicial não é incomum que o mesmo representante ministerial se manifeste como litisconsorte e como fiscal da lei. Em tal situação, fica prejudicada aquela eqüidistância antes referida, pois acabam amalgamados, na mesma figura, o fiscal da lei e o litisconsorte, que nada mais é do que uma parte inteiramente interessada.

10. DA SENTENÇA E DOS RECURSOS

A decisão que julga em definitivo o mandado de segurança também segue o disposto nos arts. 381 e seguintes do CPP. Trata-se, por via de conseqüência, de uma sentença.

Ou seja, haverá o magistrado de construir a sua decisão seguindo todos os parâmetros previstos no diploma processual penal, contendo o *decisum* o devido relatório, a fundamentação e o dispositivo, além dos demais requisitos previstos nos incisos do art. 381 do CPP.

Via de regra, a natureza mandamental e constitutiva da decisão que concede a ordem é veemente, pois obriga que a autoridade coatora se curve ao *decisum*. Já a decisão que denega o *mandamus* possui caráter meramente declaratório. A dúvida se instala naqueles casos em que a decisão do *mandamus* vai no sentido da nulidade do ato guerreado. Mais do que um caráter meramente declaratório, em tais situações, o que se vê é a desconstituição do ato, com a reposição da situação anterior.

A decisão definitiva acerca do mandado de segurança pode ser fustigada pela apelação (art. 12 da Lei 1.533/51), se o *writ* não tiver atacado ato jurisdicional.

Caso o mandado de segurança tenha sido direcionado contra ato jurisdicional, será julgado por um tribunal, motivo pelo qual o recurso cabível será o recurso ordinário. Caso o mandado de segurança decidido em única instância tenha sido denegado por um Tribunal de Justiça estadual ou por um Tribunal Regional Federal ou pelo Tribunal do Distrito Federal, caberá recurso ordinário para o Superior Tribunal de Justiça (art. 105, II, *b*, da CF/88). Caso o mandado de segurança decidido em única instância tenha sido denegado por Tribunal Superior, caberá o recurso ordinário para o Supremo Tribunal Federal (art. 102, II, *a*, da CF/88).

Ademais, é relevante salientar que o mandado de segurança julgado por tribunal não dá ensejo à oposição de embargos infringentes, ainda que a decisão denegatória tenha sido proferida por maioria, conforme as Súmulas 169 do STJ e 597 do STF.

Por fim, no que concerne às custas, no caso de condenação, estas serão assumidas pelo Estado, posto que a autoridade não é parte. Da mesma forma, impõe-se asseverar que não são aplicáveis honorários advocatícios em mandado de segurança.

11. SÚMULAS DO STF DO STJ

11.1. Súmulas do STF

Súmulas do STF referentes ao mandado de segurança:

Súmula 266 – Não cabe mandado de segurança contra lei em tese;

Súmula 267 – Não cabe mandado de segurança contra ato judicial passível de recurso ou correição;

Súmula 268 – Não cabe mandado de segurança contra decisão judicial com trânsito em julgado;

Súmula 430 – Pedido de reconsideração na via administrativa não interrompe o prazo para o mandado de segurança;

Súmula 474 – Não há direito líquido e certo, amparado por mandado de segurança, quando se escuda em lei cujos efeitos foram anulados por outra, declarada constitucional pelo Supremo Tribunal Federal;

Súmula 510 – Praticado o ato por autoridade, no exercício de competência delegada, contra ele cabe mandado de segurança ou a medida judicial;

Súmula 597 – Não cabem embargos infringentes de acórdão que, em mandado de segurança, decidiu, por maioria de votos, a apelação;

Súmula 626 – A suspensão da liminar em mandado de segurança, salvo determinação em contrário da decisão que a deferir, vigorará até o trânsito em julgado da decisão definitiva de concessão da segurança ou, havendo recurso, até a sua manutenção pelo

Supremo Tribunal Federal, desde que o objeto da liminar deferida coincida, total ou parcialmente, com o da impetração;

Súmula 701 – No mandado de segurança impetrado pelo Ministério Público contra decisão proferida em processo penal, é obrigatória a citação do réu como litisconsorte passivo.

11.2. Súmulas do STJ

Súmula 41 – O Superior Tribunal de Justiça não tem competência para processar e julgar, originariamente, mandado de segurança contra ato de outros tribunais ou dos respectivos órgãos;

Súmula 169 – São inadmissíveis embargos infringentes no processo de mandado de segurança.

12. RESUMO

Conceito: Mandado de segurança é uma ação autônoma de impugnação que possui previsão constitucional.

Prazo: 120 dias

Legitimidade Ativa: MP, Defensor, Réu, Ofendido, Vítima, Terceiro Interessado;

Cabimento e Previsão Legal: é cabível o mandado de segurança no caso de ato praticado por autoridade pública ou agente de pessoa jurídica no exercício de atribuição do Poder Público que ofende direito líquido e certo, não amparado por *habeas corpus* ou *habeas data,* no caso de ilegalidade ou abuso de poder (art. 5º, LXIX, da CF/88).

Capítulo XVI

Da revisão criminal

FRANCIS RAFAEL BECK[1]

1. DEFINIÇÃO

A definição de revisão criminal é intimamente ligada à corrente adotada quanto à sua natureza jurídica. Para Sérgio Médici (*Revisão Criminal*, p. 151-152), trata-se de meio de impugnação das sentenças condenatórias definitivas irrecorríveis, que propicia o reexame de uma causa penal já julgada, como garantia do condenado em face da demonstração de erro ou ilegalidade do julgado. Já nas palavras de Guilherme Nucci (*Código de Processo Penal*, p. 151-152), é uma ação penal de natureza constitutiva e *sui generis*, de competência originária dos tribunais, destinada a rever decisão condenatória, com trânsito em julgado, quando ocorreu erro judiciário.

Assim, a revisão criminal pode ser definida como a ação autônoma de impugnação de decisões condenatórias transitadas em julgado, quando houver nulidade ou erro no julgamento.

2. NATUREZA JURÍDICA

A natureza jurídica da revisão criminal sempre gerou e ainda gera divergências entre os processualistas, já tendo sido classificada como recurso, ação, instrumento misto, remédio extraordinário, dentre outros.

Um exame mais aprofundado permite concluir que não se trata de um recurso, de uma ação, ou mesmo de uma combinação entre ambos, embora apresente características de um e de outro.

Por não ser possível a interposição de recurso em relação a uma sentença transitada em julgado, a revisão criminal dele se afasta. Da mesma forma, também não pode ser considerada uma ação, ao menos no seu sentido estrito, na medida em que não apresenta partes e dela não se admite a rediscussão ampla da matéria pela via recursal (mas, tão-somente, recurso especial ou extraordinário).

Sérgio Médici (op. cit., p. 1551-152), assim, afirma que a natureza jurídica da revisão criminal é a de um meio de impugnação do julgado que se aparta tanto dos recursos como das ações, pois a coisa julgada exclui a possibilidade de interposição de recurso e, ao requerer a revista da sentença, o condenado não está propriamente "agindo", mas sim "reagindo" contra o julgamento, com o argumento da configuração de erro judiciário.

---

[1] Advogado Criminalista. Mestre em Direito pela UNISINOS. Especialista em Direito Penal Econômico Internacional (Universidade de Coimbra) e em Direito Penal (Universidade de Salamanca). Professor da UNISINOS e ESM-RS (AJURIS).

Dessa forma, a ação penal que já foi "vista" é "revista" por meio da revisão criminal, sem que isso implique a inversão das partes processuais.

Em outras palavras, embora na revisão sejam admitidas novas provas e outros fundamentos jurídicos, o fato criminoso a ser reapreciado, bem como a pessoa do condenado, são os mesmos. Com isso, reabre-se a discussão, ainda que limitada, sobre a mesma causa: tem-se um novo processo, mas não há instauração de outra ação penal.

No entanto, para Guilherme Nucci (op. cit., p. 983) e Tourinho Filho (*Manual de Processo Penal*, p. 885), é uma ação penal de natureza constitutiva.

O Código de Processo Penal, por sua vez, enquadra a revisão criminal como recurso.

Nos tribunais, a revisão criminal é majoritariamente tratada como uma ação. As decisões, todavia, não costumam referir-se a um "autor", mas sim a "peticionário", "requerente", "revisando", "revisionando" ou "impetrante". O próprio Código de Processo Penal refere-se ao sujeito da revisão criminal como "condenado", "réu", "interessado", "impetrante" e "pessoa", jamais se referindo a "autor" ou "recorrente".

Dessa forma, não obstante os debates ainda acirrados, o entendimento majoritário, seja pela doutrina, seja pela jurisprudência, é o de que a natureza jurídica da revisão criminal é a de uma ação (embora por vezes chamada de "autônoma" ou "*sui generis*").

3. BASE LEGAL

As regras gerais do instituto da revisão criminal são previstas pelo Código de Processo Penal nos artigos 621 ao 631. Ao mesmo passo, regras complementares são estabelecidas pelos regimentos internos dos tribunais.

Como medida excepcional, para a maior parte da doutrina, as hipóteses de cabimento da revisão criminal (artigo 621 e 626, *caput*, parte final) são taxativas. No entanto, cada vez mais a jurisprudência, por força de uma interpretação extensiva e analógica, confere uma maior elasticidade ao instituto, a fim de que prevaleça a justiça da decisão (corrompida por um erro judiciário) frente ao rigor do texto legal.

Dessa forma, o oferecimento da revisão criminal exige o conhecimento das regras processuais penais, dos regimentos internos dos tribunais, da doutrina e, especialmente, da jurisprudência.

4. PRESSUPOSTO

A revisão criminal, no direito brasileiro, possui como pressuposto a existência de sentença penal condenatória transitada em julgado.

A expressão "processos findos", adotada pelo Código de Processo Penal, não é a mais adequada, eis que abrange todos aqueles que foram terminados por qualquer dos meios legais possíveis (prescrição, absolvição, decadência, perdão do ofendido, dentre diversos outros). Como visto, a propositura de revisão criminal somente é admitida nos casos de processos findos em razão de decisão condenatória transitada em julgado.

5. HIPÓTESES DE CABIMENTO

O erro no julgamento, nos termos dos incisos do artigo 621 do Código de Processo Penal, ocorre quando a sentença condenatória for contrária ao texto expresso da lei penal ou à evidência dos autos, quando a sentença condenatória se fundar em depoimentos, exames ou documentos comprovadamente falsos, ou quando, após a sentença, se descobrirem novas provas de inocência do condenado ou de circunstância que determine ou autorize diminuição especial da pena.

Em qualquer dessas hipóteses, estará configurado o erro judiciário.

Da mesma forma, será permitida a revisão no caso de nulidade do processo ou da decisão, como se extrai da parte final do artigo 626 do Código de Processo Penal.

Assim, nos termos do Código de Processo Penal, a sentença condenatória transitada em julgado pode ser revista em seis hipóteses. São elas:

I) quando a sentença condenatória for contrária ao texto expresso da lei penal (artigo 621, inciso I, 1ª parte).

A primeira hipótese de cabimento exige a contrariedade da decisão ao texto expresso da lei penal.

A afronta à lei deve ser clara, objetiva, flagrante. A expressão "lei penal" deve ser interpretada em seu sentido amplo, abrangendo tanto a lei penal propriamente dita como a processual penal. Admite-se, entretanto, a rediscussão de leis extrapenais, desde que guardem relação com a esfera penal (como no caso de uma lei civil complementar de uma norma penal em branco).

Não cabe a revisão se a decisão estiver amparada em uma interpretação que, embora prejudicial ao condenado, se ajuste ao texto legal.

Portanto, a princípio, não se admite a revisão se a contrariedade se der em razão da jurisprudência, já que a lei não prevê a possibilidade do requerimento com amparo no dissídio jurisprudencial. Da mesma forma, em relação a eventual modificação do entendimento doutrinário sobre a mais adequada interpretação ao texto da lei penal.

Nesse sentido: REVISÃO CRIMINAL. LATROCÍNIO TENTADO. ROUBOS (4X). FORMAÇÃO DE QUADRILHA.: (...) 1 – Para que a decisão condenatória se caracterize como contrária a texto expresso de lei, é preciso que tenha negado a existência ou sido proferida em total desacordo com o que a lei estabelece, não bastando, para tanto, meras divergências, doutrinárias ou jurisprudenciais, a respeito de sua interpretação. (...) (Des. Sylvio Baptista Neto, RC n.º 70021842828). PEDIDO REVISIONAL IMPROCEDENTE. (TJRS – Revisão Criminal Nº 70022574867 – Quarto Grupo de Câmaras Criminais – Rel. Fabianne Breton Baisch – Julgado em 20/05/2008). Ainda: REVISÃO CRIMINAL. Latrocínio. 1. Impossibilidade de rediscutir, na via revisional, prova já debatida e apreciada no processo original. 2. Decisão condenatória não contrária à prova dos autos ou ao texto expresso de lei penal. 3. Dissídio jurisprudencial não oportuniza pedido revisional. Pena carcerária mantida, por tornada definitiva no mínimo legal, limite da Súmula nº 231 do STJ. 4. A morte da vítima, nos termos da Súmula nº 610 do STF, faz consumar o latrocínio. 5. Questão do regime integral fechado superado pela edição da Lei nº 11.464/07, que o baniu da legislação pátria. Revisão criminal julgada improcedente. Unânime. (TJRS – Revisão Criminal Nº 70017645060 – Terceiro Grupo de Câmaras Criminais – Rel. Luís Gonzaga da Silva Moura – Julgado em 25/03/2008).

Admitir-se o contrário seria possibilitar sucessivos julgamentos de um mesmo caso, a cada nova alteração da jurisprudência ou da doutrina sobre determinada matéria.

Assim, aplica-se à revisão criminal, por analogia, a Súmula 343 do Supremo Tribunal Federal: "Não cabe ação rescisória por ofensa a literal disposição de lei, quando a decisão rescindenda se tiver baseado em texto legal de interpretação controvertida nos tribunais".

A questão, no entanto, merece uma melhor reflexão. De acordo com Guilheme Nucci (op. cit., p. 989), caso a jurisprudência majoritária tenha fixado uma interpretação ao texto legal (especialmente quando se mostrar confuso ou de difícil compreensão), admite-se a revisão quando o julgador adotar posicionamento diverso.

O lembrado caso do cancelamento, em 2001, da Súmula 174 do Superior Tribunal de Justiça, que permitia o aumento de pena no crime de roubo em razão do emprego de arma de brinquedo, pode servir de paradigma. A mudança de entendimento do Superior Tribunal de Justiça permitiu que os condenados por roubo com arma de brinquedo antes do cancelamento da súmula recebessem uma pena de 1/3 até 1/2 mais alta do que aqueles condenados posteriormente ao cancelamento. Embora não se possa falar aqui em erro judiciário, certo é que se concretiza uma injustiça. Por um mesmo fato, penas amplamente distintas.

Para Marco Nahum, a não-admissão da revisão criminal por divergência jurisprudencial ofende o princípio constitucional da isonomia, já que casos absolutamente iguais acabam sendo tratados de maneira diversa (*Revisão Criminal e Alteração de Entendimento Jurisprudencial*: possibilidade, p. 7).

> Refere o autor a seguinte decisão de São Paulo: A revisão é privativa do réu e é inspirada no direito à liberdade individual, erigido em garantia constitucional, pelo que não se concilia seja mantida condenação criminal ou penas nela cominadas sob a consideração de que a lei é de interpretação controvertida. O juízo de certeza, inafastável da condenação criminal, exige que o tribunal diga o Direito. Não se argumente que não ocorreria, na hipótese, o requisito da contrariedade da sentença a texto expresso da lei penal. O magistério de Pontes de Miranda, chamado à colação pelo min. Soares Muñoz, guarda pertinência no caso: "o juiz tem de dizer o Direito, tal como entende que é e foi violado sem se preocupar com o fato de existir ou não interpretação divergente. As diferenças de exegese passam-se no sujeito, nos juízes, e não no ordenamento jurídico (*in Comentários ao Código de Processo Civil de 1939*, t. X/197, 2ª ed.). Daí a conclusão de que, no ordenamento procedimental brasileiro, é possível a admissão de revisão criminal fundada na conflitância de decisões porque "a sentença criminal pressupõe juízo de certeza, quer quanto aos fatos imputados, quer relativamente ao alcance da lei aplicável" (RTJ, vol. 97/81).

Dessa forma, no conflito entre segurança jurídica e justiça da decisão, deve o julgador pautar-se pela segunda. A interpretação dos dispositivos legais de cabimento da revisão, portanto, deverá ser ampliada para abarcar também as hipóteses de atualização da interpretação do direito pelos tribunais, como sustenta, dentre outros, Pacelli de Oliveira.

Assim, existe também o entendimento de que, independentemente do caráter vinculante ou não das súmulas, é possível a revisão criminal quando a decisão condenatória for contrária ao nelas disposto. Trata-se de mais um exemplo do caráter abrangente que tem sido moldado nas hipóteses de cabimento da revisão criminal.

II)quando a sentença condenatória for contrária à evidência dos autos (artigo 621, inciso I, 2ª parte).

Por "contrária à evidência dos autos" deve ser entendida aquela sentença condenatória que se revelar visivelmente desamparada nas provas constantes do processo.

Assim, "evidência dos autos" representa a prova neles colhida, ou seja, tudo aquilo que pode ser usado para demonstrar que a verdade processual torna manifesta a necessidade de revisão da decisão condenatória.

Não se trata de um mero pedido de nova valoração das provas, com amparo em uma suposta insuficiência de provas para condenação, mas sim do apontamento de que a verdade manifestada pela prova dos autos não sustenta a condenação.

Pela configuração da decisão contrária à prova dos autos: REVISÃO CRIMINAL. ATENTADO VIOLENTO AO PUDOR. VIOLÊNCIA PRESUMIDA (DEBILIDADE MENTAL). Vítima com 21 anos portadora de síndrome de down. Vítima apta a consentir. Condição de sindrômico não impede, *per si*, a possibilidade de vida sexual ativa, que pode ter também, como entre os não afetados por síndromes genéticas, orientação homoafetiva. Decisão contrária à prova dos autos. Absolvição. Procedência do pedido. Votos vencidos. (TJRS – Revisão Criminal Nº 70023526122 – Terceiro Grupo de Câmaras Criminais – Rel. Marco Antônio Bandeira Scapini – Julgado em 16/05/2008).

No sentido da improcedência do pedido revisional para mera revaloração de provas:

REVISÃO CRIMINAL. LATROCÍNIO TENTADO. ROUBOS (4X). FORMAÇÃO DE QUADRILHA. DECISÃO CONTRÁRIA À EVIDÊNCIA DOS AUTOS. NÃO-RECONHECIMENTO. INEXISTÊNCIA DE NOVAS PROVAS DA INOCÊNCIA DO RÉU. INDÍCIOS. CONDENAÇÃO. POSSIBILIDADE. (...) quando fundada a revisão na alegação de contrariedade à evidência dos autos, imprescindível que se demonstre a inexistência de qualquer elemento de prova a amparar a tese acusatória. A opção por uma das vertentes probatórias, com o acolhimento de uma ou outra versão que se apresentar, se insere no âmbito do poder discricionário do juiz, de decidir de acordo com o seu livre convencimento motivado, não dando ensejo, contudo, à procedência da ação revisional. (...) Irresignação defensiva, no tocante ao mérito condenatório, que se limita à pretensão de rediscutir a matéria, sem trazer qualquer elemento novo a amparar a procedência da demanda. Impossibilidade de mero reexame probatório, em sede de revisão criminal. (...) Pedido revisionalo improcedente (TJRS – Revisão Criminal Nº 70022574867 – Rel. Fabianne Breton Baisch – Julgado em 20/05/2008). Ainda: REVISÃO CRIMINAL. TRÁFICO ILÍCITO DE ENTORPECENTES. CONDENAÇÃO CONTRÁRIA À PROVA DOS AUTOS. INOCORRÊNCIA. Em sede de revisão, a pretensão de reexame da prova produzida no processo originário é descabida, salvo quando a decisão realmente não se apoiar em qualquer lastro probatório, sob pena de vulgarização do instituto, o que inocorreu aqui. Ensina Julio Fabbrini Mirabete que a revisão "não é uma segunda apelação, não se prestando à mera reapreciação da prova já examinada pelo juízo de primeiro grau e, eventualmente, de segundo, exigindo pois que o requerente apresente elementos probatórios que desfaçam o fundamento da condenação". (...) Pedido julgado improcedente. (TJRS – Revisão Criminal Nº 70023203508 – Rel. Marco Antônio Ribeiro de Oliveira – Julgado em 06/06/2008).

Dessa forma, nos termos da lei, não basta que se alegue que o conjunto probatório não é convincente à condenação (embora a permita), ou que gere dúvida. É preciso que se demonstre que a prova evidentemente não tolera a condenação.

Pela improcedência da revisão quando a decisão encontra respaldo em uma das vertentes probatórias: REVISÃO CRIMINAL. ATENTADO VIOLENTO AO PUDOR. (...) 2. MÉRITO. FUNDAMENTO DA REVISÃO CRIMINAL. ART. 621, I, "IN FINE" DO CPP. Para que a decisão condenatória se caracterize como contrária à evidência dos autos, imprescindível que se demonstre a inexistência de qualquer elemento de prova a amparar a tese acusatória. A opção por uma das vertentes probatórias, com o acolhimento de uma ou outra versão que se apresentar, se insere no âmbito do poder discricionário do juiz, de decidir de acordo com o seu livre convencimento motivado, não dando ensejo, contudo, à procedência da ação revisional. Precedentes jurisprudenciais. (...) Revisão criminal julgada improcedente. (TJRS – Revisão Criminal Nº 70018024158, Rel. Fabianne Breton Baisch – Julgado em 28/03/2008).

Trata-se de hipótese semelhante àquela contida no artigo 593, inciso III, letra *d*, do Código de Processo Penal, que prevê o cabimento da apelação em decisões proferidas pelo Tribunal do Júri quando a decisão dos jurados for manifestamente contrária à prova dos autos.

III) quando a sentença condenatória se fundar em depoimentos, exames ou documentos comprovadamente falsos (artigo 621, inciso II).

A terceira hipótese de cabimento da revisão criminal exige que a sentença condenatória tenha se amparado em prova falsa (depoimentos, exames ou documentos).

Nesse sentido: REVISÃO CRIMINAL. ATENTADOS VIOLENTOS AO PUDOR. PALAVRAS DAS VÍTIMAS. ALTERAÇÃO DOS DEPOIMENTOS PRESTADOS NA INSTRUÇÃO. (...) A solução jurídica que se encontra é o julgamento de procedência da presente revisão criminal, com base nos incisos II e III do artigo 621 do Código de Processo Penal, pois descoberta a falsidade dos depoimentos prestados pelas supostas vítimas, assim como revelada a inocência do acusado. Julgada procedente a revisão criminal, para absolver o réu, restabelecendo-lhe todos os direitos perdidos em virtude da condenação. REVISÃO CRIMINAL JULGADA PROCEDENTE (TJRS – Revisão Criminal Nº 70022747596 -Rel. Naele Ochoa Piazzeta – J. 18/04/2008).

De fato, não haveria lógica em manter-se uma condenação que, como demonstrado pela parte, amparou-se em prova falsa, enganando o juízo e a própria justiça.

Mas não basta a simples alegação da falsidade, já que a lei exige a sua prévia comprovação.

Ademais, não basta a existência de prova falsa no processo em que foi proferida a decisão condenatória. É preciso que a prova comprovadamente falsa tenha servido de fundamento para a condenação, tornando manifesto que o julgador foi por ela iludido.

Dessa forma, não se admite a revisão se, não obstante a falsidade de determinada prova, o juízo condenatório restar suficientemente amparado em outras provas válidas (não socorre à parte, por exemplo, a demonstração da falsidade de depoimentos se a sentença condenatória amparou-se também nas provas documental e pericial).

A demonstração da falsidade deve ser prévia, uma vez que o procedimento da revisão criminal (salvo raríssimos posicionamentos contrários) não admite dilação probatória. Dessa forma, deve a parte interessada, ao promover a revisão, apresentar a prova pré-constituída da falsidade, seja por uma ação cautelar de justificação, nos termos dos artigos 861 e 866 do Código de Processo Civil, seja pela ação declaratória de falsidade prevista no mesmo diploma legal.

IV) quando, após a sentença, se descobrirem novas provas de inocência do condenado (artigo 621, inciso III, primeira parte).

A quarta hipótese de cabimento da revisão criminal exige a descoberta de novas provas da inocência do condenado.

Nesse sentido: REVISÃO CRIMINAL. Receptação. Novas provas da inocência dos requerentes, a demonstrar que não agiram com o *animus* de obter proveito próprio ou alheio no recebimento da coisa. Incorreta apreciação do direito aplicável ao caso, já que a forma da ciência da origem criminosa da coisa ("sabe" ou "devia saber" que o objeto é oriundo de crime) não dispensa a discussão acerca da existência das demais elementares da tipicidade subjetiva. Atipicidade da conduta reconhecida, com a proclamação da absolvição. Revisão procedente. Por maioria. (TJRS – Revisão Criminal Nº 70022819031 – Rel. Amilton Bueno de Carvalho – Julgado em 25/03/2008).

O termo "descoberta" refere-se tanto a elementos de prova até então desconhecidos quanto a elementos probatórios que não foram objeto de exame por parte do julgador.

Assim, de acordo com entendimento atual, até mesmo a prova constante dos autos mas que não tenha sido analisada pelo julgador (a chamada "prova virgem") pode ser entendida como "prova nova", já que, na prática, não foi objeto de valoração pelo Judiciário (caso a prova não seja mais "virgem", eis que avaliada pelo julgador, porém não da forma adequada, caberá – em tese – revisão criminal em razão não da prova nova, mas sim da evidente contrariedade à prova dos autos).

É indiferente que a prova já existisse antes da condenação ou tenha surgido após a sua prolação. Fundamental, como visto, é que ela não fosse conhecida ou utilizada anteriormente.

Dessa forma, é possível a revisão em razão de novas provas até mesmo em caso de negligência do condenado ou de seu defensor na utilização da prova durante o processo de conhecimento, seja pela dificuldade na sua obtenção, seja pelo equivocado entendimento acerca da sua desnecessidade.

No entanto, em sentido contrário, pela ausência de configuração de prova nova em relação a documento já juntado aos autos antes da sentença: REVISÃO CRIMINAL. CRIMES CONTRA OS COSTUMES. ATENTADOS VIOLENTOS AO PUDOR. AUSÊNCIA DE PROVAS NOVAS A ENSEJAR A ABSOLVIÇÃO DO APENADO. IMPROCEDÊNCIA. RETRATAÇÃO DAS OFENDIDAS. A retratação das vítimas não se constitui, no caso concreto, prova nova a ensejar a incidência do artigo 621 do Código de Processo Penal, posto que já existente antes do julgamento de primeira instância. (...) Revisão criminal julgada improcedente. (TJRS – Revisão Criminal Nº 70020813960- Quarto Grupo de Câmaras Criminais – Rel. Naele Ochoa Piazzeta -Julgado em 18/04/2008).

A definição de "prova nova", deve-se dar em sentido amplo, sendo admitida toda aquela que demonstre o erro da decisão.

Por "provas de inocência", deve entender-se como toda aquela capaz de excluir a tipicidade, antijuridicidade ou culpabilidade do agente.

Assim como na hipótese de cabimento anterior, a nova prova (testemunhal, documental, pericial etc.) deve ser pré-constituída, razão pela qual pode depender de produção judicial, a fim de submetê-la ao contraditório e, dessa forma, ter a força suficiente para a procedência do pedido.

De qualquer forma, a nova prova da inocência deve trazer a convicção ao julgador. Nesse sentido: REVISÃO CRIMINAL. TENTATIVA DE HOMICÍDIO. ALEGAÇÃO. PROVA NOVA. IMPRESTABILIDADE PARA EMBASAR A REVISÃO DA CONDENAÇÃO CRIMINAL. EXISTÊNCIA DE CONTRADIÇÃO. A prova apta para desconstituir uma condenação já transitada em julgado deve ser forte, firme, livre de contradições ou incertezas, de modo a derrubar todos os fundamentos da decisão condenatória, ainda mais quando se trata de condenação proferida pelo Tribunal do Júri, também já examinada e mantida pelo Tribunal de Justiça no julgamento de apelo manejado pelo ora requerente. Na hipótese, não bastasse a contradição existente na prova produzida durante o procedimento de justificação criminal, ainda temos os depoimentos judiciais da vítima e de sua companheira, os quais, sem qualquer dúvida, apontaram o ora requerente como um dos agressores. Destarte, a alegada prova nova não tem força para revisar o édito condenatório, pois a opção do Conselho de Sentença foi chancelada por parte do conjunto probatório existente nos autos. Pedido revisional julgado improcedente. (TJRS – Revisão Criminal Nº 70022593974 – Primeiro Grupo de Câmaras Criminais – Rel. Marco Antônio Ribeiro de Oliveira – Julgado em 07/03/2008).

V) quando, após a sentença, se descobrirem novas provas de circunstância que determine ou autorize diminuição especial de pena (artigo 621, inciso III, segunda parte).

A quinta hipótese de cabimento da revisão criminal é praticamente a mesma da anterior, diferenciando-se em razão de que, na parte final do inciso III do artigo 621, a nova prova descoberta tem por objeto circunstância que determine ou autorize diminuição especial de pena.

Nesta hipótese de cabimento, tanto deve ser compreendida a prova de circunstância minorante ou atenuante não reconhecida nos autos ou, em sentido contrário, a prova da não-incidência de circunstância majorante ou agravante que tenha constado do cálculo de pena.

VI) a configuração de nulidade do processo (artigo 626, parte final)

A sexta hipótese de cabimento da revisão criminal ocorre nos casos de nulidade do processo. Embora não prevista expressamente no artigo 621 do Código de Processo Penal, decorre da parte final do artigo 626, que estabelece a possibilidade de anulação do processo através da revisão.

Por "nulidade" deve ser entendida a nulidade absoluta ou, então, a nulidade relativa que não tenha sido convalidada em razão da ausência de argüição no prazo estabelecido pelo diploma processual penal (artigos 571 e 572).

Os atos inexistentes, por representarem vícios mais graves do que a própria nulidade, também podem ser objeto de revisão criminal.

Os atos meramente irregulares, por sua vez, na medida em que não atingem o plano da validade, não podem ensejar a revisão.

Caso julgada procedente a revisão criminal e anulado o processo, o órgão julgador remeterá os autos ao juízo de origem, a fim de que renove todos os atos maculados pela nulidade e profira nova decisão, caso ainda não extinta a punibilidade pela prescrição ou qualquer outra causa.

Em caso de nova decisão condenatória, não poderá ela ser mais gravosa do que a anulada pela revisão criminal, sob pena de violação do princípio da impossibilidade de *reformatio in pejus* indireta. De fato, não haveria lógica em o condenado ser prejudicado, ainda que indiretamente, pela utilização de um instituto processual penal especialmente criado em seu benefício.

6. AUSÊNCIA DE TAXATIVIDADE DAS HIPÓTESES LEGAIS

Muitos dos pedidos que chegam aos tribunais não se encaixam perfeitamente nas hipóteses de cabimento da revisão criminal previstas pela lei processual penal, já que esta estabelece fórmulas gerais que desconsideram a casuística.

Assim, doutrina e jurisprudência divergem quanto a diversas hipóteses específicas de cabimento da revisão criminal, sendo diversos os casos que ampliam as hipóteses legais.

No conflito entre a coisa julgada e a justiça das decisões, deve ser buscado o espírito da lei, razão pela qual, em diversas situações, é possível o conhecimento da revisão ainda que a hipótese de cabimento não esteja expressamente prevista na lei. No entanto, o caráter excepcional da revisão não pode ser desprezado ao ponto de transformá-la em uma verdadeira apelação transmudada de nome.

7. LEGITIMIDADE

Dispõe o artigo 623 do Código de Processo Penal que "a revisão poderá ser pedida pelo próprio réu ou por procurador legalmente habilitado ou, no caso de morte do réu, pelo cônjuge, ascendente, descendente ou irmão".

Assim, a legitimação ativa ordinária para a propositura da revisão criminal, nos termos da lei, é do próprio condenado (ou "réu", como prevê o texto legal).

Entende-se, majoritariamente, tanto na doutrina quanto na jurisprudência, que é desnecessário que o condenado seja patrocinado por um advogado, já que a lei torna facultativa a propositura "por procurador legalmente habilitado". Para Pacelli de Oliveira (*Curso de Processo Penal*, p. 732-733) parece ser irrecusável que não deve ser exigida a participação de advogado, embora se reconheça que, diante das exigências de fundamentação vinculada para a propositura do pedido, dificilmente se conhecerá da revisão quando proposta por quem não tenha habilitação profissional para tanto.

No entanto, para uma corrente minoritária, a primeira parte do artigo 623 foi revogada pelo artigo 133 da Constituição Federal, que estabelece ser o advogado indispensável à administração da justiça, bem como pela Lei 8.906/94 (Estatuto da Advocacia), que prevê ser atividade privativa da advocacia a postulação a órgão do Poder Judiciário e aos juizados especiais, excetuando-se apenas a impetração de *habeas corpus* em qualquer instância ou tribunal (artigo 1º, *caput*, e § 1º).

De fato, restam evidentes as dificuldades que o condenado poderá enfrentar em decorrência da falta do conhecimento técnico necessário. Dessa forma, como afirma Sérgio Médici (op. cit., p. 156), deve o tribunal nomear advogado para assistir tecnicamente o postulante, em todos os atos do procedimento revisional, a fim de conciliar o direito do condenado à propositura do pedido e a norma constitucional que estabelece a imprescindibilidade do advogado na administração da justiça.

Caso entenda mais conveniente – e, de fato, como ocorre na prática – o condenado poderá conferir poderes para a propositura do pedido a um procurador legalmente habilitado. O procurador a que se refere a lei não deve ser entendido como qualquer pessoa, mas sim como advogado regularmente inscrito na OAB ou defensor público.

Não existe exigência de procuração com poderes especiais, já que a lei assim não determina. Basta a procuração geral, *ad judicia*.

Em caso de morte do condenado, e em legitimação extraordinária, a revisão poderá ser ainda proposta pelo cônjuge, ascendente, descendente ou irmão.

Embora as pessoas referidas na segunda parte do artigo 623 não sejam aquelas que sofrem – ao menos imediatamente – os efeitos da condenação (já extinta em razão da morte do condenado), a legitimidade para a propositura da revisão se justifica como forma de restaurar o *status dignitatis* do falecido, representando uma finalidade moral e honorífica que interessa não só a ele como a sua família e sucessores.

O rol de legitimados extraordinários, embora originalmente taxativo, hoje permite uma interpretação mais abrangente para incluir o companheiro ou companheira no pólo ativo do pedido.

Da revisão criminal

Em analogia ao artigo 36 do Código de Processo Penal, se mais de uma pessoa requerer a revisão criminal, terá preferência o cônjuge (ou companheiro) e, em seguida, o parente mais próximo na ordem de enumeração constante do artigo 623 (ascendente, descendente ou irmão). Se o autor da revisão criminal abandonar ou desistir do pedido, qualquer dos legitimados extraordinários poderá prosseguir na ação.

No caso de morte do condenado após a propositura da revisão criminal, o pólo ativo deverá ser assumido por algum dos sucessores previstos pela lei. Caso isso não seja possível, o órgão julgador deverá nomear curador dos interesses do falecido na revisão (artigo. 631).

Há entendimento no sentido que, em caso de morte do condenado, não deve ser admitida a revisão criminal em razão de circunstância que determine ou autorize diminuição especial da pena, já que não haveria interesse de agir do requerente. No entanto, o texto legal não traz qualquer restrição nesse sentido. Ademais, o reconhecimento de determinada circunstância privilegiadora, minorante ou atenuante pode auxiliar no resgate do *status dignitatis* do condenado (como no caso do relevante valor moral ou social, por exemplo).

Dúvidas existem, por ausência de previsão legal, quanto à legitimidade de o Ministério Público requerer revisão criminal em favor do condenado. Embora doutrina e jurisprudência se dividam, uma visão mais contemporânea do processo penal permite a conclusão que, apesar do silêncio da lei, o Ministério Público pode promover revisão criminal na condição de fiscal da lei, sempre que, nos termos dos artigos 621 e 626, verificar algum erro, injustiça ou nulidade. Nesse caso, a exemplo do que ocorre no processo civil, poderia o Ministério Público agir como parte e, por outro representante, também como fiscal da lei.

Na doutrina, pela legitimidade do Ministério Público: Ada Pellegrini, Magalhães Filho e Scarance Fernandes (Recursos no Processo Penal, p. 311) e Sérgio Médici (*Revisão Criminal*, p. 155). Negando essa possibilidade: Tourinho Filho (op. cit., p. 886) e Guilherme Nucci (op. cit., p. 995). Na jurisprudência, não reconhecendo a legitimidade do Ministério Público: RT 795/524 e 694/375.

O pólo passivo da revisão criminal ainda é um tema controvertido. Para parcela da doutrina, não haveria pólo passivo, atuando o Ministério Público apenas como fiscal da lei. De outro, há o entendimento de que no pólo passivo constaria o Estado, representado pelo Ministério Público, na condição de parte.

No entanto, como afirma Afrânio Silva (Direito Processual Penal, p. 237), o aspecto formal da manifestação do Ministério Público (como parte ou fiscal da lei) não deve impressionar. Não importa que a intervenção seja chamada de razões, alegações ou parecer. O que interessa é que, de uma forma ou outra, será sempre o Ministério Público manifestando-se sobre a forma e o mérito da revisão criminal. Manifestação que, aliás, tanto pode ser favorável quanto contrária aos interesses do requerente.

Por fim, não prevê o Código de Processo Penal a possibilidade de assistência do ofendido, o que é questionado por Ada Pellegrini, Gomes Filho e Scarance Fernandes (op. cit., p. 311) como uma grave omissão da lei, já que os resultados da revisão podem afetar juridicamente a vítima, especialmente quanto aos seus interesses civis.

8. COMPETÊNCIA

No âmbito da revisão criminal, a competência é sempre originária dos tribunais, não sendo possível propositura de revisão no juízo de primeira instância.

As regras para a competência devem ser buscadas na Constituição Federal, no Código de Processo Penal, nas Leis de Organização Judiciária dos Estados e do Distrito Federal, bem como nos Regimentos Internos dos tribunais.

Em regra, serão os Tribunais Estaduais e os Tribunais Regionais Federais, cada um no âmbito da sua matéria, os órgãos competentes para o processamento e julgamento da revisão criminal relativa às suas decisões, bem como às decisões proferidas em primeiro grau e que lá transitaram em julgado.

Em relação aos Tribunais Regionais Federais, prevê expressamente a Constituição Federal que compete a eles processar e julgar, originariamente, as revisões criminais de julgados seus ou dos juízes federais da região (artigo 108, I, *b*, da Constituição Federal).

Ao Superior Tribunal de Justiça compete processar e julgar, originariamente, a revisão criminal de seus julgados (artigo 105, I, *e*, da Constituição Federal).

Da mesma forma, ao Supremo Tribunal Federal compete processar e julgar, originariamente, a revisão criminal dos julgados por ele proferidos (artigo 102, I, *j*, da Constituição Federal).

Deve-se atentar que o mero julgamento de recurso especial e extraordinário não transfere a competência para o Superior Tribunal de Justiça ou para o Supremo Tribunal Federal, salvo se a revisão se fundar em matéria apreciada na via excepcional.

Nesse sentido: REVISÃO CRIMINAL. COMPETÊNCIA. (...) 2. "No caso do inciso I, primeira parte, do artigo 621 do Código de Processo Penal, caberá a revisão, pelo Tribunal, do processo em que a condenação tiver sido por ele proferida ou mantida no julgamento de recurso especial, se seu fundamento coincidir com a questão federal apreciada." (artigo 240 do Regimento Interno do Superior Tribunal de Justiça). 3. Não tendo sido a questão relativa à insuficiência de provas a determinar a edição de decreto condenatório objeto de exame pelo acórdão que se tenta desconstituir, descabe a esta Corte Superior de Justiça a apreciação da matéria. (...) 6. Revisão criminal parcialmente conhecida e, nesta extensão, julgada improcedente. Remessa dos autos ao egrégio Tribunal de Justiça do Estado de São Paulo a quem, de direito, compete apreciar o pedido revisional de absolvição (STJ – RvCr 319/SP – Rel. Min. Hamilton Carvalhido – DJ 01.07.2004 p. 168)". REVISÃO CRIMINAL. COMPETÊNCIA. CONCURSO MATERIAL. 1. O Superior Tribunal de Justiça, no julgamento do recurso especial, apenas qualificou juridicamente os fatos, afirmando a existência do concurso material. Não fez qualquer exame de prova. 2. Em decorrência, cabe-lhe no pedido revisional conhecer apenas no tocante à desconstituição de seu julgado, com devolução dos autos ao tribunal de origem para apreciar o pedido revisional de absolvição. 3. Pedido revisional conhecido em parte e, no mérito, julgado improcedente. 4. Remessa ao tribunal de origem para decidir sobre a parte remanescente (STJ – RvCr 126/SP – Rel. Min, Fernando Gonçalves – DJ 24.02.1997 p. 3281).

Na justiça militar da esfera federal, a competência do Superior Tribunal Militar é prevista no artigo 554 do Código de Processo Penal Militar. Na esfera estadual, os Tribunais de Justiça Militar ou, na falta desses, os próprios Tribunais de Justiça, têm a competência fixada pelas Constituições Estaduais.

No âmbito da Justiça Eleitoral, o artigo 364 do Código Eleitoral (Lei 4.737/65) estabelece que, no processo e julgamento dos crimes eleitorais e dos comuns que lhes forem conexos, assim como nos recursos e na execução que lhes digam respeito, aplicar-se-á, como lei subsidiária ou supletiva, o Código de Processo Penal. Dessa forma, as mesmas regras do Código de Processo Penal aplicam-se, subsidiariamente, também na revisão criminal perante o tribunal eleitoral competente (Tribunal Regional Eleitoral e Tribunal Superior Eleitoral).

Por derradeiro, a justiça brasileira é competente para apreciar apenas os julgados por ela proferidos. As sentenças condenatórias estrangeiras, quando homologadas pelo Superior Tribunal de Justiça, não representam um juízo condenatório proferido pela justiça brasileira, mas, tão-somente, um procedimento formal que atribui à decisão limitadas conseqüências em território nacional (artigo 788 do Código de Processo Penal). Dessa forma, delas não é cabível a revisão criminal.

Destaque-se que a redação do artigo 624 do Código de Processo Penal encontra-se em grande parte ultrapassada (por exemplo, refere o extinto Tribunal Federal de Recursos e não menciona o Superior Tribunal de Justiça). Dessa forma, a competência da revisão criminal deve ser fixada com amparo nas regras constitucionais, complementadas pelo Código de Processo Penal e pelos Regimentos Internos dos tribunais.

9. DESNECESSIDADE DE RECOLHIMENTO À PRISÃO PARA O REQUERIMENTO DE REVISÃO CRIMINAL

Nos termos da Súmula 393 do Supremo Tribunal Federal, para requerer revisão criminal, o condenado não é obrigado a recolher-se à prisão.

Assim, caso já esteja cumprindo pena privativa de liberdade recolhido à prisão, a propositura da revisão criminal *a priori*, não altera a sua condição. No entanto, caso não esteja preso, como na hipótese de fuga, o recolhimento à prisão não é pressuposto de conhecimento do pedido revisional.

10. AUSÊNCIA DE PRAZO

Nos termos do artigo 622 do Código de Processo Penal, a revisão poderá ser requerida em qualquer tempo.

O prazo para o seu requerimento, portanto, não se submete a qualquer lapso prescricional ou decadencial, sendo cabível mesmo após cumprida ou extinta a pena, bem como após a própria morte do condenado.

Uma vez verificado o erro judiciário em um juízo condenatório, cumpre ao Estado repará-lo, ainda que muito tempo após o seu cometimento.

11. ENDEREÇAMENTO

A revisão criminal, salvo disposição em contrário do Regimento Interno, deverá ser endereçada ao presidente do tribunal competente.

12. FORMAÇÃO DA PEÇA

A peça deverá conter: a) instrumento de procuração (salvo se o pedido for formulado diretamente pelo condenado); b) certidão comprobatória do trânsito em julgado da decisão revidenda (artigo 625, § 1º); c) argumentos de fato e de direito para a procedência do pedido revisional; d) todas as provas necessárias à comprovação da tese defendida na peça.

Embora exista a possibilidade de requerimento do apensamento dos autos originais à revisão, torna-se recomendável que a parte demandante junte ao seu pedido as peças necessárias para análise da revisão.

13. PROCEDIMENTO

Estabelece o artigo 625, *caput*, do Código de Processo Penal, que o requerimento de revisão criminal será distribuído a um relator e a um revisor, devendo funcionar como relator um desembargador que não tenha pronunciado decisão em qualquer fase do processo.

A restrição existe apenas em relação ao relator, não existindo empecilhos legais para que um desembargador que já tenha se pronunciado anteriormente no processo de origem integre o julgamento, desde que não como relator.

No entanto, inobstante a ausência de previsão legal, é de bom alvitre que nenhum dos componentes do órgão julgador tenha participado de anterior análise do caso em discussão, a fim de preservar os novos julgadores de um juízo e de uma convicção previamente formados.

Uma vez oferecida a revisão criminal, poderá ser indeferida liminarmente, decisão que poderá ocorrer quando: a) não existir decisão condenatória transitada em julgado; b) não for hipótese de cabimento da revisão criminal (artigos 621 ou 626); c) não estiver o pedido devidamente instruído com a nova prova necessária para a análise da revisão; d) não estiver o pedido devidamente instruído com outros elementos necessários para a análise da revisão; e) faltar alguma das condições da ação ou pressupostos de constituição e desenvolvimento válido e regular do processo.

Pelo indeferimento liminar em caso de mero pedido de rediscussão de provas: REVISÃO CRIMINAL. AUSÊNCIA DE MOTIVAÇÃO NOVA. REJEIÇÃO LIMINAR. Rejeita-se de plano o pedido de revisão criminal. Não existe nenhum motivo para dar prosseguimento ao requerimento, uma vez que a pretensão do requerente é a rediscussão das questões já examinadas na sentença e no acórdão, como mesmo afirma em suas razões. Como se vê abaixo, é tranqüilo o entendimento desta Corte que só cabe revisão criminal, quando o requerimento tem alguma substância jurídica ou vem acompanhado de alguma prova nova. Os Grupos Criminais repelem os pedidos que só se baseiam numa nova análise da prova já examinada pelos julgadores anteriores. DECISÃO: Revisão criminal rejeitada liminarmente. (TJRS – Revisão Criminal nº 70024901217 – Quarto Grupo de Câmaras Criminais – Rel. Sylvio Baptista Neto – Julgado em 19/06/2008)"

Indeferimento liminar em pedidos genéricos: REVISÃO CRIMINAL. PEDIDO GENÉRICO. Não se conhece de pedido genérico de revisão que não está fundado em nenhuma das hipóteses contempladas no art. 621 do CPP. Revisão não conhecida. (TJRS – Revisão Criminal nº 70023609761 – Segundo Grupo de Câmaras Criminais – Rel. Constantino Lisbôa de Azevedo – Julgado em 13/06/2008). REVISÃO CRIMINAL. PETIÇÃO MANUSCRITA QUE NÃO INDICA FUNDAMENTOS FÁTICOS E JURÍDICOS DO PEDIDO. INICIAL NÃO ADITADA PELA DEFENSORIA PÚBLICA, QUE NÃO LOGRA IDENTIFICAR HIPÓTESE DE HOSTILIZAÇÃO À COISA JULGADA. INÉPCIA. INDEFERIMENTO. Ação revisional extinta sem julgamento de mérito. (TJRS – Revisão Criminal nº 70022023303 – Terceiro Grupo de Câmaras Criminais – Rel. João Batista Marques Tovo – Julgado em 16/05/2008).

Da decisão caberá recurso de ofício ou agravo (também chamado, ante a ausência de nomenclatura legal, de "agravo regimental" e "recurso inominado"), nos termos do § 3º.

Interposto o recurso, o relator apresentará o processo em mesa para o julgamento e o relatará, sem tomar parte na discussão (§ 4º).

Por outro lado, recebida a revisão criminal, o relator poderá: a) determinar que se apensem os autos originais, se daí não advier dificuldade à execução normal da sentença (§ 2º); b) nomear defensor para a defesa dos interesses do requerente, caso tenha realizado o pedido em nome próprio, em analogia ao artigo 32 do Código de Processo Penal; c) solicitar informações e, para parte da doutrina e da jurisprudência, não obstante inexistir instrução probatória no procedimento revisional, determinar a juntada de provas necessárias para o esclarecimento da verdade, especialmente se a diligência for prevista nos Regimentos Internos dos tribunais.

No processamento do pedido, abrir-se-á vista dos autos ao procurador-geral, que dará parecer no prazo de dez dias. Em seguida, examinados os autos, sucessivamente, em igual prazo, pelo relator e revisor, julgar-se-á o pedido na sessão que o presidente designar (§ 5º).

Havendo empate de votos no julgamento da revisão, o presidente do órgão julgador, se não tiver tomado parte na votação, proferirá o voto de desempate. Caso contrário, prevalecerá a decisão mais favorável ao réu, em analogia ao artigo 615, § 1º, do Código de Processo Penal.

O artigo 628 prevê que os Regimentos Internos dos tribunais (chamados pela antiga nomenclatura de "tribunais de apelação") estabelecerão as normas complementares para o processo e julgamento das revisões criminais.

Assim, e em suma, o procedimento das revisões criminais se estabelece da seguinte forma: a) petição dirigida ao presidente do tribunal; b) distribuição do pedido a um relator; c) decisão de recebimento ou indeferimento liminar da revisão; d) recurso de ofício ou agravo regimental, no caso de indeferimento liminar; e) parecer do Ministério Público; f) conclusão ao relator para elaboração de relatório; g) remessa ao revisor para exame dos autos; h) inclusão em pauta; i) julgamento.

14. PEDIDO LIMINAR DE EFEITO SUSPENSIVO DA SENTENÇA CONDENATÓRIA EM REVISÃO CRIMINAL

Na lição de Ada Pellegrini, Gomes Filho e Scarance Fernandes, o ajuizamento da revisão criminal não tem efeito suspensivo, ou seja, não suspende a execução da sentença condenatória. Embora o Código não diga expressamente, a negação de efeito suspensivo à revisão criminal decorre da necessidade de salvaguardar o instituto da coisa julgada, que só cederá quando o pedido revisional for julgado procedente (op. cit., p. 327).

No entanto, acrescentam os autores que se pode aplicar analogicamente, em favor do revisionando, os dispositivos do Código de Processo Civil que prevêem o poder geral de cautela do juiz (art. 798) e a antecipação dos efeitos da tutela pretendida (art. 273) (op. cit., p. 328).

Guilherme Nucci, por outro lado, refere a possibilidade de concessão da liberdade provisória, para que o requerente aguarde o julgamento da revisão criminal em liberdade (op. cit., p. 999-1000).

Assim, certo é que, excepcionalmente, deve ser admitida a liminar em revisão criminal com a finalidade de suspender a execução da sentença condenatória no caso de evidente erro judiciário, a fim de evitar um prejuízo irreparável ou de difícil reparação ao condenado e desde que presente a evidência do erro.

Tudo isso com base nos artigos 273 (antecipação de tutela) e 798 (poder geral de cautela) do Código de Processo Civil, aplicáveis subsidiariamente ao processo penal, ou então, simplesmente, conceder a liberdade provisória.

Do indeferimento do pedido liminar caberá, em regra, agravo regimental.

15. POSSIBILIDADE DE SUSTENTAÇÃO ORAL

A lei não prevê sustentação oral das partes durante o julgamento. Porém, nada impede que os Regimentos Internos dos tribunais a disciplinem, como ocorre, por exemplo, no Supremo Tribunal Federal (artigo 265, parágrafo único).

16. JUÍZO RESCINDENTE E JUÍZO RESCISÓRIO

Uma vez recebida a revisão criminal (diante da verificação das condições e pressupostos do pedido), o julgamento (juízo revisório) engloba os juízos rescindente (verificação da admissibilidade e desconstituição da decisão revidenda) e rescisório (julgamento do mérito e emissão de nova decisão).

Apenas na hipótese de anulação do julgado é que o juízo revisório englobará apenas o juízo rescindente, já que, nesse caso, uma nova decisão deverá ser proferida pelo juízo de origem.

17. ÔNUS DA PROVA E *IN DUBIO PRO SOCIETATE* OU *PRO RE JUDICATA*

Na revisão criminal, o ônus da prova incumbe ao condenado, requerente da revisão criminal.

Tal regra decorre da lógica de que quem alega tem o dever de provar. Aliás, esta é a regra geral do Código de Processo Penal que, no seu artigo 156, determina que a prova da alegação incumbirá a quem o fizer.

Existe entendimento, entretanto, no sentido de que, em caso de dúvida, o órgão julgador poderá determinar a realização de diligências, em atenção à parte final do artigo 156, que estabelece a possibilidade de o juiz determinar, de ofício, diligências para dirimir dúvida sobre ponto relevante.

Questão relevante diz respeito à apreciação da dúvida na ação revisória. Isso porque, enquanto no processo de conhecimento penal, a dúvida se resolve em favor do acusado (*in dubio pro reo*); na revisão criminal, ela se resolve a favor da coisa julgada (*in dubio pro re judicata*) ou, então, em favor da sociedade (*in dubio pro societate*).

Em outras palavras, no caso de dúvida, deve ser mantida a condenação, já que em sede revisional, a incerteza deve prevalecer em favor da coisa julgada e, conseqüentemente, em prejuízo do réu. Assim, na revisão, prevalecem os princípios do *in dubio pro re judicata* e *in dubio pro societate*, em detrimento do *in dubio pro reo,* que vigora durante o processo de conhecimento.

Nesse sentido: REVISÃO CRIMINAL. TÓXICOS. PROVA NOVA. Se a prova nova não desautoriza de forma total a anteriormente produzida, apenas levantando dúvida, o pedido revisional não pode prosperar, eis que esta deve ser resolvida em favor da sociedade. Revisão improcedente. (TJRS – Revisão Criminal Nº 70023546500 – Rel. Constantino Lisbôa de Azevedo – Julgado em 09/05/2008).

Dessa forma, os argumentos e as provas apresentadas pelo revisionando devem ser capazes de trazer a certeza aos julgadores, e não apenas colocar em dúvida a sentença condenatória proferida, sob pena de improcedência do pedido.

O entendimento não é compartilhado por parcela minoritária da doutrina, como Ada Pellegrini, Gomes Filho e Scarance Fernandes (op. cit., 326-327), para quem o princípio do *in dubio pro reo* não pode ser afastado em hipótese alguma, ainda que transitada em julgado a sentença penal condenatória.

18. CONSEQÜÊNCIAS DA PROCEDÊNCIA DO PEDIDO REVISIONAL

Dispõe o artigo 626 do Código de Processo Penal que, julgando procedente a revisão, o tribunal poderá alterar a classificação da infração, absolver o réu, modificar a pena ou anular o processo (remetendo o processo a novo julgamento na origem).

Acrescenta o artigo 630 que o tribunal, se o interessado o requerer, poderá reconhecer o direito a uma justa indenização pelos prejuízos sofridos.

Assim, a primeira possibilidade de conseqüência da procedência da revisão criminal é a alteração da classificação da infração (crime ou contravenção), desde que mais favorável ao requerente. Assim, pode ocorrer, por exemplo, a desclassificação de um crime qualificado para a forma simples, de um crime consumado para a forma tentada, de um crime mais grave para um menos grave, de um delito doloso para culposo etc.

De forma expressa, dispõe o parágrafo único que, de qualquer maneira, não poderá ser agravada a pena imposta pela decisão revista.

A absolvição, segunda hipótese de conseqüência, implica a declaração de inocência do revisionando, seja pela falta de tipicidade, antijuridicidade ou culpabilidade.

De acordo com o artigo 627, a absolvição importará o restabelecimento de todos os direitos perdidos em virtude da condenação. Assim, a procedência do pedido revisório desencadeia o afastamento de todos os efeitos penais principais e secundários da condenação, bem como os extrapenais (tanto os genéricos, previstos no artigo 91 do Código Penal, quanto os específicos, fixados no artigo 92 do Código Penal).

Na esfera civil, a procedência de revisão criminal resulta a desconstituição da sentença penal condenatória como título executivo. Assim, caso essa sentença esteja sendo executada no juízo civil, o juízo revisório favorável ao condenado provocará na extinção do processo de execução civil.

Nos termos da parte final do artigo 627, se o acórdão for de natureza absolutória imprópria, na medida em que reconhece a inimputabilidade do requerente, deverá o tribunal impor a medida de segurança cabível.

A terceira hipótese de conseqüência da procedência do pedido revisório é a modificação da pena. Tal modificação poderá ser tanto qualitativa como quantitativa e, mais uma vez nos termos do parágrafo único, também não poderá agravar a pena imposta pela decisão revista.

A pena poderá ser reduzida quando demonstrar ilegalidade (como no reconhecimento *contra legem* de uma agravante ou não-reconhecimento de uma atenuante), excesso, erro técnico ou evidente injustiça na sua aplicação.

Como quarta hipótese de conseqüência da procedência do pedido revisório figura a anulação do processo. Nesse caso, o juízo revisório se restringe ao juízo rescindente (anulação da decisão ou processo), remetendo o feito para novo processamento ou nova decisão (juízo rescisório) junto ao juízo competente.

Interessante destacar que, se apesar de nulo o processo, entender o tribunal pela verificação de injustiça ou erro na condenação, poderá, ainda que *extra* ou *ultra petita*, absolver o revisionando, em analogia ao artigo 249, § 2º, do Código de Processo Civil, que estabelece que "quando puder decidir do mérito a favor da parte a quem aproveite a declaração da nulidade, o juiz não a pronunciará nem mandará repetir o ato, ou suprir-lhe a falta".

Por derradeiro, pode ainda o tribunal, mediante expresso requerimento do revisionando, reconhecer o direito a uma justa indenização pelos prejuízos sofridos.

19. POSSIBILIDADE DE RECONHECIMENTO DE DIREITO À INDENIZAÇÃO

Estabelece o artigo 630 do Código de Processo Penal que "o tribunal, se o interessado o requerer, poderá reconhecer o direito a uma justa indenização pelos prejuízos sofridos". Além disso, dispõe o artigo 5º, inciso LXXV, da Constituição Federal, que "o Estado indenizará o condenado por erro judiciário, assim como o que ficar preso além do tempo fixado na sentença".

Assim, nos termos da lei, a fixação da indenização pelo tribunal não poderá ser de ofício, devendo ser expressamente requerida pela parte.

O direito à indenização será cabível nos casos de absolvição e redução da pena (caso já tenha sido cumprida pena excedente). De acordo com majoritária doutrina e jurisprudência, não será possível a indenização em caso de anulação da decisão ou do processo, já que, nessa hipótese, o mero juízo rescindente não se manifesta quanto à inocência ou não do requerente, sendo perfeitamente possível que, em nova decisão, seja repetida a condenação.

Os prejuízos sofridos englobam tantos os materiais (como perdas e danos e lucros cessantes), quanto os morais.

Uma vez fixado o dever de indenizar pela decisão, terá o requerente um título executivo judicial ilíquido, que deverá ser liquidado no juízo civil (artigo 630, § 1º, primeira parte, Código de Processo Penal) a fim de se apurar o valor efetivamente devido. Assim, a prova dos danos cabe ao revisionado, e deverá ser feita em sede de liquidação de sentença.

Não é fundamental para a obtenção da indenização que o requerimento seja realizado na revisão criminal. Caso prefira o requerente, em vez de pleitear a fixação do direito à indenização na revisão, poderá ingressar com a demanda civil específica. Assim, reconhecido o erro judiciário pela revisão, utilizará o processo de conhecimento civil para ter reconhecido o direito à indenização e, outrossim, ao valor desta.

Em caso de morte do condenado, o direito de pleitear a indenização passa para os seus sucessores, já que, nos termos do artigo 943 do Código Civil, o direito de exigir reparação transmite-se com a herança.

Nos termos da segunda parte do § 1º do artigo 630 do Código de Processo Penal, pela indenização responderá a União, se a condenação tiver sido proferida pela justiça do Distrito Federal ou de Território, ou o Estado, se o tiver sido pela respectiva justiça (ainda que revista por órgão da justiça federal). Ante o silêncio da lei, entende-se que também será responsável a União quando a sentença condenatória for proferida por órgão da justiça federal (Supremo Tribunal Federal, Superior Tribunal de Justiça, Tribunais Regionais Federais etc.).

O artigo 630, § 2º, do Código de Processo Penal estabelece causas excludentes da indenização. Assim, não será ela devida: a) se o erro ou a injustiça da condenação pro-

Da revisão criminal

339

ceder de ato ou falta imputável ao próprio requerente, como a confissão ou a ocultação de prova em seu poder; b) se a acusação houver sido meramente privada.

Com o advento da Constituição Federal de 1988, tornou-se controvertida a constitucionalidade das referidas causas excludentes da indenização.

O majoritário entendimento atual sustenta que a exclusão da indenização persiste no caso da alínea *a*, já que o requerente não pode beneficiar-se da sua própria torpeza para, amparado em evidente má-fé, locupletar-se indevidamente às custas do Estado. No entanto, não pode ser excluída a indenização em casos de ação penal privada, já que Constituição Federal não faz qualquer limitação ao tipo de ação penal para fins de indenização por erro judiciário. Ademais, o erro judiciário é do julgador e, conseqüentemente, do Estado, que, caso entenda ter sido induzido em erro pelo titular da ação penal privada, deverá buscar o direito de regresso.

20. POSSIBILIDADE DE DECISÃO *EXTRA* OU *ULTRA PETITA*

Outro tema discutido nos âmbitos doutrinário e jurisprudencial é acerca da possibilidade de procedência do pedido revisório com amparo em fundamento diverso daquele utilizado no pedido.

De um lado, há os que defendem que a revisão não devolve ao órgão julgador o conhecimento integral do processo e, dessa forma, não haveria como admitir-se a modificação ou anulação da decisão ou do processo com amparo em fundamento diverso daquele invocado pelo requerente.

Por outro, e com apoio em um atual caráter abrangente da revisão criminal, há os que sustentam que a limitação da *causa petendi* representaria um exagerado formalismo, não podendo o órgão julgador compactuar com uma nulidade ou erro judiciário pelo simples fato de não ter sido objeto de invocação pelo requerente. Para essa corrente doutrinária e jurisprudencial, bastaria que o fundamento estivesse amparado em elementos constantes do processo, sendo indiferente a sua invocação ou não pelo revisionando. É o entendimento que prevalece.

Assim, em regra, a decisão deve cingir-se ao objeto do pedido formulando. No entanto, doutrina e jurisprudência também admitem o julgamento *extra* ou *ultra petita*, em favor do revisionando, assim como pode acontecer no *habeas corpus*.

21. RECURSOS CABÍVEIS

Os recursos cabíveis das decisões proferidas em grau revisional são: recursos extraordinário e especial (nas hipóteses constitucionalmente previstas), recurso de ofício e agravo regimental (contra a decisão que rejeita liminarmente a revisão), embargos de declaração (em casos de decisão ambígua, obscura, contraditória ou omissa) e, para parte da doutrina e da jurisprudência, embargos infringentes e de nulidade (contra decisão não-unânime).

Assim, contra a decisão que julga improcedente a revisão, caberá recurso extraordinário ou especial, desde que verificado o cabimento constitucional.

No caso de procedência da revisão criminal, poderá o Ministério Público (seja como fiscal da lei, seja como parte, de acordo com o entendimento adotado) interpor os mesmos recursos extraordinário e especial, desde que cabíveis.

Da decisão do relator que rejeita liminarmente a revisão, cabe recurso de ofício para o órgão julgador. Da mesma forma, poderá o revisionando, em 5 dias, interpor recurso de agravo regimental (também chamado apenas de agravo ou recurso inominado, haja vista a omissão da lei quanto ao *nomen juris*).

Serão também oponíveis embargos declaratórios nas hipóteses do artigo 619 do Código de Processo Penal, ou seja, sempre que a decisão for ambígua, obscura, contraditória ou omissa.

Tanto a doutrina quanto a jurisprudência divergem quanto ao cabimento de embargos infringentes e de nulidade em relação a decisões não-unânimes desfavoráveis ao revisionando. O artigo 333, inciso II, do Regimento Interno do Supremo Tribunal Federal prevê expressamente o cabimento dos embargos infringentes contra decisão não-unânime do Plenário ou da Turma que julgar improcedente a revisão.

No entanto, tal possibilidade não é repetida nos demais Regimentos Internos, sendo majoritária a posição doutrinária e jurisprudencial no sentido de que os embargos infringentes têm a sua admissibilidade restrita aos casos de decisão majoritária proferidas em recursos, não se prestando a atacar decisões não-unânimes em sede de revisão criminal.

22. REVISÃO CRIMINAL E EFEITO EXTENSIVO

Apesar do majoritário entendimento de que a revisão criminal não possui a natureza jurídica de recurso, é perfeitamente possível a aplicação, por analogia, do efeito extensivo dos recursos previsto no artigo 580 do Código de Processo Penal. Dessa forma, no caso de concurso de agentes, a decisão da revisão criminal promovida por um dos condenados, se fundado em motivos que não sejam de caráter exclusivamente pessoal, aproveitará aos outros.

23. REITERAÇÃO DO PEDIDO

Nos termos do parágrafo único do artigo 622 do Código de Processo Penal, não será admissível a reiteração do pedido, salvo se fundado em novas provas.

De fato, a propositura de nova revisão criminal pela mesma parte, com base na mesma causa de pedir e com amparo nos mesmos pedidos, não se justifica, sob pena de admitir-se sucessivas revisões com o mesmo objeto.

No entanto, o texto legal é claro ao permitir a reiteração do pedido quando embasado em provas novas, o que deve ser compreendido no sentido de um fundamento novo para o pedido, seja de fato, seja de direito.

24. REVISÃO E JUSTIFICAÇÃO CRIMINAL

A revisão criminal, como pedido excepcional que é, não admite produção de provas (salvo a discutida e já referida possibilidade de o órgão julgador requisitar diligências que entender imprescindíveis para o deslinde do feito), devendo ser previamente instruída com todos os elementos de prova eventualmente necessários para a sua análise.

Se for necessária a inquirição de testemunha, a pré-constituição dessa prova deverá ser feita mediante ação de justificação criminal como forma de produção antecipada da prova. Ademais, a prova colhida será judicializada e submetida ao contraditório do Ministério Público, o que se mostra fundamental para o seu reconhecimento como prova apta a amparar a procedência da revisão criminal.

Da revisão criminal

Embora não prevista expressamente no Código de Processo Penal, a justificação criminal é utilizada no juízo criminal em analogia às regras dos artigos 861 a 866 do Código de Processo Civil.

Assim, nos termos da lei processual civil, quem pretender justificar a existência de algum fato ou relação jurídica, seja para simples documento e sem caráter contencioso, seja para servir de prova em processo regular, exporá, em petição circunstanciada, a sua intenção. Salvo nos casos expressos em lei, é essencial a citação dos interessados.

A justificação consistirá na inquirição de testemunhas sobre os fatos alegados, sendo facultado ao requerente juntar documentos. Ao interessado é lícito contraditar as testemunhas, reinquiri-las e manifestar-se sobre os documentos, dos quais terá vista em cartório por 24 (vinte e quatro) horas.

Ao final, a justificação será julgada por sentença, e os autos serão entregues ao requerente independentemente de traslado, decorridas 48 (quarenta e oito) horas da decisão. O juiz não se pronunciará sobre o mérito da prova, limitando-se a verificar se foram observadas as formalidades legais.

No processo de justificação, não se admite defesa nem recurso da decisão que a homologa. Entretanto, em caso de indeferimento do pedido de justificação criminal, entende a jurisprudência ser cabível o recurso de apelação.

A competência para a justificação criminal é da comarca em que o fato que gerou a condenação foi apreciado. A discussão existe quanto à necessidade de ser o pedido de justificação apreciado pelo mesmo juízo que processou e julgou o fato objeto da condenação ou de qualquer outro juízo da comarca, não havendo ainda um entendimento pacificado nos tribunais.

25. QUESTÕES ESPECIAIS

a) Revisão das absolvições impróprias ou anômalas (em caso de medida de segurança e perdão judicial)

Tanto as decisões que fixam medida de segurança ao acusado quanto as que aplicam o perdão judicial, por terem conteúdo condenatório, ensejam a propositura de revisão criminal.

No caso da medida de segurança, se a sentença chamada de absolutória imprópria impõe a medida, é passível de execução forçada, não restando dúvidas de que nela existe uma carga condenatória.

De fato, a decisão que aplica medida de segurança, por um lado, tem caráter absolutório, já que não impõe a aplicação de pena em sentido estrito, além de assim se achar disciplinado legalmente (art. 386, V, e parágrafo único, III, do Código de Processo Penal). No entanto, por outro lado, é condenatória, na medida em que exige a presença de todos os requisitos para a condenação (exceto a imputabilidade) e restringe a liberdade do condenado, tal como a pena.

Uma vez absolvido impropriamente e verificada qualquer das hipóteses de cabimento de revisão criminal, a procedência do pedido importará na cessação de qualquer ônus ao sujeito da medida de segurança (ou na própria anulação do processo, caso esse seja o fundamento).

A sentença concessiva do perdão judicial, por sua vez, também apresenta conteúdo condenatório, já que a sua aplicação implica que o juiz se convença da procedência do pedido condenatório.

No entanto, doutrina e a jurisprudência não chegam a um consenso quanto à natureza jurídica da decisão que concede o perdão judicial (absolutória, condenatória com efeitos secundários, condenatória sem efeitos secundários ou declaratória de extinção da punibilidade).

O Superior Tribunal de Justiça, pela Súmula 18, estabeleceu que a sentença concessiva do perdão judicial é declaratória de extinção da punibilidade, não subsistindo qualquer efeito condenatório. Assim, embora afaste os efeitos condenatórios, o entendimento sumulado acaba por reconhecer, ainda que implicitamente, o caráter condenatório da decisão.

Dessa forma, ainda que inexistente qualquer efeito condenatório a ser expurgado, a revisão da absolvição anômala que concede o perdão judicial pode se dirigir para o restabelecimento do *status dignitatis* do acusado que reconhecidamente praticou um crime mas foi merecedor do perdão judicial.

b) Revisão criminal e extinção da punibilidade

Admitem revisão criminal as causas extintivas da punibilidade que não atingem a pretensão punitiva, mas sim a pretensão executória. Isso porque, no caso da extinção da punibilidade que atinge a pretensão punitiva, existe a supressão de todos os efeitos de eventual decisão condenatória. Já no caso da extinção da punibilidade que atinge apenas a pretensão executória, persistem diversos efeitos da sentença condenatória, como a coisa julgada no juízo civil e o cômputo da condenação para fins de reincidência.

Dessa forma, o interesse de agir em razão da revisão criminal somente existe nas causas de extinção da punibilidade que atingem a pretensão executória do Estado.

c) Revisão nos casos de infrações de menor potencial ofensivo

Não restam dúvidas acerca do cabimento da revisão criminal em caso de delitos de menor potencial ofensivo, submetidos ao procedimento sumaríssimo.

A competência para processar e julgar as revisões criminais nos casos de competência dos juizados especiais criminais é das Turmas Recursais, entendimento já adotado pelo próprio Superior Tribunal de Justiça.

Nesse sentido: REVISÃO CRIMINAL. ART. 621, CPP. COMPETÊNCIA DA TURMA RECURSAL. DELITO DE DESOBEDIÊNCIA. ART. 330, CP. CONTRARIEDADE, FALSIDADE OU PROVAS NOVAS INEXISTENTES. REQUISITOS DA AÇÃO NÃO PREENCHIDOS. 1. Cabível a ação de revisão criminal no âmbito da Turma Recursal dos Juizados Especiais Criminais do Rio Grande do Sul em face do disposto no artigo 5º, inciso XXXV, da Constituição Federal. 2. Não preenchidos os requisitos legais dos incisos I, II e III do art. 621 do CPP, inadmissível o conhecimento da ação. Revisão criminal não conhecida. (TRRS – Revisão Criminal Nº 71001664531 – Rel. Cristina Pereira Gonzáles – J. 16/06/2008).

Ainda: COMPETÊNCIA. REVISÃO CRIMINAL. JUIZADOS ESPECIAIS. Compete à Turma Recursal Criminal processar e julgar a revisão criminal em que o réu condenado por praticar o crime previsto no art. 147 do CP (crime de menor potencial ofensivo) pelo Juizado Especial criminal pugna pela reforma de decisão. Isso se deve ao fato de que as decisões proferidas pelos Juizados Especiais não ficam submetidas à revisão dos Tribunais de Justiça, pois a vinculação entre eles é apenas administrativa, e não jurisdicional. Assim, a Seção, ao prosseguir o julgamento, por maioria, determinou que compete à Turma Recursal julgar a revisão criminal, observado o caput do art. 625

do CPP. Caso a composição daquele colegiado impossibilite a observância do mencionado artigo, deve-se, em tese, convocar magistrados suplentes para fazer parte do julgamento. Precedentes citados: REsp 470.673-RS, DJ 4/8/2003, e CC 39.876-PR, DJ 19/12/2003. (STJ – CC 47.718-RS – Rel. Min. Jane Silva Desembargadora convocada do TJ-MG – julgado em 13/8/2008).

d) Revisão criminal e transação penal

Apesar da grande controvérsia ainda existente sobre a natureza jurídica da decisão que homologa a transação penal, resta claro que possui carga condenatória, na medida em que impõe uma sanção que, ainda que aceita, é de cumprimento obrigatório pelo suposto autor do fato e sujeita à execução. Ao mesmo passo, faz coisa julgada formal e material.

Dessa forma, embora a transação não importe em análise do mérito do fato imputado, existindo qualquer das hipóteses do artigo 621 do Código de Processo Penal, ou então a ocorrência de nulidade do processo, cabível é a revisão criminal da decisão homologatória da transação.

e) Revisão criminal e execução penal (unificação de penas, abolitio criminis e novatio legis in mellius)

Quanto à possibilidade de revisão criminal na fase de execução penal, as questões mais relevantes dizem respeito aos casos de unificação de penas e aplicação da *abolitio criminis* ou de nova lei mais favorável ao condenado.

Na unificação de penas, incidente da execução penal destinado a reduzir a duração de penalidades impostas em diferentes condenações (como no caso da continuidade delitiva), expressamente previsto nos artigos 180 a 193 da Lei de Execuções Penais, o condenado busca a modificação da decisão condenatória, com a decorrente conseqüência no âmbito da execução penal.

Dessa forma, caso indeferido o pedido no juízo da execução penal e transitada em julgado a decisão, doutrina e jurisprudência têm entendido, majoritariamente, pelo cabimento da revisão criminal. Isso porque, embora originariamente requerido na fase da execução penal, visa à alteração da própria decisão condenatória já transitada em julgado.

Em relação ao reconhecimento da *abolitio criminis* ou da nova lei mais favorável ao condenado, prevalece o entendimento de que o mais adequado é que o reconhecimento do benefício deva ser realizado por simples petição perante o juízo da execução criminal, nos termos da Lei de Execuções Penais.

Tal se dá porque, nesses casos, não existe erro judiciário, mas sim uma mera adaptação da decisão condenatória em razão de novel legislação, sempre em favor do condenado.

Entretanto, no caso de improcedência do pedido perante o juízo de execução criminal, nada impede a propositura de revisão criminal, em decorrência do erro judiciário ou contrariedade ao texto expresso da lei.

Nesses casos, entretanto, de acordo com o caso concreto, possivelmente se torne mais célere e prático o uso do *habeas corpus*.

f) Revisão criminal e soberania dos veredictos do júri

Quando da análise do instituto da revisão criminal de decisões proferidas pelo tribunal do júri, duas questões se impõem. A primeira diz respeito ao cabimento ou não da revisão criminal de veredictos condenatório proferidos pelo júri. A segunda, uma vez admitida a revisão, se é possível que o órgão julgador da revisão altere o julgamento ou, ao revés, tenha que tão-somente rescindir a decisão e submeter o caso a novo julgamento pelo tribunal do júri.

Quanto à primeira questão, não restam maiores divergências, já que perfeitamente admissível a revisão criminal de decisões condenatórias proferidas pelo tribunal do júri (exemplo clássico é o da condenação por delito de homicídio consumado e o posterior reaparecimento da suposta vítima, viva). De fato, não se torna minimamente razoável a manutenção da condenação flagrantemente equivocada com amparo no princípio da soberania dos veredictos proferidos pelo júri.

No conflito entre o princípio da soberania dos veredictos e da liberdade do indivíduo, ambos de natureza constitucional, deve prevalecer sempre o segundo quando demonstrado o erro na condenação. Aliás, deve ser ressaltado que o princípio da soberania das decisões do júri não se mostra absoluto, já que o próprio sistema processual permite recursos que visam a desconstituir suas decisões.

A segunda questão, porém, não se mostra tão pacífica. Admitida a revisão, qual seria a solução mais adequada: o próprio órgão julgador fixar a nova decisão ou tão-somente rescindir o julgado e encaminhá-lo à nova apreciação pelo júri?

Embora a discussão existente na doutrina, a solução mais adequada é a de que o próprio órgão julgador deva revisar a decisão condenatória proferida pelo júri.

Isso porque a revisão criminal, da forma como prevista em nosso ordenamento jurídico, em regra não prevê a separação dos juízos rescindente e rescisório. Assim, de acordo com a processualística penal pátria, o tribunal rescindirá a decisão e, ao mesmo tempo, substituirá com o seu acórdão o julgamento da primeira instância.

O entendimento, todavia, não é compartilhado por Guilherme Nucci, para quem a revisão criminal somente não afetaria a soberania do júri quando servisse para corrigir distorções cometidas pelo juiz presidente ao proferir a decisão condenatória, na sua tarefa de fixação da pena. No mais, não seria atribuição do Poder Judiciário, a que pretexto for, alterar, no mérito, a decisão soberana dos jurados, alegando estar contrariando a "evidência dos autos". Se novas provas surgirem ou a decisão se basear em prova falsa (art. 621, II e III, CPP), bastaria que o tribunal determinasse novo julgamento pelo júri (*Revisão Criminal e Soberania do Tribunal do Júri*, p. 8).

Dessa forma, na revisão criminal, deve ser reconhecida a concretização dos juízos rescindente (rescinde a decisão anterior) e rescisório (o acórdão substitui o julgamento precedente). A única exceção se refere ao oferecimento de revisão criminal com a intenção de, tão-somente, anular o processo. Nessa hipótese, existirá apenas o juízo rescindente, sendo possível novo julgamento pelo juízo de origem, desde que não extinta a punibilidade pela prescrição ou qualquer outra causa.

Por outro lado, uma vez reconhecido o erro judiciário pelo tribunal, não é possível que se corra o risco de que, em nova decisão proferida pelo tribunal do júri, seja mantido o mesmo erro pelos jurados. Tal situação poderia, inclusive, desencadear sucessivas revisões criminais até que, finalmente, o júri decidisse modificar sua decisão.

De forma derradeira, atribuir à revisão criminal nos casos do júri apenas o juízo rescindente implicaria a possibilidade de rediscussão de toda a matéria por parte do júri, inclusive aquela que, eventualmente, não tenha sido objeto de qualquer espécie de erro.

Da revisão criminal

Em suma, a revisão se presta à correção de uma decisão condenatória equivocada. E caberá ao tribunal competente para o julgamento tanto a rescisão do julgado anterior (juízo rescindente) quanto a prolação do novo (juízo rescisório).

g) Nulidade do processo: habeas corpus ou revisão criminal?

Pode ser sustentado que, entre a utilização do *habeas corpus* ou da revisão criminal para o reconhecimento de nulidade em decisão condenatória transitada em julgado, seria mais adequado o *habeas*, especialmente em razão da informalidade da peça e da celeridade do rito.

De fato, nos termos do inciso VI do artigo 648 do Código de Processo Penal, haverá coação ilegal, com o conseqüente cabimento do *habeas*, quando o processo for manifestamente nulo. Da mesma forma, o processo pode ser anulado pela revisão criminal.

A solução mais adequada depende do caso concreto. Isso porque o *habeas* somente será cabível quando o processo for "manifestamente" nulo. Dessa forma, verificada essa manifesta nulidade, que independe de um exame mais acurado dos autos, será preferível o *habeas*. Caso a declaração da nulidade dependa de uma análise mais aprofundada, o mais adequado é o pedido de revisão criminal, que admite um exame mais atento, profundo e detalhado.

Bibliografia

ALTAVILLA, Enrico. *Psicologia Judiciária, v.1*. Editora Almedina, 2007.

AMARAL, Cláudio do Prado. *Bases Teóricas da Ciência Penal Contemporânea*. São Paulo: Método Editoração e Editora Ltda/IBCRIM, 2007.

ARAS, Vladimir. *Sistema nacional de combate à lavagem de dinheiro e de recuperação de ativos*. Jus Navigandi, Teresina, ano 11, n. 1411, 13 maio 2007. Disponível em: <http://jus2.uol.com.br/doutrina/texto.asp?id=9862>. Acesso em 20 jul 2008.

BAJO, Miguel; BACIGALUPO, Silvina. *Derecho Penal Económico*. Madrid: Editorial Centro de Estudios Rámon Areces, 2001.

BALTAZAR JR., José Paulo. *Crimes Federais*. 3ª ed. Porto Alegre: Livraria do Advogado, 2008.

BARBOSA, Rui. *O Júri Sob Todos os Aspectos*. Editora Nacional de Direito, 1950.

BARCELOS, Andréa Beatriz Rodrigues de. *Recuperação de Ativos provenientes da Lavagem de capitais*. Boletim Científico – Escola Superior do Ministério Público da União, ano 5, n. 18/19, jan-jun, 2006.

BARROS, Marcos Antonio de. *Lavagem de Dinheiro:* Implicações penais, processuais e administrativas. São Paulo: Oliveira Mendes, 1998.

BAPTISTA DA SILVA, Ovídio Araújo. *Jurisdição e Execução na Tradição Romano-Canônica*. São Paulo: Revista dos Tribunais, 1997.

————; GOMES, Fabio Luis. *Teoria Geral do Processo*. São Paulo: Revista dos Tribunais, 2006.

BEZERRA FILHO, Manoel Justino. *Lei de Recuperação de Empresas e Falências Comentada*. São Paulo: Revista dos Tribunais, 2007.

BINDER. Alberto M. *Introdução ao Direito Processual Penal*. Rio de Janeiro: Lumen Juris. 2003.

BLANCO CORDERO, Isidoro. *El Delito de Blanqueo de Capitales*. Madrid: Aranzadi, 2002.

BONFIM, Márcia Monassi Mougenot; BONFIM, Edílson Mougenot. *Lavagem de Dinheiro,* São Paulo: Malheiros, 2005.

BOSCHI, José Antônio Paganella. *Ação Penal*. Porto Alegre: AIDE, 1993.

BOSCHI, Marcus Vinicius. *CPP comentado*. Porto Alegre: Livraria do Advogado, 2008.

CALAMANDREI, Piero. *Eles, os Juízes, vistos por nós, os Advogados*. 6ª ed. São Paulo: Livraria Martins Fontes.

CAPEZ, Fernando. *Legislação Penal Especial*. Vol. 1. 6ª ed., São Paulo: Damásio de Jesus:, 2007.

————. *Curso de Processo Penal*. 13ª edição, Saraiva, 2006.

CARNELUTTI, Francesco, *As misérias do Processo Penal*. Editora Pillares, 2006.

CARRARA, Francesco. *Programa do Curso de Direito Criminal*. 2 vls. Trad. Ricardo R. Gama. Campinas: LZN Editora, 2002.

CASTANHEIRA NEVES, Antônio. *Metodologia Jurídica. Stvdia Ivridica*, v. 1. Coimbra: Coimbra Editora, 1993.

CERQUEIRA, João da Gama. *Tratado da propriedade industrial*. Rio de Janeiro: 1946.

CERVINI, Raúl; OLIVEIRA, William Terra de; GOMES, Luiz Flávio. *Lei de Lavagem de Capitais*. São Paulo: Editora Revista dos Tribunais, 1998.

COAF – Conselho de Controle de Atividades Financeiras. *Lavagem de Dinheiro: Um Problema Mundial*. Brasília: UNDCP, 1999.

COASE, Ronal Harry. *The Firm, the Market and the Law*. Chicago: The University of Chicago Press, 1990.

COELHO, Fabio Ulhoa. *Curso de Direito Comercial*. São Paulo: Saraiva, 2006.

COGAN, José Damião Pinheiro Machado. *Mandado de segurança na Justiça Criminal e Ministério Público*. São Paulo: Saraiva, 1992.

CONSTANTINO, Lúcio Santoro de. *Habeas Corpus*. Porto Alegre: Livraria do Advogado, 2001.

COUTINHO, Jacinto Nelson Miranda. *A Lide e o Conteúdo do Processo Penal*. Curitiba: Juruá, 1998.

CUÉLLAR, Jaime Bernal; MONTEALEGRE LYNETT, Eduardo. *El Proceso Penal*. Bogotá: 2002.

DEMEECIAN, Pedro Henrique; MALULY, Jorge Assaf. Curso de Processo Penal, 3ª ed. Rio de Janeiro: Forense, 2005.

DINAMARCO, Cândido Rangel; CINTRA, Antonio Carlos de Araújo; GRINOVER, Ada Pellegrini. *Teoria Geral do Processo*. São Paulo: Malheiros, 2006.

DOTTI, René Ariel. *Curso de direito penal*: parte geral. Rio de Janeiro: Forense, 2001.

DWORKIN, Ronald. *Law's Empire*. Cambridge: Harvard University Press, 1986.

ENGISCH, Karl. *Introdução ao Pensamento Jurídico*, 3ª ed.. Lisboa: Calouste Gulbenkian, 1965.

FARIA, Antônio Bento de; SANTOS, Jacintho Ribeiro dos. *Das Fallências*. Rio de Janeiro:1913.

————. *Código de Processo Penal*, vol. 2. Rio de Janeiro: 1942.

FELDENS, Luciano. *Direitos Fundamentais e Direito Penal*. Porto Alegre: Livraria do Advogado, 2008.

————. *A Constituição Penal:* A Dupla Face da Proporcionalidade no Controle de Normas Penais, Porto Alegre: Livraria do Advogado, 2005.

————. *Tutela Penal de Interesses Difusos e Crimes do Colarinho Branco*. Porto Alegre: Livraria do Advogado, 2002.

————. *"Organizações criminosas" como critério determinante de competência jurisdicional*: problemas à vista. Boletim do Instituto Brasileiro de Ciências Criminais, ano 14, nº 170, jan/2007.

FAZZIO JR, Waldo. *Lei de Falência e Recuperação de Empresas*. São Paulo: Atlas, 2008.

FERREIRA FILHO. Manoel Gonçalves. *Curso de Direito Constitucional*. São Paulo: Saraiva, 2007.

FERRI, Enrico. *Princípios de Direito Criminal*. Traduzido por Paolo Capitanio. Campinas: Bookseller, 1996.

FERRAJOLI, Luigi. *Direito e razão:* teoria geral do garantismo. Traduzido por Ana Paula Zomer, Fauzi Hassan Choukr, Juarez Tavares e Luiz Flávio Gomes. São Paulo: Revista dos Tribunais, 2006.

FONTOURA, Pedro Rui da. *Violência Doméstica e Familiar contra a Mulher:* Análise Crítica e Sistêmica. Porto Alegre: Livraria do Advogado, ano 2007.

FRAGOSO, Heleno C. *Lições de Direito Penal. Parte Especial*. 8ª ed. Rio de Janeiro: Forense, 1998.

GIACOMOLLI, Nereu. José. *A Suspensão do Processo Penal na Alemanha*. Revista da Ajuris, Porto Alegre, v. 96, 2004.

GILLISEN, John. *Introdução Histórica do Direito*. Lisboa: Calouste Gulbenkian, 2003.

GLADSTON, Mamede. *Direito Empresarial Brasileiro*, v. IV. São Paulo: Atlas, 2006.

GOMES, Luiz Flávio. *Lei de Drogas Comentada*. São Paulo: *Editora* RT, 2007.

GÖSSEL, Karl Heinz. *Réplica del derecho penal de enemigo*. Sobre seres humanos, indivíduos y personas, 2007.

GRECO FILHO, Vicente. *Tóxicos:* Prevenção – Repressão. 16ª ed. São Paulo: Saraiva, 1996.

GRINOVER, Ada Pellegrini; GOMES FILHO, Antonio Magalhães; FERNANDES, Antonio Scarance e GOMES, Luiz Flávio. *Juizados Especiais Criminais*: Comentários à Lei 9.099, de 26.09.1995. 5ª ed., São Paulo: Revista dos Tribunais, 2006.

————. *As Nulidades no Processo Penal*. São Paulo: Editora Revista dos Tribunais, 1992.

————. *As nulidades no processo Penal*. São Paulo: Revista dos Tribunais, 2007.

————. *Recursos No Processo penal*. São Paulo: Revista dos Tribunais, 1998.

————. *A Iniciativa instrutória do juiz no processo penal acusatório*. Revista Brasileira de Ciências Criminais, São Paulo, nº 27, 2001.

HAYMANN JR., Robert *et al. Jurisprudence:* Classical and Contemporary. Saint Paul. West Group, 2nd Edition, 2002.

HEIDEGGER, Martin. *Serenidade*. Lisboa: Piaget, 2000.

HUBERMAN, Leo. *História da Riqueza do Homem*, 21ª ed. Rio de Janeiro: Editora Guanabara,1986.

HUNGRIA, Nelson. *Comentários ao Código Penal*, vol. IX, Rio de Janeiro: Forense, 1959.

348

JARDIM, Afrânio Silva. *Direito Processual Penal*. Rio de Janeiro: Forense, 1997.

JESUS, Damásio de. *Direito Penal*. Vol. I, 24ª ed., São Paulo: Saraiva, 2001.

JOBIM, Nelson Azevedo. *Os crimes de lavagem ou ocultação de bens, direitos e valores:* Aspectos Jurídicos do Sistema Financeiro, Anais do Seminário. Rio de Janeiro: Escola Nacional da Magistratura, 1999.

KASER, Max. *Direito Romano Privado*. Lisboa: Calouste Gulbenkian, 1999.

KELSEN, Hans. *Teoria Pura do Direito*. São Paulo: Martins Fontes, 1994.

LARENZ, Karl. *Metodologia da Ciência do Direito*. 2ª ed. Lisboa: Calouste Gulbenkian, 1983.

LOBO, Jorge. *Direito Concursal*. Rio de Janeiro: Forense,1996.

LOPES JR, Aury. *Introdução Crítica ao Processo Penal*, 2ª ed. Rio de Janeiro: Lumen Juris, 2005.

————. *Direito Processual e sua Conformidade Constitucional*, vol. I. Rio de Janeiro: Lumen Juris, 2007.

————. *Justiça Negociada:* Utilitarismo Processual e Eficiência Antigarantista. In CARVALHO, Salo; WUNDERLICH, Alexandre (orgs.). Diálogos sobre a justiça dialogal. Rio de Janeiro: Lumen Juris, 2002.

————; BADARÓ, Gustavo Henrique. *Direito ao Processo Penal no Prazo Razoável*. Rio de janeiro: Lumen Juris, 2006.

MACHADO, Rubens Approbato (Org.). *Comentários à Nova Lei de Falências e Recuperação de Empresas*. São Paulo: Quartier Latin, 2005.

MAGALHÃES, Descartes Drummond de. *Marcas de indústria e de comércio e privilégios de invenção*, vol. I. São Paulo: 1923.

MAIA, Rodolfo Tigre, *Lavagem de Dinheiro:* (lavagem de ativos provenientes de crime) Anotações às disposições criminais da Lei n. 9.613/98, 1. ed., 2. tiragem, São Paulo: Malheiros, 1999.

MAILLARD, Jean de (org.), *Atlas de la Criminalidad Financiera:* Del Narcotráfico al Blanqueo de Capitales, Madrid: Akal, 2002.

MAMEDE, Gladston. *Direito Empresarial* v. 4. São Paulo: Atlas, 2006.

MARQUES, José Frederico. *Tratado de Direito Penal*. Atualizado por Antonio Claudio Mariz de Oliveira e Outros. Campinas: Bookseller, 1997.

————. *Elementos de Direito Processual Penal*. Vol. 1. Campinas: Bookseller, 1997.

————. *Da competência em matéria penal*. São Paulo: Saraiva, 1953.

————. Promotores no Inquerito Policial, *in Estudos de Direito Processual Penal*, 1960.

MARTINS COSTA, Judith. *Comentários ao Novo Código Civil*, v. V, tomo I. Rio de Janeiro: Forense, 2003.

————; BRANCO, Gerson. *Diretrizes Teóricas no Novo Código Civil Brasileiro*. São Paulo: Saraiva, 2002.

MAXIMILIANO, Carlos. *Hermenêutica e Aplicação do Direito*. Porto Alegre: Livraria do Globo, 1923.

MÉDICI, Sérgio de Oliveira. *Revisão Criminal*. São Paulo: Revista dos Tribunais.

MELLO, Marcos Bernardes de. *A Teoria do Fato Jurídico* v. I, II e III. São Paulo: Saraiva, 2007.

MENDONÇA, JX Carvalho. *Tratado de Direito Comercial*. Rio de Janeiro: Freitas Bastos, 1972.

MIGLIARI JR, Arthur. *Crimes de Recuperação de Empresas e de Falência*. São Paulo: Quartier Latin, 2006.

MIRABETE, Julio Fabbrini. *Processo Penal*, 10ª ed. São Paulo: Atlas, 2002.

MIRANDA, Pontes de. *História e Prática do Habeas Corpus*. São Paulo: Bookseller, 1999.

————; Francisco Cavalcante. *Tratado de Direito Privado*. Rio de Janeiro: Borsoi, 1968.

MIRANDA VALVERDE, Trajano de. *A Lei de Falência no Direito Brasileiro*, v. I, II e III. Rio de Janeiro: Ariel, 1934.

MORAES, Alexandre de. *Juizados especiais criminais:* Aspectos práticos da Lei 9.099/95. São Paulo: Atlas, 2003.

————; SMANIO, Gianpaolo Poggio. *Legislação Penal Especial*. 8ª ed., São Paulo: Atlas, 2005.

MOREIRA, Jose Carlos Barbosa. *Temas de Direito Processual*. São Paulo: Saraiva, 2000.

MORENO, Faustino Cordón. *Las Garantias Constitucionales del Proceso Penal*. 2. ed. Cizur Menor: Navarra, 2002.

MOSSIN, Heráclito Antônio. *Habeas Corpus*, 6ª ed. São Paulo: Atlas 2002.

————. *Recurso em Matéria Criminal*. São Paulo: Manole, 2006.

MOURA, Maria Thereza Rocha de Assis. *Justa Causa para a Ação Penal:* Doutrina e Jurisprudência. São Paulo: Revista dos Tribunais, 2001.

MUNÕZ CONDE, Francisco. *El nuevo derecho penal autoritario*: consideraciones sobre el llmado 'Derecho Penal del Enemigo'. In: Mutaciones del Leviatán. Madrid: 2007.

NEGRÃO, Ricardo. *Aspectos Objetivos da Lei de Recuperação de Empresas e Falência*. São Paulo: Saraiva, 2005.

NETTO BESSA, Fabiane Lopes Bueno. *Responsabilidade Social das Empresas- Práticas Sociais e Regulação Jurídica*. Rio de Janeiro: Lumen Iuris, 2006.

NOGUEIRA, Paulo Lúcio. *Curso completo de processo penal*. São Paulo: Saraiva. 1990.

NOGUEIRA, Carlos Frederico Coelho. *Coisa julgada penal*: autoridade absoluta e autoridade relativa, *in* informativo CEDOC, Paraná, n.º 72, 2007.

NORONHA, Magalhães. *Curso de Direito Processual Penal*. 16ª ed., São Paulo: Saraiva, 1984.

NUCCI, Guilherme de Souza. *Revisão Criminal e Soberania do Tribunal do Júri*. São Paulo: Revista dos Tribunais, 2008.

————. *Leis penais e processuais penais comentadas*. 2ª ed., São Paulo: Revista dos Tribunais, 2007.

————. *Manual de Processo Penal e Execução Penal*. 2ª ed. rev., atual. e ampl., São Paulo: Revista dos Tribunais, 2006.

OCHOA, Roberto Ozelame e WEIMANN, Amadeu. *Recuperação Empresarial*. Porto Alegre: Livraria do Advogado, 2006.

OST, François. *Tempo do Direito*. Lisboa: Piaget, 1999.

OLIVEIRA, Eugênio Pacelli de. *Curso de Processo Penal*. Belo Horizonte: Del Rey, 2005.

————. *Curso de Processo Penal*. Rio de Janeiro: Lumen Juris 2007.

PACHECO DA LUZ, Delmar. *In:* BOSCHI, Marcus Vinicius (org). *Código de Processo Penal Comentado*. Porto Alegre: 2008.

PAPALÉO DE SOUZA, Marcelo. *A Nova de Lei de Recuperação e Falência e as suas Conseqüências no Direito e no Processo do Trabalho*. São Paulo: LTr, 2006.

PEDROSO, Fernando de Almeida. *Processo Penal, o Direito de Defesa*: Repercussão, Amplitude e Limites. São Paulo: Revista dos Tribunais, 1986.

————. *Competência Penal:* Doutrina e jurisprudência. 2ª ed. São Paulo: Revista dos Tribunais, 2007.

PELLA, D. Ramón. *Tratado teórico-práctico de las marcas de fabrica y de comércio en España*. Madri: 1911.

PIERANGELI, José Henrique. *Crimes contra a propriedade industrial e crimes de concorrência desleal*. Revista dos Tribunais, 2003.

PITOMBO, Antônio Sérgio de Moraes, *Lavagem de Dinheiro:* A Tipicidade do Crime Antecedente, São Paulo: Revista dos Tribunais, 2003.

PODVAL, Roberto. *O bem jurídico do delito de lavagem de dinheiro*. Revista Brasileira de Ciências Criminais, nº 24, out-dez.,1988.

POIARES, Carlos Alberto. *Análise Psicocriminal das Drogas*: O Discurso do Legislador. Porto: Almeida & Leitão,1998.

POZZER, Benedito Roberto Garcia. *Correlação entre acusação e sentença no processo penal brasileiro*. São Paulo, IBCCrim, 2001.

PORTO, Pedro Rui da Fontoura. *Violência doméstica e familiar contra a mulher*: Lei 11.340/06 - análise crítica e sistêmica. Porto Alegre: Livraria do Advogado, 2007.

PRADO, Geraldo. *Sistema Acusatório*: A conformidade constitucional das leis processuais penais. 4 ed. Rio de Janeiro: Lumen Júris, 2006.

RANGEL, Paulo. *Direito Processual Penal*, 11ª ed. Rio de Janeiro: Lumen Juris, 2006.

————. *Direito Processual Penal*. Rio de Janeiro: Lumen Juris, 2005.

RAWLS, John. *A Theory of Justice*. Cambridge: Harvard Press University, 1999.

REALE, Miguel. *Filosofia do Direito*. São Paulo: Saraiva, 1993.

————. *Lições Preliminares de Direito*. São Paulo: Saraiva, 1995.

SAAD, Marta. *O Direito de Defesa no Inquérito Policial*. São Paulo: Revista dos Tribunais, 2004.

SALIM, Alexandre Aranalde. *Teoria da Norma Penal*. Porto Alegre; Verbo Jurídico, 2008.

SANCHEZ, Juan Antonio Lascurain. *Fines Legítimos de la Prisión Provisional*. In: Revista Iberto-Americana de Ciências Penais. Coordenação: André Luis Callegari *et alli*. 2001.

SANGUINÉ, Odone. *Prisión Provisional y Derechos Fundamentales*. Valencia, Espanha: Tirant lo Blanch, 2003.

SANTOS, Paulo Penalva (Coord.). *A Nova Lei de Falências e de Recuperação de Empresas*. Rio de Janeiro: Forense, 2007.

SAVIGNY, Friedrich Karl von. *Meteolodogia Jurídica*. Campinas: Edicamp, 2001.

SCHMIDT, Andrei Zenkner; FELDENS, Luciano. *O crime de evasão de divisas:* a tutela penal do Sistema Financeiro Nacional na perspectiva da política cambial brasileira. Rio de Janeiro: Lumen Juris, 2006.

SCARANCE, Fernandes. *Reflexões sobre as noções de eficiência e de garantismo no processo penal*, in Sigilo no Processo Penal – Eficiência e Garantismo. São Paulo: Revista dos Tribunais, 2008.

SILVA, Cezar Antônio da. *Lavagem de Dinheiro*. Porto Alegre: Livraria do Advogado, 2001.

STEPHEN, Frank. *Teoria Econômica do Direito*. São Paulo: Makron Books, 1993.

STRECK, Lenio Luiz. Constituição e bem jurídico: a ação penal de estupro e atentado violento ao pudor - o sentido hermenêutico constitucional do art. 225 do Código Penal. *Revista da Ajuris* v. 33, n. 101, p. 179-191, mar. 2006.

TOLEDO, Francisco de Assis. *Princípios básicos de Direito Penal*. 4ª ed. São Paulo: Saraiva, 1991.

———. *Princípios básicos de direito penal*. São Paulo: Saraiva, 2000.

TORNAGHI, Hélio. *Comentários ao Código de Processo Penal*. Vol. 1, T. 2, Rio de Janeiro: Forense, 1956.

———. *Instituições de processo penal*. V. I, Rio de Janeiro: Forense, 1959.

———. *Curso de Processo Penal*. Saraiva. 1988.

TOURINHO FILHO, Fernando da Costa. *Código de Processo Penal Comentado*. São Paulo: Saraiva, 2001.

———. *Código de Processo Penal Comentado*. 10ª ed., 2 vls., São Paulo: Saraiva, 2007.

———. *Processo penal*, vol. 1. São Paulo: Saraiva, 1987.

———. *Processo penal*, vol. 4. São Paulo: Saraiva, 2003.

———. *Processo penal*. São Paulo: Saraiva, 2005.

TOVO, Paulo Cláudio. *Democratização do inquérito policial*, in Estudos de Direito Processual Penal, vol. II, Porto Alegre: Livraria do Advogado, 1999.

TUCCI, Rogério Lauria. *Do mandado de segurança contra ato jurisdicional penal*. São Paulo: Saraiva, 1978.

———. *Teoria do Direito Processual Penal:* Jurisdição, Ação e Processo Penal (Estudo Sistemático). Revista dos Tribunais, 2002.

VAMPRÉ, Spencer. *Repertório Geral de Jurisprudência*. São Paulo: Saraiva, 1925.

VILARDI, Celso Sanchez. *O crime de lavagem de dinheiro e o início de sua execução*. Revista Brasileira de Ciências Criminais, nº 47, mar-abr., 2007.

WATANABE, Kazuo. *Controle jurisdicional e mandado de segurança conta atos judiciais*. São Paulo: Revista dos Tribunais, 1980.

ZAFFARONI, Eugenio Raúl. *Manual de Derecho Penal:* parte general. Buenos Aires: Ediar, 2002.

———; PIERANGELI, José Henrique. *Manual de Direito Penal Brasileiro*, v.1. 6ª edição revista e atualizada. São Paulo: Revista dos Tribunais, 2006.

ZANINI, Carlos Klein *et al. Comentários à Lei de Recuperação de Empresas e Falências*. São Paulo: Revista dos Tribunais, 2007.

Impressão:
Evangraf
Rua Waldomiro Schapke, 77 - P. Alegre, RS
Fone: (51) 3336.2466 - Fax: (51) 3336.0422
E-mail: evangraf.adm@terra.com.br